回望如梦的六朝

六朝文史论集（二）

主　编　李洪天
副主编　胡阿祥
　　　　杨学民

江苏大学出版社
JIANGSU UNIVERSITY PRESS

镇　江

图书在版编目（CIP）数据

　　回望如梦的六朝：六朝文史论集. 2 / 李洪天主编
. —镇江：江苏大学出版社，2013.10
　　ISBN 978-7-81130-586-9

　　Ⅰ.①回… Ⅱ.①李… Ⅲ.①文化史－中国－六朝时代－文集 Ⅳ.①K235.03－53

　　中国版本图书馆 CIP 数据核字（2013）第 236023 号

回望如梦的六朝:六朝文史论集(二)
HUIWANG RUMENG DE LIUCHAO

主　　编/李洪天
责任编辑/顾正彤　顾海萍
出版发行/江苏大学出版社
地　　址/江苏省镇江市梦溪园巷 30 号(邮编:212003)
电　　话/0511-84446464(传真)
网　　址/http://press.ujs.edu.cn
排　　版/镇江文苑制版印刷有限责任公司
印　　刷/句容市排印厂
经　　销/江苏省新华书店
开　　本/890 mm×1 240 mm　1/32
印　　张/16.875
字　　数/442 千字
版　　次/2013 年 10 月第 1 版　2013 年 10 月第 1 次印刷
书　　号/ISBN 978-7-81130-586-9
定　　价/48.00 元

如有印装质量问题请与本社营销部联系(电话:0511-84440882)

前　言

　　四年前我们曾将"六朝研究"专栏的优秀论文结集出版了《回望如梦的六朝——六朝文史论集》一书，在学术界引起了较大反响。四年来，专栏的特色愈加鲜明，学术质量稳步提升，学术新论层出不穷。这本新专集是专栏成果的再次荟萃。

　　每一次结集，便是一次对既往的总结。总结这四年，时间虽然不算太长，但是专栏取得的进步是有目共睹、有心可感的。可睹者，一篇篇精心编辑的高水平论文；可感者，乃贯穿于栏目的一种精神气质。论文固然重要，而我们更应看重的是其精神气质，它是专栏的灵魂，是未来发展前景的保证。这种精神气质，概而言之，主要是以下两点。

　　其一，开放的精神。蓝天和白云是天空的本色，但现在已是难得一见的美景。今天的学术，亦因名利所累，其本为天下公器的信念价值遭受动摇。在这样的背景下，"六朝研究"专栏却能以开放的学术精神，面对来自各方、各种层次的作者，而不为各种私见所惑，为学术繁荣尽心尽力。据粗略统计，10年来，专栏共发文142篇（不含主持人语），其中教授和研究员的论文有55篇，约占38.7%，博士和副教授的论文54篇，约占38%，硕士和讲师的论文33篇，约占23.3%。由此大体可以看出，专栏作者的年龄、职称和学历结构比较合理。结构合理的作者群既保证了专栏的学术品位和质量，也为专栏发展了学术后备力量。同时，专栏亦不为地域所囿，10年来，所发论文涵盖了日本、韩国等国家和台湾地区，有时还能将中、日、韩三国学者的成果同时呈现在读者面前。这种以学术交流为己任的做法,无疑也是专栏开放精神的重要体现。对这两方面,专栏主持人胡阿祥教授在最近的主持人语中也明确地指了出来,他说:"文章的作者,年龄则老、中、青,三代兼有,地域则北京、南宁、扬州、太仓、南京,来源广泛。然则一勺见海,片叶知秋,从 2004 年到 2013 年,已经 10 年的《南京晓庄学院学报》'六朝研究'栏目的学术指向、作者队伍、发文数量,据此可明大概矣。"

其二,坚持探索创新。学术研究是一个不断探索的过程。唯有探索,方有创新;唯有坚持,方有收获。探索和创新,对于"六朝研究"专栏来说,就是在栏目创办过程中不断地思考和改进,以求其论文质量的不断提升和编辑机制的日臻完善;坚持,即坚持以敬畏学术的心态,以"特色鲜明,质量至上"的原则取舍稿件,持之以恒,守之有则。栏目自 1987 年起,算来已历 26 个春秋。在这么长的时间里,专栏名称几经调整,但"坚持探索创新"的精神却始终如一。整整 26 年! 即使对一个刊物来说,26 年亦不为短,而对于一个栏目来说,恐怕更不多见。

当然,凝聚和坚持这种办栏精神是要有基础的,不能蹈空放言。"六朝研究"专栏创办 26 年有赖于选题优势、高端作者群体、学科支撑、编辑队伍、学界认同和学校支持等诸多基础因素。大家知道,六朝历史及文化与南京地域文化密不可分,同时它又与中国中古史魏晋南北朝段的学科研究紧密相连。也就是说,以六朝历史与文化为主题的"六朝研究"专栏,不仅具有地域文化的特色,而且还具有坚实的学科基础。毫无疑问,有特色,彰显了专栏的与众不同;有学科基础,更为专栏提供了广阔的发展空间。这是"六朝研究"专栏持续发展的重要基础。

一人之求火,不如众人之举薪。"六朝研究"专栏从创办之初到今天,一直有学术界新老朋友的呵护。对此,胡阿祥教授也已在他的近期栏目主持人语中代我们表达了诚挚的谢意："特别需要感谢者,既往 10 年中慷慨赐稿与提出建议的同行,既往 10 年中给予信任与给予支持的朋友,以及当此 10 年志庆之际,对于'六朝研究'专栏颇多褒奖、颇多勉励、颇多期望的中村圭尔、佐川英治、南恺时(Keith Knapp)、金秉骏、李凭、楼劲、范子烨诸位日、美、韩、中学界'大佬'的题词与寄语!"

江苏省六朝史学会会长、南京大学教授胡阿祥博士于"六朝研究"专栏功莫大焉! 2004 年以来,他一直帮助我们主持"六朝研究"栏目。他和栏目的责任编辑一起策划选题,利用自己在学术界的影响,组织高质量稿件,认真地审定稿件和进行稿件深加工,除此之外,还给每期专栏写"主持人语"。其"主持人语"或谈选题,或论学术流变,或辨疑释惑,或画龙点睛,高屋建瓴、娓娓道来、启人心智。我们深感,专家主持栏目有助于遵循学术研究的规律,统筹安排,瞄准前沿问题,循序渐进,分专题组稿,系统地推进六朝研究的广泛深入,引领学术方向。作为学报的主编,我谨代表编辑部同仁在此向胡教授表示诚挚的感谢和敬意!

还要感谢江苏大学出版社的芮月英总编及本书的责任编辑,正是她们的热情帮助和精心编辑,这本论文集才得以及时、顺利出版。

李洪天

2013 年 9 月

目　录

论魏晋南北朝的走向重新统一

严耀中

公元 589 年,隋朝重新统一了中国,魏晋南北朝作为一个以南北分裂为主的历史时期,就此结束。如果说历史上充斥着偶然事件的话,这却是一个必然会发生的结果,是一种不可避免的趋势。

这种趋势主要体现在两个方面,一是文化意识和经济发展所构成的背景,二是当时南北之间政治军事实力的对比。

一

魏晋南北朝时期虽然呈现诸多分裂割据的局面,但促成统一的因素却在悄悄萌生。首先是流民和移民的大潮推动了语言文字的交流。"夫九州之人,言语不同,生民已来,固常然矣"①。但如果彼此老死不相往来,那么其言语之间的差异就会越来越大。而移民的往来打破了这种隔阂,因为移民和原住民之间总是要交流的,他们就会寻找出新的交流约定来。西晋后洛阳的正音"南染吴、越,北杂夷虏"②,及东晋长江下游扬州"侨吴混合之语音最盛行",而且"此种相互同化作用范围甚广"③。与此相关的是,进入中原的各个少数族的本族语言也渐渐地在生活中消失。语言文字的统一成了走向政治统一的前奏。

---

① 王利器:《颜氏家训集解》,上海古籍出版社,1980 年,第 473 页。
② 同①,第 474 页。
③ 详见周一良《南朝境内之各种人及政府对待之政策》一文中的讨论,《周一良学术论著自选集》,首都师范大学出版社,1995 年。

其次是生活习俗的混一,主要在于游牧习俗与农耕生活的相适应。本时期的民族问题,不是在边境上的攻战,而是在中土的如何相处。其民族融合的过程大致可分为四步:第一是交往;第二是杂居;第三是普遍的通婚;第四是文化和行为准则的认同。对少数族的上层,农业化和汉化是一致的。为了统治,他们要与汉族打交道,就会率先学习汉语言文字,如稽胡"又与华民错居,其渠帅颇识文字"①。这种结果是惊人的,"后魏初定中原,军容号令,皆以夷语。后染华俗,多不能通",至北朝后期竟需"录其本言,相传教习,谓之'国语'"!② 接下来是文明感染,如士族的风气对他们有较大的吸引力,若魏道武帝也服寒食散,以致"药数动发"③。其中一个动因是由此可以提高他们在族群里的地位或威权。但这两者往往是同步的,尤其在下层。一旦下层族众也融通了,民族融合就难以逆转了。

再次是水陆道路的打通。路是人走出来的,军队的征讨,民众的迁徙,商人的贩卖,行僧的云游,都会把路走得更广。士兵、移民、商贩、僧人是魏晋南北朝最常见的,他们的往来带动了道路的发展,也形成了统一的条件。魏晋南北朝时期,为了适应南征北战的需要,自曹魏起在水利上开始做两件事。一是配合大规模屯田的需要而修建灌溉系统,如当时"上引河流,下通淮颍,大治诸陂于颍南、颍北,穿渠三百余里,溉田二万顷"④。即使前燕这样的政权,也因屯田而"沟洫溉灌,有益官私,主者量造,务尽水陆之势"⑤。二是开凿或疏通了一系列水道以运兵和运粮,如白沟、平虏渠、泉州渠、新河、利漕渠、白马渠、鲁口渠、贾侯渠、讨虏渠、广漕渠、淮阳渠、百尺渠及巢肥运河等等⑥。所以当时"南北政权都重视通往淮

---

① 令狐德棻,等:《周书》卷四九《异域传》,中华书局,1971年。
② 魏征,等:《隋书》卷三二《经籍一》,中华书局,1973年。
③ 魏收:《魏书》卷二《太祖纪》,中华书局,1974年。
④ 房玄龄,等:《晋书》卷二六《食货志》,中华书局,1974年。
⑤ 房玄龄,等:《晋书》卷一〇九《慕容皝载记》,中华书局,1974年。
⑥ 王育民:《南北大运河始于曹魏论》,《上海师范大学学报》,1986年第1期。

河流域的水道,使长江、黄河间的水路交通进一步拓展"①。这些水道的开凿或疏通,无疑为隋代大运河的开通打下了基础,并使以后隋唐的大统一少了几分地理上的障碍。由此,尽管政治上是分裂的,经济交往却很寻常,证据之一就是诸朝的商业税越来越成为官方的重要收入。不仅"河桥孟津,解券输钱",就是沿途旅舍,也对"交易贸迁"者"依客舍收钱"②,追求末利。东晋南朝更是如此。证据之二是南北之间还常设"互市"。早期如前秦苻健"于丰阳县立荆州,以引南金奇货、弓竿漆蜡,通关市,来远商,于是国用充足,而异贿盈积矣"③。后来北魏"又于南垂立互市,以致南货,羽毛齿革之属无远不至"④。地方上如魏崔宽为陕城镇将,以"恒农出漆蜡竹木之饶,路与南通,贸易来往,家产丰富,而百姓乐之"⑤。又如北魏占领淮河流域后,"江南无复鲙鱼,或有间关得至者,一枚直数千钱"⑥,但也有人一下子购得鲙鱼 30 枚,可见交易量还是不小的。即使在打仗时也未停止,如高季式"为都督,随司徒潘乐征江、淮间。为私使乐人于边境交易,还京,坐被禁止"⑦。而这种商业上的利益,致使北魏缘边州郡的官员"皆无防寇御贼之心,唯有通商聚敛之意"⑧。另一边如梁时"郁洲接边陲,民俗多与魏人交市。"⑨凡此,可见南北边境交易规模之大和影响之深。魏分东、西后,"士人仍缘姻旧,私相贸易",虽有禁令,但"犯者非一"⑩,后来不得不放松。又如北齐"旧制,以淮禁不听商贩辄度。"⑪苏琼为徐州行台左丞,行徐州事后,听两淮通籴粮食,"遂得商估往还,彼此兼济,水陆

①　何德章:《魏晋南北朝时期南北水路交通的拓展》,《武汉大学学报》,2004 年第 2 期。
②　房玄龄,等:《晋书》卷五五《潘岳传》,中华书局,1974 年。
③　房玄龄,等:《晋书》卷一一二《苻健载记》,中华书局,1974 年。
④　魏收:《魏书》卷一一〇《食货志》,中华书局,1974 年。
⑤　李延寿:《北史》卷二一《崔宽传》,中华书局,1974 年。
⑥　李延寿:《南史》卷二八《褚裕之传》,中华书局,1975 年。
⑦　李延寿:《北史》卷三一《高允传》,中华书局,1974 年。
⑧　李延寿:《北史》卷四七《袁翻传》,中华书局,1974 年。
⑨　姚思廉:《梁书》卷六《张稷传》,中华书局,1973 年。
⑩　李延寿:《北史》卷五五《郎基传》,中华书局,1974 年。
⑪　李延寿:《北史》卷八六《循吏传》,中华书局,1974 年。

之利,通于河北"①。这种情况当然是促进统一的因素之一。

最后落实在一统观念的强化。当时南北分裂,但交往频繁,南、北朝间国书往来,本来的套话是"想彼境内宁静,此率土安和",后来为"欲示无外之意"而不分彼此,改成"想境内清晏,今万国安和"②,并取得南北一致的认同。至于深层观念上的趋同更是无微不至,如"正是北朝规制、南朝影响和地方特色杂错交织在一起,才形成青州地区南北朝时期地方文化的丰富多彩的内涵"③。又如"在北魏宣武帝即位后50年中(亦即南朝梁武帝在位期间,约公元500—550年),南北双方进入一个相对和平共处的时期,文化交流频繁,装饰艺术风格,特别是装饰题材、造型及纹饰渐趋相近。如前述南朝墓室与北魏巩县石窟内顶装饰图案题材的一致、神王异兽等题材在北朝后期石刻及南朝陵墓中的大量流行等"④。审美上的一致也是价值观念趋同的形式之一。

拓跋鲜卑统一北方后有了长期的和平稳定,关中和中原不仅是当时经济最发达的地区,而且是传统文化中心,南方的使者到了洛阳"始知衣冠士族,并在中原。礼仪富盛,人物殷阜"⑤。于是在物质与心理的支撑下,谁占有中原,一统天下之心就会油然而生,名正言顺的尊王攘夷之举总会使人跃跃欲试。魏孝文帝当年酒酣高歌:"白日光天兮无不曜,江左一隅独未照",其臣下呼应,"愿从圣明兮登衡、会,万国驰诚混日外"⑥。这种豪情壮志苻坚有过,拓跋焘有过,但客观形势都未成熟。宇文邕灭北齐后统一的条件是具备了,但不幸早早病故。因此,杨坚建隋后的灭陈之策是这种意愿的自然延续。这些都说明,无论北方的统治者是汉人还是少数族人,要求统一的主观愿望总是强烈的,这也是一种不可避免的趋势。

---

① 李延寿:《北史》卷八六《循吏传》,中华书局,1974年。
② 李延寿:《北史》卷五六《魏收传》,中华书局,1974年。
③ 杨泓:《关于南北朝时期青州考古的思考》,《文物》,1998年第2期。
④ 钟晓青:《魏晋南北朝建筑装饰研究》,《文物》,1999年第12期。
⑤ 范祥雍:《洛阳伽蓝记校注》,上海古籍出版社,1978年,第119页。
⑥ 李延寿:《北史》卷三五《郑义传附郑道昭》,中华书局,1974年。

二

魏晋南北朝时期行将结束的时候,我们看到的是一幅怎样的历史场景呢? 在南边,自刘裕建立宋朝起,"以区区江东,蕞尔迫隘,荐之以师旅,因之以凶荒"①,在与北方的较量中,就逐步走下坡路了。刘裕是一个出色的统帅,但为了确保夺取东晋政权,他匆匆从前线返回建康,致使先机尽失,关中沦陷,元气大伤。宋明帝时,青、齐诸州又为北魏所有,大体上淮河成了南北分界线。"南北朝对峙,其国势强弱之分界线大约在北朝乘南朝内争之际而攻取青、齐之地一役。"②齐、梁两朝无大变动,缘淮为界而互有攻防,对峙下还能基本保持平衡,不过由于魏太武帝拓跋焘南侵后,两淮残破,无法成为北伐的基地,所以南朝多居守势。梁末由于侯景之乱,使继之而起的陈朝境土局限于长江之南,"西亡蜀、汉,北丧淮、肥,威力所加,不出荆、扬之域"③。江左政权赖以生存的长江中下游地区皆残破不堪,如《资治通鉴》卷一六三"梁简文帝大宝元年五月条"云:"自晋氏渡江,三吴最为富庶,贡赋商旅,皆出其地。及侯景之乱,掠金帛既尽,乃掠人而食之,或卖于北境,遗民殆尽矣"。这样南朝就失去了与北朝分庭抗礼的实力基础。

此外,对南方政权而言,蜀地雄居上游,有顺流而下之势;而保江必先保淮,淮地一失,不仅建康暴露,北军也能共得舟楫之利,故益、淮之失决定了整个陈朝不过苟延残喘而已。隋文帝所采纳的伐陈策中,就以"益、信、襄、荆、基、郢等州,速造舟楫,多张形势,为水战之具"④。一旦决定伐陈,蜀、汉两江北军轻舟直下,南军不重兵抵御,必乘势而进,如聚船与之决战,则江防空虚,武昌以下,都

① 李延寿:《南史》卷七《循吏传》,中华书局,1975 年。
② 陈寅恪:《论隋末唐初所谓"山东豪杰"》,《金明馆丛稿初编》,上海古籍出版社,1980 年,第232 页。
③ 魏征,等:《隋书》卷二九《地理志上》,中华书局,1973 年。
④ 李延寿:《北史》卷八六《循吏传》,中华书局,1974 年。

可渡江，南方必顾此失彼。因此到了陈朝，统一的时日就取决于北方自身形势的发展了。

但从长远来看，南朝的积弱另有原因。东晋南朝的门阀，虽然起初也注意领兵，但毕竟来自文化世家，久之，必定重文轻武，兵人地位很低，士气不振。而北方少数族历来尚武，北魏迁都洛阳后虽有所削弱，但到了北周、北齐时又得到重振。这种差异也是南北战争中南朝输多赢少的原因之一。次者，由于长期积淀影响和地域资源多寡所致，当时黄河中下游的经济发展程度还是高于江左，北朝所铸钱币的材质和品相亦好过南方诸朝所铸，这就是说在作为战争基础的人力、物力等物质条件上，北方也优于南方。再者，虽然北人惧暑，南人怕冷，似乎各有千秋，但寒冬所带来的服装需求等辎重更依赖运输，这也是南朝屡次北伐而兵锋难过黄河的一个重要原因。因为黄河以北的支流，几乎都无法供南来舟船的航行，后勤没有保障，军队是无法打仗的。北方只要占领了江淮之间的地域，就能利用船舶和水道，挥师南下打过长江。因此，在南北对峙的情况下，两淮至为重要，南军只有在此组建强大骑兵，备集足够的车马，方有希望克定河北。中国历史上很少有人想到、更难做到这一点①。因为"凡北人用骑兵，各乘一马，又有一马为副马"②，这当然十分有利于长途奔袭，但南方是难以弄到这么多的马匹的，直至魏晋之间，农耕区域的主要养马区"实在冀北"③，这个地区当然也归属北朝。何况当时北方骑兵已装备了马镫甲具，冲锋作战时更是势不可挡。北魏"自徐扬内附之后，仍世经略江淮。"④后来北齐曾"敕送突厥马数千疋于扬州管内"⑤，虽然其目的在于榨取当

① 宋孝武帝时周朗在其上书中曾提出如此建议："今宜募天下使养马一匹者，蠲一人役，三匹者，除一人为吏"，以此"办骑卒四十万"。但结果是"书奏忤旨，自解去职"。见《宋书》卷八二《周朗传》。
② 司马光：《资治通鉴》卷一〇七《晋纪》二九，中华书局，1956年。
③ 房玄龄，等：《晋书》卷五一《束皙传》，中华书局，1974年。
④ 魏收：《魏书》卷一一〇《食货志》，中华书局，1974年。
⑤ 李百药：《北齐书》卷四三《卢潜传》，中华书局，1972年。

地土豪钱财,但南北骑兵基础的不平衡亦由此可见,因此,北强南弱的局面也总是难以改变。

然则基于上述种种的分析与比较,等到隋朝建立后,由北方完成统一,就变得水到渠成了。

三

尽管儒家推崇王道与德化,但既然要大一统,就得用兵。在中国历史上简直见不到有和平统一的例子,即使是一方投降,也要到兵临城下的时候。就像晋灭吴的形势一样,隋朝结束南北朝的时候,又重复了南下统一的场面。

客观上是条件成熟,大势所趋,主观上是要建立功勋来巩固轻易得到的皇位,隋文帝于开皇八年(588)十月"命晋王广、秦王俊、清河公杨素并为行军元帅,以伐陈"①。十二月,南下诸军临江出发。

虽然从力量对比上看,由周军转化而成的隋军在灭北齐后士气正旺,而南军主力在吴明徹北伐后已丧失殆尽,隋伐陈是以石击卵,当无悬念,但隋还是十分慎重。首先在当年三月,一边遣使至陈试探虚实,一边颁诏罗列陈后主劣迹,以造舆论。此前,更是采用高颎的计策,因北方收割早于南方,屡屡在北边农事毕而江南正农收时顿兵临江,陈朝征兵防御,几年下来,废农困弊,又被麻痹;陈又不自量力地挑衅:"时后主与隋虽结和好,遣兵度江,掩袭城镇,将士劳敝,府藏空竭"②,更给了隋军动手的口实。其次隋动用兵力很大,"合总管九十,兵五十一万八千,皆受晋王节度"③;又有事先所造大量舰只,其中大者有楼五层,容战士八百人,南方已经没有水军优势。再次是多点渡江进攻,"东接沧海,西拒巴、蜀,旌

---

① 魏征,等:《隋书》卷二《高祖纪下》,中华书局,1973 年。
② 魏征,等:《隋书》卷二二《五行志上》,中华书局,1973 年。
③ 同①。

旗舟楫,横亘数千里"①。这样不仅气势压人,而且使陈朝军队首尾难顾,其策略和西晋统一时差不多。加上陈后主初无准备,隋军势如破竹,合围建康,并迅速破城。隋开皇九年(589)正月,陈后主被俘,陈亡。从此开始了一个新的历史时期。

与此役有关并影响以后历史发展的是,这次伐陈,是以晋王杨广为行军元帅,总统诸军。为什么不用太子杨勇率军呢? 其实对当时隋朝而言,更危险的敌人是北边的突厥。当时突厥强盛,时常犯边,数越长城,关中震动,所以开皇二年(582)冬"皇太子勇屯兵咸阳,以备胡"②。开皇六年(586)秋,杨勇又移镇洛阳。杨勇的任务虽然重要,防范好突厥是保证灭陈的前提;但平定南方,一统天下,却是隋朝第一大功。加之杨广灭陈后,杀陈之佞臣施文庆等,大快人心,又"封府库,资财无所取,天下称贤"③。后来杨广能夺得太子之位,虽然有其他的原因,与此却也不无关系。

(2009 年第 5 期)

---

① 魏征,等:《隋书》卷二《高祖纪下》,中华书局,1973 年。
② 魏征,等:《隋书》卷一《高祖纪上》,中华书局,1973 年。
③ 魏征,等:《隋书》卷三《炀帝上》,中华书局,1973 年。

魏晋南北朝时期历史演变中的"成本"因素

严耀中

对于历史上的一些现象,如果以一个新的视角去观察,或许会得到更合理的解释。下文以魏晋南北朝时期内数事合而述之,供治史者参考。

一

一种制度或一个政权,甚至是一种文化现象,其在社会上的存在是否具有合理性,或者是否能够存在下去,很要紧的一点,就是要看他的行政功能和维持其存在的耗费之间的效费比,由此就牵引出本文所谓的历史演变中的成本因素。

先从政治而言,在中国古代历史上,行政运作中的成本问题之所以经常产生严重性和紧迫性,是因为中土历朝都是一个实行大一统专制集权的国家,它的行政系统是要对一个泱泱大国进行有效的管理,使它对内保持社会稳定,对外维护疆土的安全,就要维持一个相当规模的体制。

能否维持这样一个体制,就涉及所谓"行政成本"的问题。如何估量中国古代的行政成本,简而言之,就是官府的全部收入和全部支出之比。收入多支出少,国力就强盛,反之则衰弱,甚至有亡国的危险。当然事实上要更复杂些。收入,要看是否是杀鸡取蛋般的苛政;支出,要看是有效支出,还是无效支出。前者指的是维持官吏、军队、官衙、监狱等费用,这些都是稳定社会政治和取得财政收入所必需的。后者是指皇室的浪费,官吏的贪污等。无效支出越少,行政效能就越高,即是所谓治世。政治清明与否,在古代中国历史上表现得十分明显,其实这种现象的深层是涉及行政成本问题的。

不过由于中国古代朝政缺乏一种黄仁宇先生经常所说的毛病,即"其症结是不能在数目字上管理"①,所以,行政系统的效率难以考察,国家机器运行中的成本问题平素很难量化地彰显出来。只有在非常时期,无论是朝廷实行变法还是引起农民起义等社会动乱,都是反映行政制度出了毛病,或者说社会已经不能承担维持它的成本。同样在危机或分裂的状态下,尤其是在分裂或割据的时代,如在本时期,由于彼此之间往往要进行你死我活的斗争,才有可能对照比较,从行政成本的角度对各种制度与政策举措的合理性进行观察。所以统治成本对历史进程的影响,也可以暴露得更清晰一些,成为诸朝诸国兴亡的原因之一。故以魏晋南北朝为例,试先从门阀政治阐说之。

二

门阀是中古时期(魏晋至五代)出现的一个特殊的社会阶层,也成为在当时政治体制中的一股特殊的势力。这股势力在其巅峰时期的东晋甚至能与皇权"共天下"②,即所谓"晋主虽有南面之尊,无总御之实,宰辅执政,政出多门,权去公家,遂成习俗"。③ 这种情况的产生当然有着多方面的原因,其中之一则是当时社会经济承担不起高度专制集权的行政系统的结果。

引起这一结果的直接原因是魏晋之间的人口因战乱而大量减少。

① 黄仁宇:《赫逊河畔谈中国历史》,生活·读书·新知三联书店,1992年,第165页。
② 田余庆先生认为东晋时门阀代表直接左右朝政,是典型的严格意义的门阀政治。见氏著《东晋门阀制度》"自序",北京大学出版社,2005年。
③ 房玄龄,等:《晋书》卷一一七《姚兴载记上》,中华书局,1974年。

东汉晚期黄巾起义,接着军阀混战,尔后三国鼎立也是战争不息,兵祸连结加之大兵过后必有凶年,使得中国的人口降至秦以后两千年间的最低点。大量非正常死亡以及逃散造成人口剧减的凄惨景象不难在魏晋时人的诗文里见到。如曹操的《嵩里行》:"铠甲生虮虱,万姓以死亡。白骨露于野,千里无鸡鸣。生民百遗一,念之断人肠。"①王粲的《七哀诗》:"出门无所见,白骨蔽平原。路有饥妇人,抱子弃草间。"②傅玄《放歌行》:"旷野何萧条,顾望无生人。但见狐狸迹,虎豹自成群。"③又仲长统《昌言·理乱篇》云:"以及今日,名都空而不居,百里绝而无民者不可胜数。"④与这些诗文相印证,如史称东汉献帝回洛阳后,"长安城空四十余日,强者四散,赢者相食,二三年间,关中无复人迹"⑤。

西晋末与汉末时一样,永嘉变乱之后,"青、雍、幽、荆州徙户及诸氐、羌、胡、蛮数百余万,各还本土,道路交错,互相杀掠,且饥疫死亡,其能达者十有二三。诸夏纷乱,无复农者"⑥。一如《晋书·食货志》所总述:"惠帝之后,政教陵夷,至于永嘉,丧乱弥甚。雍州以东,人多饥乏,更相鬻卖,奔进流移,不可胜数。幽、并、司、冀、秦、雍六州大蝗,草木及牛马毛皆尽。又大疾疫,兼以饥馑,百姓又为寇贼所杀,流尸满河,白骨蔽野。"

三国时"天下通计"共有"户百四十七万三千四百三十三,口七百六十七万二千八百八十一",尚不及东汉全盛时户口数的七分之一! 即使是在被称为"晋之极盛"的平吴后武帝太康元年(280),全国人口总数也仅"户二百四十五万九千八百四,口千六百一十六万三千八百六十三"⑦。这些户口数字大约在当时是作为征收赋役的

① 郭茂倩:《乐府诗集》卷二七"相和歌辞二",上海古籍出版社,1998年。
② 萧统:《文选》卷二三,中华书局,1977年。
③ 郭茂倩:《乐府诗集》卷三八"相和歌辞三",上海古籍出版社,1998年。
④ 严可均:《全后汉文》卷八八,商务印书馆,1999年。
⑤ 范晔:《后汉书》卷七二《董卓传》,中华书局,1965年。
⑥ 郭茂倩:《晋书》卷一〇七《石季龙载记下》,中华书局,1974年。
⑦ 杜佑撰,王文锦、王文兴等点校:《通典》卷七"历代盛衰户口",中华书局,1988年。

依据,肯定会有一些荫户、逃户之类不在其数,也就是说当时的实际户口应该大于此数,这也是历代的户口田赋统计中经常会出现的通病。考虑到当时是门阀社会,又常在战乱时期,依附豪强大族而成为朝廷难以统计征收赋役的荫户会更多些,但这种现象不会改变三国两晋时是两汉以降中国历史上人口最少的基本事实,因为当时那些私荫户依然是农业劳动力中的少数,且朝廷随时可以用"土断"等方法使他们重新成为官家的纳税户。

完全可以设想如此稀少的人口是不足以承担自秦汉发展起来日益复杂的专制集权行政系统,该系统包括众多的官吏、将士、宫室、官衙、驿站,等等。而且因为权力都有着"控制欲"和"寻租"的天性,这些体现权力的机构规模和人员数量都有着自我发展的倾向,所以,它们的存在无一不需要巨额的花费。而人口稀少所造成的直接后果之一,就是劳动力缺乏导致官府租赋收入的大幅度减少,以致朝廷行政资源空前匮乏,无力迅速重建一个功能齐全的专制集权的统一国家,承担不起一个强大行政机器所需的各种费用负担。

而门阀政治除了表现在其代表家族或人物把持朝政外,还具有两个主要特点。其一是士族一般都拥有私家部曲,如河东薛强"总宗室强兵,威振河辅"。赵郡李显甫"豪侠知名,集诸李数千家于殷州西山,开李鱼川方五六十里居之,显甫为其宗主"。葛荣起兵时,其子李元忠"率宗党作垒自保,坐于大槲树下,前后斩违命者凡三百人"[1],其中武装者实际上就是李氏之私部曲。当这些家族的代表人物被委以军职时,其所属部曲也就有了官兵的身份。如东晋初祖逖被朝廷任命"为奋威将军、豫州刺史,给千人廪,布三千匹,不给铠仗,使自招募"[2]。因此,祖逖麾下的军队骨干,是他的族人和部曲宾客,有着浓厚的家兵色彩,并身经百战,所以他死后祖约能代领其军,继续成为东晋北境的一支重要军事力量,但这样的

　　① 李延寿:《北史》卷三六《薛辩传》、卷三三《李灵传附李显甫传·李元忠传》,中华书局,1974 年。
　　② 郭茂倩:《晋书》卷六二《祖逖传》,中华书局,1974 年。

部队至少并不需要中央朝廷负担全额的军费。其二是由门阀来把持地方政治,即地方上主要官属都由士族出身的人担任。至少是在南北朝时,地方官,尤其是佐吏的俸禄皆由本地支出,而北朝在孝文帝太和前根本没有俸禄。南朝"宋武以来,州郡秩俸及杂供给,多随土所出,无有定准"①。虽然南齐后来对秩俸多少作了"定格",但只是立个统一的标准,钱还是要地方支出的。而地方财政的好坏与门阀大族的表现大有关系,官吏的收入既然依靠地方财政,门阀的影响就不言而喻了。这也能说明地方主官采取清静无为的态度为何被当作时尚,因为当时社会基层,尤其在农村,基本上由大姓士族所控制,官府插手不一定会平稳局面,甚至会被视为"察察之政"而遭非议;另一方面因地方人口较稀等,郡县的财政资源一般是不丰裕的,而在政事上的有为,都要通过消耗资源来实现。这两者加起来,做官无为反而是符合实际的了。

上述两条说明了由于门阀政治的影响,朝廷能在军事上和地方行政上,大大节约开支,从而能使国家财政的支出能和其收入相匹配,使行政机器在一个较低的成本上运行。这样,门阀政治在当时的存在就显示了一定的时代合理性。

三

魏晋南北朝是个民族大融合的时期,当时所谓的"五胡",后来都化入中华民族的大家庭里。这中间当然包含着很多因素,而其中一些因素的发挥,竟是"成本"作为潜因在悄悄地起着作用。

首先,这里说一下关于语言流通的成本问题。语言是为了交流,是保持社会中人与人之间关系的一种工具,一种语言就是一件工具。但是个人或群体是否采用这工具,就要看使用此工具所付出的代价(如语言学习的时间与精力等)和达到使用目的之价值之

---

① 李延寿:《南史》卷四二《萧嶷传》,中华书局,1975年。

间的效费比。作为语言的高级表达的文字系统当然也是如此，不过文字流通所需成本要更高，因为还要加上书写文字材料（如笔墨、简帛、纸张及书写印刷费用等）的工本。而与语言文字流通价值最相关的是它的流通量，其流通量愈高，使用价值也就愈大，与使用成本的比值也就愈高。

当两种语言在同一地域、同一社会人群中流行时，两种语言之间就会自然发生竞争和交融，具有比值高的语言文字会慢慢地一边把对方顺势淘汰出局，一边从对方语言中进行某种吸收，如词汇谚语等，从而使自身有了更丰富的内涵和更大的流通量，更具有竞争优势。若有政治的干涉，如用暴力长期禁止另一种语言的使用，会改变一定的结果，但此时已不是语言间的自然竞争了。

其次，语言是构成民族的要素之一，尤其在古代中国。现代对"民族"一词有着不同的理解与阐释，但在中国古代却是很大程度上在于对族群文化特征的整体认定，因为这种文化特征是其行为准则的基础。当时绝大多数的民族差别不在于体貌特征，而在于文化心理，所以"当时之所谓胡人汉人，大抵以胡化汉化而不以胡种汉种为分别"①。即所谓"首不加冠，是越类也；足不蹑履，是夷民也"②。通过考古所得人骨之科学鉴定，"无论是汉晋时期的鲜卑人、辽代的契丹人还是元代或近代的蒙古人，在种族人类学特征上的确是颇为一致的，均属于低颅阔面的西伯利亚蒙古人种"③，从而证明他们都与汉族有着极近的血缘关系。

既然如此，所谓民族融合就是在文化上的同一。这种同一主要表现在两个层面，其基层是表现在风俗及日常生活习惯上；其上层则表现在语言文字及思想心理上，其实系统的思想表达或成型的心理活动也都是要以语言文字为根基的。语言是思想意识的载体，语言文字混同了，思想心理上的隔阂就会淡薄，乃至消失。这

---

① 陈寅恪：《隋唐制度渊源略论稿》，中华书局，1963 年，第 71 页。
② 刘勰：《刘子集校》卷二《慎独》，上海古籍出版社，1985 年。
③ 宋泓：《东胡人种考》，《文物》，2006 年第 8 期。

样,文字的作用在民族关系中就显得十分重要,所以后世给秦始皇"车同轨,书同文"①政策对中国统一之意义的高度评价,是不过分的。

再回头说本时期,从公元311年永嘉之变到公元589年隋重新统一中国。两百多年间进入中原的"五胡"已与汉族打成一片,应该说融合的过程还是很短的。其所以能如此,和当时少数族使用语言的情况有很大关系。一是那些少数族语言都是适合游牧生活的,对农耕社会而言,大量缺乏适合农耕生产和生活的词句。因此他们一旦生活在中原,与汉人交流时无论在词汇上还是语法上都有理解和表达的困难,很不方便。由于游牧生活较为质朴,少数族原来的话语系统相对历史悠久的汉语来说词汇含量小且语法简单,词句要迅速扩容改造也很困难,更难使占有多数的汉人放弃原有语言而接受它。于是为了在同一地域内互相交流和共同生活,少数族不得不最后放弃原有语言,学习汉语言文字,借此以对新事物的认识与表述。如本时期的稽胡"又与华民错居,其渠帅颇识文字"②。这样,学习汉语言文字就成了少数族进入农业文明所必须付出的成本。

二是文字因素也是很关键的。这些少数族使用的语言,都是符合游牧社会的生产与生活,且尚未形成完整的文字系统。因为文字虽然植根于语言,但没有文字的语言只是一种初级阶段的语言,当其与别的附带文字的语言共同使用时,必然会被逐步淘汰。虽然本时期一些少数族已经在农业地区建立了政权,成为统治民族,但都没有创建本民族的文字系统与其母语相匹配。所以,他们在治理国家时,不得不借用汉字为工具,以应付日益复杂的新情况,其中包括行政制度和法制。汉文的政治和法律用语跟传统的制度与观念是相一致的,所以,一旦行政命令法律条文用汉文来表达,它就不可避免地落入了中国传统制度的框架。以此来治理国

---

① 司马迁:《史记》卷六《秦始皇本纪》,中华书局,1959年。
② 令狐德棻,等:《周书》卷四九《稽胡传》,中华书局,1971年。

家,被治理的少数族民众也只能接受汉语言文字。这两点加起来,使得在中原生活的少数族众要坚持原来的语言十分困难,不仅是普通人,就是少数族统治者也无法承受如此代价,于是不得不最后自己放弃。所以尽管有统治者的倡导,"后魏初定中原,军容号令皆以夷语。后染华俗,多不能通",至北朝后期竟须"录其本言,相传教习,谓之'国语'"①了!北朝后期"鲜卑语、胡书"与"煎胡桃油、炼锡为银,如此之类"②,都成为一种专门技术了。于是使用汉字也成了少数族统治者在汉地建立政权所必需付出的代价。

顺便提一下,或许是出于对本时期这段历史的认识,自唐以后入主中土的少数族统治者,如契丹、女真(满)、蒙古等,都努力创造其本民族语言的文字,以保持其作为统治族的民族特征。一般这些民族与汉族的融合速度也大大减慢,除非这个民族丧失了统治地位,这些立足未稳的文字也自然而然地被淘汰,成了一些今天难窥其全貌的死文字。

四

对成本的考虑并非是一成不变的,而是随着情况的改变而变化。魏晋南北朝期间曾经产生两个比较具有特色的制度,即田制和专役户制度,它们在唐代以后基本趋向于消失,因此也可算是本段历史的特点之一。

如果遥远的井田制最多只是传闻和概念上的影响,那么历史上的所谓田制几乎都集中在本时期:如屯田、占田、均田等制度,而均田制在隋及唐前期的存在虽然引人注目,实际上只是本时期制度上的一种延续。所谓专役户是被迫至少服一种专门役的贱户,最早出现的是三国时的士家制,即兵户,后来还有盐户、牧户、官

---

① 魏征,等:《隋书》卷三二《经籍志一》,中华书局,1973 年。

② 颜之推:《颜氏家训·省事篇》。这里的"胡书"当是来自西域的文字,与"鲜卑语"无关,所以两者并立。

户、乐户、隶户、吏户,以及统称杂户的"百杂之户"①,等等。这类专役户在本时期很多,隋唐以降虽没有完全消失,但在社会上已经是一种很局部、很边缘的现象了。

这两个制度都是和汉晋之间由于人口的大量丧失而成为秦以后人口最稀少的时代相关,当然那个时候土地有了相对多余,财富得失的关键点就在于劳动力。中国古代以农立国,财政税负主要来自于农,而当时农业的发达又主要靠劳动力的投入。加紧对人口的控制,其实也是抓住了主要财源,因为当时正是体现有人始有土,有土始有财。于是这就关系到朝廷生存所依赖的财源,进一步关系到政权的存亡强弱,任何其他因素都不足以考虑了。本时期历朝政府建立或维护这两个制度,都是为了保证朝廷有足够的赋役资源,防止户口被大族豪强荫隐而导致流失。因此不计成本地增设官员,以将专役户另籍管理,及专司登记分配田地等都是值得的了。

田制之兴废的原因之一,也和行政成本有关。所谓田制实质上是国家政权对普通农民加紧实行人身控制的一种手段。它在允许农民占有一定数量土地的前提下,把他们更直接地纳入官方的行政管理之中,藉此征收租赋,所以户调式、课田制、三长制等都是与其配套的,虽然这些制度使行政事务多了起来。当一些妨碍收入的时代特征转弱或消失时,主要是人口增长,劳动力显得越来越充裕,朝廷财赋收入就不需要田制和专役户来保障,田地也不怕没人来种,花费大量行政资源来进行劳动力控制就不再紧迫,这些制度就没有必要继续存在。也就是说,因为维持田制和专役户制,需要很多官吏,当地多人少变成地少人多时,将土地不断重新转换分配,以维持制度的实行,会有更多的相关事务要处理,或者说需要更多的官吏来操作,这就意味着行政管理成本的提高。因此,官府就会改弦更张,变更体制。这是由于人是活动的,土地是不动的,盯住土地进行管理显然要比依照人头实行管理要省事得多,即行政管理成

---

① 魏收:《魏书》卷一一《前废帝广陵王纪》,中华书局,1974 年。

本可以小一些,于是一度盛行的田制和专役户制就式微了。

所以成本是与收入相对的,究竟要不要重视成本因素,还要看对收入那一头重要性的估量。两者重要性之比,才是一种制度取舍的关键所在。

五

从上述对社会政治演变中的成本因素的解析,还可以得到更多的启示。

甚至南北朝时代军事上之北强南弱,军队后勤供应所花成本之高低,也是原因之一。因为在南北相争中,虽然北人惧暑,南人怕冷,异地征战的困难似乎各有千秋,但寒冬所带来的服装需求等辎重更依赖运输。所以,江左的东吴或东晋南朝若要对北方有所行动,必须开凿或疏通一系列水道以运兵和运粮草服装,如白沟、平虏渠、泉州渠、新河、利漕渠、白马渠、鲁口渠、贾侯渠、讨虏渠、广漕渠、淮阳渠、百尺渠,及巢肥运河等等①。东吴也曾"发屯兵三万凿句容中道,至云阳西城,以通吴、会船舰,号破岗渎,上下一十四埭,通会市,作邸阁"②。桓温与刘裕北伐时也都开凿水道以利军事,如桓温在太和四年(369)北伐时"凿巨野三百余里以通舟运,自清水入河"③。刘裕北伐时多次用舟师,曾"舟师所届,次于洛阳"并命部下"即舟溯流,穷览洛川"以"欲知水军可知之处"④,还曾在义熙十三年(418)闰月"自洛入河,开汴渠以归"⑤。这中间由于淮河水系通过人工堰渠调蓄能够相通江河,所以,当时"南北政权都重视通往淮河流域的水道,使长江、黄河间的水路交通进一步拓

---

① 王育民:《南北大运河始于曹魏论》,《上海师范大学学报》,1986年第1期。
② 许嵩:《建康实录》卷二"吴太祖赤乌八年八月",中华书局,1985年。
③ 房玄龄,等:《晋书》卷九八《桓温传》,中华书局,1974年。
④ 郦道元:《水经注》卷一五,王国维点校本,上海人民出版社,1984年。
⑤ 沈约:《宋书》卷二《武帝纪中》,中华书局,1974年。

展"①。反例如桓温于太和四年(369)三月率"步骑五万北伐。百官皆于南州祖道,都邑尽倾"。但由于"时亢旱,水道不通",在先胜一仗后,"军粮竭尽。温焚舟步退,自东燕出仓垣,经陈留,凿井而饮,行七百余里。(慕容)垂以八千骑追之,战于襄邑,温军败绩,死者三万人"②。

这也是屡次北伐兵锋难过黄河的一个重要原因,因为黄河以北的支流,几乎都无法供南来舟船的航行,后勤没有保障,军队是无法打仗的。但要开凿水道,费工、费时、费力,还要视水文气候如何,后勤补给的成本很高。而北方只要占领了江淮之间的地域,就能利用现成的水道,后勤供应的成本小,便于挥师南下打过长江。再加上原有的骑兵优势,中国军事史上的北强南弱,不能不说与此有关。

再如在中国历史上,为什么儒家思想能在两千多年的时间里占据统治地位?其中很重要的一点就是儒家提倡德治,即通过教化为主,使民众惯于自我约束,从而和强调外在约束、进行法治的法家路线形成鲜明的对比。由于办案打官司无论对民众还是对官府来讲都要花费大量的精力、物力。法令滋章则必然需要很多的官吏来执行,行政成本或社会成本就很高,不符合农业社会的节约精神③。在对待四边的方略上,儒家推行的是王道,其实就是一种反对穷兵黩武,以怀柔安抚为主的政策④,能最大限度避免战争。大规模或连绵不断的战争,不管是输是赢,都会消耗巨大的人力物力,会给以自然经济为主的农业社会带来不可忍受的负担。即使"开边"成功,新占领的土地往往因难以农耕而无法为国家提供租税收益,反而需要内地的钱粮支持,得不偿失。儒家主张实施王道

---

① 何德章:《魏晋南北朝时期南北水路交通的拓展》,《武汉大学学报》,2004 年第 2 期。

② 房玄龄,等:《晋书》卷九八《桓温传》,中华书局,1974 年。

③ 在先秦诸子中,道家对政治谈得较少。其在历史上唯一被封建王朝采用过的政治理念,就是"无为而治",这正好是一种符合节省统治成本的政治方针。

④ 中原诸朝据此创设了多种具体的政策,如汉代以来的册封、和亲、赏赐,至唐广设羁縻州等,魏晋南北朝则是多种形式并存,尤其在西南方向取得了很大成功。在中原政权有实力的前提下,却是取得和平,输出文化观念,乃至扩展边疆的低成本方式。

和德治,内外俱以和为贵,能使社会经济免受大的伤害,也就有利于江山社稷的长治久安。

从上述两点而言,儒家标榜的仁政,都是为了减轻行政成本的政策理念。这也能够解释,本时期虽然玄学与佛学十分风光,表面上是在引领着时代意识的潮流。但实际上支撑社会价值观念的,却是儒家思想。后世所谓魏晋玄学大家者,几乎无一不涉及当时之经学,"世传《十三经注》,除《孝经》为唐明皇御注外,汉人与魏晋人各居其半"①,其中包括王弼的《易注》和何晏的《论语集解》。于是"儒家政治理想之书如周官者,典午以前,固已尊为圣经,而西晋以后复更成为国法矣"②。其实即使是玄学和宗教,都是体现以意识导向为先的治国理念,于此与儒家有着一个共同的基本点。而推重道德教化为先,正是一种低成本治国的方略。上述说明,社会主导的意识形态如何,都是与此相关的。

总之,成本意识之所以在中国社会政治生活中"自然而然"地起作用,一个重要的原因是民众在生活中所采取的实际态度。这种态度的存在除了大量的谚语可以证明外,其拜神中的功利性亦足可反映,发财、免灾、生子、升格等愿望能否实现往往决定着一般信徒对其所求神祇的信仰程度。

上述从成本角度回视一些历史现象,是站在今天的立场上这么看的。古代的当事者虽然不一定有行政"成本"那样的概念,但做利弊得失的比较绝对会是有的。正是古人以其智慧经常做这样的比较,成本因素也类似一只看不见的手,才会在历史的演变中发挥其无形的作用。本文试图将这种潜因素勾描出来,也是对古人顺势应变智慧的一种学习体会。

(2011 年第 2 期)

---

① 皮锡瑞:《经学历史》"经学中衰时代",中华书局,1959 年,第 163 页。
② 分别见陈寅恪《崔浩与寇谦之》《述东晋王导之功业》,《金明馆丛稿初编》,上海古籍出版社,1980 年,第 127、61、129 页。

魏晋南北朝时期官员谥号用字

——魏晋南北朝官员谥法、谥号研究(二)

戴卫红

官员谥号字数的多寡、用谥的美恶,是中国古代谥法制度中的重要内容,不仅朝廷重视,而且受到得谥官员的亲属及社会的高度重视。汪受宽先生曾指出,先秦卿大夫谥号,有单谥、复谥,还有极个别的三字谥,但两汉 582 例臣谥中,绝大多数都是单谥,只有 16 人是复谥。三国、两晋、南北朝、隋、唐,臣谥仍一二字兼用。① 这一认识是恰当的。吴为民在《南北朝碑刻谥号初探》一文中,以魏晋南北朝碑刻中的谥号为对象,统计出复谥77 例,单谥38 例,三字谥 20 例,从而揭示出南北朝谥号以复谥为主。② 但吴文将"康王""武公"这样的例子作为复谥、"元懿公"作为三字谥来统计,笔者不能认同。以下从三个方面探究魏晋南北朝时期官员的谥号用字。

一

笔者认为,在官员的谥号中,除使用单个谥字的为单谥(如"康")外,像"康公"这样的单谥字加爵号,也应为单谥;复谥除两个谥字如"文献"外,"文穆公"这样的两个谥字加爵号,应归类为复谥,而非三字谥。笔者根据《三国志》《晋书》《宋书》《南齐书》《梁书》《陈书》《魏书》《北齐书》《周书》《南史》《北史》《隋书》等相关

---

① 汪受宽:《谥法研究》,上海古籍出版社,1995 年,第 150 页。
② 吴为民:《南北朝碑刻谥号初探》,《忻州师范学院学报》,2008 年第 1 期。

本传记载,以及魏晋南北朝时期的墓志材料,①并参考《历代名臣谥法考》《历代人物谥号封爵索引》②,对魏晋南北朝各朝代官员的单、复谥号进行了统计,见表1。

表1　魏晋南北朝各朝代百官单、复谥号

人

单、复谥	朝代	曹魏	西晋	东晋	刘宋	南齐	梁	陈	北魏	北齐	北周
单谥	单谥		81	70	19	23	19	31	343	25	113
	单谥号+爵号	88	4	2	48	14	26	20	71	3	5
复谥	复谥		6	21	9	5	43	11	107	44	20
	复谥号+爵号	2		2	7	1	5		24	5	1

从表1可以看出,魏晋南北朝官员谥号以单谥为主,然而当时的舆论或以复谥为美。东晋时,便因议司空蔡谟谥号为引,发生过单复谥之争,详见《通典》卷一○四《礼六四·凶礼二十六》"单复谥议"。蔡谟曾为晋康帝师傅,穆帝时官至司徒,卒于永和十二年(356)。死后,太常博士曹耽等议谥曰穆,司空左长史孔严与王彪之书,认为不应只是单谥。此时,王彪之官为太常③,他认为"自顷复谥者,非大晋旧典必重复谥也,盖是近来儒官相承近意耳,皆顾命重勋,或居分陕,或处阿衡",并列举荀颉、周颉、山涛、荀勖、和峤等人俱为单谥,认为谥蔡谟为"穆"合宜。穆帝没有听从礼官王彪之的意见,复谥蔡谟为"文穆"。这一争议折射出了当时以复谥为美的社会风气。

曹魏时期,生前有爵死后有谥的官员,谥号后均系以"王""公"

---

① 所引用的墓志材料来源于赵超《魏晋南北朝墓志汇编》,天津古籍出版社,1992年;罗新、叶炜《新出魏晋南北朝墓志疏证》,中华书局,2005年;赵君平《邙洛碑志三百种》,中华书局,2004年;赵君平、赵文成《河洛墓刻拾零》,北京图书馆出版社,2007年;毛远明《汉魏六朝碑刻校注》,线装书局,2007年。

② 杨震方,水赉佑:《历代人物谥号封爵索引》,上海古籍出版社,1996年。

③ 房玄龄,等:《晋书》卷八《穆帝纪》载,升平元年(357)十二月以太常王彪之为尚书左仆射(中华书局,1974年)。汪受宽先生认为王彪之为司空左长史恐有误。参见《谥法研究》,上海古籍出版社,1995年,第151页。

"侯"这一标志爵位的字;而到晋朝,生前有爵官员死后的谥号,绝大多数为单纯的单、复谥,仅有 7 例在谥号后系以爵号。南北朝各政权中,生前有爵的官员死后的谥号也多数为单纯的单、复谥,但是仍有一定比例的官员死后谥号后加上侯爵字。唐朝以降,赐百官谥号一般仅为谥号,而不系侯爵字,只有对"耆老大臣与乡党有德之士"偶尔赐谥称公。①

虽然生前无爵的官员死后能得到谥号,②但《通典》卷一〇四"单复谥议"注引沈约谥法云:"晋大兴三年,始诏无爵者谥皆称子。"③而从上表统计的东晋一朝数据来看,只发现了死于太宁元年(323)、生前无爵的杜夷谥为"贞子"④。南朝无爵者的谥号,一般其尾缀以"子"字,多见于史载。其中,刘宋 18 人,南齐 11 人,梁 21 人,陈 16 人。但在实际的赐谥过程中,无爵者仍可直接赐谥为单谥,其中刘宋 6 人,南齐 9 人,梁 12 人,陈 3 人。而北朝无爵称子者,仅见于墓志一例,即李蒇⑤墓志,虽然墓志正文称李蒇"谥为简",但其题名为"魏故假节龙骧将军豫州刺史李简子墓志铭"。

另外,还有"复谥号 + 先生""复谥号 + 处士"等例未纳入表 1 统计,这种谥号多赐予隐逸。⑥"学士年长者,故谓之先生。"⑦

---

① 徐松:《宋会要辑稿》,中华书局,1957 年,第 1660 页。
② 魏晋南北朝时期生前无爵者死后能得到谥号,这是此期谥法的重大变革。汪受宽先生曾在《谥法研究》中提出此问题,笔者联系此期的爵制变革探索了这一重大变革,详见《魏晋南北朝时期官员谥号、谥法研究(一)——得谥者身份的重大转变》,待刊稿。
③ 谥后称子的历史渊源,可以从《春秋》而来。《日知录》卷四《大夫称子》:"鲁之三家称子,他如臧氏、子服氏、仲叔氏皆以伯、叔称焉,不敢与三家并也。其生也或以伯、仲称之,如赵孟、知伯死,则谥之而后子之,犹国君之死而谥称公也。"
④ 房玄龄,等:《晋书》卷九一《儒林·杜夷传》,中华书局,1974 年。
⑤ 墓志和本传均没有记载李蒇为"子"爵,所以笔者将李蒇归入"生前无爵死后有谥"一类。
⑥ 汪受宽先生在《谥法研究》(上海古籍出版社,1995 年)第七章"特种人物谥法""二、隐逸谥法"中已详细举例,但没有指明唐宋谥为"先生"本于此期,因此笔者在此单列一段以说明其渊源。
⑦ 《孟子·告子下》:"宋牼将之楚,孟子遇于石丘,曰:'先生将何之?'"赵岐注。

处士，"谓不官于朝而居家者也"①。排除亲故、门人私谥这一情
况②，如萧梁时刘峻生前曾为典校秘书后免官，普通二年卒，"门人
谥曰玄靖先生"③；萧梁时萧视素曾任司徒左西属、南徐州治中，后
去官独居山室，卒后"亲故迹其事行，谥曰贞文先生"等④。朝廷官
方给谥"先生"的有：生前为吴国临海太守范平，晋太康年间卒，"有
诏追加谥号曰文贞先生，贺循勒碑纪其德行"⑤；前凉张茂谥索袭为
"玄居先生"、张祚谥宋纤为"玄虚先生"、谥郭荷为"玄德先生"；前
秦苻坚谥公孙永为"崇虚先生"、谥张忠"安道先生"。索袭等 5 人
均见《晋书·隐逸传》。此外，萧梁谥陶弘景为贞白先生⑥，萧梁时
谥刘瓛为"贞简先生"⑦；北齐谥魏质为"贞烈先生"⑧。官方给谥
"处士"的有：北魏谥李谧为"贞静处士"⑨，梁武帝谥庾诜为"贞节
处士"⑩。以上几人的共同特点：一是生前没有官职，或朝廷委以官
职却拒不就任；二是或为隐逸或为儒士，才学精深、德行高尚、声名
卓著，有一定社会影响力，各政权的统治者在他们的谥号用字后加
以"先生""处士"二字以示尊重。⑪《通典》卷一〇四"单复谥议"：
"大唐之制，太常博士掌凡王公以下拟谥，皆迹其功德而为之褒贬。

---

① 班固：《汉书》卷一三《异姓诸侯王表一》，颜师古注，中华书局，2000 年。
② 东汉时，便有门人私谥"先生"的先例，如《后汉书》卷四三《何敞传》载："敞前在冀州，所辟吏
皆清德长者，多至公卿、州郡。初，敞父卒，敞与诸儒考依古义，谥曰贞宣先生。及敞卒，蔡邕复与门
人共述体行，谥为文忠先生。"《后汉书》卷六二《陈寔传》载陈寔中平四年卒，"何进遣使吊祭，海内
赴者三万余人，制衰麻者以百数，共刊石立碑，谥为文范先生。"《后汉书》卷八一《独行·范冉传》：中
平四年卒，"于是三府各遣令史奔吊，大将军何进移书陈留太守，累行论谥，金曰宜为贞节先生。"门
人私谥，还连以居士、征士、夫子等称谓，如陈寔身后被谥为"靖节征士"，张载死后谥曰"明城夫子"。
③ 姚思廉：《梁书》卷五〇《文学下·刘峻传》，中华书局，1973 年。
④ 姚思廉：《梁书》卷五二《止足·萧视素传》，中华书局，1973 年。
⑤ 房玄龄，等：《晋书》卷九一《儒林传》，中华书局，1974 年。
⑥ 姚思廉：《梁书》卷五一《处士·陶弘景传》，中华书局，1973 年。
⑦ 萧子显：《南齐书》卷三九《刘瓛传》，中华书局，1972 年。
⑧ 李延寿：《北史》卷五六《魏质传》，中华书局，1974 年。
⑨ 魏收：《魏书》卷九〇《逸士·李谧传》，中华书局，1974 年。
⑩ 姚思廉：《梁书》卷五一《处士·庾诜传》，中华书局，1973 年。
⑪ 另外，北魏东安侯刁冲，为司空记事参军，卒后，"国子博士高凉及范阳卢道侃、卢景裕等复
上状陈业行，议奏谥曰安宪先生"，详见《魏书》卷八四《儒林·刁冲传》（中华书局，1974 年）。虽
然刁冲死后也是朝廷赐谥为先生，但他生前有爵、有官职，与范平等 6 人情况不同，所以单列出来。

无爵称子。养德丘园,声实明著,则谥曰先生。"《天圣令·丧葬令》第22条记载了宋代的有关规定:"诸谥……无爵者称子。若蕴德丘园、声实明著,虽无官爵,亦奏锡(赐)谥曰先生。"①从以上分析可以看出,唐宋以来无爵者称子、朝廷赐谥先生的法令规定,实来源于魏晋南北朝时期。

二

笔者对魏晋南北朝各政权官员谥号用字做了统计,其中单谥用字有:丁、元、文、骄、平、成、夷、光、安、祈、孝、壮、武、果、忠、定、宜、荒、胡、威、贞、昭、思、信、哀、宣、庄、恭、桓、烈、刚、理、基、顷、康、章、悼、达、敬、惠、景、恺、慎、方、温、节、倾、靖、义、炀、肃、愍、静、熙、僖、齐、宁、质、德、毅、穆、宪、强、隐、戴、丑、襄、缪、简、严、怀、献、躁、懿、戾、匡、克、明、顺、灵。又复谥用字有:元穆、元简、元懿;文正、文成、文景、文孝、文明、文忠、文定、文贞、文昭、文宣、文恭、文烈、文康、文惠、文凯、文节、文靖、文肃、文静、文懿、文穆、文宪、文简、文献;平简;安宪;孝元、孝贞、孝定、孝宣、孝真、孝惠、孝景、孝穆、孝简、孝懿、孝昭、孝烈、孝威、孝靖;壮武、壮肃;武壮、武贞、武烈、武昭、武宣、武恭、武康、武敬;忠成、忠壮、忠武、忠贞、忠烈、忠惠、忠义、忠肃、忠愍、忠穆、忠宪、忠简、忠敬;威壮、威恭、威肃;贞白、贞肃、贞惠、贞节、贞宪、贞简、贞献、贞烈、贞顺、贞靖、贞襄;昭武、昭定、昭景、昭烈;庄惠、庄穆;恭武、恭穆、恭襄、恭文、恭定、恭惠、恭庄;烈懿;康节;敬烈、敬康、敬惠、敬简、敬悼;景烈、景惠、景桓;闵庄;靖节、靖德、靖穆;肃武;愍悼;静恭;穆正;襄威、襄壮;简寂、简肃、简穆、简宪、简懿;献武、献穆;明穆;宣恭、宣景、宣

① 见天一阁博物馆、中国社会科学院历史研究所天圣令整理课题组校证:《天一阁藏明抄本天圣令校证附唐令复原研究》,中华书局,2006年,第356页。吴丽娱先生根据《天圣令·丧葬令》第22条、《唐六典》《通典》相关记载复原了唐代的有关规定:"诸谥……无爵者称子。若蕴德丘园、声实明著,虽无官爵,亦奏赐谥曰先生。"详见《唐丧葬令复原研究》,《天一阁藏明抄本天圣令校证附唐令复原研究》,第691页。

穆、宣简、宣惠、宣懿;清穆;惠文、惠恭;懿穆。

在这些单复谥用字中,美谥、平谥占据绝大多数。从表2可以看出,仅文、武、孝、忠、贞、敬、惠7种美谥,在魏晋南北朝各政权官员的谥号中,所占比例就不小。汪受宽先生认为北朝的谥号过于溢美①,情况确实如此,而且整个魏晋南北朝时期的官员谥号都以美谥为主,见表2。

表2 魏晋南北朝官员所获7种美谥比例

人

美谥＼朝代	曹魏	两晋	东晋	刘宋	南齐	梁	陈	北魏	北齐	北周
文				1		3		25	6	6
武	1	4	1			2		7	4	3
孝	2	2		1		2	1	6	1	3
忠	1	1	2	3		4	3	3	3	7
贞	11	7	6	4	4	6	2	29	1	7
敬	9		7	3	4	1	2	16		6
惠	1			1		2		23	1	2
总数	25	14	16	13	8	20	8	109	16	34
所占各朝谥号比例(%)	28	15	17	16	19	21	13	20	21	24

在此时期,官员获恶谥的比例极小。西晋咸宁四年(278),太常博士秦秀议太宰、朗陵公何曾谥为"缪丑公","帝不从,策谥为孝"②,"时虽不同秀议,而闻者惧焉。"③以此可知,恶谥的舆论影响极大。在官员的谥号中恶谥极少,仅有以下几例:厉,曹魏于禁(厉侯,益寿亭侯);炀,梁王亮(炀子,豫章公)、北魏长孙道(北平公);丑,晋王恺(山都公);荒,刘宋何勖(荒公,安城公)、颜师伯(荒子,平都子);缪,北周薛善(缪公,博平县公);戾,北周独孤信④;躁,北

---

① 汪受宽:《谥法研究》,上海古籍出版社,1995年,第30页。
② 房玄龄,等:《晋书》卷三三《何曾传》,中华书局,1974年。
③ 房玄龄,等:《晋书》卷五〇《秦秀传》,中华书局,1974年。
④ 赵超:《魏晋南北朝墓志汇编》,天津古籍出版社,1992年,第480页。

周侯莫陈崇（彭城公，后改谥庄闵）；灵，北魏高祐（东光侯）；骄，梁萧子显（宁都子）。

《周书·谥法》篇云："杀戮无辜曰厉"；"好内远礼曰炀，去礼远众曰炀"；"怙威肆行曰丑"；"外内从乱曰荒，好乐怠政曰荒"；"名与实爽曰缪"；"不悔前过曰戾"；"好变动民曰躁"。查以上官员的本传，生前基本上都有与以上谥字相符的行迹。

三

灵为恶谥，《周书·谥法》中"灵"有六解，分别为"不勤成名、死而志成、死见神能、乱而不损、好祭鬼怪、极知鬼神"，而《魏书》卷五七《高祐传》载："征为宗正卿，而祐留连彭城，久而不赴。于是尚书仆射李冲奏祐散淮徐，无事稽命，处刑三岁，以赎论。诏免卿任，还复光禄。太和二十三年卒。太常议谥曰炀侯，诏曰：'不遵上命曰灵，可谥为灵。'""不遵上命曰灵"这一对"灵"的解释，《周书·谥法》中无。而且，"骄"字也不见于其中。《梁书》卷三五《萧子恪附子显传》：及葬请谥，手诏"恃才傲物，宜谥曰骄"。因此，汪受宽先生指出"是前无此谥，新造的"。① 除了这两个恶谥外，我们在以上谥号用字上还发现，光、明、章、顺、恺、慎、方、信等字，也是《周书·谥法》中没有的。获得这些谥号的官员分别是：光，陈王玚（光子）、谢朏（光子）；明，北魏夏侯道迁（明侯，濮阳侯）、刘昶（宋王）、窦瑗（容城伯）；章，梁王承（章子）、王规（南昌侯）、徐陵（建昌侯），北周申徽（博平侯）；顺，北魏李元茂（始丰侯）、陆清都（广牧子）、尉翊（博陵公）、裴道子（义昌伯）、裴双虎；恺，北周柳带韦（康成公）；慎，北魏长孙道（北平公）；方，北周唐瑾（临淄县伯）；信，北周杨绍（傥城郡公）。

楼劲先生曾补足《玉海》卷五四《艺文部·嘉祐编定谥法》七家

---

① 汪受宽：《谥法研究》，上海古籍出版社，1995年，第163页。

谥法条中的"又云：高、光、明、章、和、顺、冲七谥，《谥法》无也，而汉家用之"，以上光、明、章、顺四谥正包含其中，而光、章二谥字更是直到南朝才有记载。楼劲先生认为"自先秦历魏晋而至南梁，《周书·谥法》篇不仅传本有异，其所含谥名亦在不断传抄和整理中陆续有所增益和出入"①，笔者同意这种见解。从东汉末刘熙注《谥法》至萧梁，有魏晋之际荀颢推演增广刘熙《谥法注》②；晋张靖撰《谥法》两卷③；杜预以《周书·谥法》为本撰《春秋释例·谥法》，被后人称为《春秋谥法》④；又有无名氏《广谥法》1卷，梁沈约的《谥例》10卷⑤，梁裴子野《附益谥法》1卷⑥，梁贺琛的《新谥法》按君谥、臣谥、妇人谥分为3卷⑦。虽然《周书·谥法》仍是魏晋南北朝官府议谥或学者论谥的本宗，但"谥法条有限，而应谥者无限"⑧，出于现实的需要，对其解释和发挥已成为形势所趋。如王金在生前"为安西武陵王长史、蜀郡太守。金惮岨嶮，固以疾辞，因以黜免……承圣三年，世祖追诏曰：'贤而不伐曰恭，谥恭子。'"⑨"恭"在《逸周书·谥法》中有九解，但"贤而不伐曰恭"却不在其列。就连那位作《谥例》十卷的尚书令、侍中、特进、建昌侯沈约的谥号解

① 楼劲：《〈玉海〉五四〈艺文部〉所存沈约〈谥例序〉文笺解——汉末魏晋几种谥法文献的有关问题》，《文史》，2005年第1辑，第40页。
② 刘昫：《旧唐书》卷四六（中华书局，1975年）《经籍志》"谥法三卷"下注云："荀颢演，刘熙注。"宋祁、欧阳修：《新唐书》卷五七（中华书局，1975年）《艺文志一》同。
③ 李林甫：《唐六典》卷一四（中华书局，1992年）"太常寺""太常博士"条注"晋张靖《谥法》两卷。"另见《通典》卷一〇四《单复谥议》、《旧唐书》卷四四《职官志三》太常寺条。
④ 罗泌：《路史》卷三六《发挥五·论谥法》以为杜预此篇乃本乎《周书·谥法篇》："古之法行于今者，唯谥行。然二千余年而靡有定法，《大戴氏》曰：'昔周公旦、太公望相嗣王以制谥法'，周书之说亦然。故今《周书》有《谥法》一篇，颇为简要，至杜预取而纳之《释例》，而世遂重出之，谓《春秋谥法》。"杜预的《春秋谥法》宋时尚存，吕本忠《春秋集解》曾引用此书。
⑤ 此书南宋以后亡佚，其自序保存于《玉海·艺文部》。
⑥ 姚思廉：《梁书》卷三〇《裴子野传》，中华书局，1973年。
⑦ 直到隋末，此书还在实际的谥号拟定程序中被引用。《梁书》卷三八《贺琛传》："诏琛撰《新谥法》，至今施用。"《梁书》乃姚思廉（557—637）承其父陈朝吏部尚书姚察未完之书而成，此卷末有"陈吏部尚书姚察云"一语，可知此卷乃取其父所撰旧稿而成，姚察隋大业二年（606）去世，则所谓"至今施用"，指梁、陈至隋末仍施用。
⑧ 杜佑撰，王文锦、王文兴等点校：《通典》卷一〇四《单复谥议》王彪之所言，中华书局，1988年。
⑨ 姚思廉：《梁书》卷二一《王份附金传》，中华书局，1973年。

也与《逸周书·谥法》中不同。由于沈约生前两次违忤梁武帝的旨意,死后太常议其谥为"文",而武帝却以其"怀才不尽"谥曰"隐"①。"隐"在《周书·谥法》有三解,分别为"隐拂不成""不显尸国""见美坚长",而此处解释为"怀才不尽"也可能有本可依。梁武帝手诏赐谥萧子显"恃才傲物,宜谥曰骄",恐怕也不是梁武帝自己发明的。②

　　附带提及一点,《梁书》卷七《高祖德皇后郗氏》载"高祖践阼,追崇为皇后。有司议谥,吏部尚书兼右仆射臣约议曰:'……谨按《谥法》,忠和纯备曰德,贵而好礼曰德。宜崇曰德皇后。'"这则材料中"忠和纯备曰德,贵而好礼曰德"不见于《逸周书·谥法》以及现存的谥法文献,可能和梁朝贺琛所定妇人谥有关。

　　综上所述,魏晋南北朝时期社会风气虽以复谥为美,但实际评谥过程中,官员谥号以单谥为主。谥号用字绝大多数为美谥或平谥,恶谥极少。由于现实评议的需要,采用了《逸周书·谥法》篇中所没有的谥号用字,但由于官府和学者对《逸周书·谥法》或注释、或推演、或增补,这些谥号用字仍可能有本可依。

(2011 年第 4 期)

　　① 姚思廉:《梁书》卷一三《沈约传》,中华书局,1973 年。
　　② 汪受宽先生认为,"百官恶谥还有一个特点,就是不少谥字或谥解,是临时编造的。"他举出萧子显的"骄"等例子,并认为梁武帝以"怀才不尽"谥沈约为隐,"此谥的发明权显然应归于梁武帝"(《谥法研究》,上海古籍出版社,1995 年,第 163 页)。笔者认为此点不能肯定。

魏晋南北朝官员给谥程序
——魏晋南北朝官员谥法、谥号研究(三)

戴卫红

在中国古代,百官给谥的程序基本分为请谥→议谥→定谥→赐谥4个步骤,但每个朝代的程序又有所差别。[①] 魏晋南北朝时期,仍以礼官主导谥法一事,这一点已为学界所公认。但以往的学者却忽略了魏晋南北朝时期尚书省官员在百官给谥程序中的作用和地位,而这一点直接影响了唐代的相关制度。

一

《汉书》卷五《景帝纪》:"(中元)二年春二月,令诸侯王薨、列侯初封及之国,大鸿胪奏谥、诔、策。列侯薨及诸侯太傅初除之官,大行奏谥、诔、策。"应劭曰:"皇帝延诸侯王,宾王诸侯,皆属大鸿胪。故其薨,奏其行迹,赐与谥及哀策诔文也。"西汉景帝中元二年(前148),设立大鸿胪掌诸侯王列侯之事。凡诸侯王薨,由大鸿胪负责奏其行迹,代表朝廷参加葬礼,致读诔文赐予谥号。而列侯之薨及诸侯太傅初除之官,则由大鸿胪的属官大行令(行人)参加葬礼,赐予谥号宣读诔文。到东汉时,大鸿胪仍主诸侯王薨后事,即《后汉书·百官志二》所载:"王薨则使吊之,及拜王嗣。"而《后汉书·百官志一》还载:"司徒,公一人。本注曰:掌人民事。凡教民孝悌、逊顺、谦俭、养生送死之事,则议其制,建其度。"所谓"送死之

---

① 汪受宽:《谥法研究》,上海古籍出版社,1995年,第127页。

事"，显然也包括了赙赠和赐谥。

西晋时，百官的谥号由太常博士议定。《晋书》卷二四《职官志》："太常博士，魏官也。魏文帝初置，晋因之。掌引导乘舆。王公已下应追谥者，则博士议定之。"《晋书》卷三三《何曾传》载何曾咸宁四年（278）薨，"将葬，下礼官议谥。博士秦秀谥为'缪丑'，帝不从，策谥曰孝。"《晋书》卷四十《贾充传》载贾充太康三年（282）四月薨，"及下礼官议充谥，博士秦秀议谥曰荒，帝不纳。博士段畅希旨，建议谥曰武，帝乃从之。"《晋书》卷五七《滕修传》载滕修太康九年卒，"请葬京师，帝嘉其意，赐墓田一顷，谥曰声。修之子并上表曰：'……窃闻博士谥修曰声，直彰流播，不称行绩，不胜愚情，冒昧闻诉。'帝乃赐谥曰忠。"《晋书》卷七九《谢石传》载："石聚敛无餍，取讥当世。追赠司空，礼官议谥，（太学）博士范弘之议谥曰襄墨公。朝议不从，单谥曰襄。"《晋书》卷四五《郭奕传》："太康八年卒，太常上谥为景。有司议以贵贱不同号，谥与景皇同，不可，请谥曰穆。诏曰：'谥所以旌德表行，按谥法一德不懈为简。奕忠毅清直，立德不渝。于是遂赐谥曰简。'"以上五则均为太常博士、太学博士参与议谥。

而在羽林左监、北海王司马寔上疏为无爵的刘毅请谥时，晋武帝出其表使八座议之。祝总斌先生认为，"八座或指尚书令、仆射和六曹尚书，或指尚书令、左右仆射和五曹尚书"[①]，则在西晋时尚书省官员参与了官员给谥这样的日常政务。《晋书》卷八九《嵇绍传》记载了太尉、广陵公陈准薨，太常奏谥，国子博士嵇绍对陈准的谥号提出驳议，而驳议的结果仍旧下交太常寺。《晋书》卷三八《梁王肜传》载梁王司马肜永康二年（168）薨：

博士陈留蔡克议谥曰："肜位为宰相……淮南之难，不能因势辅义；赵王伦篡逆，不能引身去朝。……此而不贬，法将何施！谨案谥法'不勤成名曰灵'，肜见义不为，

---

① 祝总斌：《两汉魏晋南北朝宰相制度研究》，中国社会科学出版社，1990年，第175页。

不可谓勤,宜谥曰灵。"梁国常侍孙霖及肜亲党称枉,台乃
下符曰:"贾氏专权,赵王伦篡逆,皆力制朝野,肜势不得
去,而责其不能引身去朝,义何所据?"克重议曰:"……宜
如前议,加其贬责,以广为臣之节,明事君之道。"于是朝
廷从克议。

在这则议谥过程中,太常博士蔡克议谥为灵,而梁国常侍及其亲党
称枉要求重谥。"台"下符后,①蔡克重新议谥,仍保留前议。此处
的"台"为"尚书台",尚书台下符的内容对蔡克议谥中"肜不能引
身去朝"提出异议,对蔡克所议的谥号没有提出任何疑义。在这则
材料中,尚书台参与了议谥。

东晋明帝时,王敦举兵谋逆,周札、周莚等被害。据《晋书》卷
五八《周处附周札传》载王敦死后,周"札、莚故吏并诣阙讼周氏之
冤,宜加赠谥。事下八坐……"其中,尚书令郗鉴尚书卞壶、司徒王
导对此事进行了讨论。

在《晋书》所记载的八则议谥和驳谥的事例中,六则议谥的
均为礼官。而在评议司马肜的谥号中,尚书台参与其间。尚书台
只是对太常博士所议司马肜生前的行迹提出异议,对其谥号评议
结果没有提出疑义。西晋刘毅、东晋周札的谥事,都曾下八座
议之。

在南朝的相关文献记载中,我们可以看到尚书省官员也参加
了议谥这一程序。《宋书》卷五九《江智渊传》载江智渊:"迁骁骑
将军,尚书吏部郎。……初,上宠姬宣贵妃殷氏卒,使群臣议谥,智
渊上议曰'怀'。上以不尽嘉号,甚衔之。"虽然上述材料记载的是
给贵妃殷氏议谥,也可以从侧面证明尚书省官员参加了刘宋朝的
议谥。

《南齐书》卷四二《王晏传》载王晏为吏部尚书,王俭卒,"礼官
议谥,上欲依王导谥为'文献',晏启上曰:'导乃得此谥,但宋以来,

---

① 祝总斌:《两汉魏晋南北朝宰相制度研究》,中国社会科学出版社,1990年,第170页。

不加素族。'"另外,《梁书》卷五二《止足·陶季直传》载"尚书令王俭以(褚)渊有至行,欲谥为文孝公,季直请曰:'文孝是司马道子谥,恐其人非具美,不如文简。'俭从之。"以上两则材料可以证明南齐时,尚书省官员参与议谥。

《梁书》卷《高祖德皇后郗氏》高祖践阼,追崇为皇后。有司议谥,吏部尚书兼右仆射臣约议曰:"……谨按《谥法》,忠和纯备曰德,贵而好礼曰德。宜崇曰德皇后。"①虽然这则材料是给皇后议谥,也可从侧面证明尚书省官员参与了萧梁朝的议谥。

刘长旭在博士论文《两晋南朝赠官研究》第三章中讨论了两晋南朝赠官的主管机构与关涉机构,认为两晋南朝赠官的主要评议机构是尚书省,同时,门下省和中书省在赠官评议中的作用也不容忽视。其关涉机构/官员有大鸿胪、兰台/谒者台、太常。② 官员死后赠官与给谥,均为官员死后朝廷赐予其的哀荣,在礼制上是紧密相连的。因此,赠官所涉及的机构,给谥时也将要涉及。我们从以上分析的两晋南朝 12 则议谥实例中可以看到,礼官即太常仍主导着官员的议谥,而尚书省官员确实在百官给谥程序中起到了重要的评议作用,但在上述 12 则例子中没有留下门下省和中书省官员参与议谥的痕迹。

二

北魏早期的给谥,我们可以参看《魏书》卷二七《穆崇传》,天赐三年(406)穆崇薨,"及有司奏谥,太祖亲览谥法,至述义不克曰'丁'。太祖曰:'此当矣。'乃谥曰丁公。"虽然我们并不清楚其"有司"的具体指代机构,但北魏建国之初已经建立了百官给谥的程

① 另外,这则材料中"忠和纯备曰德,贵而好礼曰德"不见于《周书·谥法》以及现存的谥法文献,可能和贺琛定妇人谥有关。

② 刘长旭:《两晋南朝赠官研究》,北京师范大学 2002 年博士学位论文,国家图书馆博士论文文库,第 44 - 52 页。

序,这是道武帝亲自给开国功臣穆崇赐谥。《魏书》卷五六《郑羲传》:

> 太和十六年卒,赠帛五百匹。尚书奏谥曰宣,诏曰:"……羲虽宿有文业,而治阙廉清。稽古之效,未光于朝策;昧货之谈,已形于民听。谥以善问,殊乖其衷。又前岁之选,匪由备行充举,自荷后任,勋绩未昭。尚书何乃情遗至公,怨违明典!依谥法:博闻多见曰'文',不勤成名曰'灵'。可赠以本官,加谥文灵。"

此处直接记"尚书奏谥曰宣"而没有太常议谥的痕迹,与《晋书》中礼官奏谥的记载不同。因为郑羲生前的考课行迹与所奏谥号不合,所以尚书奏谥为"宣",孝文帝并没有同意。孝文帝虽对郑羲的文采加以表彰,依谥法"博闻多见"谥其为"文",但对其在官的劣迹也有所考虑,因此复谥其为"文灵"。

《魏书》卷四一《源怀传》载:

> (正始)三年六月(怀)卒,年六十三。……兼吏部尚书卢昶奏:"太常寺议谥曰,怀体尚宽柔,器操平正,依谥法,柔直考终曰'靖',宜谥靖公。司徒府议,怀作牧陕西,民余惠化,入总端贰,朝列归仁,依谥法,布德执义曰'穆',宜谥穆公。二谥不同。"诏曰:"府、寺所执,并不克允,爱民好与曰'惠',可谥惠公。"

太和二十年(496),源怀出为长安镇将、雍州刺史,在任内"清俭有惠政,善于抚恤,劫盗息止,流民皆相率来还",由于这些政绩,源怀在翌年"复拜殿中尚书,加侍中,参都曹事。"也正因此,他在死后得到美谥。值得注意的一点是,在源怀的谥议中,除太常寺的官员议谥外,司徒府的官员参与了"议"的环节。这是自《后汉书·百官志》载司徒"养生送死之事,则议其制,建其度"后,第一次在文献中出现司徒府参加谥议。两个机构分别根据谥法和源怀的在官行迹,议谥为"靖"和"穆"。太常寺、司徒府议谥结果的不一致,导致尚书省官员将不同的议谥结果奏请君主,由君主定夺后赐谥"惠"①。

《魏书》卷六八《甄琛传》记载了北魏官员请谥的程序:

> 正光五年冬(琛)卒。……赠司徒公、尚书左仆射,加后部鼓吹。太常议谥"文穆"。吏部郎袁翻奏曰:"案礼:谥者,行之迹也;号者,功之表也;车服者,位之章也。是以大行受大名,细行受细名。行生于己,名生于人,故阖棺然后定谥。皆累其生时美恶,所以为将来劝戒,身虽死,使名常存也。凡薨亡者,属所即言大鸿胪,移本郡大中正,条其行迹功过,承中正移言公府,下太常部博士评议,为谥列上。谥不应法者,博士坐如选举不以实论。若行状失实,中正坐如博士。"

依尚书吏部郎袁翻所言,当时官员给谥的程序为:在官员死后,由死者的子孙或僚属向大鸿胪卿正式提出赐谥的请求;大鸿胪卿受理这种请求后,要求官员所属郡的大中正提供此人的"行状";中正将行状移交到司徒府;而后交至太常寺,太常卿、太常博士根据行状评议此人的谥号。

从袁翻所述和源怀谥议的具体事例,可以看到本郡大中正提供官员的行状,而后交至司徒府审核行状的真伪后下太常寺议谥;司徒府还参与议谥的具体过程。② 而尚书省官员并没有参与到官员谥号的评定。

《后汉书》卷六四《史弼传》在"裴瑜官至尚书"句下注引"先贤行状":"瑜字雉璜。聪明敏达,观物无滞,清论所加,必为成器,丑议所指,没齿无怨也"。《后汉书》卷七八《宦者·吕强传》:"旧典

---

① 源怀的谥号为"惠",《魏杨君妻源显明墓志》:"父讳怀,魏故特进骠骑大将军尚书令司徒公冯翊郡开国公谥曰惠。"见赵超平《邙洛碑志三百种》,中华书局,2004年。

② 虽然没有直接的材料证实曹魏、两晋司徒府参与了官员谥号议评的程序,但从《后汉书》所记司徒的职掌和中正设置的时间,我们有理由认为从曹魏、西晋起,司徒府便参与了官员谥号评议的程序。

选举委任三府,三府有选,参议掾属,咨其行状。"同书卷八一《独行·范式传》:"长沙上计掾史到京师,上书表式行状,三府并辟,不应。"长沙吴简也谈到"私学"的"状"①,即当时的人生前已有行状。《文心雕龙》卷五《书记》:"状者,貌也。体貌本原,取其事实,先贤表谥,并有行状,状之大者也。"从《后汉书》《三国志》注引《先贤行状》中30人的行状片段看,行状包括本人的姓名、籍贯、乡论清议对本人的评价、本人的官职、在官的事迹等。我们现在虽已看不到北魏时官员的行状,但北魏的行状格式可能与三国时期的行状没有大的区别。从袁翻所述"礼法"可以看到,行状出于本郡大中正。而到北魏中后期,随着中正职能的转变,行状并不出自中正之手。《故使持节散骑常侍太常卿尚书都督雍州诸军事抚军将军豫雍二州刺史文烈公韦使君墓志铭》中明确记载韦彧死后,"长子彪与吏民谨上行状"②;《魏书》卷八四《儒林·刁冲传》:载刁冲卒后,"国子博士高凉及范阳卢道侃、卢景裕等复上状陈冲业行。"上引《甄琛传》也指出:

> 袁翻奏曰:"今之行状,皆出自其家,任其臣子自言君父之行,无复相是非之事。臣子之欲光扬君父,但苦迹之不高,行之不美,是以极辞肆意,无复限量。观其状也,则周孔联镳,伊颜接轸;论其谥也,虽穷文尽武,罔或加焉。然今之博士与古不同,唯知依其行状,又先问其家人之意,臣子所求,便为议上,都不复斟酌与夺,商量是非。致号谥之加,与泛阶莫异,专以极美为称,无复贬降之名,礼官之失,一至于此!"

时任尚书吏部郎的袁翻指出,到北魏后期,行状并非出自中正之手,而"皆出自其家",或是死者的子孙,或是死者生前的僚属。就

---

① 王素、宋少华:《长沙走马楼三国吴简的新材料与旧问题——以邸阁、许迪案、私学身份为中心》,《中华文史论丛》,2009 年第 1 期。
② 周伟洲、贾麦明、穆小军:《新出土的四方北朝韦氏墓志考释》,《文博》,2000 年第 2 期。

连甄琛的行状,也不是出于本州中正。《北史》卷四三《邢峦附臧传》载:"臧和雅信厚,有长者之风,为时人所爱敬。为特进甄琛行状,世称其工。"时邢臧为安东将军、濮阳太守,并没有任中正的行迹,甄琛的行状却出于邢臧之手。而且,邢臧这篇被世人称赞的文辞优美的行状,却受到尚书吏部郎袁翻的质疑,从而导致尚书吏部郎参与到驳谥的过程:

> "案甄司徒行状,至德与圣人齐踪,鸿名共大贤比迹,'文穆'之谥,何足加焉。但比来赠谥,于例普重,如甄琛之流,无不复谥。谓宜依谥法'慈惠爱民曰孝',宜谥曰孝穆公。自今已后,明勒太常、司徒有行状如此,言辞流宕,无复节限者,悉请裁量,不听为受。必准人立谥,不得甚加优越。复仍踵前来之失者,付法司科罪。"从之。

太常依据邢臧所写的行状,议谥为"文穆"。但掌握官员考课和考簿的吏部郎袁翻却认为邢臧所写"言词流宕、无复节限",其行状与甄琛任官的考绩并不一致,因此,袁翻驳甄琛之谥号为"孝穆"。

按照袁翻所述的给谥程序,尚书省的官员不参与官员谥法的初步评定。但在实际谥号的评定当中,尚书省官员参与驳谥的程序。上例便是掌握官员任命、考课、迁转的尚书吏部郎袁翻因为甄琛行状的失实,参与了驳谥的过程。

而在实际的谥法初步评定过程中,尚书省官员也参与其中。《魏书》卷八九《酷吏·羊祉传》记载了羊祉死后谥法的讨论:

> 太常少卿元端、博士刘台龙议谥曰:"祉志存埋轮,不避强御。及赞戎律,熊武斯裁,仗节抚藩,边夷识德,化沾殊类,襁负怀仁。谨依谥法,布德行刚曰'景',宜谥为景。"侍中侯刚、给事黄门侍郎元纂等驳曰:"臣闻惟名与器,弗可妄假,定谥准行,必当其实。案祉志性急酷,所在过威,布德罕闻,暴声屡发。而礼官虚述,谥之为'景',非直失于一人,实毁朝则。请还付外准行,更量虚实。"灵太

后令曰:"依驳更议。"元端、台龙上言:"窃惟谥者行之迹,状者迹之称。然尚书铨衡是司,厘品庶物,若状与迹乖,应抑而不受,录其实状,然后下寺,依谥法准状科上。岂有舍其行迹,外有所求,去状去称,将何所准?检祉以母老辞藩,乃降手诏云:'卿绥抚有年,声实兼著,安边宁境,实称朝望。'及其殁也,又加显赠,言祉诚着累朝,效彰内外,作牧岷区,字萌之绩骤闻。诏册褒美,无替伦望。然君子使人器之义,无求备德。有数德优劣不同,刚而能克,亦为德焉。谨依谥法,布德行刚曰'景',谓前议为允。"司徒右长史张烈、主簿李玚刺称:"案祉历宦累朝,当官之称。委捍西南,边隅靖遏。准行易名,奖诚攸在。窃谓无亏体例。"尚书李韶又述奏以府寺为允,灵太后可其奏。

在《魏故镇军将军兖州刺史羊公(祉)墓志铭》①中,详细记载了羊祉的历官经历,并全文记录了死后朝廷所给羊祉的册文。相较而言,本传所载的历官事迹更为客观。如《魏书·羊祉传》载羊祉为司空令辅国长史②时,侵盗公资,私营居宅,有司案之抵死,孝文帝特恕远徙。而墓志铭中却将此事的结果转变为"师徒失律,公独亡□"。宣武帝时,羊祉为龙骧将军、秦梁二州刺史,加征虏将军。天性酷忍,坐掠人为奴婢,为御史中尉王显所弹免。墓志铭上也没有记载此事。

羊祉死后,太常少卿元端、太常博士刘台龙依其行状,议谥为"景";而门下省官员以羊祉任官的行迹为准,认为谥"景"过于溢

① 墓志录文见周郢《新发现的羊氏家族墓志考略》,《周郢文史论文集》,山东文艺出版社,1997年,第46—80页。又见罗新、叶炜《新出魏晋南北朝墓志疏证》,中华书局,2005年,第78—82页。
② 魏收:《魏书》卷八九校勘记[四](中华书局,1974年):"为司空令辅国长史,按司空属官无令。'令'字疑衍,意谓以辅国将军为司空长史。但亦晦涩,或有讹脱。"而根据《魏故镇军将军兖州刺史羊公(祉)墓志铭》:"□想年□,开辅国大将军府,国栋时□,民□长□",笔者认为羊祉当时的官职是司空、辅国大将军的属官"长史"。

美,对太常寺所议谥号提出封驳。灵太后下令"依驳更议",之后太常寺、司徒府、尚书省的官员参与了议谥过程。太常少卿元端、博士刘台龙在重新议定羊祉谥号时所言"窃惟谥者行之迹,状者迹之称。然尚书铨衡是司,厘品庶物,若状与迹乖,应抑而不受,录其实状,然后下寺,依谥法准状科上",道出了尚书实际参与了谥号的初步评定。此处"尚书"指尚书省官员无疑。元、刘指出,在行状递交之后,"铨衡是司"的尚书省官员若发现行状与官员实际的历官行迹相乖左的话,应该"抑而不受",眷录其实际的历官行迹,而后下太常寺议谥。因此依元、刘二人所言行状递交给的是"尚书省",而与袁翻所述礼法行状交由"公府"(司徒府)不同。太常寺驳议认为:太常寺议谥根据的行状,是尚书省据官员的考簿审核后移送到太常寺的,行状与考簿相符与否应该由尚书省负责,太常寺只根据递交上来的行状、谥法来定谥。而且,在羊祉任官之时,他的考簿记载与朝廷给他的评价(灵太后的手诏)就大相径庭;在他死后,朝廷给羊祉的册文,满篇尽是赞誉之词,对羊祉"酷忍""侵盗公资""掠人为奴婢"的德、行只字不提。因此太常寺根据灵太后的手诏和羊祉死后朝廷对他的褒美之辞,仍坚持前谥"景"。而且司徒府的官员(司徒右长史、主簿)也参与了议谥这一程序,认为谥"景"无亏体例。尚书李韶总结太常寺、门下省、司徒府议谥和驳谥的结果后,向灵太后奏谥"景"。因此才有墓志铭中"寻诏以旧□未崇,迁镇东将军,谥曰景"的记载。

《北史》卷五六《魏收附质传》所载北齐时期魏质谥号评定一事也值得注意。魏质卒于兴和二年(540),"侍中李俊、秘书监常景等三十二人申辞于尚书,为请赠谥。事下太常,博士考行,谥曰贞烈先生。"魏质生前虽无官职,但"通诸经大义""生徒辐凑",死后侍中、秘书监等官员申辞于尚书省请求赠谥,而不是直接上书鸿胪寺请谥,由此可见北齐时期尚书省在谥号评定中所起的作用。

《隋书》卷七七《隐逸·李士谦传》载李士谦卒于开皇八年(588),"乡人李景伯等以士谦道著丘园,条其行状,诣尚书省请先生之谥,事寝不行,遂相与树碑于墓。"李士谦在隋朝无官职,因此,乡人条列其行状向朝廷请"先生"之谥,虽然最后并没有得到赐谥,但最引人注意的一点是乡人"诣尚书省请先生之谥",也不是直接上书鸿胪寺请谥,这与北齐"申辞于尚书,为请赠谥"是相同的。此事也足以证明隋朝尚书省在谥号评定中的作用。魏质和李士谦二人的事例,可以直接证明北齐、隋朝生前无官职的人请"先生"之谥,是必须首先诣尚书省,而非鸿胪寺。

在两晋南朝时期,尚书省官员参加了百官给谥程序中"议谥"这一环节。而在上引北魏时期郑羲、源怀、甄琛、羊祉死后谥法评议的讨论中,我们可以看到,北魏官员谥号的评议过程中,尤其是在北魏中后期,虽然官员谥号评定的程序为:在官员死后,由死者的子孙或僚属向大鸿胪卿正式提出赐谥号的请求;大鸿胪卿受理这种请求后,要求官员所属郡的大中正提供此人的"行状";中正将行状移交到司徒府;而后下交太常寺,太常卿、太常博士根据行状评议此人的谥号。尚书省官员好像并没有参与官员谥号的评定。但在实际的谥号评定过程中,尚书省负责审核行状的真伪,确定行状的记载与考簿的记载一致之后,将行状交与太常寺,太常卿、太常博士根据行状评议此人的谥号;当官员的谥号与其生前考课行迹不一致时,尚书省的官员依照官员生前的考课行迹,对礼官评议的谥号进行驳议,太常寺、司徒府等机构的官员共同参与其中。而北齐魏质和隋朝李士谦二人请谥,更直接证明北齐、隋朝生前无官职的人请"先生"之谥,是必须首先诣尚书省,而非鸿胪寺。

另外,在评定谥法的实际操作过程中,首先,行状并不由中正拟定,而是出于死者后人和佐吏之手,辞多溢美,言多不实,导致行状与官员生前历官德行不符;第二,尚书省(或司徒府)对官员门生、吏属所写的行状审核不严,发现与行迹迥异的行状并没有驳回,而是直接移送至太常寺,这样太常寺依照不实行状所议之谥,亦将不实;第三,朝廷出于某些目的有意回避、庇护臣下的过错,以至于官员的历官行迹与朝廷对他的评价存在差异,这种矛盾直接影响府寺评议谥号时所据标准,导致谥法不公;第四,官员历官行迹中,不仅仅有清廉的一面,也难免有贪、淫的劣行,单谥并不能全面反映官员一生的行迹,因此,谥号多是美谥或平谥;即使生前得到的是丑谥,在墓志铭中,后人出于为死者讳的目的,也将匿而不书。①

　　唐朝的官员谥号评议过程在很大程度上吸取了两晋南北朝的经验,尤其受到北魏的影响。杜佑《通典》卷一○四《单复议议》载:"大唐之制,太常博士掌凡王公以下拟谥,皆迹其功德而为之褒贬。诸谥职事官、三品以上散官,佐吏录行状,申考功勘校,下太常拟谥记,申省,议定奏闻。"吴丽娱先生根据《天圣令·丧葬令》第22条、《唐六典》、《通典》相关记载复原了唐代的有关规定:"诸谥,王公及职事官三品以上、散官二品以上身亡者,其佐吏录行状申考功,考功责历任勘校,下太常寺拟谥讫,覆申考功,于都堂集省内官议定,然后奏闻。赠官同职事。"②凡职事官三品以上散官二品以上官员死后,由佐吏录其行状,申报考功司。考功司隶属于尚书省吏部尚书,设考功郎中1人,考功员外郎1人,主事3人,令史13人,书令史25人,掌固4人,负责内外文武官员的考课。考功司依照"四善二十七最"的标准,每年对应考之官的功过行能进行考核,而定上上、上中、上下、中上、中中、中下、下上、下中、下下9等。史籍保留了唐朝官员的行状,李翱《李文公集》卷一一记录了韩愈、徐申等人的行状。《故正议大夫行尚书吏部侍郎上柱国赐紫金鱼袋赠礼部尚书韩公(愈)行状》:

　　　"曾祖泰皇任曹州司马,祖浚素皇任桂州长史,父仲
　　卿皇任秘书郎赠尚书左仆射。公讳愈,字退之。昌黎某

---

　　① 魏收:《魏书》郑羲本传中记其谥号为"文灵",而在墓志铭上,却只有"文"的记载。见《八琼室金石补正》卷一四《北魏三·魏故中书令秘书监使持节督兖州诸军事安东将军兖州刺史南阳文公郑君(羲)碑》,《石刻史料新编》第6辑,新文丰出版公司印行,第4210页。
　　② 吴丽娱先生对这条的复原,详见天一阁博物馆、中国社会科学院历史研究所天圣令整理课题组校证:《天一阁藏明抄本天圣令校证附唐令复原研究》之《唐丧葬令复原研究》,中华书局,2006年,第691页。

人。……谨具任官事迹如前,请牒考功,下太常定谥。并牒史馆,谨状。"

同卷《唐故金紫光禄大夫检校礼部尚书使持节都督广州诸军事兼广州刺史兼御史大夫充岭南节度营田观察制置本管经略等使东海郡开国公食邑二千户徐公(申)行状》:

"曾祖仁彻,隋吉州太和县丞。祖玄之皇考功员外郎赠吏部郎中谏议大夫。考义皇汾州司户参军,赠信州刺史、京兆府万年县青盖乡交原里东海徐公,年七十一。公讳申,字维降,东海剡人。……谨具历官行事如前,伏请牒,太常编录,谨状。"

从以上两篇行状可以看出,唐代行状的内容包括官员曾祖、祖父、父亲三代的官职,官员自身的任官经历和在任的政绩。最后以"谨具任官事迹如前,请牒考功,下太常定谥。并牒史馆,谨状"等公文文字结尾。考功司根据官员以往考课的记录,勘查核实行状所言官员的履历功过,然后才能转送太常寺议谥。这一点无疑直接受到北魏的影响。

(2012 年第 2 期)

东晋十六国南北朝之疆域及其分析

胡阿祥

　　中国历史上的东晋十六国南北朝时期,由于非汉民族因素的强力介入中原地区,又由于地方行政制度演变造成的尾大不掉、干弱枝强①,导致这280余年间,政权兴替之频繁、疆域变动之复杂,既远胜此前分裂的三国时代,也胜过此后分裂的五代十国时代。作为"五胡"入主中原、汉族退守南方、南北对峙为主、间以东西对峙与三方甚至多方并立的典型、代表时代,此期相关政治地理问题的探讨,对于理解"合久必分,分久必合"的多民族的中国历史,可谓颇具学术意义。唯此题牵涉甚广,头绪繁多,兹先就当时之基本疆域范围与各别政权的疆域变动稍作说明与分析。

　　在进入正题之前,有必要简单交代疆域的定义。所谓疆域,指国家或政权实体的境界所能达到的范围,即实际占有的、控制的地域。② 在中国古代,一般来说,国家或政权实体的直辖领地即设立正式政区③的地域,可以认作是该国或该政权实体的基本疆域范围;间接控制或联系的地区,则情况较为复杂。在设置了特殊政区

---

　　① 如《续汉书·百官志》刘昭注:"大建尊州之规,竟无一日之治。……汉之殄灭,祸源乎此。及臻后代,任寄弥广,委之邦宰之命,授之斧钺之重,假之都督之威,开之征讨之略。……牧镇愈重,据地分争,竟覆天下。"

　　② 本文所谓"疆域",不完全等同于现代的"领土"。现代"领土"概念与历史"疆域"概念的主要差别,详葛剑雄《中国历代疆域的变迁》《引言》中的讨论,中共中央党校出版社,1991年。

　　③ 这类政区有正式的、分级的行政机构,固定的或经常性的政府驻地,明确的管辖范围,对范围内的人民登记户籍、征集赋役和执行法律。最高统治者拥有对内对外的全部权力。

或羁縻政区①的边远地区、新控制或新占领的地区、非汉族或非本族聚居的地区,虽然或部分控制,或不能稳定地控制,或控制力量不及正式政区,但因主权仍较明确,所以可以认为属于该国或该政权实体的疆域范围。而诸如称臣纳贡的属国②,制度相似或文化类同但无政治主从关系的地区,则都不能划入该国或该政权实体的疆域之内。当然,更不能以民族的分布来划定疆域③。总之,疆域是一个政治概念,其判定标准也应当是政治标准,即政治上的服从与一致,有效的占领或控制;应以其实质为断,而不能只看名义。

一、东晋十六国南北朝的基本疆域范围

东晋十六国南北朝的基本疆域范围,基础于统一西晋。统一西晋的基本疆域范围,合曹魏、蜀汉、孙吴三国为一,并无增减;在此范围之外,则是不属于中原王朝以及历史中国的部族或民族及其政权。④ 以下即以西晋太康三年(283)正式政区的四至范围为参照对象,切出若干变化比较明显的断限年份,按照现行的政区与地名,表述东晋十六国南北朝之总体的基本疆域四至范围(见表1),以见其时中原王朝诸多政权或国家的主要地理"舞台"。⑤

---

① 一般其管理比较松散,减免部分或全部赋税,不进行经常性的户籍登记。其中特殊政区的长官由中央或上一级政府任命,当条件成熟后,也会改为正式政区;而羁縻政区则表现为以军事和政治的压力加以控制,以经济和物质的利益给予抚慰,政府一般不派遣行政官员,也不征收赋税徭役。

② 多为名义上的归属,与外国并无二致。如东晋南朝时的林邑国、427年迁都平壤后的高句丽,有自己完整的国家机构,内政外交自主,尽管向东晋南朝、南北朝称臣纳贡,也不能认作是疆域范围。

③ 恩格斯在《致"共和国"周报编辑》中指出:"没有一条国家分界是与民族的自然分界线,即语言的分界线相吻合的。"见《马克思恩格斯全集》第16卷,人民出版社,1972年。

④ 关于"中原王朝""历史中国"概念的讨论,详见胡阿祥《伟哉斯名——"中国"古今称谓研究》第五章,湖北教育出版社,2000年。

⑤ 表1主要依据资料为中国社会科学院科研局主办、谭其骧总编辑《中国国家历史地图集》"秦以后疆域政区王朝部分图组·编例"(1987·内部资料)。

表1　东晋十六国南北朝总体的基本疆域四至范围

年份	正式政区的四至范围
283 年	北至宁夏南部、甘肃东部、山西北部和内蒙古呼和浩特市、集宁市以南,河北北部和内蒙古赤峰市以南;东北至今韩半岛汉江之北;东部至海;西北有今甘肃全省、内蒙古额济纳旗、青海湟水流域、河曲地区;西南有四川中部、云南省;南有海南岛及越南中、北部(北纬16线以北)。
327 年	南、东、西同上。北与东北内缩,有今阴山以南河套地区,山西内长城以南,北京、天津两市(包括郊县)及其以西的河北省地区。
366 年	北、西、南、东同上。东北有今辽宁朝阳、阜新、抚顺、本溪、丹东等市县以南、以西;西北至今新疆吐鲁番盆地。
382 年	西北、南、西、东、东北同上。北至阴山(包括今狼山、大青山)。
409 年	北、西北、西、南、东同上。东北内缩,今辽宁只有辽河以西,建平、朝阳、阜新等市县以南。
464 年	北、东北、东、西同上。西北有今新疆哈密,南至今越南横山。
546 年	西、南、东及东北今辽宁地区同上。西北有今甘肃、宁夏及青海湟水流域、河曲地区;北有今陕西北部,山西内长城稍北,河北内长城以南,河北拒马河及北京市长城以南。
553 年	西南的今贵州湄潭、凯里、荔波以西,广西田林、凤山、河池以西北及云南省在羁外,为爨氏所有,其余同上。
572 年	西北至今甘肃,青海湟水流域、河曲地区;北至河套及山西、河北两省外长城一线及北京市(包括郊县);东北有今河北滦平、隆化与辽宁建平、朝阳、义县、锦州以南、以西地区,其余同上。
589 年	西北有今甘肃省、内蒙古额济纳旗、青海湟水流域及河曲地区;北至阴山(包括今狼山、大青山)及山西、河北外长城以及北京长城一线;东北有今河北兴隆以东的长城和榆关以西地区;西南至今云南省;南有今海南岛及越南的北纬18稍南一线以北。

对表1稍加分析,起码对于立足中原的十六国北朝与东晋南朝而言,这都是一个并非外拓的时代,在边地民族政权的压力下,中原王朝的疆域范围总体呈现收缩的态势。以东北、西南与南部为例,高句丽的向南发展与契丹势力的膨胀,导致了中原王朝疆域从汉江以北一线逐渐收缩到了辽河以东以至大凌河以东;西南地方,东晋、宋、齐、梁虽置宁州,但主要被以大姓爨氏为首的土著势

力控制,侯景之乱后,宁州更为爨氏割据,于是梁太清二年(549)
后,中原王朝遂不能有宁州之地;又南疆交州的南端,因与林邑接
壤而进退不定,而且总体呈现向北退缩之势。

相对于外拓的乏力,十六国的混战、北魏的统一、东魏北齐与
西魏北周的对抗、东晋南朝的防守,以及十六国北朝的南征、东晋
南朝的北伐,着意于中原的这诸多政权,此起彼伏、攻伐攘夺、互争
雄长,所以对于中原王朝而言,这是一个风起云涌乃至血雨腥风的
内竞时代,内竞又不断改变着各别政权的政治地理版图,疆域盈
缩、疆界变动因此极为繁复。

二、东晋十六国南北朝各别政权的疆域

东晋十六国南北朝各别政权的疆域盈缩、疆界变动,难以在本
文中作详细的叙述。如以东晋一朝为例,疆域广狭无常,所谓"其
蹙境也,始于咸和,甚于宁康,再甚于隆安;其拓疆也,肇于永和,再
振于太元,大启于义熙。其朝南暮北,旋有旋亡者,虽巧术不能算
也"[1];对此"巧术不能算也"的东晋疆域,笔者在《六朝疆域与政区
研究》[2]书中,依据《资治通鉴》、相关正史纪传及地理志、清人有关
补志补表舆图等,花费约两万言,方才略述了其大致情形及重要史
实。考虑及此,下面仅据唐人杜佑《通典·州郡典一》(东晋南朝疆
域部分)与清人顾祖禹《读史方舆纪要》卷三、卷四(十六国北朝疆
域部分)的大致总结,制作稍备对照意味的"疆域表"于下(见
表2),以见各别政权的疆域大概,并为下节的相关分析张目:

---

① 洪亮吉:《东晋疆域志·序》,《二十五史补编(三)》,中华书局,1955年。
② 胡阿祥:《六朝疆域与政区研究》,西安地图出版社,2000年。

表2 东晋南朝(附后梁)与十六国北朝疆域对照

东晋南朝疆域(附后梁)	十六国北朝疆域
东晋(317—420):永嘉南渡,境宇殊狭,九州之地有其二焉。初,元帝命祖逖镇雍丘,逖死,北境渐蹙。于是豫、青、兖、冀四州及徐州之半,陷刘曜、石勒,以合肥、淮阴、寿阳、泗口、角城为重镇。成帝时,鄣守将退屯襄阳,穆帝时,平蜀汉,复梁、益之地。又遣军西入关,至灞上,再北伐,一至洛阳,一至枋头,所得郡县,军旋又失。洎苻坚东平慕容暐,西南陷蜀汉,西北克姑臧,则汉水、长淮以北,悉为坚有。及坚败,再复梁、益、青、徐、兖、豫之地,其后青、兖陷于慕容德,豫、司陷于姚兴,以彭城为北境藩扞。后益、梁又陷于谯纵。每因刘、石、苻、姚衰乱之际,则进兵屯戍于汉中、襄阳、彭城,然大抵上明、江陵、夏口、武昌、合肥、寿阳、淮阴,常为晋氏镇守,义熙以后,又复青、兖、司、豫、梁、益之地,而政移于宋矣。 宋(420—479):宋武帝北平广固,西定梁、益,又克长安,尽得河南之地。长安寻为赫连勃勃所陷,至废帝荥阳王景平中,虎牢以西,复陷于后魏。初,文帝元嘉中遣将北伐,水军入河,克魏碻磝、滑台、虎牢、洛阳四城,其后又失。又分军北伐,西军克弘农、开方二城,以东攻滑台不克,而平碻磝,守之,寻皆败退。于是后魏主太武总师,经彭城临江,屯于瓜步,退攻盱眙,不拔而旋。明帝时,后魏又南侵淮北,青、冀、徐、兖四州及豫州西境悉陷没,则长淮为北境,侨徐、兖于淮南,立青冀二州,寄治赣榆。其后十余年而宋亡。然初强盛也,南郑、襄阳、悬瓠、彭城、历城、东阳,皆为宋氏藩扞。	前凉(301—376):盛时,尝南逾河、湟,东至秦、陇,西包葱岭,北暨居延。 汉—后赵(304—329):盛时,其地东不过太行,南不越嵩、洛,西不踰陇坻,北不出汾、晋。 成—汉(304—347):盛时,东守三峡,南兼僰、爨,西尽岷、邛,北据南郑。 代(315—376):什翼犍代立,国益强,东自濊貊,西及破落那,南距阴山,北尽沙漠,悉皆归服。 后赵(319—351):盛时,其地南逾淮、汉,东滨于海,西至河西,北尽燕、代。 前燕(337—370):盛时,南至汝、颍,东尽青、齐,西抵崤、黾,北守云中。 冉魏(350—352):同后赵。 前秦(350—394):盛时,南至邛、僰,东抵淮、泗,西极西域,北尽大碛。 后秦(384—417):盛时,其地南至汉川,东逾汝、颍,西控西河,北守上郡。 后燕(384—407):盛时,南至琅邪,东迄辽海,西届河、汾,北暨燕、代。 西燕(385—394):有上党、太原、平阳、河东、乐平、新兴、西河、武乡八郡地。 西秦(385—431):盛时,其地西逾浩亹,东极陇坻,北距河,南略吐谷浑。 后凉(386—403):初有前凉旧壤,其后大削,姑臧而外惟余仓松、番禾二郡而已。 南凉(397—414):盛时,东自金城,西至西海,南有河、湟,北据广武。

东晋南朝疆域（附后梁）	十六国北朝疆域
齐(479—502)：齐氏，淮北之地所以全少，青州治朐山，冀治连口，豫治寿春，北兖治淮阴，北徐治钟离，又置巴州，治巴东郡。其余州郡，悉因宋代。其后频为后魏所侵，至东昏永元初，沔北诸郡，相继败没。又遣军北伐，败于马圈，退屯盆城，又失寿春，后三年，齐亡。始全盛也，南郑、樊城、襄阳、义阳、寿春、淮阳、角城、涟口、朐山为重镇。	南燕(398—410)：南燕之地，东至海，南滨泗上，西带巨野，北薄于河。
	西凉(400—421)：有郡凡七，最为弱小。
	北凉(401—439)：盛时，西控西域，东尽河、湟，前凉旧壤几奄有之。
	后蜀(405—413)：谯纵之地，北不得汉中，南不踰邛、僰。
梁(502—557)：武帝受禅，数年即失汉川及淮西之地，其后诸将频年与魏军交战于淮南淮北，互有胜负。虽得悬瓠、彭城，俄而又失。又克寿春。中大通初，大举北伐，淮北城镇，相次克平，直至洛阳，暂为梁有。其后又复汉中。至东魏将侯景以河南地降，逆乱相寻，有名无实。及景平后，江北之地，悉陷高齐，汉川、蜀川没于西魏。大抵雍州、下溠戍、夏口、白苟堆、碛石城、合州、钟离、淮阴、朐山为重镇。	夏(407—431)：盛时，南阻秦岭，东戍蒲津，西收秦、陇，北薄于河。
	北燕(407—436)：袭燕旧壤之一部。
	北魏(386—534)：后魏起自北荒。道武珪克并州，下常山，拔中山，尽取慕容燕河北地。明元嗣时，渐有河南州镇。太武焘西克统万，东平辽西，又西克姑臧，南临瓜步。献文之世，长淮以北悉为魏有。孝文都洛，复取南阳。宣武恪时又得寿春，复取淮西，续收汉川，至于剑阁。于是魏地北逾大碛，西至流沙，东接高丽，南临江、汉。殆胡后内乱，六镇外挠，尔朱构祸，国分为二，而魏亡矣。
	东魏(534—550)：有洛阳以东的原北魏疆域。
后梁(555—587)：萧詧虽承梁祀，所得者仅江陵三百里，又称臣于魏，比诸附庸。	西魏(535—557)：有洛阳以西的原北魏疆域及益州、襄阳等地。
陈(557—589)：陈氏比于梁代，土宇弥蹙，西不得蜀汉，北失淮肥，以长江为境。宣帝太建中，频年北伐，诸将累捷，尽复淮南之地。更经略淮北，大破齐军于吕梁。及旋师，属高齐国亡，又总军北伐，至吕梁，周军来拒，	北齐(550—577)：高欢起自晋州，东有殷、冀，遂灭尔朱，劫魏迁邺，覆其宗嗣。于是河北自晋州东，河南自洛阳东，皆为齐境。（此专举周、齐分界言之。齐天保中其地北界沙漠，东滨海。又梁侯景之乱，遣江略地，南至于江。）高纬时，陈人取淮南地，周师拔河阴，拔平阳，而齐遂亡。

东晋南朝疆域（附后梁）	十六国北朝疆域
又大破之。旋为周军所败，悉虏其众，自是江北之地，尽没于周，又以长江为界。及隋军来伐，遣将守狼尾滩、荆门、安蜀城、公安、巴陵以下，并风靡退散，隋军自采石、京口渡江而平之。	北周（557—581）：宇文周起自高平，拥有关、陇，魏主西奔，渐移其社。于是河南自洛阳之西，河北自晋州之西，皆为周境。文帝泰既西并梁、益、南克江、汉，武帝邕又东并高齐，兼取陈淮南地。杨坚以内戚擅权，遂易周祚。取梁并陈，天下为一。

三、东晋十六国南北朝各别政权疆域变动的初步分析

就表2所示之东晋十六国南北朝各别政权的疆域盈缩与范围及疆界变动概况进行归纳，可以显示出一些带有规律性的事实，并进而分析这些事实背后的影响因素。

其一，对立政权之间的征伐与争战是疆域变动的直接原因。

东晋十六国南北朝280余年间，五胡入主，中原板荡，彼此蚕食与鲸吞，兴灭不休；而自晋室南渡以后，东晋南朝虽偏安江左，却也与十六国北朝相互征伐。至于政权之间边境线上的争城掠地，更是少有间断。诸如此类，使得各别政权的疆域屡有盈缩。

以东晋南朝为例，其北部疆界（关中、河南、青齐、江汉、江淮）与西部疆界（汉中、巴蜀）的变动最为明显，而且总的趋势是越变越南、越变越东，于是疆域越变越小。这种变动，联系着边境线上的反复拉锯、你降我叛，更主要者，则是由东晋南朝的北伐西征与十六国北朝的南征东进之成败引起的。如东晋屡次北伐西征，以争北方失地与西部梁益，所以"试即全晋十有九州论之，始终梗化者惟秦、并、冀、幽、平五州，雍则兵威所加而不能守，凉则职贡所通而不能有。……若夫青、梁、益、宁之始陷卒复，司、兖、豫之时得时失，即扬之江西、徐之淮北、荆之沔中，亦间

或沦陷";①南朝较大规模的北伐也有十多次,以争中原、淮北、淮西、淮南、江北、汉沔、汉中等地,但最终都难以持久、归于失败,疆域因此而有较大的内缩。又总东晋南朝论,东晋初年与淝水战前疆域甚小,东晋末年疆域最大,南朝疆域则大体"伸于宋,屈于齐,赢于梁,缩于陈"。②

与东晋南朝相对应,十六国北朝除了与东晋南朝接壤的南部疆界以及西部疆界外,又加上了与北方及西部边地民族政权③接壤的北部疆界(如辽河流域、阴山南北、河套地区)、西部疆界(如河湟、河曲、河西等地区)。笔者曾经指出:"北魏立国的艰难又有过于南朝。北魏处于蒙古高原以及西域、东北的民族与南朝政权的夹击之中,它既要防南,又要守北。"④北魏如此,十六国、东西魏、北齐周也不例外,而且它们相互之间更多对抗,因而十六国北朝来自内部与周边的各种征伐与争战引起的疆域变迁更形繁杂。

以"十六国中,为最盛焉"⑤的前秦为例,其疆域的开拓与崩溃颇具代表意义。晋永嘉乱后,世为氐帅的略阳临渭人苻洪被族人推为盟主,先后归前赵刘曜、后赵石虎。石虎迁徙秦、雍州民及氐羌十余万户于关东,苻洪被任为流民都督,率二万户居枋头。枋头18年(333—350),是这支氐人依违于各种势力之间、积聚与锻炼力量的时间。及苻洪子苻健西归,关中氐人纷起响应,苻健遂进入长安,据有关陇,建国大秦。357年,苻健弟苻雄之子苻坚杀苻健子苻生自立,用王猛为相,秦国大治,并迅速开疆拓土;370年东灭前燕;373年西南取东晋梁、益二州,邛、筰、夜郎等西南诸夷悉附;376年,西灭前凉、北向灭代。此后,又陷东晋襄阳、顺阳、彭城、南阳、魏兴等郡,于是前秦南境抵淮水——武当山——大巴山——长江

① 钱大昕:《东晋疆域志·序》,《二十五史补编(三)》,中华书局,1955年。
② 重野安绎、河田罴:《支那疆域沿革略说·第八图》,富山房,1903年。
③ 重要者先后有东北的高句丽、契丹、库莫奚,蒙古高原的鲜卑、柔然、突厥,西部的吐谷浑等。
④ 胡阿祥:《关于〈拓跋宏评传〉的审稿意见》,《南京大学中国思想家评传丛书〈动态信息〉》,第84期,1996年。
⑤ 顾祖禹:《读史方舆纪要》,中华书局,2005年,第129页。

（今重庆市境与四川省境）一线以北。是时,前秦疆域最大而东晋疆域最小。然而,383 年苻坚举全国之力、志在灭晋的淝水之战溃败,本来单纯依靠军事征服维系着的鲜卑、羌、匈奴等族趁时纷起,割据建国,北方统一之局迅速瓦解;东晋则趁淝水大捷北伐西征,至 385 年,徐、兖、青、司、豫、梁、益七州之地,包括今河南、山东、陕西南部、四川、重庆等地区,尽为东晋短期收复。前秦的这种情形,可谓创业艰难、开拓迅速、崩溃转瞬的典型。

相对于前秦,北魏疆域的开拓过程颇为漫长,疆域的盈缩演变则受着周边形势更加复杂的影响。386 年,趁着前秦的颠覆,拓跋珪纠合旧部,在牛川召开部落大会,即代王位,同年改代为魏,都于盛乐。盛乐时代(386—398)的北魏,相当程度上仍是游牧行国的形态,在迁都平城之前,已经控制了北到阴山以北、东及滦河上游、西有鄂尔多斯高原、南据河东河北大部的广大地区;平城时代(398—493)的北魏,一则于 439 年完成了黄河流域的统一,二则主要围绕着河南地区,与东晋、宋、齐反复争夺;进入洛阳时代(493—534)的北魏,前期疆域继续着全面南拓的趋势,中路取沔北,东路取淮南,西路取剑阁以北,后期则因防备柔然的北境镇民的变乱与南方梁朝的借势蚕食,北面的有效控制线与南面的疆域颇多收缩,并很快分裂成了东西两国,即所谓的东魏与西魏。① 然则北魏都城的步步南进,使得其北部边陲的经营相对放松,来自柔然的压力也相形增大,而南部疆域的开拓,因为受到地理条件与力量对比的影响,却受到颇多限制。

其二,地理条件的限制作用决定着疆域变动的走向与幅度。

公元450 年至452 年间,在潼关以东的黄河、长江之间,北魏南征、刘宋北伐、北魏再南征、刘宋再北伐,南北双方频有进退。北魏南征,围淮西重镇悬瓠,再南征,三路大军(横江、瓜步、广陵)临江;刘宋北伐,则两次进至黄河一线。值得关注的是,北魏并未渡江而

---

① 北魏疆域变迁的具体过程,详见毋有江《北魏政区地理研究》第二章,复旦大学博士学位论文,2005 年。

南,刘宋也未越河而北,衡之当时的情形,是不能也而非不愿。如刘宋再次北伐时,青州刺史刘兴祖主张"长驱中山,据其关要。冀州以北,民人尚丰,兼麦已向熟,因资为易,向义之徒,必应响赴。若中州震动,黄河以南,自当消溃。臣请发青、冀七千兵,遣将领之,直入其心腹",然后"河南众军,宜一时济河……,若能成功,清壹可待"。① 对此,南宋李焘《六朝通鉴博议》卷七云:"南北相持之际,河北固不可攻,盖其地远,虽攻而得之,必不得守;河南亦不可攻,盖其地平,虽得之,而守之必不固。……况新造之国,而可以轻议人之腹心乎? 文帝之攻河南,固为失矣;而兴祖之计,亦未为得也。"同样,以北魏当时的实力,也无法渡江直捣刘宋之心腹。②

　　按东晋十六国南北朝时代,如黄河、长江这样险固的地理条件,一定程度上决定着南北或东西对抗的各别政权之疆域变动的走向与幅度。以与十六国北朝对抗的东晋南朝而言,由于其东、南两面被大海封闭,缺乏回旋余地,又处低地,不便仰攻,所以对十六国北朝着重采取以守为主的防御战略,守国所恃则在长川大山。如在其疆界的东部,因时而异,就有守河、守淮与守江三道防线:

　　　　东晋之备五胡,宋、齐、梁之备元魏,陈之备高齐、周、隋,力不足者守江,进图中原者守淮,得中原而防北寇者守河。……陈之国势已弱,不能进取,故所守止于江。自晋至梁,惟宋武帝守河,其余皆保淮为固,或守淮西,或守淮北,或守淮南。③

而总东晋南朝保守疆域论之,一为守河,特别是守住洛阳、虎牢、滑

① 司马光:《资治通鉴》卷一二六《宋纪八》,中华书局,1956年。
② 按从大处着眼,无论是政治上(北朝政局相对稳定,胡汉联合,协调努力,推行封建化措施;南朝朝代更迭频繁,又多荒主,士大夫风流相尚,耽于淫乐、清谈之习,积重难返,遂致政治腐败,军备失修,苟且偷安)、经济上(北朝人口多于南朝、农业经济胜于南朝)还是军事上(北朝胡人实行部落兵制,且以骑兵为主,其组织之密、骑术之精、斥候之明胜过南朝),都基本呈现出北强南弱的态势;但北朝因境内民族问题与文化问题的尚未解决,也不具备攻灭南朝的条件。参见万绳楠整理《陈寅恪魏晋南北朝史讲演录》第十四篇,黄山书社,1987年。
③ 李焘:《六朝通鉴博议》,南京出版社,2007年,第154页。

台、碻磝四镇,以保河淮之间;二为守淮、守汉、守秦岭、守大巴、守米仓,守住淮北的彭城、淮南的寿阳、淮西的悬瓠、汉北的南阳、汉南的襄阳、秦岭南的南郑诸多重镇,以保江淮之间、江汉之间以及汉中、巴蜀;三为守江,如下游的历阳与广陵、中游的江陵与武昌,以保江南根本。这三条防线中,守河守江的时间其实都不长,"盖守江则已蹙,守河则已远。蹙国而守,非勇者不能;远国而守,非强者不能。孙氏臣主俱豪,兵锋所向,迎之者破,故能画长江而守之,魏人不敢南向;其后宿将旧臣,彫落继尽,而其孙用之则危矣。刘氏将卒俱精,威震天下,力倾五胡,能分命虎臣列守河南,拓跋、赫连不敢顾眄;而其子效之则败矣。故惟勇者为能守近,惟强者为能坐远。"[1]守河既不长,则关中不旋踵而失,淮北河南及青齐之地也未能久有;守江既不长,则陈朝终为杨隋所灭。比较而言,还是以守淮、守汉、守秦岭、守大巴、守米仓为常态,盖此线位居南北对峙时的中间推移地带,其得失往往关乎南北双方的强弱存亡,东晋南朝时代,此线南北的疆域变迁也最为频繁,诚如徐文范所言:"南北朝舆地最难分明者,莫如淮南东西及沔北汉东,以干戈战场,南北划界分疆,各有重兵镇守,位号轻无以副人望。地当险要,戍守自倍寻常。"[2]

问题的复杂还在于,若"江陵去襄阳步道五百,势同唇齿,无襄阳,则江陵受敌不立"[3],此即疆域变迁中的唇齿原则。如此,东晋南朝欲保长江,就必须控制江北,布兵于江淮之间与江汉之间,以为长江屏蔽。同样的道理,保淮守汉,也必须尽可能地控制淮汉以北的土地,以为南北缓冲,如有可能,当固河防,以屏蔽淮汉。而在河淮之间,青齐与中原又相为唇齿。至于西部地区的汉中与巴蜀、巴蜀与南中,长江一线的巴蜀与荆楚、荆楚与吴越、荆楚与巴蜀及吴越,等等,也无不体现出唇齿相依的关系。

要之,长川大山的层层设防、重镇要地的此呼彼应、边境区域

---

① 李焘:《六朝通鉴博议》,南京出版社,2007 年,第 242－243 页。
② 徐文范:《东晋南北朝舆地表》,《二十五史补编(五)》,中华书局,1955 年,第 329 页。
③ 萧子显:《南齐书》卷一五《州郡志》,中华书局,1972 年。

的唇齿相依,影响着据南面北的东晋南朝保守疆域的成效,甚至决定了其疆域变动的走向与幅度。① 至于十六国北朝,也不例外,在东部,其南向开拓疆域的极限是兵临长江,在中部,其南向开拓疆域的极限是据有汉水流域,而在西部,则一旦拥有了汉中,东晋南朝的巴蜀甚至南中便难以维持(见图1)。

地理条件的限制作用,当然不仅表现在南北对抗双方疆域的开拓方向与保守范围,也表现在东西对抗的政权之间。"在隋唐以前的中国历史上,东西对立或分峙的局面曾一再地发生。……而在这些延续不绝的东西对峙中,地理上的山(太行山、崤山等)、河(晋陕黄河等)、关(函谷关、潼关、武关等)、塞(桃林塞等)之险,又往往起着重要的作用。"②即如南北朝后期分据黄河下游与中游的北齐与北周,其对峙界线与主攻地区,就受到了地理条件的深刻影响。

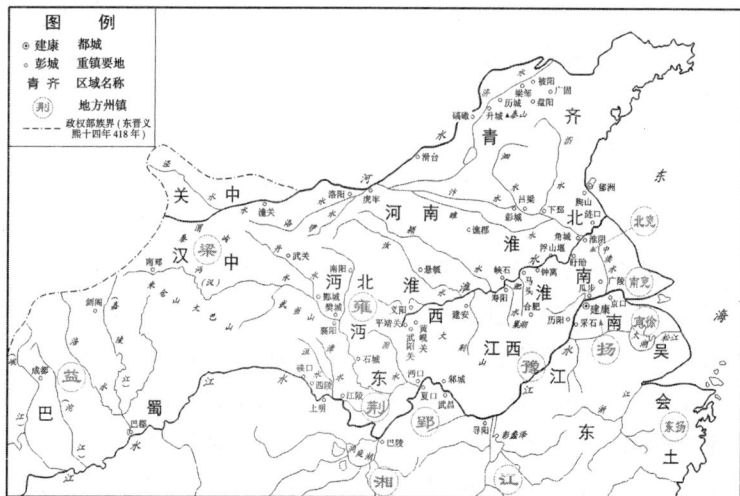

图1 东晋南朝疆域形势

---

① 以上关于东晋南朝的分析,详参胡阿祥《六朝疆域与政区研究》第三章,西安地图出版社,2000年。

② 胡阿祥:《兵家必争之地——中国历史军事地理要览》,海南出版社,2007年,第129页。

根据北齐与北周双方各自设防的地点,可以划出其东西对抗的界线。《通典·州郡典一》云:

(北齐)大抵西则姚襄城、洪洞、晋州、武平关、柏崖、轵关、河阳,南则虎牢、洛阳、北荆州、孔防城、汝南[北]郡、鲁城,置兵以防周寇。

(北周)当全盛战争之际,则玉壁、邵郡、齐子岭、通洛防、黄栌三城、宜阳郡、陕州、土剗、三荆、三鸦镇,置兵以备东军。

如此,北齐与北周对抗的部分界线,是由今山西吉县西南起,向东南逶迤,过今新绛和稷山两县之间,再过今绛县之西,经今垣曲县东,今河南济源市西,又经今孟州市西南而至于黄河之滨。渡过黄河后,由洛阳市和新安县之间南行,经今汝阳县,再折向东南行,由今鲁山县东,而南到今泌阳县。① 这条界线依托的地理形胜,则有黄河、汾河、中条山、王屋山、崤山、熊耳山、伏牛山等等;而设防的各处,也各具形势之要,如今吉县西南的姚襄城,西临黄河,控带龙门之险,稷山县西南的玉壁城,四面并临深谷,险峻易守,新安县东的通洛防,即汉时的新函谷关。而随着齐、周双方的军旅频兴,这条界线也不是一直稳定的。再分析双方兵争最为频繁的主攻地区,一是战略地位重要的河汾之间,河汾之间联系着北齐的下都晋阳与北周的都城长安,交通近捷,北齐西攻,可以绕过潼关,北周北进,可以直扑晋阳,并便利接续的攻取邺都;二是政治意义突出的崤函、洛阳一线,北周固守崤函阨塞,则北齐难以入关,北齐据有北魏旧都洛阳,则从地理上占有了正统的优势。

其三,正统观念影响了疆域变动的若干特征。

以上主要从"守"的角度,讨论了地理条件与疆域变动的关系;再从"攻"的角度看,则正统观念的影响非常明显。正是在正统观

---

① 史念海:《论我国历史上东西对立的局面和南北对立的局面》,《中国历史地理论丛》,1992年第1期。

念的影响下,退守南方的东晋南朝政权一直着意于恢复中原故地,或迄未放弃扬言恢复中原故地;而十六国北朝的部分胡族政权,既视拥有中州为得地理正统乃至文化正统的最大资本,也以一统华夏为政治追求的最终目标。

在东晋十六国南北朝之南北分裂、东西对立的形势中,最具正统象征意味者;为东汉、曹魏、西晋的旧都洛阳。"洛阳四面受敌,非用武之地"①,而诸多政权必欲得洛阳,看重的是其位居天下之中的特殊的政治与文化地位。② 谭其骧师指出:"曹丕和拓跋宏都认为都洛胜于都邺,他们考虑问题的着眼点显然是地理位置。邺地处河北,在中原范围内稍东稍北,曹魏为了对付西南的蜀汉和东南的孙吴,拓跋魏企图并吞南朝,混一诸夏,都洛当然比都邺合适。"③反过来,正统意识强烈、拥有文化传承正统、无奈退守南方的东晋南朝,虽然以守为本,"至于乘间攻取,则亦不惮用兵"④;而用兵的一个关键指向,便是洛阳所在的中原核心地域:

> 东晋以还,虽皆守淮,晋讨慕容暐梁宋,元颢所争亦在于河南。然考其兵之所出,不过二道。一自建康济江,或指梁宋,或向青齐;一自荆襄踰沔,或掠秦雍,或徇许洛。东晋之祖逖、庾亮、褚裒、殷浩、桓温、谢玄、宋之武帝、檀道济、刘[到]彦之、萧斌、思话、梁之韦叡、裴邃、曹景宗、陈庆之之徒,北伐之师,不由于此则由于彼,中原有衅则进兵,寇盗方强则入守,史策所载,皆可知矣。⑤

---

① 令狐德棻,等:《周书·王思政传》。按洛阳东据成皋,西阻崤、渑,背倚大河,面向伊、洛,即也有关河之固,然而诚如《汉书·张良传》所载张良之言:"虽有此固,其中小,不过数百里,田地薄,四面受敌,此非用武之国。"
② 《汉书·地理志》:"昔周公营雒邑,以为在于土中,诸侯蕃屏四方,故立京师。"按词有倒正,"土中"即"中土",即天下之中;引申之,这也是后世儒家以豫州("三代九州"之一、洛阳在豫州,而豫州在九州之中)、河南("河南曰豫州")为天下之中、中州、中原的由来。
③ 谭其骧:《中国历史上的七大首都》,《长水集续编》,人民出版社,1994年,第34页。
④ 李焘:《六朝通鉴博议》,南京出版社,2007年,第155页。
⑤ 同④。

东晋南朝北伐中,洛阳中州之地的地位由此可见。就具体史实言,如东晋桓温、谢玄、刘裕与宋到彦之、梁陈庆之都曾收复洛阳,而每次收复,也都会引起南方建康朝野迁都洛阳、光复故土、疆理华夏之议。然而也因为志在洛阳的政治目的太过直接与明显,决定了东晋南朝的北伐往往逆水而上,过分依赖水军,战略战术单一,从而导致失败,开拓的中原疆土也就难以保持。

至于那些拥有洛阳的十六国北朝政权,自然平添一股正统的底气,而在这股底气的促成下,或者膨胀起天下归一的雄心,如前秦苻坚发动的灭晋战争①,或者缺乏权衡地定鼎嵩洛,如北魏孝文帝的迁都洛阳。陈寅恪先生曾就此分析道:

> 当时中原衣冠多随东晋渡江,汉人正统似在南方。如果不攻取东晋南朝,就不能自居于汉人正统的地位,也就不能降服鲜卑等族,且汉人也有离心的倾向。只有攻取东晋,推行汉化,方可统一胡汉。苻坚所以坚持南伐,原因在此。②

> 洛阳为东汉、魏、晋故都,北朝汉人有认庙不认神的观念,谁能定鼎嵩洛,谁便是文化正统的所在。正统论中也有这样一种说法,谁能得到中原的地方,谁便是正统。如果想被人们认为是文化正统的代表,假定不能并吞南朝,也要定鼎嵩洛。③

然而,苻坚的战败、前秦的瓦解、六镇的变乱④、北魏的分裂,却又从诸多方面反映了在正统观念的作用下,如果不切实际地征伐、迁

---

① 房玄龄,等:《晋书·苻坚载记》记苻坚之言:"吾统承大业垂二[三]十载,芟夷逋秽,四方略定,惟东南一隅未宾王化。吾每思天下不一,未尝不临食辍𫗦,今欲起天下兵以讨之。"

② 万绳楠:《陈寅恪魏晋南北朝史讲演录》,黄山书社,1987年,第230页。

③ 同②,第234页。

④ 孝文帝迁洛后,汉化进程加快的洛阳文官集团与仍然鲜卑色彩浓厚的六镇武人集团之间的矛盾,是六镇变乱的关键所在;或者说,英年早逝的孝文帝尚未完成其汉化,才有六镇变乱及随后北魏分裂的悲剧上演。

都,会引起作为立国基础的疆域的剧烈变动,又会产生事关国家存亡的严重影响。

其实,还不仅征伐、迁都、疆域变动、国家存亡,正统观念也是我们理解东晋十六国南北朝诸多政权之胡汉关系、侨旧关系以及政区设置诸如遥领、虚封、侨置、滥设等特殊现象的关键之一,其详容另文再作专题探讨。

(2009 年第 4 期)

西晋王朝建立及建设的两个问题

梁满仓

西晋王朝的建立,包含了司马懿祖孙三代人的努力。司马懿在曹操、曹丕、曹叡时屡立军功,威望不断上升,权力不断增长。魏帝曹芳时,司马懿通过高平陵政变,一举除掉政治对手曹爽集团,又镇压了王凌的起兵反抗,掌握了曹魏大权。司马懿去世后,长子司马师出任大将军、都督中外诸军事、录尚书事,继续掌握军政大权。他将李丰、张缉、夏侯玄等人发动的政变扑灭于萌动之中,又废掉魏帝曹芳,另立曹髦为帝。毌丘俭、文钦等人不服,起兵反抗,镇压此次兵变之后,48 岁的司马师也走完了他的人生道路。司马师的弟弟司马昭继续出任大将军、都督中外诸军事。在任期间,平定诸葛诞起兵于淮南;杀死魏帝曹髦于宫中,另立曹奂为新帝;出兵益州灭掉蜀汉,改变了三国鼎立的格局;晋封为晋王,为登帝位做好准备。但司马昭称帝的最后一步还没来得及迈出,便走完了55 岁的人生历程。

司马氏祖孙三代所进行的是一场政治接力长跑,司马懿是第一棒,为西晋王朝建立奠基;司马师、司马昭兄弟是第二棒,为西晋王朝建立准备条件;司马炎是第三棒,水到渠成取代曹魏。司马炎达到了顶点,也开始了西晋政治的拐点。在这个过程中,有两个问题耐人寻味,值得深思。

一、司马昭与曹操比较

自曹魏明帝去世以后,司马氏与曹氏两大政治集团的斗争从未停止,且有愈演愈烈的趋势。公元 254 年,司马氏取代曹魏的政治进程进入了关键时期。这一年年初,魏帝曹芳与中书令李丰、光禄大夫张缉等人密谋,欲以夏侯玄代替司马师辅政。司马师闻讯,立即组织反击,杀死李丰、张缉、夏侯玄等人。9 月,废掉魏帝曹芳,另立曹髦。不料按下葫芦起了瓢,次年正月,镇东大将军毌丘俭、扬州刺史文钦起兵反对司马师。司马师率师亲征,虽然平定了叛军,却因旧病复发,且日益加重,病死在许昌。

处于绝望中的魏帝曹髦似乎又看到了反扑的机会。他下了一道诏书,以东南刚刚平定为借口,命司马昭镇守许昌,让尚书傅嘏率六军回京师。曹髦想用这个机会使司马昭与军队分离,乘机剥夺他的兵权。这种小儿科的把戏当然蒙骗不了深谙权谋的司马昭,他并没有执行曹髦的诏书,而是与傅嘏一起亲自率军回洛阳。曹髦的如意算盘落空,只好让司马昭继任大将军辅政。①

这是司马氏与曹氏政治斗争的关键回合,这个回合的胜利,使军权牢牢掌握在司马昭手中。

从司马懿到司马昭,司马氏进入了这样一种怪圈:他们在加强自己权力、巩固自己地位的斗争中,不断地取得一个又一个的胜利。然而这些胜利并没有给他们定下心来享受的机会,而是逼迫他们必须面对新的斗争,赢得新的胜利,否则,他们前面所取得的胜利便都前功尽弃。推动司马氏在这种怪圈中旋转的有两种力量:一种是反对司马氏专权的曹魏旧臣。他们有的与曹魏宗室关系密切,如李丰是皇室亲家,张缉是皇家外戚。他们眼见司马氏的权力越来越大,自己的权力地位受到越来越严重的威胁,所以图谋限制司马氏的势力。而斗争的结果,又把更多的反对力量裹了进来。例如毌丘俭,与夏侯玄、李丰等人关系甚密,夏侯玄、李丰被

---

① 房玄龄,等:《晋书》卷二《文帝纪》载:"景帝崩,天子命帝镇许昌,尚书傅嘏帅六军还京师。帝用嘏及钟会策,自帅军而还。"《三国志》卷二八《魏书·钟会传》载:"毌丘俭作乱,大将军司马景王东征,会从,典知密事,卫将军司马文王为大军后继。景王薨于许昌,文王总统六军,会谋谟帷幄。时中诏敕尚书傅嘏,以东南新定,权留卫将军屯许昌为内外之援,令嘏率诸军还。会与嘏谋,使嘏表上,辄与卫将军俱发,还到雒水南屯住。于是朝廷拜文王为大将军、辅政,会迁黄门侍郎,封东武亭侯,邑三百户。"

杀,毌丘俭为自身安全考虑,自然要起兵反对司马师。另一种是曹魏皇帝,因为司马氏势力的壮大,是以削弱皇帝的权力为前提的,二者的关系呈此消彼长的状态。

司马氏面对这两种力量,在政治和军事上占有优势。在政治上,他们得到了世家大族的支持,这是一股在政治上新兴起来的力量。军事上,他们控制着国家的武装。然而在道义上,司马氏却捉襟见肘。在名分上,司马氏毕竟是臣子,臣子时时威胁着君主的安全,便违反了"忠"的道德准则,在道义上则授反对派以把柄,使他们兴兵讨伐有了义正词严的口实。毌丘俭起兵,宣布司马师十一大罪状,其中"坐拥强兵,无有臣礼""为臣不忠,为子不孝""目无君主""矫诏废主""逼恐至尊""慢待君主,不奉法度",每一条都把司马氏逼到了道义上的绝境。①

司马氏可以用武力打败对手,但无法在道义上证明自己符合忠君德义的规范。这是司马氏的天然缺陷,唯一的办法就是代替曹魏皇帝,成为天下君主,这样就可以要求别人尽忠,自己则免去了忠君的义务。所以,到了司马昭这里,做了两件大事,对最终代替曹魏具有决定性的意义。

第一件事,杀死魏帝曹髦。司马昭杀死魏帝曹髦,标志着他比父兄走得更远,司马懿只是杀死曹爽,没有对皇帝动手。司马师对皇帝进行废立,未起杀戮之心。司马昭则对魏帝不但剥夺其政治权力,而且剥夺其生存权利。这表明其除掉取代曹魏道路上一切障碍的决心。

第二件事,灭掉蜀汉,打破了三国鼎立的格局。这件事无论对中国历史进程还是对司马昭代魏都具有重要意义。司马昭主政时期,完成了这样一件大事,可以说立下不世之功,无人可及。灭蜀之后,司马昭先接受了晋公的封号,不久又进爵为晋王,就像当年的曹操一样,离帝位只差一步之遥了。

---

① 《三国志》卷二八《毌丘俭传》裴注引毌丘俭上表。

　　司马昭有很多地方确实与曹操很相似：曹操统一北方，司马昭灭掉蜀汉；曹操挟天子以令诸侯，司马昭玩弄魏帝于股掌之上；曹操虽称魏王，却享受皇帝的一切待遇，司马昭最后称晋王，也具有皇帝一般的权力；曹操娴熟于权术，司马昭擅长于弄权；曹操镇压反对派毫不手软，司马昭对待政敌斩尽杀绝。

　　然而，人们在评价这两个人的时候，论断却大不相同。曹操被认为是非常之人，超世之杰，用鲁迅先生的话讲，"曹操是一个很有本事的人，至少是一个英雄"。而司马昭却被人们认为是个野心家，"司马昭之心，路人皆知"，这句话流传了上千年，一直没有变过。

　　到底是什么使曹操与司马昭在世人心目中有这样的区别呢？换言之，两个人的区别到底在什么地方？

　　毫无疑问，曹操与司马昭都是非常聪明之人。但是，曹操除了把聪明才智用到了与司马昭相同的地方，还用到了政治、军事、文学等领域的思想建树方面。这里的"思想"是哲学意义上的，即通过意识中的思维活动对客观现象形成的具有理论意义的观念。曹操政治思想方面，如"定国之术在于强兵足食""治平尚德行，有事赏功能""有国有家者，不患寡而患不均，不患贫而患不安""唯才是举""取士勿废偏短""治定之化，以礼为首；拨乱之政，以刑为先"等等都非常著名，而且影响后世。在军事方面，他主张"用干戚以济世"，即武力为救助社会服务。提出"恃文者亡""恃武者灭"，主张文武并用，不可偏执一端。在文学方面，主张清简，反对浮华，主张诗文以言志，反映社会现实。他的著名诗篇《薤露》《蒿里行》《却东西门行》《观沧海》《龟虽寿》等体现了这些主张。这些比起权术谋略来，是更高层次的大智慧，而权术谋略只是低层次的小聪明。司马昭不乏权术谋略，但缺少曹操那样的思想建树，这使他只能成为政客和野心家，而不能成为超世的英雄。

二、两种兄终弟及

　　中国历史上的王位继承，曾经有过"兄终弟及"制度和"父死子继"制度。前者是严密的宗法制度没有确立的结果,后者是嫡长子继承制成熟的表现。在历史发展进程中,殷商是"兄终弟及",姬周是"父死子继",这个发展顺序,也说明两种王位继承制度的更替与宗法制度发展成熟的关系。

然而,三国曹魏以后,司马氏家族的继承方式也存在两种,先是父死子继:司马懿去世后由长子司马师继承。接着又是兄终弟及:司马师去世后由弟弟司马昭继承。然后又返回到父死子继:作为嫡长子的司马炎继承了王位。这种现象很难从宗法制度角度去解释,因为那时候宗法制度经过长期发展已相当成熟。况且司马家族继承现象是,父死子继在先,兄终弟及在后,不能解释为司马家族从嫡长子继承后退到宗法制度极不成熟的状态。

司马氏家族的继承现象,只能从血缘宗亲关系与利益关系之间权衡的角度去观察。

司马炎建立西晋后,推崇以"孝"治天下。人们认为,这是因为司马氏作为曹魏的臣子,却篡夺了曹魏的天下,"忠"字自然羞于说出口,只能以孝弥补道义上的不足。这种分析毫无疑问是具有说服力的。然而人们忽视了以孝治天下的另一面,作为儒学传家的司马氏家族,对孝悌的提倡是出自内心的,而孝悌所维系的就是家族兄弟间的血缘关系。司马炎是非常重视血缘关系的,有两件事可以充分说明:

第一件事,不顾众人反对,力挺长子司马衷为自己的接班人。司马衷不是坐天下的料。有人说他是个白痴,这虽然有些夸张,但说他平庸,平庸到不能治理国家则是千真万确的。史书上记载这样一件事:有一年全国发生灾荒,饿死了很多百姓。司马衷听说后问他身边的人:"他们为什么不吃肉粥呢?"很多人对他被立为太子做皇帝的继承人很不放心。太子太傅卫瓘多次想启奏司马炎改立太子,又怕说出来惹他不高兴。有一次司马炎在凌云台举行宴会,卫瓘假说喝醉了,跪在司马炎的座位前,说:"臣有事要启奏。"司马炎问:"你有什么事要说?"卫瓘几次欲言又止,最后摸着皇帝的宝座说:"此座可惜!"

司马炎曾对司马衷的才能进行过考察,他把东宫太子的属官全都召集在一起,使司马衷手下无人,然后派人给司马衷送去密封的文件,写的是需要处理的几件事。信送进去之后,使者就在外面等着。司马衷的妃子贾氏急忙请人代笔答复,所作答复多引经据典。一个叫张泓的人说:"太子不学,人皆知晓。引经据典会露出破绽,不如直以意对。"贾氏大喜,让张泓草拟答复,然后让司马衷抄一遍,送给司马炎。这次所谓"考查",其实是为了堵住众人的嘴。因为司马衷的才能如何,不用别人说,司马炎是非常清楚的。史书记载说,司马炎认为太子司马衷不堪奉大统,与皇后杨氏密谋。杨氏说"立嫡以长不以贤,岂可动乎?"明知道太子不堪奉大统,却坚持立嫡以长不以贤,这是司马炎与皇后所取得的"共识"。所以,当他拿到由张泓起草的答复时,根本不去辨别真伪,首先拿给反对司马衷做继承人的卫瓘看,使他在皇位继承人的问题上不敢再说三道四。

第二件事,大肆分封同姓宗室。司马炎称帝后,封皇叔祖父司马孚为安平王,皇叔父司马幹为平原王,司马亮为扶风王,司马伷为东莞王,司马骏为汝阴王,司马彤为梁王,司马伦为琅邪王,皇弟司马攸为齐王,司马鉴为乐安王,司马机为燕王,皇从伯父司马望为义阳王,皇从叔父司马辅为渤海王,司马晃为下邳王,司马瓌为太原王,司马珪为高阳王,司马衡为常山王,子司马文为沛王,司马泰为陇西王,司马权为彭城王,司马绥为范阳王,司马遂为济南王,司马逊为谯王,司马睦为中山王,司马陵为北海王,司马斌为陈王,皇从父兄司马洪为河间王,皇从父弟司马楙为东平王。

为了加强封国的权力,司马炎还实行封国领兵制。将所封的王国分三等,大国置上、中、下三军,共 5 000 人;中国置上、下二军,共 3 000 人;小国置一军,1 100 人。同时撤销州郡兵。此前,州刺史、郡守为地方军政长官,拥有兵权,故州刺史称州将,郡守又称郡将。灭吴以后,"州郡悉去兵,大郡置武吏百人,小郡五十人"。

　　司马炎重视血缘关系是可以理解的。司马氏代替曹魏政权建立西晋的过程中,血缘宗亲一直是强有力的支持力量。司马炎称帝后,认为曹魏亡在"强干弱枝",宗室受控过严、皇权孤立无援,这种认识更加强了他对血缘宗亲的依靠。

　　俗话说,打虎亲兄弟,上阵父子兵。血缘之亲的确是不可忽视的力量,但是,打虎之后亲兄弟有可能为分虎皮虎骨而闹翻,胜利之后亲父子有可能为分配果实而绝情。血缘关系要接受利益关系的考验。当利益的重要性并不突出的时候,血缘关系能够维持得很好,当利益的要求高于血缘关系时,血缘关系就岌岌可危了。司马炎所依靠的血缘宗亲,同样具有这样的两面性。

　　司马攸是司马炎的亲弟弟,因为司马师没有儿子,所以很早就过继给司马师作嗣子。这就意味着司马攸将是司马师的继承人,然而司马师死后,继承他的不是嗣子司马攸,而是弟弟司马昭。司马昭大概也觉得自己的行为不合长子继承的法统,常说"此景王之天下也",表示要立司马攸为世子。但是在他临终前,还是把继承权交给了司马炎。在王位继承这件利益攸关的大事上,司马昭把兄弟之情完全丢在一边。

　　司马炎晚年,由于诸子并弱,太子司马衷不才,朝臣内外全都认为司马攸应该做帝位继承人。为了保住太子地位,司马炎逼着司马攸离开京城到自己的封国。当时司马攸重病缠身,抱病上路,当下即呕血而死。在帝位继承这件利益攸关的事上,司马炎也完全不顾兄弟之情。

　　力挺无能太子是为了保证自家的皇统,大封诸王和王国领兵,是为了通过血缘宗亲加强对中央朝廷的支持。但前者削弱了中央的权力,后者则让诸王们集军、政、财权于一身,手握重兵,坐大封国,形成了张扬分裂、酝酿内斗的祸根。二者合在一起,形成了西晋王朝短命的重要原因,这大概是注重血缘的司马炎所始料不及的吧。

(2013 年第 4 期)

西晋的诸王封建与出镇

[日] 辻 正博撰，杨洪俊译

绪 论

以魏晋至隋唐为中国"中世纪"的学说，对当时国家权力的分散倾向多有关注，而围绕封建制的议论便是其中之一。

例如，本田济先生分析了盛行于魏晋时期的封建论，认为当时的封建论是期待皇族子弟作为皇室屏藩发挥作用的一种形式，并在此基础上指出："这一时代正朝着带有中世纪性质的和封建性质的时期发展。"①另外，作为沈约《宋书》史论（沈约对南朝宋、齐时期社会政治体制的见解）研究的一部分，川合安先生对沈约的地方政治改革论进行了考察，发现沈约在《宋书》的史论中，对皇帝权力过分集中的现象加以批判，阐述皇族屏藩皇室的意义，主张有必要给官僚机构更多的权限，并认为"分权主张的历史，可追溯到魏晋时期的封建论"，进而在对魏晋时期具有代表性的封建论进行分析以后，指出沈约的地方政治改革论，是对魏晋封建论的继承，存在着强烈的分权意向。②

近年来，渡边义浩先生对魏晋时盛行的"封建论"和西晋时施行的"封王制"展开了分析。渡边先生指出，在东汉"儒学国家"崩溃的过程中，当时的儒学者对儒学的教义进行了扩展，将儒学构筑

---

① 本田济：《魏晋的封建论》，初见于1959年，后载《东洋思想研究》，创文社，1987年。

② 川合安：《沈约的地方政治改革论——与魏晋封建论相关联》，中国中世史研究会编《中国中世史研究·续编》，京都大学学术出版社，1995年。

成了为"国家权力的集权化"服务的理论。① 在西晋的"封王制"问题上,渡边先生认为,"诸王同时肩负都督、将军的军事使命",通过"分散皇帝的权力,从而实现国家权力的中央集权化",这就是西晋的"封王制"。晋武帝死后爆发的八王之乱,最终造成"国家权力被分散"的结果,是因为武帝对诸王的分封,目的只是为了强化皇权,却缺少了"对诸侯的礼遇",诸王也没有"尊王"之心,只是致力于自身权力的强化。渡边先生关注东汉"儒学国家"的形成及其对此后的儒学的影响,并从《公羊传》(认可诸王的分封,但需抑其权限)向《左传》(作为皇帝屏藩的诸侯)的发展转变中整理和讨论相关问题,多种观点均具启发意义。但其"结合的逻辑"(血缘)和"瓦解的逻辑"(信赖关系的结束)之间,似乎存在着一些矛盾。皇帝和诸王之间,正是因为血缘关系的存在而具有一体感,通过对诸王的分封,皇帝能够掌握"国家权力",避免国家的崩溃。然而,如果"封王制"是因为皇帝和诸王之间因信赖关系的缺失而瓦解的话,那么,血缘的纽带岂不是太脆弱了。如果血缘的纽带真的如此脆弱,那么又该如何理解南朝时期重新出现的皇族子弟的分封和出镇呢?

对前面提出的问题自当给出自己的见解,本文拟以《晋书》的记载为依据,对西晋时期诸王封建和出镇的实态进行探讨,以期探究出武帝分封诸王并使其出镇的真实意图。

可是,作为中国"中世纪说"主要论者之一的川胜义雄先生,关于魏晋封建制和封建论问题,并没有作出专门的论述。众所周知,川胜先生曾经对三国尤其是孙吴政权的国家体制做过非常详细的分析,从中看出了"向封建制倾斜"的现象,认为这种倾向最终被贵族制的波涛所吞没。② 可是,关于西晋时期诸王的封建和出镇,尽

---

① 渡边义浩:《"封建"的复权——针对西晋诸王的封建》,《早稻田大学大学院文学研究科纪要》50,2005年。

② 参见川胜义雄《六朝贵族制研究》第Ⅱ部分《向封建制的倾斜和贵族制》中所收录的各篇论文,岩波书店,1982年。

管论及其与西晋王朝灭亡的关系,但并未对其展开过积极的探讨。此外,关于八王之乱,尽管川胜先生认为这场持久的动乱是诸王凭借皇帝分与的兵力而实现的,但对它的历史性评价却意外的低。①当然,这与川胜先生所谓的"封建制"的定义是密切相关的。要想在中国历史上找出类似于日本中世纪那样的武士集团,以及类似于西欧那样的国王与诸侯的关系,那么,三国孙吴政权中可以看到的军团可能是最为相似的。从近年来制度史的研究成果来看②,川胜先生的观点和结论虽然存在着重新探讨的余地,但从当时的学术风潮来看,川胜先生的主张可以说是顺理成章的。本文的叙述,也想试图发现川胜先生刻意地不把西晋诸王的分封和出镇问题列为考察对象的缘由,这也是对中国中世纪宗室诸王封建和出镇的历史意义的一个思考。

一、泰始初年宗室诸王的封建与出镇

封皇族为王之事,汉代以来有之,不用说这由来于西周王室的诸侯分封。③ 然而,分给诸王领地和人民,并让其就国(到封地任职),也就是说,实质性推行"封建"的,除西汉初期外,其他时期只是徒有其形而已。从这个意义上来说,西晋王朝让宗室诸王就国的举措可谓是划时代的。宫崎市定认为:"晋朝采用封建制,在前朝的曹魏看来,完全是逆行于时代的。然而,尽管在形式上多少有些变化,但这种制度一直持续到南朝的最晚期。当然,它还没有发展到足以给封建时代定性的程度,但这无疑构成了近似于封建制

---

① 川胜义雄在《中国历史3·魏晋南北朝》(讲谈社,1974年)中把"八王之乱"评价为被部下操纵的诸王之间的放纵的争斗,论述也以八王之乱的经过为中心,在全书383页之中仅占有约1页的分量。

② 参见石井仁《关于孙吴政权形成的几个问题》(《东北大学东洋史论集》6,1995年)及《孙吴军制的再探讨》(《中国中世史研究·续编》,京都大学学术出版社,1995年)。

③ 关于西周封建制的存在形式及管理原理,请参照松井嘉德《周的国制——以封建制和官制为中心》,载《殷周秦汉时代的基本问题》,汲古书院,2001年。

特征的中世纪贵族制的一个强有力的背景。"①从而认识到了宗室诸王的分封,成为魏晋南北朝作为中国中世纪的一个重要元素。

泰始元年(265)十二月,30 岁的武帝即位建立了西晋王朝,即位次日即对宗室成员进行了大规模的封建。现依据《晋书》的相关记载,将这一次宗室诸王的封建及待遇制成附表 1。泰始元年受封的 27 名皇族成员中,被任命担任中央要职而留在都城洛阳的不过 3 人,即安平王孚(太宰)、义阳王望(司徒)和齐王攸(卫将军)。相反,自泰始元年至泰始二年这两年间,史料中明确记载就国的宗室诸王却多达 10 人,②具体人员如下:

(a) 身在封地而没有特别标明官职的有 5 人:燕王机、渤海王辅、下邳王晃、太原王瓌及中山王睦。

(b) 带有将军号作为都督出镇的有 5 人:扶风王亮、汝阴王骏、东莞王伷、梁王肜及济南王遂。

当时议郎段灼上疏称:"臣以为太宰、司徒、卫将军三王宜留洛中镇守,其余诸王自州征足任者,年十五以上悉遣之国。为选中郎傅相,才兼文武,以辅佐之。听于其国缮修兵马,广布恩信。"③有研究以此为依据,认为泰始初年诸王都没有就国。④ 但是,依据实例,确如段灼所建言,除强有力的三王留在都城外,其余诸王中的多数都奔赴各自的封地(就国),所以,可以认为当时受封的各位宗室诸王就国应该是通例。⑤

---

① 宫崎市定:《九品官人法的研究——科举前史》,初见于 1956 年,后收入《宫崎市定全集》第六卷,岩波书店,1992 年,第 151 - 152 页。

② 除此之外,虽然时间不明,琅邪王司马伦也是封将军号就国出镇的。

③ 房玄龄,等:《晋书》卷四八《段灼传》,中华书局,1974 年。

④ 唐长孺:《西晋分封与宗室出镇》,《魏晋南北朝史论拾遗》,中华书局,1983 年,第 124 页。

⑤ 越智重明:《封王制和八王之乱》,《魏晋南朝的政治和社会》,吉川弘文馆,1963 年,第 355 页。但是,越智先生在《西晋的封王制》(《东洋学报》42-1,1959 年)中曾言,这个时期(引者加),"一般而言,封王没有赴封国",见解完全相反。此外,主张段灼的提案基本付予实施的意见,川合安《沈约的地方政治改革论——与魏晋封建论相关联》一文中亦已指出,载《中国中世史研究·续编》,京都大学学术出版社,1995 年,第 270 页。

　　留在中央政府任要职的三王之中,安平王孚(180—272)是皇叔祖父(祖父司马懿的弟弟),是当时皇室中最年长者,比武帝(236—290)年长56岁。义阳王望(205—271)是皇叔父(司马懿之兄司马朗的养子,司马孚亲生子),是武帝之父司马昭一辈的人。齐王攸则是武帝当时唯一的一母同胞弟弟,虽然立嗣给了无后的司马师,但曾是晋王国(晋王朝建立以前)世子的候选人。对于最年长的安平王司马孚,武帝给予了特别的待遇。安田二郎先生曾经断论,武帝给予安平王如此高的待遇,只是为了在"长老的保护伞"下"确保自己族长地位的权宜之策"而已。安田先生进一步指出:"能够确认的近亲的同族成员就将近30人,而且其中大多数人的辈分都比司马炎高,正因为如此,年长者发挥作用的可能性是非常大的。如果我们关注到了这一点,就会发现西晋的封王制,作为一种统制策略,在防范天下其他大族的同时,也有对宗室势力进行怀柔(实际上也是统制)的一面。"①

　　让3个强有力的宗王留在都城担任中央要职,让与父亲同辈的几位宗王(基本上是司马懿的子辈,对武帝而言则是叔父)作为都督,镇守在帝都洛阳周围的长安、许昌、邺等要冲之地。在这一体制的框架中,宗室诸王成为帝室的屏藩,在这个意义上,封王制似乎是可以被视作一种"封建制"的。

　　作为都督出镇的诸王,至少在最初的四五年间,其封地和任职地是基本一致的,如:

[长安]	都督关中雍凉诸军事	扶风王亮	泰始元年～五年
[许昌]	都督豫州诸军事	汝阴王骏	泰始元年～四年
[邺]	督邺城守诸军事	济南王遂	泰始元年～二年
		梁王肜	泰始二年～三年
		高阳王珪	泰始三年～五年

---

　　① 安田二郎:《西晋武帝好色考》,初见于1998年,后收于其《六朝政治史研究》,京都大学学术出版社,2003年,第83-84页。

之后,由于都督的更迭与调动,诸王的封地和任职地之间不一致的情况显著增多,于是迎来了咸宁三年(277)诸王的移封、分封和出镇。

二、咸宁三年(277)的移封、封建与出镇

伴随着西晋王朝的建立而开始的宗室诸王的分封和出镇,以泰始五年(269)左右为界,此后逐渐背离了"封建"的理念。如前所述,随着都督的更迭和调动,诸王的封地和任职地开始变得不一致起来。加之泰始七年(271)义阳王望、泰始八年(272)宗室最年长者安平王孚的相继离世,晋朝开国以来的宗室封建体制不得不面临着重新的调整。这是因为"长老的保护伞"的消失,也就意味着支撑这一体制的重要支柱的丧失。

安平王死后,从建国开始就支撑着武帝一路走来的老臣们也相继去世。泰始九年(273),司空郑袤(享年85岁)和司徒石苞,次年,太傅郑冲、太尉荀𫖳相继辞世(见附表2)。此外,泰始末年至咸宁初年(274—275)去世的宗室诸王实际上也多达4人(见附表1)。泰始元年(265)受封的27位宗王中,咸宁三年(277)活着的只剩下17人,12年间,诸王已有10人去世。

动摇宗室封建体制的事态还不仅于此。咸宁元年(275)年底到次年年初,洛阳发生了传播迅猛的疫情,①甚至连武帝也感染上了疫病,一时间徘徊在生死的边缘。②武帝的病情平复后,便着手对政治高层进行重新布局,其结果如下:

太傅(领司徒)何曾,时年79岁,前职为太保。

大司马陈骞,时年65岁,前职为太尉。

———————

① 据说这场疫情致使洛阳人口减半。《晋书》卷三《武帝纪》咸宁元年(275)十二月条:"是月大疫,洛阳死者太半。二年春正月,以疾疫废朝。"

② 房玄龄,等:《晋书》卷三《武帝纪》(中华书局,1974年)咸宁二年(276)二月条:"先是,帝不豫,及瘳,群臣上寿。诏曰:每念顷遇疫气死亡,为之怆然,岂以一身之休息,忘百姓之艰邪,诸上礼者皆绝之。"

太尉贾充,时年 60 岁,前职为司空。

司空齐王攸,时年 29 岁,前职为镇军大将军。

这四名重臣之中,前三人都是接受魏晋革命之际司马昭的遗命,拥立并一直辅佐青年皇帝的"佐命功臣"。① 而齐王攸,如前所述是武帝的一母同胞弟弟,即便在皇太子(后来的惠帝)册立后,依然作为武帝的后继者集朝望于一身。

在此前武帝因罹患疫病一时间出现危笃之际,也有许多大臣认为齐王是皇位后嗣的合适人选。② 及至病愈,武帝将齐王由镇军大将军升至司空,其中的背景是,让人望极高的年轻皇族担任政府要职一方面可以粉饰外观,另一方面,让齐王继续担任皇太子的守护——太傅,从中似乎可以看出武帝力图稳固作为皇位继承人的皇太子的地位的强烈意愿。③

咸宁三年(277),武帝对宗室诸王进行了大规模的移封(更换封地),迫使许多宗王离开洛阳前往自己的封地。我们必须将这项措施视为武帝政略中的一环,《资治通鉴》对此做了扼要的总结:

> 卫将军杨珧等建议,以为"古者封建诸侯,所以藩卫王室;今诸王公皆在京师,非捍城之义。又,异姓诸将居边,宜参以亲戚。"帝乃诏诸王各以户邑多少为三等,大国置三军五千人,次国二军三千人,小国一军一千一百人;诸王为都督者,各徙其国使相近。④

---

① 安田二郎:《西晋朝初期政治史试论》,见《六朝政治史研究》,京都大学学术出版社,2003年,第6-19页。

② 同①,第21页。

③ 房玄龄,等:《晋书》卷三八《文六王·齐王攸传》:"咸宁二年,代贾充为司空,侍中、[太子]太傅如故。"(中华书局,1974年)安田先生对此也曾指出:"让攸长期领任太子少傅一职,看似是对攸的亲任举措,实则是利用贤弟攸的声誉以图实现对太子的尊重。另一方面,这也是彻底表明除了傅保之外做什么都不是的一种策略。做如此解释也未必不妥。"见其《西晋朝初期政治史试论》,《六朝政治史研究》,第24页。

④ 司马光:《资治通鉴》卷八〇"咸宁三年八月癸亥"条。

表1　泰始末咸宁初的都督

都督	泰始元年	泰始二年	泰始十年	咸宁元年	咸宁二年
幽州	王乂		卫瓘		
邺城	济南王遂	梁王肜	彭城王权	陇西王泰	
雍凉二州	扶风王亮		汝阴王骏		
豫州	汝阴王骏		太原王瓖	王浑	
青州	卫瓘				
徐州			东莞王伷		
扬州	石苞		陈骞		
荆州	陈骞		羊祜		

　　杨珧等人的建议成为咸宁三年(277)移封的契机。在杨珧等人看来,宗室成员应该接受分封并令其出镇,起到帝室屏藩的作用。杨珧等人的建议基于对以下两个问题的重视:(1) 当时宗室诸王并未就国、出镇,大家都留在京师;(2)安排在边境要冲地带的多是异姓诸将。我们可以看一下泰始末年到咸宁二年(276)的实际情况。

　　(a)宗室诸王的出镇　　出镇的有:东莞王伷(徐州)、汝阴王骏(雍凉二州)、渤海王辅(南中郎将)和陇西王泰(邺城)等4人。其中,封地和出镇地一致的只有东莞王。(参见附表1)

　　(b)边境要冲的诸将配置　　在幽州、邺城、雍凉二州、豫州、徐州、扬州、荆州等7个都督中,毗邻孙吴的豫州、荆州、扬州以及北方的幽州等四个都督均为异姓诸将。(参见表1)

　　从(a)中可以看出,泰始初年实施的宗室分封、出镇,到咸宁初年时已经形骸化,封地和任职地的乖离已经非常明显,但杨珧等人所说的"诸王公皆在京师"也未必准确。另外,从(b)中可以知道,任命为边境要冲地带的诸将都督确实都是异姓。

　　通过咸宁三年(277)的移封,以上这些问题暂时都得到了解决。(参见附表1咸宁三年栏)

也就是说，武帝咸宁三年（277）的移封，是将受封、出镇的皇叔皇弟们的封地调整到任职地的附近，并大幅增加他们的封邑。封国的规格是通过封邑的多寡来确定的。（《晋书》卷一四,地理志,序）

大国　邑二万户以上

次国　邑一万户以上

小国　邑五千户以上①

事实上，大国只有 5 个：平原、汝南、琅邪、扶风、齐；次国也只有 6 个：梁、赵、乐安、燕、安平、义阳。② 封为大国的是 4 个年长的皇叔（平原王斡、汝南王亮、琅邪王伷、扶风王骏）和同胞皇弟齐王攸；封为次国的是相对年轻的两位皇叔（梁王肜、赵王伦）和两位皇弟（乐安王鉴、燕王机），加上安平王和义阳王的后嗣两名（安平王敦、义阳王奇）。③

如此一来，由近亲者屏藩皇帝的体制建立了起来。乍一看，这与泰始初年构筑的体制似乎没有什么太大的区别，但是，有一个最根本的变化却不能忽视，这就是原先拥护皇帝的皇族长老已经不存在，作为司马氏家族的一族之长，此时的武帝已经完全可以发挥其领导作用，可以说地位已经相当巩固。受封的宗室诸王必须就国或出镇，这一原则的背后，可以看出武帝以自己为枢轴，以近亲的皇族为屏藩来实现统驭帝国的意图。④ 同样是在咸宁三年（277），武帝设置了"宗师"这个职位，让当时宗室中可能是最年长的汝南王亮来担任此职，目的似乎是为了肃正整个宗室的纲纪，维

---

① 房玄龄，等：《晋书》卷一四《地理志·序》,中华书局,1974 年。

② 房玄龄，等：《晋书》卷二四《职官志》,中华书局,1974 年。

③ 安田二郎：《西晋武帝好色考》,《六朝政治史研究》,京都大学学术出版社,2003 年,第 88 - 89 页。

④ 蔑视愚昧的皇太子、并集朝廷大臣的期望于一身的齐王攸，对武帝而言是宗室中的危险分子。正因为如此，武帝一方面对他严加监督，另一方面也为他准备了特殊的待遇。宗室中只有他一人位居三公之列（司空），但待时机强制其出镇，也可从前后脉络看出其逻辑所在。参见安田二郎《西晋朝初期政治史试论》,《六朝政治史研究》,京都大学学术出版社,2003 年,第 19 - 38 页。

护与屏藩作用相应的秩序。①

三、诸王的封建、出镇与皇帝

太康十年(289)再次对皇室成员进行了大规模的分封。这次分封,对象扩展到了皇太子诸弟,将皇太子的同辈兄弟列入屏藩之列,意在进一步强化咸宁三年(277)建立起来的皇亲体制(在宗室封建体制下由皇帝主导的帝国统治),进而建立辅佐下一代皇帝的体制。② 次年,武帝驾崩(享年55岁),以他为中心构筑起来的帝国统治体系,开始一步一步地走向瓦解。

32岁即位的惠帝,由于天生愚钝,从皇太子时代开始,其资质便受到了广泛的议论,其皇太子的地位,是武帝在与齐王攸的争斗中顽固地将其保全下来的。武帝死后,惠帝不堪皇帝的重任,从这个意义上来说,政治上的混乱是必然的。

"八王之乱"成为西晋灭亡的导火线,似已不必赘说。对动乱过程的详述及其历史意义的分析,有数量众多的既有成果可供参考。③ 因此,本文避开对八王之乱的考察和分析,仅想就武帝在位时期推行的宗室诸王分封、出镇与八王之乱的关系,阐述一些自己的观点。④

---

① 房玄龄,等:《晋书》卷五九《汝南王亮传》(中华书局,1974年):"时宗室殷盛,无相统摄,乃以亮为宗师,本官如故,使训导观察,有不遵礼法,小者正以义方,大者随事闻奏。"关于汝南王亮在宗室的位置,请参考安田二郎《西晋武帝好色考》,《六朝政治史研究》,京都大学学术出版社,2003年,第150页,注(32)。

② 详细内容请参照安田二郎《西晋武帝好色考》,《六朝政治史研究》,京都大学学术出版社,2003年,第95 – 105页。

③ 宫川尚志:《从黄巾之乱到永嘉之乱》,《六朝史研究 政治·社会篇》,日本学术振兴会,1956年,第38 – 49页;安田二郎《围绕八王之乱》,初见于1976年,补订后改题,收于其《六朝政治史研究》,京都大学学术出版社,2003年;福原启郎《八王之乱的本质》,《东洋史研究》,第41卷第3号,1982年,等。另外,福原启郎在《西晋的武帝司马炎》(白帝社,1995年)一书中,对司马懿登场到西晋灭亡的政治史进行了概说,其中详述了八王之乱的经过。

④ 福原启郎:《西晋时期宗室诸王的特征——以八王之乱为线索》,《史林》第68卷第2号,1985年。

八王之乱发生在惠帝即位的第二年(永平元年,291),发端于皇后贾氏欲借宗室诸王之力覆灭当时专权的外戚杨骏一党。所谓"八王",指的是汝南王亮、赵王伦(以上两人为司马懿之子)、楚王玮、长沙王乂、成都王颖(以上 3 人为武帝之子)、齐王冏(齐王攸之子)、河间王颙(安平王孚之孙)、东海王越(司马泰之子)等 8 位皇族。除东海王司马越外,①其他诸王皆为武帝的近亲。

如前所述,从武帝时期开始,重要的皇族成员均被分封为王,原则上必须就国,或任都督出镇于要冲之地。一些年以后,随着诸王的死去和都督的调动,不得不对封地进行调整,但总的说来,这一体制是可以看做宗室诸王的封建体制的。不用说,作为都督出镇的诸王要统领军队,但咸宁三年(277)对宗室进行移封和分封时,根据各国封邑的多寡,相应配以 2 100~5 000 人不等的兵力,因此就国的诸王或多或少都拥有了兵力(参考前文所列《通鉴》卷八〇)。太康元年(280),在平定孙吴天下一统的形势下,州郡的军备被撤除,大半兵士卸甲归农②,而都督和宗室诸王在地方上拥有的兵力便相对壮大。当然,从制度上而言,当时统辖诸王军队的是中央任命的中尉。中尉和郎中令、大农一起被称作"三卿",分掌封国的政治、财政和军事的实际事务,由国相(后改称内史)统揽。③ 但实际上,就国的诸王与国相以下的官吏之间,结成的往往是紧密的主从关系。下面一段史料,揭示出了王国官吏随主人迁移到新封地的事实。

---

① 东海王越是司马懿的弟弟司马馗之孙,高密王(陇西王)司马泰的次子。司马泰自惠帝即位至元康九年(299)死去为止,历任司空、太尉等要职。或许借其父威之由,司马越从东宫侍讲升至左卫将军、侍中,因参加讨伐外戚杨骏有功而封侯,见房玄龄,等《晋书》卷五九《东海王越传》,中华书局,1974 年。

② 房玄龄,等:《晋书》卷四三《山涛传》(中华书局,1974 年):"吴平之后,帝诏天下罢军役,示海内大安,州郡悉去兵,大郡置武吏百人,小郡五十人。"

③ 房玄龄,等:《晋书》卷二四《职官志》(中华书局,1974 年):"咸宁三年……诸王公更制户邑,皆以中尉领兵。其平原、汝南、琅邪、扶风、齐为大国,梁、赵、乐安、燕、安平、义阳为次国,其余为小国,皆制所近县益满万户。又为郡公制度如小国王,亦中尉领兵。郡侯如不满五千户王,置一军千一百人,亦中尉领之。"

> 孙秀字俊忠，琅邪人。初赵王伦封琅邪，秀给为近职
> 小吏。伦数使秀作书疏，文才称伦意。伦封赵，秀徙户为
> 赵人，用为侍郎，信任之。[1]

司马伦从琅邪移封至赵是咸宁三年（277）的事，可见从这一时期开始，诸王与王国官吏之间已经建立起了强韧的主从关系。这暗示出西晋宗室封建、出镇体制本身，即潜在地孕育着诸王国从皇帝屏藩中脱离而独立的契机。[2]

正如前面所提到的那样，在八王之乱中举兵的宗室诸王，最初是纠弹钻皇帝无能之空而专权的人物，以武力打倒这些专权者之后，曾经举兵清君侧的这些宗室诸王便重蹈覆辙，陷入了其他势力发起的政权私有化的批判之中。如此，围绕掌控政权展开的连锁抗争无限反复，最终王朝为匈奴势力所灭。[3] 这里必须思考的问题是，为什么宗室诸王之间会围绕政治实权而反复争斗？掌握政权的皇族，又为什么会朝着将政权"私权化"的方向奔走？

关于前者，宗室诸王在封地或出镇地拥有兵力应是主要因素。当然，作为都督出镇地方的不只是皇族，但是在武帝构建的由宗室诸王组成的屏藩体制当中，出镇帝都洛阳周边军事要冲的都督，几乎全是皇帝的近亲。担任关中防卫的都督不能由宗室以外的人担当，即所谓的"石函之制"，是造成这一状况的最大原因。[4] 反过来看，居于朝向洛阳最易于展开攻击的不是他人，正是宗室诸王。并且，如前所述，就国的诸王有抗衡中央采取独立行动的潜在因素。能够抑制这一行为的是所谓的"亲亲主义"，即皇帝与诸王之间由血缘关系缔结而成的纽带。武帝更加重视与自己亲近的皇族，但如有违背己意的宗室出现，则会毫不留情地让其备尝冷遇。武帝

---

[1] 刘义庆：《世说新语》贤媛第十九"李平阳"条，刘孝标注所引"晋诸公赞"。

[2] 越智重明：《西晋的封王制》，见《魏晋南朝的政治和社会》，吉川弘文馆，1963年，第64－72页。

[3] 福原启郎：《八王之乱的本质》，《东洋史研究》，第41卷第3号，第3－8页。

[4] 房玄龄，等：《晋书》卷五九《河间王颙传》（中华书局，1974年）：元康"九年，代梁王肜为平西将军，镇关中。石函之制，非亲亲不得都督关中，颙于诸王为疏，特以贤举。"并请参见安田二郎《西晋武帝好色考》，《六朝政治史研究》，京都大学学术出版社，2003年，第95－96页。

之所以采取如此措施,或许正是因为其谙悉其中的奥妙之故。

关于后者,八王之乱中成功夺取政权的诸王,一方面不断安插私人党羽就任要职,另一方面,对批判者则彻底清除。这样的行为,唤起的是对政权更加激烈的批判,并由此引发下一场动乱。循环往复地争夺最高,即所谓的政权"私权化"倾向,在八王之乱爆发以前的西晋王朝中难道没有出现过吗?换句话说,"私权化"的种子,是不是武帝时期就已经埋下了呢?

正如安田二郎先生早已详述过的那样,武帝在确立王朝统治体制的过程中,对亲近自己的皇族委以重任,另一方面,对建立新王朝时支持过自己的特殊成员,则给予极大的信任。虽然,有时这种信赖也会让政局曝于危机之中,但是,从重要位置的人事安排看来,这一原则并未发生过大的动摇(见附表2)。当然,从大的方面来看,西晋的人事制度无疑是基于人格主义的九品官人法,但政治高层的人事安排,则完全在皇帝专权的范围之内。武帝把自己的心腹安排到重要位置上,分封亲近自己的皇室成员为王,并命其为都督出镇要冲之地。对此,没有任何人正面提出过异议。但这一体制随着武帝的去世一下子面临危机,这应该是不难预测到的。武帝试图通过对贵族的怀柔(由州大中正把握的门阀贵族本位主义的人才录用制度等)和扩大与高层贵族的血缘关系(拓展政治婚姻的范围,扩充身份制和内婚制下的后宫规模)来消除这种忧虑,关于这一点,安田二郎先生也已经做出了很好的说明。[1]

结　语

始于八王之乱的政局混乱,最终使西晋走向了灭亡。武帝建立起来的皇亲体制,也在这场混乱中走向自我毁灭。其后在江南建立的东晋政权中,几乎没有见到宗室诸王的封建和出镇事例,所

---

[1]　安田二郎:《西晋武帝好色考》,《六朝政治史研究》,京都大学学术出版社,2003 年,第125–127页。

谓的门阀贵族掌握了政治实权。西晋时期多由宗室占据的都督之位,也被门阀贵族出身者所取代。① 由此,由皇亲构成的屏藩体制被完全否定,历史迎来了"门阀政治"的时代。

然而,皇帝重用皇亲的现象在以后的历史上再次出现。众所周知,南朝刘宋时期,根据宋武帝的遗诏,重要的军府长官开始由皇族来担任,即便任命的不是皇族,但也不会是贵族,而是获得皇帝信任的武将。② 如此一来,刘宋以后的南朝,出现了重新任用皇亲和寒门武人抬头的现象,由贵族支配军事权的时代走向终结。和西晋时期不同的是,南朝时期作为都督出镇的皇族多为年少幼王,实权掌握在充担守护职责的军府长史手中。皇帝为了确保自己的权力,勉强让年少幼王出镇,其目的是制御地方要镇。③ 从这一点看来,宗室诸王的封建、出镇问题,与其从"公权和私权"的观点去分析,还不如将之视为基于皇亲体制的皇帝权力的保持和扩展(同时也是对异姓强势人物的强烈警戒)政策,这样似乎更容易让人理解。

本文就西晋王朝的诸王封建和出镇及其历史意义进行了考察。这一体制虽然在东晋时期一时走向衰微,但依然可以看出,通过把宗室诸王安置于各地实现地方统治的方式,在整个南朝时期得到了延续。更让人感兴趣的是,这一制度既可以成为下一王朝诞生的摇篮,④又是皇帝确保自身权力的一种装置。在这层意义上,中国中世纪重视诸王的封建和出镇的特色,并不是单纯的"封建诸侯的割据",因此,很难将之视为"封建制"的象征。

【附记】本文为平成十九年度科学研究费补助金基础研究(C)

① 庞骏在《东晋士族与兵权——侧重于侨四姓士族掌兵权之研究》中列出具体数字,对门阀贵族掌握兵权的情况进行了说明,《中国史研究》,2001年第2期。
② 川胜义雄:《刘宋政权的成立与寒门武人——在与贵族制的关联的视角下》,初见于1964年,收于《六朝贵族制社会的研究》,岩波书店,1982年,第314－321页。
③ 陈长琦:《南朝时代的幼王出镇》,《华南师范大学学报(社会科学版)》,1996年第1期。
④ 参照越智重明《南朝州镇考》,《史学杂志》,1953年;石井仁《梁元帝政权和荆州政权——〈随府府佐〉再论》,《集刊东洋学》五十六,1986年。

"汉魏六朝时期强制移动刑的展开及其影响"(研究代表者:辻　正博)的成果之一。原载笠谷和比古编:《公家和武家Ⅳ比较文明史视野下的官僚制和封建制研究》,思文阁 2008 年 3 月出版。在本文的撰述过程中,除本共同研究小组之外,也获得了六朝史研究会成员的宝贵意见,特此表示感谢!

(2012 年第 4 期)

系统	王名	封邑数	所属州	封国的户数	曹魏末	秦始元—秦始2	秦始3	秦始4
司马昭之子、司马京之嗣子	燕王机	6663	幽州	29000				
司马孚之子	渤海王辅	5379	冀州	40000	野王太守	就国		
	下邳王晃	5176	徐州	7500	东莞太守	就国		土
	太原王魏	5496	并州	14000	振武将军·秘书监	就国		
	高阳王珪	5570	冀州	7000	给事黄门侍郎		北中郎将·督邺	
	常山王衡	3790	冀州	24000	驸马都尉	(死去)		
	沛王景	3400	豫州	5096	谏议大夫			
司马馗之子	彭城王权	2900	徐州	4121	冗从仆射		[在京师]	
	陇西王泰	3200	泰州	3000	扶风太守	游击将军→兖州刺史·鹰扬将		
	范阳王绥	?	幽州	11000	谏议大夫			
司马恂之子	济南王遂	?	青州	5000	冠军将军·督邺城守诸军事	冠军将军·督邺城守诸军事	(死去)	
司马进之子	谯王逊	4400	豫州	1000	轻车将军、羽林左监		(死去)	
	中山王睦	5200	冀州	32000	侍御史			
司马通之子	北海王陵	4700	青州	?	议郎			
	陈王斌	1710	豫州	?	中郎			

注：封国户数据梁方仲《中国历代户口·田地·田赋统计》(上海人民出版社,1980 年)。
凡例：▢表示诸王出镇　▨表示封建、难以断定具体年代者保留意见　▩表示死去

秦始5	秦始6	秦始7	秦始8	秦始9	秦始10	咸宁元	咸宁2	咸宁3
就国						步兵校尉(以渔阳郡益国)		燕王[以北平·上谷·广宁郡10337户增燕国为2万户] 镇东将军·都督青州诸军事
卫尉→东中郎将→南中郎将								→太原王、监并州诸军事(~太康4)
水校尉→南中郎将				都督宁益二州诸军事(不行)		尚书→右仆射		下邳王、镇东将军·都督青徐二州诸军事
东中郎将				(死去)				
戍守诸军事	入朝、留养老父	尚书→右仆射			(死去)			
(立11年)						(死去)		
北中郎将·督邺城守诸军事→入朝					(死去)			
军→安西将军·都督宁益二州诸军事(不行)						安北将军·督邺城守事		陇西王、安西将军·都督关中事(~太康初)
[在位15年]								范阳王、(~咸宁5、死去)
就国								丹水县侯、[遣使募徒国内八县受逋逃等者700余户→被冀州刺史弹劾→从中山王降格→太康元年、复爵、高阳王]
								→任城王、就国(~咸宁5、死去)
								→西河王、就国(~咸宁4、死去)

附表2　西晋将相大臣表(武帝时代)

年	西历	太宰	太傅	太保	大司马	大将军	太尉	司徒
泰始元	265	安平王孚	郑冲	王祥(以公就第)	石苞		何曾	义阳王望
泰始2	266							
泰始3	267						义阳王望	荀颢
泰始4	268							
泰始5	269				义阳王望(死去)	陈骞		石苞
泰始6	270						荀颢(死去)	
泰始7	271	(死去)		何曾				
泰始8	272		(以公就第)					
泰始9	273							
泰始10	274							
咸宁元	275						陈骞	何曾(领)
咸宁2	276				陈骞(以公就第)			
咸宁3	277		何曾					
咸宁4	278	何曾(死去)					贾充(死去)	
咸宁5	279							李胤(死去)
太康元	280							
太康2	281							
太康3	282				齐王攸※1(死去)	琅邪王伷※2(死去)		山涛(死去)
太康4	283							
太康5	284							魏舒(致仕)
太康6	285						汝南王亮	
太康7	286							
太康8	287							
太康9	288							石鉴
太康10	289							
太熙元	290				汝南王亮※3			

续表

年	西历	司空	骠骑将军	车骑将军	卫将军	镇军大将军	尚书令	中书监
泰始元	265	荀颢	王沈（死去）					
泰始2	266					甄德	裴秀	
泰始3	267				齐王攸			
泰始4	268	裴秀		贾充		羊祜		
泰始5	269							
泰始6	270	（死去）						
泰始7	271	郑袤（不就）						
泰始8	272	（以公就第）		羊祜			贾充	
泰始9	273					齐王攸		
泰始10	274	贾充	孙秀					
咸宁元	275				汝南王亮			荀勖
咸宁2	276							
咸宁3	277			孙楷	出镇		李胤	
咸宁4	278							
咸宁5	279	齐王攸						
太康元	280							
太康2	281		扶风王骏				卫瓘	
太康3	282					王濬		
太康4	283							
太康5	284		（出镇）	杨骏	杨珧			
太康6	285	卫瓘				（死去）		
太康7	286							
太康8	287							
太康9	288						荀勖	
太康10	289						（死去）	华廙
太熙元	290				杨济		杨珧	

※1 齐王攸:大司马、都督青州诸军事
※2 琅邪王伷:大将军、都督徐州诸军事
※3 汝南王亮:大司马、都督豫州诸军事
凡例： ▨ 表示空缺

北魏"天赐十王"考辨

刘 军

北魏建国伊始,统治者便借助汉族的爵制作为驾驭臣工的利器,以调整统治结构、平衡利益关系。北魏爵制创设于道武帝登国元年(386)正月即代王位之际,史载,当时"班爵叙勋,各有差"①。此后又在皇始、天兴年间加以修改,最终于天赐元年(404)九月正式确定,标志着拓跋政权由部盟向文明国家的演进。② 天赐爵制把早先的五等爵压缩为王、公、侯、子四等,其中王爵堪称至尊,尤为史家瞩目。《魏书》卷一一三《官氏志》载:"于是封王者十人",即所谓的"天赐十王"。杜佑《通典》卷三一《职官·历代王侯封爵》、马端临《文献通考》卷二七三《封建·后魏诸侯王列侯》抄录此文皆做"七十人",显误。天赐十王的人员结构是北魏早期政治生活中的大事,牵涉到错综复杂的政治形势,是统治集团内部关系的缩影,因此有深入探究之必要。

一、天赐十王的人事构成

天赐十王究竟是哪些人,学界历来争讼纷纭。杨光辉先生认为:这十王包括道武帝的4位皇子王,即齐王嗣、清河王绍、阳平王熙、河南王曜;还有6位宗室王,即长乐王寿乐、高凉王孤、秦王翰、常山王遵、陈留王虔、毗陵王顺。③ 道武四子于天赐元年前一年十

---

① 魏收:《魏书》卷二《道武帝纪》,中华书局,1974年。
② 陈爽:《世家大族与北朝政治》,中国社会科学出版社,1998年,第13页。
③ 杨光辉:《汉唐封爵制度》,学苑出版社,2001年,第123页。

月受封,①位列其中毋庸置疑。而 6 位宗室王则存在明显的问题,高凉王孤、秦王翰和陈留王虔早死多时,他们的王号均属事后追赠;而拓跋寿乐封长乐王发生在太武帝时,②他们似不应计算在内。笔者认为,天赐十王须同时具备三项判定标准:天赐元年之前获封、王绪始终未降、当事者依然健在。符合这些条件的除道武皇子外,还有拓跋乐真。其祖孤有让国给昭成帝之盛德,且本人屡立战功,故袭封高凉王,直至明元帝时改封;拓跋仪,登国初赐九原公,后徙封平原公、东平公,皇始二年(397)因扫灭后燕的功勋进封卫王,天赐六年(409)赐死夺爵;拓跋遵,亦在登国初赐略阳公,以镇抚河北之功于天兴元年(398)四月进封常山王,天赐四年(407)赐死夺爵;拓跋顺,亦在登国初赐南安公,因绥靖京师、弹压贺力眷叛乱出力甚巨,与遵同时受封为毗陵王,后以王归第;拓跋悦,为表彰其父虔为国捐躯的壮举,特于天兴六年(403)封朱提王,明元帝永兴元年(409)赐死夺爵;拓跋夔,为纪念出使后燕殉难的其父觚,与悦同时受封为豫章王,估计以王善终。③ 上述 6 人俱于天赐元年(404)之前封王,始终以王的身份活跃在天赐政局中。毫无疑问,他们与 4 位道武皇子王共同构成了天赐十王的特殊群体,本文的研究对象也随之明朗起来。

实际上,天赐之前生而封王者还有拓跋题,《魏书》卷一四《神元平文诸帝子孙·上谷公纥罗传》:"子题,少以雄武知名,赐爵襄城公。从征中山,受诏徇下诸郡,抚慰新城,皆安化乐业。进爵为王。击慕容驎于义台,中流矢薨……子悉袭,降爵为襄城公。"案同书卷二《道武帝纪》,拓跋题早在皇始二年(397)即由公晋升为王,同年阵亡后,爵位传给其子悉。不过,依据天赐爵制中"宗室及始蕃王皆降为公"④的规定,拓跋悉还是由王例降为公,与天赐十王的

---

① 魏收:《魏书》卷二《道武帝纪》,中华书局,1974 年。
② 万斯同:《魏诸王世表》,《二十五史补编》第四卷,中华书局,1955 年。
③ 诸人事迹分见《魏书》卷二《道武帝纪》、卷一四《高凉王孤传》、卷一五《昭成子孙列传》。
④ 魏收:《魏书》卷一一三《官氏志》,中华书局,1974 年。

殊荣擦肩而过。也有学者指出,拓跋悉降爵是孝文帝太和十六年(492)改降五等造成的。[①] 这是绝无可能的,因为即便他孩提时袭爵,至太和中也已百岁有余,哪里会有如此高寿之人。所以说,天赐十王是爵位原封不动保持到天赐元年(404),并重新获得正式确认的诸王之总和。

二、天赐十王法理缺陷的弥合

天赐十王的出现是北魏厘定爵制的结果,《魏书》卷一一三《官氏志》对此记录甚详:"(天赐元年)九月,减五等之爵,始分为四,曰王、公、侯、子,除伯、男二号。皇子及异姓元功上勋者封王,宗室及始蕃王皆降为公,诸公降为侯,侯、子亦以此为差。于是封王者十人。"但是,我们发现天赐十王的身份特点没有忠实执行诏令的硬性规章,在理论层面破绽百出。首先,十王并非都是皇子,真正意义上的皇子王其实只有4位,尚不及半数;其次,十王皆为拓跋同宗,没有异姓功臣;再次,十王中有6位属于普通的宗室王,高凉王乐真还是始蕃王,但都未曾降爵。众所周知,北魏早期政权的运作残留着游牧行国的痕迹,受限于内在和外部的阻挠羁绊,见诸纸端的政令与具体实践产生脱节是司空见惯的事情,就如同道武帝许诺"王封大郡,公封小郡,侯封大县,子封小县",可事实上封君只是虚封,不能真正获得食邑。[②] 由此看来,天赐十王和诏令有些出入也就不足为奇了。

面对天赐十王的法理缺陷,统治者不能置若罔闻,否则非但难以服众,爵制立论的基础也会动摇。为弥合理论上的漏洞,道武帝可谓煞费心机。最大的难题在于如何论证十王中非皇子王的合理性。天赐爵制将既已存在的同姓皇室王划分为皇子王和宗室王两类,二者在新爵体系中的待遇大相径庭,前者可以名正言顺地封

---

① 万斯同:《魏诸王世表》,《二十五史补编》第四卷,中华书局,1955年。

② 马端临:《文献通考》卷二七三《封建·后魏诸侯王列侯》,中华书局,1986年。

授、传袭,后者及其嗣王则要例降为公。那么,只要把拓跋乐真等6
位宗室王移植到皇子序列中去,问题自然迎刃而解。第一步,要确
定宗室王祖之所自出的皇帝身份。我们知道,拓跋珪经过反复的
酝酿,终于天兴元年(398)正式登基,成为拓跋历史上的第一位皇
帝。他效仿汉族王朝的创建者,没有以开国君主自居,而是追尊石
穴时代的远祖拓跋毛以下历代首领帝号,昭示皇统的连续性和继
承性,这完全契合时人"今国家万世相承,启基云代"①的观念。杨
光辉先生据此提出:"追认的皇帝之子孙被封为王,似乎无可厚
非。"②不过,所有宗室均在先帝后裔之列,若该理由成立,封爵时也
就没有进行甄别的必要了,那么前文提及的襄城王悉又怎会降爵?
笔者认为,出于维护宗法的考虑,北魏立国前的历代先君虽头顶帝
号,但未必都有皇帝之实,所以他们的子嗣不能等同视之。皇帝身
份得到朝廷认可的仅平文、昭成和道武三帝而已,因为他们使权力
核心实现了"由氏到家"的过渡,使本支拓跋大宗的地位得以巩
固。③ 也只有这三帝之子才算"皇子"。正史为此提供了充分的证
据,《魏书》卷一三《皇后·平文皇后王氏传》:"(王氏)年十三,因
事入宫,得幸于平文,生昭成帝。平文崩,昭成在襁褓。时国有内
难,将害诸皇子。后匿帝于袴中。"这里的"皇子"是包括昭成在内
的平文诸子。同书卷二九《叔孙建传》:"(叔孙建)父骨,为昭成母
王太后所养,与皇子同列。"史料既称昭成生母王氏为太后,则其领
养叔孙骨应在昭成即位之后,所谓"皇子"显然是指昭成诸子。又
同书卷一五《昭成子孙·寔君传》:"时苻洛等军犹在君子津,夜常
警备,诸皇子挟仗徬徨庐舍之间。寔君视察,以斤言为信,乃率其
属尽害诸皇子,昭成亦暴崩。"文中的"皇子"亦专指昭成诸子。以
此结论审视天赐十王,道武四子的皇子身份自不待言;其余六王

① 魏收:《魏书》卷二《道武帝纪》,中华书局,1974 年。
② 杨光辉:《汉唐封爵制度》,学苑出版社,2001 年,第 119 页。
③ 张继昊:《从拓跋到北魏——北魏王朝创建历史的考察》,台北稻乡出版社,2003 年,第 210
页。田余庆先生亦从拓跋早期君位更迭的角度阐释了这个问题,参见氏著《拓跋史探》,生活·读
书·新知三联书店,2011 年,第 16 页。

中,高凉王乐真祖出平文帝,卫王仪、常山王遵、毗陵王顺、朱提王悦和豫章王爰俱昭成后裔,他们在行辈上尽管不是皇子,却可视作皇子的合法继承人。通过与宗法制巧妙的配合,为六王的封授初步扫清了外围。

六位宗室王固然成功置身皇子序列,但毕竟不是皇子,到合理合法的受封还有相当的距离。道武帝通过系统追封的办法来消除这个障碍,这也是天赐爵制的重要组成部分,《资治通鉴》卷一一三《晋纪》"安帝元兴三年(404)"充分留意到这一点,故言:"旧臣有功无爵者追封之,宗室疏远及异姓袭封者降爵有差。"首要步骤是追封身为皇子的先人,而后再添补中间父祖的空当,借此搭建联系皇子的桥梁。如此一来,宗室王变身为皇子嗣王,王爵加身也就顺理成章了。例如拓跋仪之父、昭成第三子翰追封秦明王;①拓跋顺之父、昭成第七子地干追封彭城王;②拓跋乐真的祖父、平文第四子孤追封高凉神武王,乐真径直袭祖爵;③拓跋爰的祖父也是秦明王翰,父觚追封秦愍王,本人乃父祖王爵的嫡传;④拓跋悦的祖父、昭成第六子纥根追封清河桓王,父虔追封陈留桓王,自己承袭父祖之封。⑤ 惟拓跋遵之父、昭成第五子寿鸠未见封号,或许亦有追封,只是尚未发现而已。经过上述两个环节的整合,尽管还存在细微的逻辑裂痕,但6位宗室王的封授资格似乎已无实质性硬伤。

我们还注意到,天赐十王全部都是皇室王,异姓勋贵被排斥在外,这与天赐爵制"异姓元功上勋者封王"的规定背道而驰。当时

① 魏收:《魏书》卷一五《秦明王翰传》,中华书局,1974年。据李凭先生考证,拓跋仪可能是昭成帝下报儿媳献明贺氏所生,这样仪本身就是皇子,但北魏官方为掩饰国恶,故意将其置于秦明王翰的名下,参见氏著《北魏平城时代》,上海古籍出版社,2011年,第102页。

② 魏收:《魏书》卷一五《毗陵王顺传》。地干追封彭城王事见《元睿墓志》,罗新、叶炜《新出魏晋南北朝墓志疏证》,中华书局,2005年。

③ 拓跋乐真之父斤与寔君谋逆,死于长安,乐真得袭祖爵。见《魏书》卷一四《神元平文诸帝子孙·高凉王孤传》,中华书局,1974年。

④ 魏收:《魏书》卷一五《秦王觚传》,中华书局,1974年。周一良先生认为,拓跋觚是昭成帝与献明贺氏所生,参见氏著《魏晋南北朝史札记》"崔浩国史之狱"条,中华书局,1985年。

⑤ 魏收:《魏书》卷一五《陈留王虔传》,中华书局,1974年。纥根追封清河桓王事见《元弼墓志》,赵超《汉魏南北朝墓志汇编》,天津古籍出版社,2008年,第37页。

异姓封爵例以公为限,如南部大人长孙嵩赐钜鹿公,转南平公;①中领军长孙肥赐琅邪公;②太尉穆崇赐历阳公,徙安邑公;③外朝大人和跋赐日南公;④治民长奚牧赐任城公;⑤外朝大人庾业延赐西昌公;⑥外朝大人、中领军叔孙建赐安平公;⑦中部大人、左将军王建赐濮阳公,徙真定公。⑧ 上述众人皆为元老重臣,竟无法染指王爵,着实令人费解。道武帝严格控制异姓封王,盖恪守汉高祖白马盟非同姓不王的信条,同时旨在提升皇族的整体地位,使之真正成为凌驾于社会之上的特殊阶层,归根结底还是要摆脱民主、平等的部落遗俗,为专制皇权政体的确立铺平道路。不过,道武帝的主观意图不能抹杀异姓勋贵在创建、巩固政权过程中的丰功伟绩,更不能无视他们雄厚的实力,故而在理论上保留了异姓封王的权利。道武帝死后,异姓勋贵愈益膨胀,权势如日中天,突破皇族的垄断,大规模晋身王爵也就势所难免了。⑨

三、天赐十王的身份特点和地位差别

北魏的王爵居于一人之下、万人之上的显著位置,尊贵异常,人选至关重要。可以说,天赐十王的结构成分是北魏早期国家政治形势、统治阶层内部关系,乃至皇帝施政方略的集中缩影,它又与当时的宗室政策休戚相关,是把握拓跋鲜卑发展脉络的症结所在。下面将从不同角度归纳天赐十王的身份特点,梳理其地位差别,进而为后文的论述打下基础。

---

① 魏收:《魏书》卷二五《长孙嵩传》,中华书局,1974 年。
② 魏收:《魏书》卷二六《长孙肥传》,中华书局,1974 年。
③ 魏收:《魏书》卷二七《穆崇传》,中华书局,1974 年。
④ 魏收:《魏书》卷二八《和跋传》,中华书局,1974 年。
⑤ 魏收:《魏书》卷二八《奚牧传》,中华书局,1974 年。
⑥ 魏收:《魏书》卷二八《庾业延传》,中华书局,1974 年。
⑦ 魏收:《魏书》卷二九《叔孙建传》,中华书局,1974 年。
⑧ 魏收:《魏书》卷三〇《王建传》,中华书局,1974 年。
⑨ 万斯同:《魏异姓诸王世表》《魏外戚诸王世表》,《二十五史补编》第四卷,中华书局,1955 年。

首先,从出身世系来看,天赐十王都具有高贵的身世背景。前文已述,十王均处于皇子传承序列,只是祖出各不相同。齐王嗣、清河王绍、阳平王熙和河南王曜属于道武帝本支,高凉王乐真是平文后裔,卫王仪、常山王遵、毗陵王顺、朱提王悦和豫章王爽则是昭成子孙。昭成系在十王中占有相当的优势,充分说明他们是拓跋开国集团中的栋梁和骨干,曾是道武帝最为依赖的力量。

其次,从家族关系来看,天赐十王不仅悉为皇族,且都是道武帝的直系亲属。若套用汉人衡量族内关系的服纪框架加以说明,①则更为形象具体。齐王嗣、清河王绍、阳平王熙和河南王曜是道武帝的亲生骨肉,在五服中属最内层的斩衰亲;高凉王乐真与道武帝为同曾祖的从祖昆弟,是略微靠外的小功亲;卫王仪、常山王遵和毗陵王顺与道武帝为同祖的从父昆弟,是位居中部的大功亲;朱提王悦和豫章王爽则是道武帝的从父昆弟之子,相当于小功亲的侄辈。天赐十王都是道武帝的有服近宗。与之相对,皇族中平文以上诸帝后裔虽也立下汗马功劳,但爵位以公、侯为主,且日后还要改降,②足见血缘亲疏在利益天平上的配置关系。

再次,从封授类型来看,天赐十王大致可分为军功酬赏和宗法分封两类。前者是对受封者在征服战争中的功绩进行的总结表彰,卫王仪、常山王遵、毗陵王顺是典型代表;高凉王乐真、朱提王悦、豫章王爽则是仰仗父祖的功劳恩荫为王,亦可勉强归入此类。后者是北魏皇统确立后,照搬汉族的宗法制原则对道武皇子的分封,其中齐王嗣作为长子,封授有别于其他兄弟,乃是立储的预备和先兆;余下诸子则各立小宗,成为皇室的枝脉。由此可见,天赐爵制在王的层面不再是单纯的"班爵叙勋",以皇权主义为导向构建宗法秩序成为平行的主题。不过,两相比照,宗法分封的份额还

---

① 杜正胜:《传统家族试论》,《台湾学者中国史研究论丛——家族与社会》,中国大百科全书出版社,2005年,第2页。

② 平文以上诸帝后裔中,拓跋因封曲逆侯、拓跋颓赐望都侯、拓跋素延赐曲阳侯、拓跋吕封江夏公、拓跋泥赐文安公,唯一封王者襄城王悉例降为公,见魏收《魏书》卷一四《神元平文诸帝子孙列传》,中华书局,1974年。

是略逊于军功王爵,它与军功王爵长期并存、互为消长,直至孝文帝太和十六年(492)"改降五等",方才取得独尊的地位。当然,二者并非截然对立,军功王其实也包裹着宗法的外衣,如前所述,其之所以能够弥合法理空隙,获得王封资格,主要归功于宗法理论的推演和修饰。

最后,从王爵等级来看,天赐十王的爵级虽然相同,但实际地位并不均等。这是因为天赐爵制对王爵进行了更为精密的区分。《魏书》卷一一三《官氏志》:"(天赐元年)十二月,诏始赐王、公、侯、子国臣吏,大郡王二百人,次郡王、上郡公百人。"也就是说,同为第一品的王爵内部还有大郡王、次郡王的差别。据学者研究,这种差别是通过爵号中地名的实际地理位置和建制级别来体现的,地位最尊者以先秦旧国名为号,次之以北魏疆域内的行政郡为号,次之以南朝境内的郡名为号,彼此间可徙封改换,以实现对身份等级的调节。① 天赐十王中,齐王嗣和卫王仪是第一类,位在诸王之首;清河王绍、阳平王熙、河南王曜、高凉王乐真、常山王遵是第二类,位居次席;毗陵王顺、朱提王悦、豫章王爽是第三类,级别最低。道武皇子全部都是大郡王,宗室王中半数属于边缘化的次郡王,前者的整体地位明显高于后者,道武帝如此布局绝非偶然,其中隐情留待下文详解。

四、天赐十王与道武帝的政治理念

天赐十王起码体现出道武帝的两层政治意图:其一是抬升皇族的威望。众所周知,拓跋鲜卑是拖带着血亲氏族的脐带步入文明国家阶段的,血脉亲情于相当长的时期内都是凝聚人心、维持统治的重要纽带,而这又与汉族儒家"亲亲"的观念不谋而合,因此北魏血亲政治的色彩异常浓烈。实际上,拓跋皇族对于北魏政权确

---

① 张鹤泉:《北魏前期诸王虚封地改封考》,《古代文明》,2011年第1期。

实起到了中流砥柱的作用,在道武帝复国的最早班底"元从二十一人"里,皇族成员就有 8 人,几占总数的四成。① 随后的艰苦战争中,皇族更是征伐的主力军,担当方面者不胜枚举。建国之后,皇族又成为抗衡异姓勋贵,捍卫皇朝政体的有生力量。可以说,天赐封王首先是对皇族政治表现和历史功绩的首肯,并就此奠定了北魏王朝倚重宗室的基本国策。②

其二是设置级差,调整皇族各房间的关系。正如前述,天赐十王中最大的鸿沟横亘在道武与非道武子孙之间,前者是宗法分封,后者是军功授爵;前者皆以境内大郡立国,后者半数封号在南朝治下,双方地位高下立判。不过,需要强调的是,他们在爵位体系中的位置与真实实力并不匹配,尤其是昭成后裔权势最显,却备受打压;道武皇子资历最浅,但能后来居上。造成这种不平衡的主要原因是昭成系羽翼丰满,引起道武帝的警惕和忌惮,具体理由有四:

第一,昭成子孙多有带兵经历,与军队纠缠不清。卫王仪早在登国九年(394)于五原至稠阳塞外屯田之际,便统领大量来自游牧部落、督责屯田生产的骑兵部队和从事农业劳动、被严密监管的别部之民。③ 这是一股不容忽视的武装,次年后燕进犯,仅未及疏散而被俘的屯田客就有三万户,落入敌手的粮谷多达百万斛,但拓跋仪并未伤及元气,很快便转入外线作战,反证其军力之巨。常山王遵长期坐镇河北行台,麾下拥有驻屯军和机动集群约十万之众,占全国总兵力的三分之一。④ 毗陵王顺留守京师,与禁军颇多瓜葛,

① 张金龙:《拓跋珪"元从二十一人"考》,《北魏政治与制度论稿》,甘肃教育出版社,2003 年,第 5 页。
② 顾炎武著,黄汝成集释:《日知录集释》卷九《宗室》杨氏注曰:"能用宗室者,莫如元魏。"证以史实,北魏一朝,宗室占据中央及地方要职的比例高达三成,超过其他任何族类;在某些特定时段,甚至足以左右政局的走向。参见刘军:《北魏宗室阶层研究》,吉林大学古籍研究所,2009 年博士学位论文。
③ 李凭:《北魏平城时代》,上海古籍出版社,2011 年,第 46 页。
④ 刘军:《论北魏拓跋遵之死》,《历史教学》,2011 年第 6 期。

他还收容了不少溃兵,实力亦不可小觑。① 道武帝不愿坐视兵权旁落,势必会对统兵将领心存疑忌。

第二,昭成子孙官居显位,掌控朝政。他们作为开国集团的核心成员,自然转化为国家主要的管理者。卫王仪与常山王遵为左、右丞相,位居百揆之首。② 毗陵王顺任司隶校尉,负责平城京畿的治安和行政监察。③ 朱提王悦得到道武帝的特别亲宠,"为左将军,袭封。后为宗师"④。查北魏前《职员令》,左将军为从二品官,乃高阶武散;宗师则是与之政治地位相应,总管拓跋族内事务的最高席位。⑤ 惟豫章王嬖仕宦不显,不排除史家遗漏的可能。可见,昭成子孙位高权重,为朝野瞩目。而以道武帝权力欲望之强烈,其卧榻之侧,岂容他人酣睡?

第三,昭成子孙具有复杂的部落背景和广泛的人脉关系。草原时期,同盟部落和姻戚之族对拓跋氏具有极强的干预能力,他们与皇族人物相互利用,各取所需。所以,这种交际网络是昭成系掌握的重要社会资源。卫王仪若真像李凭先生所说是献明贺氏所生,那么贺兰氏作为母族必成其有力支撑。此外,拓跋仪"大得人心""远近怀附",深受胡汉名望的拥戴,上谷侯岌、张衮,代郡许谦赞叹道:"平原公有大才不世之略,吾等当附其尾。"⑥常山王遵的母族乃乌桓王氏,妻族为匈奴独孤氏,皆塞上强宗,他还与外朝大人和跋交情莫逆。⑦ 毗陵王顺同禁军将领、左将军莫题结为死党。⑧

---

① 魏收:《魏书》卷一五《毗陵王顺传》。地干追封彭城王事见《元睿墓志》,罗新、叶炜:《新出魏晋南北朝墓志疏证》,中华书局,2005 年。

② 卫王仪任左丞相与封王同时,见魏收:《魏书》卷一五《卫王仪传》,中华书局,1974 年。常山王遵任右丞相正史缺载,估计是他天兴二年(399)入朝之后不久的事,见《元俟墓志》《元昭墓志》,赵超:《汉魏南北朝墓志汇编》,天津古籍出版社,2008 年,第 60、146 页。

③ 同①。

④ 魏收:《魏书》卷一五《陈留王虔传附悦传》,中华书局,1974 年。

⑤ 刘军:《拓跋宗师考述》,《唐都学刊》,2012 年第 1 期。

⑥ 魏收:《魏书》卷一五《卫王仪传》,中华书局,1974 年。

⑦ 刘军:《论北魏拓跋遵之死》,《历史教学》,2011 年第 6 期。

⑧ 魏收:《魏书》卷二八《莫题传》,中华书局,1974 年。

朱提王悦则联络代北豪杰,图谋不轨。① 在帝制时代,朝臣结党营私绝对是不为皇帝容许的禁忌。

第四,昭成子孙享有直勤传统赋予的平等君位继承权,这是最令道武帝忧虑的事情。据罗新考证,拓跋始祖神元帝力微的全体后裔均缀"直勤"称号,它不仅是对血缘范围的界定和认可,更代表着统治权继承权利的拥有;至代国末叶,随着继承权指向范围的缩小,只有昭成子孙才真正具备这种资格。② 所以说,昭成诸王竞逐皇位是完全合法的,他们甚至开始按照兄终弟及制安排自己的继承顺位,朱提王悦公开扬言:"一旦宫车晏驾,吾止避卫公,除此谁在吾前?"③这严重威胁到道武帝皇位的稳固。

总括以上,天赐十王中的昭成诸王实力超群、根基深厚,对道武帝的冲击是显而易见的。道武帝欲使皇统父子相继,就必须果断采取抑制措施。他不敢贸然向功勋卓著、声威显赫的拓跋仪、遵下手,只好在地位稍逊的顺、悦、爰三人的王号上做手脚,总之是要让昭成后裔屈尊本支诸子之下,确保皇朝时代宗法秩序的贯彻。短短数年后,昭成诸王因各种理由相继被杀、遭黜,问题才算彻底终结。

结　语

天赐爵制是北魏封爵制度发展的里程碑,它在王的层面确立了异姓非功不王,皇族非皇子不王的准则,对北魏政治生活产生了深远的影响。异姓勋贵的封授资格尽管获得承认,但天赐封王主要还是在皇族内部进行,表明其天潢贵胄的特殊身份。天赐爵制产生的十王不仅是北魏早期封君群体,也是开国集团的最高代表,一举奠定了皇族作为统治基石的地位。由于诸多复杂的现实因

① 魏收:《魏书》卷一五《陈留王虔传附悦传》,中华书局,1974 年。
② 罗新:《北魏直勤考》,《历史研究》,2004 年第 5 期。
③ 同①。

素,十王的身份特征不尽符合爵制的规定,道武帝只得采用迂回的办法予以辩护,从这个意义上说,天赐十王的出台是杂糅现实状况、部落习俗和华夏宗法的产物,全面展现了道武帝的政治智慧和应变能力。十王的组成结构和等级差别还是管窥北魏早期皇族内部关系的最佳切口,我们可以清楚地看到道武后裔与非道武后裔,尤其是与昭成子孙之间的激烈冲突,而矛盾的根源就在于道武帝摆脱部落遗俗,建立皇权体制的迫切诉求。总而言之,天赐十王充分验证了先民"爵禄之所道,存亡之机也"①的古训,使我们加深了对古代爵制本质及内涵的理解。

(2013 年第 2 期)

---

① 蒋礼鸿:《商君书锥指》卷三《错法篇》,中华书局,1986 年,第 63 页。

萧梁部曲制的盛行及其影响

杨恩玉

魏晋南朝的主要兵制为世兵制,然宋齐以后世兵制逐渐破坏,募兵制兴起,这已是史学界的共识。① 萧梁的兵制从集兵方式而言,募兵制居于主导地位,但就士卒的身份而言,则主要属于部曲制。萧梁的部曲制极其兴盛,从而对萧梁政局产生了重大影响。

一、萧梁的集兵方式

萧梁的集兵方式,大致有以下4种。

一是传统的世兵。天监十七年(518)八月,"诏以兵骊奴婢,男年登六十,女年登五十,免为平民"。② 在世兵制下,"兵家子子孙孙,世代都要为兵"。③ 梁武帝的诏令显示,萧梁仍有一部分世兵存在,所释放的仅是其中一部分年老者。而且萧梁继承前代传统,继续执行以罪犯或其家属补兵的律令。梁律:"劫身皆斩,妻子补兵"。④ 罪犯全家都被罚为兵,显而易见是指兵户。刘宋的劫罪,"同籍期亲补兵"。⑤ 萧梁的刑律比刘宋有所减轻。

二是征发平民为兵。由于世兵数量锐减,宋齐经常因为军事需要而征发民兵。由于同样原因,萧梁继续以民丁为兵。《梁书》卷五一《沈凯传》:"天监四年,大举北伐,订民丁,吴兴太守柳恽以

---

① 何兹全:《读史集》,上海人民出版社,1986 年,第 285－317 页。
② 姚思廉:《梁书》卷二《武帝纪中》,中华书局,1973 年。
③ 同①。
④ 魏征,等:《隋书》卷二〇《刑法志》,中华书局,1973 年。
⑤ 沈约:《宋书》卷六四《何承天传》,中华书局,1974 年。

(沈)顗从役"。萧梁因为大举北伐而征发的民丁,可能一部分用于运输物资,身强力壮者则用于作战。萧梁不仅因为大规模军事行动征发民兵,平日还征发民丁作为士兵戍守边疆或军事要地。中大通二年(530)春,征发吴郡、吴兴、义兴三郡民丁兴修水利,昭明太子上疏:"……今征戍未归,强丁疏少,此虽小举,窃恐难合……不审可得权停此功,待优实以不?"①《魏书》卷九八《萧衍传》载:萧梁政府"发召兵士,皆须锁械;不尔便即逃散。"敌对国家的记载未必属实,多半夸大其词,但至少反映民丁服兵役是非常勉强的。这种情况下征发的士兵战斗力之差可想而知。

三是强迫降民、战俘为兵。萧梁与北魏的战争,有损兵折将的惨败,也取得过几次辉煌的大捷。天监四年(505)北伐,由于主帅临川王萧宏的怯懦无能,主力部队大败,损失了数万人,但豫州刺史韦睿击败魏军一部,"俘获万余级,牛马万数,绢满十间屋,悉充军赏"。② 次年,韦睿与右卫将军曹景宗携手,在合肥大败魏军,《梁书》卷九《曹景宗传》:"生擒五万余人,收其军粮器械,积如山岳,牛马驴骡,不可胜计。景宗乃搜军所得生口万余人,马千匹"。普通八年(527),司州刺史夏侯夔率军攻陷北魏军队占据的广陵,"凡降男女口四万余人,粟六十万斛,余物称是"。追击逃军又"生擒二万余人,斩获不可胜数……夔又遣偏将屠楚城,尽俘其众"。③ 大通元年(527),东宫直阁将军陈庆之与领军将军曹仲宗攻陷北魏涡阳,"降城中男女三万余口"。④ 战争中缴获魏军的物资奖赏立功将士,梁朝将领为了壮大自己的军事实力,自然会将俘虏的魏军将士收编进军队;北魏降民身强力壮者,也会被强制编入军队。其显著例证是,攻陷涡阳后,明威将军"(韦)放乃登城,简出降口四千二百人"。⑤ 韦放选拔的4 200人无疑被编入军队。同样,其他将领俘获

① 姚思廉:《梁书》卷八《昭明太子萧统传》,中华书局,1973 年。
② 姚思廉:《梁书》卷一二《韦睿传》,中华书局,1973 年。
③ 姚思廉:《梁书》卷二八《夏侯亶传附弟夔传》,中华书局,1973 年。
④ 姚思廉:《梁书》卷三二《陈庆之传》,中华书局,1973 年。
⑤ 姚思廉:《梁书》卷二八《韦放传》,中华书局,1973 年。

的北魏降兵降将也会被编入萧梁军队,将领们从而扩充了自己的部曲力量。另外,梁朝将领平定国内叛乱后,也会强制降民中的强壮者为兵。历任梁南秦二州刺史、衡州刺史与广州刺史的大将兰钦,攻占北魏厥固,《梁书》卷三二《兰钦传》:"收其家口……讨桂阳、阳山、始兴叛蛮,至即平破之……又破天漆蛮帅晚时得……破容罗溪,于是长乐诸洞一时平荡……大破(北魏都督董)绍、(张)献于高桥城,斩首三千余,绍、献奔退,追入斜谷,斩获略尽……经广州,因破俚帅陈文彻兄弟,并擒之……子夏礼,侯景至历阳,率其部曲邀击景,兵败死之。"兰钦之子兰夏礼没有任何官职,他所率领的部曲一定是父亲兰钦留下来的,而兰钦的部曲很大一部分是强制北魏降民、降兵,特别是国内降民从军而来。

四是将领自行招募部曲。大同八年(542),安成人刘敬宫反,有众数万人,豫章内史张绾,"修城隍,设战备,募召敢勇,得万余人。"①豫州刺史韦睿,"抚循其众,常如不及,故投募之士争归之。"②其例甚多,不胜枚举。

何兹全先生指出:由于世兵作战死亡、逃亡、私家分割、军户的解放等原因,"世兵的数量不断减少……与世兵数量减少,同样决定着世兵制命运的,是世兵战斗精神与战斗能力的低落……有此种种原因,世兵制在宋齐以后,即逐渐衰落。"③萧梁的世兵无论就数量还是战斗力而言,都退居次要地位。民兵由于强制征发而来,缺乏日常训练,战斗力也低下,不可能成为军队的主力。由于招募的部曲基本为自愿从军,又有钱财的诱惑,成分多为流民与盗贼,故战斗力较强,从而成为萧梁主要的集兵方式与主要的武装力量。

---

① 姚思廉:《梁书》卷三四《张缅传附弟绾传》,中华书局,1973年。
② 姚思廉:《梁书》卷一二《韦睿传》,中华书局,1973年。
③ 何兹全:《读史集》,上海人民出版社,1986年,第285－317页。

二、萧梁部曲制的盛行

萧梁来自降兵、降民的士兵具有部曲性质,将领个人招募的士兵更是私兵部曲。因此,萧梁从建立到灭亡,其军队无论是战斗力还是数量,都以部曲为主。

萧衍(梁武帝)推翻萧齐皇帝萧宝卷(东昏侯)的残暴统治,其义军的主要成分为部曲。梁武帝在《孝思赋·序》中说,其先君去世后,"故旧部曲,犹有数千。"周一良先生曾指出:"萧衍之父萧顺之曾任领军将军丹阳尹,理可领兵。此处之'故旧部曲'不必定指世代继承领有之私兵,故萧顺之死后归萧衍,而有他'将领'也。"①除此之外,萧衍在雍州刺史任上与其部将为了武装推翻东昏侯的统治,还积极招募部曲。他的中兵参军"(吕)僧珍阴养死士,归之者甚众。高祖颇招武猛,士庶响从,会者万余人。"②不仅萧衍直接率领的军队基本是招募起来的私兵部曲,其麾下的将领所率部队,也多为临时招集的私兵。萧衍起兵,竟陵太守"(曹)景宗聚众并率五服内子弟三百人从军"。③冯道根"率乡人子弟胜兵者,悉归高祖"。④"(华山太守康)绚举郡以应高祖,身率敢勇三千人,私马二百五十匹以从"。⑤康绚的二百五十匹马为自家所有,三千名富有战斗力的士兵毫无疑问为私兵部曲。陈庆之"散财聚士"。⑥代理荆州军政事务的萧颖胄响应萧衍的义军,"发教纂严,分部购募"。义军攻陷建康,《梁书》卷一一《张弘策传》:"于时城内珍宝委积,(谘议参军张)弘策申勒部曲,秋毫无犯。"这些都充分说明,萧衍用来推翻东昏侯的义军多为招募的私兵部曲。

---

① 周一良:《魏晋南北朝史札记》,中华书局,1985 年,第 301 页。
② 姚思廉:《梁书》卷一一《吕僧珍传》,中华书局,1973 年。
③ 李延寿:《南史》卷五五《曹景宗传》,中华书局,1975 年。
④ 姚思廉:《梁书》卷一八《冯道根传》,中华书局,1973 年。
⑤ 姚思廉:《梁书》卷一八《康绚传》,中华书局,1973 年。
⑥ 姚思廉:《梁书》卷三二《陈庆之传》,中华书局,1973 年。

　　萧衍所率义军之外的军队也多为私兵部曲。可以举两个显著的事例来证明。梁武帝派遣新任益州刺史邓元起去平定不从王命的原益州刺史刘季连，并且成功完成这一艰巨使命，是因为他"每战必捷，勇冠当时，敢死之士乐为用命者万有余人"。邓元起雄厚的军事力量，具有强大的震慑作用，结果"元起至巴西，巴西太守朱士略开门以待。先时蜀人多逃亡，至是出投元起，皆称起义应朝廷，师人新故三万余。"①后来"（邓）元起死于蜀，部曲皆散"。② 邓元起亡故后自行解散的部曲，自然包括原来一万余人的"敢死之士"。这些人之所以在邓元起亡故后自行解散，就是因为他们不是国家所有的士兵，而是邓元起的私兵。天监元年（502），江州刺史陈伯之兵变失败，投奔北魏。天监四年（505），他"于寿阳拥众八千归"。③ 陈伯之从北魏归国时带回的八千名士兵，毫无疑问是他从梁朝带去的部曲。梁武帝攻陷建康后到登基期间，授予封爵的只有曹景宗与陈伯之二人，从侧面证实陈伯之拥有相当数量的私兵部曲，所以梁武帝要格外优待笼络他。

　　梁朝建立后，招募部曲仍在持续进行。此类事例甚多。雍州刺史、庐陵王"（萧）续多聚马仗，畜养骁雄"。④ "梁元帝之为荆州刺史，（徐）世谱将领乡人事焉。"⑤大通三年（529），使持节、都督豫州缘淮南豫霍义定五州诸军事、平北将军、豫南豫州刺史夏侯亶病故。其长子夏侯谊"历官太子舍人，洗马。太清中，侯景入寇，谊与弟损帅部曲入城，并卒围内"。⑥ 夏侯谊没有担任过军职，夏侯损则没有官职，他们所率领的部曲，无疑是他们的父亲夏侯亶之旧部。在侯景之乱爆发后，前任湘州刺史张缵，挑拨荆州刺史湘东王萧绎与湘州刺史河东王萧誉、信州刺史桂阳王萧渊悭的关系，"弃其部

① 姚思廉：《梁书》卷一〇《邓元起传》，中华书局，1973 年。
② 姚思廉：《梁书》卷四七《庾黔娄传》，中华书局，1973 年。
③ 姚思廉：《梁书》卷二〇《陈伯之传》，中华书局，1973 年。
④ 姚思廉：《梁书》卷二九《庐陵王萧续传》，中华书局，1973 年。
⑤ 姚思廉：《陈书》卷一三《徐世谱传》，中华书局，1972 年。
⑥ 姚思廉：《梁书》卷二八《夏侯亶传附弟夔传》，中华书局，1973 年。

伍,单舸赴江陵,(湘东)王即遣使责让誉,索缵部下。"①萧绎理直气壮地向萧誉索取张缵的部队,证明它是张缵的私兵部曲,"部伍"一词,《南史》作"部曲"。樊毅,"祖方兴,梁散骑常侍、仁威将军、司州刺史,鱼复县侯。父文炽,梁散骑常侍、信武将军、益州刺史,新蔡县侯。毅累叶将门,少习武善射。侯景之乱,毅率部曲随叔父文皎援台。文皎于青溪战殁,毅将宗族子弟赴江陵"。② 樊毅与叔父当时都没有什么官职,他们所率领的部曲,无疑是由他们的祖父与樊毅的父亲传下来的。"宗族子弟"进一步证实部曲的私兵性质。

都官尚书江革,"监吴郡。于时境内荒俭,劫盗公行,革至郡,惟有公给仗身二十人,百姓皆惧不能静寇"。③ 在形势严峻的情况下,朝廷仅派给江革 20 人的警卫人员,乃是没有办法的事情,因为朝廷可以自由支配的军队实在有限。江革没有部曲,势孤力单,引起百姓的担忧,说明官员拥有部曲是常态,没有部曲则属于特例。太清二年(548),朝廷任命张缵为使持节、都督雍梁北秦东益郢州之竟陵司州之随郡诸军事、平北将军、宁蛮校尉、雍州刺史。张缵到达襄阳时,恰巧侯景叛军攻陷京师,前雍州刺史岳阳王"(萧)詧因不受代。州助防杜岸绐缵曰:'观岳阳殿下必不容使君,使君素得物情,若走入西山,招聚义众,远近必当投集,又帅部下继至,以此义举,无往不克。'缵信之,与结盟约,因夜遁入山。"杜岸则报告萧誉,张缵被捕。④ 这说明在当时"招聚义众"是司空见惯的事情,所以杜岸的诡计得以成功。《八琼室金石补正》卷一一《梁鄱阳王萧恢题名(在四川云阳)》云:"天监十三年十二月,鄱阳王任益州,军府五万人从此过"。严耕望先生指出:"《梁书》二《武帝纪中》,天监十三年正月,'癸亥,以平西将军、荆州刺史、鄱阳王恢为镇西

① 姚思廉:《梁书》卷三四《张缅传附弟缵传》,中华书局,1973 年。
② 姚思廉:《陈书》卷三一《樊毅传》,中华书局,1972 年。
③ 姚思廉:《梁书》卷三六《江革传》,中华书局,1973 年。
④ 同①。

将军、益州刺史。'此题名即恢卸荆州为益州,道经云阳时所题记者。"①跟随鄱阳王萧恢迁移的五万军队,不属于国家的世兵,而是萧恢的私兵部曲,因为世兵是不能随将领的调遣而迁移的。部曲归将领私有,父死子继。因此,侯景之乱时,萧恢之子合州刺史萧范麾下有"数万之众"。萧范的数万人部曲,应是萧恢传下来的,这证明萧恢"军府五万人"是可信的。萧恢父子率领的众多部曲,很可能就是梁武帝当年在雍州招募。梁武帝称帝后,交给萧恢统领。无论是驻防荆州还是益州,都显示这是一支劲旅。

梁末侯景叛乱的军队主要是强制招募的,参与抗击、平定侯景叛军的军队,主要成分也是招募的部曲。《梁书》卷五六《侯景传》:"(侯)景既据寿春,遂怀反叛,属城居民,悉召募为军士"。率军平定侯景之乱的首要功臣之一是大将王僧辩,《梁书》卷六三《王僧辩传》:"僧辩虽有灭贼之功,而驭下无法,军人卤掠,驱逼居人。都下百姓父子兄弟相哭,自石头至于东城,被执缚者,男女裸露,袒衣不免。缘淮号叫,翻思(侯)景焉。"王僧辩的部队军纪败坏到如此地步,他"驭下无法"仅是原因之一,且是次要原因,主要原因需要从士兵的成分来探求。王僧辩的部将王琳,"麾下万人,多是江淮群盗。平(侯)景之勋,与杜龛俱为第一。恃宠纵暴于建邺,王僧辩禁之不可,惧将为乱,启请诛之。琳亦疑祸,令长史陆纳率部曲前赴湘州。"②由此可知,王琳率领的士兵主要是招募而来的盗贼,属于部曲性质,所以战斗力较强,但军纪败坏;王僧辩的部队在建康掠夺百姓,主要是王琳的这些部曲所为。王僧辩为陈霸先杀害,他的儿子王颁悲痛不已,立志为父报仇。《隋书》卷七二《王颁传》:"及陈灭,颁密召父时士卒,得千余人,对之涕泣……诸人请具锹锸,一旦皆萃。于是夜发其陵,剖棺。"王僧辩被杀30多年后,他的儿子王颁仍然召集到父亲的士兵1 000余人,并且这些人冒着生命危险,发掘了陈武帝陵墓,这足以说明这些士兵曾经是王僧辩的私兵

① 严耕望:《严耕望史学论文选集》,中华书局,2006 年,第360 页。
② 李延寿:《南史》卷六四《王琳传》,中华书局,1975 年。

部曲。宁州刺史徐文盛,"太清二年,闻国难,乃召募得数万人",赴江陵,被萧绎任命为秦州刺史,征讨侯景叛军。① 平定侯景叛军的另一主帅是陈霸先,他平定交州李贲武装暴动与侯景之乱的军队也主要是招募的部曲。广州刺史、新喻侯"(萧)映令高祖招集士马,众至千人……高祖益招勇敢,器械精利"。陈霸先依靠这支招募而来的劲旅终于镇压了持续 4 年的暴动。太清三年(549),陈霸先准备讨伐侯景,《陈书·高祖纪上》:"厚结始兴豪杰同谋义举,侯安都、张偲等率千余人来赴。"他出兵时"率杜僧明等众军及南川豪帅合三万人"。《陈书》卷八《侯安都传》:"侯景之乱,招集兵甲,至三千人。高祖入援京邑,安都引兵从高祖"。陈霸先还命令同郡好友、员外散骑侍郎沈恪,"招集宗从子弟"。"侯景之乱,(裴)忌招集勇力,随高祖征讨"。② 杜僧明与周文育为替主将、南江都护鲁子雄报仇,发动兵变,"众至数万"。陈霸先击败之,生擒二人,"并释之,引为主帅"。陈霸先释放兵变的首领杜僧明与周文育,并任命为主帅,是为了诱使他们聚集的数万人,为自己驱使效命。可见,陈霸先的部队,主要是自己及其部将招募来的部曲。

总之,由于世兵与征发的民兵数量有限、战斗力低下,萧梁从始至终,活跃在军政舞台上的主要武装力量是私兵部曲。

三、萧梁部曲制的影响

萧梁官员所统率的、作为私兵的部曲,平日在官居要职的主将统领下,戍守边疆或军事要地,维护地方治安;战时他们开赴沙场,抗击北魏军队,或镇压内部反叛势力。他们发挥的作用与国家军队几乎没有什么区别。士族官僚在家乡的部曲,主要是耕田种地,有的也能协助地方政府维持社会秩序与安全。大同八年(542),刘敬宫领导的武装暴动,众达数万人,攻略安城、南康、庐陵、豫章等

---

① 姚思廉:《梁书》卷四六《徐文盛传》,中华书局,1973 年。
② 姚思廉:《陈书》卷二五《裴忌传》,中华书局,1972 年。

数郡。这场暴动即是依靠豫章内史张缵招募的万余人部曲才得以平定。① 又如,豫州刺史夏侯夔的次子夏侯谱,"常停乡里,领其父部曲,为州助防"。富有正义感的豪强私自招募的部曲,也能发挥维护地区治安的作用。《陈书》卷一○《程灵洗传》:"梁末,海宁、黟、歙等县及鄱阳、宣城郡界多盗贼,近县苦之。灵洗素为乡里所畏伏,前后守长恒使召募少年,逐捕劫盗。"流氓无赖一类的一些不法之徒所拥有的部曲,则成为祸害一方的邪恶势力。如留异"为乡里雄豪,多聚恶少,陵侮贫贱,守宰皆患之"。②

部曲平日受到主将的优厚待遇,赢得他们的衷心拥戴。主将如果蒙受不白之冤,或政府对主将处置失当,部曲能冒死为之报仇,从而激起兵变。杜僧明与兄杜天合跟随广州南江督护卢安兴征战,《陈书》卷八《杜僧明传》:"安兴死,僧明复副其子子雄"。卢子雄与高州刺史孙冏讨伐交州土豪李贲的反叛,被迫在春天"瘴疠方起"时进军,死亡严重,士卒逃散,被迫撤军。交州刺史萧谘诬陷他们二人"与贼交通,逗留不进,梁武帝敕于广州赐死……(杜)天合谋于众曰:'卢公累代待遇我等亦甚厚矣,今见枉而死,不能为报,非丈夫也……'众咸慷慨曰:'是愿也,唯足下命之。'乃与周文育等率众结盟,奉子雄弟子略为主,以攻(广州)刺史萧映……吏人并应之,一日之中,众至数万。"杜僧明兄弟先后跟随卢安兴、卢子雄父子,又拥戴卢子雄弟卢子略,说明他们都是卢氏世代拥有的部曲。由于平日卢氏给他们的待遇优厚,所以得到他们的衷心拥戴,以致杜僧明等为了给卢子雄报仇而不惜以身犯禁、发动兵变。王琳"令长史陆纳率部曲前赴湘州,身轻上江陵陈谢。将行谓纳等曰:'吾若不反,子将安之?'咸曰'请死'。相泣而别。"王琳到达江陵被下狱,陆纳举兵反,③"士卒骁猛,皆百战之余。(王)僧辩惮

① 姚思廉:《梁书》卷三四《张缵传附弟缵传》,中华书局,1973 年。
② 姚思廉:《陈书》卷三五《留异传》,中华书局,1972 年。
③ 李延寿:《南史》卷六四《王琳传》,中华书局,1975 年。

之,不敢轻进。"①王琳虽然功勋卓著,但罪过也确实不小,被下狱不能说是冤枉,竟然也因此激起军队哗变,并且萧绎不得不作出让步,释放王琳,才平息了事变。为了利用王琳战斗力特强的部曲为自己效命,萧绎还恢复了王琳的湘州刺史一职。部曲与主将之间的密切关系,以及部曲对政局的影响之巨大,于此可窥一斑。

有的部曲主将贪婪残暴,致使部曲死亡逃散。临近边疆的州郡官员"皆募部曲。而扬、徐之人,逼以众役,多投其募,利其货财。皆虚名上簿,止送出三津,名在远役,身归乡里。又惧本属检问,于是逃亡他境,侨户之兴,良由此故……投募将客,主将无恩,存恤失理,多有物故,辄刺叛亡。或有身殒战场,而名在叛目,监符下讨,称为逋叛,录质家丁。合家又叛,则取同籍,同籍又叛,则取比伍,比伍又叛,则望村而取。一人有犯,则合村皆空。"②这条材料显示了多方面的信息:萧梁官员招募部曲是广泛普遍的,招募要以钱财为手段,即所谓"军无财,士不来;军无赏,士不往"。③ 百姓之所以纷纷投募,一是迫于徭役繁重,二是贪图投募的钱财;有的人投募部曲只是挂个空名,本人则逃亡他乡,导致大量流亡人口;官员寡恩薄德,虐待部曲,导致部曲大量死亡、叛逃,保家、连坐性质的"录质"制度,导致更多的百姓逃亡异乡。这严重破坏了社会秩序的稳定与社会生产。

由于部曲的相当一部分来自盗贼与无赖之徒,他们受募的主要目的是为了钱财。因此,他们的战斗力虽然较强,但军纪败坏,随意祸害百姓,成为部曲制的又一大弊端。攻占京师建康,"(曹)景宗军士皆桀黠无赖,御道左右,莫非富室,抄掠财物,略夺子女,景宗不能禁。"曹景宗坐镇郢州时,"部曲残横,人颇厌之"。④ 如前所述,王琳麾下的万余人部曲,"多是江淮群盗",平定侯景叛乱、收

① 姚思廉:《梁书》卷四五《王僧辩传》,中华书局,1973年。
② 李延寿:《南史》卷七○《郭祖深传》,中华书局,1975年。
③ 房玄龄,等:《晋书》卷九四《鲁褒传》,中华书局,1974年。
④ 姚思廉:《梁书》卷九《曹景宗传》,中华书局,1973年。

复建康后,大肆掳掠百姓。右卫将军冯道根"为将能检御部曲,所过村陌,将士不敢虏掠。每所征伐,终不言功,诸将谨哗争竞,道根默然而已。其部曲或怨非之。"①冯道根的部曲军纪严明、不掳掠百姓,是难能可贵的,也是凤毛麟角者,所以备受史家的赞颂。部曲自愿投募是为了谋取私利,将领们互不相让、争吵不休、埋怨主将,是情节轻微的,严重的则会杀害主将乃至哗变。侯景叛军攻陷京师,东宫领直韦臧,"奔江州,收旧部曲,据豫章,为其部下所害"。②临川太守"(周)续所部渠帅,皆郡中豪族,稍骄横,续颇禁之,渠帅等并怨望,乃相率杀续,推(周)迪为主。"③梁敬帝绍泰元年(555)正月,"邵陵太守刘菜将兵援江陵,至三百里滩,部曲宋文彻杀之,帅其众还据邵陵"。④ 部曲可以废杀变易主帅,低微的世兵绝不能望其项背,他们的所作所为不能不让人感到震惊。这种政治局面对于国家而言,显然是极为不利和非常危险的。

由于国家政府直接控制的世兵与民兵数量有限、战斗力低下,地方官员不得不依赖拥有部曲的豪强。以至于在当时非常讲究门第的社会环境下,一些出身低微、甚至曾为盗贼但拥有众多部曲的人,政府官员乃至于高贵的皇室成员不惜屈尊将他们收揽至麾下,并且委以重任。夏侯谭因为拥有其父豫州刺史夏侯夔的不少部曲,"刺史萧渊明引为府长史。渊明彭城战没,复为侯景长史"。⑤任忠"少孤微,不为乡党所齿。及长,谲诡多计略,膂力过人,尤善骑射,州里少年皆附之。梁鄱阳王萧范为合州刺史,闻其名,引置左右。"⑥张彪"少亡命在若邪山为盗,颇有部曲。临城公(萧)大连出牧东扬州,彪率所领客焉。始为防阁,后为中兵参军,礼遇甚厚。及侯景将宋子仙攻下东扬州,复为子仙所知……及侯景平,王僧辩

---

① 姚思廉:《梁书》卷一八《冯道根传》,中华书局,1973年。
② 姚思廉:《梁书》卷四三《韦粲传附子臧传》,中华书局,1973年。
③ 姚思廉:《陈书》卷三五《周迪传》,中华书局,1972年。
④ 姚思廉:《梁书》卷二八《夏侯亶传附弟子谭传》,中华书局,1973年。
⑤ 司马光:《资治通鉴》卷一六六《梁纪二十二》,中华书局,1956年。
⑥ 姚思廉:《陈书》卷三一《任忠传》,中华书局,1972年。

遇之甚厚,引为爪牙。"①"不为乡党所齿"的任忠,却被鄱阳王萧范招揽至麾下;出身盗贼的张彪,受到高贵的皇孙萧大连的礼遇,继而得到叛军将领宋子仙的笼络,后又受到平定侯景的大将王僧辩的厚待,都是因为他们拥有相当数量的部曲。上至皇帝、太子、亲王,下至刺史、郡守,对拥有部曲的豪强委以重任,目的都是利用他们的力量为自己效力。《陈书》卷一八《沈众传》:"(沈)众率宗族及义附五千余人,入援京邑,顿于小航,对贼东府置阵,军容甚整,(侯)景深惮之。梁武于城内遥授众为太子右卫率。"又《陈书》卷三五《熊昙朗传》:"稍聚少年,据丰城县为栅,桀黠劫盗多附之。梁元帝以为巴山太守。"《陈书》卷一三《荀朗传》:"朗招率徒旅,据巢湖间,无所属。台城陷后,简文帝密诏授朗云麾将军、豫州刺史,令与外藩讨景……梁承圣二年,率部曲万余家济江,入宣城郡界立顿。梁元帝授朗持节、通直散骑常侍、安南将军、都督南兖州诸军事、南兖州刺史。"这些人的飞黄腾达,都是因为拥有数量可观的部曲。《陈书》卷三一《鲁广达传》:"江表将帅,各领部曲,动以千数,而鲁氏尤多……(鲁广达)迁平南当阳公府中兵参军。侯景之乱,与兄悉达聚众保新蔡。梁元帝承制,授假节、壮武将军、晋州刺史"。鲁广达之兄、曾为梁南平嗣王中兵参军的"(鲁)悉达纠合乡人,保新蔡,力田蓄谷……招集晋熙等五郡,尽有其地……梁元帝授持节、仁威将军、散骑常侍、北江州刺史"。② 正因为鲁氏兄弟麾下的部曲最多,所以兄弟二人从一介中兵参军一跃而为地方大员的州刺史。部曲主将凭借手中的私兵,轻而易举获取了地方军政大权。

不仅拥有相当数量部曲的人被委以重任高官,甚至出现了郡守将自己的官位拱手让与他们的现象。《陈书》卷一三《周敷传》:"侯景之乱,乡人周续合徒众以讨贼为名,梁内史始兴(藩)王(萧)毅以郡让续,续所部内有欲侵掠于毅,敷拥护之,亲率其党捍卫,送

① 李延寿:《南史》卷六四《张彪传》,中华书局,1975 年。
② 姚思廉:《陈书》卷一三《鲁悉达传》,中华书局,1972 年。

至豫章。时观宁侯萧永、长乐侯萧基、丰城侯萧泰避难流寓,闻敷信义,皆往依之。"身为皇室成员的萧毅竟然将内史之任主动让给拥有众多部曲的豪强周续,萧毅与其他三位皇室成员竟然要依靠另一拥有部曲的豪强周敷的保护,梁末部曲势力之强大昭然若揭。萧毅的行为并非个别现象,类似的事例还有太守沈巡、贺诩与萧云等。安固县令留异,"侯景之乱,还乡里,召募士卒……太守沈巡援台,让郡于异,异使兄子(留)超监知郡事,率兵随巡出都"。① 又《陈书》卷一一《黄法抃传》:"少劲捷有胆力……出入郡中,为乡闾所惮。侯景之乱,于乡里合徒众。太守贺诩下江州,法抃监知郡事。"《陈宝应传》:"郡雄豪"陆羽,"一郡兵权皆自己出。侯景之乱,晋安太守、宾化侯萧云以郡让羽,羽年老,但治郡事,令(子)宝应典兵"。不少郡守主动将政权让与拥有部曲的豪强,标志萧梁濒临"国将不国"的险要关头,其崩溃灭亡已为时不远了。

由于萧梁政府所拥有的政府军数量有限,朝廷要抗击侯景叛军也不得不依赖部曲势力。《南史》卷三八《柳仲礼传》:"初,侯景潜图反噬,(司州刺史柳)仲礼先知之,屡启求以精兵三万讨景,朝廷不许。及景济江,朝野便望其至。兼蓄雍、司精卒,与诸蕃赴援,见推总督。景素闻其名,甚惮之。"柳仲礼之所以被推举为总督,一是因为他的部曲数量众多,二是如衡州刺史韦粲所说:"所以推柳司州者,政以久捍边疆,先为侯景所惮;且士马精锐,无出其前。"② 朝野对柳仲礼的期望最大,侯景对他畏惧三分,各路军队推举他为总督,都是因为他拥有的部曲最多、战斗力最强。

侯景之乱爆发后,政局动荡混乱,部曲选择的道路主要有 4 条。最上者是继续站在政府一边,协助平定叛乱,或者维护地区安全与社会秩序,保障人民的生命财产安全。除如前所述外,还有不少事例。《陈书》卷三○《顾野王传》:"召募乡党数百人,随义军援京邑……京城陷,野王逃会稽,寻往东阳,与刘归义合军据城拒

---

① 姚思廉:《陈书》卷三五《留异传》,中华书局,1972 年。
② 姚思廉:《梁书》卷四三《韦粲传》,中华书局,1973 年。

贼。"同书卷三一《任忠传》："率乡党数百人,随晋熙太守梅伯龙讨
(侯)景将王贵显于寿春,每战却敌。会土人胡通聚众寇抄,(鄱阳
王萧)范命忠与主帅梅思立兵军讨平之,仍随范世子嗣率众入援。"
《梁书》卷二九《南康王萧绩传》："太清中,侯景内寇,(安乐侯萧)
乂理聚宾客数百,轻装赴南兖州,随兄会理入援。"荀朗占据巢湖地
区,"(侯)景使仪同宋子仙、任约等频往征之,朗据山立砦自守,子
仙不能克。时京师大饥,百姓皆于江外就食,朗更招致部曲,解衣
推食,以相赈赡,众至数万人。侯景败于巴陵,朗出自濡须截景,破
其后军。王僧辩东讨,朗遣其将范宝胜及弟晓领兵二千助之。"①国
家危难之际,大部分部曲主将深明大义,积极参与平定叛乱,表现
了他们的正义性,其行为应予以肯定。但部曲私兵的性质决定了
他们的政治取向是以一己私利为指导的。因此他们可以站在政府
一边参与平定叛乱,也可以参与统治阶级的内战火并。《陈书》卷
三一《樊毅传》："侯景之乱,(樊)毅率部曲随叔父(范)文皎援台。
文皎于青溪战殁,毅将宗族子弟赴江陵,仍隶王僧辩,讨河东王
萧誉。"

其次是割据一方,不从王命,暂时维护地区的秩序,保护人民
的生命财产,甚至能救济贫民。"及侯景作逆,(西阳太守、江安侯
萧)圆正收兵众且一万,后遂跋扈中流,不从王命。"②"(鲁)悉达纠
合乡人,保新蔡,力田蓄谷。时兵荒饥馑,京都及上川饿死者十八
九,有得存者,皆携老幼以归焉。悉达分给粮廪,其所济活者甚众,
仍于新蔡置顿以居之。招集晋熙等五郡,尽有其地。"③

再次是部曲主将骚扰、掠夺百姓或临近地区,或者为了扩大地
盘攻击其他地方势力,甚至对抗朝廷。"土人胡通聚众寇抄",已见
前述。《陈书》卷三五《熊昙朗传》："(巴山太守熊)昙朗兵力稍强,
劫掠邻县,缚卖居民,山谷之中,最为巨患。及侯瑱镇豫章,昙朗外

---

①　姚思廉:《陈书》卷一三《荀朗传》,中华书局,1972 年。
②　李延寿:《南史》卷五三《武陵王萧纪传附子圆正传》,中华书局,1975 年。
③　姚思廉:《陈书》卷一三《鲁悉达传》,中华书局,1972 年。

示服从,阴欲图瑱。侯方兒之反瑱也,昙朗为之谋主。瑱败,昙朗获瑱马仗子女甚多。"又同书卷三五《陈宝应传》:"(陈)宝应自海道寇临安、永嘉及会稽、余姚、诸暨,又载米粟与之贸易,多致玉帛子女,其有能致舟乘者,亦并奔归之,由是大致赀产,士众强盛。"

更加恶劣者为助纣为虐、加入叛军,进攻京师,并伙同叛军所到之处烧杀抢掠。拥有相当数量部曲的夏侯譒,作为侯景的长史,在叛乱中,"前驱济江,顿兵城西士林馆,破掠邸第及居人富室,子女财货,尽略有之。"①和平时期夏侯譒的部曲成为地方治安的维护者,局势动荡时,夏侯譒为了个人私利,率领部曲选择了助纣为虐的道路,给国家与人民造成巨大危害。这显示了部曲的两面性,其根源在于私兵的性质。侯景叛军攻至京师,临贺郡王萧"正德潜运空舫,诈称迎狄,以济景……引贼入宣阳门"。萧正德的长子萧见理,加入叛军,"招聚群盗,每夜辄劫掠"。② 临城公萧大连的司马留异,"以其众降于(叛将宋)子仙……乃为子仙向导,令执大连。侯景署异位东阳太守,……侯景平后,王僧辩使异慰劳东阳,仍纠合乡闾,保据岩阻,其徒甚盛,州郡惮焉。元帝以为信安令。荆州陷,王僧辩以异为东阳太守。"③助纣为虐的留异之所以能步步高升,主要是因为他拥兵自重,政府对他无可奈何,只能安抚笼络。

对国家危害最大的是,身为地方大员的部曲主将叛国投敌、举地投降北魏、西魏,给国家造成人口与土地的双重损失。南洛、北司二州刺史扶猛以众降西魏,"军民慕从者,至五千余人"的兴州刺史席固,举地降魏。④ 降魏的梁朝官员协同魏军攻梁,其危害也不小。沙州刺史任褒之子任果降魏,"率乡兵二千人,从(尉迟)迥征蜀"。镇守剑阁、安州的杨略与乐广不战而降,梁州刺史杨乾运亦降,益州很快失陷。⑤ 萧梁益州失守的主要原因之一,就是以上部

---

① 姚思廉:《梁书》卷二八《夏侯亶传附弟子譒传》,中华书局,1973年。

② 李延寿:《南史》卷五一《临川王萧宏传附子正德传、孙见理传》,中华书局,1975年。

③ 姚思廉:《陈书》卷三五《留异传》,中华书局,1972年。

④ 令狐德棻,等:《周书》卷四四《扶猛传》《席固传》,中华书局,1971年。

⑤ 令狐德棻,等:《周书》卷四四《任果传》《杨乾运传》,中华书局,1971年。

曲主帅的降魏。需要指出的是,当时南北对峙,双方都有叛国投敌的官员,早在侯景之乱前,梁的部曲主帅就有不少叛国投敌者。天监十四年(515)八月,"定州刺史田超秀帅众三千降魏";十月"弘化太守杜桂举郡降魏"。[1]

何之元《梁典·高祖事论》:"梁氏之有国,少汉之一郡。太半之人并为部曲。不耕而食,不蚕而衣,或事王侯,或依将帅。携带妻累,随逐东西。与藩镇共侵渔,助守宰为蟊贼。收缚无罪,逼迫善人,民盖(疑为"尽"字)流离,邑皆毁荒。由是劫抄蜂起,盗窃群行,陵犯公私。经年累月,抵父(疑)者比室,蹈辟者接门,青灾亟降,图圄随满。夕散朝聚,有若市廛。"[2]对此,唐长孺先生指出:这种"不耕而食,不蚕而衣"的部曲,"只是其中一部分,何元之认为所有部曲都是这样,显然不合事实。"[3]何之元的叙述固然有夸张的成分,但一定程度上也确实反映了萧梁部曲制的盛行及其严重危害。萧梁强大的部曲势力,不仅侵夺地方政权,而且其首领陈霸先最后掌控了朝廷军政大权,从而以禅让的形式灭梁建陈。萧梁部曲的无限制发展成为它灭亡的直接原因。萧梁成于部曲、亡于部曲,此乃时势使然。

(2012 年第 1 期)

---

① 司马光:《资治通鉴》卷一四八《梁纪四》,中华书局,1956 年。
② 李昉,等:《文苑英华》卷七五四,中华书局,1966 年。
③ 唐长孺:《魏晋南北朝史论拾遗》,中华书局,1983 年,第 16 页注释 2。

《法宝联璧序》中所见之萧梁十八班制

刘　畅

天监七年(508),梁武帝萧衍继"定令九品"之后再次革选,创立了形式独特的十八班制,这在中古位阶制度发展史上,无疑是一件引人瞩目的大事。尽管相关史料并不十分丰富,但经过中日几代学者的耕耘,对萧梁十八班制的研究,应该说已取得相当可观的成果①。

---

①　最早对萧梁十八班制进行全面考察者,当推[日]宫崎市定的《九品官人法》(东洋史研究会,1956年),氏著相关章节中对十八班制深具洞见的论述,可以说奠定了之后此题研究的基调。其后又有[日]中村圭尔氏继踵其说(氏著《六朝贵族制研究》,风间书房,1987年)。而(日)越智重明氏和祝总斌先生则分别针对流内与流外的分界线何在的问题进行了重新考证,修正了宫崎氏的旧说(越智氏《魏晋南朝の贵族制》第七章"梁陈政权と梁陈贵族制"第二、三节,研文社,1982年;白寿彝主编《中国通史》第五卷上册《门阀制度》第三节"门阀制度的确立与鼎盛",上海人民出版社,1995年)。此后,关于梁代班制较为重要的研究成果还有:张旭华《萧梁官品、官班制度考略》(《中国史研究》,1995年第2期)、金裕哲《梁武帝天监年间官制改革思想及官僚体制上之新趋向》(中国魏晋南北朝史学会第五届年会,1995年,收入《魏晋南北朝史研究——中国魏晋南北朝史学会第五届年会暨国际学术研讨会论文集》,湖北人民出版社,1996年)、牟发松《从南北朝到隋唐——唐代的南朝化倾向再论》(《南京晓庄学报》,2007年第4期)等。而继宫崎氏《九品官人法》之后,在梁十八班制研究上成果最丰者,则当推阎步克先生,其《南朝"勋位"考》(《清华汉学研究》第二辑,清华大学出版社,1996年)、《北朝对南朝的制度反馈——以北魏、萧梁官品改革为线索》(《传统文化与现代化》,1997年第3期)二文,分别在三品勋位蕴位的性质为何、十八班制与九品正从官制的关系如何这两个重要问题上取得了新的进展,其后二文的研究成果又被整合入氏著《品位与职位——秦汉魏晋南北朝官阶制度研究》(中华书局,2001年)。此外,叶炜《论南朝隋唐之际"流外"性质的变迁》(《中国史研究》,2004年第3期,又收入氏著《南北朝隋唐官吏分途研究》,北京大学出版社,2009年)一文,则着重对梁十八班制中的流外七班、蕴位、勋位等进行了考察。近年,阎氏针对十八班制之性质,又修订其十八班为九品正从之变体的旧说,再发新论,主张萧梁十八班是一种管理任官资格的位阶,与九品官品性质有所不同,作为官阶制整体的组成部分,是九品官品的重要补充(参见氏著《中国古代官阶制度引论》第三章第4节,北京大学出版社,2010年)。关于官班制的最新研究成果则有杨恩玉《萧梁官班制的形成考论——以流外七班、三品勋位及蕴位为中心》(《南京师大学报(社会科学版)》,2012年第4期)、《官班制的性质、编制标准与作用考论》(《史学月刊》,2012年第10期),杨氏提出,官班制的性质不同于官品制,它是一项士庶起家与官员官职迁转的官阶制度,其编制标准除朝班外主要是官职的资望与清浊,并认为三品蕴位及勋位位居流外七班之下。

尤其是在对于萧梁十八班制的性质的认识上,自宫崎市定以来,学者们多将十八班视为九品官品之变体,并认为梁代品、班并用有叠床架屋之嫌。而近年阎步克先生修订旧说,再发新论,明确揭示出十八班与九品官品有着本质上的不同。阎氏认为:九品官品是一种"一元化多序列的复式间架",具有衡量各种位阶序列高第尊卑的标准作用,而十八班制则主要是一种"管理任官资格的位阶"。①

萧梁十八班制作为一种官吏迁转制度,与九品官制最大的区别在于,它本质上是一个任官资格的序列。尽管这些资格的名称直接采用了九品官制中具体的官职名,但资格本身是作为个人属性存在的。所以,十八班制管理的应是官员的个人级别而非职位等差②。简言之,十八班制是一种与北朝隋唐的散官制度相类似的品位分等的制度。那么,这种制度在梁代官场乃至社会上,接受程度到底有多高,会不会取代九品官制,成为衡量官员身份高下的新标准呢? 其品位分等的作用和特点又是如何体现的呢?

应该说,现存史料中与十八班制有关的材料相当有限,学者们对上述这些问题也未有深究。笔者在翻阅史籍时,无意中在《广弘明集》里检得《法宝联璧序》一文,与十八班制颇为相关,而前贤们则似尚未加以利用。

一、《法宝联璧序》中的编者名单

梁代崇佛之风大盛,佛教典籍的纂集也盛极南朝。《法宝联璧》就是一部卷帙浩繁的佛教类书,在后来即位为梁简文帝的萧纲主持之下,于梁武帝中大通年间编纂而成。其书今虽不存,但由萧纲之弟、后来的梁元帝萧绎所作之《法宝联璧序》则因被收入《广弘

---

① 阎步克:《中国古代官阶制度引论》第十三章第 1 节"中国官阶发展的五阶段",北京大学出版社,2001 年。

② 阎步克:《中国古代官阶制度引论》第三章"品秩的构成要素二:资格"。阎氏列举了 5 条理由,论证了十八班与官品制度的不同,主要用来管理任官资格,同时也与士庶起家与官员迁转息息相关。

明集》而幸运地保存了下来。这篇序文最后"谨抄纂爵位陈诸左云"①条列出了《法宝联璧》的编纂者计 38 人的姓名、官职、籍贯和年龄。这一史料不仅为研究中古文学史者提供了关于梁代文坛的宝贵资料,同时其中记载的各人的官职和排序,也成为观察梁代官制的一个颇具启发性的线索。

根据序文所言"今岁次摄提,星在监德",一般认为,此序作于梁武帝中大通六年(534)一月②。又序中有"侍中国子祭酒南兰陵萧子显""轻车长史南兰陵萧子范"的记载,据《梁书·武帝纪下》:"(中大通五年)冬十月庚申,……侍中、国子祭酒萧子显为吏部尚书。"同卷:"(中大通五年)九月乙亥,以轻车将军、临贺王正德为中护军。"③则中大通六年(534)时,萧子显已转吏部尚书,萧子范因府主迁为中护军,也应不再是轻车长史。以此观之,似乎本序应作于中大通五年(533)较为合理。但此两次迁转一在九月,一在十月,而如前所考,本序可能在中大通六年(534)一月已经完成,故也并不排除时任荆州刺史的萧绎作文时未及得到最新的消息,以旧职称呼二人的可能性。总之,这对我们的讨论无伤大雅。

中大通六年(534),梁武帝萧衍已是 71 岁的老翁,上距十八班制创立之天监七年(508)已有 26 年,而往后直至陈霸先永定元年(557)取梁代之,梁朝还有 23 年的光景,可说是恰逢其半。再观此名单中之人物,上至位极人臣的湘东王,下至舍人、尚书郎,几乎涵盖了流内品官的大部分级差。可以说,这一名单,正是当时人留下的、在梁代官制发展至最成熟时的一个鲜活的切面标本,弥足珍贵。

为讨论方便,先转引这一名单如下,并加上编号:

1. 使持节平西将军荆州刺史湘东王绎年二十七字

① 《广弘明集》卷二〇《梁简文帝法宝联璧序》,《四部丛刊初编》本,上海商务印书馆,民国八年(1919)影印,民国十八年(1929)重印本,第 483 册。

② 兴膳宏:《〈玉台新咏〉成书考》,董如龙、骆王明译,《中国古典文学丛考》,复旦大学出版社,1985 年。

③ 姚思廉:《梁书》卷一《武帝纪上》,中华书局,1973 年。

世诚

　2. 侍中国子祭酒南兰陵萧子显年四十八字景畅

　3. 散骑常侍御史中丞彭城刘（案：应作"到"）溉年五
十八字茂灌

　4. 散骑常侍步兵校尉东宫侍南琅琊王循年四十二字
彦远

　5. 吴郡太守前中庶子南琅琊王规年四十三字咸明

　6. 都官尚书领右军将军彭城刘孺年五十字孝稚

　7. 太府卿步兵校尉河南褚球年六十三字仲宝

　8. 中军长史前中庶子陈郡谢侨年四十五字国美

　9. 中庶子彭城刘遵年四十七字孝陵

　10. 中庶子南琅琊王稚年四十五字孺通

　11. 宣城王友前仆东海徐啴年四十二字彦邕

　12. 前御史中丞河南褚澐年六十字士洋

　13. 北中郎长史南兰陵太守陈郡袁君正年四十六字
世忠

　14. 中散大夫金华宫家令吴郡陆襄年五十四字师卿

　15. 中散大夫琅琊王籍年五十五字文海

　16. 新安太守前家令东海徐摛年六十四字士缋

　17. 前尚书左丞沛国刘显年五十三字嗣芳

　18. 中书侍郎南兰陵萧几年四十四字德玄

　19. 云麾长史寻阳太守前仆京兆韦棱年五十五字
咸直

　20. 前国子博士范阳张绾年四十三字孝卿

　21. 轻车长史南兰陵萧子范年四十九字景则

　22. 庶子吴郡陆罩年四十八字洞元

　23. 庶子南兰陵萧瑱年四十字文容

24. 秘书丞前中舍人南琅玡王许年二十五字幼仁
25. 宣城王文学南琅玡王训年二十五字怀范
26. 洗马权兼太舟卿彭城刘孝仪年四十九字子仪
27. 洗马陈郡谢禧年二十六字休度
28. 中军录前洗马彭城刘蕴年三十二字怀芬
29. 前洗马吴郡张孝总年四十二字孝总
30. 南徐州治中南兰陵萧子开年四十四字景发
31. 平西中录事参军典书通事舍人南郡庾肩吾年四
十八字子慎
32. 安北中记室参军颍川庾仲容年五十七字仲容
33. 宣惠记室参军南兰陵萧滂年三十二字希博
34. 舍人南兰陵萧清年二十七字元专
35. 宣惠主簿前舍人陈郡谢嘏年二十五字茂范
36. 尚书都官郎陈郡殷劝年三十字弘善
37. 安北外兵参军彭城刘孝威年三十九字孝威
38. 前尚书殿中郎南兰陵萧恺年二十九字元才

名单中有些记载，如姓字、年齿、官职等，与《梁书》《南史》等相参证，间有抵牾之处①。这至少有两点原因：一是古代信息传递不便，本文作者湘东王萧绎时在荆州刺史任上，所记大概多凭印象，并没有如史官修史那样核对官方档案，尤其是年龄一项，即使在今日，人们对他人甚至自己的年龄都常有模糊误记的情况，何况彼时。二是本文幸赖被收入佛藏中才得以保存，但佛教文献多历经传抄翻刻，本文的原貌是否也如我们今日所见，已渺不可考，其中错讹之处亦多所难免。况且，《梁书》《南史》等自身也同样存在误

① 刘林魁《〈法宝联璧〉编者笺证》已对此作了相当充分的工作，可供参考（《宝鸡文理学院学报（社会科学版）》，2009年第4期）。后又收入氏著《〈广弘明集〉研究》第八章"佛教与宫体文学"第一节"《法宝联璧》编者笺证"，中国社会科学出版社，2011年。

记或传抄之误的情况。

所幸这些抵牾之处多是小节,此序与史籍所载大致吻合,且多有补充。一个合理的假设是,本序对于人物的排列是有规律的。而其中又只提供了姓名、籍贯、年龄和官职的信息,在一眼即可发现前三者并无规律可循的情况下,我们有理由相信,本序所罗列的人物应是按照官职的某一顺序排列的。梁代官制主要行用的序列无非是官品、官班和秩级。那么,究竟本序采用的是那一种顺序呢?

二、"班多为贵"与"不言秩"

下面,为了方便观察,我们先将以上材料整理为如下表格(见表1),并依次注明可考的官职的班位和官品,史籍与序文不同处用括号【】标明并注出。梁代官品没有系统的记载,不过宋、梁、陈之官品虽有发展变化,但仍有着一脉相承的关系,所以,表1将二者一并注出,陈官品则注出可考秩级。①

表1 《法宝联璧序》编者名单职官表②

编号	姓名	官职	十八班	宋官品	陈官品
2	萧子显	侍中,国子祭酒【吏部尚书】③	十二,十三【十四】	三,三【三】	三(中二千石),三(中二千石)【三(中二千石)】
3	到溉	散骑常侍,御史中丞	十二,十一	三,四	三(中二千石),三(二千石)
4	王循	散骑常侍,步兵校尉,东宫侍	十二,七,十二	三,四,?	三(中二千石),六(千石),三(中二千石)

---

① 宋官品见沈约:《宋书》卷四〇《百官志下》,中华书局,1974 年。十八班制、陈官品见《隋书》卷二六《百官志上》,中华书局,1973 年。

② 原名单中列第一位的湘东王萧绎为梁代宗王,因南朝宗王在政治上地位特殊,其官资及迁转与普通文官有所不同,暂不作为本文的考察对象,故表 1 中将其略去。

③ 姚思廉:《梁书·武帝纪下》(中华书局,1973 年):"(中大通五年)冬十月庚申,……侍中、国子祭酒萧子显为吏部尚书。"

续表

编号	姓名	官职	十八班	宋官品	陈官品
5	王规	吴郡太守,前中庶子,【前散骑常侍】①	?,十一,【十二】	五,五,【三】	五(二千石),四(二千石),【三(中二千石)】
6	刘孺	都官尚书,领右军将军	十三,九	三,四	三(中二千石),五(千石)
7	褚球	太府卿,【领】步兵校尉②	十三,七	?,四	三(中二千石),六(千石)
8	谢侨	中军长史,前中庶子	十,十一	六,五	五(千石),四(二千石)
9	刘遵	中庶子	十一	五	四(二千石)
10	王稚	中庶子	十一	五	四(二千石)
11	徐喈	宣城王友,前仆	十,十	六,五	六(四百石,减秩),四(千石)
12	褚澐	前御史中丞	十一	四	三(二千石)
13	袁君正	北中郎长史,南兰陵太守	十,?	七,五	五(千石),六(六百石)
14	陆襄	中散大夫,【领步兵校尉】③,金华宫家令	十,【七】,十	?,【四】,?	四(千石),【六(千石)】,四(千石)
15	王籍	中散大夫	十	?	四(千石)
16	徐摛	新安太守,前家令	?,十	五,五	六(六百石),四(千石)
17	刘显	前尚书左丞	九	六	四(六百石)
18	萧几	中书侍郎	九	五	四(千石)

---

① 李延寿:《南史》本传(中华书局,1975 年):"王立为太子,仍为散骑常侍、太子中庶子,侍东宫。……寻为吴郡太守。"

② 姚思廉:《梁书》本传(中华书局,1973 年):"复为太府卿,领步兵校尉。"

③ 姚思廉:《梁书》本传(中华书局,1973 年):"以襄为中散大夫、领步兵校尉、金华宫家令、知金华宫事。"

编号	姓名	官职	十八班	宋官品	陈官品
19	韦棱	云麾长史,寻阳太守,前仆	十,?,十	七,五,五	五(千石),六(六百石),四(千石)
20	张缵	前国子博士	九	六	四(千石)
21	萧子范	轻车长史	十	七	五(千石)
22	陆罩	庶子	九	五	五(六百石)
23	萧瑱	庶子	九	五	五(六百石)
24	王许	秘书丞,前中舍人	八,八	六,六	五(六百石),五(六百石)
25	王训	宣城王文学	七	六	七(减秩)
26	刘孝仪	洗马,权兼太舟卿	六,九	七,?	六(六百石),三(中二千石)
27	谢禧	洗马	六	七	六(六百石)
28	刘蕴	中军录,前洗马	六,六	七,七	七(不言秩),六(六百石)
29	张孝总	前洗马	六	七	六(六百石)
30	萧子开	南徐州治中	七	?	六(不言秩)
31	庾肩吾	平西中录事参军,典书通事舍人	八,一	七,七	六(不言秩),九(不言秩)
32	庾仲容	安北中记室参军	八	七	六(不言秩)
33	萧滂	宣惠记室参军	六	七	七(不言秩)
34	萧清	舍人	三	七	七(二百石,减秩)
35	谢嘏	宣惠主簿,前舍人	五,三	七,七	七(不言秩),七(二百石,减秩)

续表

编号	姓名	官职	十八班	宋官品	陈官品
36	殷劝	尚书都官郎	五	六	四(六百石)
37	刘孝威	安北外兵参军【安北晋安王法曹】①	四【四】	七【七】	七(不言秩)【七(不言秩)】
38	萧恺	前尚书殿中郎	五	六	四(六百石)

经过如此整理,首先可以很明显地发现,宋官品与本序之间的抵牾最大,几乎找不出什么规律来。虽然"梁武受命之初,官班多同宋、齐之旧"②,但应该很快就在梁武帝雄心勃勃的官制改革下变得面目全非了③。而"陈承梁,皆循其制官"④,以陈官品对照本序,可发现二者要比宋官品相合得多,但仍然有不少难以解释之处,不能使人满意。再观十八班制,则顿时显得秩序井然,至少可以看出如下规律:

(一)"班多为贵"。表中所见人物,最高者官至十三、十四班,最低者至有三班乃至一班,其间按班多者居前的顺序依次而下,大体不乱,与两种官品,尤其是宋官品形成鲜明对照。尤可注意的是25王训例子:皇弟皇子府文学本只位列五班,但宣城王萧大器贵为皇太孙,身份特殊,"时宣城友、文学加它王二等"⑤。此"二等"不可能指官品,只能是指十八班之二班,则王训此时应为七班。而反观上表,王训恰排在八班的王许与六班的刘孝仪之间,并非在六班之末的张孝总之下,可见即使十八班制有这样的微调,本序也能一丝不乱,如实反映。

---

① 姚思廉:《梁书》本传(中华书局,1973年):"初为安北晋安王法曹,转主簿。累迁中舍人,并掌管记。"

② 魏征,等:《隋书》卷二六《百官志上》,中华书局,1973年。

③ 魏征,等:《隋书》卷二六《百官志上》(中华书局,1973年):"天监初,武帝命尚书删定郎济阳蔡法度,定令为九品。"

④ 同②。

⑤ 姚思廉:《梁书》卷四一《褚翔传》,中华书局,1973年。

（二）同班者，则以居后者为劣。表中同班者如 2、3、4 同为十二班，以侍中居散骑常侍之前；13、14、15 同为十班，以长史居中散大夫之前；17、18、20、22、23 同为九班，依次为尚书左丞、中书侍郎、国子博士、太子庶子。与十八班制中同班各职前后顺序相对照，皆若合符节，有条不紊。这一点尤可珍贵，正是本序人物采取十八班制为次序的明证。

实际上，这两条规律也恰好是十八班制本身的基本规定，至此我们应该可以较有信心地说，本序人物的排列是以其官职为序，而其依据则是十八班制。

在得出这一结论后，反观上表，其中仍有一些不太稳妥之处，我们也希望能试着对此作出解释：

6 都官尚书、领右军将军刘孺，7 太府卿、步兵校尉河南褚球，二者皆以十三班之高而厕身于上下十一班之间，似乎颇有不妥。但是检阅史籍，《梁书·褚球传》："复为太府卿，领步兵校尉。俄迁通直散骑常侍、秘书监，领著作。迁司徒左长史，常侍、著作如故。"褚球接下来迁转的官职通直散骑常侍、秘书监皆为十一班，又不曰左迁，可见此时褚球之官资当正在十一班左右。而刘孺的例子则更加难以理解，据同书《刘孺传》："大通二年，迁散骑常侍。三年，迁左民尚书，领步兵校尉。"则应该早在此之前，刘孺的官资就已经超过散骑常侍了，在此只好存疑①。

30 萧子开、31 庾肩吾、32 庾仲容三者以七班、八班列于六班之下，也与前面所言之结论不符。必须承认，这一排列，确实超出了十八班制本身的框架，但也并非毫无规律。从表 1 可以看出，在陈官品中，这 3 人所任皆为"不言秩"之官。据汪征鲁先生研究，在魏晋南朝官制中，国家正式品官具有"言秩"即享有国家禄秩与"不言秩"即不享有国家禄秩之分别，此种薪俸待遇上的不同，也同时标示出了两类

---

① 本文初稿与师友讨论时，承廖基添学兄指教，提出侍中、散骑位列尚书之前的排序，应该是继承自魏晋以来九品之制中第三品中诸职的排列顺序，此顺序宋、齐以来皆因之未改，至梁代社会或仍有其影响力。

官职地位上的差别①。南朝诸王出镇地方，自辟僚属，这些僚属大多
不领俸禄，只备散员，以求获得一个官资作为进一步迁转的准备，皆
属所谓"不言秩"者，此 3 人所任之官正属于这种情况。在这 3 人之
前出现的"不言秩"者只有 28 刘蕴，但刘蕴本身尚有六班洗马的前
资，排在前面并没有什么问题，而 35 谢嘏虽有五班的宣惠主簿之职，
但其职也"不言秩"，所以只能按照其太子舍人的前资排在三班之列。
我们认为，30、31、32 三者排在序列较后的位置，且集中出现，正是因
为他们只有一个"不言秩"的官职，而"不言秩"者官资较轻，故其地
位也较有秩者为低的缘故。在引入这一规律后，我们可以发现，33 萧
滂和 37 刘孝威的情况也正是如此，并无难解之处。

综前所论，可见此时十八班制在萧梁官场上已然运转自如，且
渐渐取代了九品官品，成为人们衡量身份高低的一种新标准。此
外，秩级的作用虽较汉代已大为退化，但有时仍然会被作为一种辅
助权衡的因素考虑。而湘东王萧绎在运用这些规律时，显得胸有
定数，丝毫不乱，令人惊叹。这也同样显示出这些官场迁转的规则
在当时必然是被人们谙熟于心，视为常识。

在弄清其中隐藏的排列规律之后，反观表 1，又可对史籍中的
记载加以辨证和补充。如 22 九班太子庶子陆罩，《梁书》本传只记
载其担任过十班的太子中庶子，而根据其表 1 中的位置在九班之
列，此处庶子应不是中庶子之误，而是陆罩确曾担任过太子庶子，
只是史书省略而已。当然，也必须看到，表 1 中还是存在一些用这
些规律都无法解释的现象，如 12 褚澐、19 韦棱、21 萧子范、36 殷劝
皆以高班厕身于低班之列，又如 30 萧子开以七班居于八班之前，
38 萧恺以五班有秩列于四班不言秩之下，等，这或许是由于史籍缺
载，又或是文献传抄中造成的讹误脱漏，奈何史料阙如，无从稽考，
只好以疑存疑了。但这些情况毕竟是少数，在总体上，我们的结论
应该是可以成立的。

---

① 汪征鲁:《魏晋南朝官职中的"言秩"与"不言秩"》,《历史研究》,1990 年第 6 期。

三、"前""领""权兼"

十八班制在梁代获得程度如此之高的接受和认可,无疑是因为其可以带来现实的利益。拥有十八班中的官位,意味着拥有了相应的官资,是获得进一步迁转的前提。这种官资是属于个人的,与实际的任职无关,十八班制的品位意义也由此体现出来。这一点,在前文这张名单中也恰能找到明显的证据,那就是多次出现的所谓"前"这一概念。

表 1 中,5 王规、8 谢侨、11 徐喈、12 褚湮、16 徐摛、17 刘显、19 韦棱、20 张绾、24 王许、28 刘蕴、29 张孝总、35 谢嘏、38 萧恺,其官职前都带有一个"前"字,这意味着,他们现在已经不再出任这些官职。但是,萧绎在为其结衔时,却没有忘记这些他们曾经担任过的官职给他们带来的资格。具体来看,又分成以下几种情况:

(1)结衔中只有前资,如 12 褚湮、17 刘显、20 张绾、29 张孝总、38 萧恺等,此时他们也许正处于迁转的过程之中,没有实任官职,但是他们就是凭着这些前资的班位,在表中大体占据着相应的位置。这正说明了,他们之前担任过的官职给他们带来的资格,明显具有实际的效用。

(2)结衔中既有实任官,又有前资官,如 11 徐喈、16 徐摛、19 韦棱、24 王许、28 刘蕴、35 谢嘏等,他们在表中的位置往往并非由实任官决定,反而是由他们的前资官决定的。出现这种现象可能有两种原因:一是他们的实任官并不在十八班体系之内,如 16 徐摛,其所任为地方太守①,所以是按其前太子家令的班位排在十班;二是也许由于种种原因,例如员缺已满等,造成他们所迁转的现任官并不能体现他们实际的官资,所以必须同时注明前资,以示尊重,如 11 徐喈、24 王许,他们的现任官与前资班位相同,虽然没能升迁,但不表示他没

---

① 魏征,等:《隋书》卷二六《百官志上》(中华书局,1973 年):萧梁在十八班之外,"郡守及丞,各为十班"。

有升迁的资格。更值得注意的是 28 刘蕴、35 谢暟的例子,虽然他们的现任官比前资班位要高,但正如前文所论,其现任官属于"不言秩"者,较有秩者为低,所以他们在表 1 中仍然只能按照前资的班位排列。总之,无论是哪种原因造成的,这种情况也同样说明了前资并非空头支票,而是对个人的身份地位具有确实的影响。

(3)反过来说,表 1 中当然还有大部分人物的结衔并没有出现前资。然而,除了起家官之外,理论上任何现任官员都有前资。那么这部分不出现的人或许应该理解为,他们的前资已经兑现,而其现任官就已经能够代表他们的官资。这种情况,与十八班制作为一种任官资格序列的性质也没有任何矛盾。

(4)我们同样也应该看到,还有一种情况是人物结衔既有实任又有前资官,但在表中是按实任官排序,如 5 王规、8 谢侨就属于这种情况。从表 1 中来看,大多数以前资班位排序者终归还是要低于具有同班实任官者,但王规和谢侨却以前中庶子的身份,位列刘遵、王稚这样的实任中庶子之上。这又如何理解呢?检《南史·王规传》:"王立为太子,仍为散骑常侍、太子中庶子,侍东宫。"则王规此时或许还有十二班散骑常侍的前资,所以排名较前。而谢侨所任中军宣城王长史,也许和前文情况类似,因宣城王身份特殊而排位较高吧。

需要指出的是,"前"这一概念应用十分普遍。从表 1 中可以看到,包括如尚书郎、太子舍人这样较为低级的官职,其前资的价值也没有被忽略。由此可见,正是由于十八班位标示的是从属于官员个人的任官资格,所以像"前"这样的概念才能存在,并在官员迁转的现实运作和官员身份高低的衡量上发挥作用。

实际上,表中除了"前"这一概念值得注意外,还出现了一些诸如"领""权兼"的概念。这也是当时官员除授中的一些常见概念,包括领、守、兼等。"领"通常是高班官领低班官,如 6 刘孺以都官尚书领右军将军;"守"通常是低班官守高班官,如《梁书·颜协传》"累迁步兵校尉,守鸿胪卿";"兼"一般也是低班兼高班,如同书《刘孝绰传》"迁太子舍人,俄以本官兼尚书水部郎",也有同班互兼者,如同书《王峻传》"迁度支尚书,又以本官兼起部尚书"等。在《法宝联璧序》中,6 刘孺、7 褚球、14 陆襄、26 刘孝仪 4 例,他们所"领"或"权兼"的官职,都没有成为他们在序列中排序的依据。

我们认为,这些概念可以将官员的任官资格与实际官职区别开来,而位于这些概念之前的官职,也就是属于十八班序列的标示官员实际资格的官位。当然,有时官员结衔中并没有出现这些概念,那么通常其结衔中班位最高者就是属于十八班序列中的官位,也即代表了他当时的官资。这样,对于官员,尤其是中央文官来说,十八班官制也就具有和后代"本官"概念相类似的意义。

但是,十八班中这种作为位阶的官号,与萧梁官制中具有实际职务的官职采用了完全相同的名称,这无疑会造成一定程度的混乱。一方面,具有足够官资的官员拥有了升迁的权力,却未必能胜任相对应官职的具体事务,长此以往,行政效率必然受到影响;另一方面,几乎所有重要官署的长官乃至高级僚属都被纳入了十八班制,成为官员的资格代号,可以想见,其具体事务必然只能倚重更加低级的人员。梁代独立于十八班及流外七班者,尚有三品蕴位与三品勋位中之众多官职。这些官职在等级上虽然也紧接十八班,与流外诸班相当①,但却基本没有上升进入流内的希望。也就是说,三品蕴位与三品勋位中的官职,其品位意义因为没有上升余地而大大弱化,而将更多地承担起梁代具体行政运作中的实际职能。

此外,我们还注意到,序文的这份名单中,没有出现将军号,虽然如 6 刘孺之前是获得过将军号的,但没有提及。同样,名单中尽管出现了地方官职,如 5 吴郡太守、16 新安太守等,但这些地方官职可以说对任者在名单中的排序没有产生什么明显的影响,抛开它们不看,这些人物的排名也不会有什么变化。南朝地方官性质

---

① 参看阎步克:《品位与职位——秦汉魏晋南北朝官阶制度研究》第六章第三节,第 327－334 页。从任职人员的身份上看,三品蕴位与三品勋位主要面向寒庶,较流外七班为低,但从行政等级来看,三品蕴位、三品勋位与流外一班的官职都直接与流内十八班紧密衔接,可见三者从制度上看是平起平坐的。

较为特殊,除授无常,梁代州郡县虽也立班位,"各拟内职"①,但其是否构成十八班这样的资格序列尚未可知。将军号则一向自成序列。梁代班制改革中,十八班制与地方官、将军号之班制并立,三者之间是否具有通约之关系,尚需进一步考察。

四、余　论

综上所论,我们可以看到,萧梁十八班制作为一种官吏迁转制度,较之过去的九品官品远为精密,其将官员的任官资格排成序列,具有鲜明的品位分等的特点,令人对官员的官资高低清晰可辨,在实际运作上具有更好的操作性,也使官员们更直接地体会到其带来的现实利益和价值。于是,十八班制很快取代了九品官品,被接受成为萧梁官场上衡量身份的新标准②。

其实,历代史料中保留的类似《法宝联璧序》的官员排队的情况还有不少,其排序的原则虽各不相同,但几乎无一不是采用了当时官场最具实际价值的位阶序列。最后限于篇幅,我们在此只举数例,将本序中的名单与后代几种性质相似的文献材料做一个比较,略加申论。

如唐代《进〈五经正义〉表》中所列名单如下:

敕

太尉扬州都督监修国史上柱国赵国公臣无忌

司空上柱国英国公臣勣

尚书左仆射兼太子少师监修国史上柱国燕国公臣

志宁

---

① 魏征,等:《隋书》卷二六《百官志上》,中华书局,1973年。
② 需要说明的是,梁陈二代,官班制与旧有的九品官品制皆并行不悖。但十八班制作为一种新制度,不仅继承了九品官品的部分功能,而且在官场上的接受程度日益超过了逐渐僵化的九品官品制。参见笔者著《位阶结构与统治秩序——魏晋南朝官僚制专题研究》第二章"萧梁十八班制新探",北京大学博士学位论文,2013年。

尚书右仆射兼太子少傅监修国史上护军北平县开国公臣行成

光禄大夫吏部尚书侍中兼太子少保监修国史上护军蓨县开国公臣季辅

光禄大夫吏部尚书监修国史上柱国河南郡开国公臣褚遂良

银青光禄大夫守中书令监修国史上骑都尉臣柳奭

前谏议大夫弘文馆学士臣谷那律

国子博士弘文馆学士臣刘伯庄

朝议大夫守国子博士臣王德韶

朝散大夫行太学博士臣贾公彦

朝散大夫行太学博士弘文馆直学士臣范义頵

朝散大夫行太常博士臣柳宣

通直郎守太学博士臣齐威

宣德郎守国子助教臣史士弘

宣德郎行太常博士臣孔志约

右内率府长史弘文馆直学士臣薛伯珍

兼太学助教臣郑祖玄

徵事郎守太学助教臣随德素

徵事郎守四门博士臣赵君赞

承务郎守太学助教臣周玄达

承务郎守四门助教臣李玄植

儒林郎守四门助教臣王真儒

等①。

---

① 池田温：《中国古代写本识语集录》，引日本宫内厅书陵部藏宋刻《尚书正义》卷首，东京大学东洋文化研究所，1990 年。

　　唐前期文官皆以文散官标示其位阶之高下,此名单排序的主要依据明显即为文散官序列。

　　而到了宋代,情况发生了变化,如北宋前期《进〈太平广记〉表》后所附奏进者名单,如下:

　　　　将仕郎守少府监丞臣吕文仲、臣吴淑

　　　　朝请大夫太子中赞善柱国赐紫金鱼袋臣陈鄂

　　　　中大夫太子左赞善直史馆臣赵邻几

　　　　朝奉郎太子中允赐紫金鱼袋臣董淳

　　　　朝奉大夫太子中允紫金鱼袋臣王克贞臣张洎

　　　　承奉郎左拾遗直史馆臣宋白

　　　　通奉大夫行太子率更令上柱国赐紫金鱼袋臣徐铉

　　　　金紫光禄大夫上柱国陈县男食邑三百户臣汤悦

　　　　朝散大夫充史馆修撰上柱国赐紫金鱼袋臣李穆

　　　　翰林院学士朝奉大夫中书舍人赐紫金鱼袋臣扈蒙

　　　　翰林院学士中顺大夫户部尚书知制诰上柱国陇西县

开国男食邑三百赐紫金鱼袋臣李昉①

　　可见,此名单也是按官职高低的顺序排列,尽管是由低到高,与《法宝联璧序》正好相反。北宋前期,唐代以来的散官虽然还在行用,但已基本丧失了实际的意义,而原本属于职事官系统的一系列官职,形成了衡量官员身份的新的"本官"序列。而《太平广记》的奏进者们也果然就抛弃了散官的排序,转而以这一新序列作为名单排序的依据,其动机正与《法宝联璧序》的作者如出一辙,皆可谓"与时俱进"。

　　另一个可资比较的材料则是清代《钦定四库全书总目提要》中所附的《四库全书》编纂者名单,因原文太长,兹不赘引。但可明显看出的是,清代的这一名单已非按照官员个人的官职高低依次排

①　李昉,等:《太平广记》,《太平广记表》,中华书局,1961年。

列,而是根据其在四库馆中的工作职务分类列出,依次是:正总裁官、副总裁官、总纂官、提调官、协勘总目官、纂修官……①。其与前两种名单之间的差别一目了然。

这样的差别绝非偶然。正如阎步克先生所论,魏晋南北朝的门阀制度,以及唐宋官僚政治的复兴,造就了一个官僚制度具有浓厚品位化倾向的漫长时代,而明清则出现一大转折,官僚计资制度大为简化,官阶制开始向秦汉时代的"职位分等"回归②。这样的时代趋势,无疑对官僚自身乃至社会都产生了巨大的影响,人们的价值评价体系也在各种制度变革中摇摆变化。可以说,这3份名单之间的差别,不仅显示了时人对各种官阶序列的接受程度和重视程度,同时也从一个侧面体现出不同时代官僚制度发展的特点和脉络。

(2013 年第 4 期)

---

① 纪昀,等:《钦定四库全书总目》,《钦定四库全书勘缮校诸臣职名》,文渊阁《四库全书》本。

② 阎步克:《中国古代官阶制度引论》第十三章第 1 节"中国官阶发展的五阶段"。

"历览前贤国与家,成由勤俭败由奢"

——浙江长兴陈武帝故居"帝乡佛国"

陈列展览之"陈朝沧桑"部分文案

胡阿祥

《二十四史》中,《陈书》最为单薄,然而 33 年的陈朝,历史厚重,影响绵远。

陈朝稳定的疆域范围,惟据东南,不及华夏半壁江山,然而追源溯流,埋种河南,生根江南,发芽岭南,开花镇江,结果南京,落叶西安,归魂天下之中的洛阳邙山,中华大地的点点处处,传颂着陈皇的故事,摇曳着陈朝的风姿。

陈朝仅历五帝,武帝、文帝、废帝、宣帝、后主,然而治乱兴衰,其开国艰难,失国轻易,诠释着中国历史的规律与深刻,其间的经验值得今人记取,其间的教训值得今人警惕。

武帝开国

1. 奇人异相

陈武帝陈霸先(503—559),字兴国,小字法生。祖籍颍川,东汉太丘县(今河南永城市西北)长陈寔之后。西晋永嘉年间(307—313),陈寔裔孙、也是陈霸先的祖先陈达避乱南迁,担任长城县(今浙江长兴县)令。因为喜爱这方水土,所以陈达安家此处,并对身边亲近之人说:"此地山川秀丽,当有王者兴,二百年后,我子孙必钟斯运。"

将近"二百年后"的 503 年,"必钟斯运"者果然在长城县箬溪北岸的下箬里诞生了,他就是后来的陈高祖武皇帝陈霸先。

正史记载,陈霸先奇人异相,胸怀大志。《陈书·高祖本纪》:"身长七尺五寸,日角龙颜,垂手过膝。尝游义兴,馆于许氏,夜梦天开数丈,有四人朱衣捧日而至,令高祖开口纳焉,及觉,腹中犹热,高祖心独负之。"七尺五寸,大概相当于1.85米的个头;日角龙颜,垂手过膝,这本非人臣之相;而吞日之梦,也是要做帝王的祥瑞之兆。

陈霸先家乡的传说,就更显神奇色彩了:

(1)霯沸井泉,浴帝始诞

南宋王象之《舆地纪胜》"陈高祖圣井"条:"在长兴县东广惠院。高祖初生,井泉涌出,家人汲以浴之,今谓之圣井。"

明吴郡归有光撰、淮阴吴承恩书《圣井铭并叙》有云:"余来长城,游下箬里,观其故宅。相传其始生时,井水沸涌,出以浴帝,今其井尚如故。慨然而叹,令人去蔽霯而出之,作亭于其上。铭曰:帝王之生,灵感幽赞。霯沸井泉,浴帝始诞。流虹瑶月,应时则灭。惟不改井,于今不竭。我寻华渚,羃桑之处。寒泉古甃,如见其沸。赫赫陈祖,大业光灿。"

在长兴县的民间传说中,关于"圣井"者颇多,选择两则如下:

其一,圣井的来历。

很久以前,长兴出过一位皇帝,他的名字叫陈霸先,他就出生在下箬寺。

陈霸先的母亲是位勤劳善良的农家妇女,每天要到这口井里打水,那时候,她还是位姑娘。一天清晨,她照例到井里打水,当时,天刚蒙蒙亮,她看见井里冒出阵阵带有香味的白色烟雾,感到好奇,就往井里探望。不看倒罢了,一看却目瞪口呆:井里有条白色的小龙上下翻腾。小龙见到她,欢天喜地地扑了上来,她吓得尖叫一声,当场倒在井台旁边。

不久,姑娘就怀孕了,十月怀胎生下了陈霸先。陈霸先出生后就很怪,整天哇哇哭,哭了三天三夜。他的母亲后来用这口井的水给他洗澡,他就不哭了。虽然止住了哭声,可是紧接着陈霸先什么东西也不吃，连母乳都不吃。舀来井水喂他，他倒喝得有滋有味。

陈霸先当上皇帝后，把这口井命名为"圣井"，并为这口井写了一篇文章。

其二，圣井温泉的传说。

陈霸先的母亲怀孕足月，正好走到下箬寺时，要分娩了，陈霸先的父亲向老和尚拜求借宿。老和尚答应了。第二天早上，陈霸先母亲快临盆了，当时天气非常寒冷，条件很艰苦，没有热水。这时，寺庙边上的一口井里，突然冒出了热水，让她顺利生产。而陈霸先出生后，正好用热水擦去身上的血迹。后来，陈霸先一直到长大成人都没有生过病，后人都说是这口圣井的功劳。

（2）鸟山出天子

北宋乐史《太平寰宇记》长兴县"雉山"条："雉山，在县北五里，高五百尺。《山墟名》云：'以形类雉。'《梁陈故事》云：'梁武帝时，有童谣言鸟山出天子，江表以鸟名山者悉凿。按陈高祖则长兴雉山人也，其山有追赠。'"也就是说，梁武帝时，为了破"鸟山出天子"的预言，把名字带鸟的山都给凿了，却漏掉了雉山。雉，通称野鸡，也是一种鸟啊。于是，雉山未凿，风水未坏，出了位取代梁朝的皇帝陈霸先。

2. 拔起垅亩

陈霸先虽然奇人异相，却又家世寒微。然而，凭借着优秀的禀赋与不懈的努力，陈霸先终于拔起垅亩，崛起岭南。

怎样的禀赋优秀？《南史·陈本纪》记载："少倜傥有大志，长于谋略，意气雄杰，不事生产。及长，涉猎史籍，好读兵书，明纬候、孤虚、遁甲之术，多武艺，明达果断，为当时推服。"

如何的不懈努力？看看陈霸先的早期履历，即可知晓：

起初，陈霸先担任家乡长城县下箬里的里司；然后，到京城建康担任油库吏，再转为梁武帝侄子、新喻侯萧映的传令吏。这些士大夫们瞧不起的低下吏职，陈霸先却做得勤勤恳恳，于是得到了侯爷萧映的器重，开始走上了真正的仕途。

萧映为广州刺史,陈霸先为中直兵参军,再为西江督护、高要太守。广州被叛军围困时,陈霸先率领三千精兵,卷甲兼行,频战屡捷,大败叛军,于是得到了梁武帝的赏识,"授直阁将军,封新安子,仍遣画工图高祖容貌而观之。"这是何等荣耀之事!

对于有伯乐之功的萧映与恩宠之荣的梁武帝,陈霸先知恩图报:萧映卒,他送丧还都,但未过南岭,诏命担任交州司马、武平太守,投入转战南土、平定叛乱之中,事后,被授振远将军、西江督护、高要太守、督七郡诸军事;548 年侯景之乱,梁武帝被围首都建康台城,陈霸先闻讯,便欲率兵赴援,却梗于岭南此起彼伏的叛乱、不欲进援的地方势力、畏惧侯景的梁朝宗室广州刺史萧勃。

3. 安内御外

长城的秀山丽水,诞育了陈霸先这条潜龙;岭南的层峦叠嶂,磨砺出陈霸先这只猛虎。猛虎越岭而北上,其利爪将驱搏挡路的恶兽枭雄;潜龙入京而成真,其雨泽将化育天下的苍生黎民。

(1)荡平侯景

侯景(503—552),羯族,怀朔镇(今内蒙古固阳县)人。东魏司徒、南道行台,拥众十万,专制河南。547 年二月降梁,受封河南王。548 年八月反于寿春(今安徽寿县)。十月攻入梁朝首都建康(今江苏南京市),549 年三月陷台城,五月饿死梁武帝。先后立梁宗室萧正德、萧纲、萧栋为傀儡皇帝。551 年十一月自立为帝,国号汉。552 年四月被平灭。

在荡平侯景之乱中,陈霸先居功至伟。

549 年十一月,陈霸先泣曰:"仆本庸虚,蒙国成造。往闻侯景渡江,即欲赴援,遭值元、兰,梗我中道。今京都覆没,主上蒙尘,君辱臣死,谁敢爱命!"乃遣使往江陵,受梁武帝第七子、湘东王、荆州刺史、手握重兵的萧绎节度。

550 年元月,始兴太守陈霸先义无反顾、发兵始兴(治今广东韶关市)、越大庾岭、北上靖难。其靖难行程,可谓艰辛曲折、步步为营。既顺赣江而下,一路破关斩将;又出溢口,进入长江流域。

552 年二月,陈霸先率甲士三万、舟舰二千,会合萧绎大将王僧辩于白茅湾(今江西九江市东北)。双方"筑坛歃血,共读盟文,流涕慷慨",讨伐侯景。大军沿江东下,勇猛向前。三月,陈霸先身先士卒,突入建康,侯景奔逃。四月,侯景为部下所杀,尸头送到江陵,尸手送到北齐,尸身暴于建康市,百姓满腔怒火地争食其肉,焚骨扬灰,以解心头之恨。

(2)袭杀僧辩

王僧辩(?—555),太原祁县(今山西祁县)人。梁天监年间,随父王神念自北魏投梁。以勇略著称,与萧绎关系亲密。征讨侯景,王僧辩为萧绎所任主帅。555 年九月,陈霸先兵发京口(今江苏镇江市),袭击建康石头城,绞杀王僧辩与其三子王顗。

《陈书·高祖本纪》:"九月……甲辰,高祖步军至石头前,遣勇士自城北踰入。时僧辩方视事,外白有兵。俄而兵自内出,僧辩遽走,与其第三子顗相遇,俱出阁,左右尚数十人,苦战。高祖大兵寻至,僧辩众寡不敌,走登城南门楼,高祖因风纵火,僧辩穷迫,乃就擒。是夜缢僧辩及顗。"

陈霸先与王僧辩,曾经并肩作战,共灭侯景;侯景既灭,萧绎在江陵即帝位,以王僧辩为太尉、坐镇建康,陈霸先为司空、坐镇京口,两人同为梁元帝萧绎之左膀右臂;554 年西魏攻陷江陵、梁元帝被杀后,两人又在建康同奉梁元帝第九子、晋安王、13 岁的萧方智为太宰、承制;两家过从也是甚密,王僧辩之子、陈霸先之女还有结亲之约。

陈霸先、王僧辩走到水火不容、不共戴天的地步,缘起北方的北齐政权。胡族色彩浓重、军事实力强大的北齐,逼迫王僧辩、陈霸先接受其送往建康的俘虏、梁武帝之侄萧渊明为帝。在北齐武力进犯的要挟下,王僧辩妥协了,迎立萧渊明为帝,改立萧方智为太子,并称藩于北齐;陈霸先则苦劝僧辩,决不屈从北齐淫威,决不拥立傀儡皇帝。而当这一事关国家正统、民族大义的矛盾无法调和时,陈霸先袭杀了王僧辩,废萧渊明,再立萧方智为帝。

（3）抗击北齐

袭杀王僧辩后，陈霸先总揽朝中一切军政；然而，当时极为错综复杂的政治、军事与民族局势，也在空前地挑战着陈霸先：江南的吴兴太守杜龛、吴郡太守王僧智、义兴太守韦载据郡抗命，江北的南豫州刺史任约、谯秦二州刺史徐嗣徽降北齐、袭建康、据石头城，北齐大军两度渡江、进至建康，割据岭南的广州刺史萧勃起兵北上……

当此之际，陈霸先筹策频画、纵横捭阖、部署有方，先后平定各处叛乱；而两次抗击北齐的巨大军功，更使陈霸先的声望如日中天：

555 年十二月，在秦淮河南击溃齐军。是役也，陈霸先"督兵疾战，纵火烧栅，烟尘涨天，贼溃，争舟相排挤，溺死者以千数。时百姓夹淮观战，呼声震天地。军士乘胜，无不一当百，尽收其船舰，贼军慑气"；随后，又将石头城团团包围，齐将被迫求和，退出江南。

556 年三月，齐军十万卷土重来。及至五月的建康郊外决战，陈霸先大获全胜，斩虏齐将 50 余员，齐军逃归江北者不过二三万。是役也，陈霸先既"率宗室王侯及朝臣将帅，于大司马门外白兽阙下刑牲告天，以齐人背约，发言慷慨，涕泗交流，同盟皆莫能仰视，士卒观者益奋"；建康附近的百姓，也是同仇敌忾，以荷叶包饭，内夹鸭肉，自动慰劳陈霸先大军，以补充军队粮食的不足。

荡平侯景、平定叛乱，陈霸先有安内之功；袭杀僧辩、重立敬帝，陈霸先有恢复梁室之德；抗击北齐、抵御外侮，则关系到汉族国家及其文化传统的生死存亡。

伟哉，陈霸先之功德！

4. 禅梁建陈

在梁朝末年纷纷扰扰的形势中，陈霸先"征伐四克，静难夷凶"，挽狂澜于既倒，拯梁室于已坠，建立了不世之勋。久远的尧、舜、禹禅让的理想，近世以来晋、宋、齐、梁禅代的故事发生作用了，陈霸先也走上了禅梁建陈的道路。

556 年七月，陈霸先为中书监、司徒、扬州刺史，进爵长城公。

九月,进位丞相、录尚书事、镇卫大将军、扬州牧,封义兴郡公。

557 年八月,陈霸先进位太傅。九月,进位相国,封陈公,加九锡。十月戊辰,进爵陈王;辛未,16 岁的梁敬帝萧方智禅位,55 岁的陈霸先"谦让再三,群臣固请,乃许";乙亥,陈霸先即皇帝位于建康南郊。

中国历史上的陈朝建立,陈霸先成为陈朝的开国皇帝。

禅梁建陈,陈霸先天命所归,民心所系,这就诚如《陈书·虞寄传》所云:"自天厌梁德,多难荐臻,寰宇分崩,英雄互起,不可胜纪,人人自以为得之。然夷凶翦乱,拯溺扶危,四海乐推,三灵眷命,揖让而居南面者,陈氏也。岂非历数有在,惟天所授,当璧应运? 其事甚明。"

陈霸先的开国建陈,其实又非得自梁朝的禅让,这是古今史家的共识。如宋人叶适说:"自吴晋立国,皆与北方争于江之外,独陈霸先能争于江之内,遂以骤兴。霸先虽曰袭杀王僧辩,迹若取之于梁,然齐人已在江内,僧辩力所不能抗,而后霸先得以乘隙而起,乃与北方争得失,非全取梁物也。"周一良说:"陈虽受禅于梁,敬帝所得而让者一空名耳,陈高祖固犹汉高、光武之灭群雄而得天下,与宋、齐、梁之唾手移人家国者迥不侔也。"

陈霸先开国,建国号为"陈",这在中国历史上也是个特例。传统儒家的政治原则是不以"国姓"为"国号"。东汉《白虎通德论·号》云:"不以姓为号,何? 姓者,一字之称也,尊卑所同也。诸侯各称一国之号,而有百姓矣。天子至尊,即备有天下之号,而兼万国矣。"然而陈霸先却"以姓为号",这反映了陈霸先彰显陈姓起源与陈姓辉煌历史的意图:陈霸先的祖籍地颍川,本在舜帝之后、谥为胡公的妫满的封域范围内,西周初年,胡公满的封国名为"陈";陈国灭于楚国后,子孙又以国为氏。如此,胡公满成为陈霸先追尊的陈姓皇室之始祖,始祖胡公满的封国"陈"也就成了陈霸先新建皇朝的国号。原来,"其本甚微"的陈霸先,还有这样一位重量级的"圣人"祖先;而新朝的"陈"国号,竟然也是渊源有自!

5. 江左贤帝

明归有光在《圣井铭并叙》中,给予陈霸先"恭俭勤劳,志度弘远,江左诸帝,号为最贤"的评价。所谓"江左诸帝",指的是东晋、宋、齐、梁、陈五朝270多年间的36位皇帝,其中如东晋元帝司马睿、宋武帝刘裕、梁武帝萧衍,都是历史评价甚高的建朝开国皇帝;而既无显赫的家世背景、又无其他的政治资本、在位仅仅3年21个月的陈武帝陈霸先,却获得了"号为最贤"的高度赞誉,凭什么?

但凡开国皇帝,在新朝初建时,多会有轻徭薄赋、休养生息,宽裕民力、体恤百姓,开荒垦田、兴修水利,发展农业、恢复经济等举措与政策;陈霸先开国后,"恒崇宽政,爱育为本",也不例外。

但凡开国皇帝,总有其特别的能力与人格魅力,这在陈霸先身上,表现得尤为明显:

陈霸先起自寒微,才略英奇。从550年出岭北上,到557年称帝开国,短短7年多,即有天下。在南朝宋、齐、梁、陈4位开国皇帝中,由知名当世而君临天下,数他速度最快。这与陈霸先"智以绥物,武以宁乱,英谋独运,人皆莫及"的能力有关。

陈霸先豁达大度、知人善任。论开国武将,如侯瑱、周文育、鲁悉达、程灵洗等,都是对手敌将,或临阵擒获,或力屈归降,陈霸先委以心膂,故能驱策群雄,藉以成事;论开国文臣,徐陵曾受王僧辩知遇之恩,故在所撰《九锡文》中,只字不提陈霸先诛除王僧辩之功,陈霸先听之任之,不以为意。唐代名臣魏征因此称道陈霸先曰:"志度弘远,怀抱豁如,或取士于仇雠,或擢才于亡命,掩其受金之过,宥其吠尧之罪,委以心腹爪牙,咸能得其死力,故乃决机百胜,成此三分。"

陈霸先胸怀超然,待人赤诚。西魏攻陷江陵,陈霸先仅存的在世幼子陈昌被俘,心腹将领徐度却冲出重围,回到建康,陈霸先仍委徐度以重任;鏖战正烈,杜僧明坐骑受伤,陈霸先不顾自身安危,把战马让给僧明,士气大振;周文育为叛将所杀,病中的陈霸先"素服哭于东堂,哀甚",几日后即驾崩。

陈霸先生活简朴，俭素自率。所谓"常膳不过数品，私飨曲宴，皆瓦器蚌盘，肴核庶羞，裁令充足而已，不为虚费。初平侯景，及立绍泰，子女玉帛，皆班将士。其充闱房者，衣不重彩，饰无金翠，哥钟女乐，不列于前。及乎践祚，弥厉恭俭"。

伟哉，陈霸先之隆功！美哉，陈武帝之茂德！"江左诸帝，号为最贤"，此言并非过誉！

6. 千秋功业

历史人物的评价，或会随着时代的变迁，有所高低与上下。如果将陈武帝放在中国历代帝王中，较其地位高低；将陈霸先置于中国历史文化中，论其贡献大小，将引发我们今人更多的思考，收获更加丰富的智慧。

陈朝吏部尚书姚察曰："高祖英略大度，应变无方，盖汉高、魏武之亚矣。"

唐朝名臣魏征曰："高祖……方诸鼎峙之雄，足以无惭权、备矣。"

这是以陈武帝陈霸先比拟汉高祖刘邦、魏武帝曹操、东吴大帝孙权、蜀汉先主刘备。

明末清初思想家王夫之曰："陈高非忠于萧氏，而保中国之遗民，延数十年，以待隋之一统，则功亦伟矣哉！"

民国史学家吕思勉曰："从来人君得国，无如陈武帝之正者……人君之责，在于内安外攘而已。当强敌侵陵，干戈遍地之际，岂可以十余龄之稚子主之哉？陈武帝与宋武帝，并有外攘之功，陈武之所成就，似不如宋武之大，然此乃时势为之，论其功绩，则陈武实在宋武之上。且宋武自私之意多，陈武则公忠体国。宋武乃一武夫，陈武则能幸庄严寺讲经，可见其于学问非无所知；而又非如梁武帝之仅长于学问，而不宜于政事。宋武于并时侪辈，无不诛夷，陈武则多能收用降将，其度量之宽广，盖又有大过人者。陈武诚文武兼资，不世出之伟人哉！"

现代文史大家卞孝萱综而论之曰：

"刘邦与陈霸先都出身寒微,似乎可比;但刘邦建立的西汉,是统一的王朝,而陈霸先建立的陈,不是统一的王朝,姚察借刘邦以誉陈霸先,未免抬高了陈";

"姚察以曹操比陈霸先,旨在尊陈为正统;而魏征以孙权、刘备比陈霸先,意在贬陈为闰位……以曹操、孙权、刘备比陈霸先,都不恰当。因为曹魏、孙吴、蜀汉都是汉族政权,可云分裂;而陈朝是对抗北齐、北周(鲜卑贵族政权)和后梁(鲜卑族傀儡政权)的汉族政权,性质不一样";

"王夫之、吕思勉在历代史家中独能充分认识陈霸先历史功绩……在南北朝北强南弱形势下,誓不投降,智勇抗敌,保卫南方最后一个汉族政权和中华传统文化'最有功'的陈霸先,值得我们永远纪念。"

风雨卅年

559 年六月,开国英主陈霸先驾崩。589 年正月,陈朝灭亡。陈霸先以后的 30 年,陈朝经历了文帝、废帝、宣帝、后主四位皇帝,虽为时短暂,其治乱兴衰、风雨沧桑,却似一部厚重的史书。

让我们撷取这部史书的一些片段,诠释"历览前贤国与家,成由勤俭败由奢"(唐人李商隐《咏史》诗)的既浅显又深刻的道理。

1. 文帝图治

陈文帝陈蒨(521—566),字子华,陈霸先兄陈道谭长子。《陈书·文帝本纪》记载:"少沉敏,有识量,美容仪,留意经史,举动方雅,造次必遵礼法。"陈霸先很器重这位侄子,常称"此儿,吾宗之英秀也"。

陈蒨经历过穷苦的磨难、乱世的考验、战争的锻炼,曾是叔父陈霸先征战四方的得力助手。当陈霸先病故时,皇子陈昌还在北周为俘虏,陈朝形势严峻,内无嫡嗣,外有强敌,朝无重臣,宿将均带兵在外。皇后章要儿与中领军杜棱、中书侍郎蔡景历定计,秘不发丧，急招驻守外地的临川王陈蒨火速回京，再三苦劝之下，陈蒨继位，是为文帝。

文帝在位八年，励精图治：

统一江南。陈蒨初即位时，朝廷号令不出建康千里之外。长江中游以南，盘踞着萧梁残余势力王琳；地方豪帅如豫章熊昙朗、临川周迪、东阳留异、晋安陈宝应，据地称雄，相互联结，时起作乱；又有北齐逼江而阵，北周虎视上游。560年，陈蒨大将侯瑱、侯安都等大败王琳与北齐联军于芜湖附近，进取江州、郢州，并于次年逼退乘乱进入巴、湘之地的北周军队。于是，长江中游以南地区尽为陈有。而从561年到565年，陈蒨剿抚相济，先后平定豫章、临川、东阳、晋安等郡。至此，长江以南、巴蜀以东之地终告统一。

勤政爱民。陈蒨勤于政事，每晚都要命人不断打开寝宫小门，取来紧急奏章，连夜批阅；又训示传更人交接木牌时，要将木牌掷于石阶之上，以便发出声响，说"吾虽眠，亦令惊觉也"。他重视发展农业生产，令各地守宰劝课农桑；他整顿户口，实行土断，修改税制，新铸了陈朝钱币"天嘉五铢"；他重建了国子学与太学，复兴学术，传习儒教；他礼贤下士，德高望重的学者虞荔病故，他亲自送丧；他整肃朝纲，痛下决心，杀了功高骄横的大将侯安都。

文帝陈蒨时期，陈朝进入了相对安定的局面。然而天不假年，陈蒨46岁即英年早逝。

陈蒨不仅守成，而且光大；既具武略，亦有文韬。

陈吏部尚书姚察评曰："自初发迹，功庸显著，宁乱静寇，首佐大业。及国祸奄臻，入承宝祚，兢兢业业，其若驭朽。加以崇尚儒术，爱悦文义，见善如弗及，用人如由己，恭俭以御身，勤劳以济物，自昔允文允武之君，东征西怨之后，宾实之迹，可为联类。"

唐史臣姚思廉评曰："起自艰难，知百姓疾苦。国家资用，务从俭约。常所调敛，事不获已者，必咨嗟改色，若在诸身。主者奏决，妙识真伪，下不容奸，人知自励矣。"

唐朝名臣魏征评曰："天姿睿哲，清明在躬，早预经纶，知民疾苦,思择令典,庶几至治。德刑并用,截济艰虞,群凶授首,强邻震慑。虽忠厚之化未能及远,恭俭之风足以垂训,若不尚明察,则守文之良主也。"

2. 废帝仁弱

陈废帝陈伯宗(554—570),字奉业,小字药王。文帝陈蒨长子。560年立为皇太子,566年四月陈蒨驾崩后继位。

在陈朝五帝中,就个人功业论,最不值得一说者,就是陈伯宗。其间虽然也有平南豫州刺史余孝顷之叛、退湘州刺史华皎与北周联军之犯等事迹,但多为执掌朝纲、势倾朝野的叔父安成王陈顼所主持。而就历史的悖论言,皇位继承,立长还是立贤,发人深思。据《陈书·废帝本纪》记载,文帝陈蒨曾预感到伯宗年幼识浅,难荷大任,是否立为继承人,犹豫彷徨了多年;病重时,还招陈顼入内,意欲"兄终弟及",托以大位,陈顼当然是拜伏哭泣,坚决推辞。及至伯宗继位,陈顼专权,顾命大臣既抗颜于内,文帝部将也多乱于外,文帝后期已经安定的内外局面,再次陷入动荡之中。于是,568年十一月,武帝陈霸先皇后、也是伯宗时的太皇太后章要儿罢黜伯宗、降为临海王,改以陈顼代摄国政。次年正月,陈顼登上帝位。

从根本上说,陈顼取代陈伯宗,属于宫廷政变。尽管陈伯宗如诸多史臣的评价,"仁弱,无人君之器","虽继体之重,仁厚懦弱",但毕竟没有大恶,所以唐初名臣魏征论曰:"临海年长于成王,过微于太甲。宣帝有周公之亲,无伊尹之志。"也就是说,陈伯宗称帝的岁数比周成王大,过失比商太甲小,陈顼与陈伯宗本是叔侄之亲,陈顼却不能仿效周公旦辅佐侄子周成王、商朝贤相伊尹惩戒太甲后仍然还政于君,这于大道有亏。魏征所论,符合中国传统的政治观,也是他替陈顼不能成为贤相而可惜。

3. 宣帝骄侈

陈宣帝陈顼(528—582),字绍世,小字师利。陈霸先兄陈道谭次子、陈蒨之弟。《陈书·宣帝本纪》记载:"少宽大,多智略。及长,美容仪,身长八尺三寸,手垂过膝。有勇力,善骑射。"先是,554年西魏攻陷江陵时,陈顼与陈霸先之子陈昌同被掳至长安;562年,文帝陈蒨以鲁山郡与北周作交换,陈顼方才获释,返回建康。陈顼入朝,威权日盛,566年既受兄长文帝遗诏顾命,568年又废侄儿伯宗自立。

陈顼是陈朝五位皇帝中在位时间最久者(569—582)。其前期器度弘厚,造就了陈朝难得的中兴局面;其后期志大意逸,导致了陈朝迅速走向削弱衰落。

论其中兴,最典型者为太建北伐,开拓疆土。太建五年(573),陈顼以吴明彻为元帅,统兵十万北伐北齐,到575年,恢复了江北、淮泗之地,陈朝疆域达到鼎盛时期。其时的北齐,内离外叛,衰乱已极,倘若陈军乘胜推进,未必不可以消灭北齐。然而陈顼意在划淮而守,因此停兵淮上;北周武帝宇文邕却伺机出兵,577年灭北齐,统一北方。

论其衰弱,最典型者亦为太建北伐,丧师失地。北周灭北齐后,陈顼又欲趁乱争河淮之间徐、兖之地,太建九年(577)遂命吴明彻再度北伐。吴明彻先败北周梁士彦于吕梁,次年(578)二月围彭城,北周援军王轨则截断陈军后路。清口(古泗水入淮之口,今江苏淮安市西南)一战,陈军"众溃,明彻为周人所执,将士三万并器械辎重皆没于周"。至579年冬,陈朝江北之地尽为北周所取。于是长江以北及今湖南以西皆为北周所有,江陵的后梁为北周藩属,陈朝的疆土不到北周的三分之一,北周吞并陈朝已成必然的趋势。只是此时适逢北周武帝宇文邕病死,宇文赟继立,荒淫暴虐,无遑外略,这样,陈朝政权才得以拖延。

陈朝在宣帝陈顼时,始则中兴,继则衰弱,陈顼的功过,难以评说。

《陈书·宣帝本纪》曰:"器度弘厚,亦有人君之量焉……至于篡业,万机平理,命将出师,克淮南之地,开拓土宇,静谧封疆。享国十余年,志大意逸,吕梁覆军,大丧师徒矣。江左削弱,抑此之由。呜呼!盖德不逮文,智不及武,虽得失自我,无御敌之略焉。"

唐朝名臣魏征曰:"爰自在田,雅量宏廓,登庸御极,民归其厚。

惠以使下,宽以容众。智勇争奋,师出有名,扬斾分麾,风行电扫,辟土千里,奄有淮泗,战胜攻取之势,近古未之有也。既而君侈民劳,将骄卒堕,帑藏空竭,折衄师徒……始以宽大得人,终以骄侈致败,文、武之业,坠于兹矣。"

应该说,陈顼的俭约、勤政、努力,与武帝陈霸先、文帝陈蒨相仿佛,如其遗诏云:"君临寰宇,十有四载,诚则虽休勿休,日慎一日,知宗庙之负重,识王业之艰难……凡厥终制,事从省约。金银之饰,不须入圹,明器之具,皆令用瓦。唯使俭而合礼,勿得奢而乖度。"然而时移岁易,面对强大的北方政权,胆智不及陈霸先、德行不及陈蒨的陈顼,"荡清四海,包吞八荒"的志愿,终究难以实现!

4. 后主才艺

陈后主陈叔宝(553—604),字元秀,小字黄奴。宣帝陈顼长子。569年立为皇太子,582年陈顼驾崩后继位。

陈叔宝童年艰辛。554年江陵陷落,父亲陈顼被俘长安,母亲带着叔宝避难穰城(今河南邓州市)。562年,陈顼南归,叔宝也才回到京城建康。

陈叔宝继位惊险。宣帝陈顼刚刚咽气,叔宝伏地哀哭,弟弟叔陵竟然抽刀,砍伤叔宝颈部,在母亲柳敬言、乳母吴氏、弟弟叔坚的护卫下,叔宝才免于命丧刀下。

陈叔宝开局不利。平定叔陵之乱后,叔宝因伤不能视事,政无大小,悉委柳太后与陈叔坚。叔坚权倾朝野,蛮横骄纵。583年陈叔宝才得亲政。

陈叔宝亲政勤勉。亲政之初,叔宝宵衣旰食,励精图治,奖励垦荒,禁止奢靡,擢用廉吏,关心民瘼,采纳忠言,听取谠论,可谓政治清明。

陈叔宝荒于酒色。从584年起直到589年失国,叔宝不问政事,日与贵妃、女学士、狎客游宴后庭,赋诗度曲。其时佞人掌政,纵横不法,上下欺瞒;正直之士遭贬被斩,或者明哲保身,三缄其口;武将多受疑忌,微有过失,即被褫夺兵权。于是众叛亲离,国将不国矣！

陈叔宝魂归邙山。589 年正月，隋朝灭陈；三月，陈叔宝被押往长安。在长安以及后来在洛阳的十几年岁月里，陈叔宝终日以酒为伴，少有清醒之时。604 年十一月，陈叔宝薨于洛阳，享年 52 岁。隋朝追赠其为大将军，封长城县公，赐恶谥"炀"，葬于洛阳邙山。

洛阳城北的邙山是自古以来中国人终极归宿的代名词，历代皇帝钦定的风水宝地。陈朝末代皇帝陈叔宝能够埋骨邙山，也可谓死而有荣矣！

隋文帝杨坚曾经目视着失国之君陈叔宝孤独离去的背影，对臣下说道："陈叔宝的失败与纵酒有关，倘若他将饮酒作诗的功夫用在国事上，岂能落此下场！当初贺若弼攻京口时，边将告急，叔宝正在饮酒，不予理会；高颎等人攻进宫城，看见告急文书撒在床下，竟然没有拆封。如此君主，国家怎能不亡！"

唐朝名臣魏征曾有"亡国之主，多有才艺，考之梁陈与隋，信非虚论"的感叹，并就此评说陈叔宝曰："后主生深宫之中，长妇人之手，既属邦国殄瘁，不知稼穑艰难。初惧贴危，屡有哀矜之诏，后稍安集，复扇淫侈之风。宾礼诸公，唯寄情于文酒，昵近群小，皆委之以衡轴。谋谟所及，遂无骨鲠之臣，权要所在，莫匪侵渔之吏。政刑日紊，尸素盈朝，耽荒为长夜之饮，嬖宠同艳妻之孽，危亡弗恤，上下相蒙，众叛亲离，临机不寤，自投于井，冀以苟生，视其以此求全，抑亦民斯下矣。"

"亡国之主，多有才艺"，从陈朝历史看，此论不虚。陈叔宝嗜好读书，擅长文墨，在诗歌方面颇有造诣。可是，陈叔宝的身份是皇帝，陈叔宝的使命是救国与济民。虽然当时天命、人心已经归隋，却也不能成为陈叔宝荒于政事、耽于酒色的理由。陈叔宝是位缺乏责任感的皇帝，是位善于作诗诵曲的亡国昏君！

自古及今，浅薄者津津乐道于陈后主的风流轶事，深刻者则由这些风流轶事引出历史的教训。

（1）台城起三阁，玉树后庭花

唐人刘禹锡诗云："台城六代竞豪华，结绮临春事最奢。万户千门成野草，只缘一曲后庭花。"诗中所说，是陈后主在宫中筑起临春、结绮、望仙三阁之事。三阁各高数十丈，连延数十间，并以复道相连，材料多用香木，外饰金玉珠翠，内设宝床锦帐。楼阁周围，奇花异木，石山峥嵘，细流淙淙，仿佛人间仙境。陈后主住临春阁，贵妃张丽华住结绮阁，龚、孔二贵嫔住望仙阁。后主与妃嫔、文士们游乐宴饮、赋诗度曲、排练演唱于此，往往夜以继日、通宵达旦。如后主作词谱曲的《玉树后庭花》："丽宇芳林对高阁，新妆艳质本倾城。映户凝娇乍不进，出帷含态笑相迎。妖姬脸似花含露，玉树流光照后庭。"此诗用词浮艳，风格绮靡，意境淫荡，后来成为亡国之音的代名词，唐人杜牧写道："商女不知亡国恨，隔江犹唱后庭花。"

（2）一束起三人，千年说辱井

一国之君陈后主，是被隋军俘虏于井中的，此井也从此以"辱井"之名，警励着一代又一代的统治者！话说隋军入城，陈叔宝推开以身蔽井的忠臣夏侯公韵，藏匿景阳井中。"既而军人窥井，呼之，不应，欲下石，乃闻叫声；以绳引之，惊其太重，及出，乃与张贵妃、孔贵嫔同束而上。"呜呼哀哉，如此时刻，竟然还与两位心爱的女人不离不弃！这是怎样的女人呢？后主最为宠爱的张贵妃，名丽华，出身贫贱，容貌出众，发长七尺，乌黑光亮，回眸一笑，光彩照人，善于察言观色，惯于献媚逢迎。后主听取臣下奏请时，都喜欢把丽华放在膝上，一起商量决定，后主记不得的事情，丽华却能一一道来，由此擅权。她勾结宦官，拉拢权贵，收受贿赂，卖官鬻爵。及至隋军抓获丽华，晋王杨广意欲留作己用，阵前大将高颎立斩于青溪之畔，以免贻害隋室。

陈朝地位

陈朝短暂，仅历五帝、33 年；然而，在中国历史上，陈朝具有不可忽视的地位。

比如论南方地域的崛起，真正开始于陈朝。此前的东晋与南朝的宋、齐、梁，北方侨人占据着政治主导地位；及至陈朝，原来默默无闻的南方土著势力崭露头角，完全南方色彩的陈朝，其文臣武将也多为南方豪强的代表。这是中国政治版图的重大变化。

比如论陈朝政权的性质，在相当长的一个时期内，陈朝被视为华夏正统所在，既非偏安江左的中原王朝，也非孙吴、南唐那样的偏霸政权。这是中国历史上的特例。

比如论陈朝文化的贡献，隋朝在军事上战胜了陈朝，陈朝在文化上战胜了隋朝。陈朝清商署北迁，清商乐进入隋朝宫廷，隋文帝誉之为"华夏正声"，定为雅乐；隋炀帝曾言："自平陈之后，硕学通儒，文人才子，莫非彼至。"陈朝文化为隋唐文化的繁荣局面奠定了基础。

比如论陈朝制度的影响，著名史家陈寅恪认为，梁陈制度为隋唐制度的三大来源之一。

史学家范文澜先生在《中国通史》中指出："在东晋南朝时期，长江流域开发出来了，使隋唐封建经济得到比两汉增加一倍的来源；文化事业发展起来了，使隋唐文化得到比两汉提高一层的凭借。东晋南朝对历史是有贡献的"——作为东晋南朝之殿军的陈朝，在经济、文化以及其他种种方面的贡献，正可作如是观。

附记：2011年5月，笔者接受委托，在长兴县博物馆梁奕建馆长、秦邑文化展示设计研究所王青所长的协助下，为长兴县陈武帝故居"帝乡佛国"陈列展览撰写文案。该文案由"前言""陈皇故里""陈朝沧桑""佛国盛典""天下陈姓""结语""礼赞与楹联"等部分组成。今取"陈朝沧桑"部分刊布于此，以征求学界同仁意见。特此说明。

（2011年第5期）

孟昶事迹及其死因考

王永平

　　孟昶是东晋末年北府集团的核心成员之一,对刘裕起事灭桓玄作出了重要贡献。但自义熙年间始,刘裕在巩固自己统治地位的过程中,对北府元从旧将多加诛戮,其中孟昶是第一个被害的北府集团的代表性人物。不过,与同被刘裕所诛之刘毅、诸葛长民等人不同,孟昶在唐修《晋书》中无传,其家世、事迹、死因等皆无具体、明确的记载。鉴于孟昶在晋末之重要地位与影响,本文根据相关之晋、宋史籍,对其家世、行迹、死因等略作考稽。

一、孟昶之家世门第及其文化特征

　　关于孟昶之门第、身份诸特征及其早期经历等,史无详载,只能根据相关记载略作推测。《世说新语·企羡篇》载:"孟昶未达时,家在京口。"刘孝标注引《晋安帝纪》载:

　　　　昶字彦达,平昌人。父馥,中护军。昶矜严有志局,少为王恭所知。豫义旗之勋,迁丹阳尹。卢循既下,昶虑事不济,仰药而死。

又,《通鉴》卷一一三《晋纪》三五安帝元兴三年载:

　　　　平昌孟昶为青州主簿,桓弘使昶至建康,(桓)玄见而悦之,谓刘迈曰:"素士中得一尚书郎,卿与其州里,宁相识否?"迈素与昶不善,对曰:"臣在京口,不闻昶有异能,唯闻父子纷纷更相赠诗耳。"玄笑而止。昶闻而恨之。

由以上记载,可以确认孟昶的相关身份信息。孟昶本籍平昌,其祖辈南迁后侨居京口,故桓玄对刘迈说"卿与其州里",刘迈对曰"臣在京口,不闻昶有异能"云云,晋宋史籍记述北府人物之籍贯,往往先载其祖籍,再称其"世居京口",以表明其为侨人,实际上是在两晋之际南迁后定居京口的。刘迈为刘毅兄,祖籍彭城,自祖辈南徙后侨居京口,孟昶之经历也大体如此,所以桓玄才以其二人为"州里"。孟昶父亲孟馥官至中护军,履职武事,体现其家族尚武之特征,与北府诸尚武家族大体相同。刘裕在重新组织北府势力过程中,主动邀约孟昶,可见孟昶及其家族在京口北府武人群体中具有一定的地位。①

西晋末年北人南迁之路线、群体分布、定居地之选择等,往往与其社会阶层之等级有关。一般地说,高门士族多进入东晋首都建康,先安置在都城周边地区,而社会地位偏低的次等士族则多聚集于靠近首都建康的京口地区,《宋书》卷三五《州郡志一》"南徐州刺史"条载:"晋永嘉大乱,幽、冀、青、并、兖州及徐州之淮北流民,相率过淮,亦有过江在晋陵郡界者。晋成帝咸和四年(329),司空郗鉴又徙流民之在淮南者于晋陵诸县,其徙过江南及留在江北者,并立侨郡县以司牧之。徐、兖二州或治江北,江北又侨立幽、冀、青、并四州。安帝义熙七年(311),始分淮北为北徐,淮南犹为徐州。后又以幽、冀合徐,青、并合兖。南朝宋武帝永初二年(421),加徐州曰南徐,而淮北但曰徐。宋文帝元嘉八年(431),更以江北为南兖州,江南为南徐州,治京口,割扬州之晋陵、兖州之九郡侨在江南者属焉,故南徐州备有徐、兖、幽、冀、青、并、扬七州郡邑。"可见"晋永嘉大乱,幽、冀、青、并、兖州及徐州之淮北流民,相率过淮,亦有过江在晋陵郡界者",平昌孟氏当随这一流民大潮而迁移至京口定居的。作为当时流民大军中的一分子,平昌孟氏迁居京口,既与当时流民群体的自主选择有关,也与东晋的侨郡县政

---

① 平昌孟氏侨居京口的还有孟怀玉一支,《宋书》卷四七《孟怀玉传》载:"孟怀玉,平昌安丘人也。高祖珛,晋河南尹。祖渊,右光禄大夫。父绰,义旗后为给事中,光禄勋,追赠金紫光禄大夫。世居京口。"孟怀玉先人也当是永嘉乱后南迁江东而"世居京口"的,至于孟昶与孟怀玉之血亲关系,《宋书》卷一《武帝纪上》载"昶族弟怀玉"。

策的区域规划相关。对此,陈寅恪先生曾指出:

> 北人南来避难约略可分为二路线,一至长江上游,一
> 至长江下游,路线固有不同,而避难人群中其社会阶级亦
> 各互异,其上层阶级为晋之皇室及洛阳之公卿士大夫,中
> 层阶级亦为北方士族,但其政治社会文化地位不及聚集
> 洛阳之士大夫集团,除少数人如徐澄之、臧琨等外(见晋
> 书玖壹儒林徐邈传),大抵不以学术擅长,而用武勇擅战
> 著称,下层阶级为长江以北地方低等士族及一般庶族,以
> 地位卑下及实力薄弱,远不及前二者之故,遂不易南来避
> 难,其人数亦因是较前二者为特少也。……东西晋之间
> 江淮以北次等士族避乱南来,相率渡过阻隔胡骑之长江
> 天堑,以求保全,以人事地形便利之故,自必觅较接近长
> 江南岸,又地广人稀之区域,以为安居殖产之所。此种人
> 群在当时既非占有政治文化上之高等地位,自不能亦不
> 必居住长江南岸新立之首都建康及其近旁。复以人数较
> 当时避难南来之上下两层社会阶级为多之故,又不便或
> 不易插入江左文化士族所聚居之吴郡治所及其近旁,故
> 不得不择一距新邦首都不甚远,而又在长江南岸较安全
> 之京口晋陵近旁一带,此为事势所必致者也。……此种
> 北来流民为当时具有战斗力之集团,易言之,即江左北人
> 之武力集团,后来击败苻坚及创建宋、齐、梁三朝之霸业
> 皆此集团之子孙也。①

---

① 陈寅恪:《述东晋王导之功业》,《金明馆丛稿初编》,生活·读书·新知三联书店,2000年,第65—66页。关于东晋南朝社会武力集团的兴衰及其地域转换,陈先生在《魏书司马睿传江东民族条释证及其推论》一文中有深入的考论,又可参看万绳楠先生整理的《陈寅恪魏晋南北朝史讲演录》(黄山书社,1987年)中的有关叙述。另外,关于京口、晋陵地区的环境与流民问题,田余庆先生《论郗鉴——兼论京口重镇的形成》有深入论述(见田先生所著《东晋门阀政治》,北京大学出版社,2001年),也请一并参看。

由陈先生所论,他将当时移民分为 3 个群体或阶层:其一即以司马氏皇族与洛阳公卿集团为代表的高门士族群体,他们南迁后首先聚集于都城建康及其周围地区;而迁移到以京口为中心的晋陵郡的北方移民,就其阶层而言,可谓当时北方移民的中层,"中层阶级亦为北方士族",即所谓"次等士族",其南迁也多以宗族、乡里为组织单位,其政治、社会与文化地位显然不及聚集洛阳之名士群体,特别在文化上,"大抵不以学术擅长,而用武勇擅战著称";其三则为北方流落南方民间的弱散民户,他们很快融入江南本土社会之中。东晋设立侨寓州郡县制度后,聚集于南徐州晋陵郡的北方移民形成了以旧有地缘籍贯为纽带的相对封闭的侨寓社会,他们虽然无法完全抗拒社会风尚的变化,但确实依然顽强地保持着固有的文化特征。平昌孟氏正是侨居北府地域尚武次等士族中颇具代表性的家族。

东晋时代,高门士族社会长期居于统治地位。高门士族崇尚文化,尤重清雅,以此分辨士庶。在这一社会文化风尚的影响下,尚武之将门人物即便功勋卓著,如无相关的文化修养,也必然受到高门士族社会的鄙视和嘲弄。因此,京口将门次等士族子弟固然普遍崇尚武力,世代相传,但就文化心理而言,除了一部分像刘裕那样在经济上陷于赤贫而几乎失学之外,其他有条件的学者,在文化上便明显表现出羡慕高门士族文化风尚的倾向,甚至模仿高门人物的言行举止,以示风雅。前引《通鉴》载刘迈谓桓玄曰:"臣在京口,不闻昶有异能,唯闻父子纷纷更相赠诗耳。"刘迈固然由于与孟昶"素不善"而刻意诋毁,以致其不为桓玄所用,但说其"父子纷纷更相赠诗耳",则绝非完全凭空捏造。孟昶早年对高门名士的风雅作派确实表现出强烈的钦羡之情,《世说新语·企羡篇》载:

> 孟昶未达时,家在京口。尝见王恭乘高舆,被鹤氅裘。于时微雪,昶于篱间窥之,叹曰:"此真神仙中人!"

东晋孝武帝太元十五年(390)后,出自一流高门太原王氏的王恭任青、兖二州刺史,镇京口,王恭是当时最具社会声望和清雅气质的一流名士,孟昶难得见之,为其风度仪容所吸引,惊叹其为"真神仙中人"。《晋书》卷八四《王恭传》也载:"恭美姿仪,人多爱悦,或目之云'濯濯如春月柳'。尝被鹤氅裘,涉雪而行。孟昶窥见之,叹曰:'此真神仙中人也!'"

余嘉锡先生在《世说新语笺疏》此条下引清人李慈铭论云:"孟昶寒人,奴颜乞相,惊其炫丽,望若天人,鄙识琐谈,何足称述?而当时叹为名士,后世载其风流,六代陵迟,职由于此。昶得遭时会,缘籍封侯,其子灵休,遂移志愿。临汝之饰,贻秽千秋。其父报仇杀人,其子必将行劫,此之谓也。"李氏称"孟昶寒人,奴颜乞相,惊其炫丽,望若天人",从寒人羡慕高门名士之文化心理解释孟昶之心态,有一定的道理,但他过分鄙视高门士族之名士风度,特别对王恭其人极度厌恶,故多有苛评,则有离题之嫌。余先生以为李氏所谓"孟昶寒人,奴颜乞相"云云,与当时风气相隔,过于简单化。他指出"矜饰容止"是当时士族社会的普遍风气,"然则昶之赞恭,乃美其姿容,非第羡其高舆鹤裘而已",以为李慈铭"鄙昶为寒人,诋为奴颜乞相",而实际上高门士族社会中名士相互间夸赞仪表容止甚至模仿者甚众,"此与昶之赞恭何异",故以为李氏此论"深为无谓"。

余先生所论,可谓通达。但作为寒门武人,因缘时会,孟昶得以亲见士族名士之风采,惊为"真神仙中人",表现出对高门文化的羡慕之情。孟昶本人确实颇重容止,《南史》卷一九《谢灵运传》载:"孟颛字彦重,平昌安丘人,卫将军昶弟也。昶、颛并美风姿,时人谓之双珠。"可见孟氏在北府人物中素以"美风姿"而著名。孟昶的这一心态很具代表性,当时诸多北府武人如刘毅、何无忌等都有类似的表现。①

二、孟昶之主要事迹

孟昶之步入仕途,应当是从投身刘牢之幕府开始的。东晋中后期,执政的高门士族代表陈郡谢氏在京口组建北府军团。北府武力群体的迅速崛起,并逐步影响军政大局,其早期代表人物是刘牢之,②京口一带诸多尚武之士随之征战,特别在陈郡谢氏之后,刘牢之率领的北府兵成为各种军政势力争取的对象,北府武人的地位有所提升。刘牢之失败后,桓玄收编其旧部,将其打散,由桓玄诸兄弟子侄统领。孟昶归于青州刺史桓弘,任青州主簿。当时北府集团刚经历了刘牢之事变,又惧于桓氏威望,人心惶惶,一些人有心投靠桓玄。孟昶也是如此,《世说新语·文学篇》载:

> 桓玄下都,羊孚时为宛州别驾,从京来诣门,笺曰:"自顷世故睽离,心事沦蕰。明公启晨光于积晦,澄百流以一源。"桓见笺,驰唤前,云:"子道,子道,来何迟?"即用为记室参军。孟昶为刘牢之主簿,诣门谢,见云:"羊侯,羊侯,百口赖卿!"

孟昶曾为刘牢之主簿,刘牢之则背叛桓玄,故孟昶颇不安,希望羊

---

① 关于晋宋之际兴起的北府武人群体的文化心态,王永平《论刘牢之的成败与北府武人势力的兴起——兼析次等士族将门早期代表人物的心态》(《南京师大学报(社会科学版)》,2011年第5期)已有比较深入的论述。当时北府武人中最具高门士族文化修养的是刘毅,并因此受到高门名士的青睐。对此,王永平《刘毅、刘裕之争与晋宋变革》(《江海学刊》,2012年第3期)已有专题论述,敬请参见。进入刘宋后,北府子弟虽居于统治地位,具有种种特权,在文化上亦效仿风雅,但依然显得粗鄙,孟昶后人也如此。《宋书》卷七〇《徐湛之传》载徐湛之为北府子弟中的贵公子,"贵戚豪家,产业甚厚","时安成公何勖,无忌之子也,临汝公孟灵休,昶之子也,并各奢豪,与湛之共以肴膳、器服、玭马相尚。京邑为之语曰:'安成食,临汝饰。'湛之二事之美,兼于何、孟……灵休善弹棋,官至秘书监。"这3人皆为北府功勋之后,其生活方式虽模仿风雅,但都以奢侈为尚,显得粗鄙。可见寒门人物在社会政治地位上升后,其门风转变与文化积累则非朝夕之功可以完成。

② 关于刘牢之与北府武人群体的崛起及其遭遇,参见王永平《论刘牢之的成败与北府武人势力的兴起——兼析次等士族将门早期代表人物的心态》(《南京师大学报(社会科学版)》,2011年第5期)的相关论述。

孚在桓玄面前替其美言,以护佑其个人与家族。对于不得桓玄所用,孟昶极为失落,并因此而决意参与"义旗"。《晋书》卷九六《列女·孟昶妻周氏传》载:"初,桓玄雅重昶而刘迈毁之,昶知,深自悦失。及刘裕将建义,与昶定谋,昶欲尽散财物以供军粮,其妻非常妇人,可语以大事,乃谓之曰:'刘迈毁我于桓公,使我一生沦陷,我决当作贼。卿幸可早尔离绝,脱得富贵,相迎不晚也。'"①这都可见孟昶因不得桓玄重用而生怨。②

作为北府武人代表,孟昶的这种政治态度颇值得分析。在东晋后期高门士族统治不断式微的背景下,尽管北府武装逐渐成为一支独立的军政力量,但其领导者却缺乏明确的政治自觉,刘牢之便因此在各门阀政治势力间摇摆。刘牢之如此,固然与其个性不无关系,但根本上还是由这一社会群体的政治心态所决定的。孟昶在刘牢之失败后,积极投靠高门士族代表桓玄,正体现了当时相当一部分北府武人的政治心态。只是后来随着局势的变化,才转而参与反对桓玄、兴复晋室的活动。

孟昶生平事迹中,最重要的无疑是参与刘裕组织的反桓玄斗争。《宋书》卷一《武帝纪上》载桓玄代晋之后,刘裕返乡谋划起事云:

> 先是高祖东征卢循,何无忌随至山阴,劝于会稽举
>
> 义。高祖以为玄未据极位,且会稽遥远,事济为难,俟其
>
> 篡逆事著,徐于京口图之,不忧不克。至是桓修还京,高

---

① 司马光:《资治通鉴》卷一一三《晋纪》三五(中华书局,1956 年)安帝元兴三年(404)也载此,基本相同。

② 桓玄对待包括刘裕在内的刘牢之北府余部当初采取分化、拉拢的策略,因为桓玄之获得执政权,军事上关键在于刘牢之倒戈。不过,桓玄毕竟拥有自己的西府军队,与王恭、司马元显等完全依赖北府军队不同。因此,桓玄在控制军政大局后,十分关注"北府人情",面对刘牢之死后北府军团的躁动,一方面打压、处置一些北府军团中的元老人物,一方面想通过安抚其中年辈稍晚的中层将领代表,将他们分散到其家族子弟、亲信控制的军队中,如桓修、桓弘、桓谦诸部。(日本学者川胜义雄著,徐谷芃、李济沧译《六朝贵族制社会研究》第三编"贵族制社会的变质与崩溃"第一章"刘宋政权的成立与寒门武人"之一"刘裕政权与北府军团"的相关论述,上海古籍出版社,2007 年,第 229页)孟昶当时境遇之背景大体如此。

祖托以金创疾动，不堪步从，乃与（何）无忌同船共还，建
兴复之计。于是与弟道规、沛郡刘毅、平昌孟昶、任城魏
咏之、高平檀凭之、琅邪诸葛长民、太原王元德、陇西辛扈
兴、东莞童厚之，并同义谋。时桓修弟弘为征虏将军、青
州刺史，镇广陵。道规为弘中兵参军，昶为州主簿。乃令
毅潜往就昶，聚徒于江北，谋起兵杀弘。长民为豫州刺史
习遯左军府参军，谋据历阳相应。元德、厚之谋于京邑，
聚众攻玄，并克期齐发。

以上诸人都是刘裕在京口谋举大义的核心成员。《通鉴》卷一一三
《晋纪》三五安帝元兴三年载孟昶"既还京口，裕谓昶曰：'草间当有
英雄起，卿颇闻乎？'昶曰：'今日英雄有谁？正当是卿耳！'"可见刘
裕亲自动员因不为桓玄重用而失意返乡的孟昶，与之"定谋"。《晋
书·孟昶妻周氏传》又载孟昶告知周氏"决当作贼"，劝其离婚，实
际上向周氏征集财物：

> 周氏曰："君父母在堂，欲建非常之谋，岂妇人所谏！
> 事之不成，当于奚官中奉养大家，义无归志也。"昶怅然久
> 之而起。周氏追昶坐，曰："观君举措，非谋及妇人者，不
> 过欲得财物耳。"时其所生女在抱，推而示之曰："此儿可
> 卖，亦当不惜，况资财乎！"遂倾资产以给之，而托以他用。
> 及事之将举，周氏谓（孟）颐妻云："一昨夜梦殊不好，门内
> 宜浣濯沐浴以除之，且不宜赤色，我当悉取作七日藏厌。"
> 颐妻信之，所有绛色者悉敛以付焉。乃置帐中，潜自剔綖，
> 以绛与昶，遂得数十人被服赫然，悉周氏所出，而家人不
> 之知也。①

---

① 司马光：《资治通鉴》卷一一三《晋纪》三五（中华书局，1956 年）安帝元兴三年（404）也载
此，内容基本相同，但文字更为通顺。

可见孟昶在"决当作贼"后,倾其家产,态度十分坚定。①

孟昶参与刘裕之谋划,与刘毅等负责"聚徒于江北",以控制广陵。于是,他们分别秘密组织北府义众,发动起义。《宋书·武帝纪上》载:

> (元兴)三年二月己丑朔,乙卯,高祖托以游猎,与无忌等收集义徒,凡同谋何无忌、魏咏之、咏之弟欣之、顺之、檀凭之、凭之从子韶、韶弟祇、隆、道济、道济从兄范之、高祖弟道怜、刘毅、毅从弟藩、孟昶、昶族弟怀玉、河内向弥、管义之、陈留周安穆、临淮刘蔚、从弟珪之、东莞臧熹、从弟宝符、从子穆生、童茂宗、陈郡周道民、渔阳田演、谯国范清等二十七人;愿从者百余人。

可见在刘裕"收集义徒"和组织起义过程中,孟昶及其族弟孟怀玉等功绩卓著。丙辰,刘裕、何无忌等首先在京口举事,杀桓修。孟昶在广陵,"劝(桓)弘其日出猎。未明开门,出猎人,昶、(刘)道规、(刘)毅等率壮士五六十人因开门直入。弘方噉粥,既斩之,因收众济江"。② 孟昶等人夺取以广陵为中心的江北之地,并渡江至京口与刘裕会师,这对北府武人集团对抗桓玄具有重大作用。此后,刘裕被正式推为盟主,挺师建康,而"以孟昶为长史,总摄后事"。从这一安排,可见孟昶在北府武人集团起义之初,确实居于核心地位。

刘裕在讨平桓玄后,表面上打着兴复晋室的旗号,其本人尽管一度并不在都城建康,但实际上则总揽军政大权。孟昶作为北府元从功勋,与刘毅等人统领军队、镇守地方不同,他担任丹杨尹,主要在建康主持政务。《晋书》卷一〇《安帝纪》载安帝义熙四年(408)"夏四月,散骑常侍、尚书左仆射孔安国卒。甲午,加吏部尚

---

① 川胜义雄先生考证与刘裕共谋义举的北府武人,只有孟昶有财富,说:"同谋者中,唯有此人富于财。"(《六朝贵族制社会研究》,上海古籍出版社,2007年,第225页)

② 沈约:《宋书》卷一《武帝纪上》,中华书局,1974年。李昉,等:《太平御览》卷一二八引徐爰《宋书》刘毅、刘道规等"与桓宏主簿平昌孟昶等帅壮士六千人斩宏于广陵城,因收众济江"。

书孟昶尚书左仆射"。可见孟昶又曾兼任吏部尚书,后转为尚书左仆射。孟昶此职十分重要,对于当时北府武人控制朝政与人事安排具有不可忽视的作用。《宋书·武帝纪上》又载义熙五年(409)三月,"公抗表北讨,以丹阳尹孟昶监中军留府事"。刘裕北征南燕,众人反对者多,孟昶则是少数表示赞同和支持的,《通鉴》卷一一五安帝义熙五年(409)三月载:"刘裕抗表伐南燕,朝议皆以为不可,惟左仆射孟昶、车骑司马谢裕、参军臧熹以为必克,劝裕行。"①刘裕命其负责留守之军政事务。从这一安排看,在当时北府军政集团中,孟昶具有很高的地位,在名义上应当仅次于刘裕。

自北府起事至义熙年间,孟昶一度负责京口留守和建康朝廷日常军政事务,其具体情况虽失载,但他善于选拔僚佐则颇值得一提。关于其僚属,据《宋书》可考见者有傅亮,《宋书》卷四三《傅亮传》载:"亮博涉经史,尤善文词。……义旗初,丹阳尹孟昶以为建威参军。义熙元年,除员外散骑侍郎,直西省,典掌诏命。"谢晦,《宋书》卷四三《谢晦传》载:"晦初为孟昶建威府中兵参军。昶死,高祖问刘穆之:'孟昶参佐,谁堪入我府?'穆之奉晦,即命为太尉府参军。"袁豹,《宋书》卷五二《袁湛传》载袁湛弟袁豹曾"为谢安所知,好学博闻,多览典籍。……丹阳尹孟昶以为建威司马"。江夷,《宋书》卷五三《江夷传》载:"夷少自藻厉,为后进之美。孟昶建威府司马"。傅隆,《宋书》卷五五《傅隆传》载:"隆少孤,又无近属,单贫有学行,不好交游。义熙初,年四十,始为孟昶建威参军,员外散骑侍郎。"刘仲道,《宋书》卷八一《刘秀之传》载刘秀之父为刘穆之从兄,"高祖克京城,以补建威参军,与孟昶留守"。阮万龄,《宋书》卷九三《隐逸·阮万龄传》载:"万龄少知名,自通直郎为孟昶建威长史。时袁豹、江夷相系为昶司马,时人谓昶府有三素望。"由以上可考之孟昶建威将军府僚属情况看,就诸人身份而言,有谢晦这样的一流高门子弟和陈留阮氏、陈郡袁氏、济阳江氏等高门名士;

① 沈约:《宋书》卷七四《臧质传》(中华书局,1974年)载臧质父臧熹,"高祖将征广固,议者多不同。熹从容言曰:'公若凌威北境,拯其涂炭,宁一六合,未为无期。'高祖曰:'卿言是也。'"

也有北地傅氏这样的次等士族才俊;还有出自北府尚武次等士族子弟。就诸人社会声望而言,孟昶僚属多具有一定的声誉,有的颇具清望,如阮万龄、袁豹、江夷"相系为昶司马,时人谓昶府有三素望",这对孟昶府邸及其个人社会地位的提升不无益处。就诸人能力而言,孟昶僚属或以文才显,或善处理事务,多有干能,特别是孟昶死后,刘裕在其幕府中挑选人才,谢晦、傅亮后来都成为刘裕的得力僚属,皆预刘裕死前顾命大臣人选。由此可见,孟昶僚佐文武才俊济济,这与孟昶之选拔、培养、任用不无关系。

由上所述,孟昶作为北府武人的重要代表人物之一,其早年投身刘牢之北府军团;后为桓玄收编,任青州刺史主簿,并有依附高门士族代表桓玄的打算,因不得桓玄重用,在刘裕的动员下,决然参与讨灭桓玄、兴复晋室之义举;义熙前期,孟昶历任丹阳尹、吏部尚书、尚书左仆射等要职,成为刘裕时代北府军团中具有重要影响与地位的关键人物之一。

三、义熙年间孟昶与刘裕之斗争及其死因蠡测

对于刘裕在晋宋之际诛杀功臣武将,历代史家评论甚众。如刘毅、诸葛长民等人之死,史有专传,事实大体清楚。实际上,除了战死者外,北府元勋人物中最早非正常死亡者是孟昶。其中原因何在? 不仅史籍记载含糊,而且后人也少有关注者。作为北府重臣,孟昶之死具有标志性意义,值得我们仔细考索,探究其真相。

我们知道,孟昶在讨灭桓玄与兴复晋室过程中,就其作用与地位而言,应当与刘裕、刘毅等人大体相当。他散尽家财而"决当作贼",对北府士众是一种极大的鼓舞;他潜心组织以助刘毅夺取广陵,其功业足与刘裕占京口相当。因此,晋室复辟后,孟昶操持朝廷事务,地位显著。至于孟昶与刘裕之关系,在谋举大义之前,孟昶对刘裕是以英雄相期的,复晋后,义熙之初表面上似亦未见双方明显交恶的痕迹,特别是义熙五年(409)刘裕北征前,刘毅等人为

限制其势力进一步扩张,多表示反对,而孟昶则予以支持。然而,义熙五、六年间(409—410),刘裕北征南燕时,天师道余部卢循、徐道覆趁机自岭南兴师,先后打败何无忌、刘毅,直抵建康。对此危局,负责留守事务的孟昶以都城有倾覆之虞,主张移晋廷于江北,与匆忙退师救急的刘裕意见相左,于是最终饮药自杀。关于此事具体情形,《宋书·武帝纪上》载:

> 镇南将军何无忌与徐道覆战于豫章,败绩,无忌被害。内外震骇。朝廷欲奉舆北走就公,寻知贼定未至,人情小安。①

这里说何无忌败后"朝廷欲奉舆北走就公",未言谁主此议。当时孟昶"监中军留府事",主张"奉舆北走"的代表人物自应是他。《宋书·武帝纪上》又载:

> (刘)毅败问至,内外汹扰。于时北师始还,多创痍疾病。京师战士,不盈数千。贼既破江、豫二镇,战士十余万,舟车百里不绝。奔败还者,并声言其雄盛。孟昶、诸葛长民惧寇渐逼,欲拥天子过江,公不听,昶固请不止。公曰:"今重镇外请,强寇内逼,人情危骇,莫有固志。若一旦迁动,便自瓦解土崩,江北亦岂可得至!设令得至,不过延日月耳。今兵士虽少,自足以一战。若其克济,则臣主同休;苟厄运必至,我当以死卫社稷,横尸庙门,遂其由来以身许国之志,不能远窜于草间求活也。我计决矣,卿勿复言!"昶恐其不济,乃表曰:"臣裕北讨,众并不同,唯臣赞裕行计,致使强贼乘间,社稷危逼,臣之罪也。今

---

① 魏收:《魏书》卷九六《司马睿传》(中华书局,1974 年)载卢循击败晋安帝司马德宗江州刺史何无忌后,朝廷"咸欲以德宗北走,知循未下乃止"。

谨引分以谢天下。"封表毕,乃仰药而死。①

可见孟昶与刘裕在应对卢循进攻及是否北徙朝廷问题上存在严重分歧。

根据相关记载,当时围绕这一问题,朝廷内外确实发生了激烈的争论。《宋书》卷四九《虞丘进传》载其"从高祖伐广固,于临朐破贼。卢循逼京邑,孟昶、诸葛长民等建议奉天子过江,进廷议不可,而面折昶等,高祖甚嘉之。"又,《宋书》卷四六《王懿传》载:"及卢循寇逼,败刘毅于桑落,帝北伐始还,士卒创痍,堪战者可数千人。贼众十万,舳舻百里,奔败而归者,咸称其雄。众议并欲迁都,仲德正色曰:'今天子当阳而治,明公命世作辅,新建大功,威震六合。妖贼豕突,乘我远征,既闻凯入,将自奔散。今自投草间,则同之匹夫,匹夫号令,何以威物? 义士英豪,当自求其主尔。此谋若行,请自此辞矣。'帝悦之,以仲德屯越城。"《通鉴》卷一一五晋安帝义熙六年(410)综合诸多记载,叙述其事云:"初,何无忌、刘毅之南讨也,昶策其必败,已而果然。至是,又谓(刘)裕必不能抗循,众颇信之,惟龙骧将军东海虞丘进廷折昶等,以为不然。中兵参军王仲德言于裕……裕甚悦之。昶固请不已,……昶患其言不行,且以为必败,因请死。裕怒曰:'卿且申一战,死复何晚!'昶知裕终不用其言,乃抗表自陈……封表毕,仰药而死。"由上可知,面对卢循之威逼,刘裕返师建康前后,孟昶、诸葛长民等北府重臣皆主张北迁朝廷于广陵,而刘裕及其亲信部属则坚决反对,致使孟昶与刘裕公然对立。

是否迁移朝廷,此事确实关乎大局。孟昶在何无忌、刘毅一再遭到卢循之重创而失败后,对刘裕的军事实力缺乏信心,主张北移朝廷以避其锋芒,求得保全。而刘裕则主张力战,而迁移朝廷则必

---

① 李昉,等:《太平御览》卷一二八引徐爰《宋书》载此事曰:"卢循寇南康、庐陵、豫章,诸郡守皆委任奔走,驰使征公。公至下邳,留船运辎重,自帅精锐步ови。孟昶、诸葛长民惧寇之深也,欲拥天子过江。公弗听,昶穷窘无余图,饮药而卒。"魏收:《魏书》卷九六《司马睿传》载刘毅败后,"裕党孟昶、诸葛长民等劝裕拥德宗过江,裕不从"。

然造成人心惶惶,直接导致军事上的崩溃和全局性失败。此外,即便在策略上看,迁移朝廷于江北也未必能够获得保全,胡三省便指出:"时江西、江北皆无城池可倚。昶、长民欲奉天子过江,不过东走广陵,西据历阳耳"。① 因此,一旦朝廷北移,卢循攻占建康,江北自然难保。这是刘裕绝不愿意看到的结局。最终的结果是刘裕否定了孟昶等人北移之计,固守建康,取得了对卢循之战的胜利。

不过,需要深入讨论的是,孟昶与刘裕在弃守建康战略决策上固然存在分歧,但何以这一争议直接导致孟昶饮药自杀呢?《宋书》卷二五《天文志三》载:"(卢)循率众逼京畿。是月,左仆射孟昶惧王威不振,仰药自杀。"这些表面化的记载,仿佛孟昶惧怕卢循势力、预感刘裕必败而自杀。以孟昶之戎旅生涯和胆识,其无识畏死如此,令人费解。从情理上看,孟昶之死颇为唐突,其中当有隐情。对此,吕思勉先生曾有质疑,他指出:

> 夫昶岂草间求活之人?北迁之计,王仲德、虞丘进并以为不可,岂昶之智而出其下?其欲出此,盖非以避卢循,而实以图裕也。昶之所以死可知矣。此为裕诛戮功臣之始。②

吕先生以为以孟昶之才智不可能不明白北迁朝廷之不可取,他之所以坚持,实际上是企图利用北迁以代刘裕。正因为如此,孟昶之死,实际上是被刘裕所逼,并非仅仅因其意见被否决而自杀。当然,孟昶主北迁,"盖非以避卢循,而实以图裕",是吕先生根据相关史实所作出的推论,洞悉历代政治权力斗争的史家自不难生出会心之感慨。当然,由于史无明言,我们虽不能确认其为定论,但至

---

① 司马光:《资治通鉴》卷一一五《晋纪》三七(中华书局,1975 年),安帝义熙六年(410)胡注语。

② 吕思勉:《两晋南北朝史》,上海古籍出版社,1983 年,第 309 页。

少可以启发人们沿着这一思路,进一步梳理相关线索和细节。①

在新北府集团集结、起事过程中,刘裕不仅有倡导、组织起义之功,而且其早年在刘牢之为代表的北府时代军功卓著,故在义旗初建之时自然被推为盟主。但在北府集团执掌军政大权后,其内部便发生了权力争夺。《宋书》卷二《武帝纪中》载:

> (刘)毅与公俱举大义,兴复晋室,自谓京城、广陵,功业足以相抗。虽权事推公,而心不服也。毅既有雄才大志,厚自矜许,朝士素望者多归之。与尚书仆射谢混、丹阳尹郗僧施并深相结。②

由于刘毅有"雄才大志",又有风雅之趣,颇得高门士人赏识,对刘裕"虽权事推公,而心不服",双方矛盾不断激化,以致义熙八年(412)双方兵戎相见。③ 刘毅被清除后,另一位北府重臣诸葛长民也被刘裕诛杀。可见刘裕在义熙年间便有预谋地清除同起之功勋,以致同时并起之豪杰几乎被诛灭殆尽,目的是巩固自己的地位。实际上由所谓"京城、广陵,功业足以相抗",可见刘裕起事之初,孟昶之功绩甚著,他是否像刘毅一样,对刘裕表面应付,"而心不服"呢?从上述在北迁朝廷问题上,他主张明确,态度强硬,在关键时刻与刘裕针锋相对。卢循之难在于乘刘裕北伐之空虚,而孟昶当初则支持刘裕北征,面对危局,难免有所愧疚,于是坚决主张迁朝廷于江北,以求保全。而从刘裕一方来说,孟昶以留守身份欲行北奔之举,必然动摇军心,有可能导致全局崩溃;孟昶坚持己见,

---

① 房玄龄,等:《晋书》卷八五《诸葛长民传》(中华书局,1974年)载卢循败何无忌,"乘胜逼敬师,朝廷震骇,长民率众入卫京都。……及卢循之败刘裕也,循与道覆连旗而下,京都危惧。长民劝刘裕权移天子过江,裕不听。"与孟昶同持迁移晋帝的诸葛长民虽然这次没有受到刘裕的直接压力,但刘裕显然对他已颇为生忌,义熙八年(412)在征讨刘毅的过程中,虽以诸葛长民留守监相府事,但令刘穆之等亲信拥兵协防,并精心布置将其消灭的计划。盖因孟昶当时主持宫廷事务,且徙都态度尤为坚决,与刘裕正面冲突激烈,故先受诬而死。
② 沈约:《宋书》卷五二(中华书局,1974年)《王诞传》载王诞乃刘裕之亲信,他曾对刘裕说:"(刘)毅与公不起布衣,一时相推耳。"提醒刘裕清除刘毅等同起之人。
③ 关于刘毅与刘裕二人之间的矛盾及其相关斗争之情形,王永平《刘毅、刘裕之争与晋宋变革》(《江海学刊》,2012年第3期)已有细致考叙,敬请参阅。

显然有与刘裕平起平坐的意思，并且将卢循祸难之责任归咎于刘裕，北府元勋集团必然追究其北征之失误，刘裕的军政地位势力受到冲击。因此，可以说孟昶此举，直接挑战了刘裕的权威，不管其个人是否有取代刘裕的野心，刘裕无论如何都不能忍受。

循着这一思路，我们进一步追溯，还可以从相关记载中看到孟昶与刘裕生隙结怨的影子。义熙三年(407)，王谧死，围绕扬州刺史、录尚书事人选，刘裕与刘毅等北府元勋间进行激烈斗争。对此，《宋书》卷四二《刘穆之传》有一段比较完整的记载：

> 义熙三年，扬州刺史王谧薨，高祖次应入辅，刘毅等不欲高祖入，议以中领军谢混为扬州。或欲令高祖于丹徒领州，以内事付尚书仆射孟昶。遣尚书右丞皮沈以二议咨高祖。沈先见穆之，具说朝议。穆之伪起如厕，即密疏白高祖曰："皮沈始至，其言不可从。"高祖既见沈，且令出外，呼穆之问曰："卿云沈言不可从，其意何也？"穆之曰："昔晋朝失政，非复一日，加以桓玄篡夺，天命已移。公兴复皇祚，勋高万古。既有大功，便有大位。位大勋高，非可持久。公今日形势，岂得居谦自弱，遂为守藩之将邪？刘、孟诸公，与公俱起布衣，共立大义，本欲匡主成勋，以取富贵耳。事有前后，故一时推功，非为委体心服，宿定臣主之分也。力敌势均，终相吞咀。扬州根本所系，不可假人。前者以授王谧，事出权道，岂是始终大计必宜若此而已哉。今若复以他授，便应受制于人。一失权柄，无由可得。而公功高勋重，不可直置，疑畏交加，异端互起，将来之危难，可不熟念。今朝议如此，宜相酬答，必云在我，厝辞又难。唯应云'神州治本，宰辅崇要，兴丧所阶，宜加详择。此事既大，非可悬论，便暂入朝，共尽同异。'公至京，彼必不敢越公更受授余人明矣。"高祖从其

言,由是入辅。

由这一记载,可见义熙之初以来,刘裕与刘毅等北府集团代表人物间围绕扬州刺史一职所进行的激烈斗争,而孟昶也卷入其中,成为限制刘裕权力膨胀的重要人物。

东晋南朝,扬州刺史一职地位非同一般,由于其管辖包括京畿地区在内的江东核心地域,其权力不仅影响地方,而且参掌朝政、录尚书事,故一般都为朝廷首要权臣兼领。就个人权力与地位而言,担任扬州刺史则意味着有机会操纵朝政。刘裕复晋之初,以高门琅邪王谧任此职,实际上是个摆设,因其自身名望、地位尚不足以领此职,同时也排除了其他北府元勋觊觎之望。王谧一死,刘毅"不欲高祖入,议以中领军谢混为扬州",这是想效仿刘裕用王谧的前例,以高门士族代表人物谢混为扬州刺史,使刘裕无法反对;同时,如果刘裕决然领扬州刺史,则建议其于丹徒领州,"以内事付尚书仆射孟昶",就是以孟昶主持朝廷日常政务,以阻止刘裕进入建康,以免其直接操控朝政。刘穆之是刘裕的亲信,他明确指出"刘、孟诸公,与公俱起布衣",将刘毅与孟昶作为与刘裕争夺权位的北府代表,以为刘裕如欲确立自己的特殊地位,必须坐镇建康,"扬州根本所系,不可假人",而他一旦公然居于辅政地位,便与其他"俱起布衣"者有了地位的分别。同时,从刘穆之之言,也可以看出刘裕与刘毅、孟昶等人之矛盾必然激化,一旦"力敌势均,终相吞咀"。根据这一记载,孟昶作为"俱起布衣,共立大义"的北府元勋,他对刘裕确实有"一时推功,非为委体心服"的心理与表现,并或主动、或被动地参与了排挤刘裕,与之争夺权位的相关活动。此后发生的由于其力主迁移朝廷于江北而与刘裕正面直接对抗的行为,则是这一斗争的延续,并非偶然。由此来看,刘裕逼使孟昶自杀,则是双方矛盾与斗争的必然结果,绝非无辜的唐突之举。确实,以刘裕为代表的新的北府诸将,其初起时以驱逐桓玄、兴复晋室为号召,沈约在《上宋书表》中将与刘裕同举义事的刘毅、何无忌、魏咏之、檀凭之、孟昶、诸葛长民诸人都归入"志在兴复,情非造宋"的晋臣当中,他们对刘裕在复晋后的"造宋"行为或有抵触,故成为刘裕建立新朝的障碍和对手,必然有计划逐一加以清除。当时北府集团的内讧与斗争根源在此。

不过,论及孟昶与刘裕之关系,有一个问题必须要加以解释。在以刘毅为代表的北府"同起布衣"诸人物与刘裕的斗争过程中,义熙五年(409)围绕刘裕北伐南燕的决策争议激烈,刘裕一旦北征成功,其声望自然超越诸位"同起布衣",所以刘毅等人坚决表示反对。《宋书》卷五二《谢景仁传》载:"义熙五年,高祖以内难既宁,思弘外略,将伐鲜卑。朝议皆谓不可。刘毅时镇姑孰,固止高祖,以为:'苻坚侵境,谢太傅犹不自行。宰相远出,倾动根本。'"但据前文所述,孟昶上晋帝表云"臣裕北讨,众并不同,唯臣赞裕行计",可见他是北府核心集团中唯一支持刘裕北征的,这与刘毅等人明确反对态度显然不同。由此我们可以进一步梳理孟昶与刘裕之关系及其死因:北府军政集团执掌东晋大权之后,早先与刘裕共同参与倡导、组织义事的北府旧人开始出现思想分歧和权力斗争,其中最具代表性的人物是刘毅。而孟昶作为北府集团中声望与刘裕、刘毅相当的关键人物,他长期居于朝廷日常政治运作之地位,对于刘裕日益专断独行和势力膨胀的状况,也许难免有所不满和限制,刘毅等人也必然拉拢他参与制衡刘裕,关于扬州刺史一职的安排便应当是如此。但孟昶之性格毕竟与刘毅不同,他似乎没有取代刘裕的强烈愿望,与刘裕尚保持着合作的关系。这样,我们似乎可以推测,孟昶居于刘裕与刘毅二个集团之间,时有摇摆。在刘裕北征问题上,他持赞成态度。由于卢循趁机偷袭,造成建康局势危在旦夕,刘毅等人也许对孟昶施加压力,以为其支持北征而造成祸难,于是责令其迁朝廷于江北,当时江北重镇正在刘毅诸人掌握之中,刘毅诸人希望控制朝廷以压制刘裕,无论刘裕与卢循在建康的决战胜负如何,他们在江北都可以坐收渔人之利。孟昶由于先支持刘裕北征而导致卢循之祸,故迁就刘毅诸人之要求,坚决主张北迁朝廷,从而与刘裕发生直接冲突。此事关乎刘裕之命运,因而刘裕坚决反击，不惜逼使孟昶自杀，以此维护其绝对之权威。由此可见，孟昶之死是北府军政集团内部分化与斗争的一个重要环节，并预示此后的斗争必然更加残酷和血腥。

（2013 年第 1 期）

"深忌河洛暑热"与太子元恂之死

胡箫白

传统史学界对于北魏孝文帝的评价从来就不低,如匡亚明前辈认为其堪称为中国少数民族中的孔子,葛剑雄教授亦称孝文帝为盖世英雄。① 如此之高的评价,主要基于孝文帝的三项举措,即迁都洛阳、汉化改革、大义灭亲;其中大义灭亲指的是孝文帝为了推行汉化改革,不惜牺牲了自己的皇太子元恂。

太子元恂之死因,相对而言不是史家关注的焦点。因为一般认为,元恂作为保守派的代表,妨碍了孝文帝的汉化改革,于是最终被杀,成为北魏史上可与崔浩并称的悲情人物;只是汉人大族崔浩是为推行汉化改革而死,而拓跋太子元恂乃以阻扰汉化改革致亡。

然则年仅 15 岁的太子元恂之死,果真因为阻扰汉化改革?死时,元恂还是个孩子! 笔者细绎相关史籍,以为元恂之死的根本原因,乃是由于气候原因或者水土不服。

一

《魏书》卷二二《废太子传》载:"高祖在长安……赐恂死,时年十五。殓以粗棺常服,瘗于河阳城。"这是元恂的最终下场。其实

---

① 葛剑雄:《盖世英雄还是千古罪人——元(拓跋)宏及其迁都和汉化》,《读书》,1996 年第 5 期。据胡阿祥教授告知,1996 年夏,匡亚明先生对《拓跋宏评传》审稿人胡阿祥说,中国最伟大的思想家是孔子,外国最伟大的思想家是马克思;中国是多民族国家,汉族最伟大的思想家是孔子,少数民族最伟大的思想家是拓跋宏。

孝文帝(高祖)本不打算置元恂于死地,而仅是将其囚禁。孝文帝
对元恂原是喜爱有加的。《废太子传》:"高祖泛舟天渊池,谓郭祚、
崔光、宋弁曰:'人生须自放,不可终朝读书。我欲使恂旦出省经
传,食后还内,晡时复出,日夕而罢。卿等以为何如?'"心疼儿子之
情,可谓溢于言表。而最终导致孝文帝痛下杀子之心的缘故,乃是
李彪"承间密表"孝文帝,告元恂"复与左右谋逆"①。所谓"复",指
的是此前元恂赴平城为太师冯熙吊丧之时,已有保守派意欲利用
元恂特殊的太子身份进行谋反。据《魏书》卷一四《东阳王丕传》,
守旧派大臣元丕之子元隆、元超等"密谋留恂,因举兵断关,规据陉
北",企图反叛;及为孝文帝所察,元隆、元超等"并以谋逆伏诛"。
又《魏书》卷四〇《陆叡传》,"陆叡、元丕,早蒙宠禄,位极人臣……
以朕迁洛,内怀不可,拟举诸王,议引子恂,若斯之论,前后非一。"
如此这般的前因后果,终于使得孝文帝赐元恂死。可悲的是,其时
蒙在鼓里的废太子元恂正在"颇知咎悔,恒读佛经,礼拜归心于
善"②;直至"被摄左右之日,有手书自理不知状,而中尉李彪、侍御
史贾尚寝不为闻"③。这样,头脑简单、十四五岁的太子元恂,其实
是不明不白地死于政治斗争的暗流的。

在元恂之死中,贾尚其人史籍记载不多,姑置不论;李彪则无
疑是个关键人物。李彪不为元恂呈递"自理不知状"的"手书"的原
因,史无详载,但仍可从史料的字里行间看出一些端倪。李彪是孝
文帝以及其后宣武两朝的重臣,对于北魏的汉化改革起着重要的
作用。《魏书》卷六二《李彪传》中详细记载了李彪上书孝文帝的
"封事七条",这可以视为李彪汉化改革理念的表达。李彪对太子
元恂的不满,也可以从"封事七条"中找到若干根据。"封事七条"
其二首引《易》称"主器者,莫若长子",强调了长子对于国家社稷的
重要性,长子的品行得失,是国家安宁兴盛的关键,所谓"太子正则

---

① 魏收:《魏书》卷二二《废太子传》,中华书局,1974 年。
② 同①。
③ 同①。

皇家庆,皇家庆则人幸甚矣";而全部的"封事七条",亦围绕着强调
汉化的重要性和对国家的裨益展开。如此,在李彪看来,太子元恂
的角色关系着北魏汉化改革的成功与否,以及自己政治生涯能否
成功的"局点"。那么,元恂的表现又如何呢?从《废太子传》看,元
恂身体肥胖,不适应"河洛暑热",喜爱漠北生活,习惯草原的"胡服
骑射"与无拘无束,不爱中原的峨冠博带、读书习字,也不好尚中原
华夏的礼教;《南齐书》卷五七《魏虏传》也说:"宏初徙都,恂意不
乐,思归桑乾。宏制衣冠与之,恂窃毁裂,解发为编服左衽。"显然,
这样一个不懂事的拓跋孩子,是担当不起李彪心中"使巍巍之功邈
乎前王"的重任的。而等到迁都洛阳大局待定之时,李彪对元恂的
失望,更因高道悦案而加深。高道悦是孝文帝为太子元恂所请的
老师,是位学究式的硬汉人物,其"匡直之风,见惮于世","正色立
朝,俨然难犯,宫官上下咸畏惮之"。① 选派这样一位铮铮人物担任
太子的老师,自然符合李彪"封事七条"中所言的"今诚宜准古立师
傅以训导太子,训导正则太子正"②的标准;再者,从《魏书》李彪与
高道悦同传的线索来看,李、高二人之间应该也有着亲密的私交。
然而,作为太子的元恂非但不好好学习中原华夏的礼乐文化,却蛮
气大发地使出太子习性,只因他自己"潜谋还代"即意欲北归,而
"高道悦前后规谏"③,竟然"手刃道悦于禁中"④。志同道合的朋友
高道悦的枉死,又为后来李彪通过"寝不为闻"的手段治死废太子
元恂埋下了伏笔。

值得注意的另一条线索是,作为孝文帝次子、与元恂同岁的元恪
(即后来的宣武帝),较之元恂,在性格和培养潜力方面,更对李彪的
胃口。元恪"幼有大度,喜怒不形于色。雅性俭素。……雅爱经史,
尤长释氏之义,每至讲论,连夜忘疲。善风仪,美容貌,临朝渊默,端

① 魏收:《魏书》卷六二《高道悦传》,中华书局,1974年。
② 魏收:《魏书》卷六二《李彪传》,中华书局,1974年。
③ 同①。
④ 魏收:《魏书》卷二二《废太子传》,中华书局,1974年。

严若神,有人君之量矣。"①让这样的一位皇子"接班",肯定更合李彪的人生理想与政治宏图。如此,李彪先则"承间密表"、再则"寝不为闻"地治死元恂,便又多了一层可以被猜想到的政治考量了。

问题的复杂之处在于,太子元恂之死,还牵涉到了后宫的权力争夺。孝文帝共有 4 位皇后,分别是贞皇后林氏、废皇后冯氏、幽皇后冯氏、昭皇后高氏。林氏生太子元恂之后,依旧例被赐死②,元恂则为冯太后所抚养。废、幽二后都未生育,高氏生元恪(宣武帝)、元怀。高氏生元恪后,正逢幽皇后冯氏得宠之时。因为幽皇后冯氏未能生育,为了增加政治砝码,便害死了昭皇后高氏,将元恪据为己有。对于这一事件,《魏书》卷一三《孝文昭皇后高氏传》云:"及冯昭仪宠盛,密有母养世宗之意,后自代如洛阳,暴薨于汲郡之共县,或云昭仪遣人贼后也。"这样的争斗,常见于后宫的历史;况且前朝已有冯太后毒死献文帝、抚养幼帝(孝文帝)的先例。幽皇后冯氏作为冯太后的侄女,产生干预朝政的政治野心也是很有可能的。如此,太子元恂也就成了幽皇后冯氏实现其政治理想的障碍,故"日夜谮恂"③;及元恂被废,元恪顺利地被立为太子。

据上所考,孝文帝太子元恂之死,实属无知少年死于被劫持、被阴谋、被谮毁、被猜忌。孝文帝本来无意杀恂,在元恂 14 岁时为之婚配,留守洛阳,喜爱有加。元恂的死因,也不必上升到反对改革、抗拒迁都的保守派代表人物云云的高度。换个角度理解相关史料、思考连带现象,导致元恂之死的诸多作为,其实直接联系着河洛地带的气候,元恂之死追根究底,不过是因为他"体貌肥大,深忌河洛暑热"④,不能适应河洛地区的气候而已。设想若是元恂并没有不适应河洛当地的气候,便不会产生"意每追乐北方"⑤的想

---

① 魏收:《魏书》卷八《世宗纪》,中华书局,1974 年。
② 魏收:《魏书》卷一三《孝文贞皇后林氏传》(中华书局,1974 年):"以恂将为储贰,太和七年后依旧制薨。"
③ 萧子显:《南齐书》卷五七《魏虏传》,中华书局,1972 年。
④ 魏收:《魏书》卷二二《废太子传》,中华书局,1974 年。
⑤ 魏收:《魏书》卷二二《废太子传》,中华书局,1974 年。

法,便不会被保守派利用,便不会为改革派反感,便不会因为一系列貌似"谋反"的行动给了元恪及其背后的利益集团以可趁之机,便不会因为迫切地想回到北方而手刃老师了。果真如此,纵然李彪想找机会废去这个莽撞太子,也找不到充足的理由。所以,元恂之死,按照笔者的看法,实是死于"河洛暑热"。

二

由北魏孝文帝太子元恂之死发散开去,北魏诸多事件都可以理解为气候因素所致。前有北魏迁都,后有北魏灭亡,若是依照环境史学的眼光重新审视,都能让人获得新解。

众所周知,孝文帝于493年六月谋议迁都而假称南伐,九月大军到洛阳,宣布迁都,495年大体完成了迁都的程序。关于迁都洛阳的原因,一般认为有以下几点:南伐齐朝的需要;平城作为都城没有相应的自然经济基础;迁都中原有利于加强对统治区域的控制;平城的保守力量阻碍了汉化改革。其中,迁都的主要原因则是孝文帝为了实现他的汉化理想。而笔者以为,北魏放弃平城、迁都洛阳的关键,仍在自然环境特别是其中的气候条件。

北魏后期,即孝文帝迁都洛阳前后,国力较之398年从盛乐迁都平城之初,已经取得了长足的进步。国力的发展一定程度上表现为人口的增长,而日益增长的人口已非传统畜牧业所能供养,所以发展农业成了必然的选择。《魏书》卷七《高祖纪》中对此有明白的说明,如:

> 诏工商杂伎,尽听赴农。诸州郡课民益种菜果。

> 诏曰:"今牧民者,与朕共治天下也。宜简以徭役,先之劝奖,相其水陆,务尽地利,使农夫外布,桑妇内勤。若轻有微发,致夺民时,以侵擅论。民有不从长教,惰于农桑者,加以罪刑。"

> 其敕在所督课田农,有牛者加勤于常岁,无牛者倍庸

于余年。一夫制治田四十亩,中男二十亩。无令人有余力,地有遗利。

类似这样的诏敕还有许多。显然,孝文帝对于发展农业是颇为重视的,甚至不惜以罪刑惩罚不务农事者,由此也可看出发展农业对于北魏立国的重要性。而气候对于农业发展的影响,在生产力水平不高的中国古代,可谓不言而喻。具体到当时平城的气候条件,据《魏书》卷一一二《灵征志》,太延元年(435)七月,平城一带"大陨霜,杀草木";太平真君八年(447)五月,"北镇寒雪,人畜冻死";又465、479、483、485 等年,情况也都类似。直到太和十七年(493),"魏主以平城地寒,六月雨雪,风沙常起"①,决定将都城由平城迁往洛阳。其时平城一带六月雨雪,而现代大同一带平均在阳历 4 月上旬即已断雪,7 月正是一年中气温最高的月份,平均温度达 20 摄氏度左右。② 可以想象,这样的气候条件,当然会对鲜卑拓跋传统的畜牧业,以及新兴发展的农业,都产生巨大的负面影响。而在《魏书》卷七《高祖纪》中,颇多出现的北方"某年,某地旱""某年,某地淫雨,洪水为灾"之句,以及孝文帝不得不为此四处奔波、拜神祈雨或者下诏表示同情③的记载,也都显示了气候的恶劣与对农业的深刻影响,以及最高统治者的别无良策。无奈之中,彻底解决问题的方法,也就剩下迁都洛阳了④;而有意思的是,在"外名南伐,其实迁也"的这次迁都行动中,因为"自发都至于洛阳,霖雨不霁",以致"士马困弊,前路尚遥,水潦方甚",于是大军不愿

① 司马光:《资治通鉴》卷一三八《齐纪四》,中华书局,1956 年。
② 胡阿祥:《东晋十六国南北朝地理环境述论》,《东晋南朝侨州郡县与侨流人口研究》附录二,江苏教育出版社,2008 年。
③ 如《魏书》卷七《高祖纪》(中华书局,1974 年)"隆寒雪降,诸在徽缲及转输在都或有冻馁,朕用愍焉。可遣侍臣诣廷尉狱及有因之所,周巡省察,饥寒者给以衣食,桎梏者代以轻锁"一类记载。
④ 选择迁都洛阳而非其他的中原城市,是因为洛阳的政治与文化象征意义。万绳楠整理《陈寅恪魏晋南北朝史讲演录》指出:"洛阳为东汉、魏、晋故都,北朝汉人有认庙不认神的观念,谁能定鼎嵩洛,谁便是文化正统的所在。正统论中也有这样一种说法,谁能得到中原的地方,谁便是正统。如果想被人们认为是文化正统的代表,假定不能并吞南朝,也要定鼎嵩洛。"黄山书社,1987 年,第234 页。

再向南进、孝文帝"即当移都于此"的表态、群臣咸唱"万岁"的有趣情形,①也发挥了相当的作用,而这未尝不是孝文帝的有意为之。河洛地带属于温带季风气候区域,夏秋本来多雨,孝文帝选择在八月率步骑30万从平城出发南下,实在具有深意,是非常聪明地利用了中原的气候特点与草原民族畏惧水潦的身心特点。

顺着上述的思路再往下说,笔者甚至认为气候影响了北魏国家的最终命运。在传统史学的讨论中,北魏迁都洛阳之后不久即走向分裂,一直是个敏感的争议性话题,而对于孝文帝或褒或贬的分歧评价,根源也在于此。笔者揣测,北魏拓跋武士之弱化乃至丧失战斗力,并不仅仅是文化上的汉化所致,更多的是由于迁都带来的气候环境变化所引起的一系列水土不服。河洛气候与平城气候、草原饮食与中原饮食的差异,对于鲜卑拓跋民族来说,短时期内当然难以适应;而伴随迁都产生的持久、广泛的派系斗争,汉化进程加快的洛阳文官集团与草原色彩依然浓厚的六镇武人集团之间的矛盾,也在很大程度上削弱了北魏的国力、造成了北魏政治的混乱。534年,北魏分裂为东魏与西魏,距离493年迁都洛阳只有40余年,其间的联系,值得深思。

三

《孟子·公孙丑下》:

> 天时不如地利,地利不如人和。三里之城,七里之郭,环而攻之而不胜。夫环而攻之,必有得天时者也;然而不胜者,是天时不如地利也。城非不高也,池非不深也,兵革非不坚利也,米粟非不多也,委而去之,是地利不如人和也。

孟子强调了"人和"才是战争获胜的关键,此虽有理,但对"天时"与

---

① 魏收:《魏书》卷五三《李冲传》,中华书局,1974年。

"地利"的贬低,却有稍显绝对之嫌。即言"天时",就不仅对战场上的胜负有影响,有时于一国之命运,也能起到至关重要的作用。为了说明问题与引起重视,这里不妨引证美国史家汪荣祖《气候变化与明清代兴》①文中的观点。在汪荣祖看来,明朝其实亡于民变,民变直接缘于饥饿,饥饿因为特异的灾荒,特异灾荒根源于异常的寒冷气候,而异常寒冷气候联系着太阳活动周期的变化;换言之,太阳活动周期的变化导致了地球气候变化,地球气候变化"既直接影响至生态环境,如果略为持久,必然危及人文景观,诸如生存条件、经济活动、甚至发生社会之动乱与夫政治结构之崩溃",而"明清代兴之深层原因",亦即十六、七世纪之"小冰期"。进之,汪荣祖引用白劳德尔(一译布罗代尔)历史知识有"长时""中时""短时"之分的观点,认为"短时"者,民变蜂起、崇祯自缢之属;"中时"者,连年饥馑、民不聊生之属;"长时"者,乃气候变化之属。此短、中、长时之分,就结构而言,又各为外层之知、中层之知、内层之知。② 在此,笔者也不妨借用汪荣祖前辈之言,并做小小改动,以作为本篇读史札记的结语:自然之伟力,往往于不经意间影响历史长河的流向,潜移默化中造就社会风云的变幻。就北魏之史言,"短时"者,政治漩涡、后宫争斗、元恂之死;"中时"者,迁都洛阳、六镇兵变、北魏分裂;"长时"者,则气候因素及其影响。而若气候因素果为元恂之死、孝文迁都、北魏分裂等等史事的深层原因,"则自然力之决定史事发展,果未可忽视也欤!?"③

(2010 年第 4 期)

---

① 汪荣祖:《气候变化与明清代兴》,北京大学中国中古史研究中心编《纪念陈寅恪先生诞辰百年学术论文集》,北京大学出版社,1989 年。
② 胡阿祥:《东晋十六国南北朝地理环境述论》,《东晋南朝侨州郡县与侨流人口研究》"附录二",江苏教育出版社,2008 年。
③ 同①。

南朝的"苏侯"神信仰

权家玉

南朝自刘宋开始,正史中频频出现一个与蒋侯神一起受到祭祀的苏侯神,其地位几乎可以与在南朝一直风靡的蒋侯神相比,从种种迹象看,苏侯神的地位在南朝已经上升到仅次于蒋侯神而位居第二。从信仰的地理范围可以看到,以建康为中心,向西达到当时的郢城,而向北则达到青州,其范围之广、影响之大可见一斑。从其产生过程看,苏侯神与蒋侯神之间存在极大的相似性,且在南朝政治中对他们的祭祀也基本上是两者并立,可知这两个神祇在南朝的作用相同。对于苏侯神的信仰,已经不仅局限在民间,在南朝宋、齐时期几乎上升到政治的最高层。如此重要的神祇是如何产生的,以及为何会在政治中受到如此优越的待遇,至今似乎仍没有相对较为全面的研究,遂不惮愚陋,试做一点粗浅探讨,聊充抛砖之用。

一、苏侯神的形成

对苏侯神的记载,最早见于《宋书》卷九九《元凶劭传》:"以辇迎蒋侯神像于宫内,启颡乞恩,拜为大司马,封钟山郡王,食邑万户,加节钺。苏侯为骠骑将军。使南平王铄为祝文,罪状世祖。"① 这是苏侯神在正史中的第一次露面。《南齐书》卷二八《崔祖思传》中明确指出了苏侯的身份:

---

① 李延寿:《南史》卷一四《始兴王浚传》(中华书局,1975 年)及《资治通鉴》卷一二七(中华书局,1956 年)宋文帝元嘉三十年(453)二月丙寅条亦有对此事迹的记载。

> 祖思少有志气,好读书史。初州辟主簿,与剌史刘怀
> 珍于尧庙祠神,庙有苏侯像。怀珍曰:"尧圣人,而与杂神
> 为列,欲去之,何如?"祖思曰:"苏峻今日可谓四凶之五
> 也。"怀珍遂令除诸杂神。①

这是目前唯一一份可以说明苏侯身份的记载,《通鉴》卷一二七宋文帝元嘉三十年(453)二月丙寅条胡三省注亦根据崔祖思语判断苏侯身份②。田余庆认同此说:"但苏峻败死以后,建康民间曾立其像,称苏侯神。"③对于苏侯神的原型目前已经不能找到其他任何可征史料,且吕思勉、田余庆二位先生皆做此判断,应无疑问。基本可以确定苏侯即为东晋叛乱的流民帅苏峻,其事迹在《晋书》本传中有详细记载。

这里对苏峻事迹略作叙述:西晋末年中原丧乱,苏峻组织流民武装南下广陵,东晋政府任命其为临淮内史,后助东晋平定王敦第二次叛乱。明帝死后因庾亮征其入朝而起兵叛乱,后攻破建康,对建康的破坏极其严重。其后因荆州的陶侃率兵南下而被击败,战死于建康。

找到的对于苏侯膜拜的最早史料为元嘉三十年(453),然而那时,苏侯神已经被元凶刘劭迎入皇宫与蒋侯神一起祭祀,其在社会上的影响自然已极具规模,所以有理由相信民间对苏峻的信仰应远在此以前。神祇一般均为民间信仰初具规模后,才为政权承认。

---

① 李延寿:《南史》卷四七《崔祖思传》:"祖思少有志气,好读书。年十八,为都昌令,随青州刺史垣护之入尧庙,庙有苏侯神偶坐。护之曰:'唐尧圣人而与苏侯神共坐,今欲正之何如?'祖思曰:'使君若清荡此坐,则是尧庙重去四凶。'由是诸杂神并除。"与《南齐书》卷二八《崔祖思传》(中华书局,1972年)所载地点、人物皆不相同。另《建康实录》卷一五《列传·崔祖思》(中华书局,1986年,第607页)、《册府元龟》卷六八九《牧守部·革弊》(凤凰出版传媒集团等,2006年,第7938页)所载也是刘怀珍。《通志》卷一三八《列传五十一》(中华书局,1987年,第2170页)则同《南史》,为垣护之,难以判断何者为是,却都说明一点,即苏侯神已经传至青州一带。

② 胡注云:"据《齐书·崔祖思传》,苏侯神即苏峻。"司马光:《资治通鉴》,中华书局,1956年,第4001页。

③ 田余庆:《东晋门阀政治》,北京大学出版社,1989年,第54页。另吕思勉在《吕思勉读史札记》(上海古籍出版社,1982年,第986页)中也认同苏侯为苏峻。

田余庆亦指出苏峻神最初的信仰出现在东晋:

> 苏峻为晋叛臣而得于晋天子辇下立像受祀,其故难明。或者,苏峻以流民帅入援,驰骋建康城下,自南塘大破钱凤兵,奠定了灭王敦胜利基础,晋人念其功而遗其过欤?①

田先生留下这个疑问后并未作进一步探讨,王健秋曾试图对苏峻在东晋立祀的原因做些钩沉②,另外李红燕也对苏侯信仰做了一定的探讨③。

在南朝,苏侯神的形象与蒋侯神存在极大的相似性,故可以从蒋侯神的形成过程推测苏侯神的确立。蒋子文事迹在正史中没有记载,《搜神记》卷五有连续5条相关史料,而以第一条描述最为全面,录文如下:

> 蒋子文者,广陵人也。嗜酒好色,挑达无度。常自谓己骨清,死当为神。汉末为秣陵尉,逐贼至钟山下,贼击伤额,因解绶缚之,有顷遂死。及吴先主之初,其故吏见文于道,乘白马,执白羽,侍从如平生。见者惊走。文追之,谓曰:"我当为此土地神,以福尔下民。尔可宣告百姓,为我立祠。不尔,将有大咎。"是岁夏,大疫,百姓窃相恐动,颇有窃祠之者矣。文又下巫祝:"吾将大启祐孙氏,宜为我立祠。不尔,将使虫入人耳为灾。"俄而小虫如尘虻,入耳皆死,医不能治。百姓愈恐。孙主未之信也。又下巫祝:"若不祀我,将又以大火为灾。"是岁,火灾大发,一日数十处。火及公宫。议者以为鬼有所归,乃不为厉,

---

① 田余庆:《东晋门阀政治》,北京大学出版社,1989年,第54—55页。

② 王健秋:《苏峻何以有祠》,《淮阴师专学报》,1994年第4期。主要从田余庆的立论出发,着重对苏峻建祠原因的探讨。

③ 李红燕:《南朝"苏侯神"祭祀初探》,《民俗研究》,2005年第4期。文章更多地注重对苏峻历史事迹的叙述,亦指出南方社会习俗在苏峻建祠过程中的作用。

> 宜有以抚之。于是使使者封子文为中都侯,次弟子绪为
> 长水校尉,皆加印绶。为立庙堂。转号钟山为蒋山,今建
> 康东北蒋山是也。自是灾厉止息,百姓遂大事之。①

从中可以看出蒋子文神的产生过程,而这与其身前政绩或德行并不相关。灾异的频繁发生往往成为滋生恶神的土壤,生前劣迹斑斑且极具社会影响力的人,尤其在当地不得善终者,在此过程中极易成神,而受万众膜拜。"人们为了生存的安宁,即使是叛臣之子,只要有灵,也照常奉祀。"②萧放对民间神的总结无疑是较为精准的。对此,芮传明有这样的论述:

> 蒋子文在世时不过是个"嗜酒好色,挑挞无度"的小
> 官吏,即使不算恶人,也并非善者,世人对他绝无敬意。
> 而此后之所以被人们祀奉为"神",亦只是人们将所发生
> 的瘟疫和火灾与他联系在一起,视作了他的"示警",从而
> 屈服于其恫吓,被迫作此淫祀。这一现象暗示的社会现
> 实是:下层百姓面对日常生活中经常遇到的种种灾殃,陷
> 于极其无助的境地,因此即使向不受人尊敬的恶神求助,
> 也在所不惜了。③

据此可以推测,苏侯神的最初形成或许与其功绩无关,作为叛臣的苏峻,其斑斑劣迹比蒋子文自是有过之而无不及,而对蒋神的祭祀正是出于"鬼有所归,乃不为厉"的动机,则苏侯神之形成或亦出于此因。

在朱大渭等著《魏晋南北朝社会生活史》第八章第四节中对魏

---

① 干宝:《搜神记》卷五,中华书局,1979 年,第 57 页。对于"转号钟山为蒋山"的原因,汪少楹在《搜神记》本条下校注云:按:《太平寰字记》九〇引《舆地志》曰:"蒋山古名金陵山。县之名因此山立。《汉舆地图》名'钟山'。"又《通鉴》九四胡注云:"《舆地志》:'汉末,秣陵尉蒋子文讨贼战死于此。吴大帝为立庙。子文祖讳'钟',因改曰蒋山。'余谓孙权祖亦讳'钟',当因是改也。"按胡说是。同时,《资治通鉴》卷一二七宋文帝元嘉三十年(453)二月丙寅条胡注亦同此说。笔者以为改"钟山"或因孙权祖讳,但改为蒋山应由蒋子文之故。

② 萧放:《民众信仰与六朝社会》,《东方论坛》,2003 年第 3 期。

③ 芮传明:《淫祀与迷信——中国古代迷信群体研究》,广东人民出版社,2005 年,第 164 页。

晋南朝时期民间神的总结有：曹操、邓艾、贾逵、诸葛亮、邓芝、孙坚、周瑜、蒋子文、苏峻、袁双、孔愉、萧承之、邓县令，①其中固然不乏功勋卓著者，而不以政绩为神者有：蒋子文、苏峻、袁双（寿阳叛乱的袁真之子）、孔愉、邓县令等。很明显此类人多借怪诞之说转而为神②，苏侯神恰也有相似的记载。《北堂书钞》卷一四五《脍篇十九》引《搜神记》云："会稽郧县，有一女，姓吴，字望子，为苏侯神所爱。望子尝思噉脍，双鲤鱼应心而至。"③并且扬州"其俗信鬼神，好淫祀"④，这样就为苏峻神的形成提供了土壤，而战死于建康更为其在此地成神提供了充足理由。《建康实录》卷七《显宗成皇帝》载：

> （陶）侃使将军杨谦以军攻于石头，（苏）峻轻骑出战，谦诈北奔白石垒，峻逼之，才交锋，峻坠马，侃都军护竟陵太守李阳临阵斩峻于白石陂岸。至今呼此陂为苏峻湖，今在县西北二十里石头城正北，白石垒即在陂东岸。⑤

---

① 朱大渭、刘驰、梁满仓、陈勇：《魏晋南北朝社会生活史》，中国社会科学出版社，1998年，第346—348页。

② 蒋子文为神的原因前文已述，《异苑》卷五载袁双事如下："晋丹阳县有袁双庙，真第四子也。真为桓宣武所诛，便觉所在灵怪。太元中，形见于丹阳。求立庙，未既就功，大有虎灾。被害之家，辄梦双至，催功甚急。百姓立祠堂，于是猛暴用息。今道俗常以二月晦鼓舞祈祠。"收于《汉魏六朝笔记小说大观》，上海古籍出版社，1999年，第636页。孔愉事在《建康实录》卷八载："惠帝末，归乡里。行至江淮间，遇石冰、封云为乱，道为参军，不从。径东还入新安山中，改姓孙氏，以稼穑读书为务，信着邻里。后忽舍去，皆谓为神人，为之立祠。"（第212页）邓县令的事迹在《南齐书》卷二九《周山图传》有记载："义乡县长风庙神姓邓，先经为县令，死遂发灵。"（第543页）皆以死后显灵而成为民间祭祀的神灵。

③ 光绪十四年（1888）南海孔氏三十有三万卷堂影宋刊本。《搜神记》卷五《蒋山祠四》载此条却是蒋侯神，汪绍楹校注云："本条《北堂书钞》一四五引作《搜神记》，云'望子为苏侯神所爱'，文亦简略。《法苑珠林》七八引作《续搜神记》，全同本条。按《法苑珠林》引文较《初学记》、《太平御览》所引《续搜神记》文为详。盖后人辑录本书时，以《法苑珠林》所引《续搜神记》文易《北堂书钞》所引本书原文。参《搜神后记》五'吴望子'条。"他在同一条注3中又指出："按《北堂书钞》云'为苏侯神所爱'，《太平御览》九三六引《续搜神记》同。则作'苏侯'为是。"（第60页）然终不能确定出自《搜神记》抑或《续搜神记》，遂不能据此推断苏侯神出现的上限。

④ 魏征，等：《隋书》卷三一《地理志下》，中华书局，1973年。

⑤ 许嵩：《建康实录》，中华书局，1986年，第174页。张敦颐在《六朝事迹编类》卷五"苏峻湖"条引《南徐州记》云："迎担湖西北有苏峻湖，本名白石陂。"上海古籍出版社，1995年，第65页。

正因为苏峻死于此地才有此命名,也就不能排除民间为了祭祀苏峻,而将白石陂改名苏峻湖的可能。钟山因为蒋子文的死而改名蒋山,两例如出一辙。田余庆指出,苏峻最早在建康受祀,那么最先为其立像的地方有可能就是他战死的地方,即苏峻湖。对苏峻湖的记载,文献中反映较少,其原因或许在于苏峻事迹与蒋子文不同,如此有影响的叛臣,即使执政者在危急时刻求助之,其反面的形象却是无法抹去的。

蒋侯神最先为孙吴承认,且蒋山的命名,亦为孙吴执政者推行,苏峻湖的名称因未获得执政者的认同,就只能一直停留在民间,尽管南朝在一定程度上承认了苏侯神,却并没有公开承认苏峻湖的名称。《太平寰宇记》有关于"苏屯山"的记载:"苏屯山,昔苏峻屯兵于此山,因以名之。"①此山在南豫州当涂县,约今安徽省当涂县,其地在长江南岸,居于建康上游,但此山的得名,很明显是由于苏峻崇拜得来。而就祭祀苏峻过程中的地位看,苏屯山又远不及苏峻湖,《景定建康志》卷一八载:"张阵湖在石头城后。旧传苏峻与晋军尝战于此,至今湖侧高墩上有苏大将祠。案《晋书》,峻起兵据石头北湖,距石头才八里,今属金陵乡,去城十三里。"②苏峻与晋军的战场也在为其立祠祭祀。由于他的反叛事迹,一方面可能导致的结果是苏峻与苏侯神两个名称的脱节,至今我们只能凭借崔祖思语判断苏侯神的原型;另外亦使苏侯神的产生过程一直处于模糊的状态。现在所能找到关于苏侯神的记载最早也只能追溯到元嘉三十年(453),但那时与其最初的产生时间肯定已经相去甚远。

民间固然崇拜政绩突出的人物,以图他们死后仍然能留有余惠,如四川的武侯祠,但同样也有对于恶人的崇拜,目的当然希望他们少为祸患。由蒋侯神的产生过程看,虽然蒋子文因捕盗而死,但其神的产生,却是人们为了避害,这在前引《搜神记》中表述甚明。关于恶神形象,这里以董卓与石虎二人为例,聊做介绍。《北

---

① 乐史:《太平寰宇记》卷一〇五《江南西道·太平州》,中华书局,2007 年。
② 马光祖:《景定建康志》,《宋元方志丛刊》,中华书局,1990 年,第 1590 页。

齐书》卷二三《魏兰根传》载：

> 丁母忧，居丧有孝称。将葬常山郡境，先有董卓祠，
> 祠有柏树。兰根以卓凶逆无道，不应遗祠至今，乃伐柏以
> 为椁材。人或劝之不伐，兰根尽取之，了无疑惧。[1]

董卓为汉末乱臣，直接导致对洛阳地区灾难性的摧残，同时间接导致关中长安地区的破坏，任何政府和民间都不可能找到为其立祠的正面理由，很明显这是一个典型的恶神形象。案常山郡在今河北省石家庄附近。雍正《湖广通志》卷九七载："昔陇西有董卓祠，唐高适毁之。"则董卓祠陇西亦有，可知其范围之广。

《魏书》卷一九下《南安王桢传》："桢又以旱祈雨于群神。邺城有石虎庙，人奉祀之。桢告虎神像云：'三日不雨，当加鞭罚。'请雨不验，遂鞭像一百。"[2]十六国时期后赵石虎，乃一嗜杀残忍之暴君，在邺城也一样坐受香火。董卓与石虎享受民间祭祀，自然并非因其生前之业绩。所以我们在探讨神祇产生时，不能仅仅从其功绩寻找原因。

苏峻的叛乱，给建康带来极大的灾难，实乃董卓、石虎之流。尽管其在平定王敦之乱时立有功勋，但仍然功不抵过，最终自然成为民间神中恶神之流。对于苏侯神的产生过程已经很难找到直接相关的史料，这里仅就搜罗的旁证，作此推测，聊备一说。

从苏侯神在文献中反映的范围来看，仍然基本限制在长江中下游地区。最先发源于建康应该是可以肯定的，田余庆即主张此说，并且他在不到 400 字的叙述中对苏侯神在南朝的信仰作了大体概括之余，仍对苏侯神的范围作了精辟探讨："南朝诸史载苏侯

---

　① 李延寿：《北史》卷五六《魏兰根传》所载与此略同（中华书局，1974 年）。此段史料亦见于《太平御览》卷九五四《木部三·柏》，中华书局，1960 年，第 4234－4235 页，《册府元龟》（凤凰出版传媒集团，2006 年）卷八〇八《总录部上·嫉恶》（第 9404 页）、卷八七七《总录部中·方正》（第 10203 页）。

　② 《册府元龟》（凤凰出版传媒集团，2006 年）卷二九九《宗室部·祸败》（第 3380 页）、卷九四一《总录部下·殃报》（第 10906 页）、卷九五一《总录部下·咎征》（第 11011 页）都有对石虎庙的记载，事迹与此略同。

神祠不少,地点及于建康之上游(如《南史·张冲传》)和下游(如《南齐书·崔祖思传》)。"①可以找到的在最上游的记载,即在《南史》卷三二《张冲传》,也就是到达郢城,约位于今湖北省武汉市。即由建康沿江逆流而上,经当涂达武汉。向北据《南史》卷四七《崔祖思传》则已到达青州,按时崔祖思为都昌令,与青州刺史垣护之入尧庙,都昌为青州北海郡下辖,约在今江苏省北部连云港市偏南。按照苏侯神从建康开始传播,则已经覆盖长江下游地区,向北既已达到苏北,甚至有向山东境内传播的可能,那么在南方一定也有不同程度的发展,然而由于史料的缺乏,只能作此推测。

民间信仰的产生,一般都有着共同的原因,即显灵,求其庇佑或冀其免害。奇怪的是这样一个叛逆形象的神,在南朝却在政治中拥有了一席之地,甚至走到了政权的最高层,受到帝王的祭祀,这背后就应该另有他因。

二、苏侯神进入上层政治可能的原因

苏峻作为东晋叛臣,导致苏侯神在东晋一直只能在民间传播,可以看到东晋后期的保护神中尚无苏侯神的位置。② 宋武帝永初二年(421)普禁天下淫祀:

> 淫祠惑民费财,前典所绝,可并下在所除诸房庙。其先贤及以勋德立祠者,不在此例。③

① 田余庆:《东晋门阀政治》,北京大学出版社,1989年,第54页。对苏侯神的范围,吕思勉也指出北至青冀,西至郢州,见《吕思勉读史札记》,上海古籍出版社,1982年,第986页。
② 房玄龄,等:《晋书》卷六四《会稽文孝王道子传附子元显传》:"会孙恩至京口,元显栅断石头,率兵距战,频不利。道子无他谋略,唯日祷蒋侯庙为厌胜之术。"(中华书局,1974年)所迎唯蒋侯神而已。
③ 沈约:《宋书》卷三《武帝纪下》,中华书局,1974年。《宋书》卷一七《礼志四》载:"宋武帝永初二年,普禁淫祀。由是蒋子文祠以下,普皆毁绝。"《通典》卷五五《礼十五·淫祀兴废》(中华书局,1988年,第1559页)、《文献通考》卷九〇《郊社二十三·杂祠淫祀》皆载此事(中华书局,1986年,第822页)。

蒋子文神已在禁断范围,则苏侯神应亦不免此厄。南朝祭祀苏侯神往往与蒋侯神同列,二者风行的原因以及祭祀者所寄托的希望,亦即作用上都有很大相似性,由于苏侯神材料的缺乏,这里将两者一起论述。对于蒋侯神的信仰前人已有丰硕成果,①姑且利用蒋侯神从侧面映证苏侯神。

南朝苏侯的首次出现,前文已经提到,乃是元凶刘劭在四面楚歌的情况下迎之入宫。此前并未闻有淫祀解禁之事,刘劭仍能轻易在建康迎蒋侯和苏侯神主,都城尚且如此,可见刘宋对淫祀的禁断几成空文,政权的禁止并不能限制民间的祭祀,这或可从侧面解释苏峻神能在东晋民间流传的原因。其后才是宋孝武帝修蒋山祠以及明帝加封之事,到那时武帝的禁令自然是解除了。《宋书》卷一七《礼志四》:

> 孝武孝建初,更修起蒋山祠,所在山川,渐皆修复。
> 明帝立九州庙于鸡笼山,大聚群神。蒋侯宋代稍加爵,位
> 至相国、大都督、中外诸军事,加殊礼,钟山王。苏侯骠骑
> 大将军。四方诸神,咸加爵秩。②

按明帝祭祀苏侯神的时间在平定了四方叛乱之时。《宋书》卷七二《始安王休仁传》"中流平定,休仁之力也。初行,与苏侯神结为兄弟,以求神助。及事平,太宗与休仁书曰:'此段殊得苏侯兄弟力。'"明帝即位之初,举国尽叛,③朝廷所保唯建康及周边数郡,遂以苏侯神为扭转局势之精神寄托。在南朝齐,《南史》卷三二《张冲传》载:"元嗣等处围城之中,无他经略,唯迎蒋子文及苏侯神,日禺中于州听上祀以求福,铃铎声昼夜不止。"薛元嗣等人此时已处于

---

① 胡阿祥在《蒋山、蒋州、蒋王庙与蒋子文崇拜》一文中对蒋子文信仰作了全面阐述,载《南京师范专科学校学报》,1999年第2期。另外梁满仓《论蒋神在六朝地位的巩固与提高》(《世界宗教研究》,1991年第1期)对蒋神亦有关注。

② 杜佑撰,王文锦、王文兴等点校:《通典》卷五五《礼十五·淫祀兴废》对宋明帝事迹亦有记载(中华书局,1988年,第1559页)。明确了蒋侯神及苏侯神的加封皆为明帝所为。

③ 沈约:《宋书》卷二六《天文志四》(中华书局,1974年):"泰始二年正月甲午……其年,四方反叛,内兵大出,六师亲戎。"

绝境,崔慧景起事时,东昏侯也是在建康被围的情况下迎蒋侯神入宫的。① 南朝的统治上层在危急时刻往往以苏、蒋二神为寄托,可知二神在南朝时期地位颇高,且其性质另有特点。

据《魏晋南北朝社会生活史》,南朝的民间神,包括三类人:"一是被神化了的先人,二是被神化了的当时的官吏;三是被神化了的民间普通之人。"②从书中可以统计出,这样的神共有 59 个,其原型有 13 人生前有为官经历,此 13 人前文已列举。南朝至少在宋时风靡的蒋侯与苏侯,在其中不论从任何角度都无脱颖而出的条件,最终演变为政治中首屈一指的二神,其原因仍需从其性质探讨。

从前文可知,不论皇族抑或将领,祭祀苏侯神均为在军事行动的危急时刻,即都与军事相关。祭祀的目的往往是寄希望于扭转战局,所以有学者据此推论二者皆为南朝的战神,"宋代加蒋侯相国、大都督、中外诸军事、钟山王时,苏侯也稍加为骠骑大将军,同是战神。"③这是有一定道理的。④ 二人皆于建康战死,而后在葬身之地转而为神。与苏侯神相比,蒋神产生的时间较早,并且在东晋后期似乎就已经具有相当地位(孙恩起义时司马道子祀蒋侯神之事在前文有述)。然似乎并不能据此推断二神性质,从苏峻之乱到东昏侯迎神入台城,在外镇起兵进攻建康时,祭祀二神者均为建康一方,此点颇为重要。《建康实录》卷七《显宗成皇帝》注引《晋纪》云:

---

① 司马光:《资治通鉴》卷一四四"和帝中兴元年(501)条"载:"崔慧景之逼建康也,东昏侯拜蒋子文为假黄钺、使持节、相国、太宰、大将军、录尚书事、扬州牧、钟山王;及衍至,又尊子文为灵帝,迎神像入后堂,使巫祷祀求福。"中华书局,1956 年。

② 朱大渭、刘驰、梁满仓、陈勇:《魏晋南北朝社会生活史》,中国社会科学出版社,1998 年,第 341 页。

③ 万齐洲、柳春新:《南北朝时期的宗族、婚姻、信仰研究》,《荆门职业技术学院学报》,1999 年第 5 期。

④ 房玄龄,等:《晋书》卷六五《王导传附子悦传》(中华书局,1974 年):"及悦疾笃,导忧念特至,不食积日。忽见一人形状甚伟,着甲持刀,导问:'君是何人?'曰:'仆是蒋侯也。公儿不佳,欲为请命,故来耳。公勿复忧。'因求食,遂噉数升。"这里对蒋侯的描述显然是战神形象。

苏峻初营钟山前,祈钟山之神,许画朱须、紫蹄马、碧盖、朱络车。后郗鉴入援,又祈,钟山神谓鉴曰:"苏峻为逆,人神共愤,当与蒋子文共诛锄之。且峻亦祈我,岂可助之为虐,今以疏相示。"及案收而疏见。①

从苏峻祀钟山神之事可知:首先,当时蒋子文的地位尚不显赫,②而钟山神对郗鉴的表态,更是明确了其反对苏峻的立场。这是东晋南朝唯一一例外藩起兵祭祀钟山神(或蒋侯神),而其遭遇却相当尴尬。钟山神和蒋侯神并没有为之所动,护佑的却是建康的东晋政权,从此直到南朝,起兵的外藩再未祭祀过蒋侯神或苏侯神。孙恩围攻建康时,祀蒋侯神者为建康一方的司马道子,宋文帝末元凶弑逆,本已是众恶所集,孝武帝以外藩起兵,实为勤王义举,然祀蒋、苏二神的却是建康一方的刘劭。孝武帝围攻建康期间,已经称帝,"(元嘉三十年四月)戊辰,武陵王军于新亭,大将军义恭上表劝进……己巳,王即皇帝位,大赦。"③攻破台城的时间却是五月丙子,自居正统的孝武帝,最初并未祭祀二神,他入主建康后孝建初年,方才修蒋帝庙,没有因为元凶的祭祀而抛弃蒋侯神。在成为建康之主后承认了蒋侯神的地位,这从侧面指出:蒋侯神以及与之相似的苏侯神,并非所谓的南朝保护神(苏侯神性质与蒋侯神相似,其所受待遇自然也与之相当,二者在南朝几乎达到两位一体的程度)。宋明帝以非常规方式即位后,天下大乱,这时仍然是盘踞建康的宋明帝祭祀苏侯神。南朝齐崔慧景起事,祭祀蒋侯神者为东昏侯。梁武帝萧衍起事时,郢城的薛元嗣也在祀苏、蒋二神,这时的郢城自是建康一方东昏侯之势力,且薛元嗣等人乃是此前一年

---

① 许嵩:《建康实录》,中华书局,1986年,第174页。《至正金陵新志》卷一四亦载此,收于中华书局编辑部编《宋元方志丛刊》,中华书局,1990年,第5889页。

② 从蒋侯神的发展趋势上可以看出,自从钟山改为蒋山后,在蒋山名称逐渐被接受而钟山名称逐渐被遗忘的过程中,也就是在蒋侯神逐渐代替钟山神的过程中,尽管南朝仍然杂用钟山之名,但钟山神的地位却彻底被蒋侯神所取代。

③ 司马光:《资治通鉴》卷一二七"宋文帝元嘉三十年(453)"条,中华书局,1956年。

年底为东昏侯遣往郢城援助张冲的。①

可以看出,对苏、蒋二神怀有心理寄托的信仰者只是建康一方,而并非以正义或者危急等其他因素为标准。案若蒋、苏二神为南朝保护神,自然为南朝所共有,而危急时刻,祭祀他们的均为盘踞建康的一方,不论是成功的宋明帝还是失败的元凶、东昏侯,并无有道无道之分。如此诸多的迹象归结到唯一的原因:苏、蒋二神乃是建康的地方保护神,而并非所谓南朝的保护神。前文叙述蒋侯神产生过程时引《搜神记》卷五《蒋山祠一》已明确指出蒋侯乃蒋山土地神,其后逐渐代替了钟山神的地位,但仍为建康之地方神。而苏侯神,在本文的推测中很明显可以看出,最初也是建康一带的地方神,其最初的发源地应该在苏峻湖,亦即此前的白石陂。所以,简单定位二神为南朝之战神是不全面的,否则无法解释南朝外藩从未祭祀二神的现象。

苏侯神在南朝宋、齐之所以能受到如此崇拜,其原因不仅仅在于它是战神,更体现在它是建康地方的保护神,和蒋侯神的性质几乎完全相同。而建康又是南朝都城,这样它就直接上升为建康政权的保护神,蒙上了南朝保护神的假象,但他们作为建康神的色彩却并未褪去。所以宋孝武帝尽管已然称帝,但因尚未入主建康,他并未祭祀蒋侯神或苏侯神,祭祀之事乃进入建康后方才举行。蒋侯神在东晋时就已染上政治色彩,而苏侯神之所以会到刘宋才被提及,主要有两方面原因:其一,他本人在东晋才死,相对而言神祇起步较晚;其二,他是东晋的叛乱者,即使在民间广泛流传,也很难进入政治范围。

在南朝一系列的军事活动中,不管是针对北朝,还是针对叛乱,所能找到的史料都能反映出,祭祀苏侯神或蒋侯神者,均为建

---

① 司马光:《资治通鉴》卷一四三"东昏侯永元二年(500)十二月条"云:"帝闻刘山阳死,发诏讨荆、雍。戊寅,以冠军长史刘浍为雍州刺史;遣骁骑将军薛元嗣、制局监暨容伯将兵及运粮百四十余船送郢州刺史张冲,使拒西师。"中华书局,1956年,第4479页。而薛元嗣等在郢城祀苏侯神、蒋侯神主则在张冲死后,据《南齐书》卷四九《张冲传》(中华书局,1972年),张冲死于永元三年亦即中兴元年(501)。

康之主或与建康一致的势力。

　　苏侯神的祭祀相对于蒋侯神为少,从史料反映,南朝梁以后,再未出现统治阶级上层祭祀苏侯神的事迹,也就是说苏侯神盛于宋、齐,而衰于梁、陈,尽管蒋侯神在此后的南朝以及以后的隋唐仍有不同程度的信仰,作用和以前并无大变化。而苏侯神从南朝后期退出政治后,就再未露面。民间信仰应该还在继续,但在政治中,它的地位基本被取消,按苏峻以叛乱而死,或许正是这造就了他最后与蒋侯神的分道扬镳。

(2010 年第 2 期)

永嘉乱后京兆韦氏南迁江左考述

宋艳梅

中古时期的京兆韦氏，世为三辅著姓，自汉至唐，门望显赫。唐人柳芳"氏族志"叙汉唐之间世族大姓，系京兆韦氏于关中郡姓之首，可见其家族之兴旺。然自西汉韦玄成父子迭为宰相、奠定京兆韦氏士族地位之基以来，历魏晋南北朝400多年，京兆韦氏之发展过程可谓辗转曲折，其家族内部分房分支的现象更是纷繁复杂。引发这一特殊的发展过程之最重要的原因就是迁徙。正如陈寅恪先生所论，"两晋南北朝三百年来的大变动，可以说就是由人口的大流动、大迁徙问题引起""不徙有事发生，徙则有大事发生，南北朝无一大事不与徙有关。"①而世家大族家族利益的维持和发展当然受迁徙影响很大，迁徙对家族而言，是生存地域的转换，而家族与地域是密不可分的关系，以地域为基础，世家大族"维系着家族内部的宗法关系与血缘纽带，又垄断了地方官职，并进而猎取中央政治权力，奠定其政治地位与社会影响"②。

永嘉丧乱掀起了汉魏以来规模最大、历时最久、影响最深的一次人口大迁徙，世家大族在丧乱以后对迁徙地域和入仕政权的选择，对其家族利益的维持和发展具有重要影响。因江左为此时中原士庶播迁的一个主要方向，而且是否南迁、何时南迁对其家族在江左政治舞台上的政治和社会地位影响甚大，故本文专以南迁为视角，以期对考察魏晋南北朝时期京兆韦氏家族的整体发展有所裨益。

---

① 万绳楠：《陈寅恪魏晋南北朝史讲演录》，黄山书社，1987年，第129页。
② 胡阿祥：《中古时期郡望郡姓地理分布考论》，《历史地理》，1993年第11期。

一、京兆韦氏丧乱之初的政权选择

西晋末年的八王之乱和永嘉之祸,使京师洛阳及周围大部分地区成为战场,中州士人纷纷向外迁移,至江左、河西、辽东等地寻求生存和仕途发展。考京兆韦氏在永嘉乱后之初的动向,其家族成员很少有人渡江,且河西、辽东之境也不见其身影,而多留居本土,冒险仕于胡主政权。

永嘉丧乱后,关中一带辗转易手于前赵(汉)、石赵、苻秦、姚秦等不同的胡主政权,搜检史籍可以发现,留居本土的京兆韦氏家族成员正是依凭其家族声望,不断与本贯不同的胡主合作,以期保家全身,谋求仕途发展。

最先经营关中的胡主政权为前、后赵,京兆韦氏中有韦謏父子先后任职于这两个政权。《晋书》卷九一《儒学·韦謏传》载,韦謏以儒学著称,刘曜任其为黄门郎。后又为石虎散骑常侍,"前后四登九列,六在尚书,二为侍中,再为太子太傅,封京兆公",历职清显。石赵政权乱,韦謏再为冉闵所用,署为光禄大夫,后因谏言触怒冉闵,与其子伯阳一同被杀。

石虎政权立国河北,曾徙秦、雍士民东实京师,京兆韦、杜二族衣冠也在被徙之列。《晋书》卷一〇六《石季龙载记上》载:"镇远王擢表雍、秦二州望族,自东徙以来,遂在戍役之例,既衣冠华胄,宜蒙优免,从之。自是皇甫、胡、梁、韦、杜、牛、辛等十有七姓蠲其兵贯,一同旧族,随才铨叙,思欲分还桑梓者听之;其非此等,不得为例。"京兆韦、杜等家族以"衣冠华胄"不仅可优免戍役,且"一同旧族,随才铨叙",为徙民中之上等特例。这里韦、杜等姓被单独列出,其被徙之家族成员应该不在少数,只因史不详载,可考的被"随才铨叙"之京兆韦氏除上文所述韦謏外,余者无闻。

京兆韦氏成员活动最多的胡主政权要数立国关中的前、后秦。苻、姚政权以长安为都,留居京兆本贯的韦氏以其家族名望多被征召。京兆韦氏仕于苻秦政权的代表人物为东眷韦穆曾孙韦钟父子。韦钟任前秦尚书,东晋太元四年(379)受苻坚调遣,侵东晋魏兴,克之。钟子谦、华俱在苻秦任职①,韦华曾任黄门郎。与韦钟父子同仕苻秦政权的还有韦阆从叔韦道福之父韦熙,《魏书》卷四五《韦阆传》载,韦阆从叔韦道福父亲韦熙,特为苻坚丞相王猛所重,王猛以女妻韦熙,苻坚任其为东海太守。淝水战后,苻秦政权解体,韦熙南奔。韦钟、韦谦并为西燕主慕容冲所执,慕容冲任韦谦为冯翊太守,欲利用其声望召集三辅之民。冯翊垒主邵安民以不忠不义责让韦谦,谦以告钟,遂致韦钟自杀、韦谦南奔,终不为西燕慕容氏所用。韦钟另一子韦华也于苻坚政权崩溃后南奔襄阳②,至姚兴立国关中,韦华又自襄阳北投姚兴。

苻秦政权解体,原统属于苻氏的慕容鲜卑、姚羌、拓跋鲜卑等先后各自建立政权。这种纷乱的局势给在苻氏政权中官高职显的京兆韦氏带来了一次重创,为保家全身,京兆韦氏四散各地,开始了其家族第一次比较大规模的播迁行动,分别向江左、河北流徙③。

不过总体而言,苻坚政乱以后,京兆韦氏自保不迁、继续出仕关中姚秦政权者更占多数。西晋北平太守韦广一房,据《梁书》卷一二《韦叡传》载,韦广子韦轨在孝武太元之初南迁襄阳,但韦广另一子韦谌却未南下,韦谌子韦宣出任姚秦郎中④。甚至南奔襄阳的韦华在姚兴立国关中后,又自襄阳率流人来归。姚兴嘉赏其为中书令,后迁右仆射、兖州刺史等职。同时姚秦政权下还有京兆太守韦范、尚书郎韦宗等,亦可能同出京兆韦氏。史籍明确记载的在刘

① 欧阳修、宋祁:《新唐书》卷七四(上)《宰相世系表四上》"韦氏条":东眷曾孙钟,钟生华。

② 韦华南奔不见史载,但据其先在苻秦任职,后自襄阳投姚兴,推测其应在苻坚政权解体时南奔襄阳。

③ 南迁江左者后文详述,东迁河北入仕慕容垂政权者有后世称为阆公房的韦阆父韦遗,曾任慕容垂吏部郎、大长秋卿。

④ 《韦彧墓志》:"七世祖晋太常卿、上禄贞侯,讳敦;六世祖北平太守、关内靖侯,讳广;高祖清河府君,讳谌;曾祖姚秦郎中,讳宣……"参见周伟洲、贾麦明、穆小军:《新出土的四方北朝韦氏墓志考释》,《文博》,2000年第2期。

裕平关中后随刘义真南下的韦氏成员,如后世称为平齐公房的韦
瑱曾祖韦惠度、东眷韦穆孙韦肃房支等①,南下之前当同仕姚秦
无疑。

如此,保据本贯、安土重迁、甘仕胡主是京兆韦氏在永嘉丧乱
后在对地域和政权选择方面的主要倾向,这与此时众多世家大族
纷纷选择南迁江左、西走河西、东徙辽东不同。京兆韦氏为汉魏高
门,自西汉起即宗族繁盛,在京兆乃至关中一带拥有巨大的家产和
权势声望,纵若中朝崩坏,乡土纷乱,仍难弃故园,远徙他乡。而
且,南迁江左的中州士人喜尚玄学,而京兆韦氏家族成员中未见有
濡染玄风者。按照何启民先生《五胡乱华时期的中原郡姓》的观
点,留北的中原士族为保持传统经学之旧阀阅者,而南下的是那些
受过新时代新思潮即玄学洗礼的家族;北方胡族政权爱好经学对
于这些旧阀阅者"具备一种特殊的吸引力"②。如此说来,京兆韦氏
留居本土也有思想文化方面的因素。无论如何,京兆韦氏留居本
土,并凭借其家族门望,在胡主政权中也多享有职权,如韦华之仕
苻坚,时称州里高达,其子韦玄更著高名。③ 不过随着苻、姚关中政
权先后解体,京兆韦氏也先后开始播迁。

二、京兆韦氏南迁江左

如前所述,西晋末年永嘉丧乱之初,京兆韦氏家族成员大多自
保不迁,宁可冒险仕胡,亦不南迁江左。但细考史籍可以发现,东
晋元帝之世,已有来自京兆韦氏者参与东晋政权,这大概可以看作
京兆韦氏南迁之始。《晋书》卷七〇《应詹传》载,有京兆韦泓者,先
因丧乱客流洛阳,依托应詹。后随应詹投奔晋元帝,由应詹向元帝

---

① 刘义真镇长安,曾辟韦肃为主簿。

② 何启民:《五胡乱华时期的中原郡姓》,《中古门第论集》,台湾学生书局,1982 年。

③ 《晋书》卷一三〇《赫连勃勃载记》与《宋书》卷九五《索虏传》并记韦玄事,但一为韦玄,一
为韦祖思,盖祖思为以字称名。

举荐,韦泓遂被辟为少府卿。这是可考的京兆韦氏在东晋初年任职的唯一一个例,也可以看做是京兆韦氏南迁江左的第一人。应詹向晋元帝举荐韦泓,因曰:"自遭丧乱,人士易操,至乃任运固穷,耿介守节者鲜矣。伏见议郎韦泓,年三十八,字元量,执心清冲,才识备济,躬耕陇亩,不烦人役,静默居常,不豫政事。昔年流移,来在詹境,经寇丧资,一身特立,短褐不掩形,菜蔬不充朝,而抗志弥厉,不游非类。……若蒙铨召,付以列曹,必能协隆鼎味,缉熙庶绩者也。"①京兆韦氏本为三辅望族,虽为乱世,韦泓竟落得"短褐不掩形,菜蔬不充朝"之境地,盖为京兆韦氏之疏族。故在京兆韦氏家族主体丧乱之后多自保不迁、仕于胡主时,唯其"抗志弥厉,不游非类"。晋元帝辟用韦泓,非因京兆韦氏之门望,而为嘉赏其操行。

韦泓之后,京兆韦氏主体成员渡江南下要到苻、姚关中政权解体之后,是为晚渡。前后共有两次。

第一次为苻坚政权灭亡后,韦谦、韦华兄弟及韦广子韦轨,韦阆从叔韦道福之父韦罴的南迁。

韦华与韦谦同为韦钟之子,韦谦在被西燕主慕容冲所执后南来,韦华未有被慕容冲俘虏之记载,但在东晋安帝隆安二年(398)自襄阳叛晋北投后秦主姚兴,推其南下时间亦当在苻坚政权灭亡后。

韦轨为西晋北平太守韦广子。《梁书》卷一二《韦叡传》:"叡族弟爱。爱字孝友,……高祖父广,晋后军将军、北平太守。曾祖轨,以孝武太元之初,南迁襄阳,为本州别驾,散骑侍郎。祖公循,宋义阳太守。父义正,早卒。"传文记韦轨南迁襄阳时间在东晋孝武太元之初,按孝武太元年号持续21年,而襄阳在太元四年(379)曾陷于苻坚,直到淝水战后太元九年(384),东晋始复襄阳,则韦轨一房在江左政权下安身襄阳也应在苻秦政权灭亡之后。另据前揭

---

① 房玄龄,等:《晋书》,中华书局,1974年。

《韦彧墓志》，韦广尚有子韦谌，其房支并未南下，《魏书》卷四五《韦阆传》中韦阆族弟珍即为其房支之后。如此，苻坚灭后，京兆韦广房支遂南北分途。

韦阆从叔道福，为韦黑之子，《魏书》卷四五《韦阆传》载，韦黑"为坚东海太守。坚灭，奔江左，仕刘裕为辅国将军、秦州刺史"。

第二次为苻坚灭后仍留居关中的京兆韦氏家族房支在刘裕平关中后南下。

前言韦华曾在苻坚政权灭亡后南奔襄阳，晋安帝时叛晋北归，其孙祖征、祖归在刘裕平关中后再次南下。《新唐书》卷七四上《宰相世系表四上》"韦氏条"所谓韦华"随宋高祖度江居襄阳"其实不确。按《宋书》卷二《武帝纪中》："会羌主姚兴死，子泓立，兄弟相杀，关中扰乱，公乃戒严北讨。……先是遣冠军将军檀道济、龙骧将军王镇恶步向许、洛，羌缘道屯守，皆望风降服。伪兖州刺史韦华先据仓垣，亦率众归顺。"《资治通鉴》系其事于东晋安帝义熙十二年（416）。两年之后，刘裕命镇守长安的刘义真东归，以朱龄石为都督关中诸军事、右将军、雍州刺史，代刘义真镇长安。刘义真"将士贪纵，大掠而东，多载宝货、子女，方轨徐行。雍州别驾韦华奔夏"，该条下胡注曰："韦华本姚氏臣，裕用为雍州别驾。"按东晋孝武帝曾于襄阳置雍州，但韦华之雍州别驾并非为东晋之雍州，而是刘义真、朱龄石所镇长安之雍州。朱龄石以雍州刺史代镇长安，胡三省注曰："晋先置雍州于襄阳，此为北雍州。"韦华于长安镇将刘义真率将士东归时以雍州别驾奔夏，其所任别驾之州当同刘义真镇长安之"北雍州"。如此，韦华虽于刘裕平关中时归降，并被任为雍州别驾，但并非襄阳之雍州，从其在刘义真自长安东归时奔夏的行踪来看，韦华并未随刘裕渡江，故《新唐书·宰相世系表》"韦氏条"中言韦华随刘裕渡江居襄阳并不准确。

不过,韦华奔夏后,子韦玄虽隐居养志,不应刘裕之征①,但韦玄子祖征、祖归等确实南居襄阳②,祖征宋末官至光禄勋,祖归曾任宋宁远长史。

与韦华在刘义真东归时奔夏不同,京兆韦肃、韦惠度等随刘义真过江。《魏书》卷四五《韦阆传》:"阆从子崇,字洪基。父肃,字道寿。刘义真镇关中,辟为主簿,仍随义真度江,历魏郡弋阳二郡太守、豫州刺史。"韦阆为京兆韦氏东眷韦穆孙韦楷之孙,韦肃子崇既为阆从子,则阆与肃同辈,可能同系东眷。据《新唐书》卷七四上《宰相世系表四上》,韦惠度为西眷韦潜之孙、平齐公房韦瑱曾祖。《周书》卷三九《韦瑱传》:"曾祖惠度,姚泓尚书郎。随刘义真过江,仕宋为镇西府司马、顺阳太守,行南雍州事。后于襄阳归魏,拜中书侍郎,赠安西将军、洛州刺史。"韦肃随刘义真过江,寓居地史无明载。韦惠度后来既于襄阳归魏,则可能他过江后也与韦玄子孙一样寓居襄阳。

综合两次晚渡江左的京兆韦氏房支,除韦罴、韦肃两支迁居地域不甚明确之外,韦玄子孙、韦广子韦轨、韦惠度房支俱以襄阳为寓居地,这是东晋南朝南来次等士族之重要寓居地之一,也是诸房支以后在江左政治舞台上逐步抬头所凭借的重要乡族社会所在。

三、京兆韦氏在江左的发展

至晋末宋初为止,江左境内的京兆韦氏先后有韦泓、韦玄子

---

① 魏征,等:《隋书》卷七八《韦鼎传》:"高祖玄,隐于商山,因而归宋。"此处记载亦有误。《宋书》卷九五《索房传》"京兆人韦玄隐居养志,有高名,姚兴备礼征,不起,高祖辟为相国掾,宋台通直郎,又并不就。佛佛召为太子庶子,玄应命。佛佛大怒,曰:'姚兴及刘公相征召,并不起,我有命即至,当以我殊类,不可理其故耶。'杀之。"《晋书》卷一三〇《赫连勃勃载记》记载稍异:"勃勃归于长安,征隐士京兆韦祖思。既至而恭惧过礼,勃勃怒曰:'吾以国士征汝,奈何以非类处吾!汝昔不拜姚兴,何独拜我?我今未死,汝犹不以我为帝王,吾死之后,汝辈弄笔,当置吾何地!'遂杀之。"则玄不仅未应刘裕征召,亦未以身归宋,而终以应命赫连勃勃遭杀身之祸。

② 韦祖归子韦叡等以襄阳为乡里。姚思廉:《梁书》卷一二《韦叡传》在韦叡于天监十四年(515)出任雍州刺史后载,"初,叡起兵乡中,客阴俊光泣止叡,叡还为州,俊光道侯叡。"所谓"还为州"即指韦叡刺雍州于襄阳,则其起兵之乡中亦在襄阳。

孙、韦黑、韦肃、韦轨、韦惠度等房支。诸房支在江左政权的发展道路,各有差异。

其中,东晋初年依从应詹南下的韦泓一身特立,势单力薄。尽管其南迁较早,但无宗族力量支撑,很难有所作为。他于晋元帝时位至中书令后,后世子嗣无闻。可以说京兆韦氏在东晋政权内虽有韦泓任职,但终无明显干用,族单势薄更难引起世人重视。

其后晚渡江左的韦黑、韦肃、韦惠度等房支在江左留驻的时间很短,虽然起初都取得了一定官位,但不久又各自北归,在江左并无多少事迹可闻。韦黑在苻坚灭时南下,直到刘裕建宋,"仕刘裕为辅国将军、秦州刺史",子道福在宋孝武帝时历"盱眙、南沛二郡太守,领镇北府录事参军",①但不久即与薛安都拥州附魏,在北魏政权下谋求发展。韦肃随刘义真渡江,"历魏郡弋阳二郡太守、豫州刺史",于其子崇年 10 岁时卒,妻郑氏遂携崇入魏。②《北齐书》卷四五《韦道逊传》曰:韦崇"自宋入魏",则韦肃在宋也任职不长。韦惠度随刘义真过江后,在宋任镇西府司马、顺阳太守,行南雍州事。据前文所引,韦惠度于襄阳归魏。这 3 个南迁房支在南朝的任职仅限刘宋时期,且除史籍所记官职名以外,几无事迹可闻。

京兆韦氏在江左活跃的房支且对江左政局起过一定影响者,为韦玄孙韦叡兄弟及韦叡从弟韦爱房支。韦玄子祖归、祖征等在宋初南下襄阳,历刘宋、萧齐两朝,在同居襄阳的河东柳氏已自襄阳地方入居京师,成为中央化的一流高门时③,韦叡父子仍在乡里附近担任郡守等职。《梁书》卷一二《韦叡传》:"祖征累为郡守,每携叡之职,视之如子。"韦叡历任州主簿、广德令、齐兴太守、州别驾等职,"不欲远乡里",齐末为上庸太守。韦爱父子也不例外,《梁

---

① 魏收:《魏书》卷四五《韦阆传附韦道福》,中华书局,1974 年。
② 魏收:《魏书》卷四五《韦阆传附韦崇》,中华书局,1974 年。
③ 关于河东柳氏在南朝的发展,学人已多有研究,参看韩树峰《河东柳氏在南朝的独特发展历程》(《中国史研究》,2000 年第 1 期)、李文才《襄阳柳氏与南朝政治——南渡士族个案研究之一》(《大同职业技术学院学报》,2000 年第 4 期)、宋艳梅《关中郡姓首望在晋隋之际的播迁与发展》(南京大学,2012 年博士学位论文)中"江左政权下的河东柳氏"一节。

书》卷一二《韦叡传附族弟爱传》载,爱祖公循,任宋义阳太守。父义正,早卒。韦爱在宋齐时的主要任官为州主簿。大概正因为韦叡、韦爱房支长时间在地方任职,他们在襄阳乡里树立了很高的威望。史称"叡兄纂、阐,并早知名","叡内兄王憕、姨弟杜恽,并有乡里盛名"。① 陈显达、崔慧景军逼京师,民心慌骇的"西土人"谋之于叡。萧衍起兵时,韦叡率郡人赴之,从其所领"众二千、马二百匹",可见其宗族势力之盛及在乡里的号召力之大。韦爱,史称"沉敏有谋,素为州里信伏"②。

以韦叡、韦爱结于萧衍为契机,京兆韦氏在江左政治舞台上日益活跃,逐渐成为萧梁名臣③。萧衍于永泰元年(498)刺雍州,居襄阳的韦氏兄弟并为所重。据《梁书》卷一二《韦叡传附韦爱传》,萧衍临雍州时,正逢韦爱母卒,萧衍"闻之,亲往临吊",后引韦爱为中兵参军。萧衍在齐末起兵并成功篡齐建梁,其武装力量基地即在以襄阳为核心的雍州,而襄阳的韦氏兄弟也正是萧衍所利用的主要势力。陈显达、崔慧景之乱,韦叡遣其二子自结于萧衍,后亲自率"众二千、马二百匹"奔赴萧衍,萧衍大喜,曰"他日见君之面,今日见君之心,吾事就矣"④。萧衍久临雍州,对韦氏在襄阳的声望及宗族势力之盛深为了解,韦叡率宗人投诚使其武装力量大大增强,因而自喜"吾事就矣"。其后在萧衍军克郢、鲁,平加湖中,韦叡"多建谋策,皆见纳用",并以冠军将军、江夏太守镇守郢城。萧衍起兵之初,其兄萧懿行郢州事,萧衍欲联雍、郢之势以成大计,向萧懿陈计曰:"郢州控带荆、湘,西注汉、沔;雍州士马,呼吸数万,虎踞其间,以观天下。世治则竭诚本朝,时乱则为国翦暴,可得与时进退,此盖万全之策。"⑤郢州之地对萧衍行事十分关键,他在大军发郢

① 姚思廉:《梁书》卷一二《韦叡传》,中华书局,1973年。
② 姚思廉:《梁书》卷一二《韦爱传》,中华书局,1973年。
③ 韦叡子韦放,《梁书》卷二八有传,传末"史臣曰"并称裴邃、夏侯亶、韦放"允文武之任,盖梁室之名臣欤"。
④ 同①。
⑤ 姚思廉:《梁书》卷一《武帝本纪》,中华书局,1973年。

时,以韦叡为骁骑,留守郢城,行郢府事,足见对韦叡的信重。韦爱在萧衍起兵后,被任为壮武将军、冠军南平王司马,带襄阳令。韦氏兄弟因为助萧衍"义师"有功,萧衍建梁后,韦叡迁升廷尉,封邑三百户,韦爱也进号为辅国将军。襄阳的京兆韦氏自韦叡、韦爱开始,逐渐由雍州地方发展至朝廷中央。

萧衍建梁,韦叡以勋臣迁升高位已入花甲之年,至普通元年(520)卒于家,居梁世近 20 年。近 20 年中,韦叡先后为梁武帝攻取合肥城、于邵阳洲抵御北魏中山王元英之侵,威名大著。陈吏部尚书姚察论曰:"韦叡起上庸以附义,……及合肥、邵阳之役,其功甚盛,推而弗有,君子哉。"①《南史》卷五一《梁宗室上·临川靖惠王宏传》载萧宏率众师北伐时,北人军中有歌曰:"不畏萧娘与吕姥,但畏合肥有韦武。"韦武即指韦叡。韦叡居梁,为襄阳宿望②,深受梁武帝敬重,史称其"居朝廷,恂恂未尝忤视,高祖甚礼敬之"③。邵阳之役后,韦叡历任员外散骑常侍、通直散骑常侍、散骑常侍等清职,又先后居江州刺史、雍州刺史、右卫将军、智武将军、护军将军、车骑将军等大任,并终入直殿省。

自韦叡始,京兆韦氏在江左的政治地位日隆。韦叡四子:放、正、棱、黯。其中韦放同以军功显著,韦棱、韦黯则以经史知名。萧衍临雍州时,韦放即被任为主簿,与诸弟较早即加入萧衍雍州集团。萧衍建梁后,除韦叡官职迁升外,其兄弟子侄皆因功超拔高位。韦放居梁历任盱眙太守、襄阳太守、竟陵太守、浔阳太守、梁南秦二州刺史、北徐州刺史等职,史称其"牧州典郡,破敌安边,咸著功绩"④。韦正官至给事黄门侍郎。韦棱任治书侍御史、太子仆、光禄卿。韦黯历官太仆卿、南豫州刺史、太府卿、轻车将军等职。韦

---

① 姚思廉:《梁书》卷一二《韦爱传》,中华书局,1973 年。
② 《梁书》卷九《曹景宗传》又载,曹景宗为人自恃尚胜,虽同朝公卿无所推揖,"惟韦叡年长,且州里胜流,特相敬重,同燕射筵,亦曲躬谦逊,高祖以此嘉之。"
③ 姚思廉:《梁书》卷一二《韦叡传》,中华书局,1973 年。
④ 姚思廉:《梁书》卷二二《韦放传》,中华书局,1973 年。

放子韦粲史称"有父风"①,亦为梁世名臣,受皇太子萧纲宠遇,官至散骑常侍。侯景乱梁,韦粲隶河东柳仲礼节度勤王,叱子弟奋勇抗敌,最终与子尼及三弟助、警、构、从弟昂皆战死。粲子谅于陈朝以学业为始兴王叔陵所用,仕至中录事参军兼记室,叔陵犯逆,韦谅等并伏诛。

要之,京兆韦叡房支在江左政治上的发展主要在梁武帝一朝,韦叡子孙居官显赫,不仅以武勇见长,且有经史之名。韦放时甚至与吴郡张氏联姻,拒"势族"通婚之请②,足见韦氏在江左社会地位的提高。但梁朝政治因侯景之乱衰落,韦叡房支亦在侯景之乱中遭受重创。时入陈朝,韦叡房支中唯有韦正子韦载、韦鼎名著于世。韦载于陈仕至散骑常侍,韦鼎仕陈至散骑常侍、太府卿等,陈亡入隋。

韦爱较韦叡房支人物单鲜。韦爱后人居梁世者唯有其子乾向,官至骁骑将军等职;子翙亦仕陈骁骑将军,史称"翙素有名望,每大事恒令侠侍左右,时人荣之,号曰'侠御将军'"③。

综上所述,京兆韦氏在东晋南朝时期南迁江左,尤其是依凭襄阳乡里的韦叡、韦爱房支,维持并发展了其家族利益,提高了他们家族在江左的政治地位和社会声望。但是他们以武勇致盛,亦以武勇败灭。唐世京兆韦氏定著九房④,以永嘉丧乱后留北房支或南下不久又北归的房支最为隆盛。南迁江左的房支中,较早北归的韦惠度房支后为平齐公房,韦祖归长子纂传至曾孙弘瑗时号为小逍遥公房,而曾在江左有盛名的韦叡、韦爱房支与九房无涉,大概其房支在唐世已寂寥无闻。

(2009 年第 5 期)

① 姚思廉:《梁书》卷三七《韦粲传》,中华书局,1973 年。
② 《梁书》卷二八《韦放传》:"放与吴郡张率皆有侧室怀孕,因指为婚姻。其后各产男女,未及成长而率亡,遗嗣孤弱,放常赠恤之。及为北徐州,时有势族请姻者,放曰:'吾不失信于故友。'乃以息岐娶率女,又以女适率子,时称放能笃旧。"
③ 姚思廉:《陈书》卷一八《韦载传附韦翙》,中华书局,1972 年。
④ 欧阳修、宋祁:《新唐书》卷七四《宰相世系表》,中华书局,1975 年。

东晋南朝琅邪颜氏之崇尚儒家礼法及其表现

王永平　孙艳庆

一般说来,东晋南朝是士族门阀社会极盛之时代。不过,所谓士族社会,并不是等齐划一的,就其家族地位与影响而言,既有高门、次门之分,也有"大族""小族"之别,又有执政之"势门"与"平流进取"之一般士族的分别。相对而言,在中古士族的研究中,人们往往对那些权重位高的显赫门第给予了较多的关注,对中小家族则关注较少,而实际上,正是这类家族构成了士族社会的基础。在这类中小型士族中,琅邪颜氏家族无疑颇为典型,具有代表性。作为侨姓士族社会之成员,无论就政治权位和经济状况而言,琅邪颜氏皆不能与琅邪王氏、陈郡谢氏等大族相比,除了颜延之之文辞、颜之推之家训外,人们对这一家族所知甚少。实际上,这一家族自觉地克制对权势的追求,颜之推在《颜氏家训·止足篇》中述其家族训诫曰:"先祖靖侯戒子侄曰:'汝家书生门户,世无富贵;自今仕宦不可过二千石,婚姻勿贪势家。'吾终身服膺,以为名言也。"可见其家族之祖训如此。他又自谓:"仕宦称泰,不过处在中品,前望五十人,后顾五十人,足以免耻辱,无倾危也。高此者,便当罢谢,偃仰私庭。"可见颜氏家族世代遵循先辈遗训。颜氏如此,何以能够因沿不废,世代相传呢? 就其根本,主要在于其家族之文化风尚。钱穆先生曾指出:"今人论此一时代之门第,大都只看其在政治上之特种优势,与经济上之特种凭藉,而未能注意及于当时门第中人之生活实况,及其内心想象。因此所见浅薄,无以抉发此一时代之共同精神所在。"① 又说:"一个大门第,

---

① 钱穆:《略论魏晋南北朝学术文化与当时门第之关系》,《中国学术思想史论丛》卷三,安徽教育出版社,2004 年,第 144 页。

决非全赖于外在之权势与财力,而能保泰持盈达于数百年之久;更非清虚与奢汰,所能使闺门雍睦,子弟循谨,维持此门户于不衰。当时极重家教门风,孝弟妇德,皆从两汉儒学传来。"①在政治权势与经济财力之外,钱穆先生特别强调士族核心文化即礼法门风对士族门第传承的重要作用,在这方面,琅邪颜氏可谓典型。有鉴于此,本文就琅邪颜氏家族门风略作论述,从一侧面揭示中古时代世族特别是那些不以权势地位显赫的中小家族传承不替的根本原因。

一、"吾家风教,素为整密":颜氏家族 尊崇礼法之门风及其相关家教

颜之推《颜氏家训·序致篇》曾说"吾家风教,素为整密"。颜真卿《晋侍中右光禄大夫本州大中正西平靖侯颜公大宗碑》则称其家族人物"叠规矩",这是中古时代颜氏代表人物对其家族礼法传统的概括和总结。当然,作为士族社会的礼法名士,颜氏人物之重礼法,不仅影响到其家族,也会影响到当时的社会。从相关史实看,颜氏人物如此自许,确实体现出其家族门风的本质特征,下文以东晋南朝时期其家族人物的具体事例予以说明。

东晋时期,琅邪颜氏家族的代表人物为颜含。在两晋之际,士族社会玄风泛滥的社会背景下,颜含是一位礼法君子,西晋末起家为东海王司马越太傅参军,后琅邪王司马睿镇下邳,颜含被命为参军,并随之南渡。东晋草创过程中,礼法制度多有废弛,而颜含笃守儒家礼法。这方面有一则事例颇能说明问题,《晋书》卷八八《孝友·颜含传》载:

> 于时论者以王导帝之师傅,名位隆重,百僚宜为降礼。太常冯怀以问于含,含曰:"王公虽重,理无偏敬,降礼之言,或是诸君事宜。鄙人老矣,不识时务。"既而告人

① 钱穆:《国史大纲》,商务印书馆,1996年,第309-310页。

曰：“吾闻伐国不问仁人。向冯祖思问佞于我，我有邪

德乎？”

《资治通鉴》卷九六“成帝咸康四年”（338）亦载此事，胡三省有注云：“降礼，谓拜之……臣子惟拜君父，施之于导则为偏敬。偏，不正也。”这里强调的是颜含坚持朝廷礼法，不向王导降礼。又东晋李阐《右光禄大夫西平靖侯颜府君碑》（以下简称《颜府君碑》）载此事，以为“冯怀欲为王导降礼，君不从，曰：‘王公虽重，故是吾家阿龙。’君是王亲丈人，故呼王小字。”①这里强调的是颜含出于亲旧间的长幼关系而不能为王导降礼。当时，由于王导及其家族对东晋立国江东贡献极大，且王导为成帝师傅，王导享有许多超越臣属的待遇，②这除了王导个人因素外，与当时皇纲不振、士族门阀专权的背景相关。然而，颜含反对王导在礼仪上的僭越行为，无论是否有其政治上的倾向，而主要无疑出于其礼法君子的本色，目的在于维护儒家礼法的严正性。

刘宋时期，颜氏代表人物多重礼法。颜延之出于提振家族门第之目的，言行虽颇为玄化，但在家族训诫方面则极重礼法，据《宋书》卷七三《颜延之传》录其所作训诫子孙之《庭诰》，其中多有训导子孙谨遵礼法的内容，如：

睹惊异之事，或涉流传；遭卒迫之变，反思安顺。若

---

① 马光祖修，周应合纂：《景定建康志》，《宋元方志丛刊》影印清嘉庆六年（1811）金陵孙忠愍祠刻本，中华书局，1990年，第2026－2027页。按：宋代洪迈《容斋随笔》卷七“王导小名”条据李阐此文认为“呼三公小字，晋人浮虚如此”。《世说新语·企羡篇》“王丞相拜司空”条，余嘉锡《笺疏》引程炎震之说认为李阐文“君是王亲丈人，故呼王小字”，是“晋人自言呼小字之例如此”，洪迈“浮虚”之说“似未考也”。“丈人”是当时对亲戚长辈的通称，可知颜含称王导小名，不见得为虚浮，而其不肯为王导下拜是有碍于礼教的长幼之序。

② 关于王导在当时所享受之特殊礼遇，房玄龄，等：《晋书》卷六五《王导传》（中华书局，1974年）载：“及帝登尊号，百官陪列，命导升御床共坐。导固辞，至于三四，曰：‘若太阳下同万物，苍生何由仰照！’帝乃止。”又载明帝时，“初，帝幼冲，见导，每拜。又尝与导书手诏，则云‘惶恐言’，中书作诏，则曰‘敬问’，于是以为定制。自后元正，导入，帝犹为之兴焉。”王导羸疾，不堪入朝，明帝“后令舆车入殿，其见敬如此”。《晋书》卷七八《孔愉传附孔坦传》载直到晋成帝，“每幸丞相王导府，拜导妻曹氏，有同家人”。又《晋书》卷三九《荀勗传附荀奕传》载成帝时“通议元会日帝应敬司徒王导不”云云，都可见如何礼敬王导，引起相关礼制的讨论。颜含所论，正与此相关。

　　异从己发,将尸谤人,迫而又迁,愈使失度。能夷异如裴

楷,处逼如裴遐,可称深士乎!

可见颜延之希望其子孙效仿裴楷、裴遐叔侄,此二人都是身出玄风
之中而不违礼,善于自处,从而比较好地协调了礼法与玄风的关
系。① 仔细检核,可见《庭诰》一再涉及当时士族日常生活的礼仪训
诫,如喜怒、交友、饮酒、游戏等,颜延之要求其子弟依照《礼记·曲
礼》"礼不踰节,不侵侮,不好狎""乐不可极"等礼法原则,有所
节制。

　　齐梁时期,琅邪颜氏代表人物因循其家族门风传统,以恪守礼
法著称。如颜协,《南史》卷七二《文学·颜协传》:"协家虽贫素,
而修饰边幅,非车马未尝出游。"可见其注重仪表礼度,自律甚严。
颜协乃颜之推之父,而颜之推《颜氏家训·治家篇》述其家族在南
朝的生活情形说:"南间贫素,皆事外饰,车乘衣服,必贵齐整;家人
妻子,不免饥寒。"这正与颜协的生活状况一致。遭遇社会的动荡
与家庭的困顿,但作为文化士族人物,不能因客观环境而放松礼法
上的自律,这正是所谓"士大夫风操"的表现,至于正常环境下,其
严格遵循礼法,则自在不言之中了。

　　作为儒学旧族,琅邪颜氏礼法传统之承传,与其家族重视家教
密切相关。确实,与诸多世家名门一样,琅邪颜氏有其家教之传
统,而且这方面的业绩更为突出。颜之推在《颜氏家训》中一再引
述东晋颜含的训诫之言,可称为其家族之"祖训"。刘宋时期,颜延

---

　　① 裴楷,据刘义庆《世说新语·任诞篇》"阮步兵丧母"条载:"阮步兵丧母,裴令公往吊之。阮
方醉,散发坐床,箕踞不哭。裴至,下席于地,哭吊喭毕,便去。或问裴:'凡吊,主人哭,客乃为礼。阮
既不哭,君何为哭?'裴曰:'阮方外之人,故不崇礼制;我辈俗中人,故以仪轨自居。'时人叹为两得其
中。"刘孝标注引《名士传》载此事,并称赞裴楷"其安异同如此"。可见裴楷曾积极致力于玄学名士
任诞言行与儒家礼法的调和,颜延之所谓"能夷异如裴楷",即《名士传》所谓"其安同异如此"之意,
"同异"者即自然与名教之同异。由此可以推想,在当时士族社会崇尚玄虚的背景下,颜延之希望子
弟面对不合礼教"惊异之事",要像裴楷那样能够明辨是非。裴遐,《世说新语·雅量篇》"裴遐在周
馥所"条载,裴遐在周馥家中下围棋,"馥司马行酒。遐正戏,不时为饮。司马恚,因曳遐坠地。遐还
坐,举止如常,颜色不变,复戏如故。王夷甫问遐:'当时何得颜色不异?'答曰:'直是闇当故耳。'"可
知颜延之所谓"处逼如裴遐",即指此类事而言,所希望于子孙者当为处于此种特殊境遇之中,要
能从容应对,保持士大夫之优美仪态。

之著有《庭诰》、南北朝末颜之推则有著名的《颜氏家训》,可见其家族训诫之风世代承传,一以贯之,并且在内容上不断丰富,成为中古世族社会家教的典范。作为其家族训诫集大成的著作,从中可见颜氏家族世代遵奉的诸多礼仪规范。对于著作《家训》的初衷,颜之推在《序致篇》中称为"业以整齐门内,提撕子孙",即意在规范其子弟言行,以符合礼教规范。其《风操篇》又说:"吾观《礼经》,圣人之教……亦为至矣。但既残缺,非复全书;其有所不载,及世事变改者,学达君子,自为节度,相承行之,故世号士大夫风操。而家门颇有不同……然其阡陌,亦自可知。……汝曹生于戎马之间,视听之所不晓,故聊记录以传示子孙。"据此可知,其所规劝子弟遵行之种种规矩皆就儒家礼教结合社会生活实际折中而成。父子、兄弟之间,颜之推要求严其礼防,《教子篇》说:"父子之严,不可以狎;骨肉之爱,不可以简。"为此不惜笔墨于《兄弟篇》举刘琎因未著衣帽而不敢应答其兄刘瓛的呼叫之事,称赞说"以此事兄,可以免矣",其所向往之家族内父子、兄弟间之规矩仪范由此可见一斑。家族内部的礼法甚至关涉家中的奴仆,《风操篇》举裴之礼家之例说:"其门生僮仆,接于他人,折旋俯仰,辞色应对,莫不肃敬,与主无别也。"这正是颜之推所向往并教导其子弟为之努力的理想门第风范。特别需要指出,颜之推自述其家教,非常重视幼教和青少年时代的训导,《教子篇》说:"当及婴稚,识人颜色,知人喜怒,便加教诲,使为则为,使止则止。"《序致篇》则以自己为例,云:"昔在龆龀,便蒙诱诲;每从两兄,晓夕温清,规行矩步,安辞定色,锵锵翼翼,若朝严君焉。赐以优言,问所好尚,励短引长,莫不恳笃。年始九岁,便丁荼蓼,家途离散,百口索然。慈兄鞠养,苦辛备至;有仁无威,导示不切。虽读《礼传》,微爱属文,颇为凡人之所陶染,肆欲轻言,不修边幅。年十八九,少知砥砺,习若自然,卒无洗荡。二十以后,大过稀焉;每常心共口敌,性与情竞,夜觉晓非,今悔昨失,自怜无教,以至于斯。追思平昔之指,铭肌镂骨,非徒古书之诫,经目过耳也。"颜之推尽管接受训导甚早,但仍有诸多遗憾,"自怜无教",著述家训以教导子孙。

一般说来，士族门第无不重视家族内部之礼法，但毕竟"家门颇有不同"。相较之下，琅邪颜氏家族内部训诫颇为严格，其人物表现亦多严谨。具体以颜延之教训其子颜竣为例，《南史》卷三四《颜延之传》载颜延之"尝早候竣，遇宾客盈门，竣方卧不起，延之怒曰：'恭敬撙节，福之基也。骄倨傲慢，祸之始也。况出粪土之中，而升云霞之上，傲不可长，其能久乎？'"尽管颜延之在社会上言行颇任诞，但他对一度颇有权位的颜竣行家教之责，态度如此严格，完全是一位礼法之士。细读《颜氏家训》所举其家族教训子弟的事例与主张，也可见其家族的治家态度极为严格。《治家篇》曾言"笞怒废于家，则竖子之过立见……治家之宽猛，亦犹国焉。"很明显，颜之推是主张采取严厉的态度教育子孙以践礼的，而不主张对子女过分宽纵与溺爱。

二、"代传恭孝"：颜氏家族世代孝悌之门风

儒家礼法是士族社会普遍遵循的基本道德规范，而在家族内部则具体表现为成员之间的伦理关系，其核心就是孝悌之道，目的在于维护家族内部的和睦和稳定，从根本上延续其家族地位。李慈铭《越缦堂读书记》"正史类·《南史》"部分有一则札记说："王谢子弟，浮华矜躁，服用奢淫，而能仍世显贵者，盖其门风孝友，有过他氏……家庭之际，雍睦可亲……虽改姓易朝，略无忠节，顾不恤国而能恤家，久据膏粱，要非无故。"相较之下，琅邪颜氏孝友之门风更为严正和纯粹。颜氏儒化，可谓源远流长，《颜氏家训·诫兵篇》称："颜氏之先，本乎邹、鲁，或分入齐，世以儒雅为业，遍在书记。"颜之推所述其家族早期儒化风尚，难以确考，但至少自汉末，其家族孝友门风已颇为严正。颜真卿《晋侍中右光禄大夫本州大中正西平靖侯颜公大宗碑》载颜盛"始自鲁居琅琊。代传恭孝，故号所居为孝悌里"。颜盛率领家族人物自鲁徙

居琅邪,可谓是琅邪颜氏一支之"始祖",其所居之新地命名"孝悌里",其子孙"代传恭孝",可见其门风渊源有自。东晋南朝琅邪颜氏侨居江东,南北朝后期又北迁关东与关中,这一家族文化风尚一直因袭不衰。

两晋之际的颜含是一位孝友之典范,其被列入《晋书》之《孝友传》,正说明了这一点。① 据李阐《颜府君碑》,颜含"幼禀贞粹,长而好古,睦亲之誉,发于羁贯,每读书,见孝友通灵之事,辄悽然改容,以为人神相与,何远之有? 但患人心浇伪,自绝于神耳。苟能无以伪杂真,神其舍诸"。可知颜含自幼即有浓厚的孝友之情,笃信"孝友通灵之事"。又《晋书·孝友传》载"含少有操行,以孝闻"。其兄颜畿,"咸宁中得疾,就医自疗,遂死于医家",家人办丧事,颇有灵异,其兄托言未死,"吾当复生,可急开棺",其父本不肯开棺,颜含虽年少,力主开棺,"果有生验"。颜含"乃绝弃人事,躬亲侍养,足不出户者十有三年。石崇重含淳行,赠以甘旨,含谢而不受"。此事颇为怪异,也许颜含兄被误诊而成为"植物人"了。但年少之颜含如此对待病危之兄长,孝友之情可谓淳厚。颜含本传又载其"二亲既终,两兄继没,次嫂樊氏因疾失明,含课励家人,尽心奉养,每日自尝省药馔,察问息耗,必簪履束带。医人疏方,应须髇蛇胆,而寻求备至,无由得之,含忧叹累时。尝昼独坐,忽有一青衣童子年可十三四,持一青囊授含,含开视,乃蛇胆也。童子逡巡出户,化青鸟飞去。得胆,药成,嫂病即愈。由是著名。"所谓青鸟送药,其为怪诞,固不可信,但颜含精心侍奉失明之寡嫂当有其事。李阐《颜府君碑》称颜含"修己立诚,尽欢就养,训行闺门,义达州里"②。所谓"尽欢就养",是称扬颜含个人之孝行,所谓"训行闺门",则指出颜含致力于家族孝悌门风建设。此后,颜含诸子皆秉

---

① 对唐修《晋书》,史家刘咸炘曾说:"《孝友传》庸滥如斯……惟《颜含传》独详实。"参见刘咸炘:《翻史记一·〈晋书〉记》,收入《推十书》(增补全本)丙辑,上海科学技术文献出版社,2009年,第699页。

② "尽欢就养",典出《礼记·檀弓下》:"啜菽饮水,尽其欢,斯之谓孝。"《檀弓上》:"事亲有隐而无犯,左右就养无方。"

承孝行。《太平御览》卷三八九引《颜含别传》称其长子颜髦"少慕家业,惇于孝行"。李阐颜含碑文也称颜含致仕后,颜髦"解职视膳",颜谦"躬率田桑",也尽孝养之心;颜含卒后,"停枢在殡,邻家失火,三子抱枢号惶,分同灰烬,焱焰垂及,欻然顿灭"。颜含父子如此,可见其孝友之情。

晋宋之间,颜延之教导子弟,特别重视孝悌。据《宋书》本传所录《庭诰》,颜延之说:"欲求子孝必先慈,将责弟悌务为友。虽孝不待慈,而慈固植孝;悌非期友,而友亦立悌。"又说:"倘知恩意相生,情理相出,可使家有参、柴,人皆由、损。"这些都是对子弟践行孝悌之义具体途径的指导。所谓"家有参、柴,人皆由、损",正是颜延之对其子孙的希望。《艺文类聚》卷二一"人部·友悌·祭文"收有颜延之所作《祖祭弟文》,文中所言"惟兄及弟,瞻母望昆"云云,可以看出其兄弟之间的拳拳深情。①

齐梁之际,颜协也以孝义著名。《梁书》卷五〇《文学下·颜协传》载其少孤,由舅陈郡谢暕抚养成人,后谢暕卒,颜协"以有鞠养恩,居丧如伯叔之礼"。颜协对谢暕如此尽孝,以报答其养育之恩。颜协诸子也皆能践行孝悌之义。前引颜之推在《颜氏家训·序致篇》中曾描述其与两位兄长早年生活的情形:"年始九岁,便丁荼蓼……慈兄鞠养,苦辛备至;有仁无威,导示不切"云云,可见在家国破败的逆境中,其兄弟之间抚育与教养的情形。

颜之推著《家训》,继承其家族传统,大力倡导孝悌精神。②《颜氏家训·兄弟篇》论述友悌之理,说:

夫有人民而后有夫妇,有夫妇而后有父子,有父子而

后有兄弟:一家之亲,此三而已矣。自兹以往,至于九族,

---

① 李延寿:《南史》卷二六《袁湛传附袁豹传》载,袁豹宗人袁廓之"父景隽,宋世为淮南太守,以非罪见诛。廓之终身不听音乐,布衣蔬食,足不出门,示不臣于宋,时人以比晋之王裒。颜延之见其幼时,叹曰:'有子如袁廓足矣。'"由颜延之对袁廓的称赞,可见其论人颇重孝友德行。

② 对《颜氏家训》之重视孝悌,张伯伟先生《〈颜氏家训〉与颜氏家风》(《第三届魏晋南北朝文学国际学术研讨会论文集》,台北文史哲出版社,1998年)有深入论述,请参看。

皆本于三亲焉,故于人伦为重者也,不可不笃。兄弟者,
分形连气之人也,方其幼也,父母左提右挈,前襟后裾,食
则同案,衣则传服,学则连业,游则共方,虽有悖乱之人,
不能不相爱也。……二亲既殁,兄弟相顾,当如形之与
影,声之与响;爱先人之遗体,惜己身之分气,非兄弟何念
哉?兄弟之际,异于他人,望深则易怨,地亲则易弭。譬
犹居室,一穴则塞之,一隙则涂之,则无颓毁之虑;如雀鼠
之不恤,风雨之不防,壁陷楹沦,无可救矣。……兄弟不
睦,则子侄不爱;子侄不爱,则群从疏薄;群从疏薄,则僮
仆为仇敌矣。如此,则行路皆踏其面而蹈其心,谁救之
哉?人或交天下之士,皆有欢爱,而失敬于兄者,何其能
多而不能少也!人或将数万之师,得其死力,而失恩于弟
者,何其能疏而不能亲也!

他特别重视家族内兄弟、子侄之间的和睦问题,否则,任何一个家
族都难以稳定和维系。在这一门风影响下,颜之推诸子侄,直到唐
代,依然多以孝友显名。据《旧唐书》卷七三《颜师古传》,颜师古之
弟颜相时"羸瘵多疾病,(唐)太宗常使赐以医药。性仁友,及师古
卒,不胜哀慕而卒"。

当然,作为一个传承数百年、历经众多王朝更迭和南北地域迁
徙的家族,琅邪颜氏虽不若琅邪王氏等显赫门第那样房支众多与
人物繁盛,但毕竟有一定的成员数量,加上处于复杂多变之局势,
难免有个别人物未合门风严谨之标准,如刘宋颜竣、唐初颜师古,
都曾遭时论所讥,有违孝行。但从上述颜氏家族代表人物的行为
表现和当时社会舆论的反应看,琅邪颜氏人物践行礼法、笃守孝
道,确实构成了其家族门风的显著特征,所谓"代传孝恭",确非
虚言。

在中古时代以家族为本位的社会状况下,各家族都普遍重视
礼法与孝友之道,诚如日本史家内藤湖南在《中国中古的文化》中

所概言:"贵族的家庭是社会的核心,所以礼仪是十分严格的。家礼从这时起被认为是重要的……生活中的一切都受到礼仪的束缚,贵族的家族是依据这些法则行事的。"①特别像琅邪颜氏这样的"小族",他们缺少强大的家族势力的支撑和社会基础,而且极力回避与一些强势门第联姻结盟,其家族之维系与承继,主要依靠内在的文化的凝聚力。陈寅恪先生在《唐代政治史述论稿》中指出:"所谓士族者,其初并不专用其先代之高官厚禄为其唯一之表征,而实以家学及礼法等标异于其他诸姓。……凡两晋、南北朝之士族盛门,考其原始,几无不如是。魏晋之际虽一般社会有巨族、小族之分,苟小族之男子以才器著闻,得称为'名士'者,则其人之政治及社会地位即与巨族之子弟无所区别,小族之女子苟能以礼法特见尊重,则亦可与高门通婚,非若后来士族之婚宦二事专以祖宗官职高下为惟一之标准者也。……夫士族之特点既在其门风之优美,不同于凡庶,而优美之门风实基于学业之因袭。故士族家世相传之学业乃与当时之政治社会有极重要之影响。"②钱穆先生也曾指出:"当时门第传统共同理想,所希望于门第中人,上自贤父兄,下至佳子弟,不外两大要目:一则希望其能具孝友之内行,一则希望其能有经籍文史学业之修养。此两种希望,并合成为当时共同之家教。其前一项表现,则成为家风。后一项之表现,则成为家学。"③又说:"礼法实与门第相始终,惟有礼法乃始有门第,若礼法破败,则门第亦终难保。"④就琅邪颜氏家族而言,其家族在既无政治、经济强势,也无房支众多的人数优势等背景下,相沿不废的关键正在"其门风之优美,不同于凡庶",特别是其重视儒家礼法家教传统。从这个意义上说,琅邪颜氏之儒家礼法门风及其传承可谓当时士族社会之典范。

---

① 内藤湖南著,夏应元选编、监译:《中国史通论》,社会科学出版社,2004 年,第 310 页。

② 陈寅恪:《唐代政治史述论稿》,北京三联书店,2001 年,第 259 – 260 页。

③ 钱穆:《略论魏晋南北朝学术文化与当时门第之关系》,《中国学术思想史论丛》卷三,安徽教育出版社,2004 年,第 159 页。

④ 同③,第 161 – 162 页。

三、琅邪颜氏人物之习玄与其尚儒传统之关系

由上文所考叙,可见琅邪颜氏人物笃信儒家道德,其在学术上也多重经史之道。① 颜氏家学门风虽如此,但他们毕竟处于玄学思潮及相关风尚盛行的时代,魏晋以降,由儒入玄是诸多士族家族提升社会地位的捷径,那么琅邪颜氏人物是如何对待与处理玄学激起之风尚的呢? 附论于此,以进一步探究其家族文化的本质特征。

汉末魏晋以来,士风渐变,个性化的名士层出不穷,"世以儒雅为业"的颜氏自然少有预流者。两晋之际,玄化思潮风靡,任诞放达之风甚嚣尘上,颜氏家族代表人物对此表现出强烈的抵触与排斥情绪。如颜含,《晋书》本传载,朝廷拟以颜含出任吴郡太守,丞相王导问颜含说:"卿今莅名郡,政将何先?"颜含答:"王师岁动,编户虚耗,南北权豪竞招游食,国弊家丰,执事之忧。且当征之势门,使反田桑,数年之间,欲令户给人足,如其礼乐,俟之明宰。"颜含为政,"所历简而有恩,明而能断,然以威御下",以致王导叹曰:"颜公在事,吴人敛手矣。"颜含之从政态度如此,体现出汉儒的作风,与玄化名士大相径庭。王导以为颜含不合时局,致使颜含"未之官,复为侍中"。在人物品评中,颜含也依然重视德行而轻视玄化风采方面。《晋书》本传载:"或问江左群士优劣,答曰:'周伯仁之正,邓伯道之清,卞望之之节,余则吾不知也。'其雅重实,抑绝浮伪如此。"颜含表彰诸人,重其正、清、节,完全是汉儒的标准,这与当时的品藻风气大相径庭,而诸人皆为当时玄化名士讥刺,可见颜含与时流之思想冲突。

颜含之后,其子孙也未入玄。其长子颜髦,《北堂书钞》卷五八引《颜含别传》称其"形仪严整,风貌端美",桓温赞为"廊庙之望"。"形仪严整",与玄化名士的容止风貌不同,而所谓"廊庙之望",即

---

① 关于颜氏人物之致力经学及其成就,笔者另有专文考述,此不赘述。

娴习儒家礼仪,能为百官准则,自然与玄学风尚有所疏离。

直到南北朝后期,颜氏代表人物对玄学风尚仍持批判态度。颜之推《颜氏家训·勉学篇》论及梁代玄学风尚,认为清谈"非济世成俗之要也。洎于梁世,兹风复阐……元帝在江、荆间,复所爱习,召置学生,亲为教授……吾时颇预末筵,亲承音旨,性既顽鲁,亦所不好云"。可见颜之推明确批评"兹风复阐"的风气,希望其子弟疏离玄风。琅邪颜氏家族通过其代表人物的言行表现与严格的家教,始终对玄学保持排斥的态度,这从一个侧面维护了其家族崇尚儒家礼法的传统,使其家族成为侨姓士族中为数不多的少受玄风浸染的家族之一。

当然,我们还必须注意到,作为上层社会的主流风尚,玄学风尚对世族社会的影响是极其深刻的,即便像琅邪颜氏这样守旧的儒学世家,也不可能完全置身于外,一点不受其影响。无论对于一个家族,或者其中之人物,玄风有如时代氛围,如果一点不融入其中,便难以为士族社会所接受,而无法获得政治与社会的现实利益。诚如田余庆先生所指出:"两晋时期,儒学家族如果不入玄风,就产生不了为世所知的名士,从而也不能继续维持其尊显的士族地位。东晋执政的门阀士族,其家族在什么时候、以何人为代表、在多大程度上由儒入玄,史籍都斑斑可考。他们之中,没有一个门户是原封未动的儒学世家。东晋玄学一枝独秀,符合门阀政治的需要。"①事实确实如此,琅邪颜氏人物长期抵制玄风,颜含之后,其家族的政治及社会地位明显衰落。对此,颜氏子弟不能不有所忧虑。

晋宋之际,颜延之由儒入玄,成为琅邪颜氏家族第一个玄学名士。关于颜延之的玄化,史籍多有记载,《宋书》本传称其"饮酒不护细行",晚年"好骑马,遨游里巷,遇知旧辄据鞍索酒,得酒必颓然自得",恣意任诞。又《南史》本传载何尚之曾问其诸子"谁得卿

① 田余庆:《东晋门阀政治》(第4版),北京大学出版社,2005年,第292页。

狂",颜延之说"其狂不可及"。又载宋文帝"尝召延之,传诏频不
见……他日醉醒乃见"。可见其以"狂"自傲,目的在于以此邀名,
提升其个人和家族之声誉与地位。颜延之不仅在行为方面玄化,
在学术上也儒玄结合,《文选》卷六〇王僧达《祭颜光禄文》称颜延
之"义穷机象",李善注曰:"机象,谓《周易》。"可知在《周易》研究
方面,颜延之倾向于魏晋以来的玄化义学。《太平御览》卷六〇八
引颜延之《庭诰》曰:"《易》首体备,能事之渊。马、陆得其象数,而
失其成理;荀、王举其正宗,而略其数象。四家之见,虽各有所志,
总而论之,情理出于微明,气数生于形分,然则荀、王得之于心,马、
陆取之于物,其芜恶迄可知矣。夫数象穷,则太极著;人心极,则神
功彰。若荀、王之言《易》,可谓极人心之数者也。"对于《周易》之
象数与义理,颜延之倾向于王弼义理之学。不仅如此,颜延之还将
此种学术倾向付诸实践。元嘉年间,担任国子祭酒时,便罢黜《周
易》郑玄注,单立王弼注。此举后被陆澄斥为"意在贵玄,事成败
儒"[1]。刘宋初,刘裕曾命颜延之与庐山儒者周续之论学,《宋书·
颜延之传》:"雁门人周续之隐居庐山,儒学著称,永初中,征诣京
师,开馆以居之。高祖亲幸,朝彦毕至,延之官列犹卑,引升上席。
上使问续之三义,续之雅仗辞辩,延之每折以简要。既连挫续之,
上又使还自敷释,言约理畅,莫不称善。"从中可见颜延之对周续
之,"每折以简要",刘裕命其自释所学,"言约理畅,莫不称善",这
都是基于其儒玄结合、以玄释儒的学风特点。此外,颜延之还着意
指导其子弟习玄,据《宋书》本传所录《庭诰》,他要求子弟学习清
谈,即所谓"练之庶士,校之群言",而不能只是"呻吟于墙室之内,
喧嚣于党辈之间"。此后,其诸子的玄学素养有所提高。《宋书》卷
七五《颜竣传》载宋文帝曾问颜延之:"卿诸子谁有卿风?"颜延之曾
说:"竣得臣义,跃得臣酒。"所谓颜竣之"义"、颜跃之"酒",都是习
染玄学与玄风的表现。颜延之入玄,拓展了其交游范围与层次,其

---

① 萧子显:《南齐书》卷三九《陆澄传》,中华书局,1972年。

得与谢灵运齐名,并与谢晦等名士交往,成为当时最著名的名士之一,并受到宋武帝、宋文帝父子的关注,除了其文才外,与其玄化关系密切。这种社会地位的提升,也一度影响到其家族仕宦。①

由此可见,以往有论者以为琅邪颜氏为未受玄学影响之家族,这显然不合实际,在玄风盛行的大文化背景下,一尘不染,绝无可能。不过,琅邪颜氏毕竟儒学传统深厚,就其入玄而言,不仅时间甚晚,且为个别人物,不能从根本上改变其家族整体文化风貌。即便在玄化方面最为突出的颜延之,其任诞便具有明显的做作色彩,并不自然,其他子弟更是习玄不深。颜延之之入玄是其家族文化的一个"变调",不可能成为其家族文化新的"基调"。因此,就总体而言,琅邪颜氏家族虽曾接受了玄学风尚的影响,但无法撼动和改变其家族"世以儒雅为业"的文化传统,虽经受了玄风的影响,但依然保持着比较典型、纯粹的经学世家的本质。颜之推在《观我生赋》中说:"吾王所以东运,我祖于是南翔。去琅邪之迁越,宅金陵之旧章,作羽仪于新邑,树杞梓于水乡,传清白而勿替,守法度而不忘。"所谓"传清白而勿替,守法度而不忘",都是以儒家礼法为根本,这是其家族文化的根本精神,而对玄学浮虚之论,他们是不以为意的。

(2010 年第 5 期)

---

① 颜延之在经学上颇有成就,这体现出其家族的经学传统,从而与一般的玄学之徒不同。对此,拙文《颜延之的经学建树及其学风旨趣》(待刊稿)已有具体的考述,这里不赘。

走马楼吴简与孙吴时期的工商业

邱　敏

　　20 世纪末，轰动国内外学界的长沙走马楼吴简大量出土，为我们研究魏晋六朝尤其是孙吴时期的社会历史提供了极为珍贵的实物资料。随着出土木简、竹简和其他实物整理工作的推进，相关报告、图录和释文陆续公布，对该时期经济、社会各领域状况的研究逐渐展开并获得进展。此前，笔者曾于 20 世纪八九十年代参与江苏省社会科学研究规划项目《六朝经济史》的编撰，①具体承担"手工业""商业与交通"两章之撰写。时至 20 年后的 2009 年，又应南京出版社之邀，与撰《六朝经济》一书，②遂有机会汇集、排比走马楼吴简涉及孙吴手工业与商业方面的相关资料和学者们的研究成果，本文拟对此略作介绍与讨论，浅误之处，敬请指正。

一、关于"作部"

　　笔者曾在《六朝经济史》第六章"手工业"系统讨论官营手工业的生产关系和生产力状况，其中述及"作部"问题，认为"作部"并非仅设于地方，朝廷中央机构也设有直接掌握的手工业生产机构。不过，地方州郡设立"作部"更为普遍而已，而这一现象的产生，正是六朝时期政治、经济形势发展的产物，它在一定程度上"调整了官营手工业的地区布局，其对南方社会经济开发所起的积极作用

---

①　许辉、蒋福亚：《六朝经济史》，江苏古籍出版社，1993 年。
②　陈明光、邱敏：《六朝经济》，南京出版社，2010 年。

是不应忽视的。"①至21世纪初,有学者归纳上述认识为:"魏晋南北朝时期,作部已经形成稳定的官府手工业机构"。② 自20世纪末至21世纪初,伴随走马楼吴简资料的不断公布和相关研究成果的陆续推出,其中直接、间接涉及孙吴手工业的信息和成果不仅印证了文献记载关于"作部"的基本情况,而且使我们对官营手工业这一重要生产机构的认识有了明显的深化。例如:由长沙市文物工作队、长沙市文物考古研究所发表的《长沙走马楼 J₂₂ 发掘简报》③彩版二的一块签牌,上端大书"兵曹"二字,下部两行文字是:"徙作部工师及/妻子本事"。与此签牌内容相关的一些竹简也在整理过程中陆续出现。王素、宋少华、罗新所撰《长沙走马楼简牍整理的新收获》④一文即列有称作"师佐籍"的登录各县手工工匠户籍状况的12枚竹简释文。以后,同类竹简在由长沙市考古研究所、中国文物研究所、北京大学历史系组成的"走马楼简牍整理组"发表的《长沙走马楼三国吴简·竹简(壹)》一文中披露。学界对这些资料信息进行研讨而产生的成果也陆续推出。⑤ 以上资料和成果使我们对六朝,尤其是孙吴的官营手工业中"作部"的性质及其管理情况增加了不少新的认识。

首先,关于"作部"的性质与出土签牌之意义。2001年,罗新《吴简中的"作部工师"问题》一文提出吴简中签牌文字"作部",与论者多有引用的《晋书·陶璜传》等文献资料所记载的作为官营手工业机构的"作部""是不是同一个,或同一类机构"的问题。笔者

① 参见许辉、蒋福亚:《六朝经济史》,江苏古籍出版社,1993年,第300、301页,及拙撰《六朝"作部"》,《江海学刊》,1992年第6期;《六朝管营手工业的管理和劳动者地位的变化》,《南京社会科学》,1992年第4期。

② 罗新:《吴简中的"作部工师"问题》,长沙市文物考古研究所编《长沙三国吴简暨百年来简帛发现与研究国际学术研讨会论文集》,中华书局,2005年。

③ 长沙市文物工作队、长沙市文物考古研究所:《长沙走马楼 J₂₂ 发掘简报》,《文物》,1999年第5期。

④ 王素、宋少华、罗新:《长沙走马楼简牍整理的新收获》,《文物》,1999年第5期。

⑤ 主要如罗新《吴简中的"作部工师"问题》、韩树峰《长沙走马楼吴简所见师佐籍考》,长沙简牍博物馆、北京吴简研讨班编《吴简研究》(第一辑),崇文书局,2004年。沈刚:《〈长沙走马楼三国吴简·竹简(壹)〉所见师佐籍格式复原及相关问题探讨》,《人文杂志》,2008年第6期。

以为,吴简签牌文字"作部"既然与"工师"连称,罗先生之文也承认签牌中"工师"是"作部"全体工匠的总称,那么,签牌"作部"不会与此时的手工业毫无关系。所以,将它与《陶璜传》等文献所记"作部"作同类手工业机构之理解应该不会有太大问题。如果此一推测未误,则吴简中这枚签牌就是直接证明六朝南方确实设有官营手工机构——"作部"的首见实物资料,其意义和价值不可低估。

其次,关于"作部"的隶属关系。笔者前已指出,它作为官营手工业机构,不仅设置于地方州郡,同时,也设置于六朝中央机构的有关部门中。① 长沙走马楼吴简资料的公布,尤其是签牌所书之"兵曹"字样,为进一步研讨作部的隶属关系问题开辟了广阔的空间。前揭罗新先生之文认为:"签牌上书'兵曹'除了显示作部工匠的转徙由兵曹监督执行,也许更深刻地揭示这一时期作部的军事化管理以及工匠身份的变化。"罗文并认为"《彭祈碑》碑阴题名在'作部史'之前,恰恰是'兵曹掾',这一排列也许不是偶然的,很有可能,魏晋时期地方政府的'作部',本来就隶属于兵曹"。对此分析与推断,学者尚有不同意见,例如,宋少华先生即认为,"据木楬所见,兵曹存有'徙作部工师及妻子本事',则证兵曹为师佐之使用部门之一"。② 当然,兵曹统辖作部与作为使用作部工匠的单位或部门,这两种可能性在当时抑或并行不悖,而论及性质则是明显不一样的隶属关系。鄙意,兵曹既是军事性行政职能部门,而手工业工匠广泛地被征调转徙,在很大程度上亦出于军事目的。所以,地方作部隶属于兵曹统辖是很有可能的。当然,要形成最后的结论,还有待出现更多的材料和进行更深入的研究。

---

① 有关地方"作部"之隶属情况,著名学者严耕望先生早在20世纪五六十年代已在其《中国地方行政制度史·魏晋南北朝地方行政制度》一书中有所涉及,该书在排列东晋南朝之"郡国佐吏"时,据晋人《彭祈碑》碑阴题名认为,郡府应有"作部史"一职。不过,笔者得见此书,已是2007年3月由上海古籍出版社影印之台湾"中央研究院"史语所刊本。而早在2001年,罗新先生《吴简中的"作部工师"问题》一文又据金文明《金石录校证》(上海书画出版社,1985年)认为,"作部吏"应为"作部史"。

② 宋少华:《长沙三国吴简保护整理与研究的新进展》,长沙市文物考古研究所编《长沙三国吴简暨百年来简帛发现与研究国际学术研讨会论文集》,中华书局,2005年,第17页。

二、关于"师佐籍"与手工工匠的身份地位

笔者曾于《六朝经济史》第六章"手工业"论及六朝官府手工业作坊中的生产者。谈到在广泛利用奴婢、刑徒的同时,拥有各种技艺的手工工匠逐渐成为六朝官营手工业中劳动者的重要组成部分。唐长孺先生曾指出,两汉官府对于手工工匠的征发尚属临时性处置。三国以来,各军事势力和统治集团为了保证军备物资和消费品的供应,对于工匠的征调更加频繁,并逐渐制度化。① 这在有关孙吴历史的文献资料中多有记载。如:《三国志·吴书孙策传》注引《江表传》曰:"自与周瑜率二万人步袭皖城,即克之,得(袁)术百工及鼓吹部曲三万余人。"唐先生说,这里把"百工""鼓吹"与一般部曲分开即因他们具有专门技术,与一般士兵不同,由此可见"百工"之作为俘虏是以一种特殊的身份、特殊的集团相待的。《三国志·吴书·三嗣主传》曰:"交阯郡吏吕兴等反,杀太守孙谞。谞先是科郡上手工千余人送建业,而察战至,恐复见取,故兴等因此扇动兵民,招诱诸夷也。"远在交阯的地方官能"科郡上手工千余人"送往京师,可知由民间征调工匠的制度已普遍推行。自长沙走马楼吴简出土后,前述有关"作部工师"签牌以及与之相关的被称为"师佐籍"相反映的手工工匠户籍状况的竹简资料,为我们进一步认知孙吴手工工匠的征发调遣、分工门类以及身份地位等等方面的问题提供了大量颇具价值的实物资料和信息。这里,试列举有关"师佐籍"简文数条:②

简5817:镰(?)佐武陵梁审年州　□见

简5889:□皮师醴陵韦牛年五十五

简5914:物故 绢 白佐临湘朱异妻端年五十在本

---

① 唐长孺:《魏、晋至唐官府作场及官府工程的工匠》,《魏晋南北朝史论丛续编》,生活·读书·新知三联书店,1959年,第35页。

② 走马楼简牍整理组:《长沙走马楼三国吴简·竹简(壹)》,文物出版社,2003年。

县 留

简5948：鑪师□师□师锦师母妻子人名年纪为薄如

牒见

简5955：物故刚佐醴陵文孙子男☑年十一在本县

简5956：物故乾锻佐醴陵文理妻婢年卅四在本县

简5962：乾锻师醴陵随蓝年卅六见

简6609：物故刚师临湘张☑子男秋年十二见

简6709：治师建宁□□年五十三见

简6720：舥慰师醴陵候曹年廿八　单身　见

简7447：钱佐刘阳五累年　一见

将这些反映"师""佐"在籍状况的竹简和书有"兵曹""徒作部工师及妻子本事"的签牌结合起来考察，似可产生以下一些认识：

首先，这些被称为"师""佐"的身份是官营手工业工匠还是民营手工业者？前揭罗新先生之文认为："这些师佐"是"隶属作部的"，"标名这些师佐名籍，可能是为了转运迁徙这些师佐而造的花名册"，他们"也可能属于被征发而充入作部的手工业工匠。"但是，韩树峰先生在前揭《长沙走马楼三国吴简所见师佐籍考》一文中认为"签牌表明州或其以上机构的作部迁徙转运手工业机构中师佐并不错，但与吴简中的师佐籍未必存在着直接联系。也就是说，师佐籍可能是长沙郡各县向郡手工业机构遣送师佐的花名册，而非作部迁徙师佐的花名册。"显然，对于师佐籍反映的手工工匠究竟属于什么身份，学者们意见尚有分歧，笔者以为，在这些分歧意见的背后，也存在着一些共同的认识值得重视，尤其是签牌与师佐籍资料已证明，孙吴时长沙及其周围地区工匠的名（户）籍的确被详细地登录于地方政权的文件档案，这正是工匠们被严密控制和频频调遣的直接而明确的反映。这证明当时地方政府征调手工工匠确已制度化，签牌和师佐籍资料为半个世纪前唐先生的分析和论断提供了宝贵的实物佐证。

其次，师佐籍的竹简资料还反映，孙吴长沙地区的手工业已经因工匠们掌握的多种专门技艺而形成繁杂的门类区分。这里从事各种专门技艺的工匠分工十分细密，从上列各条竹简释文看，已有镰师佐、皮师、绡白师佐、刚师佐、炉师、治（冶）师、觚熨师等等不同的专业划分，韩先生之文还提及贯连（田）师、模师、鋗师佐、治皮师等各类工种，如此细密的专业技艺分工证明孙吴长沙地区手工业生产的专业化达到了相当水平。如果再将这些工匠的技艺门类稍作归纳，又可看出长沙地区手工业生产，尤以纺织、矿冶和相关的兵器与农具制造业最为著称。这些行业无论从生产规模还是技艺水平论，都比前代有明显扩大和提升，而我们以往论及这里的手工业包括这几类行业的具体情况则是比较模糊的。

第三，关于手工工匠的人身地位。以往论者征引西晋时的两条规定，《晋书·李重传》曰："诸士卒百工以上所服乘，皆不得违制。若一县一岁之中有违犯者三家，洛阳县十家以上，官长免。"太康元年（280）灭吴后，又规定："将吏渡江复十年，百姓及百工复二十年。"①这都表明"百工"作为一个社会阶层或群体的法律地位逐渐明确。在征调制度逐渐形成、发展的过程中，被征调的手工工匠逐渐成为官营手工业中的主要劳动者。他们的人身地位，学者普遍认为高于奴婢、刑徒而低于一般自耕农；一般文献资料记载他们的数量往往以家为单位，说明其整个家庭皆处于被控制或被奴役的地位；他们的户籍状况略与士家、兵户相似，身份大约是世袭而不能随意更动，呈现出明显的对于封建政权或势力集团的依附性。而这种人身地位的卑微与依附的特征，不仅意味着所受压迫的沉重，也与社会大环境中一般劳动者普遍陷入农奴化的趋势大致相对应。不过，从走马楼吴简提供的记载看，当时孙吴长沙地区被征调的这些工匠与上文反映魏晋以来手工工匠身份地位的文献记载

① 房玄龄，等：《晋书》卷三《武帝纪》，中华书局，1974年。

并不完全吻合,有的甚至有明显的差异。例如,前揭韩树峰之文即认为,吴简师佐籍反映的"师、佐并不是官府控制的手工业者,亦非以农业生产为主兼营手工业的个体农民,而是一些具有专门技艺并以此为生的个体工匠"。"有的师、佐既有妻又有妾,甚至有的师、佐家庭中还雇有奴仆",而且"这些师、佐及其家庭成员均以县为籍贯,其与以里为籍贯的农民有明显区别。"韩文在对师佐的各方面状况进行考证后认为:"就师佐籍而言,孙吴早期政府对工匠的控制正逐渐加强",因为"魏晋南北朝时期,手工业者身份卑微化有一个逐渐加深的过程……而师佐籍反映的师、佐征发制度正是这个过程的初始阶段。"①显然,以往学者论述魏晋以来手工工匠身份时引据的文献记载与走马楼吴简中有关师佐籍的资料反映的情况尚有距离,如何正确认识和分析这一问题,有待于进一步的讨论和新资料的出现。不过无论如何,走马楼吴简提供的新信息以及学者们对之进行的研究,已经使我们对汉晋之际日益成为官营手工业劳动者重要组成部分的手工工匠身份地位的认识有了明显的深化。

三、反映造船业规模和水平的新信息

在《六朝经济史》一书中,笔者曾对当时南方手工业中的纺织、矿冶、制瓷、造船、造纸、制盐、制茶等行业生产力发展的具体情况进行初步述评。长沙走马楼吴简资料陆续披露后,其中也有相当数量的简牍从不同侧面反映了孙吴长沙地区各门类手工业生产力发展之状况。前文涉及有关师佐籍的竹简释文即较多反映纺织、矿冶两大行业中分工细密的情况。此外,也有学者注意到,相关竹简还提供了当时造船业生产规模和水平的信息。如见于《长沙走马楼三国吴简·竹简(壹)》的编号为 1384 的简文:

　　　　大檣一枚长七丈　　　　　大柂一枚

　具其　上刚(尌)一枚长六丈　钉(矿)石一枚　买嘉禾二
年二月卄十八日给

　　　　下刚(尌)一枚长六丈　　　　大緤(绁)一枚

　　简文"柂"即"舵","刚"即檣桅上加固布帆的上下横杠,"钉石"即石锚,"緤"即"绁",绳索、绳缆。王子今据此简文推断,这种运输帆船"大致为长度超过16.75米,宽度则大约为7.2米……帆的总面积约为206.21平方米"。"反映了当时湘江水运已经使用排水量70吨至100吨的船舶。而这艘船的满载排水量,甚至可能达到103吨。"[1]

四、市场经营中的"市租"及"僦钱""地僦钱"

　　在《六朝经济史》中,笔者认为六朝商业活动的市场体制仍基本沿袭前代旧制,但是,此时南方社会环境与秦汉时期相比,毕竟已有不同。尤其是商业渐趋活跃,各地经济交流日益密切,在一系列因素刺激下,市场体制开始突破旧制度束缚,产生了新的特点。例如,京师市场"面朝后市"的传统格局被打破;政府对商业的控制垄断有所放松,并通过和市征购和征收商税等方式控制交易和满足封建政权之需要等等。长沙走马楼的吴简资料中即有不少关于市租(市税)的记载,例如:

　　简242:十二月旦簿余嘉禾二年市租钱十万七千二百

　　简271:□市租钱三千二百

　　简280:三月市租钱十一万二千七百

　　简317:七万一千三百二年市租钱

---

　　①　王子今:《走马楼舟船属具简与中国帆船史的新认识》,《文物》,2005年第1期。

简 332：二月旦簿余嘉禾二年市租钱一千八百

简 376：正月旦簿余嘉禾二年市租钱三千二百

简 395：……市租钱六百 嘉禾二年／①

这些竹简释文反映孙吴时长沙地区对市场征收的经营税数量不小。入晋以后，此种税收在文献上亦多有反映，前揭《六朝经济史》中曾有论述，此处不赘。除此以外，学者还注意到一批与商业活动、市场经营密切相关的记有"僦钱""地僦钱"字样的竹简，试举数枚如下：

简 4345：临湘言部吏潘羿收责食地僦钱起正月一日

讫三月卅日□有人悉毕枏／

简 4346：大男张顺僦钱月五百　　　大男乐□僦钱月

五百　　　大男冀士僦钱月五百

简 4486：□前言绞促临湘□□所领地僦钱三月一日

简 4916：／枏僦钱月五百 大男吴而僦钱月五百

这里的"僦"，亦写作"就"，据《说文解字》即为"赁"，亦即"庸"，段注称"庸者，今之雇字。"宋超先生认为"在秦汉三国史籍中，所谓'僦费''僦直'，多指佣费，特别是指雇车乘运输所需费用而言"，而吴简中的"僦钱"则是"租赁土地的费用"，临湘侯国与临湘县治所的居民"以所谓'地僦钱'或'僦钱'租赁"，"用于某种商业经营活动之'地'"。② 换言之，"僦钱""地僦钱"相当于今日商业活动经营者支付的场地或商铺的租金。另据王子今先生统计，吴简竹简迄今所见"僦钱""地僦钱"资料计 45 例，③由此可知，当时长沙地区商业市场租赁经营地点的现象比较普遍，这从一个侧面

---

① 王子今：《长沙走马楼竹简"地僦钱"的市场史考察》，长沙简牍博物馆、北京吴简研讨班编《吴简研究》（第二辑），崇文书局，2006 年。

② 宋超：《吴简所见"何黑钱""僦钱"与"地僦钱"考》，长沙简牍博物馆、北京吴简研讨班编《吴简研究》（第一辑），崇文书局，2004 年。

③ 同①。

也反映出当时市场设置和经营活动的活跃。显然,这为我们进一步认识六朝南方一些地区社会经济尤其是商品交换方面的发展状况提供了重要的实例和信息。

综上所述,走马楼吴简资料以及相关的初步研究多方面深化了人们对于孙吴和六朝手工业、商业具体状况的了解。当然,目前这些资料还在继续整理和公布中,与之相关的研究也在进一步深化,我们可以期待对于孙吴和六朝工商业状况的复原和认识必将取得显著的进步。

(2011 年第 2 期)

走马楼吴简"叛走"考释

周能俊

在目前公布的走马楼吴简中，有大量关于"叛走"的资料。这些材料已经引起了许多学者的注意，并取得了丰富的研究成果。黎石生先生认为孙吴的人口叛逃，既有普通的吏民和士卒，也有带兵将领。普通吏民叛逃的原因是赋役繁重、法制严酷；带兵将领叛逃的原因在于孙吴的世袭领兵制；士卒、部曲的叛逃则主要是由于被迫为兵、地位低下、不堪重负所致。当时少数民族的叛乱，为叛逃行为提供了时机。叛逃的地域主要集中在边郡地区与孙吴统治相对薄弱的蛮夷深地。对于叛逃行为，孙吴政权采取了严格控制户籍和人口等措施以作应对。如吴简中提到的"还民"与"私学"均与叛逃有关，为孙吴控制叛逃不成之人户。① 沈刚先生将"叛走"简分为限佃客、吏之家属、普通民众叛走等几类。而国家对叛走不成者的处罚就是"叛士限米"。孙吴对叛走人口的重视是为了争夺人口与赋役资源，体现了对于吏的重视。② 韩树峰先生等也对"叛走"简的研究提供了许多积极的成果③。在此基础上，本文试图结合历史文献与相关简牍，对"叛走"进行一些分析，以期为研究孙吴时期的基层社会形态及国家的统治形态提供一些有益的帮助。

现将已公布的吴简中，涉及"叛走"的简文大致条列如下：

简1：东乡劝农掾殷连被书条列州吏父兄人名年纪为簿。辄科

---

① 黎石生：《长沙市走马楼出土"叛走"简探讨》，《考古》，2003年第5期。
② 沈刚：《走马楼三国吴简所见"叛走"简臆义》，《江汉考古》，2009年第1期。
③ 韩树峰：《走马楼吴简中的"真吏"和"给吏"》，长沙简牍博物馆、北京吴简研讨班编《吴简研究》（第二辑），崇文书局，2006年，第25－40页。

核乡界,州吏三人,父兄二人,刑踵(叛?)走,以下户民自代,谨列年纪以(已)审实,无有遗脱。若有他官所觉,连自坐。嘉[禾]四年八月廿六日,破荝保据。①

简2:右 □乡郡县吏兄弟合十五人前后各叛走□趣刘阳吴昌醴陵／②

简3:诸 乡 谨 列 郡县吏兄弟叛走人名簿③

简4:县吏毛章弟顾年十五 以嘉禾三年十二月 十 七日叛走④

简5:县吏毛车世父青年卅九 以嘉禾三年十二月十七日叛走⑤

简6:郡 故 吏史儵弟政年十五   嘉禾四年四月十日叛走⑥

简7:郡吏黄□弟□年十三   嘉禾二年十月十八日叛走⑦

简8:军故吏烝□兄 年卅九   嘉禾四年四月十八日叛走⑧

简9:……年 卅三   嘉禾三年正月七日叛走⑨

简10:郡吏谷汉兄子□年廿九   嘉禾三年二月十九日叛走⑩

简11:□□□文昭兄从年卅八   嘉禾二年十二月十五日叛走⑪

---

① 沈刚:《长沙走马楼二十二号井发掘报告》J22—2543,长沙市文物考古研究所、中国文物研究所、北京大学历史学系走马楼简牍整理组编《长沙走马楼三国吴简·嘉禾吏民田家莂》(上),文物出版社,1999 年,第 32 页。

② 长沙市文物考古研究所、走马楼简牍整理组:《走马楼三国吴简·竹简》壹(下文略称为《竹简·壹》),文物出版社,2003 年,第 1048 页,释文 7454。

③ 同②,第 1057 页,释文 7849。

④ 同②,第 1057 页,释文 7865。

⑤ 同②,第 1057 页,释文 7868。

⑥ 同②,第 1058 页,释文 7882。

⑦ 同②,第 1058 页,释文 7893。

⑧ 同②,第 1058 页,释文 7903。

⑨ 同②,第 1058 页,释文 7904。

⑩ 同②,第 1058 页,释文 7905。

⑪ 同②,第 1058 页,释文 7906。

简 12：郡吏监训兄帛年卅 ⑧   嘉禾四年四月十五日叛走①

简 13：县吏五训兄瞻年卅   嘉禾三年十一月九日叛走②

简 14：∕讳兄建年廿二   嘉禾四年四月十二日叛走∕③

简 15：∕   以嘉禾三年十二月十五日叛走∕④

简 16：祐男姪南年卅五给祐子弟限田   以嘉禾四年八月十一日叛走大男⑤

简 17：∕   □兄蜀年五十四以嘉禾四年二月十日叛走⑥

简 18：廷 被 戍（？）赏书 曰 ……吏父兄子 弟 以 送死叛 吏 □人名∕⑦

简 19：……书□□吏 死 叛 食□□ 年 纪 人 名 簿 ∕⑧

简 20：∕者……叛⑨

简 21： 蜀 弟蕙年卅二随蜀俱叛⑩

简 22：草言 叛 （？）□□□□□□∕⑪

简 23：□姪子 集 年十一   与记 俱 时 叛走⑫

---

①　长沙市文物考古研究所、走马楼简牍整理组：《竹简·壹》，文物出版社，2003 年，第 1060 页，释文 7975。

②　同①，第 1060 页，释文 7980。

③　同①，第 1060 页，释文 8003。

④　同①，第 1062 页，释文 8098。

⑤　长沙市文物考古研究所、走马楼简牍整理组：《走马楼三国吴简·竹简》贰（下文略称为《竹简·贰》），文物出版社，2006 年，第 861 页，释文 7048。

⑥　同⑤，第 862 页，释文 7095。

⑦　同⑤，第 867 页，释文 7341。

⑧　同⑤，第 868 页，释文 7382。

⑨　同⑤，第 900 页，释文 8976。

⑩　长沙市文物考古研究所、走马楼简牍整理组：《走马楼三国吴简·竹简》叁（下文称为《竹简·叁》），文物出版社，2008 年，第 723 页，释文 231。

⑪　同⑩，第 732 页，释文 648。

⑫　同⑩，第 754 页，释文 1584。

简 24：□□□□男弟记年□□　以嘉禾二年十一月七日叛走①

简 25：⟋ 其三给 限 佃 客 一 人 叛 走 □□ 人 已 送 □□②

简 26：仓女智杨□年十八以嘉禾四年三月十八日叛走③

简 27：□男弟钱年十七一名锟　以嘉禾四年二月十日叛走④

简 28：□男弟记年十七以嘉禾三年十一月七日叛走⑤

简 29：□子男丹年十六一名耳俱叛⑥

简 30：□男弟囊年十七随□在俱叛　 中 ⑦

简 31：户人 见 一人任吏□□ 刑 踵 叛 走 以下民户自代 □□□□人名年纪簿⑧

简 32： 临 湘 □□□□□□□□□□□□十人父子兄弟十九人其二人被病物故一人叛走□⑨

简 33：□ 子 男 □年廿 一给 限 佃 客 以嘉禾三年十一月十五日叛走⑩

简 34：□男姪 南 年卅三给限佃客以嘉禾四年八月十一日叛走⑪

---

① 长沙市文物考古研究所、走马楼简牍整理组：《竹简·叁》，文物出版社，2008 年，第 755 页，释文 1637。

② 同①，第 758 页，释文 1787。
③ 同①，第 758 页，释文 1788。
④ 同①，第 758 页，释文 1791。
⑤ 同①，第 759 页，释文 1821。
⑥ 同①，第 787 页，释文 2975。
⑦ 同①，第 787 页，释文 2981。
⑧ 同①，第 788 页，释文 3003。
⑨ 同①，第 788 页，释文 3017。
⑩ 同①，第 788 页，释文 3039。
⑪ 同①，第 789 页，释文 3080。

简 35:右民六户口走入泠道湘西醴陵╱①

以上条列已公布的关于"叛走"的吴简共计 35 条。其中有确切时间的 21 条,集中在嘉禾二年(233)至嘉禾四年(235)这 3 年中。嘉禾二年"叛走"简为 3 条,分别为嘉禾二年十月十八日(简 7)、嘉禾二年十一月七日(简 24)以及嘉禾二年十二月十五日(简 11)。三条简文中简 7 所记人物的身份明确,为郡吏之弟,其余两条简文所记之人的身份均有些模糊,无法判定。涉及"叛走"人数为 3 人。

有关嘉禾三年(234)"叛走"的简文有 8 条,分别为嘉禾三年正月七日(简 9),由于简文残缺,所载人物除了年纪外,姓名、身份均无法判断;二月十九日(简 10),所载人物身份为郡吏兄子;十一月七日(简 28),所载人物身份不明;十一月九日(简 13),所载人物身份为县吏之兄;十一月十五日(简 33),所载人物身份不明;十二月十五日(简 15),简文残缺较多,无法确定所载之具体信息。十二月十七日两条(简 4、简 5),所载均为县吏之亲属,涉及"叛走"人数在 7 人或 7 人以上②。

有关嘉禾四年(235)"叛走"的简文有 10 条。分别为二月十日两条(简 17、简 27),所载二人皆身份不明;三月十八日(简 26),所载人物为民;四月十日(简 6),所载人物为郡故吏之弟;四月十二日(简 14),所载人物身份不明;四月十五日(简 12),所载人物郡吏之兄;四月十八日(简 8),所载人物为军故吏之兄;八月十一日两条(简 16、简 34),所载人物均为民;八月廿六日(简 1),该简文为当年至八月廿六日为止的莂据,所列之州吏亲属"叛走"当在该日之前。涉及"叛走"人数为 11 人。

---

① 长沙市文物考古研究所、走马楼简牍整理组:《竹简·叁》,文物出版社,2008 年,第 794 页,释文 3270。

② 根据吴简此类"叛走"简的格式,如简 4、简 5 所见,简 10 所记之人数应为一人。

一、"叛走"的原因

临湘吏民因何"叛走"？沉重的赋役自然是主要原因①。然而临湘吏民的"叛走"主要集中在嘉禾二年(233)十月至嘉禾四年(235)上半年。从吴简分析，临湘吏民每年所负担的孙吴国家的赋税与恒役②额度在孙吴黄龙与嘉禾时期大致是稳定的。且嘉禾三年春正月，孙权下诏"兵久不辍，民困于役，岁或不登。其宽诸逋，勿复督课"③。虽然实际的效果并不清楚，但在这种情况下，赋税与恒役沉重似乎难以解释临湘吏民集中在嘉禾二年(233)十月至嘉禾四年(235)上半年的大规模"叛走"现象。

嘉禾二年至四年(233—235)，根据史籍记载，在长沙郡及其相邻的武陵郡发生了几次大规模的军事行动。一次是吕岱屯兵沤口。黄龙三年(231)正月，"以南土清定，召(吕)岱还屯长沙沤口。会武陵蛮夷蠢动，岱与太常潘濬共讨定之"④。直到嘉禾三年(234)，"(孙)权令岱领潘璋士众，屯陆口，后徙蒲圻"⑤。吕岱前后屯驻于长沙沤口的时间达3年有余。另一次则是潘濬讨伐武陵蛮夷。黄龙三年二月，"遣太常潘濬率众五万讨武陵蛮夷"⑥。而该次军事行动一直持续到嘉禾三年(234)末，前后历时近4年。⑦

---

① 详见黎石生《长沙市走马楼出土"叛走"简探讨》。临湘百姓赋税之沉重，可参见胡平生《嘉禾四年吏民田家莂研究》，长沙市文物考古研究所编《长沙三国吴简暨百年来简帛发现与研究国际学术研讨会论文集》，中华书局，2005年，第34－50页。关于孙吴百姓所负担之沉重问题，参见张泽咸《六朝的徭役制度》与《魏晋北朝的徭役制度》二文，收入氏著《晋唐史论集》，中华书局，2008年，第1－42、43－74页。

② 指一年中比较固定的劳役，譬如土木修建之役以及运输之役等。参见张泽咸《魏晋北朝的徭役制度》，《晋唐史论集》，中华书局，2008年，第6页。

③ 陈寿：《三国志》卷四七《吴书·孙权传》，中华书局，1964年。

④ 陈寿：《三国志》卷六〇《吴书·吕岱传》，中华书局，1964年。《资治通鉴》将该条记于曹魏太和四年即孙吴黄龙二年(230)。今从《三国志》所载。

⑤ 陈寿：《三国志》卷六〇《吴书·吕岱传》，中华书局，1964年。

⑥ 陈寿：《三国志》卷四七《吴书·孙权传》，中华书局，1964年。

⑦ 陈寿：《三国志》卷四七《吴书·孙权传》载：嘉禾三年"冬十一月，太常潘濬平武陵蛮夷。事毕，还武昌。"

分析现已公布的吴简,可以看到自嘉禾元年(232)开始,临湘吏民为这两次大规模军事行动负担了许多恒役以外的徭役:

(1)运役。首先,军粮的输送。如"出仓吏黄讳潘虑所领嘉禾二年税吴平斛米十三斛四斗四升为禀斛米十四斛被督军"①虽不明确是何人将这14斛禀斛米运往军中,但承担运输任务的应是临湘的吏民无疑。其次,后备粮草的集中。如"出嘉禾元年新吏限米十四斛六斗被县嘉禾二[年]□月□日书付大男朱才运诣州中仓"②。此类简文所记时间大量开始于嘉禾元年(232),这显然不是偶然的。如此大规模粮食的调运,明显是为军事行动提供后勤支持的保障工作之一。再次,军事物资的运输。"运诣[武][陵]嘉禾二年六月十四日付兵曹□□[船]师陈栋王[买]□□□□"③。虽不明运送为何物,但根据所记时间为嘉禾二年(233),运送目的地为武陵,以及接收方为兵曹来看,极有可能是运送潘濬讨伐武陵蛮夷所需之军事物资。最后,军资的输入。如"[/]□租月钱一千六百[汝]以今[年]二月三日下移居武昌太常军"④。该简虽未记载明确的时间,但将钱移送武昌潘濬军队的事实是可以确定的。又如"[/]□一千一百一十六钱给[都](?)[督](?)□常从都尉刘望(?)钱"⑤。虽简文颇有含糊之处,但将"一千一百一十六钱"移交给军中则是无疑的。

(2)兵役。这两次大规模军事行动加重了临湘吏民兵役上的负担,主要体现在新兵的大量被征召。如"夷新兵五十六人人二斛起嘉禾二年正月讫二月卅日其年四月十六日付地师[市]"⑥。反映

① 《竹简·贰》第870页,释文7518。类似的简文还有很多,如《竹简·贰》第854页,释文6704;第867页,释文7332;第870页,释文7488;第873页,释文7631,等等。

② 《竹简·叁》第746页,释文1325。类似的简文还有《竹简·叁》第746页,释文1323、1324、1347;第747页,释文1353;第748页,释文1381,等等。

③ 《竹简·壹》第1060页,释文7980。

④ 《竹简·叁》第798页,释文3473。

⑤ 同④,第883页,释文7433。

⑥ 同④,第766页,释文2169。

了大量归化的蛮夷新兵在嘉禾二年（233）之前已应征入伍。又如"都尉嘉禾元年八月十一日甲辰给将军吕岱所部□□所□士四人力□合五人"①。虽不明这 5 人具体以何名义效力于吕岱军前，但他们皆在军中服役效力是可以肯定的。屯田亦是役使兵民的一种方式，相关简文有"廿八斛九斗一升运送大屯及给禀诸将吏士□米一万三千卅六斛"②，及"部长沙督军粮督□都尉□□书到复……郡县屯田／"③等。这几条简文皆说明了临湘境内存在着大量的军事屯田。战时，军屯的规模可能更为扩大。而从事耕作的吏士等应有相当一部分由临湘本地的吏民构成。

（3）杂役。随着军事行动的不断发展，各类保障行动继续的杂役也日渐繁重。如"弁差重夫民斫伐□□／"④。由于简文残缺，不明该役征发于何时，也不知斫伐何物。但是似乎并不是恒役，可能是临时性的征发，并且与那两次大型军事行动有关。

（4）吏的负担。这两次大规模的军事行动，对于临湘所属的吏，负担尤为沉重。如"所督军邑君跳传所领吏士卅三人嘉禾元年七月直人二斛嘉禾□□"⑤，及"督军粮都尉嘉禾元年十月廿二日甲辰书给武猛都尉所领吏士七十七人"⑥。可见，由于大规模军事行动的展开，包括临湘的吏在内的大量吏士前往军伍中效力。而随着战事的发展，临湘与军事行动有关的文书往来愈加频繁，临湘各级吏的工作量大大增加。他们需要保障军事后勤供应，协调人员往来以及大量其他的事务。其所负的责任也更为沉重。

征诸史籍，孙吴国家也认识到繁重的徭役，特别是恒役之外的临时性征发使得大量吏民逃亡。嘉禾三年（234）春正月，孙权下诏

① 《竹简·壹》第 941 页，释文 2257。
② 同①，第 930 页，释文 1737。
③ 《竹简·贰》第 738 页，释文 999。
④ 同③，第 723 页，释文 286。
⑤ 同①，第 931 页，释文 1585。
⑥ 同③，第 869 页，释文 7463。

"兵久不辍,民困于役"。赤乌元年(238),孙权再次下诏"自孤兴军五十年,所役赋凡百皆出于民……士民勤苦,诚所贯知"①。孙权的两次下诏都反映了孙吴国家已认识到导致吏民大量"叛走"是因为繁重的徭役。可是,由于"天下未定,孽类犹存",即孙吴国家认为曹魏未灭,天下尚未统一;且孙吴国家内部亦不安定。因此"劳百姓,事不得已耳"②,孙吴百姓所承担的繁重徭役短时期内不可能得到减轻。所以,包括临湘吏民在内的孙吴百姓也只能"因连避役,多有叛离"③。

从事无偿劳役所带来的苦痛,常常要超过繁重的赋税。④ 正是由于繁重的徭役,特别是两次军事行动所带来的临时征发的繁重徭役,导致了临湘吏民的大规模"叛走"。但是与临湘所涉之兵既至嘉禾三年(234)十一月方息,其后续工作,甚至可能迁延至嘉禾四年(235)上半年才完全结束,临湘吏民相关之徭役在此之前自然不能减,故孙吴政权只能希望通过"宽诸逋""勿复督课"来减少临湘吏民的"叛走"了。

二、"叛走"的方向

简2与简35明确指出了临湘吏民"叛走"的方向为临湘周围之地区——泠道、湘西、醴陵、刘(浏)阳及吴昌。临湘吏民"叛走"是为了摆脱孙吴国家繁重的徭役,因此需要逃往孙吴国家控制不到的地区。而湘西等五地均在孙吴控制的荆州范围之内。临湘吏民"叛走"至此,说明这五地尚有孙吴国家尚未控制的地域。

泠道,属零陵郡,西汉所立。⑤ 县境内有著名的九疑山,"蟠基苍梧之野,峰秀数郡之间。罗岩九举,各导一溪,岫壑负阻,异岭同

---

① 陈寿:《三国志》卷四七《吴书·孙权传》,中华书局,1964年。
② 同①。
③ 陈寿:《三国志》卷六五《吴书·华覈传》,中华书局,1964年。
④ 张泽咸:《魏晋北朝的徭役制度》,参见《晋唐史论集》,中华书局,2008年,第1页。
⑤ 沈约:《宋书》卷三七《州郡志三·荆州》,中华书局,1974年。

势,游者疑焉"①。《太平御览》亦载,九疑山"盘基数郡之界,连峰接岫,竞远争高,含霞卷雾,分天隔日"②。可见,九疑山方圆广阔,深谷险峰众多,十分有利于逃亡者匿居其中。《水经注》则载"营水出营阳泠道县南流山"③,又载都溪水"迳泠道县北,与泠水合"④。营水、都溪水这两条江河滋润着泠道的土地山林。由此可知,泠道县境内有九疑山、流山等多处山地,营水、都溪水流过境内,自然条件甚为优越。

醴陵,属长沙郡,东汉所立。⑤ 据《续汉书》记载,"建安七八年中,长沙醴陵县有大山常大鸣如牛呴声,积数年"⑥。该书又载,"县东四十里有大山,山有三石室,室中有石床石臼。父老相传,昔有道士学仙此室,即合金沙之臼"⑦。《水经》则载,"漉水出醴陵县东漉山,西过其县南"⑧。可见,醴陵境内有多处高山,甚为险异。又据《搜神后记》中载,"长沙醴陵县有小水一处,名梅花泉。有二人乘舡取樵,见崖下土穴中水流出,有新斫木片逐水流。上有深山,有人迹。樵人异之,相谓曰:'可试入水中,看何由尔?'一人便以笠自障入穴。才容人。行数十步,便开明朗然,不异世上"⑨。事虽未必可信,但也从一个侧面反映了当时醴陵境内山岭岩洞众多,河流纵横,境内许多地方人迹罕至,便于大量人口隐匿。

吴昌,属长沙郡,东汉设立,名为汉昌,孙吴改名为吴昌。⑩《水

---

① 郦道元注,杨守敬、熊会贞疏,段熙仲、陈桥驿点校:《水经注疏》卷三八《湘水》,江苏古籍出版社,1989年,第3123页。

② 李昉《太平御览》卷四一《地部六·九疑山》引盛弘之《荆州记》,中华书局,1960年,第198页。

③ 同①。

④ 同①,第3128页。

⑤ 沈约:《宋书》卷三七《州郡志三·荆州》,中华书局,1974年。

⑥ 司马彪:《续汉书》志一五《五行志三》,参见范晔《后汉书》,中华书局,1965年。

⑦ 司马彪:《续汉书》志二二《郡国志四·长沙郡》注五引《荆州记》,参见范晔《后汉书》,中华书局,1965年。

⑧ 郦道元注,杨守敬、熊会贞疏,段熙仲、陈桥驿点校:《水经注疏》卷三九《漉水》,江苏古籍出版社,1989年,第3224页。

⑨ 陶潜:《新辑搜神后记》卷一《梅花泉》,《新辑搜神记·新辑搜神后记》,中华书局,2007年。

⑩ 同⑤。

经注》载,湘水"西南迳吴昌县北,与纯水合。水源出其县东南纯山。西北流,又东迳其县南,又北迳其县故城下"①。可知,湘水流经吴昌县大部地区,县东南部为纯山山区。

刘(浏)阳,属长沙郡,孙吴所立。② 境内出浏水,"西北过其县,东北与涝溪水合"③。漉水亦"北源出浏阳县东南"④。可见,刘(浏)阳县境内河流纵横,自然条件十分优越。《文选》则引《南越志》曰:"长沙郡浏阳县东有王乔山,山有合丹灶"⑤。可知,县东部为王乔山山区。

湘西,属长沙郡⑥,孙吴所立。⑦ 位于临湘县的西南方。涟水流经湘西县,并在该境内汇入湘水。⑧ 可见,湘西县境内有涟水、湘水两条河流纵横。

以上五地,泠道属零陵郡,距离临湘颇远,临湘"叛走"吏民可能经过多次辗转流徙之后,才定居于斯。亦有可能当时有大量"叛走"的吏民隐匿于泠道境内,故而临湘政府认为本县"叛走"之部分吏民也流徙于该处。其余湘西等四地当时均属长沙郡,为临湘之周围邻县。五地或有高山,或有江河,甚或两者兼而有之。且境内大部分地区人迹罕至,处于未开发的原始状态。峻岭岩穴,深沟僻谷,比比皆是。为逃亡之吏民提供了良好的隐匿场所。

同时,临湘有许多居民移居湘西、醴陵等地。如"☑……移居

---

① 郦道元注,杨守敬、熊会贞疏,段熙仲、陈桥驿点校:《水经注疏》,卷三八《湘水》,江苏古籍出版社,1989 年,第 3154 页。

② 沈约:《宋书》卷三七《州郡志三·荆州》,中华书局,1974 年。

③ 郦道元注,杨守敬、熊会贞疏,段熙仲、陈桥驿点校:《水经注疏》,卷三九《浏水》,江苏古籍出版社,1989 年,第 3225 页。

④ 郦道元注,杨守敬、熊会贞疏,段熙仲、陈桥驿点校:《水经注疏》,卷三九《漉水》,江苏古籍出版社,1989 年,第 3225 页。

⑤ 萧统:《文选》卷一六《别赋》,上海古籍出版社,1986 年。

⑥ 沈约:《宋书》卷三七《州郡志三·荆州》载属衡阳郡。又据《三国志》卷四八《吴书·三嗣主传·孙亮传》载,太平二年(257)"以长沙东部为湘东郡,西部为衡阳郡"。本文所讨论为孙权嘉禾时期(232—237)及以前之情况,其时湘西仍属长沙郡。

⑦ 同②。

⑧ 《水经注疏》卷三八《涟水》载:"涟水自湘南县东流,至衡阳湘西县界,入于湘水也",江苏古籍出版社,1989 年,第 3119 页。

湘西为□□居止不复在部界□"①,"右吏二人家四
□二人□□居醴陵[二人 移 居湘西□]"②。这都反映了临湘与上述五地人口移
动频繁。临湘百姓对于这五地应十分熟悉。"叛走"至此,可以较
为方便地规避路途上孙吴政府的稽查,也为"叛走"吏民在新地域
的安置提供了便利。

我们知道,自汉代以来,为了反抗奴役,避役入山的汉人就和
山中的越人、蛮夷等一起进行斗争。这种长期而稳定的合作关系,
为"叛走"山越、蛮夷聚居的偏僻山区提供了便利。史籍中将这些
"叛走"入山区,与山越、蛮夷杂居的汉人也一并称为蛮夷,甚至称
为"贼"。③ 另外,长沙、零陵二郡境内许多地方原本即为山越、蛮夷
与汉人杂居之所,且时常发生山越与蛮夷的叛乱。④ 泠道、湘西、醴
陵、刘(浏)阳及吴昌皆在山越与蛮夷聚居及活动的范围之内。如
汉末"豫章贼攻没醴陵县,杀略吏民"⑤。这也是临湘吏民可以"叛
走"到泠道等五地山越、蛮夷聚居的偏僻山区,以逃避孙吴国家赋
役的原因之一。

三、孙吴国家的措施及影响

当然,孙吴吏民"叛走"现象并不仅仅发生在长沙郡的临湘,也
不仅仅发生在嘉禾二年(233)至嘉禾四年(235)间。⑥ 包括临湘吏

① 《竹简·叁》第 775 页,释文 2565。
② 同①,第 808 页,释文 3818。
③ 唐长孺:《孙吴建国及汉末江南的宗部与山越》,《魏晋南北朝史论丛》,中华书局,2009 年,
第 1 - 28 页;唐长孺:《三至六世纪江南大土地所有制的发展》,《唐书兵志笺正(外二种)》,中华书
局,2011 年。
④ 王素:《汉末吴初长沙郡纪年》,长沙简牍博物馆、北京吴简研讨班编《吴简研究》(第一辑),
崇文书局,2004 年,第 40 - 86 页。
⑤ 司马彪:《续汉书》志一五《五行志三》,参见范晔《后汉书》,中华书局,1965 年。
⑥ 如郴州苏仙桥吴简简 7"右讳嘉禾六年判(叛)户口食人已还故乡",及简 103"◇□□日叛
部□◇"。湖南省文物考古研究所、郴州市文物处:《湖南郴州苏仙桥 J4 三国吴简》,中国文物研究
所编《出土文献研究》(第七辑),上海古籍出版社,2005 年,第 152 - 168 页。

民在内的"叛走"严重影响到孙吴的赋役征收,更进一步威胁到其在荆州的统治。这自然受到孙氏集团的高度重视,并采取了一系列的措施来减少、消除吏民叛逃现象。孙吴政权除试图通过政策减轻吏之家庭的负担等怀柔手段外,亦会采取暴力的手段来惩罚吏民的叛逃。如凤凰三年(274)"秋七月,遣使者二十五人分至州郡,科出亡叛。"①甚至采用战争手段,强迫"叛走"入深山僻壤的百姓,以及长期游离于孙吴控制之外的山越、蛮夷等进入国家的直接控制之中。

首先是暴力的征讨。黄龙三年(231)潘濬针对荆州武陵蛮夷的征讨持续了近4年的时间,也是孙吴政权对于荆州蛮夷最大规模的一次武力征讨。其时间与诸葛恪征伐山越时间大致一致,当是孙吴政权为了巩固统治,掠夺山越、蛮夷的财富与人口的统一行动。虽然史籍中并未明确记载此次军事行动之成果,此后史籍中也不再有孙吴政权针对荆州山越、蛮夷的大规模军事行动的记载,但小规模的军事行动则时有发生,如黄盖为武陵太守后,镇压了武陵蛮夷的叛乱和长沙益阳山贼的叛乱。② 又如张承"出为长沙西部都尉,讨平山寇,得精兵万五千人"③。通过这一系列大大小小的军事行动,孙吴政权掠夺了大量的财富与人口,既巩固了孙吴对于荆州的统治,充实了荆州地方政府,又将残余的山越、蛮夷以及"叛走"之吏民赶进更荒凉险峻的深山之中,稳定了其直接控制的荆州地方基层社会。

孙吴政权解决荆州山越、蛮夷与"叛走"吏民归化问题的另一种手段就是怀柔。即用赋税、徭役上的优待,安置出山著籍的土著与叛民。吴简记载中出现的"真吏",应是指那些出自土著族群,而且在已经成为编户的非华夏族群社区中担任基层行政管理人员的人。因为这种特殊的身份,他们享受不缴口算、复除徭役、不受年

---

① 陈寿:《三国志》卷四八《吴书·孙皓传》,中华书局,1964年。
② 陈寿:《三国志》卷五五《吴书·黄盖传》,中华书局,1964年。
③ 陈寿:《三国志》卷五二《吴书·张昭附子张承传》,中华书局,1964年。

龄限制等优待。① 而吴简中所载之"叛士",则是指孙吴政权所安置的大量普通出山土著与叛民。② 对于在籍的编户,孙吴政权以部分减轻吏民的赋役等措施,希望来缓解"叛走"的危机。如嘉禾三年(234),孙权下诏"其宽诸逋,勿复督课"。但从已公布的走马楼与苏仙桥吴简来看,其效果显然不太理想。然作为孙吴国家统治地方的一种方式,孙氏政权从未放弃怀柔这一手段。如永安元年(258)十一月,孙休亦下诏"诸吏家有五人三人兼重为役,父兄在都,子弟给郡县吏,既出限米,军出又从,至于家事无经护者,朕甚愍之。其有五人三人为役,听其父兄所欲留,为留一人,除其限米,军出不从"③。

这两种手段的最终目的都是为了将山越、蛮夷及"叛走"之吏民纳入孙吴国家的直接控制之下,使他们成为编户齐民。郴州苏仙桥吴简简 7"右讳嘉禾六年判(叛)户口食人已还故乡",便明确记载了当地于嘉禾六年(237)"叛走"的人口重新回到故乡,成为孙吴编户的事实。再检诸史籍与吴简,孙吴政权的基层社会与军队中显然有大量纳入地方基层社会的山越与蛮夷存在。如"夷新兵五十六人人二斛起嘉禾二年正月讫二月卅日其年四月十六日付枻师市",非常明确地指出这次"市"的行为是为了解决夷新兵的口粮供给。这些夷新兵有 56 人之多。他们极有可能参与了吕岱或潘濬这两次军事行动中的一次。又如"曰口中尚(?)……部伍夷民"④。虽然简文残缺,部分内容不详,但是夷民成为部伍却实载

---

① 详见罗新《"真吏"新解》,《中华文史论丛》,2009 年第 1 期,以及氏著《王化与山险——中古早期南方诸蛮历史命运之概观》,《历史研究》,2009 年第 2 期。关于"真吏",学界尚有争议。除本文所采纳之罗新先生观点外,韩树峰先生(《走马楼吴简中的"真吏"与"给吏"》)认为"真吏"并非国家正式官员,而是国家吏役的正式承担者。黎虎先生(《说"真吏"——从长沙走马楼吴简谈起》,《史学月刊》,2009 年第 5 期)认为"真吏"是相对于非"真吏"而言的,为真除实授的官员和吏员,且"真吏"的范畴大于"真官"。

② 沈刚:《走马楼三国吴简所见"叛走"简臆义》,《江汉考古》,2009 年第 1 期。

③ 陈寿:《三国志》卷四八《吴书·三嗣主传·孙休传》,中华书局,1964 年。

④ 《竹简·壹》第 941 页,释文 984。

于简文之上。再如"大合新兵,并使潘濬发夷民,人数甚多"①,潘濬此时与陆逊共掌荆州,所发夷民自然是荆州境内被纳入编户的蛮夷青壮。复如"明日,(杨)肇果攻故夷兵处,(陆)抗命旋军击之"②,陆抗为守御荆州长江防线之主将,且长期驻扎于荆州前线,其所统之夷兵,当亦有部分为荆州本地被纳入编户之蛮夷。而吴简中所见关于"真吏"的记载,则更明确的反映了大量荆州蛮夷被纳入孙吴荆州地方基层社会体系之中。使得这些蛮夷从原来孙吴控制荆州基层社会的潜在不安定因素,成为孙吴直接控制荆州基层社会中的一个组成部分。

由此可见,在孙吴政权的一系列措施之下,荆州山越、蛮夷与"叛走"吏民出现了两大不同的历史发展轨迹。其中的大部分在孙吴武力征讨与怀柔两大举措下,或主动或被动地走出山谷,被纳入孙吴的荆州地方基层社会中,成为编户齐民。他们原来活动的地区亦成为孙吴政权新的领土所在,耕种的土地也成为国家征收赋税的对象。而另有少数坚持不愿归附孙吴政权,面对孙吴强大的武力征伐与政治压迫无力抗拒,被迫放弃原有之家园,向更加边远与荒僻的山区迁徙。其结果自然是越来越与世隔绝,被不断边缘化。

四、结　论

综上所述,吴简所反映的临湘吏民"叛走"集中在嘉禾二年(233)十一月至嘉禾四年(235)上半年,是由于孙吴国家过于繁重的徭役,特别是潘濬讨伐武陵蛮夷,及吕岱屯军沤口这两大军事行动所导致的临时性征发增加。而"叛走"的方向正是孙吴军事行动的目标——蛮夷聚居的临湘周围郡县的偏僻山区。"叛走"吏民进入这些偏僻山区后,与山越等蛮夷杂居,以逃避孙吴国家的压迫。

---

① 陈寿:《三国志》卷六〇《吴书·周鲂传》,中华书局,1964 年。
② 陈寿:《三国志》卷五八《吴书·陆抗传》,中华书局,1964 年。

吏民的"叛走"不仅影响到孙吴政权赋役的征收,而且严重影响到对于荆州的控制。为此,孙吴国家采取了军事征讨和招诱出山的两种手段,迫使大量山民出山,将其纳入孙吴国家控制之下。与此同时,另一部分则被驱赶入更为边远的荒僻山区,这样既保证了孙吴已取得地域与编户数量的稳定,也使得那些山民越来越与世隔绝,进一步被边缘化。

随着"叛走"吏民不断地进入更为偏僻的、不为国家所控制的山区,国家对他们的军事讨伐与政治招诱也不断地向更为边远的地区深入。国家利用政治、经济、军事、文化等各方面的影响力向着内地扩展,内陆的开发、民族的融合也随之向着边远地区扩展。这体现了中央集权的国家政治力全力向基层进行渗透的过程,更是地方社会不断封建化、不断融入中华文化的过程。

(2012 年第 2 期)

《嘉禾吏民田家莂》中的钱布准入米问题

——以嘉禾五年大钱流行问题为线索

邓玮光

王素先生在《汉末吴初长沙郡纪年》[1]文中,于"吴嘉禾五年,魏青龙四年,蜀建兴十四年(236)"条下,引《三国志·吴书·吴主传》中关于吴铸大钱一条,在备注中称:"据竹简记载,是年前,长沙吏民缴纳各种名目之钱,已动辄数万甚至数十万。是否其时已有大钱流行,值得研究。"之后,王先生又在《关于长沙吴简几个专门词汇的考释——〈长沙走马楼三国吴简〉释文探讨之二》[2]文中,就"八亿钱"的问题,再次提出:"'八亿钱'的出现,在孙吴铸行'大钱'之后,与孙吴'大钱'的关系值得研究。"

对于王先生的推测,最先引起笔者怀疑的是时间问题。王素、宋少华、罗新《长沙走马楼简牍整理的新收获》[3](以下简称《新收获》)一文中提到,简牍中存在记有"黄龙四年"年号的纪年简,而且时间至少延续到二月五日,但孙吴在黄龙三年(231)十二月丁卯已决定明年改元嘉禾,《新收获》的作者对此的解释是"当时吴都建业,改元消息传到长沙较迟"。如果《新收获》的解释不误,那我们不得不怀疑,像国家改元这样的大事,消息传播尚且如此之慢,新铸钱币的流行又能有多快呢? 新铸的大钱能在短短一年之内传播到长沙,并作为主要货币流通起来吗?

为了解决这个疑问,本文试图从《嘉禾吏民田家莂》中所反映

---

① 王素:《汉末吴初长沙郡纪年》,长沙简牍博物馆、北京吴简研讨班编《吴简研究》(第一辑),崇文书局,2004年。

② 王素:《关于长沙吴简几个专门词汇的考释——〈长沙走马楼三国吴简〉释文探讨之二》,长沙简牍博物馆、北京吴简研讨班编《吴简研究》(第二辑),崇文书局,2004年。

③ 王素、宋少华、罗新:《长沙走马楼简牍整理的新收获》,《文物》,1995年第5期。

出来的钱、布、米之间的折算关系,来解答王先生提出的这个问题。

王先生关于大钱"流行"的提法可以有两种理解:其一,大钱在长沙临湘侯国时已出现;其二,大钱在这一地区不但出现,而且已经相当流行。从王先生的表述来推断,他应该是更倾向于第二种理解。笔者在进行了一系列数据比较后,认为王先生这种提法值得商榷。

孙吴接受谢宏扩大货币流通的建议,于嘉禾五年(236)开始"铸大钱"。当年春,"铸大钱,一当五百。诏使吏民输铜,计铜畀直。设盗铸之科。"①紧接着又于"赤乌元年(238)春,铸当千大钱"。② 终因"民意不以为便,其省息之,铸为器物,官勿复出也。私家有者,敕以输藏,计畀其直,勿有所枉也。"③于赤乌九年(246)诏停大钱的铸造和流通。

历史上在三国以前也曾出现过几次铸造大钱的情况(这里的大钱主要指不足值大钱,而非只增加重量的足值钱),每次铸大钱的结果,基本上都是引起物价的飞涨。孙吴的这次"铸大钱"也不例外,因此于赤乌九年(246)不得不因"民意不以为便"而"省息之"。若嘉禾五年(234)"大钱"已经流行,在当地物资供应不发生较大变化的情况下,当地的物价相比嘉禾四年(235)会有相当程度的上扬。"大钱"越流行,通货膨胀速度越快;反之,则"大钱"尚未在当地流行。传世史料中并没有直接反映当时长沙地区物价情况的记载,因此,我们无法遽然作出判断。不过,在《嘉禾吏民田家莂》中关于将钱、布折成米来缴纳租赋的材料相当丰富,这些材料虽然不能说就是当时临湘侯国物价的真实反映,但基于以下三点,我们认为,其不会与当时长沙郡临湘侯国的物价水平相差过远。

第一,通过对嘉禾四、五两年每年单独钱、布折米比例的初步研究,发现并不是所有的丘,且同一丘中也不是所有的人都进行折算缴纳。不同丘的折算比例,甚至同一丘内的折算比例都有一定差异。因此,对于折算行为,政府似乎只是给出了一个指导比例。

---

① 陈寿:《三国志》卷四七《吴书·吴主传二》,中华书局,1964 年;又见《三国志》卷五七《吴书·朱据传》、《资治通鉴》卷七三魏明帝青龙四年(236)春。

② 陈寿:《三国志》卷四七《吴书·吴主传二》,中华书局,1964 年。

③ 同②。

第二，对嘉禾四、五两年同名丘进行对比研究，发现这两年的折算比例是有变化的，而这种变化必定有某种依据。

第三，这个依据的订立必须同时满足政府与其征收对象两方面的要求。孙吴政权在三国时赋税沉重，因此在将钱、布折成米时，不会让征收对象占太多的便宜。而分裂时期，当权者为巩固自己的势力，除在法律上严禁以外，在赋税方面也必须考虑到征收对象的心理承受能力。能让两者都比较满意的最好的折算比例依据莫过于当时的市场价格。而市场价格的多变性、区域性，也正好可以用来解释同年同丘、同年异丘折算比例的不一致性。

在选择两年的材料时，笔者遵循以下三项原则：（1）选择两年中同名丘作研究对象，由于地域的局限，所以同名丘是同一丘的可能性非常大，而对比材料的统一性，才能使对比结果有意义。（2）选择有钱、布、米三者折算齐全材料的丘作研究对象，这样可更全面地反映当时的情况。（3）选择满足（2）中条件，且钱、布、米三者折算比例齐全材料不少于5条的丘作研究对象。

最终，满足以上三个条件的对象有三个丘，即：夫丘（见表1）、石下丘（见表2）和利丘（见表3）。表中出现的都是《嘉禾吏民田家莂》中关于三丘的材料中数据详细的，一些也出现准入米字样，但有数据残缺的材料因难以讨论所以未予选录①。

---

① 夫丘：嘉禾四年原有材料14条（4.077～4.090），选入10条，其余无准入米信息。嘉禾五年原有材料11条（5.107～5.117），选入9条，另2条（5.109、5.115）有准入米字样，但关于钱处残缺，无法得知其是否折算成米以及比例。石下丘：嘉禾四年原有材料24条（4.188～4.211），选入8条，另1条（4.209）有准入米字样，但钱未进行折算，3条（4.193、4.203、4.210）关于钱处残缺，无法得知其是否折算成米以及比例，1条（4.197）虽关于钱处残缺，但在其后标明与钱相关物交于库吏潘有，而四年材料中，库吏潘有只负责收钱、布，不收折算米，因此可判定此材料与折算米无关，4条（4.188、4.194、4.198、4.199）虽对钱进行了折算，但在具体数据上残缺，无法得知比例，其余无准入米信息。嘉禾五年原有材料50条（5.184～5.233），选入9条，另32条（5.184、5.187～5.193、5.196、5.198、5.199、5.201、5.202、5.207、5.209～5.213、5.215～5.219、5.223、5.226～5.227、5.229～5.233）有准入米字样，但钱未进行折算，3条（5.195、5.220、5.222）关于钱处残缺，无法得知其是否折算成米以及比例，其余无准入米信息。利丘：嘉禾四年原有材料21条（4.216～4.236），选入9条，其余无准入米信息。嘉禾五年原有材料32条（5.293～5.324），选入16条，另2条（5.298、5.313）有准入米字样，但钱未进行折算，5条（5.299、5.301、5.316、5.318、5.324）关于钱处残缺，无法得知其是否折算成米以及比例，7条（5.297、5.307、5.314、5.317、5.319、5.320、5.322）虽对钱进行了折算，但在具体数据上残缺，无法得知比例，其余无准入米信息。

表1 夫丘嘉禾四、五年布、钱折米表①

简号	地点	备注	布(寸)	准入米(合)	布比米	备注	钱	准入米(合)	钱比米	钱比布
4·077	夫丘		704	3 520	1 : 5.000		3 020	1 890	1.598 : 1	7.989 : 1
4·078	夫丘		800	4 000	1 : 5.000		3 410	2 100	1.624 : 1	8.119 : 1
4·079	夫丘						2 510	1 570	1.599 : 1	
4·080	夫丘	材	384	1 420	1 : 3.698		1 550	906	1.711 : 1	6.326 : 1
		实	284	1 420	1 : 5.000					8.554 : 1
4·081	夫丘		590	2 950	1 : 5.000		2 473	1 556	1.589 : 1	7.947 : 1
4·082	夫丘	材	800	4 000	1 : 5.000	材	5 210	2 010	2.592 : 1	12.960 : 1
		实	798	4 000	1 : 5.013	实				12.993 : 1
		材	800	4 000	1 : 5.000	实	3 210	2 010	1.597 : 1	7.985 : 1
		实	798	4 000	1 : 5.013					8.005 : 1
4·083	夫丘		604	3 020	1 : 5.000		2 670	1 580	1.690 : 1	8.499 : 1
4·087	夫丘	材	600	3 000	1 : 5.000		2 510	1 580	1.589 : 1	7.943 : 1
		实	598	3 000	1 : 5.017					7.970 : 1

① 表中的简号中"4·"指嘉禾四年，"5·"指嘉禾五年。"材"指简牍中的数据，"实"指经实际经算的数据。表2、表3相同。

续表

简号	地点	备注	布(寸)	准入米(合)	布比米	备注	钱	准入米(合)	钱比米	钱比布
4·089	夫丘		922	4 610	1:5.000		4 200	2 625	1.600:1	8.000:1
4·090	夫丘	材	800	4 000	1:5.000	·	3 460	2 150	1.609:1	8.047:1
		实	790	4 000	1:5.063					8.148:1
5·107	夫丘		400	2 500	1:6.250		1 600	1 400	1.143:1	7.143:1
5·108	夫丘						3 600	3 200	1.125:1	
5·110	夫丘		340	2 050	1:6.029		1 360	1 110	1.236:1	7.455:1
5·111	夫丘		40	240	1:6.000		160	150	1.067:1	6.400:1
5·112	夫丘						2 720	2 400	1.133:1	
5·113	夫丘		160	982	1:6.138		640	560	1.143:1	7.014:1
5·114	夫丘		20	130	1:6.500		80	60	1.333:1	8.667:1
5·116	夫丘		840	6 240	1:7.429		3 360	3 040	1.105:1	8.211:1
5·117	夫丘		360	2 300	1:6.389		1 440	1 300	1.108:1	7.077:1

表 2 石下丘嘉禾四、五年布、钱折米表

简号	地点	备注	布(寸)	准人米(合)	布比米	备注	钱	准人米(合)	钱比米	钱比布
4·192	石下丘	材	497	2 485	1 : 5.000	材	2 247	1 350	1.664 : 1	8.322 : 1
		实	490.8	2 485	1 : 5.063					8.427 : 1
		材	497	2 485	1 : 5.000	实	2 246	1 350	1.664 : 1	8.319 : 1
		实	490.8	2 485	1 : 5.063					8.424 : 1
4·195	石下丘					材	2 979	1 880	1.585 : 1	
						实	2 960	1 880	1.574 : 1	
4·196	石下丘	材	69	340	1 : 4.928	材	388	240	1.617 : 1	7.966 : 1
		实	66	340	1 : 5.152					8.328 : 1
		材	69	340	1 : 4.928	实	370	240	1.542 : 1	7.597 : 1
		实	66	340	1 : 5.152					7.942 : 1
4·204	石下丘	材	319	1 500	1 : 4.702	材	2 284	1 425	1.603 : 1	7.537 : 1
		实	319.2	1 500	1 : 4.699					7.532 : 1
		材	319	1 500	1 : 4.702	实	1 284	1 425	0.901 : 1	4.237 : 1
		实	319.2	1 500	1 : 4.699					4.234 : 1
4·205	石下丘					材	3 141	1 930	1.627 : 1	
						实	3 088	1 930	1.600 : 1	

续表

简号	地点	备注	布(寸)	准入米(合)	布比米	备注	钱	准入米(合)	钱比米	钱比布
4·206	石下丘	材	55	250	1 : 4.545		296	190	1.558 : 1	7.081 : 1
4·207	石下丘	实	52.8	250	1 : 4.735	材	462	350	1.320 : 1	7.376 : 1
						实	444	350	1.269 : 1	
4·211	石下丘		140	600	1 : 4.286		995	500	1.990 : 1	8.529 : 1
5·185	石下丘		120	650	1 : 5.417		480	420	1.143 : 1	6.190 : 1
5·186	石下丘	材	120	630	1 : 5.250		400	320	1.250 : 1	6.563 : 1
		实	100	630	1 : 6.300					7.875 : 1
5·194	石下丘		200	1 250	1 : 6.250		800	620	1.290 : 1	8.065 : 1
5·197	石下丘		240	1 510	1 : 6.292		960	1 060	0.906 : 1	5.698 : 1
5·200	石下丘	材	100	630	1 : 6.300		800	330	2.424 : 1	15.273 : 1
		实	20	180	1 : 9.000					9.000 : 1
5·203	石下丘		30	180	1 : 6.000	材	120	120	1 : 1	6.000 : 1
						实				
5·206	石下丘		200	1 250	1 : 6.250		800	660	1.212 : 1	7.576 : 1
5·208	石下丘		220	1 380	1 : 6.273		880	750	1.173 : 1	7.360 : 1
5·214	石下丘		140	880	1 : 6.286		560	450	1.244 : 1	7.822 : 1

表 3　利丘嘉禾四、五年布、钱折米表

简号	地点	备注	布(寸)	准入米(合)	布比米	备注	钱	准入米(合)	钱比米	钱比布
4·221	利丘					实	5 148	3 400	1.514：1	
4·223	利丘	材	700	3 500	1：5.000	材	2 540	1 600	1.588：1	7.938：1
		实	708.2	3 500	1：4.942					7.846：1
		材	700	3 500	1：5.000	实	3 549	1 600	2.218：1	11.091：1
		实	708.2	3 500	1：4.942					10.962：1
4·225	利丘		1 128	5 640	1：5.000		5 060	3 105	1.630：1	8.148：1
4·226	利丘		800	4 000	1：5.000		2 800	2 750	1.018：1	5.091：1
4·230	利丘		800	4 000	1：5.000		2 800	1 750	1.600：1	8.000：1
4·231	利丘	材	645	3 270	1：5.070		3 253	2 040	1.595：1	8.084：1
		实	655.4	3 270	1：4.989					7.956：1
4·233	利丘		589.8	2 950	1：5.002		2 801	1 950	1.436：1	7.184：1
4·234	利丘	材	228	1 190	1：5.219		1 250	730	1.712：1	8.937：1
		实	238	1 190	1：5.000					8.562：1
4·236	利丘		731	3 655	1：5.000		3 045	1 903	1.600：1	8.001：1
5·293	利丘		400	2 500	1：6.250		1 600	1 450	1.103：1	6.897：1
5·294	利丘		160	1 000	1：6.250		640	500	1.280：1	8.000：1

续表

简号	地点	备注	布(寸)	准入米(合)	布比米	备注	钱	准入米(合)	钱比米	钱比布
5·295	利丘		260	1 610	1:6.192		1 040	900	1.156:1	7.156:1
5·296	利丘	材	400	2 500	1:6.250		800	740	1.081:1	6.757:1
		实	200	2 500	1:12.500					13.514:1
5·300	利丘		1 000	6 250	1:6.250		4 000	2 700	1.481:1	9.259:1
5·302	利丘		320	1 924	1:6.013		1 280	1 120	1.143:1	6.871:1
5·303	利丘		200	1 250	1:6.250		800	750	1.067:1	6.667:1
5·304	利丘		1 140	7 100	1:6.228		4 560	4 140	1.101:1	6.860:1
5·305	利丘		760	4 740	1:6.237		2 880	2 600	1.108:1	6.909:1
5·306	利丘		1 020	6 370	1:6.245		4 070	3 650	1.115:1	6.964:1
5·309	利丘		3 600	22 500	1:6.250	材	13 400	12 130	1.105:1	6.904:1
						实	14 400	12 130	1.187:1	7.420:1
5·310	利丘						2 960	2 650	1.117:1	
5·311	利丘		1 640	10 248	1:6.249		6 560	5 900	1.112:1	6.948:1
5·312	利丘		220	744	1:3.382		880	800	1.100:1	3.720:1
5·315	利丘		800	5 000	1:6.250		3 200	2 900	1.103:1	6.897:1
5·323	利丘						1 140	1 600	0.713:1	

在三个丘中都存在着因为材料中提供的数据与实际验算数据不符,以及自相矛盾的有疑问材料(夫丘4.080,4.082,4.083,4.087,4.090,石下丘4.192,4.195,4.196,4.204,4.205,4.206,4.207,5.186,5.200,5.203,5.206,利丘4.221,4.223,4.226,4.230,4.231,4.234,5.296,5.309)。我们先将它们暂置一边,就剩下的材料进行分析。夫丘嘉禾四年钱米折算比例为1.589~1.624,嘉禾五年为1.067~1.333,钱布折算比例嘉禾四年为7.947~8.119,嘉禾五年为6.400~8.667;石下丘钱米折算比例嘉禾四年为1.990,嘉禾五年为0.906~1.290,钱布折算比例嘉禾四年为8.529,嘉禾五年为5.698~8.065;利丘钱米折算比例嘉禾四年为1.436~1.600,嘉禾五年为0.713~1.481,钱布折算比例嘉禾四年为7.184~8.001,嘉禾五年为3.72~9.259。虽然市场价格会有变动,但同一丘,相近时间段内变化应该不大,另一方面税收标准也应相对稳定,以这个原则将有疑问的材料中可能出现的情况考虑在内(因出错原因的可能性很多,以现有的材料很难判断到底是因何而错,所以在比较时把材比材、材比实、实比材、实比实都考虑在内),夫丘除4.082外,钱米折算比例嘉禾四年为1.589~1.711之间,嘉禾五年不变,钱布折算比例嘉禾四年为6.326~8.554,嘉禾五年不变;石下丘除4.204,5.200外,钱米折算比例嘉禾四年为1.269~1.990,嘉禾五年为0.906~1.290,钱布折算比例嘉禾四年为7.081~8.529,嘉禾五年为5.698~9.000;利丘除4.223,4.226,5.296外,钱米折算比例嘉禾四年为1.436~1.712,嘉禾五年为0.713~1.481,钱布折算比例嘉禾四年为7.184~8.937,嘉禾五年为3.72~9.259。在被除去的材料中,4.082,4.204,4.223,5.296的各种可能情况中也有数值落在上述范围当中,这在一定程度上也证明了上述范围的大致准确。

就已列出的材料来看,嘉禾四、五年间,夫丘钱、米比例明显下降,钱、布比例最低值下降,但仍有相当大的重复部分;石下丘钱、米比例除去5.194外,比值明显下降,钱、布比例则与夫丘一样,最低值下降,但仍有相当大的重复部分;利丘钱、米比例除 4.233、5.300外,也与前两丘存在同样的趋势。就被排除的三例来说,5.194是所选材料的八分之一,4.233 是七分之一,5.300 是十五分之一(计算所选材料数量时已剔除了 4.082,4.204,4.223,4.226,5.200,5.296),应对结果影响不大,而且它们的数值也距离得出的范围相差不远。从以上分析可以得出,钱对米、布的购买力,嘉禾五年比嘉禾四年上升了。再对照何丘、弦丘、浸顷丘、梨下丘、区丘、刘里丘这几个未被选为考察对象的丘所能提供的数值,也都符合这个趋势。也就是说嘉禾四、五年间,在长沙郡临湘侯国地区,不但未发生通货膨胀,反而出现了货币购买力上扬的现象。

这种现象与大钱流行后所应有的通货膨胀现象正好相反,因此笔者认为,嘉禾五年新铸大钱尚未在长沙临湘侯国流行开来。

(2008 年第 2 期)

东晋南朝墓志俗字及其成因探析

朱智武

　　东晋南朝墓志作为出土文物资料之一,内容丰富异常,涉及历史、地理、民俗、文学、书法、文字等诸多方面,是把握当时社会发展脉搏,了解彼时历史风貌的重要实物资料。就文字言,东晋南朝墓志中存有大量形形色色的异体、别体与通假字等俗字①,而写法诡异、变化纷繁的墓志俗字,往往使考文辨字者望而兴叹,给墓志的深入研究和利用造成了极多不便。因此,在当前相关研究工作中,正确识读这些不合字书规范的俗字,就成为正确理解墓志铭文的关键。再者,在系统搜集东晋南朝墓志俗字资料的基础上,对墓志俗字进行分类、归纳并探究其成因,进而揭示其产生及演变的基本规律,如此对文字学研究的拓展亦不无裨益。诚如王力先生所言,"无论怎样'俗'的一个字,只要它在社会上占了势力,也值得我们追求它的历史。"②

---

　　① "俗字"之称,笔者所知最早见于唐颜元孙所撰《干禄字书》。该书将汉字分为俗、通、正三体,并云:"所谓俗者,例皆浅近,唯籍账、文案、券契、药方,非涉雅言,用亦无爽。"现通行之《辞海》《辞源》《现代汉语词典》等数部工具书,对"俗字"均有定义,然而详略有异。对此,欧昌俊、李海霞在辨析、综合各书所说后,将俗字界定为"流行于民间的跟当时字书正体字写法不合的字(也包括同音替代的字),是相对于正体字而言的一种非正式或准正式字体","俗字,也称为俗体字、俗书、俗作、俗省、别体、别字、别构字、简笔字、新体字、手头字等","俗字的主要特点是改变字的笔画、构字部件和偏旁。例如句俗作勾,牀俗作床,牆俗作墙"(《六朝唐五代石刻俗字研究》,巴蜀书社,2004年,第2-4、6页)。笔者依此界定,并以汉许慎《说文解字》(段玉裁:《说文解字注》,上海古籍出版社影印经韵楼藏版,1981年第1版,1988年第2版),梁顾野王《玉篇》(中华书局影印张氏泽存堂《大广益会玉篇》本,1987年),唐颜元孙《干禄字书》(四库全书本)等字书中的相关正、俗字形为参照,将东晋南朝墓志中书写不合字书规范的字体,统归于俗字。
　　② 王力:《龙虫并雕斋文集》第1册,中华书局,1980年,第321页。

一、墓志俗字的类型及其特点

北齐颜之推《颜氏家训》卷七《杂艺》云：

> 晋、宋以来，多能书者，故其时俗，递相染尚，所有部帙，楷正可观，不无俗字，非为大损。至梁天监之间，斯风未变；大同之末，讹替滋生。萧子云改易字体，邵陵王颇行伪字，朝野翕然，以为楷式，画虎不成，多所伤败。至为"一"字，唯见数点，或妄斟酌，逐便转移。尔后坟籍，略不可看。①

此可谓时人对社会上文字俗体流行状况所作的恰如其分的记述。通过对东晋南朝墓志俗字的考察，亦可知颜氏此语不虚。

东晋南朝墓志文中的俗字写法极其诡异，变化甚是纷繁。然而考察墓志文中俗字的常见偏旁与单字的典型俗体写法，不难发现，墓志俗字在笔画、构件与字形结构方面仍有一定规律。据其结构与形体特征，可将东晋南朝墓志文中俗字分为以下三大类：

（一）增减和改变笔画类

笔画，指构成汉字字形的各种形状的点和线，如汉字的横（一）、竖（丨）、撇（丿）、点（丶）、折（一）等。汉字演进至隶书阶段，其笔画结构基本被固定下来，不能作随意增减和改变。但在基本为隶书或楷书的东晋南朝墓志中，却存有大量因增减和改变笔画而形成的俗字。

（1）因增加笔画而形成的俗字。如"明"，《说文·朙部》云："朙，照也，古文从日。"《玉篇·明部》云："明，靡兵切，察也，清也，审也，发也；朙，古文。"而墓志俗体通常将"明"之"日"部增笔作"目"，如张镇墓志"仕晋元朙"②、明昙憙墓志"宋故员外散骑侍郎

---

① 颜之推撰，王利器集解：《颜氏家训集解》卷七《杂艺》、卷六《书证》，中华书局，1993 年。
② 邹厚本：《东晋张镇墓碑志考释》，南京博物院《文博通讯》，1979 年 10 月，总第 27 期。

明府君墓志铭"①、刘岱墓志"曾祖爽,字子明"②、王宝玉墓志"夫人温朗明淑"③、萧融墓志"王雅亮通明"④,等等,其中"明"均作"眀"⑤。《干禄字书》云:"眀、明,上通,下正。"

（2）因减省笔画而形成的俗字。如"襜",《说文·衣部》云:"襜,衣蔽者,从衣,詹声。"《玉篇·衣部》云:"襜,尺占切,蔽膝也。"而温峤墓志"父河东太守襜"⑥,将"襜"的形符"衤"减笔作"礻"。

（3）因改变笔画而形成的俗字。如"章",《说文·音部》云:"章,乐竟为一章,从音十。十,数之终也。"谢鲲墓志"晋故豫章内史"⑦,将"十"的末笔一竖画向上贯出穿过"音"的"曰"部。

（二）增减和改变构件类

构件,也称部件,是组成汉字的构形单位,"当一个形体被用来构造其他的字,成为所构字的一部分时,我们称之为所构字的部件。如'日、木'是'杲'的构件,'木'是'森'的构件。"⑧可见,汉字构件是相对独立的形体单位,其本身也由一定笔画组成,因此比单纯的笔画要复杂些。通过增减和改变文字构件而形成的俗字,在东晋南朝墓志文中屡见不鲜。其中,又以改变构件的俗体写法居多。

（1）因增加构件而形成的俗字。如"休",《说文·木部》云:

---

① 南京市文物管理委员会:《南京太平门外刘宋明昙憘墓》,《考古》,1976 年第 1 期。

② 镇江市博物馆:《刘岱墓志简述》,《文物》,1977 年第 6 期。

③ 庄天明、凌波:《古代铭刻书法》,天津美术出版社,2003 年,第 110 - 111（图版）、176 - 177 页（考释）。

④ 南京市博物馆、阮国林:《南京梁桂阳王萧融夫妇合葬墓》,《文物》,1981 年第 12 期。

⑤ 至于"明"为何会添此一笔为"眀",欧昌俊、李海霞认为可能是"其形符'日'受'目'字形体的影响而误增一笔;或者是为了字形左右比较匀称、方整而误增。"（《六朝唐五代石刻俗字研究》,巴蜀书社,2004 年,第 68 页）

⑥ 南京市博物馆:《南京北郊东晋温峤墓》,《文物》,2002 年第 7 期。

⑦ 南京市文物保管委员会:《南京戚家山东晋谢鲲墓简报》,《文物》,1965 年第 6 期。

⑧ 王宁:《汉字构形学讲座》,上海教育出版社,2002 年,第 35 页。王贵元在谈到汉字的构形系统时也指出:"(汉字)构形系统的核心是构字成份及其联系。构字成份是指单字的构成成份,我们称作构件,这是构形系统的要素。"（王贵元:《马王堆帛书汉字构形系统研究》,广西教育出版社,1999 年,第 12 页）

“休，息止也。从人依木。”谢琉墓志“次子道烋，早夭”①，“休”作“烋”，在“休”字的下边增加了一个构件“灬”。类似情况尚见永阳敬太妃王氏墓志“识茂休风”②，在“休”字的下边增加了一个构件“一”。

（2）因减省构件而形成的俗字。如“藏”，《说文》未收，当从艸，臧声。《说文·臣部》云：“臧，善也。从臣，戕声。”《玉篇·艸部》云：“藏，慈郎切。藏郎，草名。又隐匿也。又才浪切，库藏。”王兴之夫妇墓志“臧之于墓”③，将“藏”的形符“艹”省去，并对其声符“臧”的笔画有所改变和减省。

（3）因改变构件而形成的俗字。东晋南朝墓志文中因改变构件而形成的俗字最多，其俗体写法的变化亦最为繁杂，根据其构件改变的特点，尚可细分为5类：

① 增减和改变构件笔画类。通常是将笔画较多的构件作一定减省或改变，形成方便书刻而笔画较少的构件，并以之取代原构件。如“解”，《说文·角部》云：“解，判也。从刀判牛角。”《玉篇·角部》云：“解，谐买、居买二切，缓也，释也，说也，散也；又谐懈切，接巾也；又古隘切，署也。”《干禄字书》云：“觧、解、解，上俗，中通，下正。”刘岱墓志“终于县觧”④，不仅以“羊”字代替原“𦍌”部，还省去中间一横画。

此外，也有少量增加构件笔画的情况。如“男”，《说文·男部》云：“男，丈夫也。从田力。言男子力于田也。”王康之墓志“故男子”⑤、王闽之墓志“晋故男子”⑥，志文中的“男”字均写作“男”，将“男”的“力”部作了改造，增加了一撇画。

② 同音代替类。指两种或两种以上意义并不一定相关的构

① 南京市博物馆、雨花区文化局：《南京南郊六朝谢琉墓》，《文物》，1998年第5期。
② 《梁萧敷及王氏墓志铭》，《书法丛刊》第5辑，文物出版社，1982年，第8－29页。
③ 南京市文物保管委员会：《南京人台山东晋王兴之夫妇墓发掘报告》，《文物》，1965年第6期。
④ 镇江市博物馆：《刘岱墓志简述》，《文物》，1977年第6期。
⑤ 南京市文物保管委员会：《南京老虎山晋墓》，《考古》，1959年第6期。
⑥ 南京市博物馆：《南京象山5号、6号、7号墓清理简报》，《文物》，1972年第11期。

件,由于音近而以另一构件代替原有构件。如"闉",《说文·門部》
云:"闉,宫中之門也。从門,韋声。"段注云:"羽非切。"永阳敬太妃
王氏墓志"閭门之礼斯洽"①,将"闉"的声符"韋"改作"為"。"韋"
"為",音近。"韋",《说文·韋部》云:"韋,相背也。从舛,口声。"
段注云"宇非切。""為"本"爲"之俗字,《说文·爪部》云:"爲,母猴
也。其爲禽好爪,下腹爲母猴形。"《玉篇·爪部》云:"爲,于妫切。
《尔雅》曰'造作,为也。'俗作為。"

③ 形近代替类。指两种或两种以上意义并不一定相关的构
件,由于形体相近而以另一构件代替原有构件。如"僕",《说文·
業部》云:"僕,给事者。从人業,業亦声。"王兴之夫妇墓志"尚书左
僕射"②、王闽之墓志"故尚书左僕射"③等,志文中"僕"字均作
"僺",将其声符"業"改写。盖因"業"和"業"的形体极其相似,故
书刻时混"業"为"業",且为书刻简便计而省去一横画。

④ 义近代替类。指以另一种与原构件意义相近或相关的构件
代替原构件。如"第",《说文》未收,当从竹,弟声。《玉篇·竹部》
云:"第,徒计切,次第也。""茅",《说文·艸部》云:"茅,艸也。从
艸,弟声。"王兴之夫妇墓志"出养茅二伯"④、谢琰墓志"即琰茅二
姊之长女"⑤、明昙憙墓志"茅三叔善盖"⑥,"第"字在志文中均写作
"茅",以"艹"代替"竹",乃因二者意义、形体均比较接近,且前者
笔画较为简省。"竹",《说文·竹部》云:"竹,冬生艸也,象形……
凡竹之属皆从竹。""艸",《说文·艸部》云:"艸,百芔也。从二屮。
凡艸之属皆从艸。"《干禄字书》云:"茅、第,次茅字,上俗,下正。"

⑤ 符号代替类。指将某些笔画较多,或书刻不便的构件,用笔
画相对较为简省的,既不表音也不表意的符号代替。如"劉",《说

---

① 《梁萧敷及王氏墓志铭》,《书法丛刊》第5辑,文物出版社,1982年,第8—29页。
② 南京市文物保管委员会:《南京人台山东晋王兴之夫妇墓发掘报告》,《文物》,1965年第6期。
③ 南京市博物馆:《南京象山5号、6号、7号墓清理简报》,《文物》,1972年第11期。
④ 同②。
⑤ 南京市博物馆、雨花区文化局:《南京南郊六朝谢琰墓》,《文物》,1998年第5期。
⑥ 南京市文物管理委员会:《南京太平门外刘宋明昙憙墓》,《考古》,1976年第1期。

文》未收,《玉篇·刀部》云:“劉,力牛切,钺杀也,陈也。”谢鲲墓志“妻中山劉氏”①、颜谦妇刘氏墓志“琅琊颜谦妇劉氏”②,志文中“劉”字,分别以“吅”“丷”代替“卯”部,并将“金”部的笔画略作改变。

(三)构件移位类

构件移位,是指书刻时将文字的构件随意地作上下左右移动,改变了其固有位置,导致文字的原有形体结构发生变化,从而形成新的文字。如“幼”,《说文·幺部》云:“幼,少也。从幺力。”谢鲲墓志“谢鲲幼舆”③,志文中“幼”作“𠢑”,将其声符“幺”移位至形符“力”之左上,从而使整个字形由左右结构变为上下结构;再如“剋”,《说文》《玉篇》均未收,当从刀,克声。《干禄字书》云:“克、剋,上克,能;下剋,胜。”刘剋墓志④,“剋”作“剋”,将其形符“刂”由声符“克”的折画之上移至“克”右,从而使整个字形由半包围结构变为左右结构。

二、墓志俗字产生的原因

出于“纪亲铭德”的考虑,墓志文的书刻本应采用古体字、正体字,如此才具有“敬意”、合乎“礼教”,才能达到郑重肃穆的效果。然而,东晋南朝墓志文中却出现如此多的俗字,其原因何在?在考察和分析了东晋南朝墓志俗字的写法及其类型后,笔者以为墓志俗字产生的原因,大致有以下4个方面:

(一)社会环境与时代背景的影响

作为文化的载体,文字不能不受当时社会环境与时代背景的影响。魏晋南北朝是中国历史上一段大分裂、大动荡时期,国家的

---

① 南京市文物保管委员会:《南京戚家山东晋谢鲲墓简报》,《文物》,1965年第6期。

② 南京市文物保管委员会:《南京老虎山晋墓》,《考古》,1959年第6期。

③ 同①。

④ 镇江市博物馆:《镇江市东晋刘剋墓的清理》,《考古》,1964年第5期。

分裂,政权的更迭,无疑给各地区语言文字的交流带来极大不便,甚至造成隔阂,如此就促成了东晋、南朝成为汉字俗体异彩纷呈的一个高峰期,战国时期"言语异声,文字异形"的一幕在某种程度上复现。清毕沅《中州金石纪》卷一云:"字之变体,莫甚于六朝。"①《颜氏家训》卷七《杂艺》引江南谚语云:"尺牍书疏,千里面目也。"②恐怕不仅是就南朝尺牍书法体态存在相当大的差异而发的议论,也是对当时文字形体呈现极其纷繁复杂的面貌而作的感慨。

东晋、南朝时期厘正文字的字书的出现,如晋吕忱《字林》七卷、梁顾野王《玉篇》三一卷③,也表明有乖正字规范的俗字的泛滥。然而世易风移,改易字体,以至动辄造字,时俗相尚,蔚然成风。虽有厘正文字的字书,而从之者恐怕仍然不多。前引《颜氏家训·杂艺》之语,正是在善书之人如萧子云、邵陵王之流随意造字、改易字体的影响下④,俗字的使用转而成为社会流俗,自东晋至南朝绵延不绝而日甚,以至于有"从正则惧人不识"⑤的心态表露。如此社会风习,在客观上无疑又促使了俗字的不断产生与大量使用。

作为一种实用的丧葬用品,墓志在文字的书刻和使用方面也为流俗所染,致使墓志文中因随意增减、改变笔画和构件的俗字屡见不鲜。如高崧墓志"廣陵高崧"⑥,志文中"廣"字写作"廣",将其声符"黄"省去一竖画;而同一墓葬出土的高崧妻谢氏墓志"廣陵高崧","廣"字却是正写。可见,高崧墓志此字并非当时通行的俗字,而是因书刻者随意减省笔画而形成的俗字。

(二)书体演进的影响

汉字形体的发展与演变,与书体的演进密切相关。当一种书

① 毕沅:《中州金石纪》卷一,收入王云五主编《丛书集成初编》。
② 颜之推撰,王利器集解:《颜氏家训集解》卷七《杂艺》、卷六《书证》,中华书局,1993年。
③ 魏征,等:《隋书》卷三二《经籍志一》,中华书局,1973年。
④ 东晋、南朝书人因个人所好而随意造字之事,史籍不乏记载。如《梁书》卷九《曹景宗传》云:"景宗为人自恃尚胜,每作书,字有不解,不以问人,皆以意造焉。"
⑤ 同②。
⑥ 南京市博物馆:《江苏南京仙鹤观东晋墓》,《文物》,2001年第3期。

体演进至另一种书体时,先前书体的某些写法往往会保留下来,混用于后一种书体,从而形成后一种书体的俗体写法。唐兰先生曾指出:"其实中国文字既以形体为主,讹变是免不了的,由商周古文字到小篆,由小篆到隶省,由隶省到正书,新文字总是旧文字的简俗字。"①

魏晋南北朝时期书法繁盛,社会上多种书体并存发展:一方面,汉隶继续通行,如魏正始三体石经以汉隶为正式通行文字;另一方面,草书、真书、行书渐趋成熟,尺牍简札屡有所见。多种书体的并存发展、相互影响,难免会促使一批俗字的产生。这在东晋南朝墓志俗字的写法中也有反映。例如,王纂韶墓志"虽断机贻训"②、永阳敬太妃王氏墓志"断织之训既明"③,"斷"均作"断";谢琰墓志"出继从叔卫将军尚"④,"繼"作"继",基本上是受草书写法的影响而形成的楷书的俗字。

再如,王宝玉墓志"秘迹徒留","徒"作"徙"⑤;王建之墓志"前太宰従事中郎"⑥,"従(從)"作"徔",基本上是受隶书写法的影响而形成的楷书的俗字。

(三)前代俗体写法的影响

汉字形体与书体的使用,在一定时段内具有一定的延续性和稳定性。前代书体中某些俗字,仍为后代所沿用。如"万"本为"萬"字的隶变⑦,在战国玺印与汉印中已不鲜见,而东晋南朝墓志楷体中仍保留了"萬"的俗体写法,作"万",如谢琰墓志"万

---

① 唐兰:《中国文字学》,上海古籍出版社,1979 年重印版,第 183 页。
② 《梁桂阳王萧融夫妇墓志》,《书法丛刊》第 4 辑,文物出版社,1982 年,第 8 – 11 页。
③ 《梁萧敷及王氏墓志铭》,《书法丛刊》第 5 辑,文物出版社,1982 年,第 8 – 29 页。
④ 南京市博物馆、雨花区文化局:《南京南郊六朝谢琰墓》,《文物》,1998 年第 5 期。
⑤ 庄天明、凌波:《古代铭刻书法》,天津美术出版社,2003 年,第 110 – 111(图版)、176 – 177 页(考释)。
⑥ 南京市博物馆:《南京象山 8 号、9 号、10 号墓发掘简报》,《文物》,2000 年第 7 期。
⑦ "隶变"通常是指由篆书演进为隶书的过程中所形成的字体。因篆书圆转弯曲,笔画又太多,书写多耗时费事,所以人们在非郑重的场合,往往将字写得草率一点,一些本该圆转的弧形笔道变成了比较平直的笔画,而最终演进至隶书。

寿子"①。

前代俗字偏旁的某种写法,也为后代所继承采用,并以之构成新的俗字。如汉曹全碑"撫育鰥寡","鰥"作"鰥"②,以"角"代替"魚"。谢鲲墓志"鲲"字写作"鲲"③,将其形符"魚"改作"角",可能就是沿袭汉隶俗体的写法。

(四)书刻者自身因素的影响

墓志俗字的产生,与书人的文化素养、刻工的镌刻技艺,无疑都有着比较密切的关系。至今出土实物中,东晋南朝墓志书人题名少见,仅陈黄法氍墓志有"冠军长史谢众书"的题名④,而刻工的相关题名与记载全然没有。检视东晋南朝墓志,其刊刻存有工整草率之别,书法体态也呈现俊美鄙陋之异,则其书人的文化素养、刻工的镌刻技艺无疑也存在高低不齐的情况。

一般来说,文化水平较低的书人,书写墓志文字时多一点少一横,增减或改变字体的笔画与构件,甚至全然改变文字的形体结构,导致新的俗字产生(与现今所谓"别字"相同),属于正常情况。"在文字规范化差的古代,一个字异体成群,正俗难辨,文化不普及,工具书难得,'错别'与否,常无从谈起。"⑤

当然,在东晋、南朝俗字使用蔚然成风的情况下,文化水平较高的书人,也不一定就追求和注重文字书写的规范。《颜氏家训·书证》云:

> 吾昔初看《说文》,嗤薄世字,从正则惧人不识,随俗则意嫌其非,略是不得下笔也。所见渐广,更知通变,救前之执,将欲半焉。若文章著述,犹择微相影响者行之。官曹文书,世间

---

① 南京市博物馆、雨花区文化局:《南京南郊六朝谢珫墓》,《文物》,1998 年第 5 期。
② 秦公辑:《碑别字新编》,文物出版社,1985 年,第 458 页。
③ 南京市文物保管委员会:《南京戚家山东晋谢鲲墓简报》,《文物》,1965 年第 6 期。
④ 南京市博物馆:《南京西善桥南朝墓》,《文物》,1993 年第 11 期;王素:《陈黄法氍墓志校证》,《文物》,1993 年第 11 期。
⑤ 欧昌俊、李海霞:《六朝唐五代石刻俗字研究》,巴蜀书社,2004 年,第 221 页。

尺牍,幸不违俗也。①

颜氏此语,某种程度也说明了当时文人对社会上流行的俗字,持一种认同的态度。"官曹文书,世间尺牍,幸不违俗也",更是表明俗字的使用范围,已不再局限于民间账簿、药方、券契、书信、简札等非正式场合,而是扩大到官府文书等比较正式的场合。相对而言,墓志应是一种比较庄重而正式的文体,然而在如此的社会风习影响下,不论其书人文化水平高低与否,出现俗字应该是可以理解的。此外,东晋南朝墓志中某些墓志的书写,也并不排除有萧子云、邵陵王等善书者参与的可能,他们为追求书法艺术的美感和个性,随意造字,改易字体,致使墓志俗字的出现,亦属正常。

负责墓志镌刻的工匠,通常身份比较低微,其文化修养自不可与文人士大夫同日而语,然其书刻技艺的高低,不仅对墓志书法的优劣,而且对墓志俗字的产生也有所影响。东晋南朝墓志中那些镌刻工整、字间划界格或竖线栏的墓志,如东晋谢鲲、张镇、王兴之夫妇、王建之及其妻刘媚子、王闽之、温峤、李摹、李缉、李纂妻武氏、高崧及其夫人谢氏墓志,以及虽无界格然而分行布白规整的南朝中晚期大部分墓志,在镌刻之前书丹很有可能;而那些镌刻随意草率,不讲究布局,内容简单仅有数字的墓志,如卞氏王夫人、颜谦妇刘氏、李纂妻何氏、王德光墓志等,书丹的可能性很小,恐怕多由工匠直接奏刀刊刻。就前者而言,撇开墓志俗字产生中的书人因素,若刻工的镌刻技艺较高,则基本保持了墓志书人的书法及字形原貌,不会再另增俗字;若刻工的镌刻技艺较低,遇到笔画、结构比较繁复的字,为了方便镌刻而减省笔画或改变构件,则可能失去墓志书人的书法及字形原貌,进而增加新的俗字。就后者而论,则墓志俗字的产生与刻工的文化修养及镌刻技艺均密切相关。

综上所述,东晋南朝墓志文中的俗字,是受多方面因素的影响而产生的。过分强调或夸大其中任何一方面的影响,都难免有失

---

① 颜之推撰,王利器集解:《颜氏家训集解》卷七《杂艺》、卷六《书证》,中华书局,1993 年。

偏颇。例如,丛文俊先生在谈及东晋琅琊王氏家族墓志的书人身份时,曾以王兴之夫妇、王闽之、王丹虎等三方墓志为例,指出此三方墓志的书字刻字存在许多问题,如讹形、缺笔、增饰、俗写、同字及同一偏旁异形、楷隶混杂及兼行草之形、漏刻、点画结构毫无章法可言,等等,进而认为:"所有现象都与缺少文化素养和书写训练的工匠作品相同,而素负显贵清流的王氏子弟决不会如此拙劣,连起码的小学教育水平都不具备,虚承千载盛名。"①我们撇开王氏墓志书法是否粗鄙如同工匠作品不谈,仅就丛氏以墓志俗字来判别墓志书人的身份而言,其所论即微显武断。

(2012 年第 1 期)

---

① 丛文俊:《关于魏晋书法史料的性质与学术意义的再认识——兼及"兰亭论辩"》,华人德、白谦慎主编《兰亭论集》,苏州大学出版社,2000 年,第 230 - 259 页。

《大般涅槃经》在两晋时代的传承与流行

圣 凯

　　涅槃学派是传承、研习《大般涅槃经》而形成的一个学系,其研习、弘传《大般涅槃经》的学者称为"涅槃师",从北凉至隋末唐初,一直兴盛不衰。涅槃学派的传承,自从道生研究六卷《泥洹经》而首倡"阐提有佛性",此后顿悟、渐悟等思想此起彼伏,成为南北朝、隋唐时期非常盛行的学派。而且,南北朝的佛教学者学无常师,通常精通各种经论,虽然有些涅槃师专以《涅槃经》为研习的中心,但是亦兼通《成实论》《十地经论》《摄大乘论》等。因此,涅槃学派是一种以《涅槃经》为中心,交叉传承多种经论的学派,其时间跨度在公元 5 世纪中期至 8 世纪中期,约 300 年的历史。涅槃师的丰富思想,成为南北朝佛教思想史的重要内容,是隋唐佛教宗派成立的前奏。同时,随着隋唐宗派的成立,八大宗派各自以自宗经论为中心,但皆未将《涅槃经》作为所依经论,从而使《涅槃经》的讲习趋于衰落。

　　涅槃学派的传承以道生为第一人,这是从"阐提有佛性"的核心思想来说的。但是,涅槃学派的传承必须从法显译出六卷《大般泥洹经》(以下简称《泥洹经》,涉及通称则用《涅槃经》)开始,而后以建康为中心的南方佛学界,如道生、慧叡、慧严、慧观等人,迅速从鸠摩罗什所传的般若学转向涅槃学。所以,涅槃学派的形成,与鸠摩罗什教团具有密切的联系。昙无谶于玄始十年(421)译出四十卷《大般涅槃经》后,研习者转向此经,促进了涅槃学派在北魏与刘宋时期的兴盛,一直至隋末唐初,绵延不绝。

一、鸠摩罗什、庐山慧远与《泥洹经》

义熙十三年(417),法显与佛陀跋陀罗译出《大般泥洹经》,此时鸠摩罗什已经去世。① 鸠摩罗什出生于龟兹,龟兹是否流传《涅槃经》,今已不可得知。但有一点是确定无疑的,即鸠摩罗什知道《涅槃经》的存在,因为在《大智度论》等论书中,已经广泛引用《涅槃经》。而且,鸠摩罗什对《涅槃经》的思想或许大致了解,这从僧叡《释疑》②中可以看出,该书在论述《般若经》《法华经》《泥洹经》三经的思想后说:

> 此三经者,如什公所言:是大化三门,无极真体,皆有神验,无所疑也。什公时,虽未有《大般泥洹》文,已有《法身经》明佛法身,即是泥洹。与今所出,若合符契。此公若得闻此佛有真我,一切众生皆有佛性,便当应如白日朗其胸衿,甘露润其四体,无所疑也。③

依僧叡的记载,"如什公所言"表明了鸠摩罗什曾经概括了《泥洹经》的思想。鸠摩罗什未有机缘见到《泥洹经》,所以引起僧睿的感慨。

鸠摩罗什门下,僧叡、慧叡、道生、慧严、慧观等无不受到《泥洹经》的影响,鸠摩罗什教团从而由般若性空的"空宗"转向常住佛性的"有空",这种转向的契机即是《泥洹经》的译出。

---

① 有关鸠摩罗什的殁年,历来有弘始七年(405)、弘始八年(406)、弘始十一年(409)、弘始十五年(413)等种种说法,最新的考证结果是日本学者斋藤达也提出弘始十三年(411)。见《鸠摩罗什の没年问题の再检讨》,《国际佛教学大学院大学研究纪要》第3号,2000年,第125–153页。

② 有关《释疑》的作者,涉及"僧叡"与"慧叡"的问题。最新的研究成果表明,此二人非同一人,《释疑》应为僧叡的作品。见涂艳秋《鸠摩罗什门下由"空"到"有"的转变——以僧叡为代表》,《汉学研究》,2000年第2期,第113–142页;徐文明《僧叡慧叡非一人辩》,《正观杂志》,2003年第25期,第167–180页。

③ 《出三藏记集》卷五,《大正藏》第55卷,第42页上。

```
                      鸠摩罗什
    ┌──────┬──────┬──────┬──────┬──────┬──────┐
  道生    慧严    慧观    慧睿    僧肇    昙无成   僧弼
```

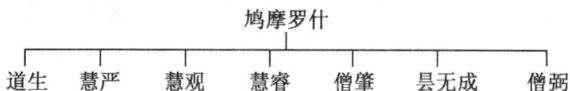

另外一方面,涅槃学在中国的兴起,与慧远的庐山教团亦有密切的关系。虽然,慧远亦无缘见到《泥洹经》,但是慧叡、慧观、慧严等在师事鸠摩罗什之前,本来也是慧远的弟子,而后来的涅槃师昙顺、道汪、(余杭)慧静等皆出自他的门下。慧远以般若、空的立场理解"泥洹",从而影响了弟子辈的涅槃思想。而且,佛陀跋陀罗离开长安后,又受慧远邀请住在庐山,后来译出《泥洹经》。

所以,涅槃学的兴起,与鸠摩罗什、庐山慧远两大教团皆有密切的联系。正是两大教团精英学者的学术转向,才真正促进了涅槃学派的发展。

二、河西僧团与北本《涅槃经》研究

玄始十年(421),昙无谶译出四十卷北本《大般涅槃经》。在昙无谶的门下,拥有一批义学沙门,如道朗、慧嵩、道进等,随昙无谶学习《涅槃经》以及禅法、戒律等。他们受到北凉沮渠蒙逊家族的支持,在北凉盛极一时。

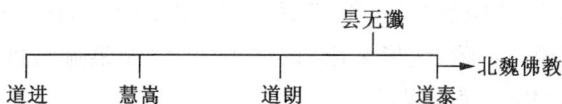

```
                        昙无谶
    ┌──────┬──────┬──────┬──────────→ 北魏佛教
  道进    慧嵩    道朗    道泰
```

道朗、慧嵩、道进三人都没有专门的传记,依《高僧传·昙无谶传》《大涅槃经序》的记载,可以简单了解他们的生平。道朗、慧嵩在接触昙无谶之前,在当时河西已经有很大的影响。《高僧传·昙无谶传》说:

> 时沙门慧嵩、道朗,独步河西,值其宣出经藏,深相推重,转易梵文,嵩公笔受。道俗数百人,疑难纵横,谶临机

释滞,清辩若流,兼富於文藻,辞制华密。嵩朗等更请广
出诸经。①

《出三藏记集·昙无谶传》也有相同的记载。道朗、慧嵩可能是受
到沮渠蒙逊的邀请,加入昙无谶的译经事业。在翻译《涅槃经》时,
"手执梵文,口宣秦言"②,主要由慧嵩笔受。道朗可能在义理上比
较有造诣,所以作《涅槃经序》,并撰《涅槃经义疏》,如吉藏说"亲
承三藏,作《涅槃义疏》"③,道朗是依昙无谶讲《涅槃经》的讲义而
撰疏的。

在吉藏、灌顶的著作中,还提及道朗对《涅槃经》的"五门"科
判。《大般涅槃经疏》卷一:

梁武但制中前中后,开善唯序正,光宅足流通,灵味
问有缘起答有余势,河西五门,婆薮七分,兴皇八门。④

《涅槃经游意》说:"此经之意复何穷?如河西五门,波薮七分,兴皇
八章,迦叶三十解问,如来次第解释则三十解意。"⑤可见,道朗的
"五门"科判在隋末唐初非常流行,依道朗撰《涅槃经序》,或许大约
可以看出,"五门"是释名、明宗、辩体、论用、教判。⑥另外,《魏
书·释老志》记载,智嵩为译时笔受,然后以新出的经论传授于凉
州,著《涅槃义记》⑦。此"智嵩"即是慧嵩,道挺《毗婆沙序》亦称
"智嵩"。由此亦可见《涅槃经》之学盛行于凉州之情。

在隋代,道朗《涅槃义疏》仍然盛行于世,吉藏、智颛、灌顶等人
都引用其说。吉藏《法华玄论》说:"道朗著《涅槃疏》,世盛行之。
其所解《法华》,理非谬说,明常之旨,还符睿公"。⑧道朗著《法华

---

① 《高僧传》卷二《昙无谶传》,《大正藏》第 50 卷,第 336 页上。
② 道朗:《大涅槃经序》,《出三藏记集》卷八,《大正藏》第 55 卷,第 59 页下。
③ 《大乘玄论》卷三,《大正藏》第 45 卷,第 35 页下。
④ 《大般涅槃经疏》卷一,《大正藏》第 38 卷,第 42 页中。
⑤ 《涅槃经游意》,《大正藏》第 38 卷,第 230 页中。
⑥ 布施浩岳:《涅槃宗之研究·后编》,国书刊行会,1942 年,第 8 页。
⑦ 魏收:《魏书》卷一一四《释老志》,中华书局,1974 年。
⑧ 《法华玄论》卷二,《大正藏》第 34 卷,第 377 页上。

经疏》,判《法华经》为五门:一是从"如是我闻"竟《序品》,序《法华》必转之相;二是从《方便品》至《法师品》,明《法华》体无二之法;三是从《宝塔品》竟《寿量品》,明《法华》常住法身之果;四是从《分别功德品》至《嘱累品》,明修行《法华》所生功德;五是从《药王本事品》讫经,明流通《法华》之方轨。① 道朗《法华疏》在解释了《宝塔品》是阐明法身常住之理永存不没,《寿量品》是说明如来的寿量等同虚空。② 又吉藏记载,道朗还撰《中论序》,"破四缘为略,破六因为广"。③ 但是,道朗的著作皆散佚不存,仅可见到吉藏、智颙等著作中的援引之文。

同时,道朗、慧嵩在昙无谶被沮渠蒙逊杀后,又帮助浮陀跋摩翻译了《阿毗昙毗婆沙论》。

依《出三藏记集》卷九《贤愚经记》的记载,凉州沙门昙学、威德等八人在于阗大寺参加"般遮于瑟"大会,然后依各自所听而集为一部,带回到凉州。当时,"沙门释慧朗,河西宗匠,道业渊博,总持方等",认为此经多明譬喻以及善恶因果,所以命名为《贤愚经》。元嘉二十二年(445),由金陵天安寺僧人弘宗译出。④ 依汤用彤的研究,认为慧朗即是道朗。⑤

同时,河西僧团重视禅法与戒律,如道进在昙无谶门下求受菩萨戒。其后道朗又感瑞梦,从道进受戒。河西是佛教自西域来华的重要通道,《魏书·释老志》说:

> 凉州自张轨后,世信佛教。敦煌地接西域,道俗交得。其旧式村坞相属,多有塔寺。太延中,凉州平,徙其国人于京邑。沙门佛事,皆俱乐,象教弥增矣。⑥

① 《法华义疏》卷一,《大正藏》第 34 卷,第 452 页下。
② 《法华游意》,《大正藏》第 34 卷,第 640 页下。
③ 《中论疏》卷一本,《大正藏》第 42 卷,第 1 页上;同疏卷三末,《大正藏》第 42 卷,第 52 页上。
④ 《出三藏记集》卷九,《大正藏》第 55 卷,第 67 页下 – 68 页上。
⑤ 汤用彤:《汉魏两晋南北朝佛教史》上册,武汉大学出版社,2008 年,第 282 页。
⑥ 魏收:《魏书》卷一一四《释老志》,中华书局,1974 年。

北凉兵乱以后,北魏太武帝在太延五年(439)灭凉,徙沮渠宗族及吏民三万户于平城,同时亦有大量的沙门随同进入平城。因此,北凉佛教移至平城,促进了北魏佛教的兴盛,北凉涅槃学亦开始在北方传播,于是出现了北方的涅槃学派。而且,随着北凉的战乱,涅槃学转传至南方,南朝重视佛教义学的风气,无疑为南方涅槃学的发展提供了很好的环境。

河西僧团的涅槃学研究,自从北凉之后,在汉地的南北各有发展,直至吉藏、灌顶时代,一直绵延不绝。所以,涅槃学派的发展史,应该以河西僧团为滥觞。虽然,道生在江南依六卷《泥洹经》孤明先发,提倡"阐提有佛性",但是由于道生在当时受到摈斥,待《涅槃经》传至宋土后,南方的涅槃学派才真正获得发展。

三、道生的生平与著作

公元 5 世纪的中国佛教,随着鸠摩罗什、佛陀跋陀罗、昙无谶等译经大师译出《法华经》《般若经》《华严经》《涅槃经》等大乘经典,于是吸收大乘经典的思想,建立中国佛教独具特色的思想体系,成为当时佛教界的一大趋势。道生开创了南方的涅槃学派,无疑为中国佛教思想的发展作出了重大贡献。

1. 道生的生平

有关道生的传记资料,见于《高僧传》卷七《道生传》、《广弘明集》卷二十三《龙光寺竺道生法师诔》、《出三藏记集》卷一五《道生法师传》、《宋书》卷九七等。道生(355—434),俗姓魏,原籍钜鹿(河北省巨鹿县),祖上寓居彭城(江苏省徐州市),父亲为广戚令。道生幼小时,便表现出非凡的气度。后来,遇到沙门竺法汰,①于是归依竺法汰,出家接受佛学教育。

竺法汰(320—387),是道安的同学,兴宁三年(365),随道安避

① "竺法汰",《宋书》卷九七《夷蛮传》为"法大",《龙光寺竺道生法师诔》为"法汰",高丽本《出三藏记集》为"法太"。

难至襄阳,最后到达建康。简文帝(371—372 在位)时,竺法汰住瓦官寺,讲《放光般若经》,简文帝亲自临幸,王公大臣悉来听讲。瓦官寺原来仅有堂塔,竺法汰于是拓宽房宇,依地势而修建重门。竺法汰殁于太元十二年(387),在南京居住长达 23 年。所以,道生在竺法汰门下出家,应该在这期间。汤用彤、鎌田茂雄都认为,竺法汰讲《放光般若经》时,"三吴负笈至者千数",即公元 371 至 372 年,或许即道生出家的时间。①

道生在竺法汰门下,便表现出非凡的能力,研习经论,便能与当时的名僧、学士辩论。受具足戒后,应该是 20 岁左右。《出三藏记集·道生传》说:"年至具戒,器鉴日跻,讲演之声,遍于区夏。王公贵胜,并闻风造席;庶几之士,皆千里命驾。生风雅从容,善于接诱。其性烈而温,其气清而穆。故豫在言对,莫不披心焉。"②在"清谈"盛行的时代,道生的辩才与风度,无疑赢得众多玄学名士的拥护。不久,住龙光寺专注于学业。

《龙光寺竺道生法师诔》说:"中年游学,广搜异闻,自杨徂秦,登庐蹑霍。罗什大乘之趣,提婆小道之要,咸畅斯旨,究举其奥"。③这是道生的游学历程:扬州→庐山→霍山→长安,其学问传统来自僧伽提婆的阿毗昙学、鸠摩罗什的大乘般若学。道生游学扬州,后来入庐山隐居 7 年。《出三藏记集》谓隆安年间(397—401),道生入庐山;《高僧传》删除了"隆安中",未明记年月。《名僧传抄》记载《名僧传》卷一〇的目录中,有"宋寻阳庐山西寺道生";且在《说处》出现"庐山西寺竺道生事""慧远庐山习有宗事"等语。④

僧伽提婆是东晋时代翻译过论典的名家,擅长《阿毗昙心论》。僧伽提婆于前秦建元年中(365—384)来到长安,后来应慧远邀请

① 《高僧传》卷五《竺法汰传》,《大正藏》第 50 卷,第 354 页下 – 355 页上。汤用彤:《汉魏两晋南北朝佛教史》(下册),武汉大学出版社,2008 年,第 438 页;鎌田茂雄:《中国佛教通史》第 4 卷,佛光出版社译,佛光出版社,1993 年,第 278 页。

② 《出三藏记集》卷一五,《大正藏》第 55 卷,第 110 页下。

③ 《广弘明集》卷二三,《大正藏》第 52 卷,第 265 页下。

④ 《名僧传抄》,《卍新纂续藏经》第 77 册,第 347 页中、360 页中。

至庐山。东晋太元十六年(391),在庐山译出《阿毗昙心论》,隆安元年(397)游建康,受到晋室王公及名士的崇信。

依僧伽提婆离开庐山的时间,道生应该在太元末数年至庐山,得见僧伽提婆,与慧远一起学习有部。而僧伽提婆于隆安元年至建业,道生则住至"隆安中",前后共7年。同时,道生也接触了慧远的般若与净土思想。道生离开庐山后,曾隐居霍山。此"霍山"在当时的庐江潜县,今安徽霍山县。

在玄学盛行的时代,南方佛教界重视义理思辩。所以,《高僧传·道生传》说:"常以入道之要,慧解为本。故钻仰群经,斟酌杂论,万里随法,不惮疲苦。"①后秦弘始三年(401),鸠摩罗什应姚兴之请,至长安弘扬龙树学说。所以,他与始兴寺慧睿、东安寺慧严、道场寺慧观等人联袂前往长安,投入鸠摩罗什的门下,学习般若学。当时的长安,群英荟萃,道生颖悟拔俗,在当时蔚为美谈。尚书王俭述说道生在长安的状况:"昔竺道生入长安,姚兴于逍遥园见之,使难道融义,往复百翻,言无不切。众皆睹其风神,服其英秀。"②道生与道融反复辩论,道生的博学才识得到众人的佩服。鸠摩罗什门下有"四圣""十哲"等称,道生皆位列其中。

道生在长安求学多年,弘始九年(407)夏末,道生离开长安。途经庐山,拜访慧远,将僧肇《般若无知论》示刘遗民,这是义熙四年(408)。义熙五年(409),道生回到建康,住在青园寺。

青园寺位于江苏南京市郊覆舟山麓,为东晋恭思皇后褚氏所建,竺道生尝住此讲顿悟成佛之义。刘宋景平元年(423),佛殿震动,传有龙升天,遂改名龙光寺。宝林、法宝、慧生等相继来住,成为弘扬顿悟学说的重镇;梁陈之际,僧绰在此讲说《成实论》,是成实学派的活动中心。同时,在南京还有另一青园寺,是刘宋元嘉三年(426)王景深母亲范氏将王坦之的故祠堂地,布施给比丘尼业

① 《高僧传》卷七《竺道生传》,《大正藏》第50卷,第366页下。
② 《续高僧传》卷五,《大正藏》第50卷,第462页上。

首,创立寺舍,亦名为青园寺。① 泰始三年(467),宝婴尼于东面建造禅房、灵塔,于是成为东青园寺,原来的青园寺被称为西青园寺。②

刘宋兴起后,宋文帝对道生极其敬重,王弘、范泰、颜延之等人皆来问道。同时,景平元年(423)十一月,道生、慧严在龙光寺,请罽宾律师佛陀(大)什法师手执胡文,于阗沙门智胜为译,于景平二年(424)十二月译出《五分律》,"此律照明,盖生之功也"。③ 与《五分律》同时译出的,还有《弥沙塞比丘戒本》《弥沙塞羯磨》。

道生深通佛法精髓,感叹当时学者多滞碍于文字,而疏忽于义理。所以,《高僧传·竺道生传》说:"夫象以尽意,得意则象忘;言以诠理,入理则言息。自经典东流,译人重阻,多守滞文,鲜见圆义。若忘筌取鱼始,可与言道矣。"④道生会通龙树的中观思想与僧伽提婆的有部思想,贯通玄学与佛学,所以在中国佛教史上,成为具有原创性的佛教思想家。在注释《维摩诘经》时,道生说:"无我本无生死中我,非不有佛性我也"⑤,这说明道生在鸠摩罗什门下时,就已把大乘般若学与大乘涅槃学在理论上结合起来,以实相理体为成佛之因,在般若学的实相论基础之上来构建其涅槃佛性学说,为后来整个中国佛教思想的发展构建了基本的理论框架。所以,后来接触《泥洹经》时,他才能孤明独发,提出"阐提有性"。

法显等于义熙十三年(417)十月译出《泥洹经》,这时道生归建康已经八年。《大般泥洹经》说:"一切众生皆有佛性在于身中,无量烦恼悉除灭已,佛便明显,除一阐提。"⑥但是,道生"剖析经理,洞入幽微,乃说阿阐提人皆得成佛。于时《大本》未传,孤明先发,独

① 《比丘尼传》卷二《业首尼传》,《大正藏》第50卷,第940页中。
② 《比丘尼传》卷三《法全尼传》,《大正藏》第50卷,第943页中。
③ 《出三藏记集》卷一五,《大正藏》第55卷,第111页中。
④ 《高僧传》卷七《竺道生传》,《大正藏》第50卷,第366页下。
⑤ 《注维摩诘经》卷三,《大正藏》第38卷,第354页中。
⑥ 《佛说大般泥洹经》卷四,《大正藏》第12卷,第881页中。

见忤众。"①道生提倡"阐提有佛性",成为当时的"新说",从而与当时的"守文之徒"等产生矛盾。

《大般泥洹经》翻译时,在建康佛教界引起很大的反响。依《出经后记》记载:"一切众生悉成平等如来法身",当时"坐有二百五十人"。② 依慧睿《喻疑论》,当时有义学沙门百有余人,而且该经的宗旨即是"泥洹不灭,佛有真我。一切众生,皆有佛性。皆有佛性,学得成佛。佛有真我,故圣镜特宗,而为众圣中王"。③ 可见,佛教界认识到,佛性是该经的主要思想。而且,参与人数众多,势必会有不同的意见。同时,《大般泥洹经》译出后,由于理解的不同,便出现篡改经文、怀疑此经为伪经的现象④,可见当时确实纷争众多。

依唐代道暹《涅槃经玄义文句》的记载,当时纷争的中心人物是道生与智胜。智胜在僧传中没有传记,只知他来自于阗,帮助佛陀什翻译《五分律》。《涅槃经玄义文句》说:

> 后有传学之人,东晋大德沙门道生法师,即什公学徒上首。时属晋末宋初,传化江左,讲诸经论,未见《涅槃》大部,悬说众生悉有佛性。时有智胜法师,讲显公所译六卷《泥洹经》,说一阐提定不成佛。宋朝大德盛宗此义,闻生所说咸有佛性,众共嗔嫌。智与生公数论此义,智屡被屈,进状奏闻,彻于宋主,表云:后生小僧,全无学识,辄事胸臆,乖越经宗;若流传,误后学者,今以表奏请摈入山。宋主依奏,谪居苏州唐丘寺。时有五十硕学名僧,从生入山谘受。⑤

可见,当时以智胜为首的佛教界,主张"一阐提定不成佛",并且得

---

① 《高僧传》卷七《竺道生传》,《大正藏》第50卷,第366页下。
② 《出三藏记集》卷八,《大正藏》第55卷,第60页中。
③ 《出三藏记集》卷五,《大正藏》第55卷,第41页下。
④ 《出三藏记集》卷六:"此《大般泥洹经》既出之后,而有嫌其文不便者,而更便改。"《大正藏》第55卷,第42页上。
⑤ 《涅槃经玄义文句》卷下,《卍新纂续藏经》第36册,第40页上。

到宋文帝的支持,将道生摈至苏州虎丘。而道生主张"阐提有佛性",从而导致东晋、刘宋时代佛教界的纷争。所以,这是"旧义"与"新说"的矛盾。慧睿《喻疑论》说:

> 泥洹永存,为应照之本;大化不泯,真本存焉。而复致疑,安于渐照而排跋真诲,任其偏执而自幽不救。其可如乎!此正是《法华》开佛知见,开佛知见,今始可悟。金以莹明,显发可知。而复非之,大化之由,而有此心,经言阐提,真不虚也。①

慧睿以《法华经》作为依据,提倡《泥洹经》的思想即是"开佛知见"。而且,强调那些"旧义"者反对"阐提有佛性",才是真正的"阐提"。

道生受到当时佛教界的排挤,除了"阐提有佛性"的不同外,如立《二谛论》《佛性当有论》《法身无色论》《佛无净土论》《应有缘论》等,这些独创的思想都会遭到大众的反对。而且,道生性格刚烈,锋芒毕露,为时所忌。② 正是由于思想与现实的矛盾,导致了道生离开建康。《高僧传·道生传》记载,当时道生在大众前发誓:"若我所说,反于经义者,请于现身即表厉疾;若与实相不相违背者,愿舍寿之时,据师子座。"③可见当时的纷争非常激烈。

道生何时"被摈"呢?范泰《致生、观二法师书》是在元嘉三年至五年左右,这时道生仍然住在青园寺。《出三藏记集·道生传》:"生以元嘉七年投迹庐岳……俄尔,《大涅槃经》至于京都"④,隋硕法师《三论游意义》说:"宋元嘉七年,《涅槃》至扬州"⑤,这时道生已经隐居庐山,所以道生的"被摈"事件,是在元嘉五年至六年中

---

① 《出三藏记集》卷五,《大正藏》第55卷,第41页下。
② 《广弘明集》卷二三说:"物忌光颖,人疾贞越,怨结同服,好折群游"。《大正藏》第52卷,第266页上。
③ 《高僧传》卷七《竺道生传》,《大正藏》第50卷,第366页下。
④ 《出三藏记集》卷一五,《大正藏》第55卷,第111页上。
⑤ 《三论游意义》,《大正藏》第45卷,第122页中。

（即 428—429）。后来传说，道生离开建康后，青园寺发生雷震，龙升于天，于是改称为"龙光寺"。依《宋书·五行志》记载，元嘉五年，建康雷震厉害，破坏了太庙。①

道生至虎丘寺后，讲说《泥洹经》，学徒数百人云集，于是便有"生公说法，顽石点头"的佳话。道生之所以选择虎丘寺，或许与法纲有一定的关系。在《广弘明集》卷一八《慧林演僧维问》中，法纲说："学不渐宗，曾无彷彿"②，可见他是主张"渐悟"的。竺法纲与慧林（即慧琳）往来密切，二人有《竺法纲释慧林问往反十一首》③。慧琳为法纲、道生皆撰诔文，法纲殁于元嘉十一年（434）十一月，道生殁于同年十月，二人都隐居于虎丘，殁于庐山。

元嘉七年（430），道生再度入庐山隐居。不久，《大涅槃经》传至扬州，谢灵运、慧严、慧观修治，成为南本《大涅槃经》。《高僧传·竺道生传》说："果称阐提悉有佛性，与前所说，合若符契"，于是建康佛教敬佩道生的卓识，崇拜有加。依隋硕法师《三论游意义》的记载："尔时，里山慧观师，令唤生法师讲此经也"④，这是慧观将《大涅槃经》送至庐山，令道生讲此经。道暹《涅槃经玄义文句》记载，建康佛教界赞叹道生的学识，于是奏请迎回建康讲《涅槃经》，于是著义疏五十余纸，称为《关中疏》；而后，道生卒于讲座，故被号为"忍死菩萨"。⑤ 但是，《高僧传·竺道生传》《出三藏记集·道生传》皆未提及道生回建康之事。

元嘉九年（432）三月，道生于庐山东林寺撰《法华经疏》。⑥ 当时，道生的常住寺院是庐山西林寺，因为《名僧传抄》称为"宋寻阳庐山西寺道生"。

---

① 沈约：《宋书》卷三三《五行志四》，中华书局，1974 年。
② 《广弘明集》卷一八，《大正藏》第 52 卷，第 226 页中。
③ 《出三藏记集》卷一三，《大正藏》第 55 卷，第 84 页上。
④ 《三论游意义》，《大正藏》第 45 卷，第 122 页中。
⑤ 《涅槃经玄义文句》卷下，《卍新纂续藏经》第 36 册，第 40 页上－中。
⑥ 《妙法莲华经疏》卷上："以元嘉九年春之三月，于庐山东林精舍，又治定之，加采访众本，具成一卷。"《卍新纂续藏经》第 27 册，第 1 页中。

元嘉十一年(434)十月庚子(《高僧传》作十一月,误),道生升法座讲经,神采奕奕,辩才无碍,数番论议,穷尽诸法的玄理,听讲者法喜充满。讲经将完毕时,手中的麈尾掉落在地,但是姿势端正,在法座上安然而逝,从而实现了临终"据师子座"的誓言。建康佛教界深感惭愧,从而更加信服道生的学说。

道生的直传弟子有竺道攸(即道猷)、僧瑾、慧琳等,祖述其说者,不计其数,从而形成南北朝佛教思想界的一大潮流。

道生先后师事竺法汰、僧伽提婆、鸠摩罗什,接触慧远、僧肇等人,奠定了性空般若学、有部毗昙、龙树中观、法华、净土、十住等思想的基础,所以,他的思想融贯了般若、法华、涅槃三系,从而成为中国佛教重要的思想来源。

2．道生的著作

道生的著作非常丰富,僧祐《出三藏记集·道生传》、慧皎《高僧传·竺道生传》、陆澄《法论目录序》皆有记载。但是,现存仅《法华经疏》二卷、《维摩经义疏》(《注维摩经》引用)、《泥洹经疏》(《涅槃经集解》引用),其余皆散佚不存,隋唐佛教著述中引用其言者,皆以"生公""生法师"为称。

(1)《法华经义疏》或《妙法莲华经疏》二卷,僧祐载。

(2)《维摩经义疏》,撰于义熙六年(410)之后,《注维摩经》《维摩经关中疏》皆引用。

(3)《泥洹经义疏》,此为六卷《泥洹经》的注疏,僧祐有载。但是,道暹称道生著《大般涅槃经关中疏》,共五十余纸。《大般涅槃经集解》卷一引用道生的"序",卷四至卷五十五引用他的注疏,他注解的《大般涅槃经》主要是《纯陀品》《哀叹品》《长寿品》《金刚身品》《四相品》《四依品》《四谛品》《如来性品》《文字品》《月喻品》《圣行品》《德王品》《师子吼品》。《圣行品》《德王品》《师子吼品》为《大般涅槃经》所特有,所以道生著《大般涅槃经疏》,是确实存在的。

(4)《小品经义疏》,僧祐载。

（5）《顿悟义》，僧祐载；《顿悟成佛义》，慧皎载；《沙门竺道生执顿悟》，陆澄载。不知此三文，是否为同一文？

（6）《善不受报义》，僧祐、慧皎均载。陆澄《法论目录》另有《述竺道生善不受报义》，释僧璩答释镜难。

（7）《二谛论》，慧皎载。《涅槃经集解》卷三十二有引用①。

（8）《佛性当有论》，慧皎载。

（9）《法身无色论》，慧皎载。

（10）《应有缘论》，慧皎载。

（11）《佛无净土论》，慧皎载。吉藏《胜鬘宝窟》卷上末说："竺道生著《法身无净土论》，明法身无净土，此皆用无色义也。"②吉藏《法华玄论》又说："生公著《七珍论》，此是《法身无净土论》。"③《七珍论》是否指《顿悟成佛义》《善不受报义》《二谛论》《佛性当有论》《法身无色论》《佛无净土论》《应有缘论》七篇文章？依吉藏论述的语气，《七珍论》应该是指七篇文章，即上述七篇。

（12）《涅槃三十六问》，陆澄载。后世引用，皆称《涅槃三十六问答》。

（13）《释八住初心欲取泥洹义》，陆澄载。

（14）《辩佛性义》，记载王稚远（即王谧）与竺道生有关佛性的问答。

（15）《范重问道生往反三首》，范重即是范伯伦，收在陆澄《法论目录序》第九帙《慧藏集》中，另外，还有范伯伦《问竺道生诸道人佛义》《众僧述范问》《傅季友答范伯伦书》。这是范伯伦向众僧问佛法大义，以及与道生之间的往返问答等。傅亮在元嘉三年被诛杀，可见此四篇作于此年之前。

（16）《竺道生答王问一首》，陆澄载。这是道生答王弘（字休元）有关顿悟义的文章，现存于《广弘明集》卷一八《竺道生答王卫

---

① 《大般涅槃经集解》卷三二，《大正藏》第37卷，第487页上－第489页下。
② 《胜鬘宝窟》卷上末，《大正藏》第37卷，第15页下。
③ 《法华玄论》卷九，《大正藏》第34卷，第442页上。

军书》。①

（17）刘遗民《与竺道生书》。此书已失存，内容不明。道生曾携僧肇《般若无知论》，自长安送到庐山刘遗民，可知二人甚为友好。

（18）《十四科义》，这是后人集道生的著作。《智证大师请来目录》说："《十四科义》一本，生公"②，《东域传灯目录》说："《十四科义》一卷，竺道生"③，《圆珍入唐求法目录》亦有"《十四科义》一本"④，或许即此书。唐道液《净名经关中释抄》卷上，提说道生"制《十四科》《法华》《涅槃》疏及注此经"。⑤宋代智圆《涅槃玄义发源机要》卷一则说："以六卷《泥洹》先至京都，生剖析经理，洞入幽微，乃说阐提皆得成佛，遂撰《十四科》，其第十众生有佛性义云。"⑥依智圆的说法，道生在阅读六卷《泥洹经》后，便撰《十四科》。

吉藏曾提到《七珍论》，亦是道生的著作集成。可见，至少在唐代便集成了《十四科义》。如澄观《大方广佛华严经随疏演义钞》引用了《十四科》的"净土义""善不受报义""实相义"⑦，延寿《宗镜录》引用《十四科》的"法身义""净土义"⑧。可见，《十四科义》应该是指除《法华经义疏》《维摩经义疏》《泥洹经义疏》《大般涅槃经疏》《小品经义疏》以外的其他 14 篇文章。

---

① 《广弘明集》卷一八，《大正藏》第 52 卷，第 228 页上。

② 《智证大师请来目录》，《大正藏》第 55 卷，第 1106 页中。

③ 《东域传灯目录》，《大正藏》第 55 卷，第 1162 页上。

④ 《圆珍入唐求法目录》，《大正藏》第 55 卷，第 1100 页下。

⑤ 《净名经关中释抄》卷上，《大正藏》第 85 卷，第 510 页下。

⑥ 《涅槃玄义发源机要》卷一，《大正藏》第 38 卷，第 19 页上。

⑦ 《大方广佛华严经随疏演义钞》卷二六、四一、五一，《大正藏》第 36 卷，第 197 页上、318 页下、400 页上。

⑧ 《宗镜录》卷一六、二一，《大正藏》第 48 卷，第 502 页下、533 页中。

四、结语:两晋时代涅槃学派的影响

涅槃学派在北方、南方各有不同的渊源,各有所宗与不同。如《高僧传·僧宗传》记载:

先是北土法师昙准闻宗特善《涅槃》,乃南游观听。

既南北情异,思不相参,准乃别更讲说,多为北士所师。①
昙准的涅槃学传统来自北土,他听到僧宗讲《涅槃经》后,发现南北涅槃学的不同。南朝的涅槃学是依鸠摩罗什所传的大乘般若学解释《涅槃经》,而北地学者重视《涅槃经》中的大乘戒律部分,这是实践修道立场的区别。因为北朝的涅槃学派主要来自河西僧团的传统,昙无谶曾经传译《菩萨地持经》,而道进受菩萨戒,这种菩萨戒与《涅槃经》的结合,成为北朝涅槃学派的学风。所以,南方的涅槃学派重视《涅槃经》的理论部分,即是"扶常";而北方的涅槃学派重视修道部分,即是"谈律",二者各有所宗。②

刘宋初期的涅槃学派,是以建康道场寺、龙光寺为中心。刘宋后期以新安寺最著名,法瑶、昙斌、道猷大约同时住此寺;其次,是中兴寺、庄严寺、灵味寺、冶城寺等,中兴寺有僧璩、慧定,僧璩亦住庄严寺,僧含止灵味寺,慧静住冶城寺,静林住多宝讲寺。而其他各地的涅槃师,如昙济在寿春,僧庄在荆州,超进在会稽,道汪在成都。北方由于北魏太武帝灭佛,而且姚秦和北凉的灭亡,佛教失去王朝的外护,导致北地佛教徒纷纷避难南方;而且,慧皎《高僧传》北朝早期的僧传亦有不足,故难见《涅槃经》的弘扬。齐梁时代的涅槃学派,在玄学的思想环境下,而且受到竟陵王、梁武帝的外护,蓬勃发展。尤其是宝亮与法云、智藏、僧旻三大法师对《涅槃经》的弘扬,对后世影响巨大。《大般涅槃经集解》的编撰,是南朝涅槃学

---

① 《高僧传》卷八《僧宗传》记载,《大正藏》第50卷,第380页上。
② 安藤俊雄:《北魏涅槃学の传统と初期の四论师》,横超慧日编《北魏佛教の研究》,日本京都平乐寺书店,1970年,第184-186页。

的集中体现。宋、齐、梁三代的涅槃学派,夹杂着成实学派一起发展,其思想中心已经远远超越了顿渐的论争,囊括了二谛、佛性、心识等所有主要佛教思想主题。

北朝的涅槃学派,继承了北凉昙无谶的思想传统,夹杂着地论学派,以昙延、净影、慧远、法总为代表,通过"涅槃众主"的地位与影响,对隋唐佛教非常具有影响力。

(2011 年第 2 期)

南朝道经《三天内解经》再探

赵 益

　　正统《道藏》本《三天内解经》是较为重要的南朝古道经之一，历来受到道教史研究者的关注。已知研究有陈国符、柏夷（Stephen R. Bokenkamp）、施舟人（Kristofer M. Schipper）、小林正美、王宗昱、刘屹等诸家论说，他们在很多方面对该经进行了较为深入的探讨。问题在于，《三天内解经》撰成于公元 5 世纪这一道教整合发展的关键时期，其内容义旨又呈现出非常明显的特点，并牵涉到有关当时道教方方面面的问题，诸家研究容有未尽之处。兹以问题为纲，再作探讨如次，敬乞方家教正。

一、《三天内解经》"六天"意义之确指

　　"六天故气"说是晋南北朝新道教普遍提出的一个理论，这也被《三天内解经》所继承。

　　陈国符认为，"六天之治""六天故气"主要是指"邪鬼""巫觋旧法"①；小林正美认为"六天"的原始意义是统治死者世界酆都山的鬼神。小林氏并发掘出东汉郑玄及《春秋纬》的两种"六天说"，但他认为此两种说法与酆都山"六天"不同，与"三天"思想中的"六天"没有关系②。柏夷则提出郑玄之"六天"亦即国家祭祀与"六天鬼宫"相仿，它们同样都用牲畜献祭，因此和民间献祭一样，

____

　　① 陈国符：《道藏源流考》，中华书局，1963 年，第 312、314 页。
　　② 小林正美：《六朝道教史研究》，李庆译，四川人民出版社，2001 年，第 479 页。

不可能不被主张清约的新道教所排斥①。王宗昱撰文继承并发展
了这种看法，他认为新道教的所谓"六天"，与郑玄"六天说"亦即儒
家所建立的祭祀制度相关，"六天在道教中既是官方政治的代称，
也是鬼域的代称"②，"六天这个本为标识儒家祭祀制度的词汇在道
教批判官方政治的过程中逐渐加入了新的定义"③，新道教对六天
故气的批判，"同以牺牲玉帛钟鼓为形式的周代以来的儒家礼乐制
度是针锋相对的。"④诚然，晋南北朝以来整合化、义理化的新道教
排斥民间鬼道并无疑问，但其主张"罢废六天故气"理论乃是借用
对"六天"的批判强烈地斥责儒家礼乐思想与国家祭祀制度，这一
观点却很难令人信服。

当时新道教对"旧法"的批判，以《太上老君音诵诫经》及陆修
静《道门科略》最堪代表。《太上老君音诵诫经》所举旧法的主要弊
端：一是自署治箓符契，攻错经法；二是取人金银财帛、教人贝危愿
匹帛牛犊奴婢衣裳；三是妄授黄赤房中之术，淫风大行，损辱道教；
四是祭酒之官，父死子系；五是"但言老君当治、李弘应出……其中
精感鬼神，白日人见，惑乱万民，称鬼神语，愚民信之，诳诈万端。
设官称号，蚁聚人众，坏乱土地……"⑤。而当时对"六天"的批判
主要理论大致如下：

> 下古委怼，淳浇朴散，三五失统，人鬼错乱，六天故
> 气，称官上号，构合百精及五伤之鬼、败军死将、乱军死
> 兵，男称将军，女称夫人，导从鬼兵，军行师止，游放天地，
> 擅行威福，责人庙舍，求人飨祠，扰乱人民，宰杀三牲，费
> 用万计，倾财竭产，不蒙其佑，反受其患，枉死横天，不可

① Stephen R. Bokenkamp. *Early Daoist Scriptures*. University of California Press,1997:201.
② 王宗昱:《道教的"六天"说》,《道家文化研究》,1999 年第 16 期,第 33 页。
③ 同②,第 35 页。
④ 同②,第 29 页。
⑤ 《道藏:18》,文物出版社,1988 年,第 211 页。

称数。①

至汉世,群邪滋盛,六天气勃,三道交错,疠气纵横,医巫滋彰,皆弃真从伪,弦歌鼓舞,烹杀六畜,酌祭邪鬼,天民夭横,暴死狼籍。②

联系葛洪的《抱朴子内篇·道意》对当时民间鬼道作出的批判:

俗所谓道率皆妖伪,转相诳惑,久而弥甚,既不能修疗病之术,又不能返其大迷,不务药石之救,惟专祝祭之谬,祈祷无已,问卜不倦,巫祝小人,妄说祸祟,疾病危急,唯所不闻,闻辄修为,损费不訾,富室竭其财储,贫人假举倍息,田宅割裂以讫尽,篋柜倒装而无余。③

曩者有张角柳根王歆李申之徒,或称千岁,假托小术,坐在立亡,变形易貌,诳眩黎庶,纠合群愚,进不以延年益寿为务,退不以消灾治病为业,遂以招集奸党,称合逆乱,不纯自伏其辜,或至残灭良人,或欺诱百姓,以规财利,钱帛山积,富逾王公,纵肆奢淫,侈服玉食,妓妾盈室,管弦成列,刺客死士,为其致用,威倾邦君,势凌有司,亡命逋逃,因为窟薮。④

综合而观,可以明显看出,《三天内解经》对"六天"的批判和当时新道教对"旧法"的批判基本一致,斥责的对象,完全就是道教清整以前的民间鬼道⑤,包括当时民间所盛行的淫祀以及各种朴素的

① 《道藏:24》,文物出版社,1988年,第779页。
② 《道藏:28》,文物出版社,1988年,第414页。
③ 葛洪:《抱朴子内篇》,王明校注,中华书局,1985年,第172页。
④ 同③,第173页。
⑤ 王承文:《东晋南朝之际道教对民间巫道的批判——以天师道和古灵宝经为中心》,《中山大学学报(社会科学版)》,2001年第4期,第8-15页。

创生型宗教。前者可以"帛家道"为例①,《真诰》及《周氏冥通记》陶弘景注对此均有提及,《周氏冥通记》注关于"帛家道"记载的核心是"俗神祷"②;《真诰》谓许迈所事帛家之道"血食生民……父子一家,各事师主,同生乖戾,不共祭酒"③。很明显,其性质属于"俗神鬼道",葛洪归结为"皆煞生血食"之"妖道"④,是被精英伦理所一向排斥的淫祀。而后者则以托名李弘、倡言老君转世的众多民间宗教起义为典型。我们知道,东汉以来,建立在末世观、"千禧年主义"(millennialism)思想基础上的民间宗教运动此起彼伏,它们与现世政治具有一种天然的对抗,因而也必然遭到统治者的镇压。但其中不断义理化的宗教运动,欲图延续发展,则需要解决与现实政治与世俗伦理的关系,所以也必然要与旧有之习划清界限。因此,上述民间煞生血食之道也好,宗教起义也好,成为新道教批判的对象,乃极为顺理成章之事。

　　《三天内解经》的"汉世群邪滋盛"与《道门科略》中的"下古委悉",绝不能和秦汉以来以儒家礼治思想为基础发展起来的国家祭祀画上等号。首先,《三天内解经》等所提出"三天之法"的理想目标:民不妄淫祀他神;鬼不饮食;师不受钱,不得淫盗、治病疗疾,不得饮酒食肉……⑤,正与伦理化的国家祭祀的根本目的契合不悖。国家祭祀虽然通过牺牲血食方式,但主要受食对象则绝非"俗鬼",而是天、地、祖先。其次,新道教对"六天故气"的批判虽然兼及不信太上之道的汉室帝王,但并未指责国家祭祀本身。可以用来比

---

　　① 相关典籍中关于"帛家道""帛和""白和"的记载非常含混,当代研究也有不同的结论,如石泰安(Rolf Stein)认为《周氏冥通记》中的"帛和"肯定不是《神仙传》和《抱朴子内篇》中的"帛和"或"帛君"(Stein, Rolf. , Religion Taoism and Popular Religion from the Second to Seventh Centuries, In H. Welch and A. Seideled. , Facets of Taoism, Yale University Press, 1979)。但无论帛和究竟为谁,"帛家道"仍有可能是实指。各种记载中关于帛家道法具体内容的含混,既是其作为民间信仰的混杂属性所决定的,也与记述者(如葛洪和陶弘景)不同的记录角度和思想倾向有关。
　　② 《道藏:5》,文物出版社,1988年,第532页。
　　③ 《道藏:20》,文物出版社,1988年,第513页。
　　④ 葛洪:《抱朴子内篇》,王明校注,中华书局,1985年,第173页。
　　⑤ 《道藏:28》,文物出版社,1988年,第414页。

照的是葛洪的理论,葛洪批判帝王不遗余力,甚至从根本上否定了帝王学仙的可能性,如"仙法欲止绝臭腥,休粮清肠,而人君烹肥宰脲,屠割群生,八珍百和,方丈于前,煎熬勺药,旨嘉餍饫。仙法欲溥爱八荒,视人如己,而人君兼弱攻昧,取乱推亡,辟地拓疆,泯人社稷,驱合生人,投之死地,孤魂绝域,暴骸腐野……"等①,其论虽极大胆,仍是从人君"旨嘉餍饫""兼弱攻昧"上着眼,同样并不涉及国家祭祀问题。

当然,西汉时期的国家祭祀确实汗漫复杂,特别是人主根据私愿而建立的鬼神之祠数亦甚多。武帝以后,典型者是成帝、哀帝及王莽。据《汉书·郊祀志》载,成帝时朝廷祀典以外"长安厨官县官给祠郡国候神方士使者所祠",凡六百八十三所②,"哀帝即位,寝疾,博徵方术士,京师诸县皆有侍祠使者,尽复前世所常兴诸神祠官,凡七百余所,一岁三万七千祠云"③,王莽末年"自天地六宗以下至诸小鬼神,凡千七百所,用三牲鸟兽三千馀种"④。然而必须指出的是,西汉国家承认的祭祀活动,尽管形式多样、名称各异、牲腥甚重,但皇帝及中央朝廷仍以天地、宗庙、社稷以及日月山川为主,其他杂祀,包括各种地方神祇以及其他为君主所尚的方仙之祠,在严格意义上并非主流,且无定制。《汉书·郊祀志》总结武帝所兴祠祀有曰:"诸所兴,如薄忌泰一及三一、冥羊、马行、赤星、五床,宽舒之祠官以岁时致礼。凡六祠,皆大祝领之。至如八神,诸明年、凡山它名祠,行过则祠,去则已。方士所兴祠,各自主,其人终则已,祠官不主。"⑤同时,汉一统以后,整个祭祀体系逐渐在儒学的理论框架下得到整理、合并、规范,尽管时有反复,但总体上仍向一种整肃谨严的祀典体系渐进,像王莽那样的献祭,毕竟少见。东汉时,在整体礼制已渐成系统的背景下,祭祀制度亦趋于规整。到了晋

---

① 葛洪:《抱朴子内篇》,王明校注,中华书局,1985 年,第 17 页。
② 班固:《汉书》卷二五下《郊祀志》,中华书局,1962 年。
③ 同②。
④ 同②。
⑤ 同②。

南北朝时期,国家祭祀已基本汰除了两汉时期所承认的杂祀,而且朝廷屡有禁除淫祀之诏。

从献祭观念上说,《礼记·祭统》曰"祭者教之本也已"①,《荀子·礼论》:"祭者志意思慕之情也"②;从献祭方式上说,仪式的意义在于礼文,不在于牺牲本身。享于至诚,而非仅牺牲玉帛而已,是儒者的共识,在这一点上与民间祭祀有着极为清楚的界限。梁武帝曾于天监十六年(517)下诏罢停牲腥,甚至诏以时蔬代之③,论者以为是其受到佛教影响的结果④。天监十六年(517)在《三天内解经》后约百年,推而论之,梁武帝此举或许也可能受到新道教的影响。但不可否认的是,儒家礼制思想中"神无常飨,飨于克诚"的观念,必然也是其内在动因之一。既然儒家思想核心中存在着这样一种观念并在事实上逻辑地发展着,反对血食牺牲的《三天内解经》所代表的新道教观念,不应该也不可能对此给予断然的否定。

因此,正如小林正美所指出的,"六天故气"中"六天"之名与实,皆与郑玄所谓"六天"无关,而来自于"酆都六天鬼宫"观念。在南方上清系那里,"六天"明确指向"鬼宫""灵鬼""鬼神"⑤,如为学者经常引用的《真诰》卷一〇引《酆都记》:"世人有知酆都六天宫门名,则百鬼不敢为害。欲卧时,常北向,祝之三遍,微其音也。祝曰:吾是太上弟子,下统六天。六天之宫,是吾所部。不但所部,乃太上之所主。吾知六天之宫名,故得长生。"⑥卷八:"今六天之横纵,而太平之微薄。灵不足以助顺,适足以招群奸。所以神光披越,而邪乘正任矣。高龄之无德久矣,鬼讼之纷错积矣。"⑦卷一五:

① 阮元:《十三经注疏》,中华书局,1980年,第1604页。
② 王先谦:《荀子集解》,中华书局,1988年,第376页。
③ 魏征:《隋书》卷七《礼仪志》,中华书局,1973年。
④ 陈戍国:《魏晋南北朝礼制研究》,湖南教育出版社,1995年,第260页。
⑤ 参阅 Bokenkamp, Stephen R. *Early Daoist Scriptures*, University of California Press, 1997;并参 Strickmann, Michel. *The Mao Shan Revelations: Taoism and Aristocrcy.* T'oung Pao 63, NO.1, 1977: 12–13.
⑥ 《道藏:20》,文物出版社,1988年,第579页。
⑦ 同⑥,第534页。

"罗酆山在北方癸地,……山上有六宫,洞中有六宫,辄周回千里,是为六天,鬼神之宫也。""凡六天宫是为鬼神六天之治也。洞中六天宫亦同名,相像如一也。"①另外值得注意的是,北朝末期《无上秘要》卷二十七引《洞真凤台曲素经》"威六天之鬼,役众精之神"②、卷四十八引《洞玄智慧经》"洞玄十善戒"其七曰"不得杀生祠祀六天鬼神"③,并取此古义。尽管"冥府"是上清等宗教宇宙体系中不可或缺的一个部分,但上清道教仍然主张辟鬼,"制鬼灭祸""遏却六天之气"④,这也是南方义理化道教的一个共同特色。南、北道教相继开始清整革新之后,不经旧法、鬼神之道包括民间血食俗神之教必然成为排斥的对象,因此代表鬼神的"六天"遂成为此类"故气"的代名词。

二、《三天内解经》"三道"说的基本立场

根据日本学者的研究,"三道"的概念在《三天内解经》之前的一些道经中就已经出现,但缺乏具体的表述⑤。《三天内解经》是最早对此予以清楚论证并将"三道"说作为构筑自身理论重要内容的道经之一。对此,当代学者的研究虽各有创见,但关于《三天内解经》提出"三道"说的立场问题,仍有一定程度上的误解。

为论述方便起见,兹将《三天内经解》关于"三道"的论述作逻辑梳理如次:(1)"三道",乃老君从"玄元始"三气中所创,"老君因冲和气,化为九国,置九人三男六女,至伏羲女娲时,各作姓名,因出三道以教天民。中国阳气纯正,使奉无为大道;外胡国八十一域阴气强盛,使奉佛道,禁诫甚严,以抑阴气;楚越阴阳气薄,使奉

① 《道藏:20》,文物出版社,1988 年,第 579 页。
② 《道藏:25》,文物出版社,1988 年,第 83 页。
③ 同②,第 162 页。
④ 《道藏:6》,文物出版社,1988 年,第 624 页。
⑤ 参阅刘屹的综述。刘屹:《中古道教的"三道说"》,《华林》第 1 期,中华书局,2001 年,第 283 – 293 页。

清约大道。"(2）时六天治与三道教并行，老子遂为国师，周衰后西伏胡王，又令尹喜化佛，使"佛道于此而更兴"。（3）然而"下古浅薄，妖恶转兴，酌祭巫鬼，真伪不分"，太上既"以太平道经付于吉、蜀郡李微等，使助六天，检正邪气"，又"遣真人及王方平、东方朔欲辅助汉世"，但"汉帝不信，以为妖惑，是故汉室衰破，王莽执治"。于是太上又助光武中兴，"奉事至道，各专其真，不使杂错。"光武之后，"……人民杂乱，中外相混，各有攸尚，或信邪废真，祷祠鬼神，人事越错于下，天气 勃乱在上，致天气混浊，人民失其本真"。（4）所以"太上以汉顺帝时，选择中使，平正六天之治，分别真伪，显明上天三之气。以汉安元年壬午岁五月一日，老君于蜀郡渠亭山石室中与道士张道陵，将诣昆仑大治新出太上，太上谓世人不畏真正而畏邪鬼，因自号为新出老君，即拜张为太玄都正一平气三天之师，付张正一明威之道、新出老君之制，罢废六天三道时事，平正三天，洗除浮华，纳朴还真，承受太上真经制科律。"（5）但三天师之后，"六天故事"复又"渐渐杂错"，导致"师胤微弱，百姓杂治，祭酒互奉异法"。（6）因此，只有作为"龙精之子"汉高帝之后裔的宋室，才是真正能够平正三天并使老君"无为大道、清约大道、佛道"三道"大归于真道"的真正力量。

很多研究并没有充分体察第(1)点中所包含的"老君出三道以教天民"的创始初衷和第(6)点中对"三道"的最后肯定，因而对《三天内解经》"三道"的本源意义有所忽视，把"三道"排除在真道之外①。柏夷的研究则敏锐地发现了"三道"原本所具有的终极性意义，但他同样认为《三天内解经》与当时前后关于"六天"为"三天"所取代的新道教思想完全相同，表达出"当六天三道因错乱败坏而走至顶点时，则为老君废除并被新的权威'三天'所代替"的主旨②。这些结论从"六天——三天"理论的总体上说固然是没有疑问的，但必须注意到的是：至少在"三道"的问题上，《三天内解经》

---

① 小林正美：《六朝道教史研究》，李庆译，四川人民出版社，2001 年，第 482 页。
② 王宗昱：《道教的"六天"说》，《道家文化研究》，1999 年第 16 期，第 193 页。

体现出的是一种整理而非绝对革除的理念,亦即罢废"六天"下的"三道"而平正"三天"下的"三道"。否则,就无法解决《三天内解经》始终强调"无为大道、清约大道、佛道此三道同是太上老君之法",又同时倡言"罢废六天三道时事""今有奉五斗米道者,又有奉无为旛花之道及佛道,此皆是六天故事,悉已被废"所体现出来的矛盾。

实际上,《三天内解经》很清楚地表明了这样一种观点:老君创设"三道"的初衷完全是一种教化策略,其与"六天治"并行亦是真道教化的一个必然过程,关键是必须"奉事至道,各专其真,不使杂错"。而此后"六天""三道"并行之时的旧事之所以要被罢废,乃是其杂乱相混、越错勃乱所至。"三天"的意义在于"平正",亦即去伪存真,实现太上老君创设"三道"之初衷。在这里,"三道"不可能是完全被否定的对象,而恰恰是赋予了新的内涵而被提出的理想预设。刘屹综论此义曰:"对于自有经书的'三道',只要经过三天正法的改造,使其'洗除浮华,纳朴还真',以'太上真经制科律'取代诈伪道经,还是可以给予它们同于真道的地位,这是因为它们原本都是'道'崇拜的范畴,与'三天正法'的区别只是'道'崇拜内部的分歧。"①尽管我们不能完全同意《三天内解经》关于"三道"的立场具有"道崇拜"的哲学高度,但上述见解仍不失精到。

可以肯定,《三天内解经》不仅在"六天——三天"的问题上有所创造,同时对"三道"的根本意义也作了重新界定,它的基本态度就是试图在一个旧有的概念中赋予新的内涵,从而建立起新的逻辑。显然,"三道"说与其说是一种循环论,毋宁说是一种折衷整理的学说,这与当时道教的整合趋势是甚相一致的。在面对着异质的佛教以及纷杂的道教各种因素的形势下,《三天内解经》对于"三道"所持的这种立场无疑具有极大程度的融合性与调和性,而这一点也正是它的核心思想所在。

---

① 刘屹:《中古道教的"三道说"》,《华林》第1期,中华书局,2001年。

三、《三天内解经》与《玄妙内经》的关系

在对《三天内解经》"三道"说进行深入探讨之前,有一个重要的问题必须讨论,即《玄妙内经》与《三天内解经》的关系。

一般认为,《三天内解经》撰于刘宋永初元年(420)前后,最迟当不晚于公元450年前后。小林正美认为,《玄妙内经》在顾欢《夷夏论》中即有引用,时间约在刘宋泰始三年(467)左右,则至少在此之前,该经已现于世。他根据对《玄妙内经》佚文与《三天内解经》二经共同提到的"玄妙玉女"及老子化胡说的比较,认定《玄妙内经》较《三天内解经》有着更古老的形态,从而认为《玄妙内经》之成立较《三天内解经》为早,时间大约是在东晋末[1]。这个观点得到大多数学者的认同[2]。

可是,《玄妙内经》今佚,其中"玄妙玉女"及老子化胡说均见于他引。古代引文既出于选择,并常作节删。以其文简略或有所不道,遂认为"形态较古",结论似有未当。至少,这种比较并不是绝对的证据。

《玄妙内经》最为重要的佚文是敦煌遗书S4226拟题为《太平经部卷第二》所引:

> 《玄妙内篇》云:"吾布炁罢废上清、清约[3]、佛三道,下及干吉太平及支散之炁、百官之神、天地水月三官不正之炁,贪浊受钱饮食之鬼、营传符庙,一切骆驿纷罢。"夫假称上清,受(爱)及佛、干,支离偏见,执著自是,华炫之耶,皆应摆弃,况号俗神者乎! 拾(捨)俗神及诸诈文,求

---

[1] 小林正美:《六朝道教史研究》,李庆译,四川人民出版社,2001年,第369-371页。

[2] 案刘屹《〈玄妙内经〉考》认为此经初成于东晋中后期,唐高宗时期有增补。此文未见,据同氏《中古道教的"三道说"》一文转引,见《华林》第1期,中华书局,2001年,第284页。

[3] 案"清约"之"清",原文作"二",当为重字符之误钞,参见小林正美《六朝道教史研究》第372页注6。其下释文中之校订,据刘屹《中古道教的"三道说"》之综合。

真宜寻本旨,案上清、清约无为、佛道众圣大师,各有本经。①

《玄妙内经》此文的关键点之一在于明确提出"上清"为三道之一。东晋末年"上清"是否已成为某种道派,固可暂置不论,但"上清"作为当时南方的"造经运动"之一,乃随其经典撰造而得名并流播,则是事实。上清经初本不显于世,二许去世后,甚至呈现出逐渐沉沦的局面。《真诰》"叙录"载,从太元元年(376)到元兴三年(404),杨许所写经符秘箓,只有数卷散在诸亲通间。许黄民元兴三年(404)奉经入剡,直到东晋义熙年间,经诰流传仍不广,且散失颇多。上清经得以在世间获得重视,首先是王灵期的作用,其次则是"三洞"的创立对"上清"的尊奉,再次就是更晚的陶弘景的系统整理及推广。其中,王灵期的作用固不能轻视,但起决定性作用的应该是"三洞"的创制。"三洞"体制的核心内涵之一,就是上清经占据了最突出的地位②,这是《玄妙内经》将"上清"与"清约""佛道"并驾齐驱的绝对性因素。根据《真诰》"叙录"所载,王灵期之造经在义熙末葛巢甫造构《灵宝》以后,时间大约是 397 年之后数年。"三洞"的创制应该更晚,大渊忍尔推测为公元 4 世纪末与公元 5 世纪初③,结论没有问题。如此,《玄妙内经》与《三天内解经》的时代,可以说已非常接近。因此,两种可能都是存在的:一是《玄妙内经》在前,《三天内解经》与之是继承关系;二是两经各自撰成,《三天内解经》与《玄妙内经》并无直接渊源。但两种可能都引出了一个关键问题:即《三天内解经》置换"上清"为"无为大道",意义何在? 或者两经在"上清"与"无为大道"上的不同,又说明了什么?

---

① 意"夫假称上清"以下,皆 S4226 之解释引申,非《玄妙内经》原文。

② Ninji Ōfuchi. The Formation of the Taoist Canon. H. Welch & A. Seidel. *Facets of Taoism*. Yale University Press,1979: 264 – 265.

③ 同②,263.

四、《三天内解经》"三道"说的独特性

无论"三道"的原始意义如何,对旧有"三道"赋以具体内涵以形成一种批判折衷的理论,在晋南北朝之际似乎是一个普遍的倾向。《三洞珠囊》卷九"老子化胡品"引《文始先生无上真人关令内传》:"(老子)遂还东游幽,演大道自然之气为三法:第一曰太上无极大道,第二无上正真之道,第三太平清约之道之也","老子曰:……既欲弃国学道,吾留王之师,号为佛,佛事无上正真之道"①。这一说法与《玄妙内经》及《三天内解经》相同点在于,都是以"老子出演三道"以及"老子化胡"理论为基本母体。

《三天内解经》"三道"说的一个显著特点就是"地域",对此各家论述均有提及,但似乎缺乏深入性的讨论。笔者以为,《三天内解经》三道"地域"论,其重要内涵尚待发掘。

《三天内解经》的"三道"说,可以说是一种宗教革新的理论,它通过组织并归纳各种道教元素,既予以重新诠释,又调和折衷,同时处理并解决佛教的地位特别是佛、道的关系问题,以服务于"平正三天"的基本目的。然而汉末以降的各种道教元素纷纭复杂,彼此之间缺乏实质性的关系,如果进行分类或合并,必须加以辅助手段。同时,"三道"框架存在相当大的限制,佛教占其一以后,只剩下两个类别可用,假如机械处理,必然产生混乱。《三天内解经》以地域分三道,不失为是一个解决具体麻烦的聪明办法。其在不变动旧有框架的基础上,借用新的形式上的限定(如地域),创撰出一个能够容纳各种因素的解释系统。在中外不同、南北分治的状态下,以阳、阴区分华夷②,以北、南两分佛教以外之丛杂元素,从某种程度上说或许是一个必然的选择。

---

① 《道藏:25》,文物出版社,1988 年,第 357 页。

② 《三天内解经》"中国阳气纯正……外胡国八十一城阴气强盛……"之阴、阳说,来源于古天文星占的分野理论。《史记·天官书》:"昴曰髦头,胡星也,为白衣会。……昴、毕间为天街。其阴,阴国;阳,阳国。"《正义》曰:"街南为华夏之国,街北为夷狄之国。"

以地域为分类原则,亦具有相当程度的认识上的合理性。佛教本出西土,可予不论;而北方道教各元素,基本上都具有以"老君转世"为理论基础的民间宗教运动特色,以太上玄元或老子为神主,以三张及新天师为教主,义理上以符箓禁咒为主,形式上则具有教团化、政教一体化的因素。北方以外的情形则较为复杂,既有此前的太平道因素,南方地区又具有其独特的"神仙鬼道"特色,同时还有新神仙道教如葛氏金丹系、上清系的兴起。另外,晋室南渡以后,三张余绪的影响又波及南方,与其固有的民间宗教元素结合,出现新的趋势如灵宝系、三皇系经典的创制。但无论如何,东南一带的各种道教元素,总体上仍与北方有较明显的区别,应该是没有疑义的。

重要的是,地域三道,特别是佛道以外的二道,已成为一种泛指,完全是"北方""楚越"两大范围的代名词,至少,其理论成分远过于实际因素。正因为"无为""清约"二道不是确指,所以《三天内解经》在后文中对"五斗米道""无为幡花之道""清水道"等具体道派的评价,无非是补救此系统在包容上的阙失而已。前此研究,汲汲于探讨"无为""清约"的确指,其合理性与可能性都颇有问题。

既然佛教以外的"二道"已非教派意义上的确指,那么"上清"作为"三道"之一就不存在合理性了。第一是"上清"本身具有明确的指称意义;第二是"上清"不能代表地域上的楚、越。因为它和"清约"在地域属性上有重复之处,同时又不能包括诸如葛氏道在内的诸多南方道派。由此,即使《三天内解经》与《玄妙内经》存在继承关系,它既然具有建设的初衷,并以地域赋予"三道"以新的意义,就一定会置换"上清"为"无为大道"。总之,"无为大道""清约大道""佛道"的三分系统,必然是《三天内解经》合乎其思想逻辑的新创。

关于"清约",施舟人研究认为即陆修静《道门科略》所谓之"神不饮食,师不受钱",来源于太平道思想;并主张"清约大道"实际上是太平道的一种别称①。案陆修静《道门科略》"背盟威清约

---

① 施舟人:《道教的清约》,《法国汉学》第 7 辑,中华书局,2002 年,第 1153 – 1156 页。

之正教"下有小字注云："盟威法师不受钱,神不饮食,谓之清约。
治病不针灸汤药,唯服符饮水,首罪改行,章奏而已;居家安冢,移
徙动止,百事不卜日问时,任心而行,无所避就,谓约。千精万灵,
一切神祇,皆所废弃,临奉老君三师,谓之正教。"①无论"师不受钱,
神不饮食"之思想是否源于太平道,此明显为陆修静所倡行整合的
新教科略,是综合南北道教而形成的,虽仍奉"正一盟威",然具体
内容既非三张之旧,同时亦与正一系及寇谦之整合后的北方道派
不尽相同。故陆氏所谓正一盟威"清约之正教",乃其自我定义而
已,并非太平道之旧。疑清约一语,本身为泛指,凡不费钱财、清约
而祀、任心而行,皆谓"清约"或"清俭",如《真诰》卷一四:"范伯慈
者,桂阳人也,家本事俗,而忽得狂邪,因成邪劳病。顿卧床蓆经
年,迎师解事费用,家资渐尽,病故不愈。闻大道清约无所用,於是
意变,闻沈敬作道士精进,理病多验,乃弃俗事之。"②又《搜神记》
卷二:"徐登、赵昞,贵尚清俭,祀神以东流水,削桑皮以为脯。"③这
一特点,显然和萨满巫术有非常密切的关联。而隋唐以前的南方,
正是萨满巫术遗存较多的地区。故《三天内解经》所谓"清约"之
意,或即本此,而非定指太平道。

另外,"清约"与"无为"语词本身不仅都具有一定的褒扬意味,
同时在性质上皆为修饰形容之词④,这也从一个侧面证明了它们的
泛指性质。

总之,《三天内解经》"三道"说的独特性,就在于它的"地域"观念;
同时,正是因为这样一种新观念的提出,才使得其关于整合发展道教、
协调佛道关系并解决佛道地位的理论,获得了合理的逻辑基础。

(2006 年第 3 期)

① 《道藏:24》,文物出版社,1988 年,第 782 页。
② 《道藏:20》,文物出版社,1988 年,第 575 页。
③ 干宝:《搜神记》,汪绍楹校注,中华书局,1979 年,第 22 页。
④ 施舟人:《道教的清约》(《法国汉学》第 7 辑,中华书局,2002 年,第 149 - 168 页)一文对此问题有所论述。

刘勰《文心雕龙》写作缘起与古代梦文化

王广勇

刘勰《文心雕龙·序志》云:"形同草木之脆,名踰金石之坚,是以君子处世,树德建言,岂好辩哉,不得已也!"把自己著书留名于后世的意图说得很清楚,所谓"腾声飞实,制作而已"。① 但《文心雕龙》写好之后,并不为时流所赏,惟刘氏自重其文,于是想收名于文坛领袖沈约。时沈约身居权要,而刘勰身份卑微,无由自达,"乃负其书,候约出,干之于车前,状若货鬻者。约便命取读,大重之,谓为深得文理,常陈诸几案。"②刘勰的目的基本达到了。在这件事中,给人留下深刻印象的无疑是刘勰拦车求见的举动,这种不同寻常的求见方式表现了他对自己作品具有极大的自信。这种自信显然不能从"时流"的赞赏中培养出来,它只能来自于刘勰清醒的自我认识、自我评价,还有就是下面将要谈到的两个梦给他的信心和动力。

刘勰《文心雕龙·序志》云:"予生七龄,乃梦彩云若锦,则攀而采之。齿在踰立,则尝夜梦执丹漆之礼器,随仲尼而南行;旦而寤,乃怡然而喜。"③刘勰郑重地把自己 7 岁和 30 岁时所做的两个梦写进书里,因为他认为这是他人生中的大事,尤其和他著书密切相关。"大哉圣人之难见也,乃小子之垂梦欤?"④刘勰认为是孔子特意托梦给他,所以"敷赞圣旨"便成了他当然的任务,这便是他写作

---

① 刘勰:《文心雕龙》卷一〇《序志第五十》,刘勰著,范文澜注《文心雕龙注》,人民文学出版社,1962 年,第 725 页。

② 姚思廉:《梁书》卷五〇《刘勰传》,中华书局,1973 年。

③ 同①。

④ 同①。

《文心雕龙》的缘起。有人或许会怀疑刘勰的梦是为了自神其说而故意编造的,或者认为做的梦不会对他的写作产生多大动力。笔者认为,只有通过把刘勰的梦放到古代梦文化的大背景下进行考察,我们才能对《文心雕龙》的写作缘起有更深入的认识,从而更加深入地理解《文心雕龙》。下面笔者试从梦的发生、对梦的解释两个方面入手进行具体的考察。

一、"想梦""因梦"与刘勰之梦的发生

关于梦的发生,即梦产生的原因,可以从古人对梦的分类中看到一些端倪。《周礼·春官宗伯》把梦分为六类:"以日、月、星、辰占六梦之吉凶。一曰正梦,二曰噩梦,三曰思梦,四曰寤梦,五曰喜梦,六曰惧梦。"[①]汉代王符则把梦分为十类:"凡梦:有直,有象,有精,有想,有人,有感,有时,有反,有病,有性。"[②]这两种分类,每一种都只是罗列种类,并没有给出一个统一的划分标准。对此,现代学者钱锺书指出:"'六梦'古说,初未了当;王符《潜夫论·梦列》篇又繁称寡要,《世说·文学》载乐广语则颇提纲挈领:'卫玠总角时问乐令梦,乐云:"是想。"卫云:"形神所不接,岂是想耶?"乐云:"因也。未尝梦乘车入鼠穴、捣齑啖铁杵,皆无想无因故也。"''形神不接'之梦,或出于'想',姑置不论;乐于'因'初未申说。《列子》此篇'想梦自消'句,张注:'此"想"谓觉时有情虑之事,非如世间常语尽日想有此事,而后随而梦也。'盖心中之情欲、忆念,概得曰'想',则体中之感觉受触,可名曰'因'。当世西方治心理者所谓'愿望满足'及'白昼遗留之心印',想之属也;所谓'睡眠时之五官刺激',因之属也。"[③]

① 孙诒让撰,王文锦、陈玉霞点校:《周礼正义·春官宗伯》卷四八"占梦"条,中华书局,1987年,第1969 - 1974页。
② 《潜夫论》卷七《梦列》。王符著,汪继培笺,彭铎校正:《潜夫论笺校正》,中华书局,1985年。
③ 钱锺书:《管锥编·列子张湛注九则》第四则"周穆王",中华书局,1979年,第488页。

钱先生从梦的发生角度把它分成"想梦"和"因梦"两种。而王符所谓的"意精之梦"当即属于"想梦"之类。王符曰:"孔子生于乱世,日思周公之德,夜即梦之。此谓意精之梦也。"①孔子曾说:"甚矣吾衰也!久矣吾不复梦见周公!"②后人认为这说明他梦到过周公,故汉代皇侃说孔子"少年之日,恒存慕发梦",宋人王昭禹则把"若孔子之梦见周公"归为"思梦"。③刘勰梦到孔子,同孔子梦到周公一样,也是因长时间的思慕而引发的。其时刘勰已经30岁,到了孔子说的而立之年。他"出身于家道中落的贫寒庶族",④苦无进身之阶,"穷则独善以垂文,达则奉时以骋绩"。⑤他在仕途上没有大的发展希望,只好更加注意于文章。刘勰无疑对孔子最为推崇,《文心雕龙》曰:"夫子继圣,独秀前哲,镕钧六经,必金声而玉振",⑥"征之周孔,则文有师矣……然则圣文之雅丽,固衔华而佩实者也。天道难闻,犹或钻仰;文章可见,胡宁勿思。若征圣立言,则文其庶矣。"⑦总之,"自生人以来,未有如夫子者。"⑧可谓再三致意焉。刘勰对孔子的倾慕到了极点,读书作文心中总存着一个孔子,梦到他也就不足为奇了。

当然,刘勰致力于文章也还是想以此达到"负重必在任栋梁"的目的。他流连仕途,一生不断担任一些小官,虽"依沙门僧祐,与之居处积十年,遂博通经论",又校定"定林寺经藏",佛学造诣精

① 明万历本《归云别集》具引《潜夫论·梦列》,与上举中华书局本颇有出入,但以上所引文字两种本子是相同的。参考姚伟钧:《神秘的占梦——梦文化散论》,广西人民出版社,2004年,第59页。

② 《论语·述而第七》。朱熹:《四书集注·论语集注卷四》,中华书局,1983年,第94–95页。

③ 皇侃、王昭禹并参见程树德撰《论语集释》,中华书局,1990年,第444页。

④ 王元化:《刘勰身世与士庶区别问题》,《文心雕龙研究》,人民文学出版社,1990年,第80页。

⑤ 刘勰:《文心雕龙》卷一〇《程器第四十九》,刘勰著,范文澜注《文心雕龙注》,人民文学出版社,1962年,第720页。

⑥ 刘勰:《文心雕龙》卷一《原道第一》,刘勰著,范文澜注《文心雕龙注》,人民文学出版社,1962年,第2页。

⑦ 刘勰:《文心雕龙》卷一《征圣第二》,刘勰著,范文澜注《文心雕龙注》,人民文学出版社,1962年,第16页。

⑧ 刘勰:《文心雕龙》卷一〇《序志第五十》,刘勰著,范文澜注《文心雕龙注》,人民文学出版社,1962年,第725–726页。

深,但是他并没有投入佛门。只是到了晚年,"有敕与慧震沙门于定林寺撰经",工作完成后才启求出家,此后不到一年就去世了。①孔子曾对弟子颜渊说:"用之则行,舍之则藏,惟我与尔有是夫!"②刘勰最后出家,表面上不是儒生所为,恐怕还是师孔子"舍之则藏"之意罢。

二、直、转、反——梦的解释与刘勰之梦

如列维·布留尔所说,没有什么风俗比占卜的风俗更普遍的了,"当然,只是在已经相当文明的民族中间,我们才能发现占卜是一种拥有占卜者的行会和教阶组织的复杂而精细的艺术。然而,就是在文化发展的最低阶段上,也已经在应用占卜了,至少是在利用梦卜。"③对于梦这种奇异的现象,人们很早便寻求合理的解释,把梦境和现实联系起来,"假如这些联系自己不表现出来,那就有必要迫使它们表现出来。"④我国的殷墟卜辞中已有了梦兆的记录,《诗经·小雅》的《斯干》《无羊》等篇则是我国记载梦兆具体情形的最早记录。⑤《汉书·艺文志》云:"众占非一,而梦为大,故周有其官",⑥其"杂占类"列《黄帝长柳占梦》十一卷、《甘德长柳占梦》二十卷,等等,此后的《隋书·经籍志》所列举的前代梦占书亦多达10种。

古代占卜对梦的解释不外"直""转""反"三种方式。所谓"直",便是指把某种梦象直接解释成它所预兆的人和事,梦象和它

---

① 司马迁:《史记》卷一二一《儒林列传》,中华书局,1959年。
② 《论语·述而第七》,朱熹《四书集注·论语集注卷四》,中华书局,1983年,第94—95页。
③ 列维·布留尔:《原始思维》,丁由译,商务印书馆,1997年。
④ 同③,第280页。
⑤ 《诗·小雅·斯干》云:"下莞上簟,乃安斯寝。乃寝乃兴,乃占我梦。吉梦维何?维熊维罴,维虺维蛇。大人占之:维熊维罴,男子之祥。维虺维蛇,女子之祥。"《诗·小雅·无羊》云:"牧人乃梦:众维鱼矣,旐维旟矣。大人占之:众维鱼矣,实维丰年。旐维旟矣,室家溱溱。"朱熹集注:《诗集传》,中华书局,1958年,第125、127页。
⑥ 班固:《汉书》卷三〇《艺文志》,中华书局,1962年。

所预兆的人事在内容上和形式上都能相一致。① 据《宋书》载,刘宋大将王玄谟为宁朔将军的时候,受辅国将军萧斌节度。后因刚愎自用、苛刻少恩,大失人心,所部被拓跋焘击溃,几乎全军覆没。萧斌要杀王玄谟,幸赖沈庆之固谏才得免。王玄谟将要被杀之际,"梦人告曰:'诵《观音经》千遍,则免。'既觉,诵之得千遍,明日将刑,诵之不辍,忽传呼停刑"②。王玄谟对自己所做的梦用的便是"直"解。

对梦象"直"解比较简单,对比较复杂的梦象则需要用"转"的方法来解释。梁元帝萧绎封为湘东王在寻阳的时候,梦人告诉他:"天下将乱,王必维之。"③此梦可以"直"解,萧绎后来自寻阳举兵,最终平定了侯景之乱。又据《梁书》,贺革将随梁元帝萧绎西上,心里很不情愿,在和御史中丞江革告别时,把自己的心思告诉了他。江革对他说:"吾尝梦主上遍见诸子,至湘东王,手脱帽授之。此人后必当璧,卿其行乎!"贺革遂从其言。"及太清之难,乃能克复,故遐迩乐推",萧绎"遂膺宝命"。④ 江革把主上(梁武帝萧衍)脱帽给湘东王解释成湘东王会当上皇帝,帝王的玉冕象征皇位,这便是"转"解。

列维·布留尔解释他提出的"互渗律"说:"在原始人的思维的集体表象中,客体、存在物、现象能够以我们不可思议的方式同时是他们自身,又是其他什么东西。它们也以差不多同样不可思议的方式发出和接受那些在它们之外被感觉的、继续留在它们里面的神秘的力量、能力、性质、作用。"⑤这种互渗的思维同样也存在于对梦境的解释中,梦中的客体、存在物、现象可以解释成现实中有某种相同属性的其他东西。如广陵人荀伯玉曾为刘宋晋安王刘子勋的镇军行参军,泰始初年随刘子勋举事,失败后荀伯玉回到国都

---

① 褚赣生:《梦占》第 2 版,中华书局(香港)有限公司,2000 年,第 92 - 93 页。
② 沈约:《宋书》卷七六《王玄谟传》,中华书局,1974 年。
③ 姚思廉:《梁书》卷五《元帝本纪》,中华书局,1973 年。
④ 同③。
⑤ 列维·布留尔:《原始思维》,丁由译,商务印书馆,1997 年,第 69 - 70 页。

建康卖卜为业。后来荀伯玉转投镇守淮阴的萧道成，因为替萧道成出谋划策，不赴明帝征召而深为萧道成所信用。萧道成在淮南时，一次荀伯玉请假回广陵，梦到自己上了广陵城南楼，见到两个青衣小儿对他说："草中肃，九五相追逐。"伯玉看城下人头上皆有草。泰始七年(471)，荀伯玉又梦到萧道成乘船在广陵北渚，两掖下有翅不能舒展。伯玉于是问何时可以舒展，萧道成答曰："却后三年。"荀伯玉梦中自以为是个咒师，"向上唾咒之，凡六咒，有六龙出，两掖下翅皆舒，还而复敛。"元徽二年(474)萧道成攻破桂阳，又五年，废掉顺帝刘准。他对荀伯玉说："卿时乘之梦，今且效矣。"①第一个梦中，"草中肃"是"萧"字，"九五"象征皇位，可以"转"解为萧氏诸王争夺皇位。第二个梦，萧道成把翅膀舒展这种现象解释成军事的胜利为最后的夺位铺平道路，梦境与现实的共同点便是摆脱了束缚，这也是"转"解。并且，荀伯玉在梦中的帮助还成为他现实中的功劳。

又如南齐高帝萧道成17岁时，"梦乘青龙西行逐日，日将薄山乃止，觉而恐惧，家人问占者，云'至贵之象也'。"苏偘解释说："青，木色。日暮者，宋氏末运也。"②占者的解释也是根据社会情势进行的"转"解，薄山夕阳和末运皇朝的共同特征都是趋向消失、消灭。萧道成的皇帝梦不但自己做，许多人还帮他做。清河崔灵运为上府参军，"梦天帝谓己曰：'萧道成是我第十九子，我去年已授其天子位。'自三皇五帝至齐，受命君凡十九人也。"③这又是梦的"直"解了。

梁元帝任鲍泉为南讨都督，往湘州征讨河东王萧誉。鲍泉的友人梦到他得罪于世祖(元帝)，醒来之后告诉他。果然，过了不到十天时间，元帝便因鲍泉进兵迟缓，派平南将军王僧辩来代他为都督，并把他囚禁了起来。其后鲍泉这位友人又梦到他"着朱衣而行

① 萧子显：《南齐书》卷三一《荀伯玉传》，中华书局，1972年。
② 萧子显：《南齐书》卷一八《祥瑞志》，中华书局，1972年。
③ 同②。

水上"，于是跑去告诉鲍泉："君勿忧，寻得免矣。"果然鲍泉很快被
释放复任。① "直"解鲍泉友人的梦，得罪相应是被囚禁，"朱衣"似
可解作朝服，着朝服相应即是复任。② 只是"行水上"于此本不易索
解。关于此事，又见载于《南史》，意义却大有不同，侯景杀鲍泉于
江夏，"浮其尸于黄鹤矶。初，泉梦着朱衣行水上，及死，举身带血
而沉于江如其梦。"③做梦的人却是鲍泉本人，朱衣解为血衣，"行水
上"解为浮尸于江，对梦的解释为"转"解。

　　互渗律主要用来解释原始人的思维方式，但列维·布留尔也
说过："在发展较高的社会中，行为的方式变得复杂了，它们决定于
复杂多变的动机。然而，当我们探查这种行为方式的渊源时，几乎
每次都能发现可以证明互渗律曾经占过优势的迹象。可以在伟大
的东方文明中，或者甚至在自家门前，在欧洲各民族的民间创作中
找到的这一点的证据，要多少有多少。""互渗"的思维方式，包括这
种将梦境与现实联系起来的互渗思维方式广泛存在于古代的解梦
过程中。这种思维方式"不是反逻辑的，也不是非逻辑的"，而是
"原逻辑的"，④在解梦的时候，它可以以各种方式找到各种各样
的神秘联系，对梦进行"转"解。如《南齐书》载齐武帝萧赜 13 岁
时，"梦举体生毛，发生至足。又梦人指上所践地曰：'周文王之
田。'又梦虚空中飞。又梦著孔雀羽衣。庾温云：'雀，爵位也。'
又梦凤皇从天飞下青溪宅斋前，两翅相去十余丈，翼下有紫云气。
及在襄阳，梦著桑屐行度太极殿阶。庾温云：'屐者，运应木也。'
臣案桑字为四十而二点，世祖年过此即帝位，谓著屐为木行也。
屐有两齿有声，是为明两之齿至四十二而行即真矣。及在郢州，

　　① 姚思廉：《梁书》卷三○《鲍泉传》，中华书局，1973 年。
　　② 《资治通鉴》卷一二七《宋纪九》：宋文帝元嘉三十年（453），"甲子，宫门未开，勒以朱衣加
戎服上，乘画轮车，与萧斌共载，卫从如常入朝之仪。"胡三省注："朱衣，太子入朝之服。"又《资治通
鉴》卷一三七《齐纪三》：武帝永明九年，"散骑常侍裴昭明、散骑侍郎谢竣如魏吊，欲以朝服行事，魏
主客曰：'吊有常礼，何得以朱衣入凶庭！'昭明等曰：'受命本朝，不敢辄易。'"则齐以"朱衣"为朝
服，梁从而因之。司马光编著，胡三省音注：《资治通鉴》，中华书局，1956 年，第 3989、4307 页。
　　③ 李延寿：《南史》卷六二《鲍泉传》，中华书局，1975 年。
　　④ 列维·布留尔：《原始思维》，丁由译，商务印书馆，1997 年，第 70 页。

梦人从天飞下,头插笔来画上衣两边,不言而去。庾温释云:'画者,山龙华虫也。'"①由"雀"解为"爵"是因为音相近,解"桑屐"则一边数"桑"字的点数,一边研究"屐"的材料、构成,把这一切和萧颐当皇帝的具体情况神秘地联系起来,这样的"转"解简直可以说是无不可解。

解梦的第三种方法是"反"解。爱德华·泰勒曾提到:"祖鲁人,由于从经验得知,预期梦之直接无误的实现是如此错误,就趋向于另一个极端,但仍然相信梦的预言性。假如在某人生病的情况下,他们在梦中看到病人死了,他的东西都被扔掉了,人们哀号哭诉着把他埋葬,那么他们就说:'我们在梦中见到了他的死,可见他就不死了。'假如他们在梦中见到婚礼的舞蹈,那么这就是送殡的标志。毛利人同样认为,在梦中见到亲属濒临死亡,那就是恢复健康;而见到他健康,那就是要死了。"②"反"解就是对梦中的事物所显示的预兆做相反的解释。钱锺书先生曾列举过许多对梦"反"解的例子,仅将发生六朝时期的摘录如下:"《世说新语·文学》人问殷浩:'何以将得位而梦棺,将得财而梦矢秽?';《南史·沈庆之传》:'尝梦引卤簿入厕中,庆之甚恶入厕之鄙,时有善占梦者为解之曰:"君必大富贵!"';《北齐书·李元忠传》:'将仕,梦手执炬火入其父墓,中夜惊起,甚恶之。且告其受业师,占云:大吉!'《弘明集》卷九梁萧琛《难范缜〈神灭论〉》:'凡所梦者,或反中诡遇,赵简子梦童子裸歌而吴入郢、晋小臣梦员公登天而员公出诸厕之类,是也'。"③

由上述梦的解释可以看出,刘勰7岁梦彩云若锦,攀而采之,显然,他对梦进行了"转"解。刘勰认为:"立文之道,其理有三:一曰形文,五色是也;二曰声文,五音是也;三曰情文,五性是也。五色杂而成黼黻,五音比而成韶夏,五情(性)发而为辞章,神理

① 萧子显:《南齐书》卷一八《祥瑞志》,中华书局,1972年。
② 爱德华·泰勒:《原始文化》,连树声译,广西师范大学出版社,2005年,第98-99页。
③ 钱锺书:《管锥编·列子张湛注九则》第四则"周穆王",中华书局,1979年,第494-495页。

之数也。"①物体的"形文"和书辞的"情文"是不同事物的同一属性——"文"。刘勰还说:"云霞雕色,有逾画工之妙……夫以无识之物,郁然有彩,有心之器,其无文欤?"②将云霞之彩即"形文"和有心之器的"人文"(即"情文"③)对举。这样,刘勰对 7 岁时的梦印象如此深刻,并特意在《文心雕龙·序志》中说出来,无疑他把梦中攀采彩云解释成了自己的文章必有文采,梦中的"形文"便是现实中"人文"的象征。

刘勰 30 岁前后又梦到了孔子,他梦到孔子后更是"怡然而喜",这进一步促使他响应梦的征兆,满怀信心地去撰写《文心雕龙》。《文心雕龙》指列"近代论文者"所有未备者,刘勰自言"按辔文雅之场,环络藻绘之府,亦几乎备矣",④所表现出的这种强烈自负心理与刘勰所做的两个梦不能不说没有关系。

三、结　语

弗洛伊德曾说:"古人都以为梦有重大的意义和实际的价值;他们都从梦里寻求将来的预兆。"⑤古籍中有些关于梦的事例或许是当事人出于某种目的的夸张、歪曲甚至伪造,但也应看到,梦对现实生活有着真实的影响,在具体条件下,梦境甚至能够决定人的行动。作为我国传统文化重要组成部分的梦文化在六朝时期继续发展,梦的解释和应付仍然是人们生活中的一项重要内容。尤其在统治阶层中,对个人前途的关心使他们尤其注意自己的梦境,除了自己解梦,还有许多专业或业余的巫师、术士担任解梦的工作,

---

① 刘勰:《文心雕龙》卷七《情采第三十一》,刘勰著,范文澜注《文心雕龙注》,人民文学出版社,1962 年,第 537 页。

② 刘勰:《文心雕龙》卷一《原道第一》,刘勰著,范文澜注《文心雕龙注》,人民文学出版社,1962 年,第 1 页。

③ 刘勰著,周振甫注:《文心雕龙注释》,人民文学出版社,1981 年,第 4 页。

④ 刘勰:《文心雕龙》卷一○《序志第五十》,刘勰著,范文澜注《文心雕龙注》,人民文学出版社,1962 年,第 727 页。

⑤ 弗洛伊德:《精神分析引论》,高觉敷译,商务印书馆,1986 年,第 59 页。

占梦成为一种更加"复杂而精细的艺术"。

在刘勰所生活的时代,很多人对梦的预言作用深信不疑,刘勰也难例外。《梁书》本传说他"为文长于佛理,京师寺塔及名僧碑志,必请勰制文"。他传世的碑志作品《梁建安王造剡山石城寺石像碑》即曾对梦有浓墨重彩的描写,以至于把建安王决定造石像和僧祐对像事的经划归结为两个梦的功劳。① 正是这种深信不疑的心态让刘勰从对梦的解释中吸取力量,坚定信心。如果说没有写好文章的强烈愿望,刘勰就不会做那样的梦的话;反之亦可以说,如果没有他的梦,恐怕他不会那么快动笔撰写《文心雕龙》,也不会如此看重自己的创作,以至于有拦车求沈约之举。他的梦是他写作《文心雕龙》的重要缘起,只有把这件事放到六朝梦文化的背景中才好理解,同时,这件事本身也为理解六朝的梦文化提供了极好的例证。

(2011 年第 4 期)

---

① 碑文云:"有实丰县令、吴郡陆咸,以天监六年十月二十二日,罢邑旋国,夕宿剡溪,值风雨晦冥,惊湍奔壮,中夜震惕,假寝危坐;忽梦沙门三人,乘流告曰:'君识性坚正,自然安稳,建安王感患未痊,由于微障;剡县僧护造弥勒石像,若能成就,必获康复。冥理非虚,宜相开导。'咸还者经年,稍忘前梦",后出门见僧,乃剡溪所见第三人夜。后,王乃请定林上寺祐律师东行专任像事……初护公所镌,失在浮浅,乃铲入五丈,改造顶髻。事虽因旧,功实创新。及岩穴既通,律师重履,方精成像躯,妙量尺度;时寺僧慧逞,梦黑衣大神,翼从风雨,立于龛侧,商略分数。是夜将旦,大风果起,拔木十围,压环匠屋,师役数十,安寝无恙。比及诘朝,而律师已至。"刘勰:《梁建安王造剡山石城寺石像碑》,《会稽掇英总集》,转引自刘勰:《文心雕龙校注》,中华书局,1961 年第 2 版,第 328—329 页。

《建康实录》十二题

吴金华

　　久负盛名的六朝古都南京,在南北朝时期叫做"建康",它是三国时代的东吴及南朝东晋及宋、齐、梁、陈的京都。唐许嵩《建康实录》(以下简称《实录》)20卷,是一部围绕着建康这个政治中心所编撰的六朝史志。

　　关于《建康实录》的整理与研究,至今已积累了可观的成绩。目前所能见到的最早的成果,是南宋晁公武首开其端的产物,后代学者不但没有遗弃它,还在原有的基础上刷新它,扩充它,因此它值得一提。到了清代,四库馆臣、王鸣盛、黄廷鉴等对《实录》均有研究,其中具有里程碑意义的成果当推四库馆臣所撰的《建康实录提要》(以下简称《提要》)及《考证》。至于现代,面貌一新的重大成果凸显于20世纪80年代后期,此时出现了两部新式校点本,其中张忱石《建康实录校点说明》发明极多,远远突破了前人的研究水平。此后,有分量的成果应数张琪敏《〈建康实录〉校勘札记》与季忠平《〈建康实录〉版本研究》;季文①是在张文发表10年之后完成的,内容当然更加丰富。

　　笔者虽然没有对《建康实录》做大规模的专题调查,但也曾在整理研究的各个环节上思考过,故有如下浅见。古人云:"与其过而废之,宁过而存之。"于是作《〈建康实录〉十二题》,以备一说。

---

① 季忠平:《〈建康实录〉版本研究》,复旦大学2001年硕士学位论文。

一、许书难以归类

　　《建康实录》既有正文,又有自注,许嵩在自序中说:"嵩述而不作,窃思好古。今质正传,旁采遗文……总四百年间,著东夏之事,勒成二十卷,名曰《建康实录》。具六朝君臣行事。事有详简,文有机要,不必备举。若土地山川、城池宫苑,当时制置,或互兴毁,各明处所,用存古迹;其有异事别闻,辞不相属,则皆注记,以益见知,使周览而不繁,约而无失者也。"①由此可见,作者的意图在于推出一部兼有地方志特色的六朝编年史。据《魏书》《隋书》可知,北朝凉刘昞撰有《敦煌实录》,由于此书早已失传,我们无从判断许嵩的《建康实录》是否受其影响,但有一点可以肯定:许书与众不同,在传世的六朝史书中别具一格。此书之所以既不叫"六朝实录",也不叫"建康志",而叫"建康实录",是因为它的内容既要"具六朝君臣行事",又要兼记建康的古迹,所以它既要从《吴志》《南史》等史书中选取有关六朝兴废和人文教化的史料,又要从《丹阳记》《舆地志》等地理著作中摘录跟建康史事有关的"土地山川、城池宫苑"方面的内容。这就是说,《建康实录》的编写宗旨既有别于正史,又不同于地方志,它是一部以简明的六朝编年史为主体、以建康城池宫苑的介绍为重要内容的史志。

　　正因为此书的内容与体例别具一格,所以目录学家著录此书时出现了见仁见智的差异:北宋欧阳修等所撰《新唐书》将此书归入杂史类,南宋晁公武《郡斋读书志》将此书归入实录类,郑樵《通志》将此书归入编年类,马端临《文献通考》将此书归入起居注类,元脱脱等所撰《宋史》将此书归入别史类。

　　清代四库馆臣于乾隆四十六年(1781)完成的《建康实录提要》,认为《新唐书》"尚为近理",《郡斋读书志》"循名失实",《文

　　① 许嵩撰,张忱石点校:《建康实录》,中华书局,1986年。

献通考》"乖舛弥甚",《通志》"尤为纰缪",只有"隶之于别史类"才算合理。在这里,《提要》没有说明"隶之于别史类"是采用《宋史》的说法。这是因为四库馆臣没有注意到《宋史》? 还是故意掠美? 恐怕都不是。从乾隆皇帝对蒙古族人编撰的文献有特殊的民族情结而四库馆臣又不得不媚兹一人来看,说不定可能跟《宋史》的主编系蒙古族人有关。

四库馆臣在编写《提要》过程中逢迎上意,并非臆测。例如元朝学者郝经是蒙古族人,乾隆皇帝在戊戌年(1778)有《题郝经续后汉书》诗云:"身充信使被拘留,两国恰逢奸计投。愿附鲁连未遂志,空言思托著书酬。陈寿宁称史笔人? 续之尊汉见诚醇。独嫌董卓仍列传,即未叛臣亦乱臣。褒贬从来不可诬,要公千载赏和诛。篡臣仲达只篡魏,篡汉宁非孟德乎! 福华编撰鄂功陈,羁绊真州十六春。未免南方君子笑,笑他不叛北方人。帛诗或者假前题,学术忠诚孰可齐? 设使子卿逢地下,著书差胜娶胡妻。"尽管此诗暴露了作者对陈寿的"史笔"既一无所知而又故作高明,尽管此诗措辞乏味、俗不可耐,然而,皇帝既已赞美于前,臣子少不得称颂于后,馆臣于乾隆四十六年(1781)进呈的《郝氏经续后汉书提要》有云:"经敦尚气节,学有本源,故所论说,多有裨于世教。且经以行人被执,不肯少屈其志,故于气节之士低回往复,致意尤深,读其书者可以想见其为人,又非萧常、谢陛诸家徒推衍紫阳绪论者比也。"[1]实际上,作为《三国志》的改编本,郝经的《续后汉书》跟萧常的《续后汉书》、谢陛的《季汉书》大同小异,其思想价值和学术意义都无法跟陈寿的《三国志》那部原创性著作相提并论,而馆臣却说是郝书胜于萧、谢之作,这不是媚上之论又是什么?

话说回来,从目录学的角度看许书,许书属于史部这个大类是没有问题的;正由于此书在编撰方面有独创性,所以在古代目录家眼中难于纳入传统的某一小类。

---

① 永瑢,等:《四库全书总目提要》卷五,商务印书馆,1933 年。

二、晁说颇有可商

晁公武《郡斋读书志》卷六对《建康实录》作了述评。《郡斋读书志》自序落款为宋高宗绍兴二十一年（1151），可见这是距今八百多年前的研究成果。

晁氏首先对《实录》内容及文献价值作了概括："始自吴，起汉兴平元年，终于陈末祯明三年，南朝六代四十帝，四百年间，君臣行事及土地山川、城池宫苑、制置兴坏，用存古迹。其有异事则注之，以益见闻。"接着对《实录》的体例作了严厉批评："嵩自叙此书云'使周览而不繁，约而无失'，然自顺帝以后，复为纪传而废编年，其间重复一事相抵牾者甚众，至于名号称谓，又绝无法。盖亦烦而多失矣。"①现在看来，晁氏的内容概要可谓要言不烦，而对《实录》的批评则有值得商榷的地方。

第一，传世的《建康实录》在总体上是编年体史志，它按照历代帝王的年号顺序编录大事，用插叙的方式简述重要历史人物的小传，从第一卷（东吴）到第十三卷（终于宋孝武帝），第十九卷（起自陈高祖）到第二十卷（终于陈后主），都是如此。只有第十四卷（起自宋明帝）至第十八卷（终于梁朝）在体例上出现了异常现象——这五卷突然变成了纪传体。试想，前头十三卷及末尾两卷都是编年体，篇幅占全书的四分之三，而中间有五卷竟然变成了纪传体，难道许嵩的思路真的这么离奇古怪？《建康实录》的原著就是这般不成体统？恐怕这个问题还有待推敲。

传世本《建康实录》之所以体例不纯，揣想有两种可能：一种可能是许嵩的《建康实录》没有写完，书中有一部分内容是他人续补的，续补者未能仰尊原著的体例；另一种可能是原著的文本在流传的初期曾经散失过一部分，今天我们所能见到的宋本及在宋本基

---

① 晁公武撰，孙猛校证：《郡斋读书志校证》卷六，上海古籍出版社，1990年。

础上整理刻印的一系列版本,是经过宋人或宋以前的抄刻者做了补缺工作之后的文本;补佚者无法根据许嵩的编年体体例复原散佚的内容,只能从纪传体史书中摘录有关内容补缀原著中残缺之处。

有迹象表明,后一种可能性比较大。一是许嵩在卷五《晋中宗元皇帝》有自注云:或云齐时复有圣火事,具齐卷内。"而齐事在卷一五,可见许嵩曾经撰成了卷一五;现在我们所看到的卷一五属于纪传体,跟卷五的编年体不合,大约是补佚者所为。二是《建康实录》的成书年代不晚于唐肃宗至德元年(756),但刘昫等人于五代后晋出帝开运二年(945)撰成的《旧唐书·经籍志》不曾著录,倘若不是因为著录者的偶然疏忽或故意遗弃,就是因为此书已不流传于通邑大都。此书的著录,最早见于欧阳修等人于北宋嘉祐五年(1060)撰成的《新唐书·艺文志》,揣想《建康实录》的隐而复现当在五代末期或北宋前期,如果这部隐而复现的《建康实录》跟现存的南宋绍兴本大体相同,那么,它恐怕是经过宋人或宋以前的抄刻者做了补缺工作之后的文本。

必须指出的是,晁氏所谓"自顺帝以后,复为纪传而废编年"的说法为后来的四库《提要》等所沿袭,影响深远。其实,晁说并不完全符合事实。

照我看,整个第十四卷从开头的《宋明帝》经过《后废帝》到卷末的《顺帝》都属于纪传体,因为《宋明帝》部分叙及"宗越、谭金、童太一谋反伏诛"时,已经没有按照编年体的格式插叙宗越、谭金、童太一三人的小传,而将这三人的小传按照纪传体的格式编入后面的《列传》。同样《后废帝》在叙及阮佃夫等"谋废立事,皆伏诛"时,也没有按照编年体的格式插叙阮佃夫的小传,而将《阮佃夫传》按照纪传体的格式编入后面的《列传》。所以,说编年体现象始于《顺帝》是不准确的。此外,笼统地说"自顺帝以后"都是纪传体也不完全符合事实,如前所述,纪传体终止于第十八卷,从第十九卷起仍然是编年体。虽然第二十卷末尾又出现了附录《陈朝功臣》的异常现象（可能是后人附增），但是从总体上看，第十九卷与第二十卷属于编年体。

第二，晁氏所谓"其间重复一事相抵牾者甚众，至于名号称谓，又绝无法"云云，周中孚《郑堂读书记》卷一八曾申证其说："今因晁氏之说核之，如吴孙权、亮、休三主，行文多称为帝。夫陈寿直斥其名，而改为同天之称，得无太过。又后梁萧詧父子为魏、周、隋之附庸，乃附入梁后而亦帝之，将北汉刘氏三主亦可附后汉之后而亦帝之矣！校之帝吴，尤属非宜，诚不免晁氏所诋也。"①这真是落实不如务虚，实证不如泛论——晁氏泛泛而论，读者虽然不敢全信，倒也无从辨其是非；周氏一旦列举具体事例来证明晁氏之说，却得到了适得其反的结果。关于周氏提出的两点，下面分两层说明。

陈寿在《三国志》中对魏帝称"帝"，对蜀帝则称"先主""后主"，而对吴帝孙权、孙亮、孙休、孙皓则直称其名，是由《三国志》的体例决定的；许嵩在《建康实录》中称孙权为"太祖""大帝""帝"，称孙亮为"废帝""帝"，称孙休为"景皇帝""帝"，称孙皓为"后主"，是由《建康实录》的体例决定的。与此相应的是，陈寿在《三国志》中按照诸侯的级别称孙权、孙休之死为"薨"，而许嵩在《建康实录》中按照帝王的规格称"崩"，也是由不同的体例决定的。如果说，处于西晋时代的陈寿在《三国志》中不得不按照胜者为王败者为寇的惯例直呼孙权、孙亮、孙休之名，而且这种"书法"自东晋起一直受到不少学者的严厉批评，那么，唐代的许嵩在《建康实录》中不再像陈寿那样"直斥其名"，而以"同天之称"的"帝"作为称谓，岂不正是体现了良史的实录精神？周氏为了证明晁氏之说，竟然说许嵩的书法"得无太过"；其意若曰：在东吴帝王的称谓方面，许嵩应当照抄《三国志》才是。然而，如果许嵩真的在《建康实录》里照抄《三国志》的称谓，那才是食古不化，死抄古书，令人笑掉大牙。这是第一层。

---

① 周中孚：《郑堂读书记》卷一八，民国嘉业堂本。

萧詧父子继梁元帝萧绎之后称帝于江陵,史家称之为"帝",有何不可? 如果说,萧詧父子是北朝的附庸而不可名之为"帝",那么,史家凭什么可以称萧纲父子为"帝"? 萧纲父子纯属"贼臣"侯景玩弄的傀儡,侯景对他们说立就立,说废就废,说杀便杀,他们在侯景眼皮底下度日,名为皇帝,实为囚虏,远不如萧詧父子拥有一块相对独立的地盘和相当的军事实力;既然唐姚思廉《梁书》、李延寿《南史》均按照既有的历史现象称萧纲父子为"帝",为什么萧詧父子不可以照此办理? 此外,唐人马总所编撰的《通历》是一部历代帝王简史,其书卷七也收录萧詧父子,并称之为"后梁宣帝"及"明帝"。马总卒于唐穆宗长庆三年(823),许嵩《建康实录》的成书时代大约在唐肃宗至德元年(756),马书在许书之后也称萧詧父子为帝,可见这是唐代史学家的共识。周氏认为将萧詧父子"附入梁后而亦帝之"是"尤属非宜"的事情,纯属以清人之私见强加于唐人之共识,实在算不上阂通之论。这是第二层。

三、王说纰漏甚多

王鸣盛(1722—1797)《十七史商榷》卷六十四《南史合宋齐梁陈书十二》论及许书的体例,把许书批得体无完肤。今天研究《建康实录》,不能置王说于不顾。

王氏云:"此书用意亦李延寿流亚。延寿取八代为一书,嵩又取吴、晋、宋、齐、梁、陈为一书,已觉蛇足,乃其手笔体裁又不如延寿甚远。吴、晋用编年体,仿佛荀悦、袁宏,宋以下忽分纪、传。"[①]此说可商。第一,"此书用意亦李延寿流亚"的说法,毫无根据。李延寿的《南史》与《北史》取材于南北朝八代(宋、南齐、梁、陈、魏、北齐、周、隋),而许嵩的《建康实录》则取材于以建康为首都的六朝(东吴、东晋、宋、南齐、梁、陈),而又特别留意于建康的古迹。李、

---

① 王鸣盛:《十七史商榷》卷六四,中国书店影印,1987年。

许的用意并不相同。第二,拿《建康实录》跟《南史》对照,可以发现许嵩既取材于李延寿《南史》的一些内容,但又不限于《南史》。所以,说许书是李书的"蛇足"是不能成立的。第三,所谓"其手笔体裁又不如延寿甚远",也是泛论无根的说法。《南史》是纪传体,《建康实录》是编年体,两者没有可比性。此外,李延寿的父亲原先是采用编年体的方式撰写《南北史》的,大约困难重重,未能完成;李延寿继承父业,改用纪传体,无非是避难就易的意思。即使李延寿的《南史》能够按照其父的旧规写成编年体史书,也不能断言《建康实录》的"手笔体裁又不如延寿甚远",因为这种断言必须在全面地比较两书之后才有一定的可信度。

王氏又云:"吴、晋无论赞,宋以下忽用论赞。"此说不确。第一,东吴的开国之君有论赞,见卷二《吴太祖下》末尾:"帝屈身忍辱,任才尚计,有句践之奇英,故克跨江表,成鼎峙之业。然多嫌忌,果于杀戮,末年滋甚。信用谗说,竟然废嫡嗣。初,桓王定江东……后果成帝业,何见知之明也!"这一段一百三十字,传世的文本虽然没有冠以"论曰"或"赞曰",但"初"字以前的内容是在陈寿《三国志·吴志·吴主传》评语的基础上改编的,"初"字以后寓论断于叙事,末尾以赞语作结,这不是论赞是什么? 第二,东晋的丧权之君也有论赞。见卷九《晋烈宗孝武皇帝》末尾:"论曰:前史称'不有废也,君何以兴',若乃……帝号为'武',不亦优哉!"这一篇长达三百多字的文章,又见于唐初所编《晋书·简文帝纪》的"史臣曰"部分,这还能说不是论赞?

此外,由于《建康实录》文本的讹变,有些论赞性的内容虽然隐而不显,但还是有一些蛛丝马迹。例如卷二《吴太祖下》赤乌十三年插叙的《吾粲传》止于"帝怒,收禁下狱死",下面"呜呼,以正丧身,悲夫"是陈寿论赞的一部分,见《吴志》卷一二。从行文的脉络看,这个评议的前面应有"陈寿曰"三字,如今的文本没有这三个字,这段论赞就成了许嵩的感叹语了。又如神凤元年三月载:"帝疾甚,使有司传诏问神人王表请福。表云:'国之将兴,听之于人;

国之将亡,听之于神。'"这段故事似乎文从字顺,其实文字的讹脱是相当严重的。参考《吴志》卷二可知,"表云"应作"表亡去"(自知帝疾难愈而逃亡),下面的"国之将兴,听之于人;国之将亡,听之于神"四句是孙盛的评语,这四句前面应有"孙盛曰"三字,如今的文本没有这三个字,这四句论赞就成了王表对诏书的激烈嘲讽了。

王氏又云:"吴、晋、齐、陈末无总论;宋末忽自造总论一篇,约二千余字,文皆排偶,意则旧史已具。"此说可笑。第一,所谓"宋末忽自造总论一篇",当指卷一四末尾起自"宋高祖武皇帝以盖世雄才"止于"盖司典之后而不敢忘焉"的长篇大论。王氏没有细读此文,竟然认定此文是许嵩自造,可谓粗疏至极!殊不知此文出自裴子野之笔,文中一则曰"子野曾祖……受诏撰《起居注》",二则曰"子野生乎太始之际",足为明证。宋人李昉所编《文苑英华》卷七五四《史论一》收录此文,其文标题为"裴子野《宋略总论》",清严可均《全梁文》卷五三也全录此文。王氏对这样一篇史学名论一无所知倒也罢了,最糟糕的是还要无知妄说,对前代史家许嵩乱评一通。总之,不管你是什么人,如果你不认真读懂前贤的著作而又要盛气凌人地讥评前贤,只能暴露自己的浮浅和虚妄,古今中外,概莫能外。第二,从卷一四到卷一八未必是许嵩原著的面貌,我们在前面已经说过;如果这一推测离事实不远,那么,卷一四到卷一八的内容和体例应当另作别论;在这个问题没有定论之前,把不合体例的问题归咎于许嵩,未免为时过早。

或许有人要问:在清代,王鸣盛是颇有思辨能力的史学大家,他对《建康实录》批评过当并不奇怪,奇怪的是,他怎么会犯那么多低级错误?答案很简单:第一,王氏研究的重点是正史,他对十七史钻研甚深;而《建康实录》不在正史范围之内,王氏只是浅尝辄止。第二,任何专家,能力总是有限的;只要他说话时越出了自己专精的学术范围,必然纰漏百出。比如说,王鸣盛长于史论,不懂训诂,涉及训诂就难免出现常识性的错误。让我们仍然以他的力作《十七史商榷》为例:此书卷三五《后汉书五·自搏》对唐李贤

《后汉书注》的批评也非常可笑。《后汉书·赵熹传》云："熹欲报兄仇，挟兵往。仇家疾病，无相距者，皆卧自搏。"①李贤注："自搏，犹叩头也。"李注的意思是说，卧病在床的仇人们面对赵熹，都用两手打击自身这种动作来表示悔恨，就如同对赵熹叩头求饶一般。其中"犹"字把"自搏"这个动作的象征意义讲得非常清楚；可是，王鸣盛不懂得"犹"这个训诂术语的用法，对这个"犹"字也就没有注意，于是乎批评李贤说：李贤不该把"自搏"解释为"叩头"，因为这是两个不同的动作。事实上，李贤何尝把"自搏"注释为"叩头"？这不过是王氏没有看懂李注罢了。

四、黄说有待论证

《建康实录》在历史上所受到的最高评价，见于黄廷鉴道光庚子年（1840）所作的《第六弦溪文钞》卷六《校建康实录书后》。黄氏说："《建康实录》一书，略仿通史体例，括六朝兴废，简详典要。"②其中"括六朝兴废，简详典要"九字，对许嵩的史识和史才作了最充分的肯定。是的，任何时代的良史，无非是能够以详略得当的历史实录揭示兴废大端，揭示历史发展的规律。许嵩是不是具有良史的素养？我曾以《建康实录》卷一卷二《吴太祖》上下、卷三《吴废帝》《吴景皇帝》及卷四《吴后主》为例，拿它跟早先问世《三国志·吴志》做过一点比较研究，觉得黄氏的评价并不算过分，许嵩确实具有古代良史的思想见解与撰述能力。限于篇幅，下面仅从四个方面举例说明。

其一，着眼于国家的兴废大端。

例如《吴志·孙坚传》及裴注历叙孙坚为县吏时击海贼，为郡吏时讨许昌，为下邳丞时讨黄巾，为长沙太守时讨区星，等等，《建康实录》卷一均略而不载，仅载孙坚讨董卓有功及得汉传国玺这两

---

① 范晔：《后汉书》卷二六《赵熹传》，中华书局，1965 年。
② 黄廷鉴：《第六弦溪文钞》卷六，丛书集成初编本。

件事,这两件事在当时确实是孙氏勃兴的基础和预兆。又如《吴志·孙休传》及裴注载交趾郡吏吕兴造反,豫章民张节为乱,等等,《建康实录》卷三均略而不载,却从《吴志·薛莹传》注文中载录关于蜀汉将亡的问答,又从《吴志·孙皓传》注文中载录张悌论司马氏能够灭蜀的原因,这是三国归晋的开端,当时的国际形势因此改变了格局。还有一个突出的例子是,《吴志·陆凯传》中附录了"虚实难明"的"谏皓二十事"疏,而《建康实录》卷四不厌其详地载录了这篇疏文,因为文中所列举的二十条罪状预先道出了孙皓亡国的缘由。由此可见,《建康实录》虽然取材于别人所撰的正史、杂记,但孰弃孰取孰详孰略自有标准。

其二,着眼于历史人物的民本思想和廉洁奉公的事迹。

例如卷一《吴太祖上》载尚书陈化"不与百姓争利"。再如卷二《吴太祖下》载赤乌三年诏书,只从正史中摘录"盖君非民不立,民非谷不生"一句;插叙皇太子孙登传,载录他"不烦民"的事迹;插叙陆逊传,载录他称道淳于式"意欲养民",又载录他"死之日,家无余财"。又如卷三《吴景皇帝》载李衡妻之言:"人患无德,不患不富贵;若贵而能贫,方好耳。"又载孟宗母之言:"汝为鱼官,而以鲊寄母,非避嫌也。"

其三,安排史料,颇具匠心。

在编年体史书的框架里补叙重要人物的小传,东晋袁宏《后汉纪》大致有三种格式:一是这个人物一出场就交代其来路;二是在这个人物功成名就或担任要职时介绍有关事迹,三是在这个人物亡殁时补叙生平事迹。许嵩也应用了这种编撰体例,并且在安排人物小传时力求疏密相间。例如卷二《吴太祖下》赤乌十一年十一月有两位重要人物去世,一是丞相顾雍,二是太子太傅阚泽,如果同时补叙两人的生平事迹,不仅所占篇幅过大,也不能突出重点;在这种情况下,卷二只补叙阚泽小传,突出了传主在治国思想方面的贡献:"尝以贾谊《过秦论》进帝,欲以方便讽喻,以明治乱。"至于顾雍,则安排到卷一《吴太祖上》黄武四年(235)交代其能够担任丞相的缘由及担任丞相后的主要贡献。

其四，自注内容丰富，富有史料价值。

（1）许嵩在自注中，发扬了裴松之《三国志注》的优点，对前史的可疑之文有所考辨。例如卷七《晋显宗成皇帝》"石季龙寇历阳……帝观兵于广莫门"注引《晋书·成帝纪》"观兵于广莫门"之后，考辨云："案《宫苑记》，晋时未有广莫门。据此，成帝观兵是广阳门，本史误耳。至宋永初中，始改宫城北平昌门为广莫门。广阳门，在今县城东一里半，都城南面西门也。其时石季龙既寇历阳，兵亦不历北门出也。"这种考辨非常精密：一方面说明广莫门在北，当时的阅兵式不宜在北门举行；一方面说明东晋时没有广莫门。其说有理有据，值得重视。遗憾的是，今本《晋书·成帝纪》仍然作"广莫门"，近人吴士鉴、刘承干所撰的《晋书斠注》没有注意到许嵩的研究成果，仅仅征引了后出的《读史方舆纪要》曰："外城北面之东曰广莫门。"即此一例，可见《建康实录》的史料价值有待继续发掘。

（2）裴松之《三国志注》对于重大历史事件，往往存录异闻，并论辩其真伪，这是裴《注》的一大贡献，许嵩的自注也有这方面的内容。例如关于晋孝武帝的死因，卷九《晋烈宗孝武皇帝》先在正文里根据正史说他被张贵人缢杀于清暑殿，接着在注文里介绍《图经》的说法是因为得罪水神而翻船，最后提出了自己的见解："寻考其实，则暴崩清暑殿非谬也。"

（3）许嵩在自注中，还为我们提供了一些六朝至唐代的文化资料。例如卷八《晋太宗简文皇帝》注云："今俗谓傩为野胡。"以前的学者只知道"傩"在东汉以前叫"野零戏"，到了宋代的俚语中变成了"打野狐"（见宋赵彦卫《云麓漫抄》卷九），不知道其中还有一个过渡阶段——唐代前后的俗语曾经变成了驱逐"野胡"，《建康实录》的注文填补了这段空白。这类注文，是文化史、民俗学、语言学研究工作中不可多得的资料。又如建康在南朝是佛教的中心，许嵩在《建康实录》里载录了不少有关佛教的史料，弥补了正史的薄弱环节。例如《吴志·孙綝传》称綝"坏浮屠祠,斩道人",非常简略。《建康实录》卷一七《梁高祖武皇帝》"长干寺"注引《塔寺记》云:"寺在秣陵县东长干里内,有阿育王舍利塔……昔佛涅盘后,周敬王朝阿育王,造八万四千舍利塔,此其一焉。……此塔比吴朝,因孙綝乱,曾废毁之,塔亦同泯。平吴后,诸道人于旧所建立焉。"这个细节使我们对孙綝排佛事件有了更具体的了解。

五、四库本值得研究

这里的"四库",是《四库全书》的简称。《四库全书》是清高宗乾隆皇帝弘历(1736—1796 在位)为了达到严禁异端思想、强化极权统治的目的而编纂的。《四库全书》的征集、编纂、复查工作历时十多年,迄今已经调查到的资料显示,其间被查禁销毁的书籍至少有 2 453 种,而被收进《四库全书》的 3 470 种书籍也因为有些内容或字样不符合清朝统治者的思想政治标准而遭到删改。例如《明实录》因为记载了明代的历史,乾隆皇帝生怕此书会引起汉族人对明朝的怀念,曾经把它列为应当销毁的书籍。《建康实录》运气不错,它所记载的历史远离清代,乾隆皇帝大约没有发现什么不妥之处,所以不但没有被列为禁书,还受到乾隆皇帝的重视。乾隆皇帝于乾隆三十九年(1774)有《题许嵩建康实录》诗一首:"六朝三百有余年,建康兴衰廿卷传。文物风流信有矣,经纶世教或无焉。幸洪武始统归一,逮永乐斯都已迁。我每孝陵亲奠醅,不禁吊古为凄然。"尽管乾隆皇帝雅兴极浓诗瘾特大,但毕竟不是见到什么书都题上一首的;尽管乾隆皇帝的诗毫无灵气实在蹩脚,但整理研究此书的四库馆臣必将更加用心格外卖力是可以想见的。四库馆臣的学术水平相当高,不论四库本带有怎样的时代局限,它在《建康实录》的整理研究上无疑达到了历史上的最高水平,当然不容忽视。

四库本的底本是"江苏巡抚采进本"。从乾隆三十七年(1772)下诏征集图书、三十九年(1774)已获万余种来看,"江苏巡抚采进本"就是在这段时间内征得的,上引乾隆诗的出笼年代可作旁证。此外,四库馆臣于乾隆三十九年奉敕撰写的《四库全书简明目录》(以下简称《简明目录》)已收入《建康实录》,可见这个本子的"采进"时间在此前不久。

《四库全书简明目录》及四库本的《建康实录提要》在阐发许书的文献价值时,有新的发现。《简明目录》说:"大旨类叙兴废大端,而尤加意于古迹,颇为详洽。且书作于唐至德中,去梁陈未远,多见旧文,故所综述,往往为唐以后书所不载。"①《提要》说:"引据广博,多出正史之外。唐以来考六朝遗事者,多援以为徵。"②为了说明这一点,《提要》列举了一些实例。这一发现,对后来的研究有启发意义。

张忱石《点校说明》第11页在此基础上有所补充。例如张云:《建康实录》"有不少'多出正史之外'的史料。卷一言孙氏由来云:'其先出周武王母弟卫康叔之后,武公子惠孙曾耳为卫上卿,因以为氏。'此段文字为《吴志》所无,亦不见《史记》"等。③ 不难看出,这种研究对我们更全面、更深刻地认识《建康实录》的特点有重要意义。

我们如果沿着这个路子继续探索,还会有更多的发现。

例如关于东吴年号的记载,《建康实录》就有不同凡响之处。卷一《吴太祖上》载建安二十五年(220,延康元年,黄初元年)"魏号黄初元年,而权江东犹称建安"。"建安"本是汉献帝的年号,汉献帝于建安二十五年为曹魏所取代,年号也就终止了,然而《建康实录》的记载告诉我们,孙权在此后两年内仍然沿用汉朝的年号,称为"建安二十六年"(今本既有衍文,又讹"六"为"七")、"建安二十七年"(今本"七"讹为"八")。这个内容不见于正史,是不是可信? 20世纪末,长沙走马楼出土的吴简年号证实了《建康实录》的

---

① 永瑢,等:《四库全书简明目录》卷五,上海古籍出版社,1985年。
② 永瑢,等:《四库全书总目提要》卷五〇,商务印书馆,1933年。
③ 许嵩撰,张忱石点校:《建康实录》,中华书局,1986年。

记载完全属实。据此,我们可以认识到,孙权在纷纭复杂的政治形势中确实善于采用灵活的应变策略:在曹魏建号"黄初"和蜀汉建号"章武"的年头,他为了号召东吴的军民为他抗击曹魏和蜀汉,就摆出忠于汉朝的面孔,在国内继续使用实际上并不存在的"建安"年号;与此同时,他为了免于两面受敌而伪降于曹魏,在跟曹魏交往时又使用"黄初"的年号;一旦军事危机度过了,他就丢开了"建安"而建号"黄武"。

再如关于佛事的记载,《建康实录》也弥补了前史的空白。卷二《吴太祖下》载赤乌十年"胡人康僧会入境"云云,这是中国宗教史上的大事,而正史不载。

又如祥瑞的记载,《建康实录》比前史细致深入。卷三《吴景皇帝》载孙休永安三年(260)发现一个古代大鼎,《三国志》裴注引《吴历》但云"得大鼎于建德县",而《建康实录》的记录最为详细:"得大鼎于建德县,告太庙,作《宝鼎歌》。"由此可见,尽管大鼎的获得不过是司空见惯的文物出土现象,但朝廷却将之视为国家大瑞,并为此举行典礼、创作颂歌。由此上溯至西汉,汉武帝元狩七年(前117)夏季"得鼎于汾水上",于是立即把年号改为"元鼎元年",并作《宝鼎之歌》,此事为《史记》《汉书》所载。如果说,《史记》《汉书》的上述记载为思想史、文化史的研究提供了颇有价值的史料,那么,《建康实录》详载此事自有积极意义。

人物传记的内容,也比正史丰富,如卷二〇《陈高宗孝宣皇顼》所载《许亨传》,就比《陈书》《南史》多出下面一段:"有应对才,迁礼部侍郎,有集二十卷。后为宇文化及所害。"

歌谣的记载,也有至今鲜为人知的内容。如卷八《晋孝宗穆皇帝》载吴末童谣曰:"猗童蒋山浮渡江。"此谣不见于《晋书》等其他文献。

特别需要指出的是,有些重要资料,一直为研究者所忽略。

例如《吴志·吴主传》载孙权称帝时全国吏民"皆进爵加赏",卢弼《三国志集解》无注,而《建康实录》卷二对此有详细的记载:

"内外文武百司皆进位行赏,边军征防各赐勋五转,鳏寡孤独量给谷帛,百姓并免今年租赋,天下赐酺五日。"这一记载足以使我们体会到《三国志》的"简略"究竟已达到何种程度。

再如《吴志·吴主传》及《甘宁传》均不载甘宁卒年,《建康实录》卷一则明载甘宁卒于建安二十年(215)冬,卢弼《三国志集解》也没有收录这条资料。由于甘宁卒年一向隐而不显,小说家就可以展开想象的翅膀任意飞翔。例如小说《三国演义》把甘宁之死安排到刘备伐吴之时,也就是章武二年(222),这当然是胡编乱造。巴蜀书社1989年出版的《三国演义辞典》(沈伯俊等编著)131页[甘宁]条下没有照例根据史书标出甘宁的实际生年或卒年,只是说:"《三国演义》写刘备攻吴时,带病抵御蜀军,兵败,中箭而死,于史无据。"由于《三国演义辞典》编者没有注意到《建康实录》,所以内容不够完善。为了说明问题,让我们再看一例。《三国演义辞典》133页[凌统]条下所标的生卒年是"189—237",这是根据传世本《吴志·凌统传》"年四十九"推算出来的,殊不知"四"是"二"的错字,清人已有论证,只可惜清人没有注意到《建康实录》;《建康实录》卷一明确记载凌统卒于建安二十二年(217),年二十九,这一记载是可信的,据此可知,凌统生卒年应标作"189—217"。这类例子不少,此不赘举。

又如《吴志·孙休传》的"察战"二字很难懂,南朝宋裴松之《三国志注》云:"察战,吴官号名,今扬都有察战巷。"裴注所谓"吴官号名",根据何在?"察战巷"地名有没有变化?地理位置如何?这些问题,只看裴注是找不到答案的。要想找到答案,只有查看许嵩《建康实录》卷三《吴景帝》的注文:"案《吴录》,察战是吴官号。旧阳都有察战巷,在今县城南二里禅众寺前。或云:晋庾亮拒苏峻,七战于此巷,亦名'七战巷'也。"这条注文向我提供了三个信息:(1)裴注的说法来自晋张勃所著的《吴录》;(2)三国时代的"察战巷",到了东晋苏峻之乱以后产生了"七战巷"的说法;(3)到了唐代,察战巷的地理位置在县南禅众寺之前。这些信息,在文献学、地理学、历史学、语言文化学等方面都有研究价值。

总之，四库《提要》对《建康实录》的文献价值的阐发，有先行开路之功，我们沿路而进并不断开拓，必将有更多的创获。

此外，四库本在校勘方面做了不少有益的工作，今后整理《建康实录》时，应当充分利用。关于这个问题，本文放在下一部分说明。

四库本的缺陷，除了没有交代底本的刻印时代以外，还有一些误抄或误改的字句，例如旧本卷一一《宋高祖武皇帝》九锡文"庶寮俯眉"的"眉"，四库本作"首"，抄写者大约不知"俯眉"是汉魏六朝习语，就作了改动。又如旧本卷一〇《晋安皇帝》载檀凭之事云："与刘裕州闾之旧，以宁远将军数与裕同征，情好日甚密。""日""甚"二字必有一衍，是可以肯定的。《晋书·檀凭之传》作"情好甚密"，正可参校；然而四库本却作"情好日密"。"情好日密"作为六朝成语，用于朝夕相处的伙伴；刘裕与檀凭之并非鱼水关系，四库本在这里不取《晋书》，未必合适。至于四库本的底本有没有因字面可能触犯清朝统治者的忌讳而被删改的现象，未曾调查，不能臆说。

六、张校本的贡献与局限

中华书局 1986 年 10 月出版的《建康实录》，扉页及版权页有"张忱石点校"五字，为了行文简便，本文称之为张校本。就我所见，张校本有几个突出贡献。

贡献之一：张校本的开头有点校者 1985 年撰成的《点校说明》，长达一万几千字。这不是一般的点校说明，而是一篇研究《建康实录》的大型学术论文，此文在许嵩的生平、《建康实录》的文献价值及版本系统的研究方面多所发现，多所发明，把《建康实录》的研究推向了新的高峰，显示出极高的学术水平。对今后的研究者来说，如何在张氏建树的基础上继续拓宽和深化，应当是内容丰富的课题。例如张氏从辑佚的角度阐发《建康实录》的史料价值，可谓石破天惊，令人耳目一新。我们如果步其后尘，未来的辑佚工作必将有更多的收获。我随意检阅了几篇文献，就发现了一些可供辑佚的资料，例如卷二《吴太祖下》载赤乌四年诏曰："国丧明嫡，百姓何福？"此诏可补入严可均《全三国文》。又如卷一一《宋废帝营阳王》载皇太后张氏令的最后一段："镇西将军、宜都王仁明，尤笃孝弟，自幼及长，德业冲粹，识心明允。宜纂承皇统，光临亿兆。主者详行旧典，以时奉迎。未亡人婴此百罹，虽存若陨。永悼往事，抚心崩塞。"此段不见于《宋书》，所以严可均《全宋文》也没有辑入。

贡献之二：张校本的《建康实录目录》，是点校者自编的，这份目录也显示出编者在《建康实录》的整理工作上已达到历史上的最高水平。《建康实录》的旧本原先没有目录，只是在各卷中有一些标题，一般的编者只能把散见于旧本中的标题抄录在一起，而张氏则不是这样。张校本的目录，是根据《建康实录》传世文本的实际内容和体例编制的，它突破了旧本标题的局限。例如旧本卷一只有标题《太祖上》，而张校本的目录在《太祖上》下面标出了孙坚、孙策、沈友等十六个小传的传主。这样的《建康实录目录》不下工夫是编不出来的。

贡献之三：张校本末尾有《附录》20 篇，以一网打尽之势将有关《建康实录》整理研究的资料汇集在一起，为此后的研究者提供了很大的方便。

贡献之四：张校本各卷均有《校勘记》，为此后的进一步研究提供了相当丰富的信息。例如卷一的《校勘记》78 条，有运用对校法的，说明校字的依据是宋绍兴本、四库本、张海鹏本、周星贻抄本、徐行可抄本；有运用本校法的，说明补字的依据是本书的体例；有运用他校法的，说明校字的依据是《史记》《汉书》《三国志》等；有存异的；也有存疑的。此外，《校勘记》还反映了前人的研究成果，如陶元珍《建康实录札记》等。

任何古籍整理研究的成果都带有时代或个人的局限,张校本也不例外。

张校本的校勘虽然有不少成绩,但仍然留下了大量的空白。比如说,张氏虽然利用了四库本,但利用得很不充分。有时一小段文章中竟然出现好多个错字,如果对照四库本,可以解决一部分问题。例如在张校本卷一一《宋废帝营阳王》所载张约之上书中,"备先黔首"的"先"当作"充","惟高祖武皇帝挺器神武"的"器"当作"兹","虽灵祚攸长"的"攸"当作"修","天姿夙茂"的"茂"当作"成","宜在容良"的"良"当作"养""退就斧镬"的"镬"当作"钺",四库本的一、二、五、六例正作"充""兹""养""钺"。再如下文"及主无谋定,故先黜义真"的"主无"二字不成话,张校本无说;四库本作"废立",也有参考价值。又如下文所载皇太后张氏令中,张校本"属当大位"的"大"当作"天","嘉容表于在戚"的"嘉"当作"喜","靡不备发"的"发"当作"奏","丑声四远"的"远"当作"达","重加天下"的"下"当作"罚","永悼怯事,抚心崩寒"的"怯"当作"往"、"寒"作"塞",最后三例在四库本里正作"罚""往""塞"。此外,还有些地方可能是印刷之误,如卷八《晋孝宗穆皇帝》注引《许玄度集》"而拱不已积"的"不"当作"木"。

张校本最刺眼的美中不足之处,就是句读错误。即使是《点校说明》,在征引《建康实录》时也不止一次地出问题,例如第 3 页引卷七《许儒传》"贼为救火,保护之。所居一里赖全。"张校本误以"所居"二字属上,以致文理不通。又如第 20 页引卷一三刘义恭《率百官请奏封禅奏》:"陛下睿孝缔基,灵武继业,道溢兴殷,功先复禹。日者河镜海湛……伏愿俯藉民心,仰协乾意。"张校本不明"日者"相当于今语的"近日以来",误以"功先复禹日者"为一句。至于 20 卷正文及注文中的句读问题就更多了。下面随便举几个错得非常奇怪的例子——第 38 页《太祖下》:"冬十月至,自武昌城建业太初宫居之。"其中"至自武昌"是古书中常见的句法,"城建业太初宫居之"的"城"是筑城于某地的意思,张校本都没有搞明白。

第 69 页卷三《废帝》:"初,大帝黄龙二年,筑东兴堤以遏湖水,后征淮南,败,由是废至此。冬十月,诸葛恪率诸军会于东兴,作大堤。"张校本从"冬十月"起,另起一段,不知"至此冬十月"应作一句,上下文连得很紧。第 79 页卷三《景皇帝》:"今无,乃是耶!"张校本把"无乃"点破,似乎对古文中"无乃不可乎"这样的句式也很生疏。

不过,跟后来出版的孟昭庚等校点本相比,张校本在句读方面也有可取之处,例如:

(1)孟校本 2 页:其淮本名龙藏浦,其上有二源:一发自华山,经句容,西南流。一发自东庐山,经溧水,西北流入江宁界。二源合自方山埭,西注大江。其二源分派,屈曲不类人功,疑非秦始皇所开。(卷一,篇首注)

孟校本句读混乱不止一处。张校本 2 页作"其淮本名龙藏浦,其上有二源:一发自华山,经句容西南流;一发自东庐山,经溧水西北流,入江宁界二源合,自方山埭西注大江。其二源分派屈曲,不类人功,疑非秦始皇所开。"张校本以"经溧水西北流"为句(后面最好用句号),以"入江宁界二源合"为句,以"屈曲"属上,是。

(2)孟校本 5 页:《江表传》:后孙贲⋯⋯引周瑜上巴丘外,为形势。(卷一《吴太祖上》注)

张校本 5 页以"外"字属下,是。

(3)孟校本 19 页:桓分兵将赴羡溪,既发卒,得仁进军距濡须七十里。(卷一《吴太祖上》)

"卒"是猝然的意思,张校本 22 页以"卒"字属下,是。

(4)孟校本 30 页:诏使中书郎陈恂、谢宏往拜句丽王宫为单于⋯⋯句丽已受魏幽州牧,讽旨不受诏赐,遂郊止吴使。(卷二《吴太祖下》)

句丽王怎么会被魏国任命为幽州牧?张校本 41 页以"讽旨"二字属上,是。

(5)孟校本 33 页:侍御史谢宏奏:更铸大钱,一当千以广货。(卷二《吴太祖下》)

孟校本不知"大钱"的票面是"一当千",误属下句。张校本 32 页虽然把"一当千"独立成一句,犹胜于此。

(6)孟校本 53 页:甲申,赦淮南战死者,加爵赏,为举哀。(卷三《吴废帝亮》)

"赦"令是面对全国下达的。张校本 76 页在"赦"后面加逗号,虽然不如使用分号,但不至于使一般读者误以为"赦"的对象竟然是应当表彰的"淮南战死者"。

(7)孟校本 64 页:案《搜神记》……二巫各见一女,年三十余,上著青锦,束头,紫白袷裳,丹婹丝屦,从石子冈上半冈,而以手抑膝,长息小住。(卷四《吴后主》)

孟校本既不明"青锦束头"是专名,又不明"半冈而以手抑膝长息"句中的"半"是动词,句读残破。张校本 90 页仅仅误以"从石子冈上半冈"为一句,错误较少。

(8)孟校本 96 页:累迁南中郎长史,不就归,与乡里合义讨逆。(卷五《晋中宗元皇帝》)

张校本 130 页在"不就"下面加句号,是。

(9)孟校本 118 页:沈充奔于吴,故将吴儒诱充,于覆壁中杀之。(卷六《晋肃宗明皇帝》)

张校本 157 页以"故将吴儒诱充于覆壁中"为句,较优。

(10)孟校本 241 页:有急兵厄其候,不过三日,宜深避之,不可轻出。(卷一○《晋安皇帝》注)

张校本 320 页以"其候"属下,是。

(11)孟校本 310 页:前吴郡太守徐佩之、羡之兄子,以不自安,将图。来年春正月谋反,伏诛。(卷一二《宋太祖文皇帝》)

因为不明"图"和"来年"的用词特点,竟将谋事理解为成事。张校本 415 页以"将图来年春正月谋反"为句,不误。

(12)孟校本 352 页:诏收吏部尚书谢庄。初,贵妃薨,世祖诏庄为诔,曰:"赞轨尧门,方汉钩弋。"帝在东宫,怨之。(卷一三《宋少帝》)

　　张校本 489 页的诔文只引"赞轨尧门"四字,是。此事见《宋书·谢庄传》:"'赞轨尧门',引汉昭帝母赵婕妤尧母门事。废帝在东宫,衔之。"诔文的解说又见梁元帝《金楼子》卷一:"谢庄为诔宣贵妃文曰'赞轨尧门',方之汉钩弋也。"其实,《建康实录》卷一四《谢庄传》也抄录了《宋书·谢庄传》的上述内容,孟校本没有注意到第 13 卷与第 14 卷的内容是有联系的,尽管第 14 卷至第 18 卷未必是许嵩的原著,但标点者如果孤立地标点各卷,就难免前后抵牾。

　　(13)孟校本 353 页:藻父偓,初亦尚世祖少女永嘉公主。公主常裸,偓缚之庭树,时天寒夜雪,禁冻久之。(卷一三《宋少帝》)

　　标点者也不想想:永嘉公主为什么要常常搞裸体活动,而且寒冬雪夜也照常进行? 张校本 489 页以"公主常裸偓缚之庭树"为句,这就是了。这句的意思是:永嘉公主曾处罚丈夫王偓,叫人扒了他的衣服,把他绑在树上受冻。

七、孟校本的长处与不足

　　上海古籍出版社 1987 年 10 月出版的《建康实录》,扉页标明此书属于"南京大学古典文献研究所专刊",版权页署明为"孟昭庚、孙述圻、伍贻业点校"。为行文简便,姑称之为孟校本。

　　孟校本的《点校说明》中也有些话是别人没有说过的。例如许嵩跟佛教的关系,《点校说明》云:"从《建康实录》的内容反映出,作者留心古迹,详考建康地域的地理沿革,尤熟稔于佛寺的兴废,可见许嵩或曾较长时间生活在金陵一带,而且与佛教的关系甚深。"又如乾隆的《四库全书》本只告诉读者此本来自"江苏巡抚采进本",没有交代版本系统,《点校说明》云:"其主要的阙文佚字也基本同于宋本,唯此本凡遇阙佚,不留空白行页,而仅注一'缺'字。可见所谓江苏巡抚采进本,实属原因宋江宁府开刻,后为荆湖北路安抚使司重别雕印本的系统。"

孟校本在校勘工作上，总体上落后于张校本，但也有优于张校本的地方。

所谓"总体上落后"，是指校勘工作不如张校本细致深入，因而出现以下三种情况：（1）对校不精，时有错字。例如第 50 页卷三《废帝》"百官总已以听于恪"的"已"，应当作"己"，第 243 页卷一〇《安皇帝》"瓢风非其仪盖"的"瓢"，是"飘"的讹字。第 273 页卷一一《宋高祖武皇帝》"左右见帝先耀满室"的"先"，是"光"的错字。第 291 页卷一一《宋高祖武皇帝》恭帝诏曰"顾瞻区字"的"字"，是"宇"的形讹。（2）《校勘记》未能像张校本那样利用前人成果。例如卷一的《校勘记》13 条，其中第 1 条"劫南人物"的校记是："《三国志》卷六四《孙破虏讨逆传》为'掠取贾人财物'。"而张校本《校勘记》第 13 条云："陶札云：'《实录》南字应为商字之讹。'陶说是，《吴志·孙坚传》作贾人，亦可证。"相比之下，孟校本内容单薄。（3）张校本的校勘往往能达到前所未有的深度。例如第 325 页卷一二《宋太祖文皇帝》"中散大夫裴裕之"，孟校本没有发现问题，而张校本则将"裕"校改为"松"，并在《校勘记》中交代："'裴松之'原作'裴裕之'，下文又称裴西乡，当为一人。据《全宋文》一七裴松之《上三国志注表》，松之封西乡侯，此'裕'当为'松'字之误，今据改。"这种理由充分的校记，在孟校本里几乎看不到。

所谓"也有优于张校本的地方"，拿两个本子的《校勘记》对照就可以发现。例如卷五《晋中宗元皇帝》载顾荣事云："及伦败，将诛荣，前执炙者为督率，众救荣得免。"其中"督率"同"督帅"，不可分割。孟校本 109 页《校勘记》云："诸本并作'众'，《晋书》卷六八《顾荣传》作'遂'，应是。"这条校记不但关系到文字校勘问题，还牵涉到句读。张校本 123 页以"前执炙者为督率众救荣"为一句，没有校记，容易使人误以"前执炙者为督"及"率众救荣"为句。卷一〇《晋安皇帝》："而拥强兵不进"，孟校本 269 页《校勘记》云："'而拥'，底本、宋刻本并作'西权'，今据徐本改。"张校本 348 页"西权"失校。卷一一《宋高祖武皇帝》载孙恩事云"恩以棚栅自矗",张校本363页"矗"作"举",失校。张校本419页卷一二《宋太祖文皇帝》"四海贝瞻"的"贝"当作"具",孟校本不误;张校本422页"己之可也"的"己"当作"已",孟校本不误。卷一九《陈废皇帝》"譬他",张校本770页无说,孟本584页据宋本校为"譬如",与《陈书》《南史》相合。卷二〇《陈高宗孝宣皇帝顼》"发屋振树",张校本794页没有出校,孟校本580页《校勘记》云:"振,宋刻本、徐本、张本、甘本并作拔。"读者可以在此基础上发现"振"乃"拔"之形讹。又张校本802页《陈后主长城公叔宝》载毛喜"佯为心疾,仆偕下昪去。"孟校本565页作"仆阶下,昪去",既没有讹"阶"为"偕",也没有句读之误;《陈书》《南史》均作"仆于阶下,移出",可证孟校本之优。又张校本792页"精记熟识"的"熟"很可疑,孟校本558页改作"默",校记云:"'默'原作'熟',宋刻本、徐本、张本、丁本并作'默',今据正。"孟校本虽然没有以《陈书》及《南史》为旁证,其校勘是可以成立的。

孟校本在断句和标点符号方面,虽有落后于张校本的地方,但大体上优于张校本。所谓"大体上优于张校本",指的是低级错误比较少见,例如:

(1)张校本3页:晋永嘉中,王敦始为建康,创立州城,今江宁县城,所置在其西,偏其西即吴时冶城,东则运渎,吴大帝所开,今西州桥水是也。(卷一,篇首部分)

张校本的句读支离破碎,孟校本2-3页以"王敦始为建康创立州城"为句,以"今江宁县城所置在其西偏"为句,是。

(2)张校本5页:以周瑜、程普、吕范为爪牙,将军鲁肃、诸葛瑾、步骘、陆逊为腹心宾客。(卷一《吴太祖上》)

孟校本5页以"将军"二字属上,是。

(3)张校本9页:如期归告,于策曰……(卷一《吴太祖上》)

孟校本8页以"告"属下,是。

(4)张校本19页:性不好书,权常使人令学,问以自益。(卷一《吴太祖上》)

"学"字后面不当逗断,孟校本 17 页不误。

(5)张校本 24 页:安东将军徐盛设计筑围……江中浮船多张旗帜,于山险而又缚草为人,衣以甲胄。(卷一《吴太祖上》)

张校本的句读大悖文理,孟校本 21 页以"江中浮船,多张旗帜于山险"为句,是。

(6)张校本 42 页:帝曰:"此朕不用之物,乃与交易。"(卷二《吴太祖下》)

"乃与交易"是史家叙事语,孟校本 30 页置于引号之外,是。

(7)张校本 60 页:帝卧疾,悟和无罪,欲征还,孙弘等固谏,事不再乃止。(卷二《吴太祖下》)

"事不再"是固谏的内容。孟校本 251 页以"事不再"属上,是。

(8)张校本 143 页:沈充陷吴国,新昌太守梁顾起兵反。应充京师大雾,黑气蔽天,日月无光。(卷五《晋中宗元皇帝》)

"应充",指梁顾响应沈充。孟校本 106 页以"应充"为一句,属于上一层次,是。

(9)张校本 175 页:贼给马恶而不骑。(卷七《晋显宗成皇帝》)

"恶"有二义:如果用来形容马,则当恶劣讲;如果表示人的心情,则当厌恶讲。孟校本 130 页在"马"后逗断,是。

(10)张校本 180 页:上起重楼悬楣,上刻木为龙虎相对。(卷七《晋显宗成皇帝》)

孟校本 133 页以"悬楣"属下,是。

(11)张校本 216 页:恢曰:"故在我辈后。"温乘雪欲猎过恢,恢见其急装,问曰……(卷八《晋孝宗穆皇帝》)

孟校本 162 页以"后"属下,以"过恢"为句,是。

(12)张校本 271 页:坚中流矢,众奔溃,自相践藉,投水死者,不可胜计,淝水为之不流。

孟校本 204 页以"自相践藉投水死者不可胜计"为句,较优。"自相践藉"和"投水"的行为都是为了逃命,而不是故意寻死。吕叔湘《通鉴标点琐议》关于"争投水"的解说可供参考。如果以"投水死者"为句,易使读者误解为跳水自杀。

（13）张校本332页:周氏乃置帐中,潜制军服军仪,获举周有力焉。（卷一〇《晋安皇帝》）

"军仪"如何潜制?"获举"又是何意? 恐怕连标点者自己也说不明白。孟校本251页以"军仪获举"为一句,是。

（14）张校本407页:及銮驾西迎,人怀疑惧,唯长史王昙首、司马王华、南蛮校尉到彦之共明朝臣,岂有异志。（卷一二《宋太祖文皇帝》）

孟校本303页以"共明朝臣岂有异志"为句,是。"朝臣岂有异志"是"明"的宾语。

（15）张校本408页:诏曰:"朕闵凶在疚……享兹惟新。"其大赦天下……（卷一二《宋太祖文皇帝》）

"其大赦天下"显然是诏书的内容,孟校本304页置于引号之内,是。

（16）张校本411页:与亲故书曰:"小儿四岁,器似可不入非类之室,不共小人之游。"（卷一二《宋太祖文皇帝》）

当从孟校本306页以"器似可"为句。"可"作为中古口语词,相当于今语"行""棒""妙"。

（17）张校本412页:羡之乘内人问讯,车出南郭……（卷一二《宋太祖文皇帝》）

孟校本307页"讯"下不断,是。"内人问讯车"是专名。

（18）张校本412页:昨承赐教东阳,以徇私计然,亮本愿附凤翼……（卷一二《宋太祖文皇帝》）

孟校本307页以"然"属下句读,当从之。

（19）张校本412－413页:彼苍有情爱,恶治而好乱,就其无情,故用群心。所事以夺天下为家……夫贤人君子,受六尺之孤任,尺寸之命……（卷一二《宋太祖文皇帝》）

张校本的句读很糟糕。孟校本307—308页作"彼苍有情,爱恶治而好乱,就其无情,故用群心所事,以夺天下为家……夫贤人君子,受六尺之孤,任尺寸之命",大体可从。

(20)张校本414页:檀、到等军并,舰沂江。(卷一二《宋太祖文皇帝》)

孟校本309页"并"下不逗断,是。"并舰"指两支舰队齐头并进。

(21)张校本414页:亲使刺史二千石等观长史申述,至诚廉询治体,观察吏政,切求民瘼……奏俾朕昭然,有如亲览。大夫君子,其各悉心,敬事无堕。乃力其有深谋远图,谠言忠诚之士,使者以闻。(卷一二《宋太祖文皇帝》)

张校本句读错误十分严重。孟校本309页的标点符号非常可取:"亲使刺史、二千石等观长史申述至诚:'廉询治体,观察吏政,切求民瘼……俾朕昭然有如亲览。大夫君子,其各悉心敬事,无堕乃力,其有深谋远图谠言忠诚之士,使者以闻。'"

(22)张校本426页:魏文有天下,同气建封,若狴牢四体,若仇雠当涂之制也。(卷一二《宋太祖文皇帝》)

当从孟校本318页作:"同气建封若狴牢,四体若仇雠,当涂之制也。"

(23)张校本428页:混语诸子:"……至如微子,吾无间。"然后咸如所言。(卷一二《宋太祖文皇帝》)

当从孟校本320页以"吾无间然"为句,此句是借用孔子之语,见《论语》。

(24)张校本430页:时帝久疾,欲先为之,所言于帝……(卷一二《宋太祖文皇帝》)

当从孟校本321页以"所"属上。"先为之所"即《左传》"早为之所",意思是:对于必须消灭的政敌应采取先发制人的措施。

(25)张校本431页:戴颙奏遍,舞于山樾,沈处移大赉子侄。(卷一二《宋太祖文皇帝》)

"戴颙奏遍舞于山樾"与下句对仗,孟校本322页"遍"后不加逗号,是。

(26)张校本 433 页:上私左右曰:"刘班初归,吾与言,常候日早宴,虑其将出。比入,对之亦察日早晚,虑其不出。"(卷一二《宋太祖文皇帝》)

孟校本 323 页以"比入对之"为句,较优。《宋书》69、《南史》35 无"对之"二字,可参看。

(27)张校本 437 页:二十年春正月辛亥,郊开万春、千秋等门。(卷一二《宋太祖文皇帝》)

张校本不明"郊"是帝王祭祀天地的礼仪之一,误以为郊区之"郊"。孟校本 326 页在"郊"下加句号,是。

(28)张校本 443 页:以北地段英为都督关陇诸军事……后魏破之,死其将,河东薛安都弃众南之国。(卷一二《宋太祖文皇帝》)

"死其将"不成话。当从孟校本 331 页作:"死,其将河东薛安都弃众南之国"。

(29)张校本 470 页:四月己未,武陵军次于溧州,筑垒归者相属。(卷一三《宋中宗世祖孝武皇帝》)

"筑垒"的主语是"武陵军",当独立为句。孟校本 339 页不误。

(30)张校本 486 页:己亥,诏公卿致祭山岳,祈雨以稼。谷种付以东诸葛郡县。(卷一三《宋中宗世祖孝武皇帝》)

孟校本 350 页以"以稼"属下,不误。

(31)张校本 488 页:《宋略》……语有之曰:"君不君,臣不臣,世祖之朝见之矣。"(卷一三《宋少帝》)

"君不君,臣不臣"之语见《论语》,"世祖之朝见之矣"是《宋略》作者裴子野的话。孟校本 352 页将"世祖"句放在引号之外,是。

(32)张校本 670 页:朱晓曰:"明公试思,桀犬何尝不吠尧王。"以为知言。(卷一七《梁高祖武皇帝》)

朱晓之言止于"尧",孟校本 470 页以"王"属下,是。

(33)张校本 765 页:自以勋庸渐高,骄恣,数招文武之客。阴

铿、褚介、张正见等每有表启,事所未尽,乃开封更自书之,云更启某事。(卷一九《陈世祖文皇帝》)

孟校本538页"文武之客"与"阴铿"连,"张正见等"后面加句号,是。

八、许书的史料来源及所引典籍

关于《建康实录》的史料来源,张校本在《点校说明》里对许嵩自序"今质正传,旁采遗文"八字已作了很好的阐发。这是值得深入研究的课题。我曾经用正史《吴志》跟许书对比,发现许书详于正史、优于正史的内容随处可见,足见其史料来源相当丰富。限于篇幅,仅举一例:《吴志·孙休传》载孙休登基,车舆临近首都时,孙綝"以兵千人迎于半野,拜于道侧"。半野是什么地方?不清楚,通行本没有加地名线,于是《三国志今译》《白话三国志》之类就译成"在半路上""郊野的半路之中"。《建康实录》的有关内容是"孙綝迎于土山之半野,拜于道左",多了"土山"这个专名,读者就容易看出"土山"和"半野"都是首都附近的地名。许书的内容还可以从地理著作中得到印证,例如宋人所著《太平寰宇记》卷九〇《江南东道二·昇州·上元县》云:"土山在县南三十里……按《吴志》大将军孙綝以兵迎景帝于半野,即此山也。"由此可见,由于《吴志》简略,史料比较详赡的许书就成了研究《吴志》的重要参考资料。

关于《建康实录》所引典籍,张校本《点校说明》称:"据统计,《建康实录》引唐初及唐以前典籍达五十余种",但具体开列的书目只有49种。就我所见,这个书目(下称"张目")还可以补充。例如经部方面,张目已列《论语》《京房易传》《春秋元命包》三部,似乎可补卷一所引的《尚书》《周礼》等。再如史部方面,张目已列《史记》等18部,似乎可补卷一所引的《孙坚传》《刘备传》《虞翻传》等,因为《孙坚别传》似乎是独立的一篇,就像《曹操别传》一样,不属于陈寿《三国志》的一部分。《刘备传》大概是《刘备别传》的简称,它的内容与《蜀志·先主传》裴松之注所引《山阳公载记》不完全相同。《虞翻传》应当也是《虞翻别传》的简称,裴松之注《吴志》称《翻别传》。又如集部方面,张目已列《注宣集》等四部,似乎还可补卷一的颜介(即颜之推)《颜氏家训·音辞篇》、陆机《怀旧赋》、卷四的左思《吴都赋》。

张目在书名后面所括注的条目数字,也需要补充。例如张目说明叙述所引《晋书》共59条,如果仔细勘核,恐怕不止此数。因为有两种情况必须考虑:第一,有些地方可能脱落了书目,例如卷五《晋中宗元皇帝》"山遐"注:"案,遐字彦林,累拜余姚令"云云,"案"字后面似乎脱落《晋书》或《山遐传》(前面省略《晋书》,卷五注引《周访传》就属这种情况)。传世本《晋书》卷四〇《山遐传》云:"遐字彦林,为余姚令"云云,可为佐证。第二,有些注文混入了正文,例如卷九《晋烈宗孝武皇帝》"案《晋书》孙盛"云云。

此外,有些可疑的书目还值得研究,例如卷四《吴后主》注引《干宝传》,可能是干宝《晋纪》。有些条目只交代作者,没有书名,需要考证。例如卷一引颜介曰:"南方水土柔和,其音清举而切。天下之能言,唯金陵与洛下耳。"从传世本《颜氏家训·音辞篇》有"独金陵与洛下耳""南方水土和柔,其音清举而切诣"来看,可推定许书引自《颜氏家训》,虽然其中有脱误、有异文。

九、思想内容与价值功用的研究

对于关心六朝文史的学者来说,《建康实录》是一部富有开发、利用价值的文献,但有些课题的研究还没有开展,有些课题的研究很不充分,前者如思想内容的研究,后者如应用价值的研究。

(1)在思想内容方面,评赞性的内容最能反映作者的政治观、历史观。由于《建康实录》不太好读,有许多地方连校勘和句读问题也不容易解决,所以这方面的研究尚未开展。

例如,许嵩主张人君或当权者应当宽仁大度,不应当对曾经反对过自己的人采取嫉刻残忍的手段；不然的话，即使大权在握，原先的同盟者必然纷纷离心。这种思想，是借古人之论加以宣扬的。例如卷一一《宋高祖武皇帝》载宋高祖刘裕族灭刁逵，许嵩借裴子野的话批评刘裕主持的晋政偏颇过甚，因为"霸王匿于人庶，庸夫何以悟其英雄？苟在不悟，则骄之者众，可胜怨乎？是以知宋高祖之非弘亮也。同盟多贰，宜乎哉！"在卷一三《宋少帝》刘义恭传中，又借朝廷告诫之言申说此意："拘忌偏心，魏武之类；豁达大度，汉祖之德。"

再如，许嵩认为改朝换代是正常现象，兴亡的关键在于治国是否符合道义，做臣民的，用不着抱着愚忠为衰朽的王朝效死，就像对秦末的战乱用不着大惊小怪一样，晋亡宋兴合乎天道。这种思想，也是在《宋高祖武皇帝》中借裴子野批评司马休之的话来表达的："天方厌晋，罔敢知吉？己虽欲得，无乃违天乎！五运无不亡之国，为废姓受朝，贤若三仁，且犹颠沛，而况豪侠哉！昔中原殄寇，道尽于时，四海争秦，岂徒系晋？得失（传世本误作"实"）存乎大义，故能遂荒南土，其兴也勃焉！至义熙，不异于是矣。而宋家支离，未忘前事，波逆越逸，祸将日寻，岂戡黎之伐弘少？将咎周之徒孔炽？兴废何其欻（"欻"是突然的意思，传世本误作"歇"，今据四库本）与！"

又如，许嵩认为每个朝代都有"君子"，都有"老成硕德"，用之则兴，不用则亡，不能因为某个朝代小人得势就误以为"君子"无能，就像车船被人破坏之后却责怪制造车船的工匠一样。为了表达这种思想，许嵩在《宋废帝营阳王》中也借裴子野的话说了出来："夫木击折轴，水戾破舟，不以水木而过工匠者何？本其所以然也。"

附带说一下，关于上引裴子野的三段话，张校本、孟校本均有句读错误。可见对于其中思想内容的研究，并不是很简单的事情。

（2）《建康实录》可以作为校勘其他古籍的重要旁证。

《吴志》《晋书》等古籍，可以从《建康实录》中窥见其唐写本、宋刻本的局部面貌。因此,我们不仅要充分利用其他古籍校《建康实录》,也应当充分利用《建康实录》校其他古籍。季忠平《〈建康实录〉版本研究》等文对此已有阐发,下面就现在的通行本《三国志》《晋书》及《宋书》的校勘再补充一些实例。

[例1] 《吴志》卷二《吴主传》载孙权赤乌三四年吴军与魏军激战于芍陂时,"中郎将秦晃等十余人战死",卷七称此役"魏兵乘胜陷没五营将秦晃军",难道战况惨烈的芍陂之战只牺牲了"秦晃等十余人"? 日本所藏宋本(旧题咸平本)《吴志》"十"作"千",比较合理。合理是合理,要证明宋本可取还需要有力的旁证。今知《建康实录》卷二作"中郎将秦傀等与魏将王凌战于芍陂中,斩获千余人",尽管其中"秦傀"及"斩获"属于误文,但"千余人"的"千"字跟宋本相合,揣想唐代所见的《吴志》写本就是这样,这可以作为校勘通行本"十"字的有力旁证。此例启示我们,即使文字讹误甚多的《建康实录》,也有利用价值。

[例2] 《吴志》卷三《孙皓传》注引《吴录》张俨对孙皓曰:"皇皇者华,蒙其荣耀,无古人延誉之美,磨厉锋锷,思不寻命。"这段话讹脱严重,今知《建康实录》卷四作"皇皇者华,臣蒙其荣,惧无古人延誉之美,谨厉锋锷,思不辱命。"成堆的问题就涣然冰释了。

[例3] 《吴志》卷五《孙休朱夫人传》注引《搜神记》"使察鉴之","察鉴"不成词,《建康实录》卷四作"使察战鉴之",这就对了。大约《吴志》传抄者不懂得"察战"是东吴特有的职官名目,故而脱一"战"字。

[例4] 《吴志》卷七《步骘传》载步阐据西陵城降晋时"遣玑与弟睿诣洛阳为任",其中"玑与"二字太可疑。第一,步玑是步阐"兄子"当中的第一号人物,即步氏家族的大宗,怎么可能被派出去当人质? 第二,西陵城被吴军攻破后,步氏灭绝,幸存的一人只有在洛阳当人质的步睿,可见步玑确实未到洛阳。今知《建康实录》卷四作"使兄子睿",这个疑案就告破了,原来《吴志》的"与"是衍文,原文当作"遣玑弟睿诣洛阳为任","玑弟睿"就是步阐"兄子"

当中的第二号人物。

[例5] 《吴志》卷九《周瑜传》载周瑜受了重伤之后"乃自兴,案行军营","自兴"不成话,即使能理解成"勉力出行"也不合情理,《建康实录》卷一作"自起舆行军陈间",这就对了。"舆行"即乘坐担架式的小车而巡行,《吴志》原文当作"自舆"。

[例6] 《吴志》卷九《鲁肃传》载孙权说鲁肃"出张、苏远矣",把鲁肃跟张仪、苏秦并论;而《建康实录》卷一"苏"作"陈",也就是跟张良、陈平并论。相比之下,后者更为合理。《吴志》之"苏",可能是传写讹误。

[例7] 《晋书》卷九《晋孝武帝》末尾史臣曰:"于时西逾剑岫而跨灵山,北振长河而临清洛……帝号为'武',不亦优哉!"《建康实录》卷九"于时"下面多"土境"二字,比较合理。大约唐修《晋书》原有"土境",后来在传写过程中被删落。

[例8] 卷一一《宋高祖武皇帝》:徐道覆自始兴耽其妻子,而后自杀,叹曰:"我不信英雄主,为卢公所误。"上文有两个错字:(1)"耽"应是"鸩"之误,《晋书·卢循传》载:"循势屈,知不免,先鸩妻子十余人。"看来徐道覆也是这个办法。(2)"信"当作"值","值"是遇到的意思,在《建康实录》中并不少见,又如本卷下文载王镇恶语李方曰:"吾忽值英雄主,取万户侯,当厚报卿。"这里要强调的是,在利用《晋书》校勘《建康实录》的同时,同样可以利用《建康实录》校勘《晋书》。中华书局点校本《晋书·卢循传》"使我得为英雄驱驰"一句没有"主"字,可据《建康实录》及《太平御览》增补。《太平御览》卷二八六引王隐《晋书》载徐道覆语曰:"我终为卢公所误,事必不成。使我得为英雄主驱驰,天下不足定也。"

[例9] 宋人李昉所编《文苑英华》卷七五四《史论一》收录裴子野《宋略总论》,清严可均《全梁文》卷五三从《文苑英华》中辑录了全文,其中讹脱之处很多。如果利用《建康实录》卷一四作为互校资料,就可以补正不少文字。例如"寄迹"当作"奇略","□□百胜"可补为"百战百胜","政足"当作"拔足","关头灞上

之□"的缺字是"阻","彤弓纳□"的缺字是"陛","既而洮弗兴"的"洮"下当补"頮","献世"当作"厌世","败舆"当作"败皇舆","徐□"可补为"徐湛之、江湛",等等,例多不赘。由于严可均没有注意《建康实录》,所以,《全梁文》这段文字的校勘工作留下了一大块空白。

以上的例证,意在说明《建康实录》可以直接帮助我们校勘其他古籍。其实,它还可以为我们研究其他古籍的疑难问题提供间接帮助。我在校读《三国志·魏志·管辂传》"辂随军西行,过毌丘俭墓下"时,就得到过这种帮助。试问:"辂随军西行"时,毌丘俭还没有死,怎么可以说"过毌丘俭墓下"? 所以,以往的研究结论都认定"毌丘俭"的后面可能脱落一个"先",也可能"俭"是"氏"的讹字,等等。当我读了《建康实录》卷一〇《安皇帝》载谯纵事云"纵之走也,先如其墓"(唐修《晋书》也是这样)时,方悟出六朝的语言可以把"某某先人之墓"简称为"某某墓",因此,"过毌丘俭墓下"是"过毌丘俭先人之墓下"的简称,用不着改字或补字。

(3)《建康实录》注文不但保存了历史、地理方面的重要资料,在训诂方面也有参考价值。例如《吴志·孙皓传》注引习凿齿《汉晋春秋》载吴有说谶者曰:"亡吴者,公孙也。"这段谶语颇为费解,以广征博引著称的《三国志集解》于此无注,因而读者要了解"公孙"的寓意,只能参考《建康实录》卷四的许嵩注:"案,后主,大帝孙,亡国之应也。"意思是说,即将亡国的孙皓是吴大帝孙权的孙子,故隐语称之为"公孙"。这确实是合乎情理的一种见解。

此外,《建康实录》还能引发我们思考更多的问题。例如卷一《吴太祖上》载建安二十七年(222)拜陆逊为"郢州牧",而《吴志·陆逊传》及《资治通鉴》都作"荆州牧",孰是孰非,不能轻率地下结论。从《宋书·州郡志》"郢州刺史"条下有"吴又立郢州"的记载来看,说不定《建康实录》的称谓更接近历史的真实。

十、正文与注文的清理

这个问题,过去的研究很不充分。

积学斋徐乃昌《建康实录》抄本卷八《晋孝宗穆皇帝》载王羲之事:"与王承述之父、王悦为'王氏三少'。"徐氏将"述之父"三字用"夹注"的格式处理,值得注意。无论这种处理是否恰当,都有进一步研究的必要。

近人郦承诠《建康实录校记》已经注意到《建康实录》中有正文与注文互相搀混的现象。例如卷四《吴后主》大字正文有这样的内容:《吴录》曰:"悌少知名,及处大任,希合时趣,将护左右,清论讥之。"郦校云:"案《吴录》以下当是注文,误作大字。"卷六《晋肃宗明皇帝》末尾的小字注文有这样的内容:"案,帝年二十五即位……而规谋弘远矣。"郦校云:"依全书通例,应作大字。"卷八《晋康皇帝》正文的末尾两行:"案,《寺记》,帝时置两寺。褚皇后立延兴寺,在今县东南二里运沟西岸;中书令何充立建福寺,今废也。"郦校云:"此两行当是注文。"等等,郦氏的眼光是尖锐的,他从"通例"的角度进行校勘,方法也是可取的,虽然他的意见不乏可商之处。

孟校本在《校勘记》里也涉及这方面的内容,但其中意见与郦承诠相同的地方却没有作任何交代,而属于前人没有发表过的意见也多有可商之处。例如孟校本说卷六正文"今在东府城后"应为夹注,卷七"在今县东北三里宫城西"应为夹注,卷八"在今县城东……不起坟"应为夹注,等等,这些校记均没有说明"应为夹注"的具体理由,也不合"夹注"前面有"案"字领头的惯例。

基于上述情况,下面谈几点意见。

(1)运用本校法,对正文与注文加以疏理

《建康实录》的正文用大号字,注文用小字,在传写刻印过程中难免出现各种问题。要发现并解决这类问题,只能在研究全书通例的基础上采用本校法——以本书校本书的方法。统观全书,《建康实录》的正文内容虽来自古书,但决不用"案语"的形式交代来自何书,只有自注才用"案"字开头,只有注文才交代所述的内容来自何书。根据这一通例,我们发现传世本正文与注文的讹混现象可以运用本校法加以清理。

① 注文混入正文

注文引经据典,一般用"案"字开头,这是全书的通例。继郦承诠之后,张校本、孟校本对注文混入正文的现象也略有发现。论证之,推广之,是今后彻底解决这个问题的基础工作。

[例1] 卷一篇首的大字正文——吴王夫差即位,无道,立二十三年,当春秋鲁哀公二十二年冬十一月,为越王勾践所灭,其地乃属越。案周书元王四年,即越王勾践四年,当春秋之末,越既灭吴,尽有江南之地。

自"案"至"尽有江南之地"是注文,应当改用小号字。

[例2] 卷四《吴后主》的大字正文——已为晋军所杀。《吴录》曰:"悌少知名,及处大任,希合时趣,将护左右,清论讥之。"

郦承诠说这一段应当是注文,可从。我们要补充的是,照注文的体例《吴录》前面还应当有"案"字。

[例3] 卷九《晋烈宗孝武皇帝》的大字正文——有七子。案,《晋书》:嗣、谦、修、崇、弘、羡、怡七人。

张校本298页《校勘记》说"案晋书嗣谦修崇弘羡怡七人,疑是注文。"张氏的怀疑是对的。

[例4] 卷九《晋烈宗孝武皇帝》的大字正文——盛字安国……至是始求得之。案,《晋书》:孙盛子放……未若庾翼翼也。

孟校本225页《校勘记》说"案晋书孙盛子放……未若庾翼翼也,此段按义当为夹注。"此说可从。

② 正文混入注文

正文与注文之间用"案"字隔断,这是形式上的标志。来自正史(如《吴志》)的内容一般是正文,来自杂史(如《江表传》)的内容一般是注文,这是内容上的特点。此外,从文理看,正文先讲地理沿革,注文再引前人文献加以补充,这也是常见的格式。从内容和形式两个方面审视,可以发现传世本中有一些正文混入注文的迹象。

[例1] 卷一篇首"越既灭吴,尽有江南之地"下面的小字注文——越王筑城江上镇,今淮水一里半废越城是也。案,越范蠡所筑……今瓦官寺阁在冈东偏也。

从内容看,"越王筑城江上镇,今淮水一里半废越城是也"是正文,此文上接"其地乃属越"。从"案"字起,是针对"废越城"所作的注文。

[例2] 卷一《吴太祖上》引孙坚《别传》"二录差尔"下面的小字注文——坚字文台……收财物而还。

此段应属正文,在《建康实录》中,正文中有倒叙的体例。

[例3] 卷一《吴太祖上》引《志林》"仁即庶子"下面的小字注文——策时年十七……一举可定矣。

这一段载录孙策事迹的内容,凡六百多字,应属正文。下面"案《江表传》"云云才是注文。如果没有这六百多字的正文,后面的正文"时曹操……因与策为好"云云就前无所承了。

[例4] 卷一《吴太祖上》"拜驸马都尉"下面的小字注文——瑜少精意于音乐……人皆呼为周郎也。案,《江表传》程普颇以年长数凌侮瑜……权终委信无别。

"案"字以前的一段,应是正文,这一段取材于《吴志》。这段正文放在周瑜小传的末尾,属于补叙的笔法。

[例5] 卷四《吴后主》"景帝封永安侯"下面的小字注文——永安,今在湖州武康县。案,《吴录》:施但等见后主上武昌……靓乃与丁固等拒破之。

"案"字以下才是注文。"案"字前面的"永安,今在湖州武康县"应属正文,上承"景帝封永安侯一句"。在正文中,许嵩对历史上的地名,往往用唐代的地名去对应。例如卷二《吴太祖下》赤乌八年"出为海昌屯田尉"下面说:"海昌,今之盐官也。"

[例6] 卷四《吴后主》"初,有谶云"下面的小字注文——案,后主,大帝孙,亡国之应也。闻马反,大惧:"此天亡也。"

案语的内容是解说谶文的,内容止于"后主,大帝孙,亡国之应也";从"闻马反"开始,应属正文,遥承前面的正文"郭马反"之文。

[例7] 卷四《吴后主》"文甚酸楚"下面的小字注文——案,后主年二十二即位,十六年,年三十八为晋所灭,入晋为侯,五年薨,年四十二。子孙相承,三代四帝……

卷二、卷三在帝王死后均有案语计算在位年数,似此,上面的案语当属正文。

[例8] 卷六《晋肃宗明皇帝》"临刑犹诵经"下面的小字注文——初,颛母李氏冬至举觞赐三子曰……谥曰贞也。

"初"是追述之辞,前面既无"案"字,又不云出自何书,如果不存在脱漏问题,那么这一段应属正文。

[例9] 卷六《晋肃宗明皇帝》"与元帝同"下面的小字注文——案,帝年二十五即位,三年,年二十七崩,谥曰明帝,庙号肃宗。帝聪明有机断……而规谋弘远矣。

郦承诠根据"全书通例"认为这是正文,可从。在这里,我们要补充说明两点:其一,包含"谥曰明帝,庙号肃宗"的一段如果成了注文,本卷标题的"肃宗明皇帝"就无从说起了。从标题与内容的关系看,这一段应当是正文,其他各卷也有相似的内容。其二,按照正文的分段标准,自"帝聪明"应当另起一段。

[例10] 卷九《晋烈宗孝武皇帝》"以墅乞汝"下面小字注文——今俗谓檀城是也,在今墅城东八里。案,《地图》云……

"今俗谓檀城是也,在今墅城东八里"似是正文。本卷下文载:"二十年春二月作宣太后庙,呼为小庙。在今县东八里,古迹湮没。"其中"在今县东八里"是正文,可与"在今墅城东八里"比看。

[例11] 卷二〇《陈后主长城公叔宝》"词甚悲切"下面的小字注文——案,后主年三十即位,立七年,年三十七。以陈祯明三年当隋开皇九年正月二十日国亡,入隋,封为长城公。十五年,年

五十二,薨,有子二十二人。

这一段也是正文,理由与例[四]同。

③ 注文脱"案"字

在传世本小字注文中,有极少数条目没有领头的"案"字,应当属于传写的脱漏。

[**例1**] 卷一篇首"此则扬州之分域"的注文——《春秋元命包》曰:牵牛……

"牵牛"云云,是对正文的解说。《春秋元命包》前,当有"案"字。

[**例2**] 卷一篇首"至今呼为秦淮"的注文——其淮本名龙藏浦……后人因名秦淮也。

"其淮"的前面还应当有一个"案"字。卷二《太祖下》赤乌八年"破岗渎"的注文是"案,其渎在句容东南二十五里"云云,可以比证。

[**例3**] 卷二《吴太祖下》"步骘薨"的注文——《吴录》:会稽……位止尚书。

《吴录》的前面,照例应有"案"字。此外,参考《吴志·步骘传》裴注,可知"位止尚书"的"止"是"至"的讹误。

[**例4**] 卷六《晋肃宗明皇帝》"邓岳"的注文——《晋书》:岳,陈郡人也……人皆异之。

《晋书》之前,当脱"案"字。类似的情况还有下面三处:本卷"王舒"的注文:"《晋书》:王舒子允之……累位至会稽内史。"卷六《晋显宗成皇帝》"邓攸"的注文:"《晋书》:攸过江,纳妾……天道有知。"卷六《晋显宗成皇帝》"翟汤"的注文:"《晋书·高士传》郭文字文举……多有验也。"

[**例5**] 卷二〇《陈高宗孝宣皇帝》"后周灭北齐"的注文——齐主高纬……齐五帝,二十八年。

"齐主高纬"上似脱"案"字。

(2)正文中"案语"的格式

　　某位帝王死掉了，或某个朝代垮台了，许嵩通常用"案语"的形式总结那位帝王或那个朝代一共经历了多少年头。例如卷五《晋中宗元皇帝》"葬建平陵"之后，有文云："案，帝年四十二即位，立五年，年四十七崩。谥元皇帝，庙号中宗。"卷四《吴后主》末尾，有文云："案，吴大帝即王位，黄武元年壬寅，至唐至德元年丙申，合五百三十五年矣。"这两段文字，是其他各卷的通例。明乎此例，可以发现不少脱误现象。

　　[例1]　卷二《吴太祖下》：葬蒋陵……案，帝四十即吴王位，七年；四十七即帝位，二十四年，年七十一崩。群臣上谥为大皇帝，庙曰太祖。

　　"帝四十"当作"帝年四十"，"二十四年"上当有"立"字，"上谥为"当作"上谥曰"，"庙曰"当作"庙号"。卷一九《陈世祖文皇帝》云"群臣上谥曰文皇帝，庙号世祖"，可以比证。

　　[例2]　卷三《吴景皇帝》：葬定陵。年二十四即位，在位七年，年三十，谥曰景皇帝。

　　"年二十四"前，当脱"案帝"二字；"年三十"下，当脱"崩"字。

　　[例3]　卷七《晋显宗成皇帝》：葬兴平陵……案，帝年五岁即位，立十八年，年二十二，谥曰成皇帝，庙号显宗。

　　"年二十二"下，当有"崩"字。

　　[例4]　卷八《晋孝宗穆皇帝》：葬永平陵……帝年二岁即位，立十七年，年十九崩，谥穆皇帝，庙号孝宗。案帝时置僧尼寺三所……

　　"帝年二岁"的上面当有"案"字，"谥"下当脱"曰"字。

　　[例5]　卷八《晋哀皇帝》：葬安平陵……帝年二十二即位，立四年，年二十五，谥哀帝。

　　"帝年二十二"的上面也应当补"案"字，"谥"下也应当补"曰"字。

　　[例6]　卷一九《陈高祖武皇帝》：葬于万安陵……帝年五十五即位，在位三年，年五十八，谥武帝，庙号高祖。

按文例，"葬"下多"于"，"帝"上少"案"，"在位"似当作"立"，"五十八"下似"崩"，"谥"下似脱"曰"。

[**例7**]　卷二〇《陈高宗孝宣皇帝》：葬显宁陵。帝年四十即位，在位十四年，年五十四，谥曰孝宣帝，庙号高宗。

"帝"上当有"案"，"在位"似当作"立"，"五十四"下或许脱"崩"。

（3）值得研究的问题

① 有些案语，在这种文本里是正文，在那种文本里是注文，反映了文本整理者的不同看法，究竟哪种文本接近或符合原著的面貌？在难以决断之前，文本的校理者应当向读者交代已有的研究成果。在这方面，张校本的做法比较可取。例如卷八《晋太宗简文皇帝》末行："案，简文即位，自立僧寺一，波提寺，今废。"张校本《校勘记》说："郦校云：'此行当是注文'，今库本亦作注文。"既介绍了四库本的情况，又把郦承诠的意见提供给读者参考，由读者去判断哪种文本更加可取。相比之下，孟校本的《校勘记》在毫无论证的情况下断言"此段应为夹注"，就显得欠妥。像这类值得研究的案语，在没有经过论证之前，只宜存疑待考。

② 有的内容，似乎是案语。例如卷一二《宋太祖文皇帝》："去年冬，殷景仁母忧去职，至是起景仁为镇军将军。凡在丧曰起，在外曰徵，迁曰徙。"其中"凡在丧曰起，在外曰徵，迁曰徙"一段，应当是上文"起"字的注文。据此推测，这段文字原先可能有"案"字领头，后来因传写脱落，才使注文混入正文。当然，这种推测能否成立，还须进一步论证。

十一、今后的校勘工作

从《太平御览》已经引用《建康实录》来看，《建康实录》在宋太宗太平兴国（976—984）年间已经进入文献学家的视野。由于此书在流传过程中遭到严重的残损，传世的各种旧本都不能令人满意。

尽管张校本、孟校本成绩斐然,但文本的对校、本校、他校、理校工作仍然留有大量的空白。今后要推出能够反映新时代学术研究水平的优质校点本,还有许多工作要做。下面略举数端:

(1)充分运用他校法,可以发现许多问题。

如果参考正史、类书及一切相关资料,对《建康实录》作逐字逐句的研究,必能在校勘方面有所发现。

与《吴志》对比,可以发现不少问题。例如卷一《吴太祖上》注载孙坚事:"遂指挥处分似部领。番贼见,大惊。""番",当从《吴志·孙坚传》作"状"。句读当改为:"遂指挥处分,似部领状,贼见,大惊。"卷二《吴太祖下》:"内外文武百司皆即位行赏。""即位"不通,疑为"进位"之误。《吴志·吴主传》云"将吏皆进爵加赏",可参考。卷三《吴废皇帝》:"以大将军子弟有勇者为之将帅。""大将军"作为职官的专名,只有一人担任;而"大将"作为泛称,指所有的高级将领。"大将军"的"军"显属衍文,可据《吴志》删去。卷四《吴后主》:"又攘诸营地……制以奇石,左弯崎,右临硎。""攘"当作"坏",《吴志·孙皓传》注引《江表传》作"破坏诸营"。"石"当作"名",《太平御览》173 引《吴志》不误,此外,左思《吴都赋》有"异名奇出,左称弯崎,右号临硎"[1],最为明证。同卷《吴后主》宝鼎元年施但造反事:"北入建业,众万余人。""北",当从《吴志·孙皓传》作"比"。比,比及。卷七《晋显宗成皇帝》注引《地志》:"本南津大吴桥也。""吴"字当为衍文。"南津大桥",见《吴志》《晋书》及《宋书》。此外,卷九《晋烈宗孝武皇帝》注文中"南淮大桥"的"淮",应是"津"的误字,"津"即渡口。

与《晋书》对比,也会有所发现。卷七《晋显宗成皇帝》末尾:"雄武之度,虽愧于前王;恭俭之德,足追踪于前烈矣。""愧"上当据《晋书》卷七补一"有"字,否则不能与下句俪偶。

《宋书》等文献参校价值很高。例如卷九《晋烈宗孝武皇帝》

---

① 左思:《吴都赋》,《昭明文选》卷五,上海古籍出版社,1986 年。

"奔星"注:"《星说》曰:'星迹相连曰流,绝迹而去曰奔。'"在早期的文献《宋书》及唐代著作《唐开元占经》中,"星迹"均作"光迹","光迹"即流光的轨迹。此作"星迹",很可能是传写之误。卷一一《宋高祖武皇帝》帝上疏:"臣闻先王制治,九土披序……在昔盛世,民无迁业,故有井田之制,三代以降。秦革斯政,汉遂不改,富强兼并,于是为弊……戒以生焉终焉,爱敬所托……请举庚戌土断之科,庶存所弘。"这篇疏文讹脱很多。参考《宋书》卷二及《通典》卷三,可以发现许多校勘问题:"九土披序"的"披",当作"攸";"三代以降"的"降",当作"隆";"戒以生焉终焉"的"戒",当作"诚";"请举庚戌土断之科"的"举",应当是"准"的形讹。同卷《宋高祖武皇帝》:"众军悉由外出,臧熹自中水取广汉。"参考《宋书》及《南史》,可知"外"下脱"水"字,"熹"当作"熹"。"外水"是专名;臧熹,是刘裕的妻弟,当时为建威将军、益州刺史。同卷《宋高祖武皇帝》载九锡文:"家献从卜之计,国议迁都之规……蠲削烦苛,较兹划一。"跟《宋书》及《南史》对看,可发现"家献从卜之计"之"从",是"徙"的形讹;"较兹划一"的"兹",是"若"的误字。"较若划一"是成语。同卷《宋高祖武皇帝》恭帝诏曰:"故天之历数,定有攸在。""定"当作"寔","寔有攸在"是南朝禅让诏书的成语。同卷《宋废帝营阳王》:"高祖曰:'庐陵何如?'晦曰:'臣请视之。'晦造义真,义真盛欲与谈,晦不甚答,遂言:"德轻于才,非人主也。""遂言"的"遂",当从《南史》作"还"。卷一三《宋中宗世祖孝武皇帝》:"时车骑将军、江州刺史始兴公臧质握强兵,据冲要,辄散钓矶仓米,心惭不安。""惭"当作"渐"。臧质并无可惭愧的事情,只是自危感逐渐增加而已。《宋书·臧质传》载此事云:"及至寻阳,刑政庆赏不复咨禀朝廷,盆口钓圻米辄散用之,台符屡加检诘,质渐猜惧。"[1]正用"渐"字。同卷:"初令王侯、内史相及封内官长不臣于封君,罢官不追。""罢官不追"下,当有"敬"字,文义方明。《宋书》云"罢官则不

---

① 沈约:《宋书》卷七四,中华书局,1974 年。

复追敬"，可据补。卷一四《宋后废帝》："时帝出入无恒，省内诸阁，夜间不闭，且廊下畏相连，无敢出者。""连"字不通，参考《宋书》，可知当为"逢"或"遭"的形讹。

同样，《梁书》《陈书》等正史可以帮助我们解决校勘问题。如卷一一《宋高祖武皇帝》引裴子野曰："国之将亡，必隆妖孽。""隆"当作"降"。《梁书》卷五六有："呜呼，国之将亡，必降妖孽。"①卷一九《陈高祖武皇帝》："好史籍读书，长于谋策。""读书"无义，"书"上疑当脱"兵"字。《南史·高祖本纪》："及长，涉猎史籍，好读兵书。②"《陈书·高祖本纪》："既长，读兵书，多武艺。"③同卷《陈高祖武皇帝》载其语云："我师已老，将复疲劳。岁月相持，恐非良计。""将复"，当从《陈书·高祖本纪》作"将士"。疲劳的人，应当包括广大士兵。卷二〇《陈高宗孝宣皇帝顼》载许亨事："所撰《齐史》五十卷，文集六卷。""文集"，当从《陈书》及《南史》作"文笔"。有韵之文称"文"，无韵之文称"笔"，合而言之则谓之"文笔"，是南朝常语；大约后人不明此义，这里的"文笔"就变成了"文集"。同卷《陈高宗孝宣皇帝顼》载殷不害事："寻又江陵陷，失母所在。常甚寒雪，冻死者填满沟壑。不害涕泣号呼……始得母尸。"关于"常甚寒雪"，孟校本但云："宋刻本同。徐本'甚寒雪'三字作'甚寒，冰雪交下'六字。"这样的校记，只罗列版本异文，不参考有关史书，当然不可能触及问题的要害。只要翻一翻有关史书，即知"常"字当从《南史》作"时"。《陈书》作"于时甚寒，冰雪交下"，其中"于时"与《南史》"时"字意同。同卷《陈高宗孝宣皇帝顼》载韦载事："屏绝人事，吉凶庆吊，无所往来，不入西篱门或十年。"参看《陈书》及《南史》，可知"西篱门"可能指台城西门的篱门；"或十年"的"或"应是"幾"的形讹，"幾"是接近的意思。

正史以外的相关资料，如《世说新语》《景定建康志》《至顺镇

① 姚思廉：《梁书》卷五六，中华书局，1973 年。
② 李延寿：《南史》卷九，中华书局，1975 年。
③ 姚思廉：《陈书》卷一，中华书局，1972 年。

江志》等，也是不应忽视的比勘资料。卷一〇《晋安皇帝》载殷仲堪语："三日不读《道德经》，便觉舌本坚强。""坚"，似当从《世说新语》作"间"。"强"，医学术语，指僵硬不灵。卷二《吴太祖下》注："初，东郡船不得行京行江也。"此段注文问题不少，此句问题最大。《至顺镇江志》卷七作"于是东郡船舰不复行京江矣"，可供参校。卷七《晋显宗成皇帝》注引《地舆志》："门内有右尚方，世谓之尚方门……正北面用宫城，无别门。""右"疑作"古"，"用"当作"即"，《景定建康志》可以参校。

　　宋人编纂的《太平御览》《文苑英华》等引录的文献，在一定程度上反映出宋以前文献的面貌，往往可作为校勘的佐证。如卷八《晋孝宗穆皇帝》注引《许玄度集》载支遁事："好养鹰马，而不乘放，人或讥之，遁曰：'贫道爱其神骏。'"《太平御览》卷六五五引《建康实录》作"贫道爱其神骏耳"，传世本失落了语气词"耳"，措辞生硬。卷一〇《晋安皇帝》注："案《惠远集》，隆安六年，桓公遗书于惠远，言沙门令致敬于王者，惠远答书论不可致之意。又言：'袈裟非朝会之服，钵盂非廊庙之器，军国沙门之象，窃所未安。'"其中"军国沙门之象"文义不通，《太平御览》卷六五五引《高僧传》"军国"下面有"非"，合乎文理，可据以校补。卷一二《宋太祖文皇帝》载郭世道事：产子不举，谓妻曰："伤兹以终孝，吾无恨也。"这里的"兹"字应属"慈"的残字。"父慈子孝"是当时的指导思想，《太平御览》卷四一二引《宋书》正作"慈"，可以据正。卷一四末尾载裴子野《宋略总论》："万轨长驱，则三齐无坚垒……率土欣欣，无思不悦……王华、殷景仁以中熙帝载，谢弘微、王昙首以沉密赞枢机……殿杀酷帝，史之于闻。"参考《文苑英华》，"万轨"当作"方轨"，"无思不悦"当作"无思不服"（来自《诗经》的成语），"中熙帝载"当作"中允熙帝载"（"中允"即"忠允"），"殿杀酷帝"当作"合殿酷帝"，"史之于闻"的"于"当作"未"，等等，例多不赘。同卷末尾裴子野《宋略总论》："子野曾祖宋中大夫、西乡侯，以文帝十三年受诏撰《起居注》。十六年，重被诏续成何承天《宋书》，其年终于位,书则未遑述作。"裴子野的曾祖即裴松之。《宋书·裴松之传》载松之卒于元嘉二十八年,年八十。此文"十六年"上脱"二"字,《文苑英华》卷七五四收录此文,其文正作"二十六年",可据补。

(2)理校法的充分运用,也能解决一些问题

随着六朝史、六朝语言文字研究的深入,理校法的用武之地也将不断扩大。例如年代及书法的校勘:

[例1] 卷一《太祖上》载建安时代史事:二十五年春正月,魏王曹操薨,太子丕即位,改汉建安为延康元年……明年冬十月,曹丕世代汉称魏,号黄初元年,而江东犹称建安。二十六年,其年始置丹阳郡,自宛陵理于建业。

"明年""二十六年"及"其年"既不合史实,也不成文法;"明年"及"二十六年"当属衍文,"其年"当作"是年"。第一,曹丕代汉的时间是延康元年冬十月,与建安二十五年(220)同在一年,决不是"明年"(221),"明年"二字当属传写者妄加。第二,"二十六年"后面再用"其年"复指,史家岂用这种拙笔? 推寻文理,孙权"始置丹阳郡"也应当是建安二十五年的事情,这里的"二十六年"是继衍文"明年"之后妄增的,"其年"的原文应当是"是年"。总之,许嵩的原文应当是这样的——先说汉献帝建安二十五年春正月被丞相曹丕改元为"延康",接着叙述延康元年冬十月曹丕代汉时又改元"黄初",最后以"是年"开头,载录孙权始置丹阳郡一事。这个根本问题解决了,下面的连锁性讹误才能解决。

[例2] 卷一《太祖上》:二十七年夏四月,刘备称帝号于蜀,即黄初二年也。

根据上例的理校,这里的"二十七年"应校改为"二十六年"。孙权所奉承的东汉建安二十六年(221),即曹魏黄初二年,蜀汉章武元年。

[例3] 卷一《太祖上》:二十八年春正月,蜀军前后连五十余营,分据险地,进升马鞍山。

根据以上两例的理由,这里的"二十八年"应校改为"二十七

年"。建安二十七年(222)即曹魏黄初三年,蜀汉章武二年。孙权为了对付魏、蜀的军事威胁,以东汉忠臣自居,使两位对手处于奸雄的地位。这一年冬天,魏、蜀的军事威胁刚刚缓解,孙权也就改元"黄武",不再继续使用"建安二十七年"的年号。因此,"建安二十八年"的字样根本就没有在历史上出现过,这里的"八"是顺着前面的"六""七"之误而出现的。这种错误,只能通过理校法来解决。

[例4] 卷二《太祖下》载赤乌十二年事:左大司马朱然卒。

许嵩的书法很明显,对东吴承认的天子、皇后级人物之死书"崩"(如魏文帝、汉献帝,吴太后,吴皇后潘氏),对东吴承认的诸侯级人物之死书"薨"(如刘备、孙邵,吕范,张昭、顾雍、阚泽、陆逊、步骘等);朱然是诸侯级人物,这里书"卒"显然不合书法,本卷中类似的情况还有全琮、是仪,也是当书"薨"而书"卒"。这种现象,无非出于后人妄改或抄写讹误。

[例5] 卷一四《列传·王僧达》:永嘉三十年,元凶弑逆。

"元凶"刘劭杀父之事发生于元嘉三十年,自立后改元太初,期间不曾有"永嘉"之号,"永"字必是"元"的讹字。

[例6] 卷一四《列传·薛安都》:为建武将军、弘农太守,所向克捷,而在《柳元景传》。

"而"当从四库本作"事"。"事在某某传"是史家常语。

(3)加强汉语言文字的研究,可以大大提高校勘的水平和能力。今就俗字和俗语略举数例:

[例1] 卷三《吴景皇帝》载李衡事:汉末入吴,为武昌渡长。

从下文载李衡之妻称"君本庶民"来看,"渡长"二字当从《吴志》注引《襄阳记》作"庶民"。在唐代流行的俗字中,"庶""度"形体几乎相同,大约后人整理唐写本时觉得"度民"不成词,就改为"渡长"。

[例2] 卷七《晋显宗成皇帝》载毕卓事注引《三十国春秋》:汩浮来往。

"汩"当从《晋书·毕卓传》作"拍",拍浮即游泳,是当时俗语。

[**例3**]　卷九《晋烈宗孝武皇帝》载桓冲事：及丧下江陵，士女临江號送。

参考《世说新语》，"號送"的"號"，当是"瞻"的形误。"瞻送"是六朝的雅言词，是远送、瞻望之意。导致传写变形的原因，是因为这个词语的寿命不长，大约唐以后就鲜为人知了。

（4）对于脱误严重的内容，虽然不必校补，但应当在校勘记中加以说明。

例如卷一五《列传·王敬则》："年二十余，善拍张，好刀剑，补刀戟，跳高与虎幢等。"参考《南齐书》及《南史》，可知，如果把"补刀戟"说成完整的话，应是"补刀戟左右""刀戟左右"是武职的名称。如果把"跳高与虎幢等"说成完整的故事，应是"宋前废帝使敬则跳刀，高与白虎幢等，如此五六，接无不中。"这是一种杂技：把刀高高抛起，然后接住。由此可见，《建康实录》在这里不是节缩史文，而是发生脱误。但这种脱误无法弥补，只能用出校记的方式做些说明。这类现象在《建康实录》中并不少见，如果不一一在校记中说明，就会使读者误解。

（5）避免无谓的校勘。

在古籍的比较过程中，可以发现不少异文，有的异文是本字与通假字的关系，有的异文是正字与俗字的关系，如果误以为其中有一个异文是错字而加以校勘，这就是"无谓的校勘"。例如卷一《吴太祖上》载曹操"为子章取策从兄贲女为夫人"，张校本《校勘记》云："'章'当作'彰'，谓曹操自任城王彰也。"事实上，"章"跟"彰"在古文献的通用现象很常见，例如《老子》"不自是，故彰"，马王堆帛书甲本作"彰"，乙本作"章"，无所谓孰是孰非。卷三《吴废帝》载孙峻系"武烈皇帝弟靖之曾孙"，张校本据《吴志·孙静传》改"靖"为"静"，而"靖""静"二字也经常通用，用不着改此以从彼。卷一〇《晋恭皇帝》载桓玄事有"众窃笑之"一句，张校本云："窃原作切，今据徐钞本改。"其实，"切"是"窃"的通假字。

十二、分段句读与标点符号

这项工作,《建康实录》也远远没有完结。下面根据自己的印象谈几点意见。

（1）在分段方面,张校本比孟校本细致;但有些传记分割过碎,跟编年的内容没有醒目的界限。这是个值得统筹考虑的问题。张校本也有因句读之误而导致分段错误的地方,例如第69页卷三《吴废帝》:"初,大帝黄龙二年,筑东兴堤以遏湖水,后征淮南,败,由是废至此。冬十月,诸葛恪率诸军会于东兴,作大堤。"张校本从"冬十月"起,另起一段,不知"至此冬十月"应作一句,这是一个过渡性的句子,它既不处于段末,也不处于段首。

（2）在句读方面,必须以解决校勘问题为前提。

[例1]　卷四一《吴后主》:秋七月……又使徐陵督陶濬等将兵七千会陶璜,自西道向广州。

由于没有发现"会"是"命"的讹字,句读上不可能不出问题。《吴志》记叙此事非常明白:在滕胤从东道讨伐郭马的同时,"皓又遣徐陵督陶濬将兵七千人从西道,命交州牧陶璜部伍所领及合浦、郁林诸郡兵当与东、西军共击马。"实际上是三路进军,陶璜既非东路,也非西路,而是单独一路。因此,此文只能在勉强校点为"又使徐陵督陶濬等将兵七千自西道,命陶璜……向广州"的同时,注明"命陶璜……向广州"一句讹脱严重(可能是许嵩原著之误)。

[例2]　卷一一《宋高祖武皇帝》载九锡文:"鲜卑负众……公搜乘秣马……拓土千里,申威陇、汉,此又公之功也。"

"陇汉",当从《宋书》《南史》作"龙漠",指鲜卑所盘踞的北方地区。张校本、孟校本都分别为"陇""汉"加专名线,使读者误以为这是陇西、汉中一带。

[例3]　卷一一《宋高祖武皇帝》载其疏文曰:"今所居里也,坟垄成行。"

张校本、孟校本均如是断句。其实这里隐藏着校勘问题，"里也"二字，完全有可能是"累世"的讹误。《宋书》卷二作"今所居，累世坟垄成行。"①《册府元龟》卷四八六也是这样。

[例4] 卷一一《宋高祖武皇帝》：疾召胡藩人来，至，将斩，以励众。

上面是张校本的句读，因不明"人"是"入"的讹字，竟出现"胡藩人"这样的奇怪词语。孟校本作"疾召胡藩入来，至，将斩以励众"，虽然"入"字不误，又因不明"来至""来归"是当时口语而误断。

[例5] 卷一九《陈世祖文皇帝》：自京口还都，于石头，

上面也是张校本的句读，其中"于石头"不成文义。孟校本以"自京口还都于石头"为句，更加糟糕，殊不知"于"上当从《陈书》《南史》补"入"字。

（3）有些地方难以断句，特别是注文，往往没有其他文献可供参考，只能姑且断了再说。遇到这种情况，我以为最好能在《点校说明》中交代或另加附注，以便读者继续研究。例如：

[例1] 卷一卷首注文：案，越王范蠡所筑城，东南角近故城望国门桥，西北即吴牙门将军陆机宅。

张校本句读如上。孟校本作"案越王范蠡所筑，城东南角近故城望国门桥西北，即吴牙门将军陆机宅。"其中"城""西北"是属上好，还是属下好？确实不容易决断。我们虽然认为可调整为"案：越王范蠡所筑。城东南角近故城望国门桥，西北即吴牙门将军陆机宅"，但还是觉得这种文句应当表而出之，让更多的读者共同研究。

[例2] 卷五《晋中宗元皇帝》注引《图经》：左宗庙，右社稷，去今县东二里。玄风观即太社西，偏对太社，右街东，即太庙地。

上文见张校本。孟校本作"左宗庙，右社稷。去今县东二里玄

风观即太社西偏。对太社右街,东即太庙地"。除了名词"宗庙"等等不能分断,"西偏"一词不可分割也是可以肯定的,但是句子的划分却不容易找到参考资料,因此张、孟的句读有三、四处不同。

[例3] 卷九《晋烈宗孝武皇帝》注引袁宏韵文:"风鉴散朗,或搜或引。身虽可亡,道不可陨。则宣城节,信也。"

末句在《世说新语·文学》注引《续晋阳秋》中作"则宣城之节信为允也"①,合乎文体(说见拙著《世说新语考释》)。此作"则宣城节信也",当有脱文,这种文句如果不加附注,无论怎样标点,都不会有益于读者。

(4) 在标点符号方面,有的专名线牵涉到历史文化和语言文字的研究。例如:

[例1] 卷二《吴太祖下》嘉禾元年载:使校尉宿舒、阆中令孙综来。

"阆中"下面,张校本、孟校本均加专名线,非。阆中在这里不是地名。"阆""郎"二字在古文献中可以通假,郎中令是职官的名称。

[例2] 卷一九《陈世祖文皇帝》载侯安都事:追败于蒋山龙尾及幕府山。

张校本、孟校本都没有为"龙尾"加专名线。其实,"龙尾"是特定的地段名称,《梁书》卷六载"齐潜军至蒋山龙尾,斜趋幕府山北,至玄武湖西北。"②《元和郡县志》卷二十六载:贺若弼"于蒋山龙尾筑垒。"③可见"蒋山龙尾"是结构稳定的专名。

[例3] 卷一九《陈废皇帝》:太后令废帝为临安王。

张校本、孟校本均在"废帝"二字下加专名线,误。这个"废"是动词,而名词"废帝"(特指某个被废黜的皇帝)的"废"是形容词。上文均称"帝",如"帝讳伯宗""阴说于帝""自入见后及帝",所以这里的"废帝为临安王"是把皇帝废黜为临安王的意思。下面"是日,废帝出居别宫"的"废帝"才是名词,而末尾"乃此废帝焉"的"废"又是动词。

(5)由于《建康实录》所编录的是中古史事,不熟悉中古文献、中古汉语就没有发现问题的敏感和解决问题的能力。加强中古文献的研究,丰富中古汉语的知识,是我们大大提高《建康实录》标点质量的主要途径。

[例1] 卷一《吴太祖上》载孙劭事:汉末,随刘繇过江归国,累拜车骑长史,为吴首相,封阳羡侯。

张校本、孟校本句读如上,均非。"随刘繇过江"下面必须用句号了结。刘繇病死后,孙劭才归顺孙权,也就是吴史所说的"归国"。

[例2] 卷八《晋孝宗穆皇帝》载戴洋事:吴末为台吏,时童谣歌曰:"猗童蒋山,流渡江洋。"知吴必亡,遂托病还乡里。

这是张校本的句读,是不明语音、词汇、语法发生错误的典型。请分说之。其一,在语音方面,"猗童"跟"阿童"是一个词的两种写法。阿童,是晋国大将王浚的小字。《晋书》卷二八载吴孙皓天纪中童谣曰:"阿童复阿童,衔刀浮渡江。不畏岸上兽,但畏水中龙。""童"与"江"押韵,明代学者陈第《毛诗古音考》已有论证。这里的"猗童蒋山流(疑为"浮"的形讹)渡江",应是"猗童复猗童,蒋山浮渡江"节缩语。其二,把江海称为"江洋"屡见于明清文献,但六朝并没有这种说法。这里的"洋"指戴洋,句读应当属下。其三,称乘船过江为"浮渡江",是六朝口语,如晋太安之际童谣曰:"五马浮渡江,一马化为龙。"《隋书》卷六四载:"杨素遣铁杖头戴草束夜浮渡江,觇贼中消息。"张校本的句读,把语音、词汇、句法全搞乱了。

[例3] 卷八《晋太宗简文皇帝》注:案,礼傩,逐疬鬼也。

上面是张校本的句读。孟校本作"案礼,傩逐疬鬼也。"从典籍关于"傩"的解说来看,似乎应标点成这样:"案《礼》:傩,逐疬鬼也。"《礼》即唐人所说的《礼经》。

[**例4**]　卷一〇《晋安皇帝》载王恭事：推恭为盟主，克期同赴京师。而恭误，先期举军，遂败。

"而恭误先期举军"是一句，"误"在句中充当副词。张校本、孟校本不明语法，遂将单句割裂为复句。

[**例5**]　卷一一《宋废帝营阳王》载景平二年事：徐、傅等将废帝，讽王弘、檀道济求赴国许，弘等来朝。谢晦移家出镇军府，将治府舍，而实伏甲士出于外屋，以谋告中书舍人邢安泰、潘盛为内应。夜邀道济、谢晦领兵居前，羡之等随后，因东掖门开，入自云龙门，盛等先戒宿尉，莫有御者。

这一段文字，只有参考正史，才能读通。上面是张校本的句读，有三个问题：一是"求赴国许"下面逗断，二是"弘等来朝"后面用句号，三是"以谋告"的主语是谢晦。孟校本作："徐、傅等将废帝，讽王弘、檀道济求赴国，许弘等来朝。谢晦移家出镇军府，将治府舍，而实伏甲士，出于外屋。以谋告中书舍人邢安泰、潘盛为内应。夜邀道济、谢晦……"也有不少问题。如果参考《宋书》，可以将句读与标点符号更正如下："徐、傅等将废帝，讽王弘、檀道济求赴国，许弘等来朝；谢晦移家出镇军府，将治府舍，而实伏甲士出于外屋；以谋告。中书舍人邢安泰、潘盛为内应，夜邀道济、谢晦……"为什么要这样更正呢？因为"以谋告"的主语是"徐、傅"，宾语是"王弘、檀道济"。"夜邀"的主语是"中书舍人邢安泰"等。

总之，要避免《建康实录》的解读之误，就必须加强魏晋文献和中古汉语的研究。例如上文第九部分提到的裴子野论中的"岂戡黎之伐弘少？将咎周之徒孔炽？"，其中"岂……将……"是中古汉语常用的选择问句，在魏晋文献里多次出现。这类句式，在流行的汉语教材里看不到，要靠《建康实录》的校点者独立进行研究。

（连载于2006年第3、5期）

"齐梁故里"研究中的史料学问题

——兼论"晋陵武进县之东城里"的地望

张学锋

一、问题的提出

六朝时期建立齐(479—502)、梁(502—557)两朝的萧氏家族都是南渡北人。西晋末年淮阴令萧整带领部分家族成员渡江之前,他们的籍贯为"兰陵郡兰陵县中都乡中都里",即今山东省苍山县西南兰陵镇附近。渡江南下后,萧氏家族卜居"晋陵武进县之东城里"。萧整之后第五代孙萧道成乘刘宋皇族内乱,掌握军政大权,代宋自立,建立齐王朝。萧整之后第六代孙萧衍,乘齐宗室内乱,起兵夺取帝位,建立梁王朝。萧衍之父萧顺之与萧道成为五服内从兄弟,因此,齐、梁虽为两朝,实为同宗所建,其故里亦为一处。

在西晋末年南渡的众多北人之中,兰陵萧氏只是"布衣素族"①,不在士族行列。因其先后建立齐梁王朝,与南朝时期江南多个次等家族一样,开始走上贵族化的道路,在隋和唐初被视为南朝文化的载体,名人代有,家族门第也因此得到了提升,被唐人目为"过江则为侨姓,王、谢、袁、萧为大"②。在宋代以后庶民广造家谱、攀附名人为始祖的风气下,兰陵萧氏逐渐被尊为全国南迁萧姓之

---

① 《南齐书》卷二《高帝纪下》建元四年(482)三月庚申萧道成临终前对司徒褚渊、左仆射王俭所言。

② 《新唐书》卷一九九《儒学中·柳冲传》载柳芳综论中古士族。关于兰陵萧氏早期的世系及门第,详细请参见:王永平《兰陵萧氏早期之世系及门第之兴起考论》,常州市齐梁文化研究课题组编《齐梁故里考证与齐梁文化新论》,南京大学出版社,2009年,第419-433页。

祖。经过一段时间的沉寂之后，今天，修造家谱、认祖归宗的风气再次抬头。在现行的体制下，这种风气不再限于民间同姓之间血脉传承的确认和家族文化的发扬，尤其是由政府各级部门参与的家族文化活动中，更多的是着眼于招致同姓成功人士的来访和投资，以期拉动本地经济的发展，名人故里之争日盛一日。作为海内外南迁萧姓的祖居地（多少带点一厢情愿的意思），"晋陵武进县之东城里"的所属问题也随即浮出水面，原本不成问题的问题成了重要问题。

之所以说"原本不成问题的问题"，是因为在此前的各种著述中，称其为"今丹阳""今丹阳东北"也好，称其为"今常州西北""今常州武进西北"也好，其实都没有人会去关心它。可以说，在众多著作的今古地名注释中，虽然不排除有作者自己的倾向性，但总的来说只是依据辞书、历史地图集等现有的工具书加以括注而已，而这些工具书是否都能做到对每一个条目都做出研究性的结论，这很难肯定。之所以说"原本不成问题的问题成了重要问题"，是因为"晋陵武进县之东城里"在"文化搭台，经济唱戏"的当下，它必须落实到某个点上，否则它就没有任何意义（在这个语境中，学术意义不再是意义）。因此，"晋陵武进县之东城里"这一点落到哪里，成为一个重要问题。

"齐梁故里"之争的一个客观效应是激起了镇江、常州两地学者的研究热情，也触发了六朝研究者的兴趣。为此，常州市成立了齐梁文化研究课题组，专门编写了《南兰陵桑梓本乡武进王业所基——齐梁故里考》①（以下简称"常州《故里考》"）。常州《故里考》宏篇巨帙，长达 94 页（大 32K），文中罗列了正史、唐以来全国性志书、宋元以来常州地方志书、清代以来萧氏族谱、寺祠碑记、民间传说、今人著述，以及今常州市新北区、武进区范围内的路桥村渠地名等信息，认定今常州市新北区孟河镇万绥村就是六朝时期

---

① 正式文本载常州市齐梁文化研究课题组编《齐梁故里考证与齐梁文化新论》，南京大学出版社，2009 年，第 3－96 页。

武进县(南朝梁陈时称兰陵县)的治所,东城里是当时武进(兰陵)城内东部的"街巷",这里就是齐梁帝王的故里所在。常州市人民政府还在 2009 年 3 月举办了首届《中国常州·齐梁文化研讨会》,与会的政府代表、历史研究者、历史地理研究者、谱牒研究者以及各相关领域的海内外学者多达百余人。会后,主办方从提交的论文中选择论文 70 余篇,汇编成《齐梁故里考证与齐梁文化新论》,总页数近 600 页。

镇江方面也成立了镇江市历史文化名城研究会专题研究组,于 2009 年 5 月编写了《南朝齐梁帝王故里史料汇集》,其基本内容和观点,稍后以《齐梁萧氏故里史料研究》(以下将两者合称为"镇江《故里史料》")之题,刊载于镇江市历史文化名城研究会和丹阳市历史文化研究会主编的《齐梁萧氏故里研究》一书之中①。镇江《故里史料》篇幅不长,文字部分仅 22 页(小 32K),文中罗列了正史、唐以来全国性志书、宋元以来镇江地方志书、古今历史地图、考古图文资料以及部分今人著述中的观点,认定今丹阳市区东偏北三城巷萧梁帝陵迤北、迤东一带是南朝齐梁帝王的故里,这里才是"晋陵武进县之东城里"。

2009 年 6 月,常州市齐梁文化研究课题组再次撰文《对镇江〈南朝齐梁帝王故里史料汇集〉的评析》(以下简称"常州《评析》")②,对刚出台的镇江《故里史料》进行逐条评析,再次强调了常州《故里考》中的观点。常州《评析》中,"就在今常州西北境内万绥镇"一句被再三强调,迫切之情跃然纸上。

至此,已经可以看出两者的争论标的出现了微妙的区别。常州《故里考》着重想解决的问题是六朝武进(兰陵)县的治所,而萧氏所居"东城里"在其论证过程中分量很轻,只将之视为武进县城

---

① 镇江市历史文化名城研究会、丹阳市历史文化研究会:《齐梁萧氏故里研究》,江苏大学出版社,2009 年。

② 常州市齐梁文化研究课题组:《对镇江〈南朝齐梁帝王故里史料汇集〉的评析》,打印稿,2009 年 6 月。

里的"街巷"。在常州方面看来,只要武进(兰陵)县治所问题解决了,"东城里"的地点也就自然能够解决。镇江《故里史料》着重解决的则是"东城里""东城里山""天子路"等六朝正史中出现的地名,而武进(兰陵)县的治所在哪里,这似乎并不重要。

为证明各自的观点,双方竭尽全力搜集相关资料。镇江《故里史料》篇幅不长,以正史、唐宋全国性地志为主,但也引用了部分宋元以后的地方志及清人杨守敬《历代舆地图》、谭其骧主编《中国历史地图集》等后出资料。与镇江相比,常州《故里考》及《评析》则不遗余力,广泛搜集,从《南齐书》《梁书》等六朝正史,到《元和郡县图志》《大清一统志》这样的全国性地志,从南宋《咸淳毗陵志》,到清代《武进县阳湖县合志》,再到1985年新编的《武进县万绥乡志》,从范文澜编《中国通史》到高燮初编《吴地文化通史》,从《中华人民共和国地名辞典》(1987年版)到《南朝五史辞典》(2005年版),从刘登阁、周云芳的《正说中国帝王》到蔡践主编的《传说中国帝王》,能用上的都用上了,鲜有遗漏。

"齐梁故里"的争论,归根结底是历史学(含历史地理学,下同)的研究。历史学研究的基本素材是历史文献。如今,历史文献的范畴已越来越广,除传统的编撰文献外,出土文献、传世和出土的文物资料、口说历史、乡土资料等,都可能成为历史研究的重要依据。然而,作为近代学科的历史学研究,它要求在广泛而有据的史料基础上,通过逻辑分析,对研究对象得出合乎情理的结论。所采用的理论与方法可以是多样的,但作为其基础的史料考辨,是展开历史学研究的前提,是能否得出合理结论的关键。历史文献汗牛充栋,然而,各种文献的史料价值又不是均等的。在史料传承的过程中,哪些是源,哪些是流? 哪些先出,哪些后出? 源是否清,流是否正? 先出史料与后出史料之间发生了哪些变化? 等等。总之一句话,一条史料,为什么以这种形式存在于这里? 对这个问题的回答就是"史料学",又称"史料批评"或"史料批判"。名著中存在讹谬,后出者优于先出者,传承中的鲁鱼亥豕,等等,史料中的问题非常复杂,并不是所有的史料都具有同等的价值,也并不是每一条史料拿来就能用,因此,史料批判是展开历史研究的第一步。

仔细拜读常州《故里考》《评析》和镇江《故里史料》,发现其中的史料学问题比较大,这无意中增加了"齐梁故里"争论的复杂性。本文拟选择几个关键点,对争论双方所涉及的史料进行分析,以期对"齐梁故里"的认识有所裨益。

二、"齐梁故里"研究所涉及文献的史料学分析

镇江《故里史料》涉及的文献(包括历史文献及今人论述)20余种43条。常州《故里考》和《评析》涉及的文献则更加宽泛,用作论据的文献60余条,参考文献列158条。因量大无法一一罗列,详细请参见原文,以下只选择代表性文献进行说明。

在镇江《故里史料》和常州《故里考》《评析》所涉及的众多文献中,按照史料学的一般理解,可以分成以下几个等级。

第一级:《宋书》《南齐书》《梁书》《陈书》《隋书》《晋书》《南史》。这些都是南朝至唐初编撰的各朝史,被列为正史,是相应各朝史研究的基本史料。其中又可以分成两个层次,一是《宋书》《南齐书》,这两种基本史料是同时代人编同时代史,在对前朝史的认识上可能受到当朝政治形势的影响,但在与"齐梁故里"研究有关的籍贯、世系、地理等基本内容上应该是最接近史实的。二是上列《梁书》至《南史》等5种,均编定于唐初贞观至显庆年间(627—661),距南朝灭亡已在半个世纪左右。虽然《梁书》《陈书》的编撰者姚察、姚思廉父子是南方人,姚察甚至在陈朝已经参与萧梁历史的编撰工作,但姚氏父子后经颠沛定居长安,其所编撰之书的史料学价值已经无法与《宋书》《南齐书》相比。《晋书》记载的时代虽早,但与《宋书》《南齐书》相比属于晚出,且其《地理志》多本《宋书·州郡志》。所列《隋书》主要是指其中的《地理志》。《隋书》本无志,高宗显庆元年(656)编成的"五代史志"后被编入《隋书》,今

称《隋志》,对梁、陈二朝包括地理在内的典章进行了总括。《南史》则是李大师、李延寿父子参照既有史籍编撰的南朝通史,虽然条理清晰,但毕竟是删削宋、齐、梁、陈书而成,史料上长短互见。尽管如此,这5种文献无疑是探讨"齐梁故里"问题的关键史料。

第二级:《元和郡县图志》《旧唐书》《新唐书》。这三种文献成书于中唐及五代北宋,保存了丰富的唐代史料,是厘清武则天垂拱二年(686)分晋陵县西重置武进县的重要文献。然而,距垂拱二年武进县的最后设置至《元和志》的编撰已有百余年,其他两种则均在两三百年,其中的谬误难以避免。

第三级:《太平寰宇记》《元丰九域志》《舆地纪胜》《方舆胜览》《嘉定镇江志》《咸淳毗陵志》《大德毗陵志》《至顺镇江志》等宋元时期编纂的全国性志书及各地方志。由于这些志书编纂时代较早,保存至今的亦仅十余种,因此对各地方历史文化研究而言,其重要性毋庸赘言。然而,站在史料学的立场上看,全国性志书对地方的相关记载过于简略,往往及而不深;各地方志逐渐开始为地方服务,很多父老相传、耆旧之言被作为史实编入方志,附会虚妄、张冠李戴的现象日趋严重。这样的现象在上列各志中均有较多的表现。

第四级:明清以降全国性地理总志、相关地方志、舆地图、学者著述。尤其是地方志,虽然不乏名家参与,但通常由地方长官主修,学术官员监修,地方知名学者总纂、分纂,地方知识分子采录、分校,总之是一项政绩工程、集体项目,对当时当代的素材能做到有案可稽,但对历史问题往往沿袭前志,少有考订,甚至误读成讹,附会虚妄、张冠李戴的现象更甚于宋元。学者著述中,既有顾祖禹《读史方舆纪要》、杨守敬《历代舆地图》这样集毕生之功的篇章,也有撰文取给的谀事者。无论优劣,这些著述只是后代学者的个人撰述,虽然保存了许多历史资料,但其本身并不是史料。恰是顾祖禹对六朝武进城、兰陵城的困惑,造成了今天"齐梁故里"之争的局面。

第五级:当代编撰物及言论。常州《故里考》所引用的当代编撰物及言论多达数十种,从范文澜、郭沫若、翦伯赞、王仲荦等名家的相关著述,到《传说中国皇帝》等通俗读物,从各种工具书到与"齐梁故里"争论关系不大的学术论文,从莅临者的题词到与会者的发言,无所不包,只要是在某个场合注明或言称齐梁萧氏家族为"今常州人""今常州西北人""今常州武进人"的,一无遗漏。

以上分析的五个等级,对"齐梁故里"这个研究课题来说,第一、二级无疑是最重要的,主要的问题都应该在这两个等级的史料中解决。第三、四级虽然也保存了部分"齐梁故里"的相关资料,但由于是晚出文献,在经过严密的史料批判后,一些史料可以作为前者的补充和辅证,但很难作为唯一的证据。第五级只能用作学术史的整理和回顾,根本就不在史料的范畴之内。镇江《故里史料》的史料分析以第一、二、三级为多,个别使用了第四级,几乎没有涉及第五级。常州《故里考》及《评析》,除分析了第一、二级的基本史料外,精力主要放在第三级文献以下,在第五级文献上用功尤深。这也是两地关于"齐梁故里"之争中表现出来的方法论上的差异。

当然,以上只是方法论上的问题,是一般论,具体问题必须具体分析。"齐梁故里"研究中,需要辨析的史料和解决的问题很多,但限于篇幅无法一一做到,但关键问题应该有这么一些:武进(兰陵)县的地理沿革问题、武进(兰陵)县的治所问题、"东城里"的性质问题、"千秋乡万岁镇"的来历问题、"圆丘方泽"的传说问题。这些问题,争论双方都已涉及,但因为对史料的释读各自不同,从而成为聚讼之府。以下想从史料学的视角对这些问题进行考察。

三、武进(兰陵)县的地理沿革问题

首先,我们有必要确认一下齐梁帝室南迁后的始迁地。

各种史料中均称齐梁帝室的籍贯为南兰陵郡兰陵县,这里用的是梁武帝天监元年(502)四月即位改制后的政区概念。这个概念相对比较宽泛，而最原始的概念是《南齐书》卷一《高帝纪上》中所称的“晋陵武进县之东城里”。

> 太祖高皇帝讳道成，字绍伯，姓萧氏，小讳斗将，汉相国萧何二十四世孙也。何子酂定侯延生侍中彪……萧何居沛，侍中彪免官居东海兰陵县中都乡中都里。晋元康元年，分东海为兰陵郡。中朝乱，淮阴令整字公齐，过江居晋陵武进县之东城里。寓居江左者，皆侨置本土，加以南名，于是为南兰陵兰陵人也。

萧子显（约489—537年）是萧齐开国皇帝萧道成之孙，豫章王萧嶷之子。在他近50年的生涯中，20余年生活在自家的朝廷之中，入梁后官至吏部尚书，因此，《南齐书》是他曾经经历过的自家历史。萧齐建国后，萧道成设立史官，命檀越、江淹等编集“国史”。梁代，沈约著有《齐纪》，吴均著有《齐春秋》。萧子显《南齐书》多取材于檀越、江淹等人的书稿，其中保留了较多的原始史料。这些因素决定了《南齐书》史料的可信性。对自家的始迁地“晋陵武进县之东城里”这一点是绝对不会错的，这一句是萧整过江后居住地的确切信息。“寓居江左者，皆侨置本土，加以南名，于是为南兰陵兰陵人也。”这一句，萧子显用了萧梁改制后的政区概念。“晋陵武进县之东城里”在萧梁时期隶属南兰陵郡兰陵县。

为弄清武进县在六朝隋唐时期的沿革情况，双方都搜集了相关史料，得出了基本一致的意见，现简述如下。

首先我们看晋陵郡的沿革。孙吴时分吴郡（治今苏州市区）无锡县以西为毗陵典农校尉。西晋平吴后的次年（太康二年，公元281年）省典农校尉，立以为毗陵郡，治所在今镇江市区东南丹徒镇，不久迁治毗陵（今常州市区）。毗陵是西晋东海王司马越的采邑，东海王世子名毗，永嘉五年（311），移镇建康（今南京市区）的司马睿（东晋元帝）改毗陵郡为晋陵郡，再次将治所迁至丹徒。东晋建国后的大兴（318—321）初年，晋陵郡一度徙治京口（今镇江市区），东晋成帝时，郗鉴将晋陵郡治再次迁回丹徒。东晋末年的义熙九年（413），晋陵郡治被迁往晋陵县（今常州市区），之后再无变动。因此，西晋末年萧整带领部分家族成员渡江南下时，晋陵郡的治所在今镇江丹徒。

《宋书》卷三五《州郡志一》"南东海太守"条下对相关属县的记载如下：

> 丹徒令，本属晋陵，古名朱方，后名谷阳，秦改曰丹徒。孙权嘉禾三年，改曰武进。晋武帝太康三年，复曰丹徒。
>
> 武进令，晋武帝太康二年，分丹徒、曲阿立。
>
> 毗陵令，宋孝武大明末，度属此。

晋陵郡条下

> 曲阿令，本名云阳，秦始皇改曰曲阿。吴嘉禾三年，复曰云阳。晋武帝太康二年，复曰曲阿。

从《宋书·州郡志一》的上述记载中可以整理出这样一些信息：秦汉丹徒县在孙吴嘉禾三年（234）改称武进县，治所理应不会有所改变，在今镇江市区东南丹徒镇。孙吴嘉禾三年（234）在改丹徒县为武进县的同时，又改秦汉曲阿县为云阳县（治今丹阳市）。在西晋平吴后的政区调整中（太康二年，《宋书·州郡志》误作"太康三年"），武进县复名丹徒县，云阳县复名曲阿县，同时分丹徒、曲阿二县地另置武进县，新置武进县的治所不明。西晋调整以后的丹徒、云阳、武进三县，在两晋时期均属晋陵郡。为便于称呼，镇江方面将孙吴丹徒改称武进时期的武进县称为"丹徒武进"，将西晋分丹徒、曲阿二县地新置的武进县称为"曲阿武进"。

东晋建立后，为安置北方侨民，在江淮各地设置侨州郡县。当时的侨州郡县至多，据统计仅今常州一地就设有 15 个侨郡和 60 多个侨县。但东晋时期的侨州郡县大多数为虚置，并无实土①，对"齐梁故里"的探讨没有太大的影响。刘宋以后，侨州郡县逐渐实土

---

① 参见房玄龄等《晋书》卷一五《地理志下》，中华书局，1974 年。

化,并在州郡名前冠以"南"字,以区别原有北方的州郡。宋、齐时期,丹徒、武进二县隶南徐州南东海郡,曲阿县仍隶晋陵郡。萧梁建国后,梁武帝为突出曾经的故乡兰陵郡兰陵县,改南徐州管下的南东海郡为南兰陵郡,改武进县为兰陵县。① 从而,两晋时期的晋陵郡武进县,和宋、齐时期的南东海郡武进县,萧梁时期便成了南兰陵郡兰陵县,萧氏家族的始迁地"晋陵武进县"变成了"南兰陵兰陵县"。陈朝建立后,南兰陵郡复名南东海郡,兰陵县名称未变。从而,萧氏家族的始居地"晋陵武进县"变成了"南东海郡兰陵县"。

隋平陈后,江南郡县的建置再次面临调整。南朝设置在京口(今镇江市区)的南徐州、南东海郡等建置全部被废,仅在此设延陵镇。后又将这一带划归江北的江都郡,废丹徒县之名,立延陵县;保留曲阿县,废武进县,将之并入曲阿,《隋书·地理志下》自注云"曲阿,有武进县,梁改为兰陵,开皇九年并入。"至此,西晋太康二年(281)分丹徒、曲阿二县另立的武进(兰陵)县被并入曲阿县,所谓的"曲阿武进"退出历史舞台。

隋末动乱和唐初的割据战争中,今镇江、常州之间的行政区划变化无常,"武进"作为县一级的建置再次登上历史舞台,但旋即被废。《旧唐书》卷四〇《地理志》载:"武进,晋分曲阿县置武进,梁改为兰陵,隋废。垂拱二年,又分晋陵置,治于州内。"即于武则天垂拱二年(686)分晋陵县(治今常州市区)再次建置武进县,并与晋陵县同治今常州市区。此后,武进县作为常州的属县再无变化。镇江方面将垂拱二年(686)以后的武进县称为"晋陵武进"。

虽然镇江方面提出的三个"武进"被常州《评析》评为"说法多变,令人耳目混乱",但不同时期武进(兰陵)县的沿革历史还是承认的。其实,三个武进(兰陵)县的沿革,因史料清晰,分辨并不困难,困难的是唐初武德年间(618—626)的变化。

关于武德年间武进县旋置旋废的相关史料,新旧《唐志》和《元

---

① 姚思廉:《梁书》卷二《武帝纪中》:天监元年四月"改南东海为兰陵郡。"

和郡县图志》均留下了一些信息。

《旧唐书》卷四〇《地理志三》

> 常州上，隋毗陵郡。武德三年，杜伏威归化，置常州，领晋陵、义兴、无锡、武进四县。六年，复陷辅公祏。七年，公祏平，复置常州，于义兴置南兴州。八年，州废，义兴来属，省武进入晋陵。天宝元年，改为晋陵郡。乾元元年，复为常州。

《新唐书》卷四一《地理志五》：

> 常州晋陵郡，望。本毗陵郡，天宝元年更名。

> 武进，望。武德三年以故兰陵县地置，贞观八年省入晋陵，垂拱二年复置。

《元和郡县图志》卷二五"江南道浙西观察使常州武进县"条：

> 武进县，望，郭下。吴大帝改丹徒为武进，晋武帝复改武进为丹徒，别置武进县于丹阳县东五十里。梁武帝改武进为兰陵，入晋陵。垂拱二年，又析晋陵西界立武进县于州理。

据资料性较强的《旧唐书·地理志》记载，武德三年（620）杜伏威归化唐朝后，政府置常州，领晋陵、义兴（今宜兴）、无锡、武进四县。隋开皇九年（589）废兰陵（武进）县入曲阿县后32年，武进县再次浮出水面。武德八年（625）江南的割据势力彻底平定以后，又省武进县入晋陵县。《新唐书·地理志》将省武进县入晋陵县的时间误为"贞观八年"。《元和郡县图志》的行文中，在"梁武帝改武进为兰陵"与"入晋陵"之间明显有脱文，贺次君点校本校勘记据《太平寰宇记》补"隋文帝废，武德二年复置，贞观元年并入晋陵。"查《太平寰宇记》卷九二江南东道常州条，省武进入晋陵定在"武德八年"，同卷常州武进县条又称省武进入晋陵为"贞观元年"，间隔数行即出现矛盾。《新唐书·地理志》的"贞观八年"和《太平寰宇记》的"贞观元年"两说都无旁证，或是编撰者之误，或是传抄致误，亦可见史料编撰和传承中出现错漏是经常会发生的(《元和郡县图志》中的"别置武进县于丹阳东五十里"一句的谬误下文再探讨)。

武德三年(620)的武进县是如何设置的,《旧唐书·地理志》《元和郡县图志》《太平寰宇记》上都没有任何说明,只见于《新唐书·地理志》的自注:"武德三年以故兰陵县地置。"作为最朴素的理解,这个自注告诉我们,武德三年(620)恢复了隋平陈后废入曲阿县的梁陈兰陵县。这似乎没有什么悬念,后代志书几乎全部沿用了这一说法。常州《评析》也非常关注《新唐书·地理志》的这条自注,坚信"唐前的武进县已从曲阿县中以'故兰陵县地'、'原兰陵县地'分出,既没有留一部分'原兰陵县地'在曲阿,更没有唐后与曲阿再有分合的记载"。距离初唐三百余年的欧阳修、宋祁等人,是依据什么史料作下的这个注,我们今天已无从知晓。然而,正像常州《评析》所提出的那样,武德三年(620)设置武进县时,"唐前的武进县已从曲阿县中以'故兰陵县地'、'原兰陵县地'分出,既没有留一部分'原兰陵县地'在曲阿,更没有唐后与曲阿再有分合的记载",既然如此,那么,为什么位于六朝武进(兰陵)县境内的齐梁帝陵会在曲阿(今丹阳)县境内,而不在唐以后的武进县境内呢?这个问题是不可回避的,必须回答!

这个问题如果无法回答,很多问题的探讨便会陷入僵局。武德三年(620)"以故兰陵县地置"武进县,如果对《新唐书·地理志》的这个自注不加怀疑全盘接收,那么就意味着西晋太康二年(281)分丹徒、曲阿二县地另置的武进县(即"曲阿武进")全部得到了恢复,武德八年(625)江南完全平定后被并入了晋陵县,垂拱二年(686)分晋陵县西界重置的武进县(即"晋陵武进")占有了"曲阿武进"的全部旧境,当然,"齐梁故里"也就无疑在"晋陵武进"境内了。但事实恐非如此。西晋太康二年(281)建置的武进县是分丹徒、曲阿二县地所置,太康二年(281)建置后的武进县与丹徒县、曲阿县的县界,虽然无法详知,但从《太平御览》卷一七〇《州郡部·江南道·润州》所引《吴志》佚文可以觉察到一些信息。《吴志》佚文云:"岑昏凿丹徒至云阳,而杜野、小辛之间皆斩绝陵礱,功力艰辛。"引文下自注云:"杜野属丹徒,小辛属曲阿。"杜野、小辛两地今天虽然无法准确落到某个具体的地点上,然而,根据岑昏凿道的地理形势及宋元以后丹阳地志对前小辛、后小辛等村落的记载,①孙吴丹徒(武进)、曲阿(云阳)二县东北部的县界当在今丹阳市北大泊至埤城一线。太康二年(281)分丹徒、曲阿之地另置武进县时,至少这一线以东地区均为武进县地,从而,武进县西与丹徒县接壤,南与曲阿县接壤,东与毗陵(晋陵)县接壤,北滨长江。以上的观点虽然也没有突破推测的范畴,但丹徒与太康二年(281)建置的武进的县界断不能在今常州西北孟河、万绥偏西一线。

如果不承认这一推测的话,垂拱二年(686)分晋陵县西界重置武进县时,包括齐梁帝陵在内的今丹阳东北部地区为什么没有被纳入新的武进县,这个问题就无法回答。为了回答这个问题,并顺利解读《梁书》上的有关史料,结论似乎只有一个:唐武德三年(620)政府在设置武进县时,并没有恢复开皇九年(589)并入曲阿的兰陵县全境,只是将旧兰陵县的东部地区析出建置了武进县,而旧兰陵县的西部地区依旧留在了曲阿县境内。析旧兰陵县东部地区而置的武进县,武德八年(625)被并入晋陵县,垂拱二年(686)再次从晋陵县中分出置武进县。留在曲阿县境内的旧兰陵县西部地区,在天宝元年(742)曲阿县更名丹阳县后属丹阳县。而武德三年(620)析置武进县的旧兰陵县东部地区,与留在曲阿县的旧兰陵县西部地区的界限,就在今常州西北孟河、万绥偏西一线,往南延伸至武进奔牛镇与丹阳吕城镇之间的运河两岸,与今常州市武进、新北区与镇江丹阳市之间的界线基本上一致。

为了更好地说明上述意见的合理性,我们还可以通过《梁书》的相关记载来做进一步说明。在史书的编撰过程中,作者所生活时代的政区概念对撰写工作的影响很大,无法做到完全依据旧有

---

① 丹阳县地方志编纂委员会点校:光绪《丹阳县志》卷四《乡都》:"尚德乡,在县东北……三城、东城、塘头……前艾……前小辛、后小辛、黄泥坝,以上三十九村。"广陵古籍刻印社,1985年。

的政区名称来叙事,夹杂作者生活时代政区概念是非常常见的,这样的事例不胜枚举,这在前文确认齐梁宗室的籍贯时已稍有涉及。

《梁书》卷三《武帝纪》载普通五年(524)"六月乙酉,龙斗于曲阿王陂,因西行至建陵城。所经处树木倒折,开地数十丈";"中大同元年春正月丁未,曲阿县建陵隧口石麒麟动,有大蛇斗隧中,其一被伤奔走。"建陵是梁武帝父亲萧顺之与其妻张氏的合葬墓,虽然常州《故里考》和《评析》怀疑丹阳境内齐梁陵墓的真实性和可信性,但建陵神道柱上"太祖文皇帝之神道"的横额尚存,因此地点不容置疑,在今丹阳市东三城巷东北。这个地点在宋、齐时隶属南东海郡武进县,萧梁时期隶属南兰陵郡兰陵县,陈时隶属南东海郡兰陵县,而姚思廉却将它写成了"曲阿县建陵",很明显是用了他撰写《梁书》的唐贞观年间(627—649)的政区概念,从而也证实了武德三年(620)至武德八年(625)存在的武进县,只是辖有旧兰陵县的东部地区,而旧兰陵县的西部地区依然留在曲阿县境内。武德八年(625)并入晋陵县的武进县,以及垂拱二年(686)从晋陵县中析置出来的武进县,其辖境都只是旧兰陵县的东部地区。

四、武进(兰陵)县的治所问题

西晋太康二年(281)建置的武进(兰陵)县的治所其实是不清楚的。现今许多学者都将常州市新北区孟河镇之南的万绥村视为武进(兰陵)县的治所,但其依据均是宋元以后的全国性总志和地方志,即本文第二节中提出的第三、四级文献。然而,这个观点无法得到第一、二级文献的支撑。本节拟从史料学的角度,通过对各种史料的比较分析,找出其致误的原因。

本文第三节所引《元和郡县图志》"吴大帝改丹徒为武进,晋武帝复改武进为丹徒,别置武进县于丹阳县东五十里"一句,是第一、二级史料中唯一言及武进(兰陵)县治方位的信息。但是,这条史料存在着很大的问题。

　　首先，晋武帝太康二年（281）分丹徒、曲阿二县地另置武进县时，并不存在丹阳县。那么，《元和郡县图志》为什么会留下"丹阳县东五十里"这句话呢？这里，有两种可能性可以考虑。

　　第一种可能性是将唐代丹阳县治至武进县界的里程误认为是武进（兰陵）县的治所。上节中曾说过，史家在撰述史书时使用其所生活时代的政区概念并不鲜见，李吉甫撰述《元和郡县图志》的唐德宗、宪宗时代，曲阿县早已改称丹阳县，他是否使用了唐后期的政区概念呢？如果真是这样，"丹阳县东五十里"就应该在今丹阳市区往东五十唐里。同书卷二五江南道浙西观察使润州丹阳县条载："废亭垒，在县东四十七里。本苏峻将管商攻略晋陵，都道徽以此地东据要略，北当武进，故遣督护李闳筑此据之。"据此，东四十七里为丹阳县境内的废亭垒，其稍偏北就是武进。在这一段叙述中，"北当武进"一句很难读出"其北即六朝武进（兰陵）县治"的意思来，只能是"其北即唐武进县界"。《太平寰宇记》卷九二江南东道常州武进县条亦称："庆（废）亭浦在县西五十里，与丹阳县分界。"因此，前后两志的记述都显示废亭一带只是唐以后丹阳、武进二县的分界，因此不得不说《元和志》"别置武进县于丹阳县东五十里"一句是有瑕疵的。

　　后世修志者未经考究，就此加以引用，并加上私人之见，衍成大篇。南宋《嘉定镇江志》卷一《地理》引称："唐《元和郡县图志》于常州武进县则曰晋武别置武进县于丹阳县东五十里，梁武改武进为兰陵，入晋陵。至唐垂拱二年方析晋陵西界立武进县于州治。南兰陵治所，以《元和志》里数计之，在丹阳县东吕城镇上下。"这里，《嘉定镇江志》的修纂者不仅混淆了《元和郡县志》的子目，而且还加上了"南兰陵治所，以《元和志》里数计之，在丹阳县东吕城镇上下"的案语，这不仅使得《元和志》中的瑕疵越来越严重，并且还影响到了当代学者的学术研究。可见史料不辨不可遽用。

　　第二种可能性是李吉甫在撰文时将"丹徒"误成了"丹阳"。"晋武帝复改武进为丹徒，别置武进县于丹阳县东五十里"，如果将文中的"丹阳"置换成"丹徒",既符合西晋时期的政区概念,又能够疏通文意。

以上这两种可能性中,笔者更愿意采用后者。如此,太康二年(281)以后的武进(兰陵)县治则位于丹徒县(治今镇江市东南丹徒镇)东五十里,按魏晋时期的里数计算,很难到达今常州西北的万绥村一带,而在今丹阳市北胡桥至建山一线偏南,与齐梁帝陵所在区域基本重合。

之所以宋元以降的地志及当代历史地理研究者多将六朝武进(兰陵)县的治所确定在常州西北的万绥村,当然是有其史料依据的。通过史料学的考察,笔者发现,这一系列的史料也有一个产生和逐渐敷衍的过程。

最早在今常州西北设定出一个武进县中心的,是北宋初年的乐史,其在《太平寰宇记》卷九二"江南东道常州武进"条中称:

> 武进县　去州八十里,旧三十四乡,今十三乡。

唐垂拱二年(686)以后,武进县治所一直在今常州市区内,怎么会在"去州八十里"又出现一个武进县呢? 而且,从"旧三十四乡,今十三乡"的内容和《太平寰宇记》的叙述体例来看,这里的"武进县"是现实中存在的县,而非"故城"一类的旧迹。这条史料出现得非常突兀,无源可寻。《寰宇记》中,"王祥卧冰处在武进尚义乡孝感渎,去州八十五里"之类的无源之说,以及"吴大帝改丹阳为武进,属毗陵郡,吴末并入晋陵县"这类的错误信息俯首可拾,不得不让人怀疑它的史料价值。《寰宇记》这一部分的编纂者有意无意地在常州西北方向设定出一个武进县的中心(治所)来,这个中心的名称,《寰宇记》中没有说明,但在后人的敷衍中,这个中心渐渐集中到了当时的千秋乡万岁镇(今万绥村)。今天众多学者将六朝武进(兰陵)县的治所,甚至将萧梁南兰陵郡的治所(即宋齐南东海郡治所,在今镇江市区)设定在万绥,就目前资料所见,根源就在《寰宇记》。

乐史《太平寰宇记》的这个无源之说,在后世的地方志编纂过程中却衍成大篇。北宋初的"武进县,去州八十里",在南宋《咸淳毗陵志》卷二七《古迹》中已敷衍成"兰陵城,在县北八十里千秋乡万岁镇西南",以后成书的全国性地志和常州地方志均采用此说。各种志书中,武进(兰陵)故城距离常州府治的里程上有六十里、七十里、八十里、九十里等各种说法,同一种志书的不同卷帙中有的都不一致。虽然对志书中的里程记载不必苛求,但出现如此众多的数据,不得不让人怀疑万绥武进(兰陵)故城的真实性。

这个怀疑同样也困惑着清初的顾祖禹。面对六朝武进县、兰陵县、东城里在宋元以后志书中愈演愈复杂的关系,顾祖禹试图做出合理的解释。

《读史方舆纪要》卷二五"南直常州府"条中考曰:

> 武进故城
>
> 府西北七十里……宋大明末改属南东海郡,齐因之。梁省入兰陵县,属兰陵郡。唐武德三年复置武进县,属常州。八年省入晋陵县。垂拱二年复分晋陵县置,并置郭内。
>
> 兰陵城
>
> 府西北六十里。晋大兴初始置南兰陵郡及兰陵县于武进界内,宋因之。亦曰东城,以在武进东也。萧道成高曾以下皆居武进之东城里,因为南兰陵人。梁省武进入兰陵。大同十年幸兰陵,谒建宁诸陵,盖帝母张后陵也。又有修陵,则后郗氏陵也。陈亦曰兰陵县,隋并入曲阿。

在顾祖禹的这段叙述与考证中,至少可以总结出三个结论:第一,在萧梁以前,武进和兰陵是不同的两个县;第二,东晋初年侨置的南兰陵郡及兰陵县在武进县境内;第三,因侨置的兰陵县在武进县之东,所以,兰陵又称"东城"。其中第一、二点可以合并。

然而,顾祖禹的这三个结论,没有一个能得到六朝史料的佐证。首先,萧梁以前的侨兰陵郡兰陵县的问题,前文已据《南齐书·州郡志》进行了说明,即东晋初年侨置的兰陵郡下辖兰陵、承二县,但这个时期的侨兰陵郡及其属县是没有实土的,萧齐时侨置的兰陵郡县已经被并入南琅邪郡,寄治在江乘县(今句容县北),齐武帝永明年间(483—493)迁治白下(今南京市北),齐明帝建武三年(496),省原南兰陵郡下的承县。《南齐书·州郡志》根本不设"南兰陵郡"条目,可见在梁武帝即位之前,不存在"武进县界"内的兰陵县,即位以后也就无从将武进"省入兰陵县"。顾祖禹对六朝武进、兰陵二县关系的处理,有悖于第一、二级史料中改武进县为兰陵县的记载,因此,他的这些说法也不被当今历史地理研究者所采纳、利用。

与上述第一、第二个观点相比,顾祖禹的第三个观点,即兰陵即"东城"的说法却得到了历史地理研究者的承认和广泛运用。顾祖禹本人为了论证兰陵故城即东城的说法,首先将武进故城与兰陵故城分开,这在之前的史料中是没有的。并称武进故城在清常州府治"西北七十里",而兰陵故城在清常州府治"西北六十里",因两者之间相距十里,从而得出了兰陵"亦曰东城,以在武进东也"的结论。既然顾祖禹上述武进、兰陵二县分述的结论得不到六朝史料的佐证,且有悖于六朝史料的记载,因此在此基础上得出来的"亦曰东城,以在武进东也"的结论也就失去了成立的基础。关于"东城里"的问题,我们下节再谈。

综上所述,在武进(兰陵)县治的问题上,称其在今常州西北万绥村的说法,在第一、二级文献中找不到依据,能够说明的史料均属于第三、四级文献。虽然史为乐先生积极主张"要相信正史,要以正史记载为准,不可牵强附会与臆造",但其在《对南兰陵治所的探索》一文中主张"南兰陵郡、县治所——'晋陵武进县之东城里',就在今江苏省常州市万绥(旧称'万岁',为兰陵城故址)……万岁,也叫东城"的直接证据,却没有一条出自"正史",均是宋元以后的地志,即本文所称的第三、四级史料。①

五、"东城里"的性质及其地望问题

史为乐先生"南兰陵郡、县治所——'晋陵武进县之东城里'"的主张,反映了当代历史地理研究者的一个基本倾向。王文楚先生在其《南兰陵郡与兰陵县》一文中也再三强调"《南齐书·高帝纪》记载晋陵郡武进县之东城里,为侨南兰陵郡兰陵县治","所谓'东城',乃武进县之东城","西晋武进县及东城里(即兰陵县城)二地相距甚近",②但这些观点依然是基于《咸淳毗陵志》、成化重修《毗陵志》及《读史方舆纪要》等后出地方志及个人著作演绎出来的。在他们看来,西晋末年萧整带领萧氏家族成员渡江南下后的始居地"晋陵武进县之东城里",就是后来的南兰陵郡的治所,同时也是兰陵县的治所,但是都没有提供能够证明两者其实为一的证据来。

其实,最早将"武进之东城"视为"兰陵郡县"的是北齐的魏收。《魏书》卷九八《岛夷萧道成传》:"岛夷萧道成,字绍伯,晋陵武进楚也。僭晋时,以武进之东城为兰陵郡县,遂为兰陵人。""以武进之东城为兰陵郡县"一句,既与《南齐书·州郡志》关于侨兰陵郡县的记载相悖,也没有被后世编撰的《梁书》《隋书》《南史》等史籍所采用,显然是杂糅了萧整的始迁地"晋陵武进之东城里"和梁武帝天监元年(502)四月改制以后的南兰陵郡兰陵县而成,造作的痕迹非常明显,在史料学上也只是一个孤例。

也许,按照东晋侨州郡县与南下北人的一般关系来说,南下北人的定居点就是侨置郡县的治所,所以,作为兰陵郡兰陵人的萧整

---

① 史为乐:《对南兰陵治所的探索》,常州市齐梁文化研究课题组编《齐梁故里考证与齐梁文化新论》,南京大学出版社,2009年,第102–104页。
② 王文楚:《南兰陵郡与兰陵县》,常州市齐梁文化研究课题组编《齐梁故里考证与齐梁文化新论》,南京大学出版社,2009年,第97–101页。

及其子孙,南迁后定居的"晋陵武进县之东城里",就是侨兰陵郡兰陵县的治所。但是,侨州郡县的官府与侨民之间的统领关系非常复杂,①这种一般论并不一定适用于每一个具体事例,籍贯为南兰陵郡兰陵县,其居所不一定就非要在南兰陵郡兰陵县的治所。

郡县城池的四隅,确实可以称其为东城、南城、西城、北城,这样的事例在六朝史籍中屡见不鲜。如《晋书》卷八一《毛宝传》:"(苏)峻既死,匡术以苑城降。(陶)侃使(毛)宝守南城,邓岳守西城。"同书卷一一四《苻坚载记》:"(慕容)冲又遣其尚书令高盖率众夜袭长安,攻陷南门,入于南城。"《宋书》卷五〇《垣护之传》:"(王)玄谟驰信告(柳)元景曰:'西城不守,唯余东城,众寡相悬,请退还姑熟,更议进取。'元景不许,将悉众赴救。"其实也有与丹徒有关的记载,《晋书》卷一五《地理志下》:"自中原乱离,遗黎南渡,并侨置牧司在广陵、丹徒南城。"上引数例中的东城、南城、西城,所指均为城池的东隅、南隅、西隅。但是,"东城里"与"东城"不完全是同一个概念。

里,是秦汉以来的基层单位,城邑和乡鄙的基层单位都称里。当然,单凭"晋陵武进县之东城里"一句,我们无法判断东城里是在武进县的城里还是在乡野。但我们依然可以根据乡里名称的变化和不同时代史料的表述作出一些推断。秦汉时的基层单位里,由于经历东汉末年的混乱开始发生变化,进入魏晋南北朝时期,一种新型的聚落形态——"邨"(又称"坞")开始出现,这个字后来被规范成"村"。里和村,作为聚落形态上的差异和意义,详细请参见宫川尚志的《六朝时代的村》。② 村的出现及其发展,农村地带的通称也由原先的乡里逐渐演变成乡村。隋唐时期,律令明确规定,"两京及州县之郭内分为坊,郊外为村"③,城郭之中的"坊",隋代称

---

① 参见胡阿祥:《东晋南朝侨州郡县与侨流人口研究》第二章相关论述,江苏教育出版社,2008 年。

② 宫川尚志:《六朝时代的村》,夏日新译,刘俊文主编《日本学者研究中国史论著选译》第四卷,中华书局,1992 年。

③ 李林甫等撰,陈仲夫点校:《唐六典》卷三"尚书户部"条,中华书局,1992 年,第 73 页。

"里"。因此,隋唐时期的基层聚落,在城曰里曰坊,在野曰村。

有一则史料,在"齐梁故里"的研究中经常被使用。《南齐书》卷一八《祥瑞志》:"宋泰始中,童谣云:'东城出天子',故明帝杀建安王休仁。苏侃云:'后从帝自东城即位,论者谓应之,乃是武进县上所居东城里也。'熊襄云:'上旧乡有大道,相传云秦始皇所经,呼为天子路,后遂为帝乡焉。'"这则史料到了《南史》卷四《齐本纪·高帝》中就演变成了"术数者推之,上旧居武进东城村,'东城'之言,其在此也"。"东城里"变成了"东城村",初唐人李延寿称其为"东城村",则此前的"东城里"无疑处在乡野,而不是武进县的东城。

西晋末年萧整率领家人渡江来到"武进之东城里"时,侨置郡县尚未出现,更无侨兰陵县在武进县东城之说。因此,"东城里"应是一个历史地名(或许可以追溯到两汉时期),找不到其与所谓侨兰陵县之间的关联。既非豪门望族,又无徒附部曲的"布衣素族"萧氏,过江以后只能在乡野的空闲之地从事农业生产。同样的事例还见于宋武帝刘裕。刘裕的曾祖父刘混"始过江,居晋陵郡丹徒县之京口里"[①],京口里即今镇江市区,孙吴两晋时期是丹徒县西乡下的一个里,地处乡野,同样是布衣素族的刘氏也只能在这样的乡野闲地从事农耕,维持着最基本的生存。刘氏的始迁地"晋陵郡丹徒县之京口里"与萧氏的"晋陵武进县之东城里"何等地相似。

因此,对"东城里"地点的推测,科学的态度依然是利用第一、二级的史料,谨慎参考第三、四级史料来进行。在第一级史料中,言及"东城里"的有两条,而且至关重要。

《梁书》卷七《后妃传·太祖张皇后》:

> 宋泰始七年,殂于秣陵县同夏里舍,葬武进县东城里山。天监元年五月甲辰,追上尊号为皇后,谥曰献。

《梁书》卷七《后妃传·高祖郗皇后》:

---

① 沈约:《宋书》卷一《武帝纪上》,中华书局,1974 年。

建武五年,高祖为雍州刺史,先之镇,后乃迎后。至州末几,永元元年八月殂于襄阳官舍,时年三十二。其年归葬南徐州南东海武进县东城里山。中兴二年,齐朝进高祖位相国,封十郡,梁公,诏赠后为梁公妃。高祖践阼,追崇为皇后……陵曰修陵。

上引《梁书》中的这两则史料,应该是目前确定"东城里"地点的最可信的史料。梁武帝之母张氏、梁武帝之妻郗氏死后都归葬丈夫萧氏的故里武进东城里侧旁的东城里山。梁武帝即位后,追谥其父萧顺之为太祖文皇帝,母为献皇后,陵为建陵。郗氏追谥德皇后,陵号修陵,武帝死后合葬。今丹阳市东三城巷东北自南往北分别排列着四座陵园,除南起第一座的墓主尚有异议外,南起第二座因神道柱上"太祖文皇帝之神道"横额尚存,是建陵无疑。第三座为修陵,第四座为简文帝庄陵,也没有异议。无端怀疑这些陵墓的真实性是非常不理智的。数十年后,耄耋之年的梁武帝回故里拜谒了建陵和修陵。

《梁书》卷三《武帝纪下》:

(大同十年)三月甲午,舆驾幸兰陵,谒建陵。辛丑,至修陵。壬寅,诏曰:"朕自违桑梓,五十余载,乃眷东顾,靡日不思。今四方款关,海外有截,狱讼稍简,国务小闲,始获展敬园陵,但增感恸。故乡老少,接踵远至,情貌孜孜,若归于父,宜有以慰其此心。并可锡位一阶,并加颁赉。所经县邑,无出今年租赋。监所责民,蠲复二年。并普赉内外从官军主左右钱米各有差。"因作《还旧乡》诗。癸卯,诏园陵职司,恭事勤劳,并锡位一阶,并加沾赉。丁未,仁威将军、南徐州刺史临川王正义进号安东将军。己酉,幸京口城北固楼,改名北顾。庚戌,幸回宾亭,宴帝乡故老及所经近县奉迎候者少长数千人,各赉钱二千。

夏四月乙卯,舆驾至自兰陵。诏鳏寡孤独尤贫者赡恤各有差。

大同十年(544)三月,81 岁高龄的梁武帝事隔五十余年前往兰陵参谒建陵、修陵,见"故乡老小,接踵远至,情貌孜孜,若归于父",因感而作《还旧乡》诗。关于梁武帝这次的行程,镇江《故里史料》作了比较详细的复原:大同十年三月甲申(第 1 天)梁武帝一行从建康出发,经秦淮水,过方山埭,入破冈渎,至云阳西城(今丹阳市延陵西),入简渎,至曲阿,入江南运河,至陵口,入萧梁河,至太祖建陵,这一行程费时 7 日。辛丑(第 8 天),至建陵北约 1 公里的修陵。壬寅(第 9 天)下诏颁赐有差,作《还旧乡》诗。癸卯(第 10 天)颁赐陵园职司。此后在故里小住,至己酉(第 16 天)至京口城北固楼(今镇江市北固山上)。庚戌(第 17 天),于回宾亭宴请帝乡故老及所经诸县迎奉者。四月乙卯(第 22 天)回至建康。

对上引史料,常州《故里考》及《评析》看重的只是"御驾幸兰陵"和"因作《还旧乡》诗"这两句,省略了谒建陵、哭修陵、颁赐旧乡老少、作《还旧乡》诗、颁赐陵园职司等一系列在"东城里山"附近活动的过程。并且在认定南兰陵郡郡治和兰陵县县治就在今万绥村的前提下,把"幸兰陵"曲解成一定是"幸兰陵县治",亦即"幸万绥",在万绥作了《还旧乡》诗,因此,万绥就是"旧乡"。这样的思路,难免断章取义和先入为主之讥。固然,上引史料中第 11 天到第 15 天这四五天的行程没有详述,给是否曾前往万绥留下了想象的空间,然而,没有史料依据的推测和想象必须避免,并且通过本文第四节及下述第六、七节中的分析可知,武进(兰陵)县治与万绥无关,因此,梁武帝一行前往万绥的可能性几乎是零。

上引这些第一、二级史料,足以证明建陵所在的东城里山附近就是萧整迁居的"晋陵郡武进县之东城里",而用第三、四级的史料来否定第一级的史料,违背了史料学的基本原则。

在第三、四级史料中,也有一些是可以作为旁证的。首先是南宋编纂的《咸淳毗陵志》。该志卷二五《仙释·寺院》中称,武进县

智宝禅院,在县北七十里万岁镇,梁武帝旧第,天监

七年舍为院，名慧炬。伪吴天祚间重建，太平兴国中改
今额。

卷二七《古迹》中称：

> 按万岁寺旧有伪吴天祚间石刻，云寺西去萧梁帝祖
> 宅三十里东城村，初名皇基，更曰皇业。寺后百七十五步
> 即其城也。

《咸淳毗陵志》中的这两条记载，也是"齐梁故里"争论双方非常关
注的史料。常州《故里考》重视的是前一条，因位于万岁镇的智宝
禅寺是梁武帝旧宅，所以萧氏宗室的祖居地东城里在万岁镇无疑。
镇江《故里史料》重视的是后一条，因杨吴时石刻上有"寺西去萧梁
帝祖宅三十里东城村"一句，所以梁武帝旧宅东城村在万岁镇西三
十里，亦即今丹阳萧梁帝陵一带。

杨吴天祚（935—936）石刻，智宝寺僧澄清所撰，今已不存，难
知其全容，南宋咸淳年间（1265—1274）编纂《毗陵志》时应该还有
传承。"按万岁寺旧有伪吴天祚间石刻，云寺西去萧梁帝祖宅三十
里东城村，初名皇基，更曰皇业。寺后百七十五步即其城也。"这一
段文字中其实包括两个层次，第一层次接近杨吴石刻的原文："寺
西去萧梁帝祖宅三十里东城村，初名皇基，更曰皇业。"第二层次是
《咸淳毗陵志》纂者的认识："寺后百七十五步即其城也。"《咸淳毗
陵志》引用杨吴石刻目的是想说明智宝禅院后一百七十步就是兰
陵故城。编纂者对兰陵城在智宝禅师后一百七十步的考证是否准
确，这无关紧要；智宝禅院与皇基寺、皇业寺的渊源关系，也因杨吴
石刻的不存而一概不清，但重要的是保存了杨吴石刻的一段原文：
"寺西去萧梁帝祖宅三十里东城村，初名皇基，更曰皇业。"万岁镇
不是东城里（村），这已无需再辨。

其次是《至顺镇江志》。该志卷一二《古迹·陵》中载：

> 梁相国、安丰县侯蔡大宝墓，在二十一都东城。后梁
> 宣帝詧既以附庸居魏，谓相国曰："先朝祖茔远在旧都，委
> 卿东归，行礼祷祠。"至曲阿而卒，葬于修陵之北下山之

阳,至今日蔡墓岗。

据《至顺镇江志》卷二《地理·都乡》,元朝丹阳县的二十一都、二十二都在县东北"上德乡"(清代写作"尚德乡"),该乡有"景陵里",当为景安陵所在地。二十一都东城,应该是东城里、东城村的孑遗。既然蔡大宝死后"葬于修陵之北下山之阳",墓又在"二十一都东城",那么,"东城"就在修陵之北。

《咸淳毗陵志》和《至顺镇江志》在"齐梁故里"研究中虽是第三级文献,但上引数例与通过正史分析得出的结论基本一致,因此其可信度较强。

《咸淳毗陵志》三〇卷,是现存最早的常州地方志书,也是全国仅存的十余种宋修府志之一,确实保存了诸多珍贵的原始史料。2005年,常州市地方志办公室整理点校出版了《咸淳毗陵志》(广陵书社),在卷二七注释所谓"兰陵城"时称:"此兰陵城是东城里兰陵城,非万岁镇兰陵城,古属武进,今归丹阳。该兰陵城在县北八十里的千秋乡万岁镇再往西三十里,而不是在县北八十里。"这个结论是在认真阅读和理解了《咸淳毗陵志》正文、按语基础上得出来的,非常值得重视。

六、因"万岁镇"之名的误解而产生的不良影响

今常州市新北区孟河镇万绥村,之所以被宋元以后的志书及学者认定为兰陵故城的所在地,一个很大的原因,这就是宋代这里叫做"万岁镇"。

前文已经谈到,最早设定常州治所西北八十里有一个"武进县"的,是北宋初年成书的《太平寰宇记》。《寰宇记》中虽然没有指明这个"武进县"所在地的具体地名,但给后世留下了错误的根源。北宋元丰三年(1080)成书的《元丰九域志》卷五《两浙路·常州》武进县条中已有万岁镇之名,南宋晚期编纂《咸淳毗陵志》时,今万绥村的行政所属已经很准确:武进县千秋乡万岁镇。以后,又

有"万税"之名,今称"万绥",都是同音异写。

关于"万岁"地名与齐梁故里的关系,作为常州《故里考》和《评析》立论的重要依据之一的是1987年版中国地名委员会编《中华人民共和国地名词典》(江苏省),在这部"权威"地名词典中,万绥镇的释义如下:"晋为武进县治。为萧道成出生地,故名万岁镇。明末清初为阜通镇。1912年后改名万税镇,又名万绥。为万绥乡人民政府驻地。"此外,2005年上海辞书出版社《中国古今地名大辞典》万岁镇条称:"万岁镇,古镇名。即今江苏省常州市武进区西北万绥,为南朝齐高帝萧道成和梁武帝萧衍出生地,故名。"受这些"权威"地名词典的影响,事态日益扩大,到谢达茂《"齐梁故里"万绥地名考》时,已经演绎成了:"齐梁建国、开朝续史是武进、万绥的荣耀,因此在梁中期开始,地方和民间逐渐对留有齐梁历史印迹的地方以万岁冠名而称。"①敷衍出了"梁中期开始"云云。这类事例在常州市齐梁文化研究课题组编辑出版的《齐梁故里考证与齐梁文化新论》的相关文章中还有不少,不遑枚举。但是,仔细阅读这些被常州方面誉为"国家权威辞书"的释义,发现其不仅缺乏依据,而且知识点非常混乱,讹误颇多。之所以造成如此难堪的结果,关键一点在于对"万岁"一词的误解。

正像今万绥村在两宋时期为"千秋乡万岁镇"那样,"千秋"和"万岁"往往是连用的。"千秋万岁"的基本词义是生命永续无疆,俗称千秋万代,长生不死,万寿无疆,是一个寓意非常吉祥的词语,相近的吉祥语还有"长乐未央""地久天长"等。帝制时代皇帝称"万岁",自唐玄宗起,帝王的诞辰称"千秋节",只是其中的用法之一,其实千秋、万岁的使用非常普遍。可以用作人名,著名的如西汉的田千秋、隋朝的史万岁。可以用作楼馆津桥的名称,如东晋王

---

① 谢达茂:《"齐梁故里"万绥地名考》,常州市齐梁文化研究课题组编《齐梁故里考证与齐梁文化新论》,南京大学出版社,2009年,160-167页。

恭在京口(今镇江市区)建万岁楼①;今镇江市万岁楼旧址下有地名千秋桥,并且有第一楼街,推测其源头亦在东晋。千秋桥、万岁楼相映成辉。可以命名长寿无疆的仙鸟,葛洪《抱朴子内篇》卷一:"千岁之鸟,万岁之禽,皆人面而鸟身,寿亦如其名。"1958年发掘的河南邓县学庄南朝彩色画像砖墓中,有一块画像砖表现的就是这种长命不死鸟,人首鸟身的两只神鸟对立,左侧铭刻"千秋",右侧铭刻"万岁"②。也可以用作有延年益寿的中草药名,如卷柏称"千秋",泽泻称"万岁"③。而用作地名则更加常见,检索史料,俯首可拾:东汉光武帝即位千秋亭五成陌;东汉洛阳宫中有千秋万岁殿;荀彧、许褚受封万岁亭侯;高柔受封万岁乡侯;魏晋南北朝时期各都城多有千秋门、万岁门;南齐昇明二年(748)九月豫州万岁涧生连理树、建宁县建昌村民在万岁山发现铜钟④;唐天宝元年(742)割江都、六合、高邮县地置千秋县,天宝七年(748)改为天长县⑤,等等。大到宫殿城门,小到乡亭山涧,长生之鸟,不死之药,均可以千秋、万岁命名,取其吉祥长寿之意也。因此,地名"千秋乡万岁镇",与萧道成、萧衍的建邦立国,与"齐梁故里"之间毫无关系,除了附会、臆断之外什么都不是。

七、"圆丘方泽"之说所产生的不良影响

除因地名"万岁镇"的误解所产生的不良影响外,还有一个"旧传"也给"齐梁故里"的研究造成了不良的影响,这就是今常州新北区青城村附近的所谓"圆丘方泽"。

---

① 李吉甫撰,贺次君点校:《元和郡县图志》卷二五江南道一浙西观察使润州;乐史撰,王文楚等点校:《太平寰宇记》卷九二江南东道四润州引《京口记》。
② 河南省文化局文物工作队:《邓县彩色画像砖墓》,文物出版社,1958年。
③ 周王朱橚撰:《普济方》卷二六三《服饵门》神仙长生不死四灵丹方,出《圣惠方》,影印文渊阁《四库全书》本。
④ 萧子显:《南齐书》卷一八《祥瑞志》,中华书局,1972年。
⑤ 刘昫,等:《旧唐书》卷四〇《地理志三》,中华书局,1975年。

关于"圆丘方泽"的"旧传",不见于《太平寰宇记》《元丰九域志》《方舆胜览》等两宋总志,更不见于唐以前史料,最早记录"圆丘方泽"的依然是南宋晚期的常州地方志《咸淳毗陵志》。《毗陵志》卷二七《古迹》称:"青城,在县西北六十里万岁镇南。有圆坛,高丈余,广十亩,西有方坛,高不盈尺,广七八丈。旧传为圆丘方泽。"《毗陵志》以后的《大明一统志》常州府古迹条在言及青城时称:"在府西六十里。内有圆坛,高一丈,广十亩,又有方坛,高尺许,广七八丈。"很明显,《大明一统志》的史料源于《毗陵志》,并且将《毗陵志》中"在县西北六十里万岁镇南"略成了"在府西六十里",完全不顾万岁镇与青城镇之间约二十里的事实。明清时期编纂的各种常州及属县的地方志中均采录了"圆丘方泽"之说,一时蔚然。清初顾祖禹在撰写《读史方舆纪要》时,同样采录了"圆丘方泽"之说,并对"圆丘方泽"作了探源:"有古青城,城南为圆坛,西为方坛,盖萧齐篡位后以兰陵为其汤沐邑,因置此为郊祀之所。稍西南即兰陵城也。"①由于《读史方舆纪要》这部著作整体上的权威性,顾祖禹的观点成为当代历史地理研究者探讨南兰陵郡县治所的依据,如史为乐先生《对南兰陵治所的探讨》中即依此认为:"从里距来看,地处'丹阳县东五十里'的武进县,说是在今常州西北的万绥镇一带,大致是不会错的。而作为萧齐郊祀之所的青城,即今万岁镇东南、常州市西北的青城,就方位、道里而言,也是合情合理的。"②史为乐先生对南兰陵治所的探讨更成为常州《故里考》的坚实依据。③ 上述史料均是第三级以下的文献,从《咸淳毗陵志》的"旧传",经 700 余年方志、著述的传承和演化,今天则演绎成了"历史的真实"。这正是史料学的缺失所造成的结果。

---

① 顾祖禹撰,施和金点校:《读史方舆纪要》卷二五《南直七·常州府》"兰陵城"条,中华书局,2005 年,第 1224 页。
② 史为乐:《对兰陵治所的探讨》,常州市齐梁文化研究课题组编《齐梁故里考证与齐梁文化新论》,南京大学出版社,2009 年,第 103 页。
③ 常州市齐梁文化研究课题组:《南兰陵桑梓本乡 武进王业所基——齐梁故里考》,《齐梁故里考证与齐梁文化新论》,南京大学出版社,2009 年,第 55 页。

　　青城镇之名目前可追述到北宋。《元丰九域志》卷五《两浙路·常州》武进县条称:"一十五乡。奔牛、青城、万岁三镇。"①青城镇今为青城村,在今万绥村东南约 15 公里。既然承认万绥村是六朝武进(兰陵)县的治所,"齐梁故里"在万绥,那么,为什么其举行郊祀的"圆丘方泽"在青城而不在万绥·顾祖禹所说"萧齐篡位后以兰陵为其汤沐邑,因置此为郊祀之所"的"汤沐邑"是什么? 国家在汤沐邑是否会举行郊祀,国家郊祀的场所又应该在何处? 举行郊祀的"圆丘方泽"的形制又是如何? 等等,众多的问题困扰着常州。

　　汤沐邑源自周代,是诸侯朝见天子时赐给的王畿之内的、供住宿和斋戒沐浴的封地。后来皇帝、皇后、公主等收取赋税的私邑也称汤沐邑。《汉书》卷一下《高帝纪下》称:"朕自沛公以诛暴逆,遂有天下,其以沛为朕汤沐邑,复其民,世世无有所与。"颜师古注曰:"凡言汤沐邑者,谓以其赋税供汤沐之具也。"②然而,在国家财政和帝室财政早已合二为一的六朝时期,汤沐邑制度已经名存实亡。《南齐书》《梁书》中出现过的三次"汤沐",皆为文章用典,没有建汤沐邑之实。

　　即使齐梁将自己的故里作为名义上的汤沐邑,但是,作为国家的郊祀大典是否会放在汤沐邑举行,这又是一个问题。

　　所谓"圆丘",是指祭祀天帝神的场所,即天坛,必须位于都城的南郊,因此又称南郊坛,简称南郊。"方泽",是指祭祀土地神的场所,即地坛,必须位于都城的北郊,因此又称北郊坛,简称北郊。③对天地神的祭祀,是国家大典中的大典,因此,南北郊坛的形制也是有明文规定的。《南齐书·礼志》对萧齐时期的南北郊坛规制未作记载,而《隋书》卷六《礼仪志一》对萧梁时期南北郊坛的记载则很详细:

　　　　梁南郊,为圆坛,在国之南。高二丈七尺,上径十一

---

① 王存撰,王文楚、魏嵩山点校:《元丰九域志》,中华书局,1984 年,第 215 页。
② 班固著,颜师古注:《汉书》卷一下《高帝纪下》,中华书局,1962 年。
③ 张学锋:《论南京钟山南朝坛类建筑遗存的性质》,《文物》,2006 年第 4 期。

丈,下径十八丈。其外再墙,四门。常与北郊间岁……器
以陶匏,席用藁秸。太史设柴坛于丙地。皇帝斋于万寿
殿,乘玉辂,备大驾以行礼。礼毕,变服通天冠而还。

北郊,为方坛于北郊。上方十丈,下方十二丈,高一
丈。四面各有陛。其外为墙再重。与南郊间岁……太史
设埋坎于壬地焉。

据《隋志》所载,萧梁时期的南郊坛(圆丘)通高二丈七尺(约
合今 6.21 米),分上下两层,上层直径十一丈(约合今 25.3 米),下
层直径十八丈(约合今 41.4 米)。北郊坛通高一丈(约合今 2.3
米),亦分上下两层,上层一边长十丈(约合今 23 米),下层一边长
十二丈(约合今 27.6 米)。青城镇南的所谓"圆丘"及其西部的"方
泽",无论是从国家设置南北郊坛的目的、地点、方位来看,还是从
形制规模上来看,都与《隋志》所载的南北郊坛的规制相距甚远。
更何况南郊、北郊通常每隔一年祭祀一次,而萧齐皇帝只有在送葬
和谒陵时才回一趟故里,梁武帝更是事隔 50 年才回了一趟故里,
他们如何祭天祀地。

《咸淳毗陵志》的编纂者尚保持着比较严谨的态度,将之作为
"旧传"处理,到了顾祖禹,不仅认为"圆丘方泽"是史实,而且将之
演绎成"萧齐篡位后以兰陵为其汤沐邑,因置此为郊祀之所"。这
样的现象,在史料的传承过程中并不鲜见。然而,今天常州《故里
考》及其支持者,不加考证地将之作为"齐梁故里"在常州万绥的重
要证据,这正是研究中缺乏史料批判所造成的结果。

八、余论:江南成故乡

以上站在史料学的立场上,本着史料不辨不能遽用的态度,对
"齐梁故里"研究所涉及的重要史料进行了批判和分析,笔者认为,
在"齐梁故里"研究中,本文所分第一、二级文献应该是立论的主要
依据,而对第一级文献的解读和利用尤其重要;第三、四级文献虽

然在保留地方历史文化上具有重要意义,但由于这批文献的编撰时代较晚,距离六朝时代久远,加之参编人员较杂,穿凿附会的现象比较严重,因此,在谨慎使用的同时要避免据以断事。至于第五级文献,则已逸出史料的范畴,引以为据,尤不可取。

本文在史料批判的基础上,还对"齐梁故里"的地望进行了推断,梳理了"晋陵武进县之东城里"即今常州市新北区孟河镇万绥村这一说法的史料源流、来龙去脉,认为"晋陵武进县之东城里"与常州万绥无关,依据第一级文献,这个地点应该位于今丹阳市东北张巷村迤北至胡桥、建山一线以南,即沿六朝金牛山(又称彭山,今水经山)东西分布的萧齐帝陵与沿六朝东城里山(今无名)南北分布的萧梁帝陵区之间。

关于六朝各政权的性质,笔者曾经指出,东晋政权与南朝诸政权之间的重要区别就在于,东晋是以北方侨民为核心组成的流寓政权,而南朝事实上是土著化了的北人政权。① 然而,在仔细梳理了"齐梁故里"的相关史料后发现,即使在进入南朝以后,北人政权的土著化依然存在着一个过程,这在齐、梁两政权对待自己的乡土问题上同样也有所表现。

宋武帝刘裕是土断政策即北人土著化过程的积极推进者,他在东晋末义熙九年(413)主持土断时指出:"所谓父母之邦以为桑梓者,诚以生焉终焉,敬爱所托耳。今所居累世,坟垄成行,敬恭之诚,岂不与事而至。"意思是"桑梓"不必远追前代,父祖生焉终焉之邦,既已坟垄成行,即有"桑梓"之实。"于是界土断……诸流寓郡县,多被并省。"虽然如此,义熙土断中,"徐、兖、青三州居晋陵者,不在断例。"② 这里所说的"徐、兖、青三州居晋陵者"是指侨置于京口(今镇江市区)的徐、兖、青三州,也是刘裕的曾祖南渡后的定居地。在雷厉风行的义熙土断中,刘裕之所以依然维持着侨徐、兖、青三州人的侨民身份,与其说是给"桑梓"的优遇,不如说是出于强烈的政治目的,因为

---

① 张学锋:《东晋文化》,南京出版社,2005 年,第 205 – 206 页。
② 沈约:《宋书》卷二《武帝纪中》,中华书局,1974 年。

京口是他发迹的北府所在,没有北府就没有刘裕,在没有完全取得政权之前,刘裕依然需要北府侨民的支持,而享受免租免科的侨民待遇,就是刘裕与北府侨民结成命运共同体的纽带。

刘宋政权建立以后,按例对自己的故里实行租税蠲复的优待政策。《宋书》卷三《武帝纪下》载永初元年(420)八月戊辰诏曰:"彭、沛、下邳三郡,首事所基,情义缱绻,事由情奖,古今所同。彭城桑梓本乡,加隆攸在,优复之制,宜同丰、沛。其沛郡、下邳可复租布三十年。"刘裕按西汉故事对"桑梓本乡"实施优复,但诏书中所及的"桑梓本乡"却没有出现其曾祖刘混南迁后的始居地丹徒县。诏书中的彭城郡、沛郡、下邳郡均是侨置于京口的南徐州属郡,是刘裕"首事所基"之地,彭城郡则是刘裕的籍贯所在。因此,作为"桑梓本乡"的彭城郡按西汉丰、沛故事"复其民,世世无有所与",[1]即所谓的"长蠲";与之关系密切的沛郡和下邳郡则复三十年。这一现象,说明永初元年(420)八月这个时点,南徐州彭城、沛、下邳三郡移民依然保留着侨民的身份,或者即使已经土断但户籍上依然"挟注本郡"[2]。这里,"桑梓本乡"的概念不包括土著的丹徒县。直到七年后的元嘉四年(427)才有所改变。元嘉四年三月丙子诏曰:"丹徒桑梓绸缪,大业攸始,践境永怀,触感罔极。昔汉章南巡,加恩元氏,况情义二三,有兼曩日。思播遗泽,酬慰士民。其蠲此县今年租布,五岁刑以下皆悉原遣;登城三战及大将家,随宜隐恤。"[3]宋文帝对丹徒土著的蠲复只有一年,蠲复的理由虽然是"桑梓绸缪,大业攸始",但出发点只是"思播遗泽,酬慰士民"。"桑梓本乡"与相关郡县是有本质性区别的。可见,刘宋一代,对故里的认同依然是侨置郡县,而非定居郡县,北人的自我意识依然浓厚,所谓"桑梓本乡",更多的是观念上的东西。

萧道成建立齐政权后,按例于建元元年(479)七月丁巳下诏蠲

---

① 班固著,颜师古注:《汉书》卷一下《高帝纪下》,中华书局,1962年。
② 房玄龄,等:《晋书》卷七五《范汪传附子范宁传》,中华书局,1972年。
③ 沈约:《宋书》卷五《文帝纪》,中华书局,1974年。

复"桑梓本乡":"南兰陵桑梓本乡,长蠲租布;武进王业所基,复十年。"①诏书中"南兰陵"与"武进"相对,非常值得关注。"南兰陵"是郡,但这个南兰陵郡在建元元年(479)七月这个时点依然是个无实土的侨郡,先后寄治江乘县(治今句容市北)和白下(今南京市北),南兰陵郡的移民或许依然保留着侨民的身份,或者在户籍中"挟注本郡",总之其南兰陵郡人的身份可以得到确认。但至迟在萧齐建武三年(496),侨置的南兰陵郡及其所属的兰陵县、承县已经并入了南琅邪郡,②从而"南兰陵桑梓本乡,长蠲租布"的诏命也会逐渐淡化,更多的演变为一种虚像,即观念上的"桑梓"。"武进"是县,尽管是萧氏南迁后的始居地,但这个县是土著县,因此,没有资格获得"长蠲",但又因其为"王业所基",因此"复十年"。与宋文帝复"桑梓绸缪"的丹徒相比,萧齐武进县的蠲复年数大大增加,这反映了萧齐宗室与武进的感情要比刘宋宗室与丹徒的感情深得多,但在认同侨置的郡县为"桑梓本乡",而将定居的土著郡县视作相关地域这一点上,刘宋和萧齐两朝具有更多的相似性。

萧衍建立梁朝以后,情势为之一变。天监元年(502)四月丙寅萧衍代齐称帝,六天后的辛未即下诏"依前代之科","复南兰陵武进县";同一天,"改南东海郡为兰陵郡。土断南徐州诸侨郡县"。③一天之中,诏令土断南徐州诸侨郡县,重新启用至迟在萧齐建武三年(496)已经废止了的南兰陵郡之名,改南东海郡为南兰陵郡④,萧氏的籍贯也均改为南兰陵郡兰陵县。这里值得关注的是"复南兰陵武进县",萧氏的迁居地武进县成为蠲复的直接对象,而不再是观念上的侨郡县,观念与现实统一了起来。可见,这次的土断是彻底的,虽然兰陵郡前依然保留着表示地域差异的"南"字,但包括萧氏在内的侨民后裔无疑已成为江南人士。

---

① 萧子显:《南齐书》卷二《高帝纪下》,中华书局,1972 年。
② 萧子显:《南齐书》卷一四《州郡志上》"南琅邪郡"条,中华书局,1972 年。
③ 姚思廉:《梁书》卷二《武帝纪中》,中华书局,1973 年。
④ 是否同一天改武进县为兰陵县,《梁书》上未作明确说明。现均按《隋书》卷三一《地理志下》"江都郡曲阿县"条"有武进县,梁改为兰陵"为据,可以看做是同一天或稍后即改。

历史学各领域的研究都证实了一点,同是南朝,宋、齐和梁、陈,在政治制度、官僚体制、社会文化风貌等各方面都呈现出了相异的特点;考古资料中,墓葬形制、随葬器物的变化也都证实了宋、齐与梁、陈之间存在着较大的差异。其实,宋、齐与萧梁在乡土观念上的改变,又何尝不是这一系列变化中的一环呢! 如果说东晋政权是一个特色鲜明的流寓政权,那么,宋、齐就是其走向土著化的过渡期,而梁、陈则完全成为土著化了的江南政权。

(2011 年第 1 期)

六朝建康城研究中的史料学问题
——以建初寺的地点考证为例

张学锋

一、问题的提出

在南京明代大报恩寺遗址的发掘以及随之而来的"佛都文化"建设中,部分考古工作者及文化产业研究者依据明人葛寅亮所撰《金陵梵刹志》等史料,将大报恩寺的历史追溯到了孙吴时期的建初寺。建初寺是江南地区历史最悠久的佛寺,建于孙吴赤乌十年(247),距今已有1760余年。如果这个观点能够成立,那么,考古发掘工作的意义以及"佛都"的文化内涵无疑都将得到进一步的提升。然而,美好的愿望与历史事实之间却存在着一定的距离。

不仅如此,即使在不同意见中,对建初寺的地点考证历来也存在着不同的观点。有些将之考订在古秦淮河南岸的凤凰台,即今集庆路南花露岗一带,如南宋周应合主纂《景定建康志》、元代张铉主纂《至正金陵新志》等;有些将之考订为明大报恩寺的前身,即今中华门外雨花路东侧的晨光厂一带,如明人葛寅亮撰《金陵梵刹志》等;有些将之考订在今建邺路南绒庄街与评事街之间,如清人陈作霖撰《运渎桥道小志》等;有些则调和两种观点,认为建邺路南绒庄街与评事街之间的六朝佛寺遗址很可能就是建初寺遗址,但又不排除建初寺塔基地宫遗物仍有在花露岗发现的可能性①。

上述种种观点的形成,都存在着一个共同的问题,这就是对文献史料的运用和理解出现了问题。具体说来,就是过分相信宋元以后的南京地方志以及明清学者的私人撰述,而忽略了六朝以及距之不远的唐代文献。

笔者在钟山南朝坛类建筑遗存研究以及六朝建康城的复原研究中已经发现了这一问题②,认为宋元以后的南京地方志书虽有部分内容来自编纂者的考订,但主体部分并没有超出六朝正史、僧传及唐代编撰的《建康实录》,且因时代久远,其具体的古迹推定难免出现谬误;而明清学者的撰述虽然也具有一定的参考价值,但从性质上来说均属个人的学术研究,与六朝及唐代编撰的史料不同,使用时必须加以甄别。对六朝建康城研究中史料学的这一基本观点,当然也适用于建初寺地点的考证研究。

南京大学历史系中国古代史专业硕士蒋少华君,在撰写学位论文《六朝江东佛教地理研究》时,亦为建初寺的地点问题所困惑,笔者在评阅其论文时,仔细搜索与建初寺相关的六朝及唐代文献,答辩时指出其致困的原因依然在于史料运用的不审。蒋君欣然接受笔者的意见,并在论文的修订版中加了说明③。今将当初所指撰成小文,以建初寺地点的考证为线索,再次强调重视建康城研究中的史料学问题。

二、建初寺地点的考证

建初寺的缘起,可见成书于萧梁时期释慧皎所撰《高僧传》卷

---

① 该六朝佛寺的发掘情况及相关判断,见蒋赞初《南京六处六朝佛寺遗址考》,《中国历史地理论丛》,1992 年第 2 期。

② 张学锋:《论南京钟山南朝坛类遗存的性质》(《文物》,2006 年第 4 期),《六朝建康城的发掘与复原新思路》(《南京晓庄学院学报》,2006 年第 2 期;又见《蒋赞初先生八秩华诞颂寿纪念论文集》,学苑出版社,2009 年,第 276—292 页)。

③ 蒋少华:《六朝江东佛教地理研究》,南京大学历史系 2011 年硕士学位论文,修订本第 71 页。

一《魏吴建业建初寺康僧会》。《康僧会传》载,月氏人支谦先于东汉末年避乱吴地,为孙权所礼遇,拜为博士,并使辅导东宫太子。吴地初染佛法,然因风化未全,移居交趾的西域人康僧会乃杖锡东游,于孙权赤乌十年(247)"初达建邺,营立茅茨,设像行道",欲使道振江左。孙权见识过舍利的威力后,"大叹服,即为建塔,以始有佛寺,故号建初寺,因名其地为佛陀里。由是江左大法遂兴"。①

建初寺的地点,其实通过六朝和唐代文献即可明确,无须借助宋元以后的南京地方志书及明清私人撰述。

《高僧传》卷一《晋建康建初寺帛尸梨蜜》称:"晋永嘉中,始到中国,值乱,仍过江,止建初寺。丞相王导一见而奇之,以为吾之徒也,由是名显。"②这则故事还见于《世说新语》言语第二"高坐道人不作汉语"条刘孝标注引《高坐别传》,《传》称:"和尚胡名尸黎蜜,西域人……永嘉中始到此土,止于大市中。和尚天姿高朗,风韵遒迈,丞相王公一见奇之,以为吾之徒也。"③两书同载一事,《高僧传》中的帛尸梨蜜与《高坐别传》中的尸黎蜜为同一僧人。然《高僧传》中称其"止建初寺",而《高坐别传》中称其"止于大市中"。"建初寺"与"大市中"字形迥异,因此可以排除因传抄致误的可能,合理的解释是"建初寺"与"大市中"有着密切的关系,两者所指为同一地点。

南宋周应合主纂《景定建康志》卷一六《疆域志二·镇市》古市条引《宫苑记》云:"吴大帝立大市,在建初寺前,其寺亦名大市寺。"④《宫苑记》今不存,唐人许嵩撰述《建康实录》时已加引用,可见是唐初及唐以前的典籍,甚至有可能是六朝晚期典籍,因此其记载的可信度较高。加之上引《高僧传》和《高坐别传》的互证,可以明确建初寺位于孙吴时期的"大市中"。

---

① 释慧皎撰,汤用彤校注:《高僧传》卷一《魏吴建业建初寺康僧会》,中华书局,1992年。
② 释慧皎撰,汤用彤校注:《高僧传》卷一《晋建康建初寺帛尸梨蜜》,中华书局,1992年。
③ 刘义庆撰,徐震堮校笺:《世说新语校笺》,中华书局,1984年。
④ 周应合纂:《景定建康志》,南京出版社,2009年。《景定建康志》所引《宫苑记》又引自《旧志》,即之前的建康地方志。

"大市"的地点,《隋书》卷二四《食货志》称:"淮水北有大市百余,小市十余所。"其语颇有疑义,小市仅"十余所",而大市却有"百余",殊不合情理。在中华书局点校本《通典》卷一一《食货十一·杂税》中,点校者依据《隋书·食货志》《册府元龟·邦计部·关市》《通典》王吴本①,将原文"淮水北有大市,自余小市十余所"误改成"淮水北有大市百余,小市十余所",不得不说这是中华版《通典》的一大疏漏。据北宋版《通典》,"淮水北有大市,自余小市十余所"不误②,六朝建康城大市只有一所,而小市有十余所。因此,大市的位置确定了,建初寺的地点也就迎刃而解了。

首先,大市在淮水北。这里的"淮水"是指流经建康城南的秦淮水,即今内秦淮河。《建康实录》卷五《中宗元皇帝》大兴三年(320)秋七月条许嵩案云:"中宗初,琅琊国人置怀德县,在宫城南七里,今建初寺前路东,后移于宫城西北三里耆园寺西。"③建康城的复原虽然还存在着多种意见,但有一点是明确的,作为建康城中轴线的御道,自宫城正门大司马门至秦淮水北岸的朱雀航长七里,自都城正门宣阳门至朱雀航长五里,朱雀航位于今中华门内镇淮桥北。因此,侨置于宫城南七里、建初寺前路之东的琅琊国怀德县位于朱雀航附近。今内秦淮河经常年淤积宽度已不足20米,但六朝隋唐时期的秦淮河河面宽广,建在河面上的朱雀航"长九十步"④,合今制在140米左右,因此,秦淮河的北岸应该在今马道街、璇子巷、颜料坊一线,近年来颜料坊地块的田野考古工作也证实了这一点。大市沿秦淮河北岸而设,在建初寺之前,因此,建初寺在大市北,又在距宫城七里的侨怀德县西,综合这些因素,建初寺的地点应该在今中华路与长乐路交界处的中华中学与第一医院附近。

① 《通典》王吴本指明人王德溢、吴鹏校刻本,该本刻于嘉靖年间,于古本舛易尤多。参见中华书局点校本《通典》之"点校前言",中华书局,1988年。
② 北宋版《通典》,现藏日本宫内厅书陵部,有长泽规矩也、尾崎康所编影印本传世,汲古书院,1981年。
③ 许嵩撰,张忱石点校:《建康实录》卷五,中华书局,1986年。
④ 许嵩撰,张忱石点校:《建康实录》卷七,中华书局,1986年。

三、宋元以来建初寺地点叙述中出现的种种问题

如上所述，建初寺地点的确认，在六朝及唐代史料的范围内就可基本解决，原本并不需要什么过于复杂的程序。但是，为什么会出现多种不同意见呢？原因就出在宋元方志及明清私人撰述上。

最早出现问题的是南宋张敦颐撰《六朝事迹编类》。在《编类》卷一一《寺院门》建初寺条中，张敦颐称"旧传在城南二百余步"①。其实从《编类》"旧传"这一表述方法上就可以看出，张敦颐自己对建初寺所在地点的记述也是没有信心的。

然而，张敦颐这句没有信心的转述，却给后人考证建初寺的地点带来了麻烦。《六朝事迹编类》称旧传在城南二百余步，《建康实录》称建初寺在宫城南七里，方位是对的，但里数出现了问题。蒋少华君推测是参照物出现了误差，认为《编类》所谓的"城南"是南宋建康府城之南，并试图用唐宋步尺的差异来说明并解决这一矛盾，但缺乏实据。少华君认为南宋建康府城的南界已经达到明城墙的位置，即南唐金陵城和两宋建康府城的南门，亦即明清聚宝门、今中华门一线。若以此为起点往南二百余步，那正好到了今长干桥南的大报恩寺遗址一带，这不仅给大报恩寺缘起于建初寺之说提供了依据，与自说相矛盾，而且也违背了建初寺在秦淮水北大市近侧这一基本原则。即使要以南宋建康府城为基准，那么也应该以建康府衙署所在的子城作为基准，这一地点位于今内桥北侧，往南二百余步断到不了今中华路与长乐路交界处。

《景定建康志》对建初寺的记述所造成的麻烦更大。在该书卷四六《祠祀志三·寺院》保宁禅寺条中称，建初寺"宋更寺名曰祇园，齐更名曰白塔"。清人孙文川早就对之做过考辨，称："《高僧传》历载晋、宋、齐、梁诸僧止建初寺者，是此寺在六

---

① 张敦颐撰，王能伟点校：《六朝事迹编类》卷一一，南京出版社，2007 年。

朝从未改名。"①蒋少华君遍检《高僧传》《建康实录》《唐高僧传》
等六朝及唐代编撰的史料,未见有祇园寺,推测或许是祇洹寺之
误。祇洹寺曾是刘宋时罽宾僧人求那跋摩居止的寺院,跋摩圆寂
后,"即于南林戒坛前,依外国法阇毗之。……仍于其处起立白
塔"②。或许正是"起立白塔"这句话,《景定志》将之理解成了"齐
更名曰白塔"。白塔寺为齐太祖萧道成于宋昇明二年(478)所建,
位于建康城西南三井里的凤凰台。唐释道世撰集《法苑珠林》卷三
九《伽蓝篇第三十六·感应缘》云:"晋白塔寺在秣陵三井里。晋升
平中,有凤凰集此地,因名其处为凤凰台。至宋升明中,齐太祖起
造。"白塔寺为萧道成起造,萧梁时仍在,位于今集庆路南、凤游寺
与鸣羊街之间的花露岗一带,与建康大市与建初寺相距千米以上。

　　《景定建康志》中建初寺"宋更寺名曰祇园,齐更名曰白塔"这
一句无稽之谈,对后世的南京地方志如《至正金陵新志》等产生了
不良的影响。事实上,据成书于萧梁的《高僧传》及成书于唐初的
《续高僧传》可知,建初寺在六朝乃至唐初一直存在,期间并无改名
之举,因此,建初寺不在花露岗一带。

　　除《景定建康志》的误言外,《隋书·食货志》《册府元龟》中将
建康"淮水北有大市,自余小市十余所"抄刻成"淮水北有大市百
余,小市十余所"的错误,也给建初寺地点的考证带来了不良的影
响,它使后人误认为建康大市众多,故在考订建初寺地点时便可各
取所需。如清人孙文川认为:"至今聚宝门外西街有大市桥,其地
正与城内建初寺址相对。孙吴时本无城也。"③这是长期以来部分
学者将建初寺地点考订在今雨花路西侧、越城遗址附近的依据。
又如,清人陈作霖云:"其与鸽子桥错综而立者为羊市桥,一名大市

　　① 刘世珩:《南朝寺考》"吴建初寺"条,见《中国佛教史志汇刊》第1辑第2册,台北文明书局,
1980年。清人孙文川撰《金陵六朝古寺考》,惜未刊而卒,刘世珩收得孙氏遗稿,并以视陈作霖,陈氏
见而好之,遂为补辑,改名《南朝佛寺志》。刘氏见陈本谬误甚多,便重加校录,定名《南朝寺考》。刘
氏《南朝寺考》将孙氏原稿与陈氏补辑分开,各归其位,今人因此可知孙文川原案。
　　② 释慧皎撰,汤用彤校注:《高僧传》卷三《宋京师祇洹寺求那跋摩》,中华书局,1992年。
　　③ 同①。

桥,吴时贸易之区也,古建初寺在其地。"①陈作霖在自撰的《运渎桥
道小志》的"运渎桥道图"中还标注出了建初寺,地点在今建邺路南
评事街与绒庄街之间②。这又成为部分学者将建初寺地点考订在
今建邺路南评事街与绒庄街之间的依据。值得一提的是,蒋少华
君将1990年发掘的建邺路南评事街与绒庄街之间的六朝佛教遗
址推定为刘宋大明中路太后所建大庄严寺遗址③,此说似可成立。

可见,在考证建初寺地点时,无视各种文献的传承关系,不仔
细分析各种文献(尤其是后出文献)的致误原因,即不重视史料批
判,按需所取,那么,得出的结论就会违背事实。建初寺地点的考
证如此,建康城的研究亦如此,推而广之,所有的历史研究又何尝
不是如此。

四、大报恩寺的缘起与建初寺无关

金陵大报恩寺遗址的发掘与重建目前被视为南京市文化建
设事业的重要项目,在遗址发掘与重建规划的论证中,报恩寺缘
起于江东最早的佛寺建初寺一说再次浮出水面,其意图不言
自明。

如上所说,六朝史料明言孙吴大市近侧的建初寺在秦淮水北,
而报恩寺在秦淮水南,报恩寺的缘起与建初寺无关已无需赘言。
然而,论者认定大报恩寺源自建初寺亦自有其依据,这一依据就是
明人葛寅亮的《金陵梵刹志》(简称《梵刹志》)。

《金陵梵刹志》记载明代南京寺院可谓详矣,是当今学者考
证南京明代寺院具体地点的重要依据。然而,书中对明代各寺
院的历史考证或语焉不详,或不乏谬误,大报恩寺即是其中的
一条。

① 刘世珩:《南朝寺考》"吴建初寺"条,台北文明书局,1980年。
② 陈作霖撰,王明发点校:《运渎桥道小志》,见《金陵琐志九种》,南京出版社,2008年。
③ 蒋少华:《六朝江东佛教地理研究》,南京大学历史系2011年硕士学位论文,修订本第71页。

  《梵刹志》卷三十一《聚宝山报恩寺》载:"在都城外南城地,离聚宝门一里许,即古长干里。吴赤乌间康僧会致舍利,吴大帝神其事,置建初寺及阿育王塔,实江南塔寺之始。"①这里,葛寅亮将明代报恩寺的历史追溯到了孙吴时期的建初寺。六朝史籍中并未记载孙权在建立建初寺时同时建造了阿育王塔,葛寅亮将建初寺与阿育王塔并提,可能是其致误的根本原因,因为大报恩寺这个地点最早就是六朝的阿育王寺。

  六朝阿育王寺的历史因六朝正史及佛教文献的记载传承比较清晰。《梁书》卷五四《诸夷传》扶南国条在记载天监三年(504)梁武帝改造阿育王寺后追述称:"吴时有尼居其地,为小精舍,孙綝寻毁除之,塔亦同泯。吴平后,诸道人复于旧处建立焉。晋中宗初渡江,更修饰之,至简文帝咸安中,使沙门安法师程造小塔,未及成而亡,弟子僧显继而修立。至孝武帝太元九年,上金相轮及承露。"②在梁武帝改造阿育王寺前,这一处寺院的名号并不清晰。《建康实录》卷一七《高祖武皇帝》载天监元年(502)"立长干寺",作者许嵩注引《寺记》云:"寺在秣陵县东长干里,内有阿育王舍利塔,梁朝改为阿育王寺。"③《实录》为编年体,称"天监元年"是梁武改造该寺的起始年,《梁书》所谓天监三年,则恐是改造完毕的年份,两者并不矛盾。唐初道宣撰《集神州三宝感通录》卷上载:"东晋金陵长干塔者,今在润州江宁县故扬都朱雀门东南古越城东废长干寺内。昔西晋未统江南,是称吴国,于长干旧里有古塔地,即育王所构也。……吴平之后,诸僧颇依故处而居,起塔三层。……至东晋咸安二年,简文立塔三层,孝武上金相轮露盘。"④所言与《梁书》《寺记》同。新近从长干寺地宫发掘出土的《金陵长干寺真身塔藏舍利石函记》亦称:阿育王造塔八万四千所,

---

① 葛寅亮撰:《金陵梵刹志》卷三一,广陵古籍刻印社据民国金山江天寺影印本影印,1987年。
② 姚思廉:《梁书》卷五四《诸夷传》"扶南国"条,中华书局,1973年。
③ 许嵩撰,张忱石点校:《建康实录》卷一七《高祖武皇帝》,中华书局,1986年。
④ 道宣:《集神州三宝感应录》,《大正新修大藏经》第52卷。

中夏得一十九所,"金陵长干寺塔即第二所也。东晋出现,梁武帝再营。"①综合以上六朝、唐宋的有序记载,可知六朝阿育王寺位于今中华门外雨花路东侧晨光厂内,因六朝时地名长干里,故寺塔均以地名相称,为长干寺、长干寺塔,梁武帝改造后寺称阿育王寺,塔称阿育王塔。

据唐宋文献记载,隋平陈时,长干寺遭毁。唐敬宗宝历元年(825),李德裕赴任浙江西道观察使、润州刺史,发掘了江宁长干寺阿育王塔地宫,将地宫出土舍利和禅众寺出土舍利的一部分携归浙西治所,即今镇江北固山南麓建石塔瘗埋。石塔约毁于唐僖宗乾符年间(874—888),北宋熙宁二年(1069)塔基遗物被重新发现,由焦巽出资,自熙宁九年(1076)至元丰元年(1078)铸造九级铁塔重瘗唐代遗物。1960年发掘时,在地宫发现宋代制作的长方形大石函,内有小石函两个。瘗藏禅众寺舍利的小石函内有银椁和金棺,瘗藏长干寺舍利的小石函内也有银椁、金棺,金棺中再置小金棺。大石函周围还放置着一批唐代石刻,内有李德裕于唐文宗大和三年(829)撰述的《重瘗长干寺阿育王塔舍利记》《重瘗禅众寺舍利题记》等碑刻。②

北宋大中祥符(1008—1016)初年,金陵士女在滑州助教王文的倡导下,集资再建长干寺庙宇及高达二百尺的九层八角砖塔,重新瘗埋旧长干寺塔舍利③。稍后的天禧年间(1017—1021)寺改名天禧寺,明永乐年间在此基础上建造了宏伟的大报恩寺。近年由南京市博物馆主持发掘的大报恩寺遗址,最重大的发现就是北宋大中祥符四年(1011)完工的长干寺塔地宫遗址,其历史可以追溯到六朝的长干寺和阿育王寺,然与建初寺无关。

北宋长干寺塔地宫的发掘意义再大,金陵大报恩寺的重建工

---

① 法主承天院主持圆觉大师赐紫德明撰:《金陵长干寺真身塔藏舍利石函记》,南京市博物馆编长干寺发掘特别展资料《圣塔佛光》。

② 江苏省文物工作队、镇江市博物馆:《江苏镇江甘露寺铁塔塔基发掘记》,《考古》,1961年第6期。

③ 同①。

作再重要,也要以不违背基本的历史事实为前提。在"佛都文化"的建设过程中,我们始终应该以科学严谨的态度来对待文化遗产的历史传承,避免出现不必要的失误。

(2012 年第 1 期)

简论南京石头城的四个问题

王志高

"钟山龙蟠,石城虎踞,真帝王之宅"①,相传这是诸葛亮对金陵山川形胜的高度评价,城东的钟山和城西的石城山(即石头山)也由此成为南京历史上最具象征意义的文化地标。石头城因石头山而建,它肇始于孙吴立都之前,又延续至南朝亡国之后,堪称古都金陵的起点与"母城",也是迄今所知唯一大部尚存地表的六朝城垣遗迹。石头城还是传统文学中经久不衰的金陵怀古诗的永恒主题之一,"山围故国周遭在,潮打空城寂寞回。淮水东边旧时月,夜深还过女墙来。"刘禹锡的这首《金陵五题·石头城》便是其中脍炙人口、妇孺皆知的名作。自明清以来,"石城""石头城"已成为使用最广泛的南京雅称之一。经过近年的考古调查、勘探与发掘,石头城遗址的范围、城垣结构及大体轮廓已逐渐清晰。根据有关专家的建议,南京市委、市政府已决定以城西干道改造工程为契机,将石头城遗址打造为集遗址保护、环境整治、文化展示于一体的考古遗址公园。本文现就石头城的历史沿革、城垣规模及城内空间布局、周边地理形势及相关建筑、遗址的位置之争及考古发现诸问题作一简要讨论,以服务于社会,并求教于学界师友。

一、石头城的历史沿革

石头城因山得名,又称石首城、石城、石头坞、石头大坞、石城

---

① 或谓"钟阜龙盘,石城虎踞""钟阜龙蟠,石城虎踞""石头虎踞",参见《景定建康志》卷六、一五、一七、三一、三八及《至正金陵新志》卷一、二、三、四、一〇。

坞,多简称石头①。旧志引《舆地志》称石头山"环七里一百步,缘大江,南抵秦淮口"。又引《江乘地记》云:"石城山岭嶂千里,相重若一,游历者以为吴之石城,犹楚之九疑(即九嶷山)也。山上有城,因以为名。"而石头山得名乃因"自江北而来,山皆无石。至此山始有石,因名石头"②。

石头城的前身是始建于战国时期的金陵邑城,前后历时132年。史载周显王三十六年(前333),楚威王大败越国,尽取越国之地,为"私吴越之富,擅江海之利",控制新占领的边地,于滨江临淮之要地石头山置金陵邑,并筑城为治。金陵邑是今南京主城区最早的政区建置,也是南京名称金陵之由来。金陵邑城虽晚于越城,但它属于政区治所,与作为军事城堡的越城性质不同。秦王政二十四年(前223),秦灭楚国,金陵邑城归属于秦。秦始皇三十七年(前210),乃改金陵邑为秣陵县,城为秣陵县城。至汉高帝六年(前201),秣陵县迁治,城废③。

东汉建安十六年(211),孙权从京口(今江苏镇江)徙治秣陵,次年筑石头城,改秣陵县为建业县。④ 一说建安十六年,孙权"乃加修理(旧金陵邑城),改名石头城,用贮军粮器械"⑤。当时孙吴尚未立国,其统治中心亦非在金陵,不具备大规模筑城的条件,故后说的可能性为大。黄龙元年(229)九月,孙权从武昌(今湖北鄂州)迁都建业后,也仅以旧将军府舍作为建业宫,直到赤乌十年(247)才正式营建太初宫。《三国志》卷四七《吴书·吴主传第二》云:赤乌三年(240)四月"诏诸郡县治城郭,起谯楼,穿堑发渠,以备盗贼"。《建康实录》卷二亦载:"诸郡县治城郭,起楼、穿堑、发渠,以备非常。"故该年十二月在金陵西南凿运渎,次年十一月在城东凿

---

① 《文选》卷五左思《吴都赋》李善注曰:"石城,石头坞也。在建业西临江。"
② 《万历应天府志》卷一五《山川志·石头山》引《江乘地记》。
③ 周应合:《景定建康志》卷二〇《城阙志一·古城郭》。
④ 陈寿:《三国志》卷四七《吴书二·吴主传第二》。
⑤ 周应合:《景定建康志》卷一七《山川志一·山阜·石头山》。《元和郡县图志》卷二五《江南道一·浙西观察使·润州》亦认为石头城"建安十六年,吴大帝修筑,以贮财宝军器"。

东渠①,都应与这一诏令有关。而石头城的大规模修筑,颇疑就是始于赤乌三年孙吴的这次全国性郡县治城郭的浪潮之中,所筑当即《三国志》《世说新语》等文献记载的石头坞、石头大坞(石头城大城,即外城)。又据《三国志》卷四七《吴书二·吴主传第二》及所引《吴历》:赤乌八年(245)七月,将军马茂等曾欲合谋"伺(孙)权在苑中,公卿诸将在门未入,令(朱)贞持节称诏,悉收缚之。茂引兵入苑击权,分据宫中及石头坞,遣人报魏。事觉,皆族之。"可知至少在赤乌八年之前,石头城大城已筑毕。

作为六朝都城建康(建业)外围规模最大、最为重要的城池,石头城是控扼建康城西的门户,与台城有着唇齿相依的关系,历代多以重臣和诸王镇守。《景定建康志》卷一七《山川志·山阜》引《丹阳记》云:"石头城,吴时悉土坞,义熙初始加砖累甓,因山以为城,因江以为池,地形险固,尤有奇势。"又引《六朝记》云:"吴孙权沿淮立栅,又于江岸必争之地筑城,名曰石头,常以腹心大臣镇守之。"六朝时期都城建康(孙吴时称建业)大小数十起战事,差不多都与石头城相关,是战争双方竭力争夺的对象。史称凡"江边有警,必先据石头以为捍御",又云:"自六朝以来,皆守石头以为固,以王公大臣领戍军为镇,其形势盖必争之地。"②

自西晋灭吴、东晋中兴至陈亡的300多年中,石头城又经过多次较大规模的修筑。史籍所载主要有3次:第一次是在东晋咸和元年(326)。时晋明帝初崩,王导、庾亮等重臣受遗诏辅佐年幼的成帝。拥有重兵的陶侃、祖约因不在遗诏之内,便怀疑是执政的庾亮有意排挤,故对朝廷不满。这年八月,庾亮派他的"布衣之交"丹杨尹温峤为江州刺史,镇守武昌,作为外援西防陶侃,同时修筑石头城,以加强守备。这次筑城具体情况不详,但推测规模不小,对外城城垣和城内仓城都进行了修筑,军事防御能力得以大大增强。故次年五月,当温峤、陶侃义师进逼建康之时,苏峻匆忙逼迫成帝

---

① 许嵩:《建康实录》卷二,中华书局,1986年。
② 周应合:《景定建康志》卷一七《山川志一·山阜·石头山》。

迁至石头城,以仓屋为宫,所以胡三省嘲笑"(庾)亮修石头,适以资苏峻拒义师耳"①。第二次筑城是在东晋义熙六年(410年)五月。时卢循、徐道覆从水路进逼京邑,太尉刘裕募兵抵抗,又征发居民修治石头城,并用虞丘进之计,伐树立栅于秦淮河入江口,聚重兵于石头城,以随时应敌。② 又据《太平御览》卷三三七《兵部六十八·攻具下》引《晋起居注》载:"义熙六年,筑垒起城于柤浦,石头城施鹿角,以御卢循。"③前引《丹阳记》所载义熙初年改石头城土墙为砖包墙可能就在此时;第三次筑城是在太建二年(570),陈宣帝对石头城复加修筑,以贮军食④。

开皇九年(589),隋平陈后,诏令平荡耕垦,建康城邑宫室不复存在,唯留石头城置为蒋州治所。不久,晋王杨广班师回朝,留王韶镇守石头城,委以后事。大业三年(607),隋炀帝改蒋州为丹阳郡,治所仍在石头城。唐武德三年(620),杜伏威、辅公祐以石头城为扬州治所。武德七年(624),行军元帅李孝恭平定辅公祐叛乱后,曾"筑第石头城"⑤,推测其动作颇大,故遭人诬告谋反,此或亦涉及石头城的修筑。次年三月,重置扬州大都督府于石头城。同年十二月,因扬州大都督府迁往江北邗州(今扬州),石头城遂渐废。武后光宅元年(684),柳州司马徐敬业在江北扬州起兵叛乱,谋据金陵,派其属将崔洪渡江修筑石头城。乱平之后,曾分军三百人守城,不久置为石头镇,徙县仓以实之,直到神龙二年(706)才废镇,移石头仓于冶城⑥。建中四年(783),朱泚占据都城长安,德宗李适逃往奉天、梁州。时关中多难,浙江东西道节度使韩滉在辖境锁闭关梁,禁止马牛出境,筑石头五城,沿江修筑坞壁,起自金陵而

---

① 《建康实录》卷七;《资治通鉴》卷九三《晋纪》一五"成帝咸和元年"。
② 沈约:《宋书》卷一《武帝纪上》,中华书局,1974年;《资治通鉴》卷一一五《晋纪》三七"安帝义熙六年"。
③ 鹿角,或称鹿角木,是一种类似鹿角的木构守城器具,多置城外脚下。
④ 参见《六朝事迹编类》卷二《形势门·石城》;《景定建康志》卷一七《山川志一·山阜》"石头山"条。
⑤ 欧阳修、宋祁:《新唐书》卷七八《河间王李孝恭传》。
⑥ 《六朝事迹编类》卷二《形势门·石城》。

达京口,楼雉相望。又拆毁上元县佛寺、道观40多所,以其材缮置馆第数十于石头城,毁钟铸造弩牙兵器,于城内穿井近百口,皆深达十丈,下与江平。这一工程由韩滉偏将丘涔监督。丘涔酷虐士卒,每天服役者达千人,"朝令夕办,去城数十里内先贤丘墓,多令毁废"。这是隋平陈后对六朝旧都建康文物故迹的又一次大规模破坏。韩滉大兴土木加强城守,其目的史称有二:一是备德宗车驾渡江迁都上元;二是时局动荡,各地战乱不息,韩滉筑城以自固,并防备淮南节度使陈少游的攻袭①。

有唐一代对石头城的最后一次修治是在元和二年(807)夏,当时占据润州的镇海节度使李锜欲谋据江左,乃遣牙将庾伯良领兵三千修筑石头城,但不久李锜兵败被杀②。50多年后的咸通元年(860),裘甫所率义军势如破竹,先后攻克浙东上虞、余姚、慈溪、奉化、宁海等地,其副使刘睢劝之乘胜"过大江,掠扬州货财以自实。还,修石头城而守之,宣歙、江西必有响应者。遣刘从简以万人循海而南,袭取福建。如此,则国家贡赋之地尽入于我矣。"③此建议虽未采纳,但可见石头城在时人心目中的重要地位。

五代时期,石头城已失去防守功能,其地先后改建有佛寺、离宫④。杨吴顺义四年(924),徐温筑兴教寺于石头城。南唐昇元初年,改为石头清凉禅寺,李煜复改为清凉大道场。又旧传其地曾为李氏避暑之宫,内有德庆堂,山顶有不受暑亭,还有周虎"石头城"三个石刻大字。

南宋初年,建康府城西北角外久已废弃的石头城一度被用来

---

① 参见《新唐书》卷一二六《韩滉传》;《旧唐书》卷一二九《韩滉传》。
② 欧阳修、宋祁:《新唐书》卷二二四《李锜传》,中华书局,1975年。
③ 《资治通鉴》卷二五〇《唐纪》六六"咸通元年"。
④ 有学者认为杨吴曾新筑石头城,其依据是《景定建康志》卷一七《山川志一·山阜》:"今石城故基,乃杨行密稍迁近南,夹淮带江,以尽地利,其形势与长干山连接。"可是载籍中未见杨吴新筑石头城之明确记载,宋元方志所言杨吴"稍迁近南,夹淮带江,以尽地利,城西隔据石头冈阜之脊,其南接长干之势"者是指后来的南都都城城墙,且石头城形势与长干山远隔,故此处记载有漏误之嫌,杨吴并没有迁筑石头城。参见季士家、韩品峥:《金陵胜迹大全》"石头城"条,南京出版社,1993年,第516页。

安置北方来降的军将。《景定建康志》卷一四《建康表十》载:隆兴二年(1164)夏,"诏于石头城置栅,以处北人之降者,赐名'忠毅',拜降将萧琦为都统制,命建康都统王彦以北军千人与之"。这是见诸记载的石头城的最后一次利用。其后,石头城逐渐沦为废址。宋人岳珂《桯史》卷一《石城堡寨》载:"自清凉寺而上,皆古石头颓墉,犹可识其址,皆依山而高。"及至明清、民国年间,连石头山、石城山名也因寺改称清凉山了。

二、石头城城垣规模及城内空间布局

旧志引《舆地志》称石头山"环七里一百步",石头城因山为城,其规模当然也是周七里一百步,以南京出土的孙吴象牙官尺 24.3 厘米换算,合今 3207.6 米,只比周八里的台城略小,这是古今皆无争议的。问题是石头城的前身金陵邑城的规模,旧志多称楚金陵邑城即孙吴石头城,亦城周七里一百步,辟有三门。明人陈沂《金陵古今图考》"吴越楚地图考"云:"今石城门北冈垄削绝,皆(金陵邑)城故区。"但实际上,春秋战国时期城池规模一般都不太大,当时有所谓"三里之城,七里之郭"之说,连都城外郭的周长也不过七里,更遑论作为县邑治所的小城了。故颇疑建安年间孙权筑为贮军粮器械的石头城,只是对金陵邑城重加修理,即后来之仓城,而石头大城(石头大坞)则完全是孙吴迁都建业后创筑,其周长乃七里一百步。《乾隆上元县志》卷一三《古迹上·都邑》即认为"石头仓城即楚金陵邑"。

石头城大城共设四门。《读史方舆纪要》卷二〇引《图经》云:石头城"南开二门,东开一门,其南门之西者曰西门。"《南史》卷六七《程灵洗传》载:梁末陈霸先诛杀王僧辩后,程灵洗率部来援王僧辩,"其夜力战于石头西门,武帝(陈霸先)军不利,遣使招喻,久之乃降。"西门又称为西南门。《南史》卷四六《戴僧静传》载:刘宋昇明元年(477),荆州刺史沈攸之举兵,萧道成派戴僧静与先行入城的苏烈会合,进攻镇守石头城的袁粲。"时苏烈据仓城门,僧静射书与烈,夜缒入城。粲登城西南门,列烛火坐,台军至射之,火乃灭。回登东门,其党孙昙瓘骁勇善战,每荡一合,辄大杀伤,官军死者百余人。军主王天生殊死拒战,故得相持。自亥至丑,有流星赤色照地坠城中,僧静率力攻仓门,于斩粲于东门,外军烧门入。"城南门上建有城楼。《建康实录》卷一七载:侯景之乱平定后,陈霸先因敬帝废立一事与王僧辩生仇,乃攻袭据守石头城的王僧辩。"使周文育率勇士夜至石头,北逾垣而入,霸先自引军入南门。左右告僧辩外有军,僧辩惊起,未及召军主,而周文育与僧辩子颁战于庭。霸先攻南门而入,僧辩大败,窘急登城南楼。霸先因风纵火,僧辩就擒,缢而斩之。"城之东门还一度被堙塞。梁绍泰元年(555)冬,侯景故将、秦州刺史徐嗣徽暗引北齐军袭据石头城。陈霸先"于石头南北岸绝其汲路,又埋塞城东门。城中诸井无水,水一合质米一升,米一升质绢一升,或炒米而食"①。除西门(西南门)、南门、东门外,史籍所载又有北门。如《陈书》卷一《高祖纪上》载:陈霸先、王僧辩率诸军讨伐侯景,守备石头城的侯景将领"卢辉略开石头北门来降"。其北墙因依凭山势,本身并不险峻,然有雉堞与女墙。《陈书》卷八《侯安都传》云:侯安都率水军自京口至石头城,参加陈霸先谋袭王僧辩的战斗。"安都至石头北,弃舟登岸,僧辩弗之觉也。石头城北接岗阜,不甚危峻,安都被甲带长刀,军人捧之投于女垣内,众随而入,进逼僧辩卧室"。

石头城内的核心建筑是其东北地势较高处的仓城,或称石头库,始建于孙吴,其前身即楚金陵邑城。左思《吴都赋》云:"戎车盈于石城,戈船掩乎江湖。"《文选》卷五李善注曰:"其中有库,藏军储。"此外,《南齐书》卷五七《魏虏传》载:齐武帝准备伐魏,曾"于石头造露车三千乘,欲步道取彭城"。《宋书》卷七九《文五王传》及《南史》卷一四《宋宗室及诸王传下》亦载:竟陵王刘诞"在石头城内修乘舆法物"。则石头城不仅贮存军粮器械,也是制造军用器

---

① 许嵩撰,张忱石总校:《建康实录》卷一七《高祖武皇帝》,中华书局,1973年。

械及乘舆法物之地。

仓城的地位十分显要。东晋咸和三年（328）五月，苏峻逼迫年幼的成帝迁往石头城，即以仓屋为宫①。《宋书》卷九五《索虏传》载：元嘉二十七年（450）冬，南侵的北魏军队进抵江北瓜步，宋文帝急令"皇太子出戍石头城，前将军徐湛之守石头仓城。"仓城之门称仓门，前引《南史》卷四六《戴僧静传》可以为证。《宋书》卷八九《袁粲传》亦记：齐王萧道成"遣军主戴僧静向石头助薛渊，自仓门得入"。刘宋孝武帝大明年间，曾以石头城内仓城为离宫。前废帝景和元年（465），修为长乐宫②。其后萧道成为齐王，萧赜为世子，又以之为世子宫。《南史》卷二二《王俭传》载："（齐）世子镇石头城，仍以为世子宫，俭又曰：'鲁有灵光殿，汉之前例也。听事为崇光殿，外斋为宣德殿，以散骑常侍张绪为世子詹事，车服悉依东宫制度。'"则其时世子宫内尚有崇光殿和宣德殿。据《景定建康志》卷二三《城阙志四·诸仓》，石头仓至晋代名常平仓，南朝因之。《南史》卷八〇《侯景传》载："（侯）景食石头常平仓既尽，便掠居人，尔后米一升七八万钱，人相食，有食其子者"可以为证③。仓设仓丞和督监。仓丞是主管官员，《宋书》卷三九《百官志上》载："太仓令，一人，丞一人，秦官也。晋江左以来，又有东仓、石头仓丞各一人。"督监则是低级别管理人员，《晋书》卷七三《庾翼传》载："往年偷石头仓米一百万斛，皆是豪将辈，而直打杀仓督监以塞责。"旧时曾见有特制仓砖。清人顾云撰《盋山志》卷一引《续志》云："六朝仓砖约九寸，博半之，隶书阳文，多记仓官姓名，颓垣废圃中往往遇之。"

城东北又有石头小城、石头斗城。关于石头小城，《三国志》卷四八《吴书·三嗣主传》载：永安六年（263）冬十月，"建业石头小

---

① 房玄龄，等：《晋书》卷七《成帝纪》，中华书局，1974 年。
② 许嵩撰，张忱石点校：《建康实录》卷一三。亦见《南史》卷二《宋本纪中》。
③ 又有认为石头仓、常平仓是不同之两仓。《资治通鉴》卷一四五《梁纪》一"天监元年"："三仓无米，东境饥流。"胡三省注曰："三仓，太仓、石头仓及常平仓。"

城火,烧西南百八十丈"。此城西南一角即达180丈,可见其规模不小,又遭火焚,说明当时墙垣可能还是栅木。《陈书》卷一《高祖纪上》又载:梁绍泰元年(555)十二月,陈霸先率军四面攻打据守石头城的北齐军队,"自辰讫酉,得其东北小城,及夜兵不解"。关于石头斗城,《梁书》卷四五《王僧辩传》载:侯景乱据建康,王僧辩督率"诸军沿流而下,进军于石头之斗城,作连营以逼贼。贼乃横岭上筑五城拒守,侯景自出,与王师大战于石头城北"。"斗城"之意,或如胡三省所解"言城如斗大也"①。因在城东北,故侯景与王师出战于石头城北②。

又有石头东斋,见于《梁书》卷二四《萧昌传》及南史卷五一《梁宗室传上》,萧昌即在石头东斋"引刀自刺"而卒,可能亦石头仓城之别称。

石头城内主要建筑还有入汉楼和烽火楼。入汉楼位于城东,《建康实录》卷一〇载:义熙八年(412),"于石头东城内起高楼,加累入于云霄,连堞带于积水,署曰入汉楼"③。烽火楼在城西南最高处,为孙吴以来举烽火之地④。史载苏峻、宋文帝、刘劭、谢颢、齐武帝、侯景等先后登临石头城烽火楼,或眺望敌情,或设宴观景赋诗,其中谢颢曾因白服登楼被免官⑤,可见当时登楼还有一定禁制。又有烽火台,亦孙吴沿江举烽火之处,一说在石头城左(东)⑥,一说在石头城山最高处,志称当时"自建康至西陵五千七百里,有警急,半日而达"⑦。此烽火台或即前之烽火楼,只是东晋以降改台为楼罢了⑧。

---

① 《资治通鉴》卷一三四《宋纪》十六"昇明元年"。
② 石头斗城也可能是在城外与大城东北相连的一座小城,有待详考。
③ 周应合:《景定建康志》卷二一《城阙志二·楼阁》"入汉楼"条又引《建康实录》称在石头城南。
④ 张敦颐:《六朝事迹编类》卷四《楼台门》"烽火楼"条引《图经》。亦见《景定建康志》卷二一《城阙志二·楼阁》。
⑤ 参见《资治通鉴》卷九四;《建康实录》卷一二;《宋书》卷九九《二凶传》;《南齐书》卷三八《萧颖胄传》;《南史》卷八〇《侯景传》;《南史》卷二〇《谢颢传》。
⑥ 周应合:《景定建康志》卷二〇《城阙志一·古城郭》"白马城"条引《金陵故事》。
⑦ 周应合:《景定建康志》卷二二《城阙志三·台观》"烽火台"条引《金陵览古诗》注。
⑧ 顾云《盋山志》即认为烽火台"后名烽火楼",南京稀见文献丛刊本,南京出版社,2009年,第5页。

又有戌守长官理政的"听事"及寝居的"内阁",《陈书》卷八《侯安都传》载：侯安都进逼石头城内王僧辩卧室后,"高祖(陈霸先)大军亦至,与僧辩战于听事前,安都自内阁出,腹背击之,遂擒僧辩。"但不清楚它们是在大城,还是在仓城中。城北近墙处还有"北厢将堂",应是城内驻军衙署。《南齐书》卷一八《祥瑞志》载："永明二年(484)正月,冠军将军周普孙于石头北厢将堂见地有异光照城堞,往获玉玺一钮,方七分,文曰'明玄君'。"

又据《宋书》卷四四及《南史》卷一九谢晦本传载:宋武帝"受命,于石头登坛,备法驾入宫,晦领游军为警。"此石头之坛,《至正金陵新志》卷一二《古迹志》引旧志载在石头城高垄上,系宋武帝刘裕受禅时柴燎告天的受禅坛(或称受禅台)。不过,《宋书》卷三《武帝本纪下》载,永初元年(420)夏六月丁卯,刘裕设坛柴燎告天即皇帝位系在南郊,故石头城受禅坛的性质还有待其他佐证。

此外,城西还有韩擒虎垒,上置隋平陈碑,碑文为薛道衡撰。与此碑相对,又有武德七年(624)赵郡王李孝恭平辅公祏纪功碑,碑文为李百药撰①。

三、石头城的周边地理形势及相关建筑

石头城西临长江,南濒秦淮河口,西、南两侧都近水岸,故谢灵运《撰征赋》云："次石头之双岸,究孙氏之初基"。又如《宋书》卷六一《武三王传》载,刘宋大明元年(457),有三脊茅生于石头城西岸。《宋书》卷八二《沈怀文传》载:竟陵王刘诞据广陵谋反,兵败后被杀的人头堆于石头城南岸,谓之髑髅山。《宋书》卷二八《符瑞志中》载："孝建二年(455)七月癸丑,黄龙见石头城外水滨。"石头城南的秦淮河两岸曾于梁天监九年(510)新筑缘淮塘,"北岸起石头

---

① 李吉甫:《元和郡县图志》卷二五《江南道一·浙西观察使·润州》;《景定建康志》卷二〇《城阙志一·古城郭》。

迄东冶,南岸起后渚篱门迄三桥"①。其后侯景之乱中,侯景亦曾"缘淮立栅,自石头至朱雀航"②。

石头城西北临江,或有城壕类水域,称石头北岸。除前引陈霸先"于石头南北岸绝其汲路,又堙塞城东门"及侯安都"至石头北,弃舟登岸"的记载外,《陈书》卷一《高祖纪上》又载:梁末,王僧辩伐侯景,遣杜则问计于陈霸先,陈霸先建议"今围石头,须渡北岸"。

至宋代,金陵形势未改,石头山仍有江流逼城之险,陆游《入蜀记》卷一云:"过龙湾,浪涌如山,望石头,山不甚高,而峭立江中,缭绕如垣墙。凡舟皆由此下至建康,故江左有变,必先固守石头,真控扼要地也。"

因濒江临淮,故六朝之时常发生江涛激入石头城、漂杀居民的灾难,仅见于《晋书》《宋书》《陈书》《南史》等史籍记载的,就有东晋永和七年(351)七月甲辰夜、咸安元年(371)十二月壬午、太元十三年(388)十二月戊子、太元十七年(392)六月甲寅、元兴三年(404)二月庚寅夜、元兴三年二月己丑朔夜、义熙元年(405)十二月己未、义熙二年(406)十二月己未夜、义熙四年(408)十二月戊寅、刘宋昇明二年(478)七月丙午朔、南齐永元元年(499)七月、陈祯明二年(588)六月丁巳③等十多起,其中永和七年七月甲辰夜和元兴三年二月庚寅夜两次受难尤重,前者"溺死者数百人",后者"贡使商旅,方舟万计,漂败流断,骸胔相望。江左虽有涛变,未有若斯之甚。"④如后文所论,考古发现证实,石头城东、西、北三面皆依岗阜,可知涛变侵城地多在城南及西南一隅地势低洼处。只有陈祯明二年六月丁巳的涛变明确记载"大风至自西北激涛水入石头城",当在城西北两岗间的谷地。

---

① 姚思廉:《梁书》卷二《武帝纪中》,中华书局,1973年。
② 姚思廉:《梁书》卷五六《侯景传》,中华书局,1973年。
③ 见于《南史》卷一〇《陈本纪下》、《陈书》卷六《后主本纪》。然《隋书》卷二三《五行志下》却记为"祯明三年六月丁巳",可能有误。
④ 房玄龄,等:《晋书》卷八《穆帝纪》;沈约:《宋书》卷三三《五行志四》。

城西南滨江之地有石头津,是出入建康、通达江海的重要渡口和航运码头。《隋书》卷二四《食货志》载:石头津"置津主一人,贼曹一人,直水五人,以检察禁物及亡叛者。其获炭鱼薪之类过津者,并十分税一以入官"。津旁有龙首仓,即石头津仓。宋元熙二年(420)六月,刘裕舟舆一度泊于石头津渚。① 齐建武元年(494)十月,一度暂停石头津及后渚商旅之税②。祯明元年(587),陈后主曾以石头津税赐都官尚书徐孝克。

东晋太兴初年,原在建康城西南冶城山(今朝天宫)的冶炼作坊迁至石头城南岸,或即西冶。《太平寰宇记》卷九〇《江南东道二·昇州》"古冶城"条云:"晋元帝太兴初,以王导疾久,方士戴洋云:'君本命在申,申地有冶,金火相烁。'遂使范逊移冶于石城东髑髅山处,以其地(指冶城)为园,多植林馆。"文中"髑髅山"当即前引《宋书·沈怀文传》中所载石头城南岸之"髑髅山",此"石城东"或为"石城南"之误③。

据《景定建康志》卷一九、《至正金陵新志》卷五记载,石头城西还有石城洞和蚵蚾矶。石城洞一名龙洞,俗称龙洞口,在石头城西岭险峻陡峭处,下临大江,即陶弘景《真诰》所云"小有洞天之南门"。蚵蚾矶是南唐汪台符遇害处,据马令《南唐书·汪台符传》记载,汪台符有王佐之才,宋齐丘疾之,"因使亲信诱台符乘舟痛饮,推沉石城蚵蚾矶下"。不过,大约因为明太祖朱元璋将石头城西之矶石皆包裹于京师都城墙中,后世已不知蚵蚾矶、石城洞具体所在,然以山势地形推之,蚵蚾(蟾蜍类丑物)矶当是今

---

① 许嵩撰,张忱石点校:《建康实录》卷一一,中华书局,1973年。
② 萧子显:《南齐书》卷六《明帝纪》,中华书局,1972年。
③ 《建康实录》卷一〇引《地志》亦载:"王导疾作,因徙移冶出石头城西,以地为西园。"然《晋书》卷九十五《戴洋传》则载:"王导遇病,召洋问之。洋曰:'君侯本命在申,金为土使之主,而于申上石头立冶,火光照天,此为金火相烁,水火相煎,以故受害耳。'导即移居东府,病遂差。"似乎西冶一直在石头城。《世说新语·轻诋第二十六》注引王隐《晋书·戴洋传》载:"(王)导呼冶令奕逊,使启镇东徙,今东冶是也",似乎新迁地是东冶。

天的鬼脸城①,是石头城外西北突出江岸的一块硕大矶石,而石城洞或在其南侧一线。

又有投书渚,乃东晋殷羡江边投书处。《晋书》卷七七《殷浩传》载:殷浩之父殷羡,"字洪乔,为豫章太守,都下人士因其致书者百余函,行次石头,皆投之水中,曰:'沉者自沉,浮者自浮,殷洪乔不为致书邮。'"②其地点当在石头城西岸,《石城山志》认为即蚵蚾矶处③。

石头城东、北两面地理形势,载籍亦有线索。其北依岗阜,史载袁颢因为参与刘宋晋安王刘子勋谋乱被杀后,流尸于江,其弟子袁象收瘗于石头城后岗。④ 城北五里有迎担湖,又名迎檐湖、额檐湖、额檐湖、雒檐湖。城北八里有张阵湖,亦称石头北湖,湖侧高墩上有苏大将(峻)祠。城东有巨石,称为塘颓石,俗呼塘冈,是东晋

① 陈诒绂《石城山志》认为蚵蚾矶又名虾蟆石,南京稀见文献丛刊本,南京出版社,2008年,第395页。顾云《盋山志》卷一则记虾蟆石在"盋山东而迤北二里许",第2页。《南京都察院志》卷二二《职掌十五》载:"石虾蟆,坐落驰字铺;白鳝洞,坐落驰字铺;石头鬼面城,坐落驰字铺。"《四库全书存目丛书补编》第73册,齐鲁书社,2001年,第630页。

② 胡三省认为殷羡投书处在豫章石头渚,见《资治通鉴》卷一六七《陈纪》一"永定元年"。关于投书渚之金陵、豫章二说之争,余嘉锡《世说新语笺疏》卷下之上论之甚详,兹录如下:"能改斋漫录》九曰:"汪藻彦章为江西提学,作《石头驿记》云:'自豫章绝江而西,有山屹然。并江西出,曰石头渚。世以为殷洪乔投书之地。今且千载,而洪乔之名与此山俱得。'然则石头之名,汪彦章徇流俗之失,竟以为洪乔投书之地,失之矣。予尝考之,盖江南有两石头:钟山龙蟠,石头虎踞,与夫王敦、苏峻之所据者,此隶乎金陵者也。余孝顷与萧勃即石头作两城,二子各据其一,此豫章之石头也。洪乔为豫章太守,都下人士因其行,致书百余函,次石头皆投之。盖金陵晋室所都,都下人以羡守章,故因书以附。投之石头,谓读出都而投,而非抵豫章而投也。后人以羡尝守豫章,而豫章适有石头,故因石头之名号投书渚矣。"嘉锡案:此事原有二说。《世说》及今《晋书·殷浩传》均作都下人附书。羡既不肯为人作致书邮,则不必携至豫章而后掷之水中。吴曾以为金陵之石头,固有理。然《御览》卷七一引《晋书》曰:"殷羡建元中为豫章太守。去郡,郡人多附书一百余封。行至江西石头渚岸,以书掷水中,故时人号为投书渚。"是附书者,乃豫章郡人,而非都下人士。且明明指为江西石头渚矣。《寰宇记》卷一〇六载其事于洪州南昌县石头渚条下,并不始于汪彦章。吴曾之说知其一,未知其二也。《世说》此条本之《语林》。《书钞》《御览》引《语林》,均作"郡人附书"。疑《世说》"都"字为传写之讹。唐史臣不觉其误,反据以改旧《晋书》,所谓郢书而燕说之也。《景定建康志》卷一九云:"投书渚,今在城西。"是亦以为金陵之石头。而所引晋史,仍作"殷羡去郡,人多附书"。则又两失之矣。《说郛》卷五〇引《豫章古今记》曰:"石头津在郡江之西岸,亦名沉书浦。晋殷羡字洪乔,为豫章太守,临去,因附书百封。羡将至石头,沉之,内有嘱托事,掷于水中曰:'有事者沉,无事者浮。'故名焉。"中华书局,1983年。

③ 陈诒绂:《石城山志·山北路》,南京稀见文献丛刊本,南京出版社,2008年,第395页。

④ 沈约:《宋书》卷八四《袁颢传》,中华书局,1974年。

永昌元年（322）王敦谋害周颛、戴渊之处①。又有江乘浦发源于石头山东北麓，北入大江，因流经江乘县西二里而得名，应即后世之金川河。

此外，石头城北还有招提寺、城西北有横垄（横陇），称之落星冈。城西南岸有陶家渚，相传因在孙吴陶璜或东晋陶回宅后而得名，是当时饯别北使之处，所对江中则有蔡洲。《景定建康志》卷二十一《城阙志二》引《丹阳记》称，孙吴时"客馆在蔡洲上，以舍远使"。它们皆属石头城周围的江津要冲，多为战时各方据守。

众所周知，六朝时代的建康城实际上是由众多城垒构成的庞大空间体。以东晋和南朝为例，其内核主要有三重城，最内重是以宫室建筑为主体的周八里的台城，台城的外围有周二十里十九步的都城，都城之外有横跨秦淮河南北两岸的外郭；其四周则有星罗棋布的卫星城，如石头城在台城之西九里，其北有白下城，南有越城、新亭城，西南有西州城，东南有东府城、丹阳郡城，共同承担着拱卫京师的重任。然而在建元二年（480）齐高帝改立都墙之前，都城城垣竟为篱制，而始设于东晋初年的外郭，作为建康城、郊分野的象征，亦仅设简易的篱墙和多达 56 座篱门，故建康都城和外郭均不具有军事上的防御功能。其中外郭西篱门就在石头城东，西篱门外路北还有护军府②。且除石头城外，其他卫星城垒皆无城垣，亦不属于真正的军事防线。当年建康城的防御，内线主要靠具多重牢固城墙的台城，外围即以控江扼淮、宛有"天生城壁"的石头城为主要屏障（见图 1）。

<hr/>

① 《景定建康志》卷一七《山川志一·山阜》；《建康实录》卷五。王敦谋害周颛、戴渊处，一说在石头城南门外，见《晋书》卷六九《周颛传》。
② 李昉，等：《太平御览》卷一九七《居处部二五·藩篱》引《南朝宫苑记》，中华书局，1960 年，第 950、951 页。

长江

玄武湖

石头城

蒋山

燕雀湖

东府城

1. 朱雀门 2. 明堂 3. 建康西尉
4. 冶城 5. 西州桥 6. 西明门
7. 孝义桥 8. 杨烈门 9. 大司马门
10. 阊阖门 11. 宣阳门 12. 津阳门
13. 大夏门 14. 玄武门 15. 广莫门
16. 延熹门 17. 同泰寺 18. 建阳门
19. 东阳门 20. 兴业寺 21. 湘宫寺
22. 廨牺署 23. 青溪中桥 24. 青溪大桥

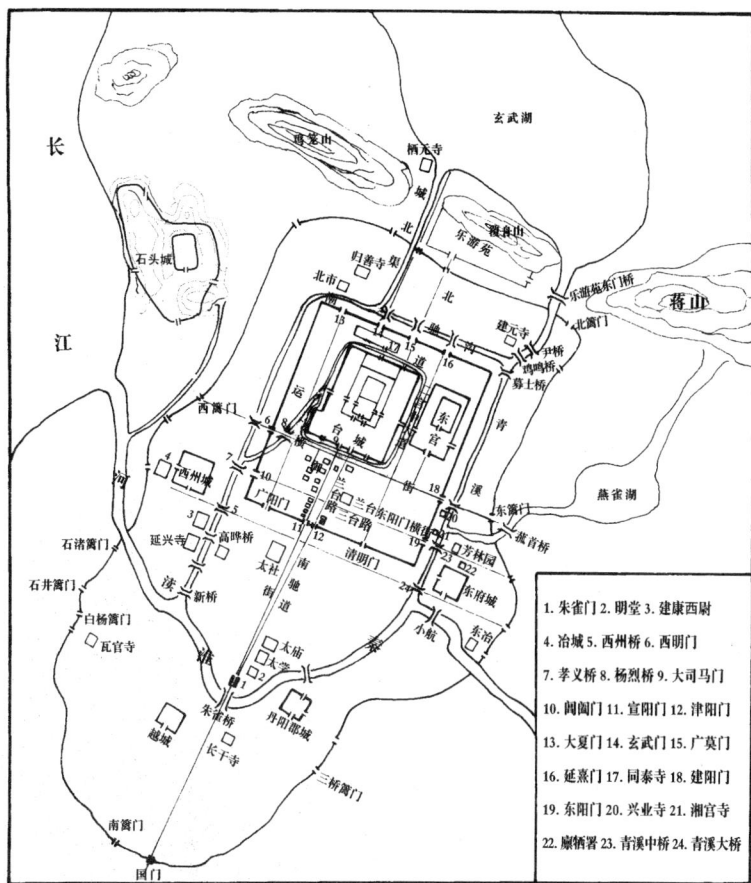

图1 南朝梁代建康城布局示意图

因关乎建康城安危,战争期间,石头城周围还有多处临时起建的小型城栅堡垒。早在黄武三年(224)九月,魏文帝率军南下广陵,欲渡江大举伐吴。为迷惑魏军,孙吴曾以木苇等物沿江搭建一座疑城。《三国志》卷四七《吴书二·吴主传第二》引干宝《晋纪》载:"魏文帝之在广陵,吴人大骇,乃临江为疑城,自石头至于江乘,车以木桩,衣以苇席,加采饰焉,一夕而成。魏人自江西望,甚惮之,遂退军。"东晋咸和三年(328),为讨伐苏峻,陶侃、温峤所率义

军曾在石头城北临江的四望山、白石山,分别修筑了四望垒和白石
垒。梁末的侯景之乱中,交战的双方又先后在石头城南秦淮河岸、
城西横陇、城北高岭、东北果林等地筑有多座栅垒。《建康实录》卷
一七载:侯景部将卢晖略守石头城,"于石城北筑数垒而据高岭,以
拒(陈)霸先"。《陈书》卷一《高祖纪上》载:"侯景登石头城观望形
势,意甚不悦,谓左右曰:'此军上有紫气,不易可当。'乃以舻舸贮
石沉塞淮口,缘淮作城,自石头迄青溪十余里中,楼雉相接。诸将
未有所决,僧辩遣杜则问计于高祖(陈霸先),高祖曰:'前柳仲礼数
十万兵隔水而坐,韦粲之在青溪,竟不渡岸,贼乃登高望之,表里俱
尽,肆其凶虐,覆我亡师。今围石头,须渡北岸。诸将若不能当锋,
请先往立栅。'高祖即于石头城西横陇筑栅,众军次连八城,直出东
北。贼恐西州路断,亦于东北果林作五城以遏大路。景率众万余
人、铁骑八百余匹,结阵而进。"这些城垒恐非土筑,而系木构,即所
谓"城栅",故成也容易,毁亦容易。《陈书》卷一在上段记载之后又
云:"戴冕、曹宣等攻拔果林一城,众军又克其四城。贼复还,殊死
战,又尽夺所得城栅。高祖大怒,亲率攻之,士卒腾栅而入,贼复散
走。"此外,前文所言唐代建中年间韩滉所筑的石头五城,亦当属
"城栅"性质,恐怕也在城北岗阜之地。

　　石头城外南、北、东三面均有道路连接其他城池或军事要地,
其北有"石头北道"至台城承明门[1],城东有路直达西州城门[2],称
为"西州路",城南则有"石头中路"抵秦淮河南军事要地青塘[3]。

　　需要说明的是六朝名迹征虏亭,据《太平御览》卷一九四引《丹
阳记》记载,东晋太元年间,征虏将军谢石创此亭,故以为名,为东
晋、南朝都人送别之所。关于征虏亭位置,旧有两说:一说以《景定
建康志》《首都志》为代表,认为在石头坞;一说以《资治通鉴》胡注

---

① 萧子显:《南齐书》卷二六《陈显达传》云:"(萧道成)遣(陈)显达率司空参军高敬祖自查浦
渡缘石头北道入承明门,屯东堂。"
② 房玄龄,等:《晋书》卷七九《谢安传》载:"(羊昙)尝因石头大醉,扶路唱乐,不觉至州门。
左右白曰:'此西州门。'"
③ 姚思廉:《梁书》卷四三《韦粲传》;李延寿:《南史》卷五八《韦粲传》。

为代表,认为在方山之南①。今据《景定建康志》卷一六《疆域志二》"竹格渡"条注引《舆地志》载:"(秦淮河)两岸要冲处,并以航济,西自石头,东至征虏亭,凡二十四所。"说明石头城与征虏亭相隔甚远。《南史》卷五一《梁宗室传上》载:萧宏之子萧正德因对朝廷怨恨,于是暗养死士,私屯米粟,"自征虏亭至于方山,悉略为墅",准备寻机叛乱。说明征虏亭与方山相距较近。征虏亭至唐代仍存。李白有《留别金陵崔四侍御》诗云:"初发临沧观,醉栖征虏亭。"按临沧观,又名劳劳亭,在金陵城南十五里顾家寨大路东新亭,陇上还有望远楼,亦六朝行人送别之所。从临沧观出发,离别金陵而到征虏亭,说明征虏亭距建康尚有一段距离。以上史料足证征虏亭不在石头城,而在方山之南,或即位于方山津近旁。

四、石头城遗址的位置之争及考古发现

如前所述,至唐代,石头城仍被沿用,一度作为扬州治所,并多经修治。五代至宋,秦淮河虽改徙今水西门南西水关外入江,较之六朝变化不小,但石头城段江水似未完全西移,陆游《入蜀记》卷二云:"出西门,游清凉广慧寺,寺距城里余,据石头城,下临大江。"其时,石头城地处南唐都城及宋、元府(路)城之外,周围地貌也没有太大改变。作为城池,石头城虽已废弃,但遗址尚存,岳珂所见清凉寺以上"颓墉"即是,有关方志也无一例外地记其在城西的石头山上②。明清时期,石头城虽已囊括于应天(江宁)府城中,此段江水也已西移至2千米之外,但时人仍认为石头山即石头城所在,可以陈沂《金陵古今图考》为代表,他在《吴越楚地图考》和《历代互见图考》中说:"因山立号,置(金陵邑)于石头,后之石头城据此。今石城门北冈垄削绝,皆城故区。"又说:"清凉寺地,以至石头山脊

---

① 今人亦有二说:贺云翱《六朝瓦当与六朝都城》认为在石头城南,文物出版社,2005年,第181页;王志高总纂《江宁历史文化大观》认为在方山之南,南京出版社,2008年,第92页。
② 《六朝事迹编类》卷二《形势门·石城》;《景定建康志》卷一七《山川志一·山阜》。

为楚金陵邑城。"直至民国及新中国成立后,以《首都志》《金陵古迹图考》《南京史话》为代表的地方文献,关于石头城位置皆无争议,均认为城据石头山,即清凉山(含后来被分割出去的南京国防园所在山冈)。

然而,《景定建康志》《六朝事迹编类》等方志的有关记载又存在自相矛盾,如虽记石头城在清凉寺之西,但同时亦云:"今石城故基,乃杨行密稍迁近南,夹淮带江,以尽地利,其形势与长干山连接。"言下之意是六朝石头城在石头山之北。又如《六朝事迹编类》卷六《山冈门》和《景定建康志》卷一七《山川志一·山阜》"马鞍山"条都记马鞍山西临大江,东与石头城相接,似乎石头城在马鞍山之东。"四望山"条记四望山西临大江,南连石城,北接卢龙山,似乎石头城在四望山之南。此外,《六朝事迹编类》卷四《楼台门》还记入汉楼在南宋建康府城西门外,则似乎石头城在石头山西南。真是一笔难以究明的糊涂账。故自 20 世纪 90 年代以来,有关学者就石头城位置争议不断,一段时间内竟然纷纷扰扰,莫衷一是,举其要端如下。

论争首先由李蔚然、吕武进、马伯伦发起,他们根据方志中的上述矛盾记载,皆对石头城在石头山的传统观点加以否定,然具体所在又有分歧。李蔚然认为石头城在石头山之北草场门一带,即石头、马鞍二山之间。[①] 马伯伦认为在清凉山北、四望山南一带。[②]吕武进则认为石头城有两座,建安十七年(212)所建乃沿金陵邑城故址,规模较小,后称"石头小城",在今草场门一带。赤乌三年(240)又在今水西门附近的运渎下游北岸另建一座石头城,较之金陵邑城扩大了许多。两城同处南北直线上,相距较远[③]。

与此同时,李蔚然还撰文推考楚金陵邑城在孙吴冶城故址,即

① 季士家、韩品峥:《金陵胜迹大全》"石头城"条,第 517 页。
② 马伯伦:《南京建置志》,海天出版社,1994 年,第 47 页。
③ 吕武进,等:《南京地名源》,江苏科学技术出版社,1991 年,第 34、35 页。

今朝天宫一带①。他的依据是《世说新语·轻诋第二十六》注引《丹阳记》的一条记载："丹阳冶城，去宫三里，吴时鼓铸之所，吴平犹不废。"又云："孙权筑冶城，为鼓铸之所。既立石头大坞，不容近立此小城，当是徙县治空城而置冶尔。冶城疑是金陵本治。汉高六年，令天下县邑城，秣陵不应独无。"故认为文中孙权"徙县治空城而置冶"的县治系指汉高祖六年之秣陵县治，而秣陵县治的前身"疑是金陵本治"，即金陵邑城。

其间，南京市文物研究所于 1998 年至 1999 年初曾用磁测、考古钻探和试掘等技术手段，在清凉山一带发现一处六朝古城垣。试掘表明，这处夯土城垣存有东、北、西三垣，宽约 10 米，残高超过 6 米，同时出土了大型绳纹板瓦、筒瓦、印有几何花纹的楔形砖、云纹瓦当、铜铁箭镞等六朝早期遗物。发掘者贺云翱据此肯定了传统观点，认为石头城在今清凉山公园与南京国防园一带②。

这一材料本来相当重要，但由于没有及时披露详情，后继的考古工作也没有深入展开，石头城遗址的位置之争不仅没有平息，反而招致更多的学者参加论战，主要有刘宗意、卢海鸣、李金堂及笔者等。大家多倾向于石头城在石头山及其以南地域，其中刘宗意认为在清凉山西南，即今汉中门石城桥西侧一带，其南为莫愁湖③。卢海鸣认为在清凉山以南至汉中门之间④。李金堂虽认为石头城在石头山上，但亦包括山下"缘大江，南抵秦淮口"的营垒、栅栏一类"石头"防御体系⑤。笔者则认为孙权建安十七年（212）所筑的石头城是在楚金陵邑城基础上重筑，规模不大，即所谓石头小城或石头斗城。孙权移都建业后所建的石头城乃"石头大坞"，其周长为七里一百步。石头城位于临江低缓的秦淮河口北岸，常遭水患，

---

① 李蔚然：《金陵邑治所辩》，《南京晓庄学院学报》，2000 年第 1 期。
② 贺云翱：《六朝瓦当与六朝都城》"石头城"，第 173－186 页。正式发掘简报见贺云翱等：《南京石头城遗址 1998—1999 年勘探试掘简报》，《东南文化》，2012 年第 2 期。
③ 刘宗意：《石头城新考》，《江苏地方志》，2000 年第 2 期。
④ 卢海鸣：《六朝都城》，南京出版社，2002 年，第 101 页。
⑤ 李金堂：《"石头城"纵论》，《东南文化》，2005 年第 1 期。

而石头小城则在其东北的山冈上,是其外围军事屏障,两者咫尺相望①。

显然,彻底解决石头城遗址的位置之争还须待更全面的考古工作和更充分的实物资料。这样的机会终于来了。2010年5月17日,南京国防园在挖埋管线施工中发现不少六朝砖瓦,笔者获悉后遂组织力量正式介入石头城遗址的考古工作,至9月中旬为止,历时4个多月对遗址涉及的地区进行了大规模的考古调查、勘探和局部试掘。同年,南京大学文化与自然遗产研究所也获准对清凉山公园范围内的石头城遗址进行考古发掘。2011年11月至2012年1月,受南京市文物局委托,由贺云翱教授领衔的南京大学文化与自然遗产研究所和以笔者为首的六朝建康城遗址考古队,再次分工承担石头城遗址的考古发掘任务,终于取得突破性进展。

迄今的考古收获已经确认,石头城遗址位于今清凉山公园、南京国防园及菠萝山(又称波罗山,旧称盍山、博山)、红土山(旧称红土冈)、清凉门地区。其平面形状不规整,呈北宽南窄的粽子形。除南墙外,其城垣多依自然山体而建,周长总计3000余米,占地面积至少在60万平方米以上。就此而言,石头城堪称一座山城,其城垣走向:东垣大体沿清凉山公园内东侧垄埂,南接菠萝山至南京市第四中学止;南垣东起南京市第四中学,向西至江苏移动通信公司南端红土山止;西垣南起江苏移动通信公司南端,向北沿明城墙东侧至南京国防园内东部垄埂北端止;北垣西起国防园内东部垄埂北端,向东跨越城西干道至清凉山公园内北侧垄埂止。其中东垣、北垣大部、西垣北段大体保存较好,在今地表之上仍有迹可寻,一般在自然山体基岩上填土夯筑,墙体多高出周围地面5~30米,顶部宽5~15米。其西垣仅南端局部沿用为明代城墙,其余大部在该段明代城墙(即所谓鬼脸城段城墙)内侧;其南垣大部在平地起建,虽今地表已无迹可寻,但据勘探及试掘可知其墙基在地下

① 杨国庆、王志高:《南京城墙志》,凤凰出版社,2008年,第78、79页。

仍有不同程度保存。此外,其东垣和西垣有多处墙体外突,类似于马面遗存,在城外西北还发现城壕一类水域。试掘结果证实,石头城遗址东、西、北三面墙体夯土外侧都有砌筑规整的包砖墙,部分城垣的外侧还有砖砌散水和护坡,其中国防园内包砖墙保存现状明显不及清凉山公园,推测可能与明初拆除这段石头城包砖砌筑京师城墙有关。根据地层堆积及伴出遗物判断,大部墙体始修于孙吴,后经东晋、南朝及隋唐多次补筑,这与前述文献记载完全吻合。尤其重要的是,在部分砌筑墙体的铭文砖上发现有"永和五年""永和六年"字样,这就把石头城"加砖累甓"的历史从文献记载的东晋义熙初年向前推进到永和年间。关于石头城内仓城位置,勘探资料显示其墙垣可能与清凉山公园内东部清凉寺周围的"凹"字形垄埂有关。

总之,现阶段石头城遗址的考古工作已就外城位置、范围、城墙结构等获得了关键的实物资料,为今后遗址保护展示及开发利用方案的制订提供了科学的决策依据,但石头城毕竟才露出冰山之一角,遗址的全貌还远未弄清,如外城城垣内侧结构及城门位置,金陵邑城位置及与仓城关系,城内外道路系统及入汉楼、烽火楼(台)、石头津、石头五城等重要建筑,等等,皆需今后通过具体的考古工作才能确定。由此看来,同台城一样,石头城遗址的考古工作也是一项复杂的系统工程,亦需要几代文物考古工作者为之付出不懈的努力。

(2013 年第 2 期)

镇江"晋陵罗城"命名问题的探讨

刘　斌

今江苏省镇江市地处长江下游南岸,地理位置优越,六朝时期称"京口",是拱卫京师建康的军事重镇,号称"北府"。京口城"因山为垒,缘江为境,似河内郡,内镇优重。"①清代学者顾祖禹在其《读史方舆纪要》中更是作了如下总结:"建业之有京口,犹洛阳之有孟津。自孙吴以来,东南有事,必以京口为襟要。京口之防或疏,建业之危立至。"②可见镇江在六朝时期有极其重要的军事地位。但有关六朝京口城的史料记载多语焉不详,给研究带来了一定的困难。20 世纪 80 年代以来,随着镇江市区考古工作的不断展开,有关镇江古城遗址的考古材料逐渐丰富,镇江古城的面貌也渐渐变得清晰。笔者在考古资料和前人研究的基础上,梳理相关史料,发现前人提出的所谓东晋"晋陵罗城"③的命名存在着较大的误区,故冒不敬之名草成此文,敬请方家批评指正。

一、花山湾古城的发现与研究

镇江市区古代城址的调查和发掘始于 20 世纪 80 年代。1984年,镇江博物馆对市区东部的花山湾地区因施工暴露出来的夯土城墙及城砖遗迹进行了调查和试掘,初步探明了古城的范围(见

---

①　杜佑撰,王文锦等点校:《通典》卷一八二《州郡一二》丹阳郡润州条,中华书局,1988 年。

②　顾祖禹撰,贺次君、施和金点校:《读史方舆纪要》卷二五"南直七镇江府",中华书局,2005 年。

③　镇江博物馆:《镇江市东晋晋陵罗城的调查和试掘》,《考古》,1986 年第 5 期;刘建国:《晋陵罗城初探》,《考古》,1986 年第5期。

图1),依据试掘地点城墙与墓葬的叠压关系,推断古城的建造时代在南朝之前,又据城砖上的"晋陵""罗城""晋陵罗城"等铭文(见图2),将其定为东晋时期的晋陵郡罗城,即"晋陵罗城"。①

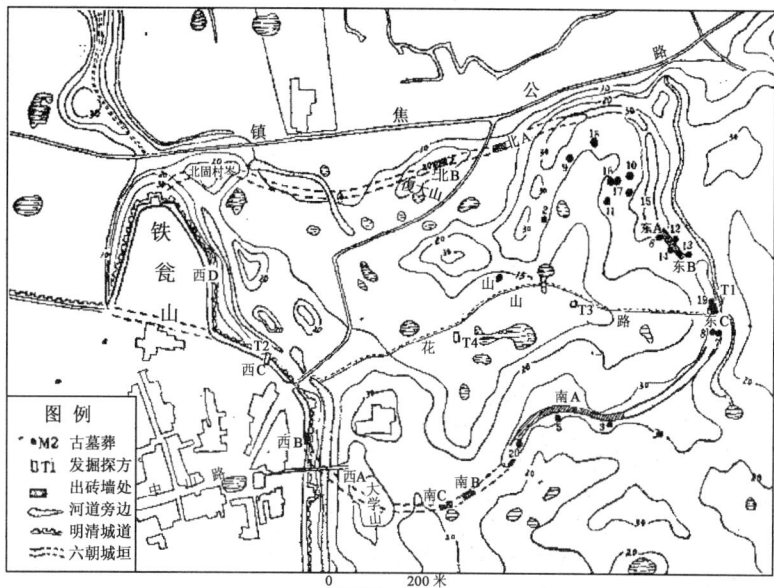

图1 花山湾古城范围示意图(1986年)

1991年,南京大学历史系考古专业人员和镇江博物馆联合对花山湾古城进行了全面勘探和部分发掘,基本厘清了古城东、北、南垣的范围,夯土城墙的残存厚度,以及东垣和南垣外的城壕情况。由于这次发掘比较全面,相较于1984年的调查和试掘,所获得的古城资料和信息也较为丰富,发掘者根据城墙夯土堆积与夯土底部墓葬的叠压关系,将城垣的建造年代定为唐代,没有沿用此前东晋"晋陵罗城"的结论,将其定性为唐代润州罗城。②

① 镇江博物馆:《镇江市东晋晋陵罗城的调查和试掘》,《考古》,1986年第5期。
② 镇江六朝唐宋古城考古队:《江苏镇江市花山湾古城遗址1991年发掘简报》,《考古》,1999年第3期。

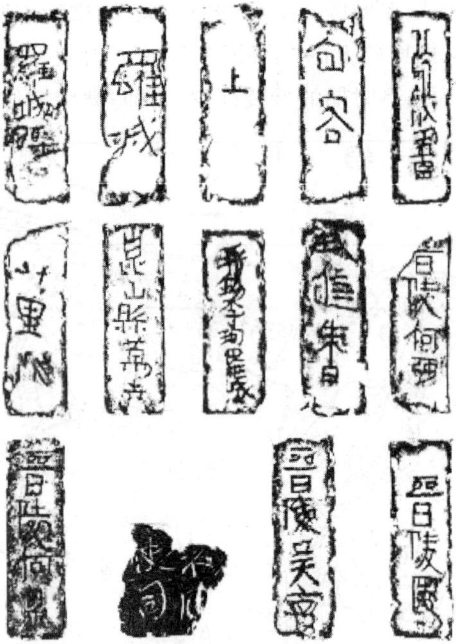

图2　花山湾古城出土部分砖铭拓本

除花山湾古城外,1991—1992年,南京大学历史系考古专业人员和镇江博物馆还联合对镇江铁瓮城遗址进行了发掘。此后,镇江古城考古所和镇江博物馆又先后对铁瓮城遗址进行了多次发掘,获得了大量的有关铁瓮城遗址的材料,对铁瓮城的相关历史也有了大致的了解:铁瓮城为先吴时期(孙吴占据江东以后至孙吴立国之前)筑造的一座城址,这座城池在孙吴政权的形成和发展中起到了重要作用,在孙吴时期建造的几座都城(南京石头城、湖北吴王城等)中,年代最早,保存遗迹最为完整。①

有关花山湾古城的研究,前人已有涉及。镇江古城考古所刘建国先生《晋陵罗城初探》一文,最早提出了花山湾古城为东晋"晋

---

① 镇江古城考古所:《铁瓮城考古发掘纪要》,《南方文物》,1995年4期;铁瓮城考古队:《江苏镇江市铁瓮城遗址发掘简报》,《考古》,2010年第5期。

陵罗城"的看法,并对城址的时代、名称、构造特色以及性质和地位作了较为详细的叙述。①

北京大学韦正先生《试论六朝时期的镇江古城》一文,对镇江古城不同时期的名称提出了自己的见解,并对镇江地区最早的城址是否即为铁瓮城提出了质疑,对东晋"晋陵罗城"的说法也持否定态度。②

中国社会科学院历史研究所曲英杰先生在其著作《长江古城址》一书中,对有关铁瓮城及花山湾古城的情况也作了相关研究。书中对花山湾古城的性质推定与《江苏镇江市花山湾古城遗址1991年发掘简报》中的结论相同,也认为应属唐代晚期的润州罗城。同时还指出带有"晋陵罗城孟胜"铭文的城砖应与带有"无锡祝伦罗城砖"铭文的城砖一样,它只表示晋陵孟胜所制罗城砖,而非晋陵之罗城。③

以上三位学者对花山湾古城的时代和性质都提出了自己的看法。刘建国先生依据1984年所获的发掘资料做出的推断,随着考古工作的深入展开,其结论与新资料之间出现的矛盾是难以避免的。韦正先生是1991年花山湾古城的发掘人员之一,虽然对花山湾古城的时代提出了质疑,但由于撰文时间较早,花山湾古城发掘简报尚未发表,未能给出应有的见解,但却给此后花山湾古城的研究提供了思路。曲英杰先生根据最新的考古材料,提出了自己的见解,将该问题的研究向前推进了一步。

二、"晋陵罗城"论证过程中存在的问题

刘建国先生《晋陵罗城初探》(以下简称"刘文")最早论证花山湾

① 镇江博物馆编《镇江市东晋晋陵罗城的调查和试掘》与《晋陵罗城初探》都发表于《考古》1986年5月,且《镇江市东晋晋陵罗城的调查和试掘》的执笔者也是刘建国,所以暂且将最早提出"晋陵罗城"命名归于《晋陵罗城初探》一文。
② 韦正:《试论六朝时期的镇江古城》,《东南文化》,1993年第6期。
③ 曲英杰:《长江古城址》,湖北教育出版社,2003年。

古城为东晋"晋陵罗城",然而拜读之余,发现其论证中存在着一些问题。综合考察《江苏镇江市花山湾古城遗址 1991 年发掘简报》以及上述三种研究,笔者赞同花山湾古城为唐润州罗城的观点。本节拟从以下几个方面指出东晋"晋陵罗城"这一观点存在的问题,补充《江苏镇江市花山湾古城遗址 1991 年发掘简报》和曲英杰《长江古城址》的观点。

1. 关于晋陵郡治京口的时间

《宋书》卷三五《州郡志一》载:

> 晋陵太守,吴时分吴郡无锡以西为毗陵典农校尉。晋武帝太康二年,省校尉,立以为毗陵郡,治丹徒,后复还毗陵。东海王越世子名毗,而东海国故食毗陵,永嘉五年,元帝改为晋陵。始自毗陵徙治丹徒。太兴初,郡及丹徒县悉治京口,郗鉴复徙还丹徒,安帝义熙九年,复还晋陵。①

据《宋书·州郡志》的记载,西晋平吴以后,废毗陵典农校尉,设置毗陵郡,治所在丹徒县(今镇江市区东丹徒镇),后还毗陵(今常州市区)。永嘉五年(311)改毗陵郡为晋陵郡,晋陵郡治再次迁往丹徒。东晋建国后的大兴(318—321)初,针对大批北人南渡的现象,晋陵郡治与丹徒县治同时迁往京口。晋成帝咸和(326—334)年间,郗鉴率兖州侨民自广陵渡江镇京口,建侨兖州,晋陵郡治及丹徒县治再次回迁丹徒。东晋安帝义熙九年(413),晋陵郡治迁往晋陵县(今常州市)。因此,晋陵郡治京口的时间为东晋元帝大兴初年至成帝咸和年间,具体的年代,据《咸淳毗陵志》为大兴元年(318)至咸和三年(328)。② 据此,晋陵郡治京口的时间前后仅 11 年。刘建国先生认为"晋陵郡治京口的时间只是东晋初至义熙九年近百年之内",③有近百年的时间,建造一座规模巨大的罗城似

① 沈约:《宋书》卷三五《州郡一》,中华书局,1974 年。
② 史能之:《咸淳毗陵志》卷二《地理》,见《宋元方志丛刊》本,中华书局,1990 年。
③ 刘建国:《晋陵罗城初探》,《考古》,1986 年第 5 期。

乎就有了可能。然而,刘先生误将晋陵郡治京口和治丹徒的时间全部当作治京口的时间了,正如韦正先生所言,"是时东晋王朝初建,国库空虚,政令不行,建造这样一座城池(花山湾古城)实难想象。"①其实,这还不单是国库空虚,政令不行的问题,在当时的形势下,11 年这个短暂的时间,也大大降低了建城的可能性。

2. 对城砖铭文的理解

刘文认为:"'晋陵''晋陵罗城孟胜''砌城''花山''无锡祝伦罗城砖''罗城砖''东郭门''南郭门'等,清楚地标明此城名为'晋陵罗城',其地望'花山',古今通称。""晋陵罗城的名字,见于所出的'晋陵罗城孟胜'的文字城砖"。② 总之,"晋陵罗城"是这座古城的"自名"。

然而从发掘简报(1986 年)后所附的铭文拓片中可以发现一些问题。从其所列的所有城砖铭文字中,印有"晋陵罗城孟胜""无锡祝伦罗城砖""罗城"等文字的砖只有很少的几块,而大量出现的却是"晋陵孟胜""无锡李钦""武进朱白""晋陵何弥"这种四字格式的砖(见图 2)。那么我们是否可以这样理解,"晋陵罗城孟胜"砖中的"罗城"二字、"无锡祝伦罗城砖"中的"罗城砖"三字都可以省略,或者说可以单独使用(简报后所附铭文拓片中有单独使用"罗城""罗城砖"的),从而变成像"晋陵孟胜""无锡祝伦"这种和大部分文字砖格式相同的四字文字砖,形成"地名 + 人名"的组合,这种组合反映的只是城砖的烧造者或提供者及其住地,且这些格式相同的砖的烧造和使用年代应该也是相近的。甚至,我们可以从"江阴佐字""江阴王□"这些与"晋陵孟胜""无锡祝伦"格式相同的四字文字砖上,进一步推测此城筑造的年代。

《隋书》卷三一《地理志下》毗陵郡江阴县条曰:"梁置,及置江阴郡。平陈,废郡及利城梁丰县入焉。"③唐李吉甫《元和郡县图

① 韦正:《试论六朝时期的镇江古城》,《东南文化》,1993 年第 6 期。
② 刘建国:《晋陵罗城初探》,《考古》,1986 年第 5 期。
③ 魏征:《隋书》卷三一《地理志下》,中华书局,1973 年。

志》卷二五《江南道一》常州江阴县条亦称："江阴县，紧……本汉毗陵县之暨阳乡，晋太康二年置暨阳县，梁敬帝置江阴县、郡。"①江阴县既然始建于萧梁时期，那么，印有"江阴佐字""江阴王□"的城砖就不会早于梁代，更不会用于建造东晋"晋陵罗城"。因此，通过砖铭得出的东晋"晋陵罗城"结论难以成立。

3. 关于古城的筑造者

刘文根据花山湾古城内的文化堆积，推测古城的主要使用时间在东晋和南朝时期，并根据史书相关记载，"时贼帅刘征聚众数千，浮海抄东南诸县。(郗)鉴遂城京口，加都督扬州之晋陵吴郡诸军事，率众讨平之，进位太尉"，②"今之城宇，多(王)恭所制"及"王恭更大改创"，③推测"郗鉴、王恭都是东晋时人，他们有可能是晋陵罗城的修筑者"。④ 但据前引《宋书》卷三五《州郡志一》的记载，郗鉴筑城应对贼帅刘征时，晋陵郡治早已迁往丹徒，东晋中期镇守京口的王恭与筑晋陵罗城更是没有关系。因此，郗鉴、王恭二人在京口修筑"晋陵罗城"的可能性皆无。韦正先生认为东晋时期铁瓮城两度营缮，缮治之人就是郗鉴和王恭，⑤将两人修缮的城池归于铁瓮城而非花山湾古城，这一观点甚得其中。

4. 关于城砖的命名

曾庸先生在《汉至六朝间砖名的演变》一文中，总结出"两汉时期的人们多称砖为'瓴甓''令甓'或'令辟'；三国两晋时期的南方则多简称为'甓'或'壁'；隋唐以后甓字即被砖字代替。"⑥如此，则花山湾古城出土的带有"××砖"字样的铭文砖，应是隋唐以后的遗物无疑。事实上，花山湾古城使用的城砖中没有发现称"甓"的砖。

---

① 李吉甫撰，贺次君点校：《元和郡县图志》卷二五《江南道一》，中华书局，1983 年。
② 房玄龄，等：《晋书》卷六七《郗鉴传》，中华书局，1974 年。
③ 脱因修，俞希鲁纂：《至顺镇江志》卷二《地理》引《舆地志》，《宋元方志丛刊》本，中华书局，1990 年。
④ 刘建国：《晋陵罗城初探》，《考古》，1986 年第 5 期。
⑤ 韦正：《试论六朝时期的镇江古城》，《东南文化》，1993 年第 6 期。
⑥ 曾庸：《汉至六朝间塼名的演变》，《考古》，1959 年第 11 期。

以上，就刘文论证东晋"晋陵罗城"中的一些论据提出了自己的意见，下面再就花山湾古城的时代、筑造者及铭文砖问题谈谈自己的看法。

三、花山湾古城的建造年代

首先，关于城的性质。从城墙包砖所出带有"罗城""罗城砖"字样的铭文砖来看，此城名为罗城应该没有什么问题。据《江苏镇江市花山湾古城遗址1991年发掘简报》，夯土层下叠压有唐代中期的墓葬，则"夯土城垣系建于唐代，具体说应属唐代晚期"，发掘者推测此城"应与唐代润州的罗城有关"，这一判断甚得其中。同时，笔者也赞同曲英杰先生对"晋陵罗城孟胜"砖铭的解释，其应与"无锡祝伦罗城砖"一样，表示晋陵孟胜所制罗城砖，而非晋陵之罗城用砖。如此，花山湾古城为唐代晚期的润州罗城应无疑义。

其次，关于润州罗城的建造年代。《江苏镇江市花山湾古城遗址1991年发掘简报》推测罗城的建造者与王璠、周宝有关。《新唐书》卷一七九《王璠传》载王璠任浙西观察使时，"凿润州外隍，得石刻曰：山有石，石有玉，玉有暇。"①然只记其掘外城壕，未见其他有关筑城的详细内容。《资治通鉴》卷二五六唐僖宗光启三年（887）三月条称镇海节度使（治今镇江市）周宝"溺于声色，不亲政事，筑罗城二十余里，建东第，人苦其役"，②明确记载周宝筑城之事。《江南经略》卷六上《镇江府城考》条亦称"唐太和中，观察使王璠始凿外隍。乾符中，周宝自杭徙镇，筑罗城二十余里"。③此外，《嘉定镇江志》等历代方志中亦有相同记载。则周宝筑罗城之事系无疑问。但史料中载周宝所筑罗城二十余里，然依考古调查和发掘的情况

① 欧阳修、宋祁：《新唐书》卷一七九《王璠传》，中华书局，1974年。
② 司马光：《资治通鉴》卷二五六唐僖宗光启三年，中华书局，1956年。
③ 郑若初：《江南经略》卷六上《镇江府城考》，见《影印文渊阁四库全书·子部·兵家类》，中国台湾商务印书馆，1986年。

来看与之相差较远。曲英杰先生认为,周宝所筑罗城,"除花山湾一带城址外,还应包括明清镇江府城(今镇江市区)在内",①这一推测已被此后的考古发现逐渐证实。②

最后,关于城砖上出现的地名问题。城砖上出现的"地名+人名"这种组合并不仅仅见于花山湾古城,在汉长安城的城砖上也出现过这种形式的铭文砖。③ 这种形式的砖铭一般表示提供城砖的地点和工匠。在花山湾古城遗址中出土的铭文砖中可见的地名主要有"晋陵""无锡""江阴""武进""昆山""句容""金坛""胡洲"等。唐贞观初年,依山河形便,分天下为十道,润州属江南道。开元二十一年(733),又分天下为十五道,润州属江南东道,"江南东道,润为会府"。④ 在"安史之乱"后的藩镇体制下,润州更是浙江西道观察使(镇海军节度使)的治所,"永泰后,常为浙江西道观察使理所"。⑤《元和郡县图志》卷二五《江南道一》浙西观察使条载"润州,垦田六千七百二十七顷。今为浙西观察使理所。管州六:润州、常州、苏州、杭州、湖州、睦州。"由此可知,润州在唐代既为江南东道的会府,又是浙西观察使的治所,其政治地位较浙江西道其他五州高。砖铭中出现的地名均在浙西观察使所管的六州之内,当浙西观察使治所润州筑城之时,管下的其他州县为其提供筑城所用的城砖,这些都在情理之中。

(2011 年第 4 期)

① 曲英杰:《长江古城址》,湖北教育出版社,2003 年。

② 刘建国:《名城地下的名城——镇江城市考古纪实》,江苏人民出版社,2006 年。

③ 王仲殊:《汉长安城考古工作收获续记》,《考古通讯》1958 年第 4 期;中国社会科学院考古研究所汉长安城工作队《西安汉长安城直城门遗址 2008 年发掘简报》,《考古》,2009 年第 5 期。

④ 史弥坚修,卢宪纂:《嘉定镇江志》卷一《地理》,见《宋元方志丛刊》本,中华书局,1990 年。

⑤ 刘昫,等撰:《旧唐书》卷四〇《地理志三》,中华书局,1975 年。

对南朝陵墓神道石刻研究的回顾与反思

邵 磊

六朝时期,由于黄河流域持续战乱,大量劳动人口和先进技术相继南徙,使得南方经济得到迅速开发,并有力促进推动了文化艺术的兴盛和繁荣。作为六朝造型艺术杰出代表的南朝陵墓神道石刻,在承继汉魏石雕艺术作风的基础上,积极借鉴、汲取中原北方和海外艺术的文化内涵,获得了重大发展,其雕刻手法渐趋精丽细致,在保持了汉魏雕塑特有的雄浑拙厚的恢宏气度之外,又以极其丰富的凹凸有致的曲线构成,展现出矫健灵动与典雅秀丽完美融合的时代精神,充溢着内在的坚实力量和旺盛的活力,堪称中国雕塑史上承前启后的经典之作。

对南朝陵墓神道石刻进行整体地调查与研究,始于曾任上海徐家汇司铎的法国人张璜,他于1923年以法文撰成的《梁代陵墓考》一书,[①]可谓这一领域的开山之作;继有我国的朱希祖、朱偰、滕固、罗香林等学者,而汇此诸人之手的《六朝陵墓调查报告》,[②]则堪称这一领域的集大成之作。近数十年来,随着六朝考古工作的蓬勃开展,有关南朝陵墓神道石刻的新发现与研究成果更是层出不穷。在此基础上,为了充分阐扬南朝陵墓神道石刻所蕴涵的历史价值、艺术价值与科技价值,对近百年来的相关研究成果作一番总结回顾,以便为今后的研究和保护工作提供参照,是很有必要的。

---

① 张璜著,廖德勤复勘,叶恭绰删订:《梁代陵墓考》,李卓译,上海土山湾书局铅印本,1930年。
② 朱希祖、滕固:《六朝陵墓调查报告》,中央古物保管委员会铅印本,1935年。

一、南朝陵墓神道石刻的称谓与艺术源流

所谓神道,意为墓路,而神道石刻即设立于神道两侧作为陵墓标志的石刻。在帝王陵墓封土前的平地上开辟神道,并在神道两侧对称列置石刻,至南北朝时期已发展成为固定的埋葬制度。综合文献记载和实地调查的情形来看,南朝陵墓神道石刻的排列组合既有作石兽 1 对、石柱 1 对、石碑 1 对的 3 种 6 件之制,如梁临川靖惠王萧宏墓;也有作石兽 1 对、石柱 1 对、石碑 2 对的 3 种 8 件之制,如梁安成康王萧秀墓和梁始兴忠武王萧憺墓,还有仅作 1 对石兽或 1 对石柱的,①如南京栖霞区尧化门北家边萧梁宗室(一说为南平元襄王萧伟)墓。

(一)石兽

南朝陵墓前的神道石兽均是成对配置,不论形体大小,皆昂首挺胸,张口露齿,腹侧饰双翼,造型夸张适度。其中,帝陵前的石兽,头顶有独角或双角之分,长须垂胸,四肢前后交错作行进状,体表雕饰繁缛华丽,体态健劲灵动,韵律感十足;王侯墓前的石兽,头顶无角,鬣毛下披,显得头部硕大无朋,长舌多外垂至胸际,舌尖微卷,体态雄浑壮硕,气势威猛。

这些石兽的称谓,历来众说纷纭。朱希祖在其《天禄辟邪考》一文②中认为,南朝帝陵前的独角石兽为"天禄",两角石兽为"辟邪",并将它们总称为"桃拔",称王侯墓前的无角石兽名为"符拔"

---

① 以往的调查及相关著述通常认为,南朝陵墓神道石刻组合依次为石兽、石柱、石碑各 1 对,共计 3 种 6 件,但凡少于这 3 种 6 件的,往往都被认为是后来毁佚损失所致。但据《隋书·礼仪三》有云:"(天监)六年,申明葬制,凡墓不得造石人兽碑,唯听作石柱,记名位而已。"2002 年 10 月至 12 月,南京市文物研究所对南京栖霞区北家边南朝神道石刻所在区域以及石柱以北至墓室玄宫的约 1 000 米范围内进行了考古勘探,除了新发现 1 对土筑砖甃的墓阙外,并未发现曾设置神道石兽或石碑的痕迹。由此可证栖霞区北家边南朝墓的神道上原本仅有 1 对石柱,并无其他石刻。至于梁安成康王萧秀、始兴忠武王萧憺、临川靖惠王萧宏、吴平忠侯萧景墓前神道两侧作 3 种 6 件或 3 种 8 件的石刻组合,则应是出自朝廷特赐。

② 朱希祖、滕固:《六朝陵墓调查报告》,中央古物保管委员会铅印本,1935 年。

或"扶拔",与"桃拔"同类。然而在其《六朝陵墓调查报告书》中,仍然是循俗将帝陵前的有角石兽统称为"麒麟",将王侯墓前的无角石兽称为"辟邪"。①

朱偰《建康兰陵六朝陵墓图考》②则以独角石兽为麒麟,双角石兽为天禄,无角石兽为辟邪。此一观点流传最广,姚迁、古兵编《南朝陵墓石刻》以及罗宗真《六朝陵墓及其石刻》③皆沿袭之。

林树中《南朝陵墓雕刻》对朱偰所云不以为然,而基本认同朱希祖的观点,只是认为朱希祖将无角石兽称为"桃拔"有不够通俗之弊。④

刘敦桢主编《中国古代建筑史》认为南朝帝陵前用麒麟,贵族墓前用辟邪,⑤杨宽《中国古代陵寝制度史研究》从其说,⑥显然仍是受朱希祖《六朝陵墓调查报告书》的影响。

由于南朝陵墓神道石兽是根据人们的想象创造出来的瑞兽,在现实生活中并不存在,故为之正名,还需从文献记载入手加以考察,但由于各人对文献的理解不尽相同,歧议纷纷在所难免。但即便是早期的文献,对南朝神道石兽的命名,也多有混淆,如《梁书》卷三《武帝纪》叙梁文帝建陵石兽震动事时,称之为"石骐驎",然同一史事,《南史》卷七却写作"石辟邪";《隋书·五行志》记建陵石兽名为"石骐驎",但同书记其他事件时却又称之为"辟邪"。《梁书》《南史》《隋书》皆出自唐人之手,可见至迟到唐朝,人们对天禄、辟邪在概念上的理解与形象上的认识已经含糊不清了。至于《旧唐书·礼仪志》载梁大同年间梁武帝萧衍拜谒建陵时,对身边侍臣说:"陵阴石虎与门俱创二十余年,恨小,可更造碑、石柱、麟。"

① 朱希祖、滕固:《六朝陵墓调查报告》,中央古物保管委员会铅印本,1935 年,第 48 页。
② 朱偰:《建康兰陵六朝陵墓图考》,商务印书馆铅印本,1936 年。
③ 姚迁、古兵:《南朝陵墓石刻》,文物出版社,1981 年,第 2 页;罗宗真:《六朝陵墓及其石刻》,《南京博物院集刊》第 1 辑,1979 年。
④ 林树中:《南朝陵墓雕刻》,人民美术出版社,1983 年,第 48 页。
⑤ 刘敦桢:《中国古代建筑史》(第二版),中国建筑工业出版社,1984 年,第 102 页。
⑥ 杨宽:《中国古代陵寝制度史研究》,上海人民出版社,2003 年,第 46,47 页。

此同一段话中,既称"石虎",又称为"麟",真令人有莫衷一是之感。这样一来,出于南朝史学家萧子显所撰《南齐书》卷二二《豫章文献王嶷传》中有关刘宋文帝长宁陵神道石兽称谓的记载便显得极为重要了,该段文献不仅称长宁陵石兽为"骐驎",并云及"后诸帝王陵皆模范而莫及",据此,将南朝帝陵前的石兽统称为麒麟似无不妥。

南朝王侯墓前的神道石兽,外形似雄狮,狮子为佛教中的护法神,有辟除邪祟之功,而"辟邪"一词,见《急就篇》卷三,与"除群凶"连言,本来也有祛除邪魅之意,这样看来,将南朝王侯墓前的狮形石兽称为辟邪似亦无不可。但从出土的实物形象来看,所谓辟邪与南朝王侯墓前的无角狮形石兽其实在外形上还是有很大区别的,如浙江漓渚出土一面东汉神兽纹铜镜上,模铸有一独角虎形兽,其旁铸有"辟邪"铭款。① 再如,东汉时期,分列神道两侧作独角、双角的翼兽形象亦已逐渐定型,从文献记载河南南阳东汉墓前石兽自铭来看,也是天禄、辟邪或麒麟、辟邪的组合。而《后汉书·西域传》关于"有桃拔、狮子、犀牛"的孟康注疏亦云:"桃拔一名符拔,似鹿,长尾。一角者为天鹿,两角者或为辟邪。"因此,将南朝王侯墓前的无角石兽定名为"辟邪",在实物形象乃至文献记载上,委实都没有可堪比照的依据,因而是不确切的。

南朝陵墓神道石兽的艺术源流长期以来是一个非常引人瞩目的问题。滕固《六朝陵墓石迹述略》认为,以天禄、辟邪为代表的有翼神兽形象在六朝时期已经"十足的中国化",但其出现当更早,可追溯到战国两汉,渊源是古代亚述地区的艺术,类似主题也见于塞种和大夏,以及古希腊和印度的艺术。② 此种观点显然受到了西方学者关于中国天禄、辟邪与西方艺术中的格里芬(Griffin)相似的观点的影响,在当时的时代背景下显得十分大胆突兀,被引为"海外奇谈",自然不大可能为国人所接受。与之同时,朱希祖对类似问

① 孙机:《镇江文物精华笔谈——石兽》,《中国历史博物馆馆刊》总第 9 期,1986 年。
② 朱希祖、滕固:《六朝陵墓调查报告》,中央古物保管委员会铅印本,1935 年。

题的看法则颇有保留,他引中国古书中的"如虎添翼"说,并征引《山海经》中有关带翼神怪的特征描述,认为这类形象其实在中国非常古老,但究竟是"吾国固有之遗风,抑外国传来之新范",却仍然很难断定。①

然而至 20 世纪 50 年代后,这一很有意义的学术问题的探讨,由于受极"左"思潮的干扰,一度众口一词,令人大感乏味,大家都极力否认或者回避有翼神兽的西方因素,恕不一一列举。不可否认,这种惯性思维至今仍然有着较为广泛的影响,如杨泓的《丹阳南朝陵墓石刻》一文认为:"南朝陵墓前的神道石兽……过去有人看到它那肩生双翼的形貌,认为颇有西亚北非古文明中有翼兽雕刻的味道,其实它完全是中国古文明的结晶。我们只要去看一下河北平山战国时期中山王陵出土的错金银有翼神兽,自会寻出南朝陵墓石雕形貌的渊源所在"。② 但实际上,中山在战国时是个被诸夏包围的白狄国家,故而它的器物既有三晋风格,又受草原影响,中山王墓出土的四件可能用来镇席的错金银有翼神兽,就具有浓郁的草原风格。对此,李学勤更是径自推测其是从草原传入的格里芬,③当是半个多世纪以前滕固思路的延续,也标志着天禄、辟邪艺术源流外来说的再度被激活。格里芬原是闪语词汇,后来被所有欧洲语系采用。它起源于两河流域,然后向四方传播,是古代最国际化的艺术母题。希罗多德说塞人的东面住着 Arimaspi 人,他们杀死看守黄金的格里芬,然后夺走黄金,所以西方人用格里芬看守银行或将其当作建筑守护神。狭义的格里芬是鹰首狮身形象,带翼狮和带翼羊则是其变形。

(二) 石柱

关于南朝陵墓神道石柱的称谓,史籍所见极为丰富,有称之为

---

① 朱希祖、滕固:《六朝陵墓调查报告》,中央古物保管委员会铅印本,1935 年。

② 杨泓、孙机:《寻常的精致》,辽宁教育出版社,1996 年,第 155 页。

③ 李学勤:《虎噬鹿器座与有翼神兽》,邵磊《比较考古学随笔》,广西师范大学出版社,1997 年,第 84 页。

"标"者,如《宋书·五行志》:"元嘉十四年,震初宁陵口标,四破至地……孝武帝大明七年,风吹初宁陵隧口左标折。"《后汉书·光武十五·中山简王焉传》:"大为修冢茔,开神道。"李贤注:"墓前开道,建石柱以为标,谓之神道。"此之谓"标",宜有神道入口处标志之意。有称为"表阙"或"阙"的,如《南齐书·豫章文献王嶷传》:"上数幸嶷第。宋长宁陵隧道出第前路,上曰:'我便是入他冢墓内寻人。'乃徙其表阙、骐驎于东岗上。骐驎及阙,形势甚巧,宋孝武帝于襄阳致之,后诸帝五陵皆模范而莫及也。"有称为"表"的,如《宋书·礼志二》载晋武帝咸宁四年(278)诏。有径自称为"石柱"的,如《封氏见闻记》卷六《羊虎》:"然则墓前石人、石兽、石柱之属,自汉代而有之矣";宋人张敦颐《六朝事迹编类》卷一三转述道:"《蒋山图经》云,在县东北二十里,政和年间,有人于蒋庙侧得一石柱,题云'初宁陵东北隅',以此考之,其坟当去蒋庙不远"。但从所题文字内容来看,此石柱倒更可能是初宁陵界石,而非神道石柱。

如果说南朝陵墓神道石兽由于等级不同在造型上还有所区别的话,那么南朝陵墓神道石柱除了体量大小有别外,在形制上则单纯得多。南朝陵墓神道石柱例以柱头、柱身、柱座三部分构成,柱头包括装饰有覆莲的圆盖和伫立在盖顶部的小石兽;柱身圆形,雕刻隐陷直刳棱纹20至28道不等,柱身上方近莲盖处,凿成矩形石版,上刻朝代、墓主官职、谥号等文字,文字或正书或反书、或顺读或逆读,方版下依次雕神兽纹、绳辫纹和双龙纹;柱座上圆下方,上为头部相连、尾部相交、口含宝珠的双螭围成的环状榫孔,下为方形基座,基座四面刻神怪形象的浮雕。

民国时期,以滕固、朱偰为代表的一批学者,将南朝陵墓神道石柱柱身所刻隐陷直刳棱纹的艺术源头追溯到了希腊式石柱,是很有见地的。① 起源于古希腊的柱式主要有三种样式,即有24条浅纵凹槽的多里亚式(Doric)、科林斯式(Corinthian)和爱奥尼亚式

---

① 滕固:《六朝陵墓石迹述略》,朱希祖、滕固《六朝陵墓调查报告》,中央古物保管委员会铅印本,1935年,第74页;朱偰:《建康兰陵六朝陵墓图考》,商务印书馆铅印本,1936年,第6页。

（Ionic），这三种柱式曾对东方国家的建筑艺术产生过深远影响。另一方面，印度阿育王时代的遗址曾出土石雕的柱头和柱身共 30 多处，柱头顶上亦置莲花形盘座，上有圆盖，盖上伫立石狮、牛或其他动物形象，较之南朝陵墓神道石柱的形制颇为相似。

然而，自 20 世纪五六十年代以来，国内学者普遍认为，在柱身纵刻刳棱纹、顶托方版的神道石柱，早在汉代就已出现，如北京石景山上庄村发现的汉幽州书佐秦君神道石柱、山东历城出土汉琅玡相刘君石柱、洛阳西晋韩寿神道石柱等，由此认为南朝陵墓道石柱与希腊式石柱毫无关系。①

近来，有一种观点，认为南朝陵墓神道石柱是因循东晋陵墓地表所立以木材和竹子做成的"凶门柏历"而来。② 所谓"凶门柏历"，即先以许多圆木聚合成圆柱形，外部用刳成两半的竹片背面反贴于柱身，并以大绳束缚，下半截再插入基座内，使其不致散乱倾倒。故南朝陵墓神道石柱柱身隐陷的纵刳棱纹，应即为模拟的束竹纹。类似的论调在杨泓的《丹阳南朝陵墓石刻》一文中也有所反映，他认为"汉晋至南朝的神道石柱形制仿自传统的木表柱，其上所刻纵凹楞纹，也是仿自原来的木柱的外貌而形成。……至于柱上的纹饰，原来源于中国的传统的木柱的一种，即仿自束竹柱的外貌。……束竹柱外表因是以小材围绕芯材而成，故形成美观的纵凹凸的楞线，又在柱体上绑缚有多道加固的绳索，所以仿束竹柱的石柱体上面，同样刻出上下多道绹索纹。从上面的分析，可以明确地说，南朝的神道石柱正是承袭汉晋文化传统的作品，其造型风格完全显示着中国古代文明的民族特征"③。但问题是，即便是汉代的造型艺术，也不乏来自域外的深刻影响，如近年中原地区出土的建筑明器上所见形貌完整的希腊爱奥尼亚式柱（Ionic）便是极好的例证。而且，南朝陵墓神道石柱顶端具有明显印度阿育王时代

① 杨泓、孙机：《寻常的精致》，辽宁教育出版社，1996 年，第 153 页。
② 何汉南：《南朝陵墓石柱的来历》，《文博》，1992 年第 1 期。
③ 同①，第 154 页。

风格特征的圆莲盖承石兽的形制,莫非也可以从汉代以来简陋的束竹柱上找到源头吗？ 众所周知,即便是纹饰的传播,也不可能轻易脱离其所属本体如天马行空般地自由来往,更何况是如此体量宏大、形象鲜明、功能明确的礼制用具呢？

文化不是纯种马。南朝陵墓神道石柱在形制上远承希腊乃至古印度柱式,恰恰凸显了中国传统文化海纳百川般的包容与博大。文化只有不断融入新的元素,才会焕发出勃勃生机和活力,以此来观照南朝陵墓神道石柱中的域外因素,只会愈加生发出对中国古代艺术的景仰之情。

南朝时期佛教大盛,表现在神道石柱上,除了顶端所置圆莲盖外,还有莲盖下矩形方版两侧阴刻莲花等图案,但由于这类图像线条浅细,加之距地面较高,目力难及,不易察见,长期以来并未引起注意。20 世纪 50 年代,南京市文物保管委员会在对南京附近的南朝陵墓神道石刻进行维修时,在梁吴平忠侯萧景墓神道石柱方版一侧,发现一刻画袒肩跣足执花叶僧人形象的阴线画,由于其制作时代确切无疑,堪称江南现有艺术史价值最高的佛画。画面构图疏朗传神,人物造型亦具"面短"特点,故阮荣春认为符合萧梁时期著名画家张僧繇"疏体"画法特征,①但进一步推测此图即张僧繇前期手笔则显然有欠考虑。

(三) 石碑

南朝陵墓神道石碑,形制完整者仅有四通,皆为萧梁一朝遗物,分碑额、碑身和下承碑身的龟趺三部分。碑首半圆形,外侧圆脊两侧浮雕相互交结成辫形的双龙;碑首正中有略凸出的方额,上题刻墓主官职、谥号等内容,额下有穿。其形式大体承自东汉碑石,与神道石兽、石柱相比,是具有中国民族特色的一种遗物。

萧梁神道碑铭文在书法史上颇受重视,如现存 2 800 余字的始兴忠武王萧憺碑,以结体峻密、意象雄强而被晚清金石学者莫友芝

---

① 阮荣春:《梁代〈擎花比丘图〉与张僧繇画风》,《考古与文物》,1988 年第 4 期。

在其《宋元旧本书经眼录》中评誉为"上承钟(繇)王(羲之)、下开欧(阳询)薛(嗣昌)",近代著名学者梁启超《碑帖跋》更以"南派代表端推此碑"的赞誉表达了对此碑书法艺术的推崇。

但近年来引起学术界关注的反倒是碑文漫漶至不存一字的临川靖惠王萧宏碑,此碑碑首之阴与碑身两侧纹饰繁丽诡异,令人瞩目,但以往对这些图纹的性质认识不够充分,往往笼统地将之归结为中国本土固有的神怪形象乃至朱雀、凤凰、螭龙等艺术造型。有学者识出,此碑碑额(实为碑首之阴)中央为一花盘,圆穿即为花心,两旁双龙拱卫;下部莲座上有摩尼宝珠,左右各有一尊屈腿伸臂、瞠目张口、肩生火焰的胡天神。上述图像中,饰以莲花瓣的火坛与近年来发现的北周安伽墓墓室门额上刻画的火坛造型相似,而且火坛和左右下方神像的构图布局等也可以在安伽墓门额画像上见到,而安伽墓门额画像鲜明的祆教主题,寓示着萧宏墓碑额之阴的图纹也反映了相同的祆教主题。萧宏碑额之阴刻画圣火之上的神像头顶部还有一不明物,有人认为是神像"高举一只弩弓",也有认为是祆教法器,或是某种与神格有关的域外文字符,类似于汉画像石上的题识。[①] 值得注意的是,生前官丹阳尹的萧宏在梁武帝诸兄弟中,以喜聚敛钱财并富可敌国著称。与之相应的是,信奉祆教的粟特商人早在南北朝后期,已经成为活跃在丝绸之路上的重要经济乃至政治力量。如果基于这样的认识,那么,萧宏的巨额财富与其神道碑上富于祆教色彩的图像有何内在联系,是很值得留意的。

二、南朝失考陵墓神道石刻归属研究

据梁白泉主编的《南京的六朝石刻》第三章"六朝石刻在南京的遗存现状"截至 1997 年底的统计,分布在江苏境内(南京、丹阳、

---

① 施安昌:《南朝梁萧宏墓碑考》,邵磊《善本碑帖论集》,紫禁城出版社,2002 年,第 390 - 397 页。

句容三地）的南朝陵墓神道石刻共计 33 处共 85 件,这一统计是据考古调查记录又经现场调查验证并补入近年来的新发现而得出的数据,应是比较详细的了。但据笔者所见,犹有不足,撷之如下:其一,南京市博物馆旧存一断为两截的神道石柱,方版铭文漫漶无存,并失顶部圆莲盖和底部柱座,大体与江宁上坊乡耿岗村的失考南朝神道石柱相若,形制较小,系于 20 世纪 70 年代发现于南京江宁区东善桥附近;其二,是原位于南京冶山西南卞公祠的东晋名将卞壶墓碣,该墓碣上的刻铭传为宋代叶清臣所书,①但墓碣本身却是以一根硕大粗壮的南朝神道石柱磨出光平的刻面后改制而成,柱身原先通体所刻的 24 道纵刳棱纹尚清晰可见;其三,2000 年前后,笔者在参加明岐阳王李文忠墓园环境整治时,在墓园堆放杂物的管理用房内发现一件有翼的南朝神道石兽,石兽长约 1.65 米,残高 0.80 米,其尾部与四肢及头部下颌以上部位均缺失,通体风化极甚,胸部鼓凸,隐约可见向两侧伸展的卷翎纹,短翼,翼膊可见阴刻羽纹,与栖霞区燕子矶镇太平村及江宁区麒麟门灵山出土的失考南朝石兽规制相仿,当属王侯墓前的狮形石兽。已运送至南京市博物馆保存。其四,2007 年秋,笔者与镇江博物馆的霍强同志在丹阳荆林三城巷梁武帝萧衍与郗皇后合葬之修陵北侧发现一对南朝神道石柱,柱身顶部损毁佚失,柱座经水泥修补,此可见其已为当地文物职能部门发现并已受到保护,但迄未经著录。石柱形制纤小细弱,推测其时代当为梁末或更晚一些。其五,2009 年 8月,南京栖霞区文物工作者管秋慧同志在江宁区麒麟镇东南约四五百米处的麒麟山庄发现一件有翼的南朝神道石兽,石兽长约 1.28 米,宽约 0.40 米,其尾部与四肢均残损,风化极甚,底部尚存长方形石座遗迹,与栖霞区燕子矶镇太平村、江宁区麒麟门灵山出土的失考南朝石兽规制相仿,惟更为小巧。当属王侯墓前的狮形石兽。此外,近年在栖霞区晨光村附近还曾发现过一件南朝时期的

---

① 刘诗:《叶清臣与卞壶墓碣》,《南京史志》,1992 年第 6 期。

石龟趺,形制与南京萧梁王侯贵族墓前承置神道石碑的龟趺相符,惜已遭施工填埋。以上六例,皆出笔者目察亲验,至于其他遗失天壤间的南朝陵墓神道石刻恐还有一定数量,有待再作进一步的调查搜访。

现存南朝陵墓神道石刻的数量固然不少,但根据神道碑文、石柱方版上的刻铭或出土墓志而能确认墓主人的,却只有萧梁一朝的文帝萧顺之、桂阳简王萧融及其嗣子萧象、安成康王萧秀及其子、始兴忠武王萧憺、吴平忠侯萧景、临川靖惠王萧宏、新渝宽侯萧暎、建安敏侯萧正立、南康郡王萧绩等 9 处共 44 件,尚不及已知南朝陵墓神道石刻的半数。围绕部分失考南朝陵墓神道石刻的归属问题,中外学者做了大量辨妄析疑的考订工作,其中有的问题越辨越明晰,得到了多数专家学者的认同,几已达成共识,但有的意见却一直相持不下,如位于栖霞区靠近栖霞寺的狮子冲有翼石兽,究属宋文帝刘义隆长宁陵抑或陈文帝陈蒨永宁陵乃至梁昭明太子萧统墓所有,其间的歧异竟达百年。但无论如何,这种学术争论,在客观上促进了学术界对南朝陵墓制度乃至六朝礼制文化的认识,有力地推动进而将相关学术问题的研究导向深入,这是有目共睹的。

(一) 南京江宁区麒麟镇麒麟铺石刻

现存石兽一对,夹路相向,间距 23.4 米。1956 年曾加整修,从原本相距 54.5 米的位置移置于此。两石兽颏下皆垂长须,体躯作内侧前肢迈出状。其中右侧石兽头部损毁尤为严重,并可见榫头拼接痕迹,腹下现有二石墩支撑;左侧石兽头顶可见双角,四足尽失,下承四石墩。

关于这对石兽,历来多认为是宋武帝刘裕初宁陵所有,如上文提及的张璜《梁代陵墓考》附《金陵陵墓古迹全图》上,在"麒麟门"位置旁即标注有"宋武帝初宁陵石兽尚存"等字。朱希祖执笔的《六朝陵墓调查报告书》亦以为麒麟铺石兽与《建康实录》《元和郡县图志》中所载刘裕初宁陵方位符合。① 此外,朱偰《建康兰陵六朝陵墓图考》、姚迁、古兵编著《南朝陵墓石刻》、林树中《南朝陵墓雕刻》、梁白泉主编《南京的六朝石刻》皆承是说。

相左的意见在于,因《元和郡县图志》载宋武帝刘裕初宁陵与宋文帝刘义隆长宁陵地处同一方位,张璜《梁代陵墓考》附《南京附近历代陵墓图》上的"麒麟门"东"高黄村"侧亦标注有法文和中文对应的"宋长宁陵"。因此,曾与朱希祖父子以及罗香林、滕固等学者共同参与调查六朝陵墓神道石刻的德国哲学博士梅慈纳认为:麒麟门二石兽当为宋文帝长宁陵所有。②

2005 年 12 月由南京出版社出版的《南京历史文化新探》一书所载王志高《南朝麒麟铺神道石刻的墓主问题》一文,亦认为麒麟铺石兽当属宋文帝长宁陵所有。其指认的依据,文中列举了四点,其中有两点较为引人注意,这两点其实都源于同一条历史文献,即《南齐书》卷二二《豫章文献王嶷传》:"上(齐武帝萧赜)数幸嶷第。宋长宁陵隧道出第前路,上曰:'我便是入他冢墓内寻人。'乃徙其表阙骐驎于东岗上。骐驎及阙,形势甚巧,宋孝武帝于襄阳致之,后诸帝王陵皆模范而莫及也。"据此推知,此前建康都城的帝王陵前尚无立神道石刻的葬俗,否则宋孝武帝何至于不远千里取法于襄阳呢? 而且,麒麟铺的一对石兽造型简朴古拙,较齐梁以后同类石兽的繁缛秀美有别,复与襄阳附近的南阳、洛阳等地的东汉神道石兽接近,具有较为明显的初创阶段的特点。再者,据前引文献,长宁陵神道石刻曾被齐武帝萧赜迁移,而麒麟铺石兽原来相距达55 米之遥,资料显示南朝陵墓神道石刻的间距一般不过 20 米,较特殊的两例,一是南京栖霞区狮子冲的一对石兽相距 24.45 米,一是丹阳三城巷梁文帝建陵的石刻彼此间距为 34.5 米。但麒麟铺石兽间距之大,可谓绝无仅有,故存在曾遭人为移动的可能,与齐武帝萧赜徙宋文帝长宁陵表阙、骐驎的记载相应。文中还认为,据

① 朱希祖、滕固:《六朝陵墓调查报告》,中央古物保管委员会铅印本,1935 年。
② 同①。

《宋书》卷三三《五行志四》云"元嘉十四年,震初宁陵口标,四破至地"及同书卷三四《五行志五》云"孝武帝大明七年,风吹初宁陵隧口左标折"来看,初宁陵的神道标志物可能仅是一些简易的竹木制品,未设石刻。

值得一提的是,日本学者曾布川宽在其《六朝帝陵——以石兽和砖画为中心》一文中,认为林树中《南朝陵墓雕刻》亦以麒麟铺二石兽为宋文帝长宁陵物,但实际上林树中仅仅是据朱希祖《六朝陵墓调查报告书》转引德国人梅慈纳的看法而已。至于林树中本人,则认为现存美国费城大学的雕饰繁缛精丽的石麒麟才可能是宋文帝长宁陵石兽,①故曾布川宽的转述实属误读林树中《南朝陵墓雕刻》一文所致。

(二)南京栖霞山张家库石刻

原本位于旷野中,主体为东西相对的二石兽,皆头顶无角,有鬃毛,吐舌下垂及胸,舌尖微起翘,状如雄狮。其中,东石兽保存尚好,仅四肢陷没土中;西石兽则碎成数块。现石兽周围已辟建为南京炼油厂子弟中学,石兽并经修复提升,提升过程中,又发现一神道石柱柱顶圆莲盖上的小型辟邪。

此对石兽,朱希祖《六朝陵墓调查报告书》将其列入"失考墓",但又据《六朝事迹编类》卷一三"齐巴东献武公墓,在栖霞寺侧,有碑额云'齐故侍中尚书令丞相巴东献武公之墓'"的记载,推测张家库石兽为南齐巴东献武公萧颖胄墓。②

1980年9月,南京市博物馆在此对石兽西北约1 000米处,发掘了梁武帝之弟、桂阳简王萧融夫妇合葬墓,遂否定了其为南齐萧颖胄墓神道石兽的可能性,而断为萧融夫妇墓神道遗存,并得到了广泛认同。③ 1988年,江苏境内的南朝陵墓神道石刻被列为国家重点文物保护单位,张家库石兽亦以"萧融墓神道石刻"得以申报

① 林树中:《南朝陵墓雕刻》,人民美术出版社,1983年,第44页。
② 朱希祖、滕固:《六朝陵墓调查报告》,中央古物保管委员会铅印本,1935年。
③ 阮国林:《南京梁桂阳王萧融夫妇合葬墓》,《文物》,1981年第12期。

成功。

1998 年 1 月,南京博物院在南京炼油厂西侧刘家塘、距萧融墓约 300 米处发掘了萧融嗣子、梁桂阳敦王萧象墓。[①] 以萧象等级身份而言,也当享有神道石刻,但其墓前除被公认为属于其父萧融墓所有的一对地面石兽及柱顶小石兽外,再无其他神道石刻。据此推知,所谓萧融墓神道乃至神道石刻,实际上是萧融、萧象父子以至萧梁宗室中萧融这一支系成员所共有的。值得注意的是,类似情形在萧梁一朝并非孤例,1974 年 10 月至 1975 年 1 月,南京博物院与南京市文物保管委员会联合在南京栖霞区甘家巷发掘了一批东吴——南朝时期的墓葬,考古工作者结合排葬制度、墓室形制和出土遗物,推定分布于梁安成康王萧秀墓神道石刻群以北约 1 000 米的 4 号墓、6 号墓、30 号墓,分别为梁安成康王萧秀墓、萧秀长子萧机墓和次子萧推墓,[②]如果这一推断不误,那么萧秀及其家族成员的墓葬也是共用一条神道的。

(三) 南京栖霞区尧化门北家边石刻

有神道石柱 1 对,1978 年底在尧化公社乌龙大队北家边生产队的薄荷地里被发现,1979 年初由南京博物院与南京市文物管理委员会联合发掘出土。二石柱东西向,间距约 5 米,除柱座外,其余部件如柱身、圆莲盖、方版等皆有不同程度的残损,在西石柱的方版上,尚残存"梁故侍中中抚"等字。由于保存状况较差,加之受当时技术条件限制,文物部门仅提升了二柱柱座及柱身底部靠近榫头的部分,余者就地掩埋。

2000 年 10 月至 12 月,因铺筑"仙新公路"的需要,南京市文物研究所对该片区域进行了考古勘探与发掘,不仅再次发掘出了 20 世纪 70 年代后期被掩埋的神道石柱构件,还新发现了二石柱柱座底部的石垫板和一对土筑砖甃的门阙,除门阙作保护性填埋并在

① 南京博物院(陆建方执笔):《梁朝桂阳王萧象墓》,《文物》,1990 年第 8 期。
② 南京博物院、南京市文物保管委员会:《南京市栖霞山甘家巷六朝墓群》,《考古》,1976 年第 5 期。

地表复原展示外，此次出露的石柱构件均被提升至地表予以展示。①

石柱和墓阙以北约 1 000 米的山坡上即为墓室玄宫所在。经发掘，其墓室形制、规模均与此前发现的萧梁王侯级墓葬相埒，其墓主属谁？考古工作者结合文献中记载的萧梁宗室成员的卒葬情况，认为属梁南平元襄王萧伟或昭明太子萧统的可能性最大。② 但经对墓室内所出人牙人骨的鉴定，知墓主为 40 多岁的男性，而萧统卒年 31 岁，其为墓主的可能性因此被排除，是故由贺云翱等执笔的北家边神道石柱与门阙的发掘简报迳称为《梁南平王萧伟墓阙发掘简报》，大致便是基于这样的考虑。根据对相关出土文物的分析，笔者认为，似也不排除墓主为梁吴平忠侯萧景的直系亲属的可能性。

（四）南京栖霞区燕子矶镇太平村石刻

仅存一石兽，无角有鬣，长舌垂胸，形制与梁吴平忠侯萧景、安成康王萧秀、临川靖惠王萧宏、始兴忠武王萧憺等宗室王侯墓前的石兽相近，但体长仅 1.54 米，规制甚小。石兽初出土时，身上覆有约 1 米厚的杂土，从其站立的姿势看，似乎未被移动过，根据石兽周围的地势判断，墓室可能位于其西北约 200 米左右、海拔 40 余米高的小山丘上。

该石兽面部遭人为砸损，发现者认为可能与"侯景之乱"有关，并据此认为其制作年代必在"侯景之乱"以前。关于石兽的归属，发现者推定为昭明太子萧统，理由有三点：石兽发现地点，当地人俗称为"太子凹"；《建康实录》卷一八载："（昭明太子）安宁陵在建康县北三十五里"，《景定建康志》云"在城北四十五里贾山"，而石兽发现地位于城北约 40 里左右，与文献记载昭明太子葬地方位大致符合；昭明太子生前未得封爵拜将，死后也未加赠，所以墓前神

---

① 南京市文物研究所，等：《南京梁南平王萧伟墓阙发掘简报》，《文物》，2002 年第 7 期。
② 南京博物院：《南京尧化门南朝梁墓发掘简报》，《文物》，1981 年第 2 期。

道石刻,不可能比宗室诸王侯的大,而只可能小。①

王志高的《梁昭明太子陵墓考》(《东南文化》2006 年第 4 期)则认为燕子矶镇太平村"太子凹"发现的石兽矮小粗率,其拥有者可能是卒于"侯景之乱"的梁简文帝萧纲的嫡长子、哀太子萧大器。

由于该石兽出土后,旋即被运回南京博物院保存,在较长的时间里未再公开露面,对其再行考察研究者寥寥,故时下的一些出版物大都沿袭了当年发现者最初所作的推测。但萧统贵为太子,生前极得梁武帝宠爱,且因文采出众,洵洵然有文坛盟主之风,卒葬时正值梁武帝统治的盛期,墓葬营置理当隆盛郑重,而此神道石兽规制甚至比梁武帝之侄、建安敏侯萧正立墓前石兽还要小许多,其为萧统所有是完全不能想象的。除了形制上的"弱小"外,与南京栖霞区甘家巷萧梁王侯墓前的神道石兽相比,太平村石兽躯体比例明显偏长,动感十足,与姿态明显作静穆状态的萧梁石兽在风格上亦有较大差异,且距墓室玄宫的神道仅约 200 米左右,亦与已经发掘的萧梁王侯葬制不尽符合。凡此种种,似乎都提示太平村石兽的时代应较发现者所推测的还要更早一些,甚至可能上溯至南齐。

(五) 南京栖霞区栖霞镇狮子冲石刻

位于栖霞山西南约 2 500 米的北象山下的狮子冲,现存东西相对的二件有角石兽,间距 25.84 米。其中东兽作双角,西兽为独角。两石兽的共同点是头部硕大,头颈间无鬃毛,舌不垂露,通体作繁缛、细密的减地雕饰,其雕刻明显较王侯墓前的狮形石兽精细且费工耗时,为南朝陵墓神道石兽中的麒麟之属。二石兽原本破损倾倒,1977 年由文物部门提升并修复。

关于这对石兽的归属,罗宗真《南朝宋文帝陵和陈文帝陵考》(《南京博物院集刊》第 7 辑,1984 年)尝云:"1935 年,朱希祖、朱偰父子曾认为南京市甘家巷狮子冲为宋文帝陵所在,到了 1957 年江

---

① 周晓陆:《南京太平村出土南朝石辟邪》,《东南文化》第 1 辑,1985 年。

宁县其林门灵山新发现石辟邪，又认为灵山应是宋文帝陵所在，将
狮子冲的改认为是陈文帝陵。1973 年，南京市博物馆发掘灵山大
墓，距新发现的石辟邪很近，有同志提出此墓即是陈文帝陵，为此，
一些公开发行的书籍和图表，大多数相沿 1957 年朱偰之说，认为
麒麟作风华丽，是六朝晚期遗物，故确信甘家巷狮子冲即陈文帝
陵。"此段表述存在着对前人研究成果的误读。实际上，朱希祖、朱
偰父子对狮子冲石兽归属的看法自始至终都存在分歧，朱偰《建康
兰陵六朝陵墓图考》倾向于狮子冲石兽属宋文帝长宁陵，但朱希祖
《六朝陵墓调查报告书》则对此观点持排斥态度，认为应属陈文帝
永宁陵。朱希祖认为，据《建康实录》载，陈文帝永宁陵在县北四十
里陵山之阳，而"陵山"应即位于狮子冲背后、当地土人俗呼为"兰
山"的山丘，因六朝音读"陵"若"兰"，并且《元和郡县图志》卷二六
载"陈文帝倩永宁陵，在县东北四十里蒋山东北"，也是与狮子冲方
位相吻合的①。日本学者曾布川宽在其《南朝帝陵的石兽与砖画》
中，也认同朱希祖的陈文帝永宁陵说，在文中，他除了引述朱希祖
已经列举出的所有文献资料作为佐证外，还从类型学的角度进行
了辨析，指出狮子冲石兽在形制上表现出了继承萧梁末季的丹阳
陵口石兽向陈朝石兽过渡的风格倾向。②

　　与此相左的是，朱偰视狮子冲石兽为宋文帝长宁陵之物的观
点，近数十年来亦未敛迹。日本学者町田章《南齐帝陵考》③即力主
其说，他经过类型排比后，认为狮子冲石兽具有宋武帝初宁陵石兽
（即前述江宁区麒麟镇麒麟铺石兽）作风，并将这种形制作风的石
兽称为"宋式"。罗宗真《南朝宋文帝陵和陈文帝陵考》提出狮子冲
石兽具有南朝早期特点，并"怀疑宋文帝陵前石兽被齐武帝迁走
后，今已不存，不知墓葬亦否迁移？宋文帝陵前现存石刻，由于齐
武帝生前很欣赏它，应是齐梁时工匠，仿齐武帝陵前麒麟重新刻制

---

① 朱希祖、滕固：《六朝陵墓调查报告》，中央古物保管委员会铅印本，1935 年。
② 曾布川宽：《六朝帝陵——以石兽和砖画为中心》，傅江译，南京出版社，2004 年，第 57 页。
③ 町田章：《南齐帝陵考》，劳继译，《东南文化》第 2 辑，江苏古籍出版社，1986 年。

树立于陵前"。尽管这只是推测之语,但还是显得有些离奇。

卢海鸣的《六朝都城》根据栖霞区甘家巷一带多为萧梁王侯葬地的情形,推断狮子冲石兽为梁元帝萧绎陵前之物。① 但文献明确记载萧绎于陈朝天嘉元年(560)六月葬于江宁,与此地地望不合,故可能性也不大。

王志高《梁昭明太子陵墓考》则认为属梁昭明太子萧统安陵所有,所举理由有几点值得考虑:一是狮子冲石兽所在的栖霞区甘家巷、尧化门一带应属萧梁贵族葬区;二是狮子冲石兽在形制上属帝陵规制的麒麟之属,与昭明太子号墓为陵的身份相符;三是狮子冲石兽体态接近丹阳的陵口和梁简文帝庄陵石兽。

围绕南朝陵墓神道石刻归属的聚讼,历来以栖霞区狮子冲石兽为最,迄无定论。20 世纪 80 年代,南京市博物馆的考古工作者曾在狮子冲石兽前的一处人为开挖的水塘边壁近水面处发现有九层莲花网格纹砖砌成的墓室排水沟,②可能即是狮子冲石兽所属陵墓的排水沟。而从此前发掘的南朝陵墓来看,被推断为南齐帝陵的丹阳胡桥仙塘湾墓的排水沟为七层砖砌,而南京栖霞区北家边萧梁某宗室成员(一说为梁南平元襄王萧伟)墓的排水沟为六层砖,据此可想见狮子冲石兽之后的帝陵的宏大规模,至少可以认定是属南朝实力鼎盛之际的遗制,而在民国初年由法国人张璜绘制的《金陵陵墓古迹全图》上,甘家巷梁安成康王萧秀墓石刻群东南即今狮子冲一带,标注有"长宁乡"地名,今有当地原住民,犹忆及其地旧时尚有"长宁村"之名,这是否即与宋文帝刘义隆长宁陵有直接关系呢? 当然,尽管有一些客观证据支持狮子冲石兽为宋文帝长宁陵神道石刻的观点,但形成定论犹嫌不足,还有待更进一步的验证。

---

① 卢海鸣:《六朝都城》,南京出版社,2002 年,第 292、293 页。
② 此信息承南京市博物馆考古部阮国林先生见告。

（六）南京江宁麒麟门灵山石刻

仅发现一件石兽，无角，张口吐舌，形制与萧梁王侯墓前石兽形制相类，但体量甚小，长、高各仅 1.40 米。20 世纪 50 年代于麒麟门外东北灵山之阳解放军驻宁某部队营房竹篱内被发现，时仅头颈部露出地面，余下三分之二犹陷没土中，惜已佚失无存。

灵山小石兽被发现后，朱偰据《建康实录》《六朝事迹编类》等文献中关于陈文帝陵在县东北陵山之阳（南）的记载，率先推断该石兽为陈文帝永宁陵所有。① 1973 年，南京市文物保管委员会在灵山之阳发掘了一座南朝大墓，墓葬形制和出土文物具有南朝晚期特征，其中有一对青瓷莲花尊，体量硕大，工艺繁缛复杂，堪称国宝。研究者多认为此墓与早些年发现的灵山石兽关系密切，罗宗真《南朝宋文帝陵与陈文帝陵考》在朱偰所征文献材料的基础上，亦认同灵山石兽为陈文帝陵前之物。

但经查询南京市博物馆内部资料，可知所谓灵山大墓长不过10 米，而已确知的南朝帝陵长度皆在 10 米以上；灵山大墓甬道中仅有一道石门，而南朝帝陵在甬道中均设置两道石门；灵山大墓墓壁仅以单一的莲花网格纹砖组合砌成，而南朝帝陵墓壁主体位置则以内容丰富的"竹林七贤"、羽人狮子或武士、鼓吹等形象的镶拼砖画为饰，莲花网格纹砖只是作为陪衬的辅助装饰而已。综以上述，可知灵山大墓在等级上倒更可能与已发掘的梁桂阳简王萧融墓、桂阳敦王萧象墓、安成康王萧秀墓及陈朝贵胄黄法氍墓等宗室贵族墓相若，尚未臻帝陵规制，所以不可能是陈文帝永宁陵。

（七）南京江宁上坊镇石马冲石刻

现存石兽一对，相距48.8 米，皆头顶无角而有鬃毛，舌外吐下垂，体躯稍长。原本半没于农田中，后经文物部门提升，近年因建市民广场又在文物部门指导下再度提升。

此对石兽，朱偰《建康兰陵六朝陵墓图考》一文认为系陈武帝

① 朱偰：《修复南京六朝陵墓古迹中重要的发现》，《文物参考资料》，1957 年第 3 期。

陈霸先万安陵前之物,①姚迁、古兵编《南朝陵墓石刻》、罗宗真《六朝陵墓及其石刻》、林树中《南朝陵墓雕刻》等文皆从其说②。朱希祖《六朝陵墓调查报告书》对此说则模棱两可,但其提出的质疑则很值得重视,其中最为关键的一点是,宋、齐、梁三朝皇陵前石兽皆作独角或双角的麒麟形象,而所谓万安陵前的石兽却是作无角而有鬃毛的雄狮形象,而这恰恰是认可上坊石马冲石兽为陈霸先万安陵神道石刻的观点最难以承受的。其次,朱希祖据《建康实录》中陈霸先万安陵在上元县东南三十里、彭城驿侧的记载,并结合《同治上江两县志》卷三考证得出:彭城山及彭城馆在今江宁淳化镇东,而石马冲则在淳化镇西十里,二者位置也明显不合③。

朱希祖对江宁上坊石马冲石兽的考证颇见功力,但同一段话中也存在观察不够仔细之处,如认为石马冲石兽"舌不下垂,与梁代诸王墓石辟邪不同"即是。实则石马冲二石兽均露舌外垂,但与萧梁诸王侯墓前石兽有所区别的地方在于,其舌部未如甘家巷一带萧梁石兽发达,且舌尖未垂至胸部。但对事物性质的判断理应着眼于大的方面,石马冲二石兽在形制上更符合南朝王侯墓前的狮形石兽的特征是毋庸置疑的,至于舌部的发达与否似乎更可能是从一个侧面提示了石马冲石兽与甘家巷一带的萧梁王侯墓石兽在制作时代上存在差异。

日本学者曾布川宽也否定石马冲石兽为陈霸先万安陵之物,而认为其属南齐之制。他从类型学的角度入手,指出此对石兽均伸出外侧的前肢,符合所谓南齐神道石兽的形制特征。此外,石马冲石兽躯体长而动感较强,与梁代石兽普遍作较为静态的驻足停滞的形象也有所区别。④

① 朱偰:《建康兰陵六朝陵墓图考》,商务印书馆铅印本,1936年。
② 姚迁、古兵:《南朝陵墓石刻》图版97-101;林树中:《南朝陵墓雕刻》,第32、33页。
③ 朱希祖、滕固:《六朝陵墓调查报告》,中央古物保管委员会铅印本,1935年。
④ 曾布川宽:《六朝帝陵——以石兽和砖画为中心》,傅江译,南京出版社,2004年,第56、57页。

（八）南京江宁区江宁镇建中村方旗庙石刻

现存石兽一对,东西相向,无角,头颈间有鬣毛,张口垂舌至胸部,其状如雄狮。二石兽原相距 12 米,1997 年修整提升后间距缩短为 8.7 米。其中,西石兽较完整,东石兽腰部以后无存。此对石兽最初系 1934 年 9 月由朱希祖、朱偰父子调查发现,2004 年 2 月,南京文物考古工作者在正对石兽西北向约 400 余米的山冈上发现一高约 5 米的墓葬封土,根据南朝陵墓地下玄宫与地上神道石刻的分布规律,遂认为此封土与二石兽皆属同一墓主所有。关于此墓墓主,朱希祖、朱偰父子皆推测为葬于金牛山的南齐豫章文献王萧嶷,并据《至正金陵新志》卷五《山川志》引《庆元志》载江宁铜山"山南名金牛坑",而认为金牛山即位于今江宁区境内的铜山。① 朱偰《建康兰陵六朝陵墓图考》更是迳谓"齐豫章文献王萧嶷葬金牛坑(今铜山乡),去江宁镇不远,或系此墓",②近年出版的姚迁、古兵编《南朝陵墓石刻》及罗宗真《六朝陵墓及其石刻》也分别接受此观点,但显然都是将"金牛山"误作"金牛坑"了。

据《至顺镇江志》卷一二《古迹》引《舆地志》:"泰安陵(齐高帝陵)、景安陵(齐武帝陵)、兴安陵(齐明帝陵)在故兰陵东北金牛山"。又据《乾隆丹阳县志》卷二《山川》:"经山,在(丹阳)县东北三十五里,昔有异僧讲经于此,故名。上有金牛洞,一名金牛山,一名金山"。可知齐豫章文献王萧嶷所葬墓亦当属丹阳萧齐帝陵区的陪葬墓之一,与江宁方旗庙石兽无涉。

近来,又有学者撰文认为,方旗庙石兽系陈朝天嘉元年(560)归葬位于江宁通望山其母文宣阮太后旧茔旁的梁元帝萧绎墓之物③,至于墓前未采用南朝帝陵前专设的有角石兽,而只是设置了王侯墓前作无角有鬣吐舌的雄狮形象的石兽,当是改朝换代后,后

① 朱希祖、滕固:《六朝陵墓调查报告》,中央古物保管委员会铅印本,1935 年。
② 朱偰:《建康兰陵六朝陵墓图考》,商务印书馆铅印本,1936 年。
③ 王志高、周维林:《南京方旗庙南朝陵墓石刻墓主为梁元帝萧绎》,《中国文物报》,2005 年 4 月 1 日第 7 版。

朝有意低抑前朝君主的仪制之故。

（九）镇江丹阳胡桥狮子湾石刻与赵家湾石刻

两组石刻相互毗邻,位于镇江丹阳县北 30 里处,是位于丹阳
最北端的南朝陵墓石刻。现均只存一对有角石兽,为南朝帝陵神
道石兽中的麒麟之属。两处石兽及其所夹神道呈南北向,中间相
隔一片起伏平缓的丘陵。其中狮子湾二石兽东西相距 23 米,东石
兽保存尚好,西石兽失头;赵家湾二石兽东西间距 18.5 米,但在
1968 年已遭破坏。

朱希祖《六朝陵墓调查报告书》据《元和郡县图志》卷二六与
《乾隆丹阳县志》卷一九关于齐宣帝永安陵和齐高帝泰安陵位置的
相关记载推断:狮子湾石兽为齐宣帝永安陵之物,赵家湾石兽为宣
帝之子、高帝泰安陵所有。① 由于二处石兽的方位大体与文献记载
相符合,故朱希祖所作推断颇为学界认同,如朱偰《建康兰陵六朝
陵墓图考》、姚迁、古兵编《南朝陵墓石刻》等皆袭沿未改。②

值得注意的是,朱希祖对二处石兽归属的推断是基于二陵朝
北的认识基础而定的。日本学者曾布川宽参照地图发现狮子湾石
兽和赵家湾石兽之北为渐次升高的缓坡地形,遂推断这对父子陵
墓皆是面南背北并列而造,据《隆庆丹阳县志》卷八载:"泰安陵,齐
文帝及昭后刘氏葬所,在宣帝陵侧。"按照当时陵墓排列的尚右原
则,那么位于右侧的赵家湾石兽应属父亲——宣帝永安陵所有,左
侧的狮子湾石兽才是儿子——高帝泰安陵之物。③

（十）镇江丹阳建山金家村石刻

位于丹阳城东北 16 公里处,现存一对有角石兽,躯体矫健灵
动,为南朝帝陵神道石兽的麒麟之属。二石兽东西间距约 32 米,
其中,西石兽独角,有残损,但纹饰尚清晰;东石兽双角残损严重,

---

① 朱希祖、滕固:《六朝陵墓调查报告》,中央古物保管委员会铅印本,1935 年。
② 朱偰:《建康兰陵六朝陵墓图考》,第 16－18 页;姚迁、古兵:《南朝陵墓石刻》图 4-9。
③ 曾布川宽:《六朝帝陵——以石兽和砖画为中心》,傅江译,南京出版社,2004 年,第 15－
18 页。

体表纹饰漫漶模糊,可能与扶正提升之前长年浸泡在水塘中有关。

1968 年 8 月至 10 月,南京博物院在此对石兽北部 600 米处发掘了一座长达 13. 60 米的大型南朝墓,当为此对石兽所有者的墓室玄宫。墓葬发掘者据朱孔阳《历代陵寝备考》中齐废帝东昏侯萧宝卷墓在丹阳县东十六公里的记载,推测其位置与丹阳建山金家村墓前神道石刻相当,只是方向略偏北些。① 杨泓《丹阳南朝陵墓石刻》一文承袭了墓葬发掘简报的这一假说。②

日本学者曾布川宽则通过对齐郁林王和海陵王的终制的考证指出,对于被废的皇帝,总是"殡葬以王礼",故其墓前的神道石兽,只合采用无角有鬃、张口吐舌的雄狮形象,认为东昏侯之说难以成立。在此基础上,曾布川宽对建山金家村石兽的归属提出了自己的看法,他认为,金家村石兽位于被公认为齐景帝萧道生修安陵的丹阳仙塘湾石兽左近,彼此相距只有 2 公里,更兼墓室内的镶拼砖画为同范制作,故两墓建造年代相近,关系较密切,并进一步推测金家村石兽或即为萧道生之子、齐明帝萧鸾所有。③

(十一)镇江丹阳建山乡烂石弄石刻和埤城镇水经山村石刻

两处神道石刻皆只存南北相向的石兽各一对,均作无角有鬃、张口垂舌的雄狮形象,但体量普遍较南京栖霞区甘家巷一带的萧梁王侯墓前的同类型石兽要小。其中,烂石弄南石兽已碎成数块,北石兽相对完好,其作蹲踞状,则为南朝陵墓神道石兽所仅见;水经山石兽保存尚好,体躯稍长,动感十足。

建山乡烂石弄石兽和埤城镇水经山村的二处石兽,朱希祖《六朝陵墓调查报告书》分别命名为水经山下偏东之墓与偏西之墓,并疑为齐前废帝、郁林王萧昭业墓和后废帝、海陵王萧昭文墓。④ 两废帝为齐文惠太子萧长懋的长子和次子,前者即帝位未久即被杀,

---

① 南京博物院:《江苏丹阳县胡桥、建山两座南朝墓葬》,《文物》,1980 年第 2 期。
② 杨泓、孙机:《寻常的精致》,辽宁教育出版社,1996 年,第 156 页。
③ 曾布川宽:《六朝帝陵——以石兽和砖画为中心》,傅江译,南京出版社,2004 年,第 26 - 28 页。
④ 朱希祖、滕固:《六朝陵墓调查报告》,中央古物保管委员会铅印本,1935 年。

并降封为郁林王,后者继位亦仅三月便被废为海陵王。故其墓皆只合殡以王礼,不可能采用帝陵制度。从方位上看,两处石刻皆位于南齐帝陵区域内,且分布在水经山东北麓,互相毗邻,也显示出彼此的亲缘关系。综以上述,可知尽管尚缺乏十分确切的依据,但将二处石兽推定为前废帝萧昭业和后废帝萧昭文墓前遗存,还是存在一定合理性的。而且,根据汉魏南北朝时期盛行的以右为尊的排葬规律,将居右的烂石弄石兽推定为兄长萧昭业所有,将居左的水经山石兽推定为弟弟萧昭文所有,也都顺理成章。

朱希祖对这二处石兽归属所作的推测,得到了学术界的普遍认同。日本学者曾布川宽在认可朱希祖所作推测的同时,还从类型学的角度出发,指出石兽皆采取了伸出外侧前肢的样式,也符合业经验证的南齐神道石兽特征。①

(十二)镇江丹阳荆林三城巷萧梁帝陵石刻

在丹阳经山西南的田野里,由南往北并列着四处南朝陵墓神道石刻,形成一个相对集中的神道石刻群,其中第二处神道石刻组合最为完整,除一对有角石兽外,并有神道石柱、神道石碑(残存龟趺)和刻凿"T"字形榫孔的方形石台基各一。值得一提的是,分别位于二石兽旁的两座刻凿有"T"字形榫孔的方形石台基,应即为原先承接二石兽的石座,可能是文物工作者早年提升石兽时,为图省事,迳将石兽吊起并重做基础,遂置石座于其傍近而不顾,给后人增加了不必要的误会。根据神道石柱方版上的刻铭,知这组神道石刻为梁文帝萧顺之建陵所有。

梁文帝建陵石刻群以北约 360 米的石刻,现仅存神道左侧的一件双角石兽,石兽里侧前肢伸向前方,足下并攫一小兽,被公认为梁文帝萧顺之第三子、梁武帝萧衍与郗皇后合葬之修陵。对照六朝陵墓以右为尊的规律,该石兽恰位于梁文帝建陵左侧,从制度上来看大体是符合的。日本学者曾布川宽认为,修陵为郗皇后之

---

① 曾布川宽:《六朝帝陵——以石兽和砖画为中心》,傅江译,南京出版社,2004 年,第 30 页。

陵,只是由于武帝死于"侯景之乱",未及为自己营造陵墓,遂葬于修陵。郗后之陵虽有陵号,但在皇后墓前设置有角石兽似乎不合情理,故推断修陵石兽是在"侯景之乱"平定后由嗣位的梁简文帝所建。[①]

梁武帝与郗皇后修陵以北约 60 米处的神道石刻仅存躯体被切除一半的右侧石兽,该石兽历来被认为是梁武帝第三子、简文帝萧纲庄陵所有,一向也都没有什么争议。

在梁文帝建陵以南 60 米,亦有南北相向的一对有角石兽,为南朝陵墓神道石刻中的麒麟之属,其中北石兽身体只存前躯,并失头,毁损极甚;南石兽四足、尾部缺损,头部原有独角,已损,余尚保存完好。关于此对石兽,朱希祖《六朝陵墓调查报告书》认为系齐明帝萧鸾兴安陵之物,依据是《乾隆丹阳县志》卷一九有云,齐明帝萧鸾兴安陵的位置在县"东北二十四里",而梁文帝萧顺之建陵在"县东北二十五里东城村",故作如是推测。[②] 此后的相关著述皆沿袭了朱希祖的观点,几成定论。然而,细加校勘,可以发现乾隆《丹阳县志》中将梁文帝建陵方位记为县"东北"恐有误,因同书记梁武帝修陵和梁简文帝庄陵位置都分别作"县东二十五里"和"县治东二十七里",故疑《乾隆丹阳县志》中建陵方位"东北"应为"东"之讹衍。况且,已知三城巷集中分布着梁文帝、梁武帝与梁简文帝的陵墓,可推定该地实为萧梁帝陵区,故将梁文帝建陵以南 60 米的这对有角石兽定为齐明帝萧鸾兴安陵,显然是说不通的,惟将其视作萧梁某帝陵,才合乎情理。萧梁诸帝中,除文帝、武帝、简文帝已确知葬于丹阳荆林三城巷、梁元帝萧绎于陈朝天嘉元年(560)改葬江宁外,剩下的就只有元帝第七子、于太平二年(557)禅位于陈霸先的梁敬帝萧方智了。敬帝萧方智禅位于陈霸先以后,虽降封为江阴王,但仍然被允许行梁正朔,但这种情况不可能维持多久,仅仅一年后,萧方智便暴卒而亡,陈霸先则遣太常吊祭,司空监护丧

---

①　曾布川宽:《六朝帝陵——以石兽和砖画为中心》,傅江译,南京出版社,2004 年,第 41 页。
②　朱希祖、滕固:《六朝陵墓调查报告》,中央古物保管委员会铅印本,1935 年。

事,备极哀荣,所以此对帝陵石兽的主人似以萧方智的可能性最大。① 至于将其陵墓营置于较梁文帝建陵更为尊贵的右侧地位,恐是陈霸先出于贬抑前朝的考虑而故意采用的非常手段。

(十三) 镇江丹阳陵口石刻

原本位于丹阳荆林三城巷以南、陵口镇东 0.5 公里,即东南方向的大运河与北上三城巷的萧梁河交界处,夹萧梁河东西两岸而置。1965 年拓宽运河时,将石兽北移 450 米,1977 年疏浚萧梁河时又将其向西移了 70 米。与其他石兽不同的是,该对石兽并非位于陵墓神道两侧,而是位于整个萧梁陵区的入口处。

位于陵口的这对石兽,为南朝陵墓地面石兽中的麒麟之属,皆损四肢及尾部,其中右石兽为独角,体长 3.95 米;左石兽为双角,体长 4.0 米。其体量之硕大,堪称南朝陵墓石兽之最,但对于其时代与归属,历来多称之为南朝齐梁时期,然齐焉梁焉,却无从确指。日本学者曾布川宽认为,从石兽残存的下部来看,石兽向前伸出的均是里侧的前肢,符合萧梁神道石兽的特征;在躯体上也未如南齐帝陵石兽那样表现出头、颈、胸三部分呈明显的 S 形流丽跃动的形象,而更为接近萧梁帝陵神道石兽作静态伫立的外形特征;从方位上看,此对石兽所在的陵口更接近于三城巷萧梁诸帝陵。综以上述,曾布川宽推断陵口石兽殆为梁制,应当说是很有见地的。但他又进一步认为陵口的这对石兽是平定"侯景之乱"后,为简文帝举行葬礼之前而置,则还有待验证。②

三、南朝陵墓神道石刻的保护与修复

经过 1500 年左右的风风雨雨,南朝陵墓神道石刻饱含着岁月的沧桑走到了 21 世纪的今天。由于暴露野外,这些石刻一直遭受

---

① 曾布川宽:《六朝帝陵——以石兽和砖画为中心》,傅江译,南京出版社,2004 年,第 52、53 页。

② 同①,第 44 – 49 页。

到来自自然界各种因素的侵害,经历着缓慢的侵蚀过程。揭示南朝陵墓神道石刻所遭受到的自然侵害,深刻认识其所造成破坏的严重性,从而"对症下药"地修复、保护这些艺术瑰宝,充分展示其艺术活力,延长其艺术生命,一直是文物保护的一项重要课题。在这个方面,文物部门与科研院校都进行过积极的探索和研究。

早在 1953 年 4 月至 1957 年 6 月,南京市文物保管委员会在江苏省文物管理委员会与南京博物院的指导下,对南京附近的南朝陵墓神道石刻进行了整修。据金琦《南京附近六朝陵墓石刻整修纪要》(《文物》1959 年第 4 期)介绍,这次整修的措施包括三个方面:一是将陷没土中或浸泡水中以及倾倒在地面上的石刻,采用简单装配的起重工具——"神仙葫芦"进行提升,并重做水泥毛石基础,四肢损毁严重的还配补承重石墩;二是对表面裂隙明显的石刻以铁板条箍拢裂痕,并在铁箍上涂饰黄丹以及与石刻颜色类似的漆,以防锈蚀;三是对石刻表面存在的较大的裂隙灌注水泥浆,并在部分石刻上涂赛璐璐溶液保护层。

上述保护方法简便易行,但毕竟是在文保技术水平有限的特定时代条件下所为。为此,《南京附近六朝陵墓石刻整修纪要》一文的"编者按"特别指出:在石刻上加铁箍,是临时性的或不得已的方法,对保护石刻虽有很大作用,也可维持很长时间,但对艺术形象却有不良影响;建亭对碑刻进行保护,是传统的老办法,但多少也影响了对艺术的欣赏,因而希望能研究出一个不要建亭又能使石刻不会风化的好办法;不得已需移动石刻原来位置时,需要有一个详细的实测图,记录它原来的位置和现在的位置,这种图和其他的修理图一样应当做成档案保管下来。

上述出自《文物》月刊编者之手的按语,是站在一个很高的层面上为南朝陵墓神道石刻的保护指明了未来努力的趋势和方向,具有很强的指导意义。然而,直至今日,我们的文物保护工作仍然未能完全满足这些来自 20 世纪 50 年代的期望。除了尚难以克服的科技因素的制约外,一些本可以付诸实践的工作却迟迟未能开展,如石刻原生位置与环境的实测丈量等。而且由于近年来的大规模基础建设,不少南朝神道石刻周围的地形地貌已经发生了巨大变化,几乎完全丧失了对其进行测绘记录的可能,这给文物保护与研究工作都留下了无可弥补的遗憾。

如果说《南京附近六朝陵墓石刻整修纪要》一文展示出来的还仅仅是社会主义建设初期比较保守甚至是落后的文保技术水准的话,那么,以王勉《南京郊区南朝石刻的保护试验》一文(《文博通讯》总第 34 期,1980 年。简称《试验》)的刊发为标志,表明针对南朝陵墓神道石刻的保护工作业已被提升到了一个全方位的标本兼治的阶段,其文中对侵害南朝陵墓神道石刻的诸种因素的揭示,可谓鞭辟入里,不再流于早期的泛泛而谈。这是文物工作优化分工组合、更趋专业化的必然结果。

关于南朝陵墓神道石刻所遭受的侵害,《试验》主要归结了六点:首先,南朝陵墓神道石刻系以方解石($CaCO_3$)为主要成分的石灰石雕成,易受水的冻结作用,且能溶于含二氧化碳(CO_2)的水,从而形成可溶解的酸式碳酸钙;其次,由于空气污染产生的二氧化硫(SO_2)氧化后,遇空气中的水变成硫酸,使方解石($CaCO_3$)石膏化;第三,石刻表面因上述两个因素导致龟裂,裂隙积聚尘土后导致植物得以在其中生长发育,对石刻的破坏就更为明显,并且植物还会生发出地衣酸侵蚀石刻;第四,温差对石刻也具有破坏作用,如白天,石刻在阳光直射下会被晒到烫手的地步,到夜晚则又恢复到冰冷的状态。由于石头传热性能差,即便表面受热至烫手的程度,但其内部往往还是凉的,遂造成表面的膨胀率比内部大,加之石刻本身是多种矿物混合体,而各种矿物都有着不同的膨胀系数与比热,长年无休止的膨胀与收缩,也会造成石刻的剥落和龟裂;第五,与温度相结合的湿度造成侵害作用的症结是冻结。冬季,水或水汽进入石刻裂隙后,一旦温度下降到冰冻线以下时,凝结成冰,体积便涨大进而使石刻崩裂,这类现象往往在石刻朝北的一面表现得尤为明显;第六,石刻陷没地下或浸泡在水塘里时,受到的侵害也不容忽视,因为地下水总是富含某种溶解的盐类。盐类溶液渗入到石刻内部,逐渐达到饱和状态,在一定条件下相对干燥,就会析出盐的结晶,进而聚结增长,产生的压力也会导致石面破裂。由此可见,早年南京文物部门将陷没土中的南朝陵墓神道石刻陆续予以提升加固,或许主观上只是为了欣赏、展示之需,但客观上却使其免遭地下水的侵蚀,从文物保护的技术角度而言,也算是幸事了。

在此基础上,《试验》还披露了以专业的技术手段"对症下药"地修复梁安成康王萧秀墓神道石柱的详细经过。从该石柱保存现状来看,修复过程乃至效果都还是较为令人信服的。

总之,《试验》一文从文物保护的角度对南朝陵墓神道石刻的解析,究竟是属有针对性的调查研究所得,抑或是借鉴了国内外较为先进的文保技术成果,暂且不论。惟其对南朝陵墓神道石刻的文保工作而言,是有着重要意义和深远影响的,试观近年来出版的诸如梁白泉主编《南京的六朝石刻》、许辉等主编《六朝文化》等书,其中但凡涉及南朝神道石刻的保护与修复内容的,无不大段转引、摘用《试验》中的论述,即是明证。

尽管由于种种原因,在修复的具体手段上还鲜有创新,但近年来在对南朝陵墓神道石刻所受侵害的观察与研究上,却有更为细化的趋势,只是这些成果或者还仅仅成形于专业内部总结报告的阶段,由于信息交流不畅,尚未引起文博部门的足够重视。由张捷、李升峰等执笔完成的调查报告《南京梁代石刻微侵蚀的研究》(《地理学报》1994 年第 5 期)通过野外现场观察和室内光学显微镜的微观检测分析,对南京栖霞区甘家巷一带分布的萧梁王侯墓前的神道石刻在自然风化过程中的微侵蚀作用、尤其是生物侵蚀作用及其形成机制进行了深入探讨。

文中指出,石灰岩石刻最基本的侵蚀过程是以大气降水、土壤水和附着低等生物为外营力的溶蚀过程,根据溶蚀的剖面形态特征,可将溶蚀痕迹分为四类:一是沿缝合线发育的溶隙和溶纹,对石刻而言,这还仅是一种潜在的威胁,但大型溶隙可导致石刻崩解;二是下陷溶窝,系嵌生型藻类覆盖侵蚀形成的溶痕;三是石刻陷没土下因裂隙水侵蚀形成的、外观呈石芽形态的回曲状溶沟;四是在有方解石脉的地方易于生成的差异溶蚀现象,使方解石脉呈脊状凸起,俗称"石筋",而"石筋"两侧则形成溶槽。

据现场观察,南京栖霞区甘家巷一带的萧梁神道石刻中,以鄱阳忠烈王萧恢墓的石兽保存现状最差,不仅通体密布沿缝隙线发育的呈直立状的溶隙,溶窝分布亦占到石刻表面的 5% ~ 10%,且因石兽下部 50 厘米 ~ 70 厘米曾经陷没土中而遭土下侵蚀,故石兽在这一区域的体表(主要是腿足和下腹部)有粘球藻类聚集。

始兴忠武王萧憺墓和吴平忠侯萧景墓神道石刻的保存状况也不容乐观,其中萧景墓石兽约 1.6 米以下生成密集的回曲状溶沟,两处石刻的表面均生成有大量藻类(粘球藻与色球藻)和地衣(瓶口衣、墙茶渍、橙衣裂朵双绿衣等),只是溶隙发育相对较弱。

相较而言,安成康王萧秀墓前的神道石刻群无明显下埋痕迹,溶窝特征亦不明显,溶隙发育亦较弱,特别是龟趺缝合线多呈水平状,不利于雨水流动渗入,是故保存条件相对较好,但东侧石兽因其岩石成分中的泥晶灰岩与方解石脉之间的差异,造成差异溶蚀,石筋交错,亦不可掉以轻心。

在《南京梁代石刻微侵蚀的研究》一文中,有关南朝陵墓神道石刻自然损毁的微地貌机制的分析也极为精辟入微,充分揭示了南朝陵墓神道石刻表面微侵蚀及其形成机制,并特别总结指出,对暴露野外的石刻的保护,迫在眉睫的是应加强表面尤其是顶背部缝合线、侧部纵立状缝合线的防水措施和防止石刻表面的地衣生物生长。

（2010 年第 1 期）

论丹阳陵口南朝石兽的制作年代

王志高

在镇江丹阳陵口镇东南不远与江南运河交汇处的萧塘河（或称萧梁河、萧港河）两岸，分布有一对南朝石兽，1988 年已公布为全国重点文物保护单位①（见图 1）。石兽均雄性，东兽双角，身长 4 米，残高 3.6 米，失 3 足；西兽独角，身长 3.95 米，残高 2.9 米，四足皆失。二兽琢刻精工，雕饰华美，不仅在现存南朝陵墓石兽中体量最大、最为俊骏，而且与其他石兽不同，即不是位于陵前神道两侧，而是夹河列置。虽然此二石兽著录较早，但相关研究一直比较薄弱，迄今仅见日本学者曾布川宽作过专门探讨②。本文在系统梳理前人著录和研究的基础上，就陵口石兽的性质及其制作年代两个问题做一深入分析。

一、陵口南朝石兽的著录与研究概况

陵口石兽最早著录于《舆地志》："泰安陵、景安陵、兴安陵，在故兰陵东北金牛山。其中邱埭西，为齐梁二代陵，陵口有大石麒麟辟邪，夹道有亭，有营户守典之。四时，公卿行陵，乘舴艋，自方山

---

① 据王玉国《镇江文物古迹》，1956 年因运河拓宽，将此石兽北移 450 米。1977 年，因疏浚萧港河，又将河西石兽西移 70 米。南京大学出版社，1993 年，第 12 页。

② 曾布川宽：《六朝帝陵——以石兽和砖画为中心》，傅江译，南京出版社，2004 年，第 44 – 49 页。曾布川宽的这一成果最初以《南朝帝陵的石兽和砖画》为题发布于 1991 年 3 月出版的日本《东方学报》（京都版）第 63 册。以下凡征引该文处一般不另作注。

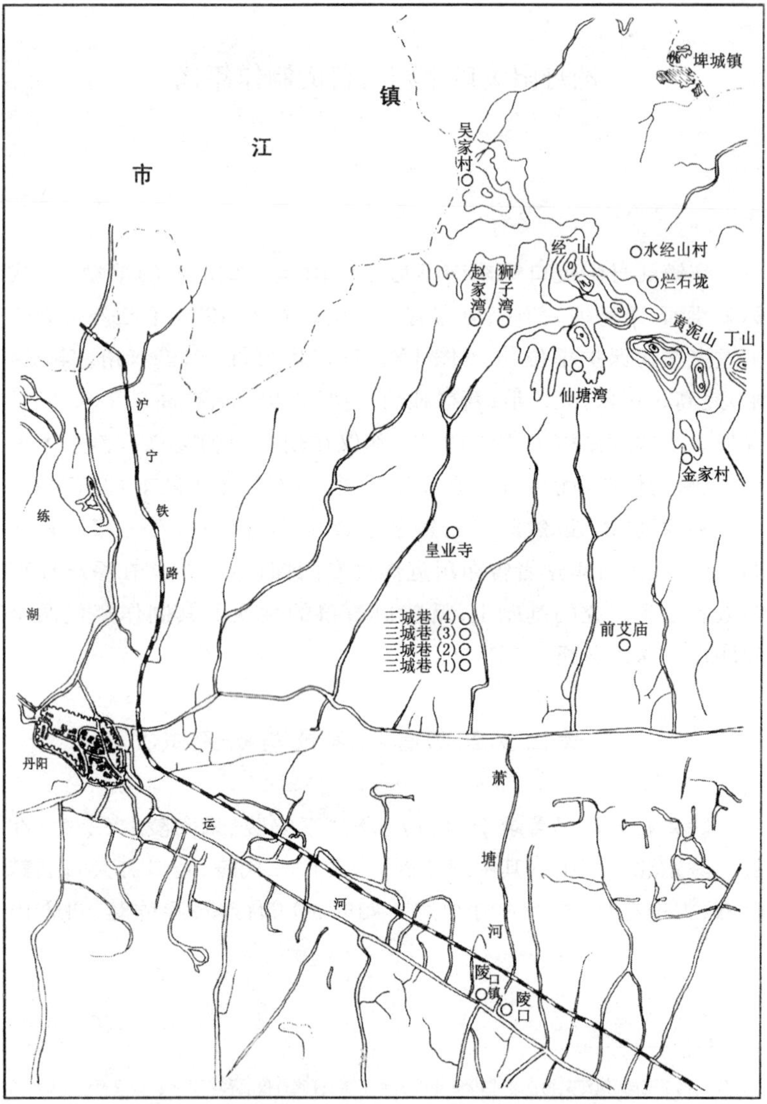

图1　陵口石兽位置及丹阳齐、梁陵墓分布示意图

由此入兰陵,升安车,轺传驿置,以致陵所。"①《舆地志》为南朝陈代顾野王编纂,全书今虽佚失,但南宋王象之《舆地纪胜》、《嘉定镇江志》、元《至顺镇江志》等书皆有辑录,保存有这条重要记载。除此之外,又见载于陆游《入蜀记》卷一:乾道六年(1170)六月"十五日早,过吕城闸,始见独辕小车。过陵口,见大石兽偃仆道傍,已残缺,盖南朝陵墓。齐明帝时,王敬则反,至陵口,恸哭而过,是也。"②此后历代志书对陵口石兽虽有著录,但多属转引,没有突破以上二书资料,或如《舆地志》以陵口石兽作为齐梁二代陵区入口辟邪的标志,或如《入蜀记》将陵口石兽看作普通南朝陵前列置之物。

　　直到晚清张璜著《梁代陵墓考》才提出新说,他把陵口石兽的归属具体指向梁简文帝萧纲,认为萧纲"墓在陵口或萧塘,丹阳东南二十里,陵口车站西南方(笔者注:实在东南方)"。③ 民国年间,陵口石兽再次引起朱希祖、朱偰等学者的关注。1935年中央古物保管委员会所编《六朝陵墓调查报告》中收有朱希祖《六朝陵墓调查报告书》一文,文中直指陵口石兽非属一般陵墓,他认为:"陵墓常例,两石麒麟或辟邪之间,其陵墓必在中间。今此两麒麟中间,乃系河道,其非陵墓明矣。"并批评"张璜径以陵口为简文帝庄陵,于故书无征,于地理不合,其误甚明。"④然而此书所录朱偰《六朝陵墓总说》一文附表中又继续沿用张璜之误,仍置简文帝萧纲庄陵于丹阳陵口萧梁河口。⑤ 且次年朱偰本人所著《建康兰陵六朝陵墓图考》亦犹豫陵口石兽是否属梁简文帝萧纲庄陵,并疑三

---

　　① 《嘉定镇江志》卷一一《古迹·陵墓》,《宋元方志丛刊》本,中华书局,1990年,第2398、2399页;王象之:《舆地纪胜》卷七《两浙西路·镇江府》,江苏广陵古籍刻印社,1991年,第119页;《至顺镇江志》卷一二《古迹·陵墓》,江苏古籍出版社,1999年,第491、492页。各书转引《舆地志》该段记载互有简繁、出入,今参考诸本校改。

　　② 陆游:《入蜀记》卷一,见《陆放翁全集》,中国书店,1986年,第267页。

　　③ 张璜:《梁代陵墓考》,南京出版社南京稀见文献丛刊本,2010年,第19页。

　　④ 朱希祖、滕固:《六朝陵墓调查报告》,中央古物保管委员会编辑委员会编辑,南京稀见文献丛刊本,南京出版社,2010年,第119、118页。

　　⑤ 同④,第173页。

城巷（4）石兽①"别为一陵"，故其表示要存"阙疑，以质之海内之考古者"。② 同年四月，叶在兹曾经专门前往陵口考察这对石兽，他在随后所写的游记中也据县志认为石兽属梁简文帝萧纲庄陵③。可见民国年间，关于陵口石兽的性质，学界仍无定论。

新中国成立后的数十年内，包括陵口石兽在内的南朝陵墓石刻研究几乎停滞不前。如1956年朱偰《丹阳六朝陵墓的石刻》一文已改称："陵口运河北岸萧港东西的一对石麒麟，乃是陵墓区进口地方的一种装饰品，而决不是萧纲的庄陵了。"④但1981年姚迁、古兵编著的《南朝陵墓石刻》，及同年二人所编《六朝艺术》有关图版说明，仍将陵口石兽列为"南朝失名陵（墓）石刻"。⑤ 1984年林树中编著《南朝陵墓雕刻》虽将陵口石兽划归齐代，但未说明原因，也未说明究竟属于陵区入口，还是属于某一具体陵墓。⑥ 1990年代后状况才有改观，《镇江文物古迹》《六朝考古》《南京的六朝石刻》《江苏考古五十年》《江苏省志·文物志》诸书似乎已就陵口石兽的性质与年代达成共识，皆谓不是墓前之物，而是齐梁陵墓区入口的标志，并一致把三城巷（4）列为梁简文帝萧纲庄陵。值得重视的是，2002年日本奈良县立橿原考古学研究所编辑《南朝石刻》一书，录有冈林氏撰写的《南朝陵墓の各说》，文中因注意到陵口石兽与三城巷（1）所谓齐明帝兴安陵石兽⑦造型及装饰纹样的相似性，从

---

① 丹阳三城巷分布有4组梁代陵墓神道石刻。为便于表述，本文采纳日本学者曾布川宽的记录方法，将此4组石刻由南向北依次编号为三城巷（1）、（2）、（3）、（4），三城巷（4）即一般推定为梁简文帝萧纲庄陵的石兽。

② 朱偰：《建康兰陵六朝陵墓图考》，中华书局，2006年，第57页图37，第17、18页。

③ 叶在兹：《丹阳游记》，《旅行杂志》1937年第11卷第2号。叶祥法《丹阳访古记》也认为陵口石兽属庄陵，见《旅行杂志》1935年第9卷第5号。大概二人都是受张璜《梁代陵墓考》的影响。

④ 朱偰：《丹阳六朝陵墓的石刻》，《文物参考资料》，1956年第3期。

⑤ 姚迁、古兵：《南朝陵墓石刻》，文物出版社，1981年，第9页；姚迁、古兵：《六朝艺术》，文物出版社，1981年，第6页。

⑥ 林树中：《南朝陵墓雕刻》，人民美术出版社，1984年，第42页。

⑦ 三城巷（1）石兽过去一般认为属齐明帝或梁敬帝，笔者已详考实属梁武帝萧衍祖父母萧道赐夫妇，推测制作于梁大同十二年（546）。参见王志高：《丹阳三城巷（1）南朝陵墓石兽墓主身份及相关问题考订》，《东南文化》，2011年第6期。

而把陵口石兽的制作锁定为齐明帝时期。①

以上关于陵口石兽的观点因缺乏具体分析和论证,充其量属于著录性质,真正对陵口石兽开展综合研究则始于日本学者曾布川宽。他在《六朝帝陵——以石兽和砖画为中心》一书第三章专列陵口石兽一节进行考证。他认为陵口的这对石兽从形式和样式两方面来看都是梁武帝修陵以后萧梁之物。至于具体建造年代,他根据《梁书》中大宝三年(552)梁简文帝葬礼之前,梁元帝曾派遣司空萧泰等拜谒茔陵、修复社庙等文献记载,认为很可能在这个时候萧梁河得到整治,并在此前后于陵口放置了石兽。近年徐湖平主编《南朝陵墓雕刻艺术》一书就完全赞同曾布川宽之说,亦主张陵口石兽是梁代末年之物。②

总之,丹阳陵口南朝石兽的著录虽早,但有关研究国内学界长期未有进展,就陵口石兽的性质及制作年代等关键问题均未达成共识。日本学者曾布川宽虽将陵口石兽的研究向前大大推进了一步,有关观点表面上看起来似乎在理,但仔细推敲仍令人困惑,故有必要作进一步深入研讨。

二、丹阳陵口是齐梁二代陵区总出入口

在讨论丹阳陵口石兽的性质与制作年代之前,我们先来看看"陵口"一词的含义。陵口者,陵区之出入口也③。作为地名,"陵口"屡见于六朝文献。

如《晋书·明帝纪》载:太宁二年(324)秋七月,王敦再次举兵叛乱,遣其兄王含及钱凤等率水陆军五万,到达建康秦淮河南岸。温峤移屯秦淮河北,烧朱雀桥,以挫其锋。明帝亲率六军督战,于

① 奈良县立橿原考古学研究所:《南朝石刻》,明新印刷株式会社,2002 年,第 94 页。
② 徐湖平:《南朝陵墓雕刻艺术》,文物出版社,2006 年,第 195、304 页。
③ 具体陵墓之神道入口亦或称陵口,如乐史《太平寰宇记》卷九〇《江南东道二·昇州》:"东尉,在吴大帝陵口,今蒋山西门。"(中华书局,2007 年,第 1788 页);《宋书》卷三三《五行志四》云:"元嘉十四年,震初宁陵口标,四破至地。"

越城大破乱军,斩其前锋将何康。"王敦愤惋而死。前宗正虞潭起义师于会稽。沈充帅万余人来会含等。庚辰,筑垒于陵口。"①时为东晋初年,钟山之阳的东晋陵区似乎尚未成形,故此处的"陵口"或指钟山之阳的孙吴蒋陵之出入口。

又有"东陵口"之称。《晋书·卞壶传》载:咸和三年(328)正月,苏峻乱军自牛渚渡江,王师御之,屡败。二月,"峻至东陵口,诏以(卞)壶都督大桁东诸军事、假节,复加领军将军、给事中。壶率郭默、赵胤等与峻大战于西陵,为峻所破。壶与钟雅皆退还,死伤者以千数。"②《宋书·武帝纪上》云:元兴三年(404)三月,刘裕率领北府军讨伐桓玄,师之所向,直捣建康。桓玄听说皇甫敷等于北郊罗落桥败没后,愈加恐慌,遂"使桓谦屯东陵口,卞范之屯覆舟山西,众合二万"以拒义军。③"陵口"又见《异苑》卷九:"颍州庾嘉德,善于筮蔡之事。有人失一婢,庾卦云:'君可出东陵口伺候,有姓曹乘车者,无问识否,但就其载,得与不得,殆一理也。且出郭,果有曹郎上墓,迳便升车。曹大骇呼,牛惊奔入草,刺一死尸,下视,乃其婢也。"④由于东晋的帝陵分布于鸡笼山之阳、钟山之阳、幕府山之阳 3 个陵区,而钟山之阳的东晋陵区正在建康城东,故"东陵口"推测与钟山之阳的东晋陵区有关,然亦有专家认为即前引《晋书·明帝纪》中之"陵口",乃孙吴蒋陵的出入口。⑤

"陵口""东陵口"作为地名,除见于建康外,还见于今安徽马鞍山市郊的采石山(古称牛渚山)。⑥《晋书·苏峻传》载:咸和三年(328),苏峻乱起历阳,"自率(祖)涣、(许)柳众万人,乘风济自横

---

① 房玄龄,等:《晋书》卷六《明帝纪》,中华书局,1974 年。
② 房玄龄,等:《晋书》卷七〇《卞壶传》,中华书局,1974 年。
③ 沈约:《宋书》卷一《武帝纪上》,中华书局,1974 年,第 8 页;亦见《南史》卷一《宋本纪上》,中华书局,1975 年。
④ 刘敬叔:《异苑》卷九,《汉魏六朝笔记小说大观》,上海古籍出版社,1999 年。
⑤ 王志高、周维林:《关于东晋帝陵的两个问题》,《东南文化》,2001 年第 1 期。
⑥ 王志高、王俊:《马鞍山孙吴朱然家族墓时代及墓主身份的分析》,《东南文化》,2008 年第 5 期。

江,次于陵口,与王师战,频捷。"①《资治通鉴·晋纪十六》亦云:是
年正月"丁未,苏峻帅祖涣、许柳等众二万人,济自横江,登牛渚,军
于陵口。"胡三省注曰:"牛渚山,在今太平州当涂县北三十里,山下
有矶,津渡之处,与和州横江渡相对。陵口,当在牛渚山东北,即东
陵口也。"②《大清一统志》卷八四、《江南通志》卷三五则记,因陵口
为江滨戍守处,其地又称"陵口戍"。这几个地名,一般认为与卒葬
于永安七年(264)的吴景帝孙休的定陵有关。清洪亮吉《东晋疆域
志》卷一"陵口"条即云:"苏峻济自横江,登牛渚,军于陵口。胡三
省曰:在牛渚东北,亦江滨戍守处。今考吴景帝陵,在当涂县西北
采石山。此云陵口,当以此为名也。"③

丹阳陵口之地名除见于前引《舆地志》外,又见于《南齐书·王
敬则传》:齐明帝永泰元年(498),王敬则率齐高帝、武帝旧将起事,
进军晋陵后"至武进陵口,恸哭乘肩舆而前"。④ 此"陵口"显然是
萧齐陵区的入口。时丹阳称武进,故武进陵口即丹阳陵口。

由于萧齐和梁代的帝陵都在丹阳,故从字面分析,现在丹阳陵
口的归属有3种可能:萧齐陵区的入口、梁代陵区的入口、齐梁两
代陵区的入口。曾布川宽虽考订丹阳陵口石兽的制作年代在梁末
的大宝三年(552)简文帝葬礼前后,但他还不能肯定上引《南齐
书·王敬则传》中的南齐"陵口"是否就是现在的陵口。他甚至怀
疑:"萧梁河从陵口北上、在三城巷(4)的简文帝庄陵旁通萧港,是
从运河去三城巷梁代诸陵上陵的一条十分便利的水运系统。如果
丹阳东北经山周围的南齐帝陵也可以由水运到达的话,它所起的
作用就更大了。"实际上,根据图示及我们实地调查的结果,齐、梁
两代陵区皆在今陵口以北,由陵口北上的萧塘河先连接一条东西

① 房玄龄,等:《晋书》卷一○○《苏峻传》,中华书局,1974年。
② 司马光:《资治通鉴》卷九四《晋纪十六》"咸和三年(328)"条,中华书局,1956年。
③ 洪亮吉:《东晋疆域志》卷一《实州郡县第一·扬州·丹阳》,《二十五史补编》本,中华书局,1955年。
④ 萧子显:《南齐书》卷二六《王敬则传》,中华书局,1972年。亦见载《南史》卷四五《王敬则传》、《资治通鉴》卷一四一。

向的水系。此水系向北至少有 5 条分叉的支流,其中 1 条抵达三城巷的 4 组梁代陵墓神道石刻,另外 4 条分别抵达经山之麓赵家湾、狮子湾、仙塘湾、金家村的南齐陵区。可见,仅据地理空间和陵口以北水系的分布情况,我们完全可以判断王敬则传中的武进陵口即今丹阳陵口。今丹阳陵口是齐梁二代陵区总出入口可以定矣。

当然,判断丹阳陵口是齐梁二代陵区总入口的最重要证据还是《舆地志》中"中邱埭西,为齐梁二代陵,陵口有大石麒麟辟邪"之记载。《舆地志》编纂者顾野王生活于梁陈,他以当代人记当代事,故此记录的可靠性不容置疑。按中邱埭在丹阳县东二十四里①,是从建康东南郊秦淮河畔方山至丹阳之间的人工运河破岗渎沿线 14 埭之一。②《舆地志》的前引记载证实,当年的齐梁贵族从建康赴丹阳谒陵,就是由方山之下的破岗渎入口处乘舴艋舟,沿此运河东至陵口,再上岸换乘安车到达具体陵墓。这条线路既是齐梁宗室、公卿四时谒陵祭拜线路,亦是陵墓石刻由建康运往丹阳陵所的交通运输线。《嘉定镇江志》卷一一《古迹·陵墓》引《舆地志》即载:"梁大同元年,作(建宁陵)石麒麟,自京师由曲阿中邱(埭)至陵所。初甚难,近陵二十余步,忽如跃走。时以为瑞,帝不悦。终有侯景之乱。"文中"大同元年"一般认为乃"大同十二年"之误。③ 要之,丹阳陵口的一对南朝石兽既是进入齐梁二代陵区的一种象征,亦如《舆地志》所言具有辟邪的特殊功能。

三、陵口石兽的制作应与大同十年梁武帝回乡谒陵有关

现在需要重点分析的是曾布川宽所论梁元帝萧绎于大宝三年(552)四月梁简文帝葬礼前后在陵口安置石兽的可能性问题。众

① 《至顺镇江志》卷二,第 55 页。
② 破岗渎始筑于孙吴赤乌八年(245 年)八月,《建康实录》卷二云:"使校尉陈勋作屯田,发屯兵三万凿句容中道,至云阳西城,以通吴、会船舰,号破岗渎,上下一十四埭,通会市,作邸阁。仍于方山南截淮立埭,号曰方山埭。"中华书局,1986 年。
③ 《嘉定镇江志》卷一一,第 2399 页。亦见《至顺镇江志》卷一二《古迹·陵墓》,第 492 页。

所周知,大宝年间正值侯景乱中,是有梁一代最黑暗、最混乱的时期。史载台城陷落后之太清三年(549)五月,梁武帝饿死净居殿,侯景立太子萧纲为帝,改次年为大宝元年(550)。大宝二年(551)十月,萧纲又被侯景废杀于台城永福省,伪谥明皇帝,庙号高宗,时年四十九,初仅"以薄棺密瘗于城北酒库"。直到次年三月己丑,王僧辩平定建康后,才率百官奉梓宫升朝堂,被梁元帝追崇为简文皇帝,庙曰太宗。四月乙丑,葬庄陵。① 其时侯景之乱虽已平复,但政局仍动荡不安,不仅都城建康满目疮痍,不堪目睹,史称:"自景围建业,城中多有肿病,死者相继,无复板木,乃刳柱为棺。自云龙、神虎门外,横尸重沓,血汁漂流,无复行路。及景入城,悉聚尸焚之,烟气天张,臭闻数十里。初,城中男女十余万人,及陷,存者才二三千人,又皆带疾病,盖天亡之也。"②乱后的江南更是"千里绝烟,人迹罕见,白骨成聚如丘陇焉"③。故梁元帝萧绎于当年十一月在江陵即位后不顾朝臣普遍反对拒绝还都建康。④

曾布川宽的立论依据是《梁书·元帝纪》的记载:在梁简文帝葬礼之前二十日的大宝三年(552)四月乙巳,梁元帝曾"遣兼司空萧泰、祠部尚书乐子云拜谒茔陵,修复社庙"。⑤ 然而大约因简文帝受制于侯景的缘故,梁元帝对其法统一直未曾认可,故不奉简文帝大宝正朔,而继续延承武帝太清年号。大宝三年萧绎派遣萧泰等拜谒茔陵、修复社庙应该只是一种政治姿态,不可能有太大作为,更遑论从选材、雕凿到运输至少需要一年以上时间筹备的陵口石兽之安置⑥。概言之,在"百姓流亡,死者涂地"的侯景之乱大背景之下的大宝三年,远在江陵的梁元帝萧绎不可能有陵口石兽制作

① 姚思廉:《梁书》卷四《简文帝纪》、卷五六《侯景传》,中华书局,1973年。
② 魏收:《魏书》卷九八《岛夷萧衍传》,中华书局,1974年。
③ 李延寿:《南史》卷八〇《贼臣侯景传》,中华书局,1975年。
④ 张敦颐:《六朝事迹编类》卷一《总叙门·六朝建都》:"梁元帝临荆峡二十年,情所安恋,不欲归业故府。臣僚皆楚人,并欲都江陵。"南京出版社,2007年,第40页。
⑤ 姚思廉:《梁书》卷五《元帝纪》。相同记载亦见《南史》卷八《梁本纪下》。
⑥ 据笔者《丹阳三城巷(1)南朝陵墓石兽墓主身份及相关问题考订》所析,梁武帝在大同十年(544)三月谒陵时要求"更造"的三城巷(1)石兽,至大同十二年正月方运抵陵所,所需时间近两年。

这样的巨大工程。

然则陵口石兽究竟制作于何时？我们认为它可能与大同十年（544）梁武帝阔别故里五十年之久的回乡谒陵有关。关于此次谒陵的起因，《梁书》卷三《武帝纪下》所载诏书云："朕自违桑梓五十余载，乃眷东顾，靡日不思。今四方款关，海外有截，狱讼稍简，国务小闲，始获展敬园陵，但增感恸。"①有关谒陵活动不仅极为隆重，而且内容众多，持续时间长，从该年三月甲午舆驾幸兰陵，至四月乙卯舆驾至自兰陵，前后达二十二日之久。其具体行程，《南史》《梁书》《建康实录》《资治通鉴》《旧唐书》等书均有记载，其中以《南史》记载最为详细："三月甲午，幸兰陵。庚子，谒建陵，有紫云荫陵上，食顷乃散。帝望陵流涕，所沾草皆变色。陵傍有枯泉，至是而流水香洁。辛丑，哭于修陵。壬寅，于皇基寺（唐代避讳改名皇业寺）设法会，诏赐兰陵老少位一阶，并加颁赉。所经县邑，无出今年租赋。因赋《还旧乡诗》。癸卯，诏园陵职司，恭事勤劳，并锡位一阶，并加赐赉。己酉，幸京口城北固楼，因改名北顾。庚戌，幸回宾亭，宴帝乡故老及所经近县奉迎候者少长数千人，各赉钱二千。夏四月乙卯，至自兰陵。诏鳏寡孤独尤贫者，赡恤各有差。"②还乡谒陵在梁武帝心目中的地位由此可见一斑。

至于石兽具体制作时间，不外两种可能。一种可能是陵口石兽制作于大同十年梁武帝谒陵之前。作为一国之主的梁武帝亲回帝乡谒陵这样一项重要政治活动，园陵职司必然提前予以准备，必对所涉陵域进行系统规划和大规模整治，所有配套工程也必然限定在此前完成。早在大同二年（536），梁武帝为其父追福起建的皇基寺无疑与此相关。《资治通鉴》卷一百五十七云：其年"上（梁武帝）为文帝作皇基寺以追福，命有司求良材。曲阿弘氏自湘州买巨材东下，南津校尉孟少卿欲求媚于上，诬弘氏为劫而杀之，没其材

① 姚思廉：《梁书》卷三《武帝纪下》，中华书局，1973 年。
② 李延寿：《南史》卷七《梁本纪中》，中华书局，1975 年。

以为寺。"①皇基寺完工不久即遭火灾,《太平广记》卷一百二十引《出还冤记》载:"其寺营构始讫,天火烧之,略无纤芥,所埋柱木,亦入地成灰。"②被毁后的皇基寺在大同十年之前一定又以巨大人力物力再次修缮一新,否则不会有前引梁武帝谒陵中在皇基寺设法会的记载。皇基寺的营建尚且如此,那么,如果梁武帝在此际要求对进出陵区的萧塘河进行整治,在入口处(陵口)安置辟邪的大型石兽,并将之列为谒陵筹备工作的系列配套工程之一,则应属情理中事。

另外一种可能是陵口石兽列置于大同十年梁武帝谒陵之后。《旧唐书·礼仪志五》有一条重要线索:"武帝即大位后,大同十年,亦朝于建陵,有紫云荫覆陵上,食顷方灭。梁主著单衣介帻,设次而拜,望陵流哭,泪之所沾,草皆变色。陵傍有枯泉,至时而水流香洁。因谓侍臣曰,陵阴石虎,与陵俱创五十余年,恨小,可更造碑、石柱、麟,并二陵中道门为三阓。园陵职司,并赐一级。奉辞诸陵,哭踊而拜。"③相近记载亦见于《南史》卷七《梁本纪中》、《梁书》卷三《武帝纪下》,唯不见"因谓侍臣"以下语。关于这段文字的解读,笔者在《丹阳三城巷(1)南朝陵墓石兽墓主身份及相关问题考订》一文中曾加分析:大同年间,三城巷陵区仅有建宁陵、修陵两座陵园,两陵前中央神道上各有陵门,故称"二陵中道门"。梁武帝谒陵后有感于建宁陵园内原先所置"石虎"太小,与皇家陵园气势不相匹配,故而要求"更造碑、石柱、麟,并二陵中道门为三阓"。所谓"三阓"系就三城巷(1)、(2)、(3)而言,即在三城巷(1)前增辟独立的门道。由于今存三城巷(2)梁文帝陵前神道石兽明显沿袭南齐帝陵的样式,一般认为制作于萧梁王朝初年。那么,此次"更造"的

① 司马光:《资治通鉴》卷一五七《梁纪十三·高祖武皇帝十三》"大同二年(536)"条,中华书局,1956年,第4870页。

② 李昉,等:《太平广记》卷一二〇,中华书局,1961年。

③ 刘昫,等:《旧唐书》卷二五《礼仪志五》。文中原记为"大同十五年""与陵俱创二百余年"。本文据1975年中华书局点校本校勘记改正,第972、977页。

神道石刻只能属于三城巷(1)之墓主梁武帝祖父母萧道赐夫妇。①
这批新造的有角石兽于两年后被运抵三城巷(1)处,《隋书·五行
志上》载:"梁大同十二年正月,送辟邪二于建陵。左双角者至陵
所。右独角者,将引,于车上振跃者三,车两辕俱折。因换车。未
至陵二里,又跃者三,每一振则车侧人莫不耸奋,去地三四尺,车轮
陷入土三寸。"②既然梁武帝在谒陵过程中确曾要求为三城巷(1)
处新造大型神道石刻,那么依此心理,如果他在途径陵口之际,同
样要求在此树立大型石兽以壮陵区观瞻便不难理解。若此推测不
误,则陵口石兽就可能与今三城巷(1)处石兽属同一批作品,即均
完成于梁大同十二年。

　　无论哪种可能,陵口石兽的制作都应在梁大同年间。史载其
时梁代承平日久,世风奢华,文化繁荣,国力强盛。《梁书·武帝纪
下》赞叹:"征赋所及之乡,文轨傍通之地,南超万里,西拓五千。其
中璝财重宝,千夫百族,莫不充牣王府,蹶角阙庭。三四十年,斯为
盛矣。自魏、晋以降,未或有焉。"③《南史·梁本纪中》亦誉:"自江
左以来,年逾二百,文物之盛,独美于兹。"④而梁武帝本人据载更是
"慕名好事,崇尚浮华"⑤,在文物典章制度方面颇多创举,如在都城
建康越城南新作国门,增宫城门楼为三重,改宫中主殿太极殿面阔
十二间为十三间,在台城南门端门、大司马门外辟建神龙、仁虎二
石阙,等等。如果他于大同年间在齐梁陵区的总入口处安置壮观
瞻的大型有翼石兽,则与其一贯的行事与执政风格相符。且陵口
二石兽体型硕大,远超其他南朝陵墓石兽,通体雕饰繁缛华美,亦
与大同年间之梁代盛世背景完全吻合。

---

　　①　三城巷(1)石兽过去一般认为属齐明帝或梁敬帝,笔者已详考实属梁武帝萧衍祖父母萧道
赐夫妇,推测制作于梁大同十二年(546)。参见王志高:《丹阳三城巷(1)南朝陵墓石兽墓主身份及
相关问题考订》,《东南文化》,2011年第6期。
　　②　魏征:《隋书》卷二二《五行志上》,中华书局,1973年。
　　③　姚思廉:《梁书》卷三《武帝纪下》,中华书局,1973年。
　　④　李延寿:《南史》卷七《梁本纪中》,中华书局,1975年。
　　⑤　姚思廉:《梁书》卷六《敬帝纪》,中华书局,1973年。

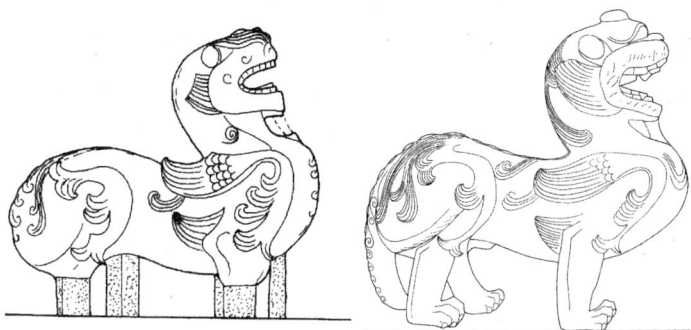

图2　丹阳陵口石兽(左)与三城巷(1)石兽(右)的比较

我们再来比较陵口石兽与三城巷(1)的异同。曾布川宽对此曾有一段精彩的分析,他说两者看起来就极为相似,如均头大颈短,从头到颈、胸、腰的姿势均缺乏跃动感。它们翅膀和体毛的表现方式,乃至脊骨、尾骨连珠纹状隆起的细部特征,以及通体华丽繁缛的装饰方法等均如出一辙;但仔细观察,两者仍有细微差别,如三城巷(1)翅膀和体毛的表现比陵口更加纹样化,翅膀更加延长,前部上卷的羽毛变得简单化、图案化,浅刻的翅膀根部的鳞纹数量也有所减少。陵口石兽的体毛仍沿袭前端卷起、类似箭一样的表现,而三城巷(1)则用流丽的并列曲线使之完全纹样化(见图2)。① 由此可知,陵口石兽的时代似乎比三城巷(1)稍早,它们不大可能属于同一批作品,那么前一种可能性无疑更大,即陵口石兽可能制作于大同十年梁武帝谒陵之前。此外,从前引大同十年三月癸卯梁武帝"诏园陵职司,恭事勤劳,并锡位一阶,并加赐赉"的记载看,有司为谒陵所作的筹备工作得到了梁武帝的充分肯定和奖赏,这亦可作为我们以上推测的旁证。

综上所论,笔者认为丹阳陵口是齐梁陵区的总入口,其地发现

---

① 曾布川宽:《六朝帝陵——以石兽和砖画为中心》,傅江译,南京出版社,2004年,第44－49页。曾布川宽的这一成果最早以《南朝帝陵的石兽和砖画》为题发布于1991年3月出版的日本《东方学报》(京都版)第63册。以下凡征引该文处一般不另作注。

的一对大型南朝石兽的造型与装饰,与笔者考订制作于梁大同十二年的三城巷(1)石兽相似,具有典型的梁代风格,推测与梁大同十年梁武帝回乡谒陵有关,可能制作于大同十年之前。陵口石兽的列置,一方面可壮陵区入口之观瞻,同时兼具为陵区守御和辟邪的功能。

(2012 年第 2 期)

南京灵山梁代萧子恪墓的发现与研究

邵　磊

2008 年 3 月上旬,有市民举报不法分子在南京仙林灵山盗掘古墓,经南京市博物馆调查,发现被盗古墓位于灵山西北麓的密林中,其地北距清代民族英雄邓廷桢墓仅 100 余米,西距梁武帝萧衍六弟、临川靖惠王萧宏墓神道石刻约 1 500 余米。向南约千余米处的灵山西南麓,旧有人民解放军驻宁某部射击靶场,南京市文物保管委员会(南京市博物馆前身)曾于 1972 年在该靶场附近的一对小型石辟邪后发掘过一座大型南朝墓葬,以墓中出土有高达 85 厘米、被誉为"六朝青瓷之王"的青瓷莲花尊而广为人知①。

为了防止被盗古墓遭到更严重的破坏,南京市博物馆对此墓进行了抢救性发掘,并于 2010 年完成了考古资料的整理工作②。此后,通过对出土墓志文字的进一步清理辨识,得以确认此墓的墓主即为南齐豫章文献王萧嶷次子、南齐永明年间一度授封南康县侯、入梁后降为子爵的萧子恪。墓主确凿无疑的南朝齐、梁宗室墓葬,迄今所见不过三例而已,墓主分别是齐东阳太守、梁武帝萧衍的叔父萧崇之侧室夫人王宝玉与梁桂阳简王萧融及其嗣子桂阳敦王萧象。而萧子恪的传记材料远较上述三人为详,故萧子恪墓以其墓主明确的纪年墓所彰显出的不寻常的标型意义,不仅给南朝墓葬的断代与相关的制度研究树立了重要标尺,为庞杂的南朝墓

---

①　马砚祥:《南京灵山梁墓青瓷莲花尊浅议》,《江苏省考古学会第四、五次年会论文选集》,第118－122 页,江苏省考古学会 1986 年编印。本文所引灵山大墓的相关材料,皆据此文出,不另注。

②　南京市博物馆(邵磊执笔):《南京市灵山南朝墓发掘简报》,《考古》,2012 年第 11 期。鉴于萧子恪墓系继前述出土大型青瓷莲花尊的灵山南朝大墓之后,在南京仙林灵山所发掘的第二座南朝墓葬,故发掘简报中将萧子恪墓编号为08NQXLM2,简称 M2。

葬资料的归纳与整合提供了契机,对于考察彼时的社会流通、经济发展、审美情趣的潜移默化也可谓不可多得的实物佐证。仅以此而言,萧子恪墓的考古发掘可称得上是近年来南朝历史与文化研究的重要发现,值得做更全面深入的比较研究。唯此种种认识,已非考古简报的体例与容量所能涵括,故撰此小文,权作引玉之砖,以冀引起六朝史学界的关注。

一、萧子恪墓的地理位置、形制结构^①与出土文物

萧子恪墓依山势建于灵山西北麓中段,北倚海拔 155 米的灵山主峰,前临豁敞平缓的坡地,与灵山主峰相连属的岗阜丘峦绵亘左右,其形胜与南京栖霞区甘家巷及其附近的萧梁王侯墓相仿佛,合乎六朝时期卜筮图墓者的堪舆之道。与同时期的大型砖室墓一样,萧子恪墓的营建也经历了开凿墓坑,砌建墓室与甬道及排水沟等附属设施,开挖墓道,移棺入藏并"下器圹中",封塞墓门,负土起坟等步骤。

萧子恪墓的墓坑平面略呈"吕"字形,总长 19.5 米、宽 2.4 ~ 3.9 米,墓坑内以封门墙为界,分为斜坡墓道与砖室两部分。

斜坡墓道宽 1.6 ~ 3.24 米,坡度 12 度。砖室平面呈"凸"字形,内长 8.94 米,方向 320 度。砖室底部共有 4 层铺地砖,其铺墁方法自下而上依次为:第 1 层为错缝平铺;第 2 层为端面侧立砌法,其中,位于墓室与甬道的主体中心部位均为侧立横砌,其两侧皆作侧立纵砌;第 3 层亦为错缝平铺;第 4 层平铺作席纹,其范围小于其下的三层铺地砖,仅分布于棺床前后的地面。在第 4 层铺地砖的周边分别承砌封门墙和墓壁。封门墙嵌砌于甬道口内,甬道口外分别砌有两翼挡土墙。甬道平面呈长方形,内长 3.14 米、内宽 1.4 米。墓室平面则介于长方形与长椭圆形之间,内长 5.8 米、内宽

---

① 关于萧子恪墓的形制,限于篇幅与体例,本文仅作了简洁的介绍,详见南京市博物馆(邵磊执笔)《南京市灵山南朝墓发掘简报》。

2.75～2.9 米。墓室前部与甬道抹角相连,左右两壁略向外弧,后
壁呈半圆形向外弧突。墓室内的第 4 层铺地砖仅分布于与甬道相
连的墓室前部以及墓室后壁与左右两壁交割形成的圆弧形的平面
区域内,在第 4 层铺地砖前后相夹的墓室中部,即为砖砌棺床所
在。棺床长 3.7 米,与墓室等宽,棺床以上下两层砖铺砌而成,上
层平铺成斜"人"字形,惟前后两端以纵平砖锁口,下层侧立纵砌于
第 3 层铺地砖上。在棺床前后的第 4 层铺地砖上,分别辟有 20 厘
米见方的阴井。墓室两壁砌法与甬道壁相同,惟右壁保存较好,其
壁面在距棺床 1 米高处砌有间距 2 米的两个直棂假窗,假窗均为 5
棂,宽 54 厘米、高 38 厘米。在假窗上皆辟有双"凸"字形灯龛,灯
龛底宽 14 厘米、高 12 厘米。在后壁正中残存一直棂假窗的左下角
部分。

砌墓用砖均为青灰色砖,其中,既有在侧面模印莲花与斜网格
纹的组合纹饰,也有在端面模印以方胜的形态组合在一起的莲花
纹、钱纹或对拼的半朵五瓣莲花纹,花纹砖主要用于砌建封门墙、
墓壁、棺床等。在部分端面模印莲花纹或钱纹的砖侧,尚模印有较
粗拙的"李"字或形似"五"的文字,可能皆是来自同一窑场的不同
工匠所署。此外,素面砖也见有不少,主要用于铺地或砌建挡
土墙。

萧子恪墓早年屡经盗毁,墓主骨殖散落,仅于墓室前部及棺
床部位清理出人牙数颗与零星肢骨。出土遗物也多已脱离原有
位置且残损不堪,经清理,能够分辨器形的尚有陶碟 1 件、陶钵 1
件、陶盘 1 件、陶果盒 1 件、陶托盘 3 件、陶唾壶 2 件、陶灯 2 件、
陶奁盒 2 件、陶香熏 2 件、陶凭几 2 件、陶井 1 件、陶女俑 4 件、陶
男俑 4 件、陶仓 2 件、陶马 1 件、陶牛车 2 件、青瓷盘口壶 2 件、铜
钱 30 枚、铜泡钉 7 枚、铁钱 50 枚、铁钉若干、滑石猪 1 件、石墓志
1 件。

野外考古发掘工作结束后,出于文物保护的考虑,萧子恪墓右
侧墓壁保存最为完整的一段被整体切割后运回南京市博物馆,现

陈列于该馆"龙蟠虎踞——南京历史文化展"中。

二、萧子恪生平行实及其对"永明体"的贡献

出土于萧子恪墓棺床前部偏左侧的墓志,是解密墓主身份的关键,堪称此次考古发掘最为重要的收获。石墓志长 90.3 厘米、宽 70.5 厘米、厚 9 厘米。墓志首题"梁故侍中中书令宁远将军吴郡太守■",次刻题名"五兵尚书南昌县开国侯琅玡王规■"和"仁威将军晋陵太守陈郡谢举制铭",其后即为墓志正文。志文由于漫漶极甚,具体行数不清,满行 38 字,迻录如下:

君讳 子 恪 字景冲南兰陵郡兰陵县都乡中都里人也
祖□□□□□神武睿哲□明为□□功/超□□为君则
咸加四海父丞相文宣王□真体道含章□□□□□陶甄□
邵好善□□□归遂/□已备昭□□□□版牒君禀气中和
迹邻□善诏容令□□□□□之□清徽淑□风播□追之/
■礼□著于□□就辞敕□□也□□散札含裳蔚云□
而竟缘司徒文宣王/雅好篇仕餼馆礼贤开閤求士唐染□
趋□枚竞浬□制高松之□□者成群君乃斐然□□□□/
便就新声逸□贯沧时流文□辞□咸加叹□君雅□□□闲
于进止从容□□观者相趋□□□/端正之声□多惭色
□□得风之□不能迈也及世□嗣□特驾宴爱□建永家
禅代□□既□/□□□□□礼乐驾□□□□愍懃起家为
宁朔将军淮陵太守仍遭天□毁广□基□□□□□/军■
以大吴□震□□肩髀首萧贤救莫或居之遂□组昌□分
■/政□□弼□也讼息烦赏■/■齐储□□乐■/太原□
除太子中□官■季■/■虽时过道■/□□代所□□入
■/■以■/中□□□□司从■石■/■王交文■/□□□

道■/■开□□□之疑■/■之□□历□求□出■/■
转□选部■/■君■/■古许□□□还□次■/■急所以
嘉□允■/■吴郡太守仕官■/■不其宣室遘■/■死
□□□春秋五十有二其年秋八月□成■/■君□□□举
检□和平奄■/□□以■惠事□行■/生而■之□□昔
■/■/■/■/■/氏■/■年■/■佐郎■/……

　　注：■志文漶漫不清，不能确定字数

　　　　□志文单字不清，无法辨识

　　据墓志正文首行起始所述"君讳子恪，字景冲"，可知墓主当为齐高帝萧道成孙、豫章文献王萧嶷次子萧子恪无疑，至于残存志文所透露出来的其他关于墓主籍贯、历官等方面的信息，如"南兰陵郡兰陵县都乡中都里人也"、"起家为宁朔将军、淮陵太守"，以及墓志首题谓其"梁故侍中、中书令、宁远将军、吴郡太守"之终官、正文第27行"春秋五十有二"的享年，也无不与《梁书》与《南史》中的萧子恪本传相合①。而墓主的祖、父即萧道成至萧嶷这一世系，当亦即墓志正文第1、2行所谓的"祖□□□□□□神武睿哲，□明为□，□功超□，□为君则，威加四海；父丞相、文献王，□真体道，含章□□……"云云。

　　史载，萧子恪于齐武帝永明十年（492）封南康县侯，初为宁朔将军、淮陵太守，明帝建武年间迁为辅国将军、吴郡太守。先是，齐明帝萧鸾本为齐高帝萧道成兄长萧道生之子，以早孤而由高帝萧道成抚育成人，历事高、武二朝，爵通侯、官仆射，及郁林王萧昭业登基辅政。未几，以郁林王无道而弑之，改立海陵王萧昭文，旋亦废弑而夺其位。自以得之不正，遂大肆屠戮高武子孙以杜后患。以高武旧臣自居的大司马王敬则震怖于明帝杀害高武子孙之惨，遂奉其时外迁吴郡太守的萧子恪名号，自会稽举兵向阙。出于报

---

　　① 萧子恪的籍贯、历官、表字与年寿，参见《梁书》卷三五《萧子恪传》、《南史》卷四二《齐高帝诸子上》。又，本文所引萧子恪兄弟入梁后的史事，亦据此二书出，不另注。

复,明帝萧鸾亦拟将萧子恪的兄弟及其他高武子孙亲从70余人尽数杀害。适萧子恪仓皇逃回台城自白情状,其亲族始得于命悬一线之际死里逃生。

梁台初建,萧子恪及其诸弟循例皆被降为子爵。为了安定人心,以巩固自身统治,梁武帝萧衍对于萧齐宗室成员采取了分化瓦解的策略。由于萧子恪兄弟既因乃父萧嶷之死而与齐文惠太子乃至齐武帝萧赜夙有嫌隙①,又因王敬则起兵向阙几罹灭门之祸,故对齐明帝萧鸾亦无好感,是以梁武帝萧衍也就不吝在毫无威胁的萧子恪兄弟身上展现其厚待前朝宗室的宽宏大量了。他先是利用与萧子恪兄弟有旧的阉人赵叔祖释放了自己的善意,继而又乘萧子恪及弟萧子范等入谒之际,与之进行了一番推心置腹、晓以利害的长谈,并希望得到萧子恪兄弟的尽节报效。未几,萧子恪兄弟十六人并皆仕梁。其中,萧子恪出为永嘉太守,还除光禄卿、秘书监,又出为明威将军、零陵太守。天监十七年(518),入为散骑常侍、辅国将军。普通三年(522)迁宗正卿,普通四年(523)转吏部尚书,六年(525)迁太子詹事。大通二年(528)出为宁远将军、吴郡太守,并于次年(529)卒于郡舍,诏赠侍中、中书令,谥曰"恭"。值得一提的是,前引墓志正文第27行所云"……春秋五十有二",与史籍所载大通三年(529)萧子恪卒于吴郡郡舍之年寿相合,而后继"其年秋八月……"云云,显然是萧子恪下葬之期,据此可推知南京灵山萧子恪墓构建完工的时间下限正在其卒年八月。

萧子恪诸弟多才学出众,尤以萧子范、萧子显、萧子云等人成

① 齐豫章文献王萧嶷与其胞兄齐武帝萧赜以及文惠太子萧长懋之间的关系,可能并没有表面上那样友爱融洽。由于萧嶷才能出众,深得齐高帝萧道成赏识,几乎一度将取代萧赜作为皇位继承人。因此,当萧赜登基后,萧嶷为求自保,刻意表现出谦抑的姿态,不仅事萧赜父子恭悌尽礼,甚至一再请求解职,据《南史·齐高帝诸子上》载:"(萧)嶷薨后,忽见形于沈文季曰:'我未应便死,皇太子加膏中十一种药,使我瘫不差,汤中复加药一种,使利不断。吾已诉先帝,先帝许还东邸,当判此事。'因胸中出青纸文书示文季曰:'与卿少旧,因卿呈上。'俄失所在。文季秘而不传,甚惧此事,少时太子薨。"以是藉志异暗示萧嶷终不见容于萧赜父子而遭毒杀之事。

就斐然。六弟萧子范入梁后为南平王萧伟从事,王府文牍率出其手笔,尝制千字文,令蔡邕作注。"侯景之乱"后,受诏命制简皇后王灵宾哀策文,委惬上意,有前、后文集三十卷。八弟萧子显于经史之学尤为专擅,尝著《鸿序赋》,沈约见之而倾倒。又采众家《后汉书》,考正同异,作《后汉书》一百卷,复撰《齐书》六十卷、《普通北伐记》五卷、《贵俭传》三卷,特别是《齐书》(即二十四史中的《南齐书》)流传至今,列入正史,成为传世史学文献的经典。别有文集二十卷。九弟萧子云亦博学藻文,年二十六而成《晋书》百余卷,另有《东宫新记》二十卷。萧子云尤擅书法,且为世楷则,自谓规模钟繇、王羲之而又出乎意向之外,不仅为梁武帝所激赏,且名闻海外。

与诸弟所负一代文学之望不同的是,萧子恪尽管"少亦涉学,颇属文",年仅十二岁之际即和从兄、竟陵文宣王萧子良《高松赋》,竟致时有"儒宗"之誉的尚书仆射王俭见而奇之,表现出了很高的天分和才情,但却终以"文史之事,诸弟备之矣,不烦吾复牵率,但退食自公,无过足矣"自况,以是竟无文集传世。

今所见萧子恪墓志正文第4行至第6行有云:"司徒文宣王雅好篇什,锜馆礼贤,开阁求士,唐染□趋,□枚竞湮,□制《高松》之□,□者成群,君乃斐然□□,□□便就,新声逸□,贯沧时流,文□辞□,咸加叹□。"志文虽略有泐损,但不难推知其所述应即史传所载萧子恪年方十二岁之际和从兄萧子良《高松赋》之事。然墓志所述,非惟可补益史载,对于探究南齐文学风尚的发展亦是不可多得的重要史料。

南朝文风的丕变,因永明年间"盛为文章,吴兴沈约、陈郡谢朓、琅琊王融以气类相推毂,汝南周颙善识声韵。约等文皆用宫商,将平上去入四声,以此制韵,有平头、上尾、蜂腰、鹤膝。五字之中,音韵悉异,两句之内,角徵不同,不可增减,世呼为'永明体'。""永明体"强调声律,要求"辞既美矣,理又善焉",其"大旨欲'宫商相变,低昂互节,若前有浮声,则后须切响,一简之内,音韵尽殊;两句之中,轻重悉异'。"①而"永明体"发生之前的文风,往往好搬弄典故以及阐述玄理,凤多古奥之意,由于"永明体"的出现,使得声调平仄相对在广大诗人中得到普遍认同,此后又历经发展,方才会出现唐以后的近体诗。

"永明体"的发生,与齐武帝萧赜次子、竟陵文宣王萧子良有直接的关系,这不仅因为"永明体"身体力行的实践者如沈约、谢朓、王融等皆是游艺出入萧子良西邸的"竟陵八友"之一,也因为萧子良本人在西邸"招致名僧,讲语佛法,造经呗新声"②,对于催生乃至完善"永明体"在韵声上做足了准备。佛教传入中国以来,佛经既由梵文转译为汉语,音调随亦发生变化,僧人诵经颇苦于声调的难于和谐,是以东晋、刘宋以来,陆续有不少僧侣在探索江南"吴声"、"西曲"等委巷中歌谣的音调而为诵经参考等方面做出了有益的尝试,其中,安乐寺僧辨尤以其"哀婉折衷"的诵经"独步齐初"。在僧辨的影响下,"永明七年二月十九日,司徒、竟陵文宣王梦于佛前咏《维摩》一契,因声发而觉,即起至佛堂中,还如梦中法,更咏《古维摩》一契,便觉韵声流好,有工恒日。明旦即集京师善声沙门……集第作声"。此即萧子良"造经呗新声"的过程③。这一记载本身虽有一定的虚幻迷信色彩,但对于理解"造经呗新声"与"永明体"诗歌之间的关系仍有很重要的启示。

揆以上述"永明体"发生的背景及其影响,并参考文献中的相关记载,则墓志着意刻画的萧子恪唱和竟陵文宣王萧子良《高松赋》这一文坛佳话本身,也就被赋予了特殊的意蕴,归纳起来,主要表现在如下三点:其一,齐竟陵文宣王萧子良作《高松赋》在永明七年(489),其时奉和者,史载仅及王俭《和竟陵王高松赋》、谢朓《高松赋奉竟陵王教作》以及沈约与萧子恪等人的奉和之作

① 李延寿:《南史》卷四八《陆慧晓传》,中华书局,1975年。
② 萧子显:《南齐书》卷四〇《武十七王·竟陵文宣王子良传》,中华书局,1972年。
③ 释慧皎撰,汤用彤校注:《高僧传》卷一三《齐安乐寺释僧辨传》,《中国佛教典籍选刊》本,中华书局,1992年。

而已,而据萧子恪墓志所载,可知萧子良《高松赋》撰成后,唱和者众多,当远不止此四人,亦即墓志所谓"司徒文宣王雅好篇仕,饩馆礼贤,开阁求士,唐染□趋,□枚竞湮。□制《高松》之□,□者成群",这种一呼百应的状况,显然是与萧子良作为彼时文坛东道主的身份相符合的,只不过在这些酬和之作中,惟萧子恪所作脱颖而出;其二,彼时诸家酬和萧子良《高松赋》之作既多,其中更不乏名家佳作,何以年少的萧子恪能独步时贤,引起极大关注?对此,史籍并未置一辞。今据萧子恪墓志残存志文推知,萧子恪"□□便就"之作之所以能"贯沧时流",乃是由于"新声逸□",显然颇得益于萧子良在西邸"造经呗新声"与"永明体"主将沈约等人倡导的"四声"之说,可见萧子恪的唱和之作是一篇讲究声律并可归诸于"永明体"范畴下,代表了上层统治集团正在悄然转变的审美趣味的篇章。由于萧子恪其时尚为孺子,甫有此作,适可为永明新体流被之广乃至深入人心之佐证,对于"永明体"这一新兴文学流派的发展具有举足轻重的影响,故尔会受到彼时不同文学主张人士的普遍关注。如面对少年萧子恪唱和《高松赋》之作,同撰《和竟陵王高松赋》而有"儒宗"之谓且审美趣味明显趋于保守的"卫军王俭见而奇之",当即是这一客观情形的生动反映;其三,永明年间,以文坛东道主自居的竟陵文宣王萧子良"礼才好士,居不疑之地,倾意宾客,天下才学皆游集",其时出入萧子良西邸的文士,最负盛名者有沈约、谢朓、王融、萧琛、范云、任昉、陆倕以及后来登基为梁武帝的萧衍八人,即所谓"竟陵八友",而从墓志谓萧子恪斐然唱和《高松赋》之前关于萧子良"饩馆礼贤,开阁求士"等内容揣度,其时尚孺幼的萧子恪或亦是从容出入西邸参与酬答唱和的常客。

此外,墓志中还见有大量赞诵传主萧子恪德望行止、文章尺牍的内容,虽说不无谀墓之嫌,但揆诸其人12岁唱和萧子良《高松赋》而为世人深所瞩目一事来看,也并非全然没有可以采信之处。以此而言,萧子恪最终的荒疏学业,或不免归诸"江郎才尽"乃至

"少时了了,大未必佳"之谶,但也不能排除是萧子恪入梁后作为齐豫章文献王萧嶷一支的代表人物,为求得家族自全而刻意表现出来的谦抑姿态。如果是这样,入梁后的萧子恪放弃学艺上的追求,与其父萧嶷在齐永明年间力避齐武帝萧赜与文惠太子萧长懋父子的猜忌而一味谦退,可谓如出一辙了。

三、萧子恪墓志的撰造体例与作者生平考察

　　南北朝时期的碑志,其序文与铭辞(或曰"颂辞")两部分内容,既有一人撰成,也有两人分别撰述序、铭,再合为完整的一篇。关于后一种情形,前贤颇有误唐人为始作俑者①,曩见李兆洛在《骈体文钞》所辑江文通《宋安成王右常侍刘乔墓志铭》按语中即曾认为:"当时志与铭,或出两人手,故诸家集,或有铭无志,或有志无铭,不尽关缺佚也。"②所论至为允当。此外,据文献记载,梁太常卿陆倕墓志系其从子陆襄撰序、湘东王萧绎作铭③,陈朝五兵尚书孙场"及卒,尚书令江总为其志铭,后主又题铭后四十字,遣左民尚书蔡徵宣敕就宅镌之"云④,另如《北史·樊逊传》亦述及《魏书》的作者魏收作《库狄干碑》序,而令樊孝谦作铭一事⑤。出土实物对于上述文献记载也做出了有力的回应,但由于大多数南北朝时期的墓志例皆不题署作者姓名,使得这一现象长期被忽视。至如南京出土的齐东阳太守萧崇之侧室夫人王宝玉墓志与梁桂阳简王萧融墓志,

　　① 立于唐武德九年(626)的《大唐宗圣观记》为给事中、骑都尉欧阳询撰序并书,侍中、江国公陈叔达"奋兹宏笔,为制嘉铭",清人王昶按语:"一碑而序、铭两人分撰,创见此碑。"详见国家图书馆善本金石组编《隋唐五代石刻文献全编》第2册,北京图书馆出版社,2003年,第607、609页。
　　② 李兆洛选辑《骈体文钞》卷二五《志状类·江文通宋安成王右常侍刘乔墓志铭》,世界书局,1936年,第555页。
　　③ 陈思纂《宝刻丛编》卷一四:"梁太常卿陆倕墓志,从子襄序,湘东王萧绎铭。"文渊阁《四库全书》本。
　　④ 姚思廉《陈书》卷二五《孙场传》,中华书局,1972年。
　　⑤ 李延寿《北史》卷八三《樊逊传》,中华书局,1974年。

仅署记了铭辞作者①，而忽略了序文作者。分别明确题署序、铭作者的墓志，向仅见有梁宣城内史蔡深妻袁月玑墓志、陈义阳郡公黄法氍墓志、北齐太尉中郎元洪敬墓志以及孟国栋新近检出的北魏王诵墓志、郑使君夫人李晖仪墓志等寥寥数例②。今所见萧子恪墓志首题后有"五兵尚书南昌县开国侯琅玡王规■"和"仁威将军晋陵太守陈郡谢举制铭"两列题名，可证其墓志亦系出王规与谢举二人合作而成，其中，铭辞既出谢举手笔，则王规所承担的无疑是以传主行实为主体的序文了。因此，萧子恪墓志的出土，为澄清南北朝时期由两人分工撰写同一篇墓志这一客观存在的文化现象，又提供了一份确凿无疑的实证，弥足珍贵。

为萧子恪墓志撰写序文的王规，字威明，《梁书》《南史》并有传③。王规的祖父王俭是南朝宋齐之际琅玡王氏官高位显、首屈一指的人物，少年萧子恪唱和萧子良《高松赋》之作，即是因为得到像王俭这样的士族首望的关注而为世所瞩目。在重儒向学的家风熏染下，王规自幼便通晓《五经》大义，好学有口辩，行止以礼，而被叔

---

① 王宝玉墓志与萧融墓志的撰人题名皆位于墓志的序与铭辞之间，其中，王宝玉墓志的撰人题名作"铭文大司马参军事东海鲍行卿造"，明示鲍行卿只是"铭"这一部分的作者；萧融墓志的撰人题名作"长兼尚书吏部郎中臣任昉奉敕撰"，但《艺文类聚·职官部一·诸王》所录《梁任昉〈抚军桂阳王墓志铭〉》亦仅见有铭辞部分的内容，此或即李兆洛所谓"当时志与铭，或出两人手，故诸家集，或有铭无志，或有志无铭，不尽关缺佚也。"详见邵磊：《南齐〈王宝玉墓志〉考释——兼论南朝墓志的体例》，《文献》，2003年第4期。

② 北齐袁月玑墓志的序文作者为袁奭、铭辞作者为刘仲威，北齐元洪敬墓志的序文作者为桓柚、铭辞作者为袁奭，陈朝黄法氍墓志的作者为江总与顾野王，俱参邵磊《略论北齐袁月玑墓志》，《南京晓庄学院学报》，2007年第4期。此外，孟国栋撰《碑志所见唐人合作撰文现象研究》一文检出《梁故使持节侍中司空尚书左仆射骠骑大将军徐州刺史王公(诵)墓志》(528)为王诵弟王衍撰序、抚军将军李奖作铭，《魏故假节督南徐州诸军事征房将军南徐州刺史郑使君夫人李氏(晖仪)墓志铭》(533)为李晖仪之子郑伯猷撰序，《魏书》的作者魏收作铭，《北齐朱岱林墓志》(571)为朱岱林第四子朱敬修撰序、朱岱林侄朱敬范作铭，载《唐研究》第十七卷，北京大学出版社，2011年，第145—158页。又，孟国栋先生大作论列唐人碑志合作撰文现象颇称详备，惟所述"唐人合撰墓志文还出现了新的方式——重铭和后赞"云云，恐未必尽然，正如孟先生归纳的"所谓重铭，即由另外一人在原铭文的后面再续作一首，从而造成一篇墓志铭有二首铭辞的特殊情形"，然据前注11所引陈朝五兵尚书孙场"及卒，尚书令江总为其志铭，后主又题铭后四十字"事，可证这一情形至迟在南朝后期即已出现。

③ 王规事行、历官，详见姚思廉：《梁书》卷四一《王规传》，中华书局，1973年；李延寿：《南史》卷二〇《王昙首传附王规传》，中华书局，1975年。

父王暕誉为"吾家千里驹"。梁天监十二年(513),改造太极殿毕工,王规献《新殿赋》,以辞采工丽,敕与殷芸、王锡、张缅同侍东宫,俱为昭明太子所礼。梁武帝于普通六年(525)在文德殿为广州刺史元景隆践行,席间令群臣同用五十韵赋诗,王规援笔立就,且文辞藻丽,以是深为梁武帝嘉赏,即日而拜侍中。王规门宗贵盛,既袭父封南康县侯,恒思减退,终于钟山宋熙寺筑室以居,大同二年(536)卒,时年四十五岁。尝注《续汉书》二百卷,并有文集二十卷,惜皆不传。今据墓志题名可补,王规于普通六年在文德殿与群臣同步五十韵赋诗为广州刺史元景隆践行之后不过四年光景,又为萧子恪撰述了墓志序文。《梁书》本传谓王规于"大通三年迁五兵尚书,俄领步兵校尉。"而王规在萧子恪墓志上的题名署"五兵尚书南昌县开国侯"。由于萧子恪墓志至迟在大通三年八月间已书刻完成,据此可进一步推知,王规迁五兵尚书必在大通三年元月至八月之间。

为萧子恪墓志撰写铭辞的谢举,字言扬,《梁书》《南史》亦有传[1]。谢举的六世祖谢万,与东晋中兴名臣、"淝水之战"的决策者谢安为从兄弟,其曾祖谢弘微、祖谢庄、父谢瀹、兄谢览以至谢举本人,率多文采灿然,个性却淡泊简约,因而在晋末以至南朝的陈郡谢氏家族中,谢弘微及其子嗣几乎是唯一没有遭受重大政治打击而长期保持兴盛的一支。

谢举能诗善文,博涉多通,著名文士江淹曾以"驭二龙于长涂"称赞谢览、谢举兄弟,时人更是将他们与王筠、王泰兄弟并称,以其分别作为谢氏与王氏新一代的代表人物而大加赏誉。梁武帝曾向谢览打听谢举的学艺,谢览应以"识艺过臣甚远,惟饮酒不及于臣"。梁武闻而大喜,遂转谢举太子中庶子,深为昭明太子赏接。谢举尝注《净名经》,并有文集二十卷,惜皆亡佚,存世惟乐府《凌云台》一诗,曰"绮甍悬桂栋,隐映傍乔柯。势高陵玉井,临迥度金波。

---

① 谢举事行、历官,详见姚思廉:《梁书》卷三七《谢举传》,中华书局,1973 年;李延寿:《南史》卷二〇《谢弘微传附谢举传》,中华书局,1975 年。

易觉凉风至,早飞秋雁过。高台相思曲,望远骚人歌。幸属此迢递,知承云雾多。"其音节流畅,笔调清丽,隐见其祖谢庄"气候清雅"之风貌。此外,谢举尚撰有《答释法云难范缜〈神灭论〉》一文,大同三年(537)出知吴郡又题《虎丘山赋》于寺,以答前任郡守、有"何吴郡"美誉的何敬容,惜皆仅存目。今据萧子恪墓志题名可知,谢举尝于四十七岁之际为萧子恪撰造墓志铭辞,当可补史载之缺。

　　谢举仕历,时论颇以其三度出任吏部尚书为荣。吏部尚书为中枢要职,南朝多以望族居之,谢举祖辈谢尚与父兄在刘宋以迄梁初,曾四度典选吏部尚书,至谢举又三任此职,可谓前所未有的荣耀了。不过,谢举第三次迁掌吏部尚书的时间,《梁书》本传系于大通二年(528),下文继云"四年,加侍中。五年,迁尚书右仆射,侍中如故。"校记云:"上文既是'大通二年,入为侍中',则此四年、五年当为大通四年、五年。但大通只二年,大通三年十月改元中大通。据本书《武帝纪》,吏部尚书谢举为尚书右仆射在中大通五年。则'四年'上当有'中大通'三字,否则上文之'大通二年'乃'中大通二年'之讹。"①此两可之说,适可藉萧子恪墓志上的谢举题名以审其实。按《梁书》本传,谢举于普通六年(525)第二次徙任吏部尚书,继出为仁威将军、晋陵太守,则未书明年份,当亦在普通六年或稍晚。史载,谢举出知晋陵之际,"在郡清静,百姓化其德,境内肃然。罢郡还,吏民诣阙请立碑。"其治绩如此,当非短短一二年间能臻。而据萧子恪墓志正文前所题"仁威将军晋陵太守陈郡谢举制铭"云云,可证至迟在大通三年八月,谢举仍出知晋陵郡。萧梁外任以三年为小满,则谢举知晋陵当为连任,故《梁书》云谢举大通二年迁掌吏部有误,其"大通二年"当为"中大通二年"之讹。

四、萧齐宗室墓葬在建康东北郊的分布

　　萧子恪墓的考古发现,对于拓展南朝齐、梁陵墓分布规律与范

---

　　① 姚思廉:《梁书》卷三七《谢举传》校勘记,中华书局,1973年。

围的既有认识颇多启益。

丹阳于东晋为南兰陵,系南朝齐、梁二代的发祥地,以桑梓本乡、王业旧基,是故齐、梁帝后陵寝例皆营建于此。然具体而微,又稍有区别,在齐而言,凡帝后与未及登基的太子乃至众多的皇子,都可以入葬丹阳陵区①;在梁而言,则除了帝后外,包括未及登基而早殇的太子与众多皇子亲从在内,都只卜葬于都城建康周围,不得归葬丹阳②。是故南京现存萧梁宗室墓甚多,殊少见萧齐宗亲墓。当然,这也仅是就大的方面而言,如南京博物院于1988年夏在栖霞区甘家巷以北约3 000米、张家库以西约1 500米的包山,发掘了卒于齐永明六年(488)四月的故冠军将军、东阳太守萧崇之侧室夫人王宝玉墓,即可证萧齐宗亲墓在京师的葬地也并非完全无迹可循。萧崇之为齐高帝萧道成族弟,也是梁武帝萧衍的叔父,入梁后追谥忠简侯③,结合萧崇之长子、梁吴平忠侯萧景墓亦位于甘家巷的情形,则可推断萧崇之本人亦卜葬于这一区域。此外,中兴元年(501)十一月卒,归葬于萧崇之及其家族墓区以东的栖霞寺侧,为齐和帝诏赠侍中、丞相的萧颖胄,亦齐室宗亲,其墓前石碑至宋代尚存④,以归从祖葬之固有习俗推断,则萧颖胄之父、齐高帝萧道成从祖弟萧赤斧及其家族成员或亦聚葬于此。值得一提的是,由于梁桂阳简王萧融、桂阳敦王萧象、安成康王萧秀、始兴忠武王萧憺、

---

① 据《南齐书》卷四〇《武十七王·竟陵文宣王子良传》:"初,豫章王嶷葬金牛山,文惠太子葬夹石,子良临终,望祖硎山,悲感叹曰:北瞻吾叔,前望吾兄,死而有知,请葬兹地。既薨,遂葬焉。"结合顾野王《舆地志》与《乾隆丹阳县志》卷二《山川》的相关记载来分析,齐豫章王萧嶷所葬的金牛山,当即为今丹阳东北三十五里的经山,至于齐武帝次子竟陵文宣王萧子良所葬的祖硎山,与其兄长被后世追尊为文帝的文惠太子萧长懋位于夹石的崇安陵,固皆与经山毗邻。而丹阳现存标识明显的七处南齐帝陵,亦皆分布于丹阳东北的经山周围。

② 综合考古发现与文献记载来看,梁武帝的兄弟子侄多营葬于京师建康郊野,这其中也包括生前未及登基、却两度被后世追尊为皇帝的昭明太子萧统。事详(唐)许嵩撰、张枕石点校:《建康实录》卷一八《梁下·太子诸王传略》,中华书局,1986年。

③ 详见《南齐书》卷四四《沈文季传》;《梁书》卷二四《萧景传》;《南史》卷五一《梁宗室上·吴平侯景》。

④ 张敦颐撰,王进珊点校:《六朝事迹编类》卷一三《坟陵门》,南京出版社,2011年。

新渝宽侯萧暎与临川靖惠王萧宏等人的墓葬皆位于甘家巷及其附近①,故以往的认识多将甘家巷及其附近地区视为萧梁皇室宗亲的一处聚葬墓区。今由上述分析可知,这一所谓萧梁贵族墓区的形成,至少可溯源至萧齐。而萧子恪其人,无论在齐在梁都忝为宗室,因此,他的墓葬营建于东距梁临川靖惠王萧宏墓神道千余米的灵山西北麓,是并不让人感到意外的。按,萧子恪兄弟计十六人,除死于"侯景之乱"者,余者如文誉甚著的萧子显、萧子范及其家属亲从,或亦葬于萧子恪墓附近。

撰以萧子恪齐室贵胄的独特身份及其墓葬位置,对于重新认识齐明帝皇后刘惠端初葬旧墓的位置与 20 世纪 70 年代发掘的所谓灵山大墓的年代等问题,也都不无启示。史载,南齐永明七年(489),时为西昌侯萧鸾妃的刘惠端卒葬于江乘县张山,至萧鸾入纂为齐高帝萧道成第三子继皇帝位的次月己卯,遂追尊为敬皇后,卒得以改袝丹阳,号陵曰"兴安"②。关于江乘县张山,旧志有二说,一说位于城东南三十里、淳化镇之北③,今更有将其确指为南京江宁区淳化街道新庄村西北一座名叫"东山"的小山④;一说位于城东北六十里章桥西⑤,今栖霞区仙林灵山东侧有龙王山,山巅有天然洞窟,村民率以其为龙穴所在,并于明正统年间建庙礼拜,今仍存明嘉靖十二年(1533)仲秋八月江乘社沈氏兄弟所立《重建张山龙王庙碑记》⑥,故亦不排除所谓江乘县张山即龙王山或与龙王山相连属的附近诸山丘在内的群山总称。但论及齐明帝刘皇后位于江

① 此处所列建康东北郊萧梁王侯墓的墓主身份,皆有墓上神道碑及华表或出土墓志可征。

② 萧子显:《南齐书》卷二〇《明敬刘皇后传》,中华书局,1972 年。

③ 周应合:《景定建康志》卷一七《山川志·张山》,南京稀见文献丛刊本,南京出版社,2010 年。

④ 中国人民政治协商会议南京市江宁区委员会:《江宁历史文化大观》,南京出版社,2008 年。

⑤ 所谓"章桥西",即章桥西侧,据《景定建康志》卷一六《疆域志二·桥梁·钱公桥》:章桥,以西接张山,亦故名张桥。宋淳熙十一年(1184),留守钱良臣易为石桥,遂称"钱公桥"。桥在府城东北五十七里,跨七乡河,上元、句容二县以此桥为界。南京出版社,2010 年,第 381 页。

⑥ 明嘉靖十二年(1533)江乘社沈氏兄弟七人所立《重建张山龙王庙碑记》现已移置南京栖霞区仙林大学城管委会院内,碑记拓片与录文刊于南京市文化广播新闻出版局(文物局)编著:《南京历代碑刻集成》,上海书画出版社,2011 年,第 158、388 页。

乘县张山的旧墓,历来多归之于南京城东南三十里、淳化镇之北①,然据前揭卜葬建康的齐室疏宗例皆营葬于南京东北郊,特别是萧子恪墓所傍依的灵山亦位于龙王山附近而言,则齐明帝刘皇后以西昌侯妃初葬的旧墓,当仍以位于南京城东北六十里章桥西的张山的可能性更大一些。

20 世纪 70 年代发掘的灵山南朝大墓,位于萧子恪墓以南约 1 000 米的灵山西南麓,而在这座灵山大墓前方不远处,1956 年与 1972 年文物部门还先后调查发现过 2 件东、西相对的小型石辟邪,除了形制较小外,两件石辟邪的造型风格大致与南朝王侯墓前的神道石兽相类属。关于灵山大墓及其墓前石兽,曾有学者推断为系陈文帝陈蒨永宁陵所在②,也有观点认为,灵山大墓及墓前石兽的规制与南朝中后期宗室王侯墓相当,可能只是陈代某一宗室王侯墓,并认为今灵山地区系围绕陈文帝永宁陵所形成的一个陈代陵区③。然而上述关于灵山大墓为陈文帝永宁陵以至灵山地区为陈代陵区的推断,皆建立在《建康实录》等文献记载陈文帝永宁陵位于"县东北四十里"的"陵山"与今灵山谐音的推测上,以及南宋《六朝事迹编类》《景定建康志》、明代《万历上元县志》等晚出文献对陈文帝永宁陵的位置愈来愈"明确"的记载,缺乏对实物材料的具体分析。

灵山大墓出土的 31 件文物当中,尤以两件青瓷莲花尊最为引人瞩目。两件青瓷莲花尊造型皆细长,施青黄色釉;通体装饰以飞天、忍冬、宝相花、仰覆莲瓣等凹凸分明的高浮雕,繁缛富丽,并附有方钮莲瓣纹器盖。与灵山大墓青瓷莲花尊造型、纹饰相近似的考古出土品尚有多件,而有纪年可考最早的一件为湖北武昌何家大湾南齐永明三年(485)刘颙墓所出④。相较而言,刘颙墓的青瓷

---

① 《景定建康志》卷四三《风土志二·古陵》;《六朝事迹编类》卷一三《坟陵门》,南京出版社,2010 年。
② 朱偰:《修复南京六朝陵墓古迹中重要的发现》,《文物参考资料》,1957 年第 3 期。
③ 王志高:《梁昭明太子陵墓考》,《东南文化》,2006 年第 4 期。
④ 湖北省博物馆(王善才执笔):《武汉地区四座南朝纪年墓》,《考古》,1965 年第 4 期。

莲花尊在装饰上主要表现为以刻花或剔花的手法所营造出来的浅浮雕莲瓣与忍冬纹,展现出相对尚属发展阶段的工艺特征。但如果考虑到南齐末世如东昏侯萧宝卷这样的恶童天子穷奢极欲、肆意妄为的物质追求,以及建康都城作为政治、经济、文化中心而在文化传播上所特有的先声意义,也就不能排除如灵山大墓青瓷莲花尊这样繁缛富丽的奢侈品,终齐之世得以在供给皇室权贵的用作中迅速发展成熟的可能性①。在此认知基础上,揆以萧子恪墓的考古发现,则不难推绎出距萧子恪墓仅千米的灵山大墓的墓主系萧齐宗亲的身份来。从灵山大墓甬道中设有一道石门的情形看,其墓主下葬之际身份颇贵显,或即与齐明帝刘皇后以西昌侯夫人初葬江乘县张山之际相类,而非萧子恪兄弟以齐宗遗民仕梁之骤降身份可比。

通过对齐明帝刘皇后在江乘县张山初葬旧墓位置与灵山大墓年代的分析,并结合其他的考古发现,可揭示出南齐宗室成员在都城建康的墓区主要位于东北郊,大体分布于从今仙鹤门到江滨、从燕子矶到摄山镇与仙林的地域范围内,几乎与位于南京东北郊的萧梁宗室墓区相叠合。其中,围绕仙林至摄山镇一线则可能是这一片萧齐宗室贵族墓区里最为显要的地段,卜葬其间的萧齐宗室,在品秩上更高于埋骨于尧化门至甘家巷一线类如梁武帝叔父萧崇之家族等相对于齐室而言的疏宗。

五、萧子恪墓的葬制与构造——以石门等
石质葬具与排水设施为着眼点

萧子恪墓砖室连同封门墙与墓室后壁的厚度都计算在内,长

---

① 据《南史》与《南齐书》本传,齐东昏侯萧宝卷早"在东宫,便好弄",至登基后,对于物力的靡费更是达到了令人难以理喻的程度,而"性暴急,所作便欲速成",其造作"系役工匠,自夜达晓,犹不副速"。凡此种种,都可视作繁缛富丽如灵山大墓青瓷莲花尊这样的奢侈品,终齐之世得以迅速发展成熟的重要前提。

约达 10 米,其规模仅次于墓主被推断为南朝皇帝的丹阳鹤仙坳大墓、丹阳金家村大墓、丹阳吴家村大墓、南京西善桥罐子山大墓以及南京栖霞区白龙山梁临川靖惠王萧宏家族墓①,与墓主被推测为梁安成康王萧秀、梁南平元襄王萧伟、梁始兴忠武王萧憺或萧憺之子萧晔的甘家巷 M6、尧化门老米荡南朝墓(此墓神道上的华表位于尧化门北家边,故有部分出版物亦迳称之为"尧化门北家边南朝墓")、蔡家塘 M1、梁桂阳简王萧融墓、萧融嗣子桂阳敦王萧象墓在伯仲之间②,而明显大于装饰有"竹林七贤"镶拼砖画的南京西善桥宫山南朝墓和陈义阳郡公、中权大将军黄法氍墓③。显而易见,萧子恪墓的重要价值绝不仅仅在于其规模的宏大,更因为墓主身份的确凿无疑。当然,如果再进一步考虑到墓主以南齐宗室降格仕梁的身份与经历,并藉此关照其墓葬的建筑结构与随葬品的形制特征,则不仅有助于进一步揭示出南朝丧葬礼制与习俗的变迁,对于完善以建康都城为中心的南朝墓葬的年代学研究,也有其不可替代的标型意义。

通常认为,南朝时期仅次于帝陵规制的大中型墓葬,须具备如下几个特点:首先,其总长度多在 7 米至 10 米之间④,也有将其细划为 9～10 米和 7～8 米两个层次,并推断前者系皇家宗室王侯墓,后者系高级士族官员墓⑤。其次,墓室后壁弧形外凸或左、右、后三

---

① 南京博物院:《江苏丹阳胡桥南朝大墓及砖刻壁画》,《文物》,1974 年第 2 期;南京博物院(尤振尧执笔):《江苏丹阳县胡桥、建山两座南朝墓葬》,《文物》,1980 年第 2 期;罗宗真:《南京西善桥油坊村南朝大墓的发掘》,《考古》,1963 年第 6 期;南京市博物馆,等(王志高等执笔):《江苏南京市白龙山南朝墓》,《考古》,1998 年第 8 期。

② 南京博物院,等:《南京栖霞山甘家巷六朝墓群》,《考古》,1976 年第 5 期;南京博物院(霍华执笔):《南京尧化门南朝梁墓发掘简报》,《文物》,1981 年第 12 期;金琦:《南京甘家巷和童家山六朝墓》,《考古》,1963 年第 6 期;南京市博物馆阮国林《南京梁桂阳王萧融夫妇墓》,《文物》,1981 年第 12 期;南京博物院(陆建方等执笔):《梁朝桂阳王萧象墓》,《文物》,1990 年第 8 期。

③ 南京博物院(罗宗真执笔):《南京西善桥南朝墓及砖刻壁画》,《文物》,1960 年第 8,9 期合刊;南京市博物馆(姜林海执笔):《南京西善桥南朝墓》,《文物》,1993 年第 11 期。

④ 冯普仁:《南朝墓葬的类型与分期》,《考古》,1985 年第 3 期。

⑤ 周裕兴:《南京南朝墓制研究》,蒋赞初主编《南京大学历史系考古专业成立三十周年纪念文集》,天津人民出版社,2002 年,第 325－327 页。

壁皆向外弧凸,墓壁除西善桥宫山墓装饰有规范完整的"竹林七贤"镶拼砖画外,多以莲花、忍冬、钱胜与菱格纹以及表现相对独立的人物、动物形象的花纹砖组合砌筑。第三,甬道内例皆设置一道石门,在石门与棺床之间摆放围屏石榻①,围绕石榻四角张挂帷帐(由于帷帐易朽,故仅存用于插置帐竿的四个圆形或半圆形的石帐座),墓室砖砌棺床上铺置石棺座。

萧子恪墓全长 10.05 米,从墓葬规模上看,已经完全达到了所谓南朝王侯大墓的等级标准,但另一方面,萧子恪墓甬道内既无石门,墓室前部亦无围屏石榻及石帷帐座,且棺床上亦未铺陈石棺座,这些似乎都说明萧子恪墓在规模上臻于王侯之礼,实有僭越之嫌。不过,像这样的情形在当时亦非鲜见,如武昌何家大湾南齐永明三年刘颙墓②,墓葬全长达 7.4 米,但墓主生前只不过是秩六百石、品列七级的宋武陵王前军参军,其墓葬规模不仅远远超越了刘宋初年的豫宁伯、海陵太守谢琰墓,且与梁普通二年(521)的辅国将军墓相埒③。再如墓主被认为是梁临川靖惠王萧宏或其家族成员的南京栖霞区白龙山南朝墓④,总长达 13.4 米,几乎臻于南朝帝陵的规模。凡此种种与既有认识的抵牾之处,实际上也引出了一个如何从规制上划分南朝墓葬等级的问题。显而易见,以是否具备石门、石榻围屏、石棺座等系列石葬具为着眼点,较诸墓室长度与墓葬规模这类更可能与家族财势密切相关的因素,无疑更令人信服。但刘宋中期以迄齐、梁、陈三朝,包括石门等在内的石葬具,究竟被限定在哪一阶层以上使用,以往的相关论述并未能说得很清楚,通常意义上的"王侯等级墓制"之说,也只是一个笼统的概

---

① 设置于南朝墓棺床前的围屏石榻,其榻面上的围屏例由五块下端出榫的石屏构成,但以往所见考古简报如前注 34 所引《江苏南京市白龙山南朝墓》等,却不乏将此种石围屏指认为龟趺墓志残存志石或小石碑之类的误会。

② 湖北省博物馆:《武汉地区四座南朝纪年墓》,《考古》,1965 年第 4 期。

③ 南京市博物馆(华国荣执笔):《南京南郊六朝谢琰墓》,《文物》,1998 年第 5 期;南京市文物保管委员会(魏正瑾、阮国林执笔):《南京郊区两座南朝墓清理简报》,《文物》,1980 年第 2 期。

④ 南京市博物馆,等:《江苏南京市白龙山南朝墓》,《考古》,1998 年第 12 期。

念，毕竟已发掘的南朝墓中，除帝陵外，设置石门的墓葬仅见有王与公二级，尚无一例可以被确认系侯爵身份的墓主。不过，如果考虑到梁吴平忠侯萧景与建安敏侯萧正立两墓的神道石刻组合皆与诸王之制相匹，笔者认为，其墓中设置石门或亦情理中事①。入梁后由侯爵降封为子爵的萧子恪，其墓虽规模超大，但甬道内不仅不设石门，亦无石榻围屏、石帷帐座与石棺座。据此可证，南朝中后期设置包括石门等系列石葬具在内的墓葬，其墓主身份当限定在侯爵与伯爵之间，其中，伯爵以下的子爵或无爵位的官员，其墓葬内于例皆不得享有石门。

六朝墓葬的功能设施随时间的推移，有愈来愈完善的发展趋势。结合萧子恪墓及以往的考古发现看，这一发展趋向在墓室内部的排水设施的构筑上亦表现得较为突出。

萧子恪墓的排水设施以封门墙为界，分为内外两部分。封门墙前的一段排水沟，系在墓道底部开挖沟槽，沟槽底部的排水沟用砖砌成，具体砌法为：上、下各以二层砖横向平铺，其间铺两列纵平砖，共铺三层，在两列纵平砖之间，留出宽 8 厘米的孔隙，即为排水孔道。在最上层横平砖顶部中间，再增铺一层半砖，推测其用意是为了在排水沟上部形成坡面以减轻来自封土对排水沟的压力。

封门墙内的排水沟位于第一、三层铺地砖之间，系铺墁侧立的第二层铺地砖时预留而出，其排水路径较为复杂。从平面上看，在墓室内共辟有三条排水暗沟，总体布局呈"中"字形。其中，位于砖室正中的主排水沟系以墓室后壁正中为起点，在流经棺床前后的两个阴井以及棺床、甬道的底部之后，与封门墙外的排水沟直接连通。位于主排水沟两侧的两条分支排水沟，皆以位于棺床后部的阴井为起点，分别向墓室左右两壁延伸，再分别呈直角纵向拐折，沿左右两壁的走向穿过棺床底部后，再呈直角横向内拐，与主排水

---

① 梁吴平忠侯萧景与建安敏侯萧正立墓上今犹存石兽、华表，而据《景定建康志》卷三三《文籍志一·石刻》所记，此二墓旧亦有神道碑，分别题为《吴平侯萧公碑》和《建安敏侯碑》，南京出版社，2010 年，第 859 页。

沟在棺床前部阴井处交汇合流。通过对排水沟所在的第二层铺地砖的全面揭露,发现凡排水沟流经处的两侧铺地砖,皆为侧立横砌,藉以使砖缝尽可能多的与水道垂直相交,以利于渗漏积水的汇聚排放。

六朝砖室墓普遍设有排水沟以泄墓内积水。其中,六朝早期通常只是将墓室底部铺砌成前低后高的格局,俾将积水疏导入墓前的排水沟内。但这样的排水效果显然并不好,故东晋以后,结合高出墓室地面的砖砌棺床的渐趋流行,出现了在甬道地面或甬道铺地砖下辟置与墓外排水沟连通的或明或暗的阴井的做法,从而起到汇聚积水以集中排出的功用。其中,在地面上辟置的阴井口还会覆以陶制或铜、铅质地的漏水板。约在东晋末至刘宋早期,又新出现了一种将砖砌棺床的左、右、后三边与墓室对应的左、右、后三壁之间隔出浅沟罅隙以分流疏导积水的做法①。这一排水路径系以棺床后部与墓室后壁相夹的沟隙为起点,由高及低分别流向墓室左右两壁、继而折拐向墓室前部,直至交汇于棺床前的阴井口,而据萧子恪墓棺床前后的阴井及与之连通的排水沟的平面布局,则墓葬经营者预设的排水线路或亦源出于此,只不过像萧子恪墓这样在棺床前后皆辟置阴井以分段蓄集墓室积水,同时在棺床部位的铺地砖下增铺一条纵贯墓室前后阴井的主排水沟,从而在墓室铺地砖下形成纵横相通的排水管网的做法,不仅不易造成墓室积水的潴留,而且最大限度地保存了墓室分割布局的空间完整性,在视觉上显得更为简洁美观,确是一种先进的工程设计理念。

值得一提的是,就公开发表的资料而言,类如萧子恪墓这样先进的排水线路,此前仅见诸被推测为齐景帝萧道生修安陵的丹阳胡桥鹤仙坳南朝大墓②。而针对这一其时尚属独一无二的发现,日

---

① 在棺床与墓室左、右、后三壁之间隔出沟隙排导积水的六朝墓葬,主要出现在东晋晚期至南朝早期,而相对广泛地分布于长江中、下游地区,甚至对北朝墓葬也有所影响。刘宋永初二年(421)海陵太守谢珫墓,是迄今所见南京地区这一构造的墓葬中唯一的纪年墓。

② 南京博物院:《江苏丹阳胡桥南朝大墓及砖刻壁画》,《文物》,1974 年第 2 期。

本学者曾布川宽认为:"(丹阳胡桥鹤仙坳南齐大墓)作为南朝陵墓的一个重要特点,对排水问题都有特殊的考虑,如在山的斜坡修筑墓室,在长9.4米、宽4.9米的墓室中央和四周都修筑排水沟,墓室中的积水通过墓室前后的阴井口、甬道下方,再通过墓外190米长的排水沟,最后流入一池中。"①这一表述显然是更多地着眼于墓主身份或者说墓葬等级的特殊性所体现出来的制度因素,然萧子恪墓的考古发现,则表明这种构造先进、完善的排水系统的运用,并不意味着墓主身份的悬隔,充其量只是反映了墓葬建筑在设计建造上的合理与使用功能上的完备而已,显然具有一定的普遍性。因此,从墓葬的结构功能着眼,可以断言,但凡在棺床前、后的铺地砖上各辟置一阴井的南朝墓葬,例皆铺筑了类如萧子恪墓或丹阳胡桥鹤仙坳南朝帝陵这样平面布局呈"中"字形的排水沟,只是由于以往发掘的规模稍大些的南朝墓葬多遭严重盗毁,往往铺地砖以下的结构也难以幸免,加之部分清理工作可能也不够细致,以至这一构造长期被忽略。

六、对萧子恪墓其他出土文物及其相关问题的认识

萧子恪墓历经盗毁,随葬品除石墓志外,多已失去了原有的位置与组合关系,且已残破不堪,但以其出自墓主明确的纪年墓所彰显出的不寻常的标型意义,仍然值得重视。

萧子恪墓出土两件青瓷盘口壶,皆仅残存口沿部分,盘口深而外撇似喇叭状,颈部以下缺失,其中一件在盘口下部贴附一对半环形横系,这一做法此前仅见于南京铁心桥马家店南朝墓、望江矶南朝墓各出土的一件盘口壶与对门山南朝墓出土的青瓷莲花尊三例②,由于

---

① 曾布川宽:《六朝帝陵——以石兽和砖画为中心》,傅江译,南京出版社,2004年,第22页。
② 南京市博物馆,等(王志高等执笔):《南京铁心桥镇马家店村南朝墓清理简报》,南京市博物馆编《南京文物考古新发现》,江苏人民出版社,2006年,第105－111页;南京市博物馆,等(马涛等执笔):《南京市麒麟镇西晋墓、望江矶南朝墓》,《南方文物》,2002年第3期;南京市文物保管委员会(魏正瑾、阮国林执笔):《南京郊区两座南朝墓清理简报》,《文物》,1980年第2期。

采用此种装饰手法的青瓷器迄未在南朝京师建康以外的其他地方发现,故不排除是出于定制或窑场为了迎合京师显贵的审美趣味而专门烧制的。

萧子恪墓出土陶牛车的厢舆造型除形制稍小之外,与南京铁心桥马家店南朝墓几乎完全相同,由此可证两墓的年代应极为接近。从马家店南朝墓甬道内设一重石门、墓室内置围屏石榻及石帐座、棺床上铺石棺座等石制葬具来看,其墓主身份应高于萧子恪而臻于侯、伯之位[1]。由于车舆在舆服制度中特有的示范意义,也提示了萧子恪墓出土车舆在形制上小于马家店南朝墓车舆所特有的礼制因素。

萧子恪墓出土的 4 件陶女侍俑,两鬓挽出椭圆形发髻,面貌丰满肥腴,与众多偏于清秀纤丽的南朝陶女俑迥异其趣。与之造型面目相同的陶女俑,仅见墓主被推定为梁南平元襄王萧伟的尧化门老米荡南朝梁墓以及早年发掘的张家库南朝墓两例[2],且由于萧子恪墓与尧化门老米荡梁墓皆出土了形制同样肥胖粗短的滑石猪,则此三墓在年代上应甚为相近。从形制结构上看,尧化门老米荡梁墓在甬道内建有一重石门,在墓室前部摆放了围屏石榻,在棺床上陈置有石棺座,其等级规格当高于萧子恪墓,但是否即如考古简报判断的那样达到郡王一级或者直接推定墓主为梁南平元襄王萧伟,尚值得斟酌。

史载,萧梁"(天监)六年,申明葬制,凡墓不得造石人兽碑,唯听作石柱,记名位而已。"[3]但实际上这一规定并未得到严格执行。纵观有碑表或墓志等文字材料可以确认墓主的萧梁墓葬,凡属郡王等级者,其神道石刻例皆为石兽、石柱、石碑的组合,概无例外。甚至在齐梁嬗替过程中有推戴之功并在梁世膺受重寄的吴平忠侯

---

[1] 南京市博物馆,等:《南京铁心桥镇马家店村南朝墓清理简报》,《南京文物考古新发现》,江苏人民出版社,2006 年。

[2] 南京博物院:《南京尧化门南朝梁墓发掘简报》;王志敏,等编:《南京六朝陶俑》,中国古典艺术出版社,1958 年,第 31 页。

[3] 魏征:《隋书》卷八《礼仪三》,中华书局,1973 年。

萧景以及因谦让友与而深为梁武帝嘉许的建安敏侯萧正立,其墓葬的神道石刻在组合上也几乎得以拥有与郡王相同的礼遇。唯有梁始兴忠武王萧憺之子萧暎墓的神道上仅建有一对"记名位"的石柱,而萧暎爵封新渝宽侯,由此可推知,尧化门老米荡梁墓的墓主身份等级充其量只是臻于侯爵。并且,从老米荡梁墓东依梁武帝叔父萧崇之侧室夫人王宝玉墓所在的包山,墓前的神道石柱南邻萧崇之长子、梁吴平忠侯萧景墓这一地理位置来作进一步的分析,则尧化门老米荡梁墓的墓主亦应与萧崇之家族有关,也就是说,卒于齐永明六年、入梁后追谥忠简侯的萧崇之本人及其萧景以外的诸子孙,都有可能是尧化门老米荡梁墓的墓主。这其中,又以萧崇之第三子、萧景异母弟萧昂最值得关注①。

萧子恪墓随葬五铢钱有铜、铁两种,其中,以铁五铢殊值留意。按,梁代铁五铢存世虽众,但出自墓葬者极少,此前在国内仅见于浙江瑞安县芦蒲与湖北武昌吴家湾的两座南朝墓,亦皆与铜钱伴出②。史载,萧梁铁五铢系普通四年(523)十二月因给事中王子云议始铸,其前提则是废止铜钱流通,但铁钱投入市场后,民间交易却仍然在使用铜钱③。铜钱的屡禁不绝,使得政府也不得不采放任

① 萧昂系萧崇之侧室王宝玉所出,爵封湘阴恭侯,这一爵号与墓上仅树立"记名位"的神道石柱相符;其次,萧昂卒于大同元年(535),距萧子恪卒葬仅晚六年,而享寿53岁,也大体与南京医学院测定的男性墓主骨龄接近;再者,将尧化门老米荡梁墓的墓主设定为萧昂,揆诸南朝陵墓的排葬制度亦无悖碍,因王宝玉系萧昂生母,而以血缘上的母子关系来规划墓葬区域或方位,在六朝可谓屡见不鲜。唯一不能落到实处的是,尧化门老米荡梁墓神道西柱方版上尚可见"梁故侍中中抚将军"等文字,而史载萧昂虽为侍中,但生前死后皆未授"中抚将军",不过也并不能据此而否定萧昂为墓主的可能性,如梁武帝侄萧正立并无被赠予"侍中"的记载,但其人位于南京江宁淳化刘家边的墓上神道石柱方版上却分明刻有"梁故侍中……"等内容。可见在这个问题上,传世文献可能出现的缺遗也是要充分考虑到的。
② 详见浙江省文物管理委员会:《浙江瑞安桐溪与芦蒲古墓清理》,《考古》,1960年第10期;武昌市革委会文化局文物工作组:《武昌吴家湾发掘一座古墓》,《文物》,1975年第6期。此外,位于韩国忠清南道公州宋山里的百济武宁王陵,亦随葬萧梁铁五铢钱,中韩学界关于其特征与性质的讨论,参见大韩民国文化财管理局:《武宁王陵——发掘调查报告书》(日本语版),学生社,1974年,第40、113、114页;邵磊:《百济武宁王陵随葬萧梁铁五铢钱考察》,《中国钱币》,2009年第3期。
③ 李延寿:《南史》卷七《梁本纪中第七》,中华书局,1975年;魏征:《隋书》卷二四《食货志》,中华书局,1973年。

态度,默许这一违法现象的公然存在。以至时以文才见长的名流任昉在《赠到溉诗》中有云:"铁钱两当一,百代易名实。为惠当及时,无待凉秋日。"①可证当时流通领域不仅铜、铁钱混用,而且铁钱与铜钱之比一度稳定地达到 2∶1。萧子恪墓及浙江瑞安县芦蒲与湖北武昌吴家湾的两座南朝墓兼以铜、铁钱随葬,更是为任昉"铁钱两当一"的诗句提供了生动的注脚。

(2012 年第 5 期)

---

① 李延寿:《南史》卷二五《到彦之传》引任昉《赠到溉诗》,中华书局,1975 年。

附录:"六朝研究"栏目"主持人语"

胡阿祥

话说"统一是大势所趋"

本期的"六朝研究"栏目,《魏晋南北朝后妃出身考述》做了颇全的资料收集工作,基础于资料之上的分析虽然简略,却也不乏或创新、或有趣的见解;《永嘉乱后京兆韦氏南迁江左考述》,行文雅驯,心思细密,尤其值得肯定的是其因小见大,即为"世家大族在丧乱以后对迁徙地域和入仕政权的选择,对其家族利益的维持和发展具有重要影响"云云,提供了具体而又典型的事例;至于《南北朝上计制度探讨》,商榷元代史家马端临所谓魏晋以后"州郡无上计事"之说,提示南北朝上计制度对隋唐朝集使制度的影响,也都有学术进步之意。言之有物,文贵有得,上述三文可谓无愧于此也。

然则笔者特别想发议论者,还是严耀中所撰《论魏晋南北朝的走向重新统一》。这是一篇短文,也是一篇信息量很大的宏文。作者指出,"魏晋南北朝的走向重新统一并由北方政权隋朝完成,是一种不可避免的趋势。这种趋势主要体现在两个方面,一是文化意识和经济发展所构成的背景,二是当时南北之间政治军事实力的对比"——这是平实之论,也是通人的常说;而作者的视野开阔、功力不凡,体现在展开的论述中:"流民和移民的大潮推动了语言文字的交流。……语言文字的统一成了走向政治统一的前奏";"文化和行为准则的认同",使得"民族融合就难以逆转了";"士兵、移民、商贩、僧人是魏晋南北朝最常见的人们,他们的往来带动了道路的发展,也带出了统一的条件";"审美上的一致也是价值观念趋同的形式之一";"北人惧暑,南人怕冷,似乎各有千秋,但寒冬所带来的服装需求等辎重更依赖运输,这也是南朝屡次北伐而兵锋难过黄河的一个重要原因";"南北骑兵基础的不平衡","北强南弱的局面也总是难以改变";等等。诸如此类的论述,或者详人所略,或者角度新颖,起码对于年轻学子而言,是深具启发思维的价值的。

按照笔者的理解,严文之"尽管儒家推崇王道与德化,但既然要大一统,就得用兵。在中国历史上简直见不到有和平统一的例子",以及关于隋伐陈之策略与部署的分析、太子杨勇防范突厥而晋王杨广平定南方与杨广后来夺得太子之位关系的提示,或者也有微言大义在于其中?

由严文说开去,大体400年的分裂的魏晋南北朝,是如何走向统一的,实在是笼罩魏晋南北朝之全时段与全地域的问题。进而言之,为什么会有魏晋南北朝的长期分裂?秦汉统一的记忆在魏晋南北朝重新走向统一中发挥了怎样的作用?隋唐统一时代如何看待魏晋南北朝的分裂?甚至,我们今天怎样客观评价魏晋南北朝以及春秋战国、五代十国、宋辽金夏等等分裂割据时代?应该都是研究历史而又关注现实的人们无法回避、却也显得沉重的问题吧!

《三国演义》开篇就说:"话说天下大势,分久必合,合久必分",这是老话,也是不合时宜的话,不妨改作"话说天下大势,合久必分,分久必合",即最终落实到"合"上,因为中国政治的传统、中国各别地域的经济互补,以及中国人的心理需求,都证明了历史中国之统一时间越来越长、统一范围越来越大、统一程度越来越深的事实与趋向。而以此为根据,我们常说的"统一是大势所趋"这句习语套话,也必将为中国未来的"历史"所证明!

(2009 年第 5 期)

"回顾"与"展望"绝非"小道"

2009 年 9 月,江苏省六朝史研究会与南京师范大学社会发展学院、南京历史学会合作召开了"建国六十年来六朝史研究的回顾与展望学术研讨会",会议收到论文 40 余篇。本期"六朝研究"栏目,除了一篇书评外,3 篇文章都选自会议提交的论文。为什么召开这样的研讨会? 倒不是为了配合国庆 60 周年,而是出于以下两个目的:其一,对这段历史的反思。从古到今,难得见到纯粹的历史学。历史学对历史的论述与对历史的理解,总是受到论述者思维观念与理解者时代背景的影响,所以有人认为,一切的历史学都是思想史,或者都是现代史。我们姑且不去细论这些,惟可以肯定的是,新中国成立 60 年来之大陆六朝史研究领域中,政治的作用尤其明显。从宏观言,传统时代,中国政治的主话语权在北方,而六朝是南方政权,这便影响到了对六朝历史地位与六朝都城南京的评价;再从政局言,表面上看,南方六朝是偏安政权(笔者并不认可这样的"定论"),南北之间分裂对峙,东晋南朝又是贵族政治、贵族经济、贵族文化起着主导意义的时代,而诸如此类,与中国人的统一意识与追求,与新中国成立以来"人民,只有人民,才是推动历史发展的动力"的钦定理论,又显得是那么的不相吻合。于是,这就导致了或显或隐的"六朝历史"与"研究六朝的历史学"的分离。然则由此说开去,理解历史,理解历史的研究史,一个甲子以来曲折复杂的大陆六朝研究历程,可谓极具典型意义的案例,也是透视现代史学史的合适标本。其二,回顾是为了总结,展望是为了开拓。学术是代代传承的,对于积累深厚的六朝研究来说,当然也不例外。比如总结前辈成就,然后才得薪火相传;回顾专题论著,然后才得继承创新;检讨理论与方法,能获启发思维之效;把握争论与分歧,能获深入研讨之趣。换言之,学术的进步,离不开回顾,缺乏了回顾,就谈不上前瞻,而没有了前瞻,我们现时的努力,也就失去了真正的目标。然而,什么样的回顾才是合格的回顾呢? 十多年来,因为学术规范的"制度性"规定与学位论文的"格式性"要求,"回顾"的内容大体已经不缺。不过,说得苛刻些,限于相关论著的简单罗列者,占了绝大部分;而且罗列既毕,对于既往成果的评价,或者蜻蜓点水般的肤浅,或者有意贬低。这样的回顾,是不具有学术意义的。真正的回顾,应该是客观而具实质内容的,应该能够反映学术变迁的过程与学术进步的路径,应该明确既往的研究解决了什么问题、存在哪些得失,后续的探讨或前瞻性的提示,在资料与文献、解释和观点、范型或方法等方面,有何开拓、创新、进步?唯有如此,才是对研究者与接受者皆具收获的回顾。以此为追求,笔者曾撰"东晋南朝侨州郡县与侨流人口的文献记载与研究回顾"4万余言作为拙著《东晋南朝侨州郡县与侨流人口研究》的"引言"。推而论之,笔者觉得,这样的"回顾"与"展望"绝非初入门者可以从事的"小道",没有备尝艰辛的研究经历,没有涵泳多年的学术素养,没有古今中外的系统掌控,则真正意义上的回顾与展望,其实无从谈起。本期所刊的3篇文章,"建国六十年来江苏省的六朝史研究回顾与展望"是配合上述会议的专文,突出反映了作为历史本身的六朝核心区域与作为研究重镇的江苏六朝学者的有趣对应关系,这也算是有趣的现代史学史现象吧;而"对南朝陵墓神道石刻研究的回顾与反思""近六十年来有关南朝襄阳地区武力豪族研究述评"两文的作者,基本符合了"备尝艰辛的研究经历""涵泳多年的学术素养""古今中外的系统掌控"3点,以此,所撰大文也就当得了"真正意义上的回顾与展望"的评说。

(2010 年第 1 期)

文无定式与心有旁骛

编审本期的"六朝研究",颇费了些时间。

一是每次主持专栏都要做的工作,即通读文章,读时或稍加修改,或核对存有疑问的史料与引文。本期的文章,选题大小、篇幅长短不一。选题大而篇幅长者,是晋文、崔浩的《简论魏晋南北朝时期重农政策的继承与发展》。这篇文章的亮点在于重视与两汉进行联系、比较,如指出西晋的占田课田制秉承了西汉董仲舒"限民名田,以澹不足,塞并兼之路"的主张,也是两汉限田和假(赋)民公田的进一步改革;北魏的均田制与汉代假(赋)民公田在内容和形式上有着一定的渊源关系,因为"授田"仍然没有超出名田、占田或赋民公田的范畴,无非名称、形式和期限不同而已。在由于"全面"而不得不"简论"的文章里,这样的联系与比较的思路贯穿始终,这是难得的。选题小而篇幅短者,是姜丽娟的《苏峻与王师作战地"西陵"考》。这则札记的结论能否成立姑置不论,其注意到了史籍记载的歧异、关注到了历史地名的定位,这样的学术路径与考证方法是值得肯定的。选题与篇幅介于上述两者之间的,是朱叶俊的《魏晋南北朝战争中的"用间"》。从搜集史料、排比整理、获取认识的常规过程看,这是一篇中规中矩的习作;而其讨论的对象,即"看不见的战线",也丰富了我们对金戈铁马的魏晋南北朝时代战争的认识。

二是读改文章时的心有旁骛。在2009年9月出版的本栏目论文选集《回望如梦的六朝》"前言"中,晓庄学院李洪天院长褒扬了本人主持"六朝研究"栏目的"辛劳和耐心",其实这只是事情的一个方面;另一方面,作为栏目主持人,笔者毕竟认真拜读了诸多选题广泛、思路出新的大作,因而也是获益良多。比如在编审本期的过程中,由"重农政策"一文,笔者旁骛了半天,重温何兹全先生的名篇《汉魏之际封建说》,体会何先生提出的城市交换经济变为农村自然经济、劳动生产者由自由民和奴隶变为部曲和客、社会主要问题由土地兼并变为劳动力争夺,等等,与所谓"奴隶社会进入封建社会"的关系;进而再复习尚钺、王仲荦、唐长孺等先生的"魏晋封建说",再与日本学者的"中世说"对比。如此周游一圈,费时虽然不少,收获却也很多。又由权家玉的《南朝的"苏侯"神信仰》,笔者更是旁骛了一天。先是,权文中提到了《蒋山、蒋州、蒋王庙与蒋子文崇拜》,这是笔者已经遗忘的旧作了,于是一时兴起,找了出来,重读一过,竟然产生了续写或者扩写此文的欲望;再是,在欣赏权文巧妙地借"蒋侯"说"苏侯"的方法之余,围绕着魏晋南北朝的人鬼崇拜、自然祭祀、宗教信仰,笔者沉思了许久。我们在重视物质的、制度的研究的同时,对于精神的、行为的、心态的历史,似乎理解得有些肤浅,或者不够到位。即以"蒋侯"来说,《晋书·苻坚载记》有这样的记载:"初,朝廷闻坚入寇,会稽王道子以威仪鼓吹求助于钟山之神,奉以相国之号。及坚之见草木状人,若有力焉";参证其他史料,也可推测正是由于"蒋子文"答应帮忙了,消息传到前线,晋军士气为之大振,"部阵严整",才有了必胜的信心。这样看来,起码在淝水之战中,"精神的力量是无穷的",恐怕不是一句不着边际的空话。再说下去,以"精神的力量"维系起来的黄巾反叛,导致了东汉的最终覆灭;而以"神圣的名义"聚集起来的数万"长生人",追随着教主孙恩,陶醉在失去理性的大破坏乃至集体大投海的愉悦中,更是"唯物主义"的思维难以解释的疯狂。如此,精神的——包括迷信、崇拜、信仰、宗教,等等,也就实在值得我们思考、理解、研究,并作出客观的而非想当然的评价。

　　然则不拘选题、不拘篇幅,即文无定法,只要思路、方法、角度等等出新或者对路,是笔者主持"六朝研究"栏目多年来一贯的选文原则;编审专栏文章时,笔者往往心有旁骛,想来也是值得的,因为收获良多。

(2010 年第 4 期)

以我心知他心与众心

本期与上期的"六朝研究"专栏,7篇论文、两则书评,围绕的都是一个大题目:"人"。这些人的身份有异,有先儒后道、由人而仙的两晋葛洪,有惨死其父之手的北魏孝文帝太子元恂;这些人的体量不一,有随世俯仰、纠缠于等第品评中的北朝隋唐郡姓群体,有以遵循礼法、恪守孝悌立家的东晋南朝琅琊颜氏个体;这些人的行为,或者特殊,如两汉魏晋南北朝时期的"武士化"女性,或者突出,如保存延续了正朔文化、但亦文采风流的东晋贵族,又或复杂,如不愿接受胡族统治、毅然南迁的东晋南朝侨流人口;这些人的面貌,有时似乎清晰,如依据身前事而议定的身后名"谥号",有时却也模糊,如正史中交叉重复记载所涉及的诸多曲折隐晦之处。

"人"的纷繁复杂、丰富多彩,自是难以言说;考证"人"的身份、体量、行为、面貌,当然亦非易事;而评说"人"的思想如葛洪、行为如元恂、传统如颜氏、贡献如东晋贵族、选择如南迁侨流,更是见仁见智、七嘴八舌。不必另举他例,即以这两期刊发的9篇文章为范围,留守的北方郡姓、南迁的侨流人口,作者笔端流淌的是不同的感情;愤世嫉俗的葛洪、与时俱进的东晋贵族、排斥玄风的琅琊颜氏,作者认可的是不同的社会取向;"谥号"的性质在于盖棺论定,相关正史的记载却或显或隐、或褒或贬,作者的撰述旨趣也就分道扬镳。

然则,孰是孰非? 孰为客观孰为主观? 他心他知,众心天知,我心我知。那么,如何以我心知他心与众心呢? 这就是历史学追求的目标了。

笔者愚意,以我心知他心,要在以我为他,换位思考与切身体味。比如大男孩胡箫白写太子元恂,特别立论于莽撞少年元恂的"体貌肥大,深忌河洛暑热",跳出了从来以为的、严肃的改革派与保守派斗争的窠臼,颇得"人文关怀"的况味;与兵家必争之地徐州有些渊源的女研究生郑彦琴,写动荡时代女性的"武士化",自然具备了"理解的同情"的条件;而中年醇儒王永平述文化世族、江南才子张学锋谈东晋贵族、河东女英宋艳梅辩北方大姓、法律史研究者朱明评法律思想、京城助研戴卫红论官员谥号,也都能与其关注的对象接近无缝链接,于是文章就写出了味道。进之,又如何以我心知众心呢? 这就要以太史公司马迁所说的"究天人之际,通古今之变"为努力方向了。所谓"究天人之际",身在书斋,心系天地神人,天之祥瑞灾异,地之荣枯盛衰,神之仙鬼精怪,人之男女老幼、士农工商、渔樵耕读,它们、他们彼此关联、相互作用,这才有自然,才有社会,才有自然与社会的和谐或者冲突;所谓"通古今之变",现实是历史的传承,历史是曾经的现实,现实中有活着的历史,历史中有着同样逻辑的现实。如此,以今况古、以我为众地去接近历史,方能达到我心与众心的琴瑟相调,然后我们的历史学研究,才不再是以我心强充众心、以我意径作众意,我们的观点、结论,也才不至于陷入公说公有理、婆说婆有理、各唱各的戏的尴尬境地。

相对于我心知他心,我心知众心当然很难。复杂而鲜活的社会,我们必须融入;遥远而变迁的过去,我们必须理解。因为唯有融入了当代的社会、理解了历史的过去,我们围绕"人"的考据、义理、经济,才能接近一些真实;我们围绕"人"——包括个人、家庭、家族、宗族、人群、民族、民族群——写就的辞章,才能多一些客观。从这层意义上说,历史学真的是聪明人的学问,是老谋深算者的事业。

(2010 年第 5 期)

"致用"与"致知"

本期"六朝研究"专栏的 3 篇论文,选自 2010 年 11 月 12 日到 14 日在镇江召开的"六朝历史文化与镇江地域发展学术研讨会"的提交论文。这次研讨会,由江苏省六朝史研究会、镇江市历史文化名城研究会、丹阳市历史文化研究会 3 家联合主办；而笔者选刊的这 3 篇论文，颇见这次研讨会的主题与 3 家会议主办研究会的追求。

先说研讨会的主题。六朝历史文化之于镇江地域、包括丹阳地域的发展，意义极为明显。六朝时代既是镇江、丹阳历史发展过程中客观存在的一环，又是特别关键的一环。镇江、丹阳所以能够成为富有底蕴的历史文化名城，主要是因为六朝奠定了其坚实的历史基础，储备了其丰硕的文化遗存。今天的镇江，奠基于六朝的"京口文化"，是最具代表性与接受度的文化专称；今天的丹阳，"齐梁帝王故里""南朝陵墓石刻"，是最为鲜亮的历史文化名片。可以认为，"六朝"，是镇江、丹阳的身份名片、历史符号、文化象征、城市标志；而这样的名片、符号、象征、标志，无疑又是现在以及未来镇江、丹阳发展、定位、竞争、取胜的资源与资本。

再说 3 家研究会的追求。1985 年成立的江苏省六朝史研究会、2001 年成立的镇江市历史文化名城研究会、2003 年成立的丹阳市历史文化研究会，都是以研究立会、以会促研究、立足历史文化、关注现实问题、着眼未来发展的学术团体。省六朝会在国内外拥有良好的学术声誉，推动了六朝文史的基础研究与应用研究；镇江会与丹阳会为地方的历史研究、文物保护、形象宣传、旅游开发、文化弘扬、规划建设，尽心竭力，建言献策。如在六朝历史文化方面，镇江会凝聚了国内外的诸多学者，为龙学、选学的发展，做出了不可替代的贡献；丹阳会集合了一批乡贤，坚持不懈地致力于齐梁帝里的学术探讨、南朝石刻的保护开发。

以上的主题与追求，体现在这次会议收到的 40 余篇、30 余万字的论文中。这些论文，领域广泛而重点突出，史料扎实而考辨细密，立意宏远而追求创新，如此等等。而就本期刊发的 3 篇文章论，钱永波会长《弘扬优秀六朝文化，促进镇江名城保护和现代化建设》归纳的"六项举措"，包括考古文物、学术交流、园林创建、论著出版、作文大赛、咨询服务，可谓丰富多彩、卓有成效，而这在现阶段的中国,具有广泛的示范作用与直接的借鉴意义;杨再年局长的《镇江地域六朝陵墓石刻研究述略》,盘点南朝陵墓及石刻资源,立足于比较的视野指证南朝陵墓及石刻的价值,并提出墓主认定、石兽名称两大需要深入探索的问题,显然,以这些为前提,才能进一步做好"国之瑰宝"南朝陵墓石刻的保护性开发、合理性利用与拓展性创新;至于张学锋教授的宏文《"齐梁故里"研究中的史料学问题——兼论"晋陵武进县之东城里"》,因小见大,由微知著,从个案到一般,极富正本清源的学术价值与求真务实的研究风范,而其特别值得推介的现实意义还在于,它将引导频现于全国各地的类似问题甚至争论,走向学理的、良性的道路。

要之,如果用"致知"与"致用"两词进行概括,则钱、杨二文旨在"致用",张文旨在"致知"。进之,"致知"与"致用"又是相辅相成的一对关系。作为严肃的学者,在努力"致用"的同时,切切不可放松"致知"的追求,而且真正意义上的、能落到实处的"致用",必须以坚实、规范的"致知"为基础;另一方面,政府官员、地方乡贤在历史文化资源的发掘中,"致用"无可厚非,而且是值得倡导的目的之一,但也必须以"致知"为前提。唯有"致知"与"致用"兼重,才能达到相得益彰、共赢同美的成效。

(2011 年第 1 期)

战地百花分外繁

编这期"六朝研究"专栏时,正值春花烂漫的时节,樱花、桃花、杏花,花花养眼;而乡村大地上铺陈着的片片油菜花,就不仅养眼,而且养心了……

在这养眼养心的闲暇中,读着长短不一、主题各异的诸篇文章,或许还有养神的作用。而有些怪异的是,本不搭界的毛泽东词《采桑子·重阳》的意境,竟与《大般涅槃经》《周易》《老子》《庄子》《隋书·经籍志》《南北史世系表》、吴简等等文献,与官员议谥、门阀政治、民族语言文字、南北军事斗争等等现象,与儒、玄、佛、道、文、史、诸子等学术或思想门类,交织在了一起,并不时地、顽强地浮现在笔者的眼前⋯⋯

于是,就有了改造自毛泽东词句"战地黄花分外香"这一不伦不类的题目"战地百花分外繁"。

其实,以"战地百花分外繁"形容魏晋南北朝的时代特征、社会文化、学术思想,想来倒也切当:在这动荡不宁、血雨腥风的战乱岁月里,社会文化纷繁复杂、"百花齐放",学术思想频繁变更、"百家争鸣";换言之,"百家争鸣"的学术思想相伴着刀矛剑戟的碰击之声,"百花齐放"的社会文化植根于血肉滋沃的土壤之中。这样的景象,既使得魏晋南北朝成为令人可怖的一个大世界,又使得魏晋南北朝成为无数后人追问的一个大时代。

魏晋南北朝这个大时代,在整个的中国历史画卷中,其铁质的寒光、血色的阴冷,前与分裂的春秋战国、后与战乱的五代十国相近;而其深层的分裂局面、复杂的民族关系、频繁的人口迁移、特殊的社会结构、变动的典章制度,明显区别于其前的统一时代秦汉,与其后的统一时代隋唐。如此,这样的大时代也就值得我们去探寻、去沉思。

以这期的专栏多所关注的魏晋南北朝文化为例,笔者探寻、沉思的想法是,可以考虑引入比较、联系的方法,以拓宽加深我们的认识。如言比较,把魏晋南北朝文化与秦汉文化、隋唐文化进行比较,以明了其纵向的流变,把北方文化与南方文化进行比较,以探究其地域的差异;如言联系,其时儒玄佛道四家并立,而且在相互影响,有的人儒玄双修,有的人调和儒佛。就儒学说,虽然儒学不再有两汉的盛况与"独尊"地位,儒家的政治观念、道德说教、人生理想,依然是维系国家政教传统的核心准则,也是当时世族仍在传承的内在命脉;就玄学说,玄学是援道入儒,以老、庄、易三玄解经,盛行于社会上层和知识界的新的学术思潮,玄学清谈成为时尚;就佛、道说,佛教在这一时代初步完成了中国化的过程,道教在这一时代则完成了官方化的过程。又这一时代文学地位在不断上扬,以垂训鉴戒为基本特征的史学也受到了普遍重视,而内容庞杂、往往未易驾驭的诸子地位下降。这样,儒、玄、佛、道、文、史、诸子之间,实有复杂的联系。再就整合而言的文化面貌看,魏晋南北朝可谓区别于统一时代颇多禁锢的人性觉醒的时代,是没有思想权威的时代,多元文化显得是那样地生动活泼,其兼容发展、自由争辩的文化发展模式,其对外来文化吸收、融合的成功范例,使得魏晋南北朝堪称是春秋战国后中国历史上第二次百花齐放、百家争鸣的时代。

然则魏晋南北朝之社会文化、学术思想的百花齐放、百家争鸣的积极局面,究竟为何呈现在马蹄与桨声并急、胡汉与侨吴杂糅的北方与南方? 其时混乱的政治形势与分裂格局,冲突的民族关系、地域关系、中外文化关系,究竟对于社会文化、学术思想发生着怎样的影响? 各别门类的社会文化、学术思想之间,又是如何达成共存、共进乃至共荣的景象? 诸如此类的问题,无疑都等待着我们去探寻、去沉思。

"战地百花分外繁",魏晋南北朝时代之政治、军事、民族看点在此,魏晋南北朝文化的研究魅力亦在此。

(2011 年第 2 期)

接着说梦

本期"六朝研究"专栏选刊的 4 篇论文,笔者首先看的是《刘勰〈文心雕龙〉写作缘起与古代梦文化》。中国古代文学批评理论的奠基之作《文心雕龙》,以其体大思精饮誉于世,而围绕着《文心雕龙》及其作者刘勰的研究,也是蔚为大观,竟至有"龙学"的说法。如此,笔者疑惑于作者还能写出些什么。及至读完全篇,一方面赞赏广勇兄"文眼"的别致,即由刘勰7岁、30岁时所做的两个梦,论证其赋予了刘勰巨大的信心,从而才有了《文心雕龙》的诞生;另一方面,笔者也回忆起了自己的梦境与曾经的说梦,于是检出书桌下压着的记梦卡片,翻开拙著《魏晋本土文学地理研究》的说梦一页,莞尔自笑了一回。

记梦的卡片有几张,写着几道"梦境题",比如"隋炀帝南巡考析""明初南京、北平对待蒙古人与色目人之政策比较""唐圭璋《全宋词》作者籍贯勘误""民初政治与文化人物的南京、上海双城记"。这些题目,不知是怎么来的,大概也不会去做,但毕竟有些意思,因此记了下来。至于拙著的胡氏说梦,则与广勇的王氏说梦颇近,这里不妨引列如下:

> 周不疑之后百余年,南土又出了一位文学家,即名列《晋书·文苑传》的桂阳耒阳罗含(约301—385年间在世,字君章)。含之文才,方外之好谢尚称"罗君章可谓湘中之琳琅",桓温僚属或曰"可谓荆楚之材",雅重其才的桓温则以为君章"江左之秀,岂惟荆楚而已!"……含之习文,《晋书》本传记载说:"含幼孤,为叔母朱氏所养,少有志尚,尝昼卧,梦一鸟文彩异常,飞入口中,因惊起说之。朱氏曰:'鸟有文彩,汝后必有文章。'自此后藻思日进"——盖南土难得出文章之士,此或乡人替罗含所作的神奇附会也。

比较刘勰的梦,"梦彩云若锦,则攀而采之",寓意文章必有"文彩",两者可谓一样的路数。然则梦也是值得解析的,果然刘勰因梦而著《文心雕龙》,那这个梦在中国文学文献史上就太重要了。

广勇的文章"信马由缰",自由说梦;本期所发的另外3篇同样关注文献的文章,则质实朴素:其一,清儒钱大昕之于魏晋南北朝正史地理的考证,涉及广泛然而成果散出,作些适当的梳理很有必要;所述钱大昕地理考证的方法,诸如以本志考证本志、以他志考证本志、以纪传考证地理志,以及综合运用小学、避讳学、金石学、职官学等知识,在考证已经渐成"小道"的今日,对于年轻学子,也具有提示或者警醒的作用。其二,20 世纪以来《三国志注》研究的述评,作者由产生背景、体例、注文数量、所引书目、史学价值、文学视角 6 个方面展开,条理清晰、包容全面;文中提及的南宋叶适所论裴注材料乃陈寿弃余的观点,尤其值得进一步的深究。笔者也曾思考并倾向于认可这个观点,所以轻易不敢以注否史;进而,裴注《三国志》的宗旨,补缺、备异事属正常,惩妄、论辩则颇见南朝学术之风气,它改变了汉儒注不破经、亦不破史的成例,显示了三国以降怀疑的精神、开放的学风。而如果将《三国志》裴注的这类现象,结合《世说新语》刘孝标注、《水经》郦道元注,比较其他的经史著作的文字训诂注,以印证汉唐之间学风的继承与创新,更无疑是个上好的研究课题。其三,有关镇江花山湾古城的性质,是东晋晋陵罗城还是晚唐润州罗城的争论,表面上看是考古问题,其实仍属文献的范畴。刘建国先生与刘斌同学的分歧,关键在于对考古所见资料与史籍相关记载的理解有异,而这个问题的解决与否,关系到学界对镇江花山湾古城考古资料——广义的史学研究文献的能否妥当运用。在此附记一句,刘建国先生关于晋陵罗城的新作,即将在《南京博物院集刊》发表,可以视作对于刘斌同学质疑的答复,敬请有兴趣的读者关注,以得"奇文共欣赏,疑义相与析"的乐趣。

(2001 年第 4 期)

历史人物评说的传统语境与现代语境

本期"六朝研究"专栏刊发的 3 篇论文、一个文案,都是有关历史人物的。吴芳佳同学的文章,大胆质疑了方北辰先生以"魏武王"称谓不合礼制而否定河南安阳西高穴大墓为曹操墓的观点,其论证虽然还有欠细密、行文也显得欠老练,但勇气可嘉;沙鸥的札记，依据难得一见的民国《施氏宗谱》，考补了孙吴朱然之曾祖父、祖父、父兄、子孙的情况，尽管这份宗谱材料太过晚出，仍然提供了可备治史者追踪的线索。王永平教授的《论华谭》，立足于从孙吴到东晋的长时段、胡汉矛盾与侨吴冲突的大背景，以江东地域政局的复杂演进为中心，表彰了华谭"可称为民族之大功臣"的杰出贡献："两晋之际，社会历史处于急剧变革之关头，民族面临生死攸关之抉择，华谭生逢其时，参预其事，功业卓著，颇可称述"，云云云，文章设意高远，视野广阔。至于拙编文案，借唐人李商隐的《咏史》诗"历览前贤国与家，成由勤俭败由奢"为题，意思自然明白不过：地方政府花费巨资打造的历史陈列展览，关心的不是史学研究，而是"以史为鉴，可知兴替"的现代功用。比如文案中涉及的从长兴的"圣井"到南京的"辱井"，形象对比鲜明，足以让人驻足、使人沉思；"武帝开国""文帝图治""废帝仁弱""宣帝骄侈""后主才艺"的标题，也足以让人感悟、使人警醒。

在匆匆编辑本期专栏的过程中，笔者也在思考着一个无法回避的中心问题：如何评说历史人物。曹操墓之引发从学界到社会超乎寻常的持续关注，朱然研究与朱然墓保护之为马鞍山市政府特别在意，浙江长兴之以陈皇、陈朝、陈姓为弥足珍贵的历史记忆、鲜明突出的文化符号、形象独特的地域象征、你无我有的民俗标志，等等，都事关历史人物的"正面"评说；王永平的《论华谭》，"文眼"所在，其实就是"评华谭"，而果然华谭有那么崇高的地位，则面对普罗大众已经不知其人的现实，也会生出诸多的喟叹吧！

按照中国人的习惯思维，提到人物，总是离不开评说。比如人物有重要与一般之分，有正面与反面之别，有伟大、重要、杰出之论。正面人物与反面人物的定性并不容易。比如旧史记载中的"盗贼"，我们现在往往肯定为"起义"；镇压"起义"的"刽子手"，我们不能否认往往是当朝的"功臣"；传统戏剧舞台上的白脸奸雄曹操，毛泽东主席、郭沫若先生率先替他翻案，于是曹操成了伟大的民族英雄；而一般意义上的民族英雄岳飞，却也不乏贬议，说他镇压杨幺是污点,说他"壮志饥餐胡虏肉,笑谈渴饮匈奴血"不利于今天的民族团结宣传;曾经还有那么一段时期,中国大陆史学界出现了这样的"高论":清官具有迷惑性,贪官能够激起人民反抗,"人民群众是历史的创造者",人民一反抗,历史就向前发展了,所以,清官比贪官还坏。再说伟大人物,其事业与人格当然足以彪炳千秋,但在重要人物中,却也包括并不伟大甚或卑劣、但在历史上起过很大作用与影响的人物;同样,杰出人物既包括声名显赫的伟大人物、重要人物,也应该包括一些可能名声不显的隐士、仙释、工商医卜,等等。

那么,究竟如何评说这中国历史上众多的人物呢? 其中的关键,应该在于对传统语境与现代语境的准确把握与辩证理解(此不展开,可参考拙文《看一台中国历史的大戏之四:演员介绍》,《广东文艺研究》,2010 年第 4 期)。即以曹操为例,在传统语境中,由于他的法家身份、比较麻烦的阉宦出身、所作所为与汉朝正统的维系存在冲突,以及《三国演义》的脸谱化贬抑,使得曹操成为"奸"的典型;而经过"翻案",曹操在现代语境中,却一跃成为中国历史上一流的政治家、军事家、文学家。孰是孰非? 其实不必争论,也无法争论,因为唯心主义色彩浓些的道德标准的传统语境的人物评说,与唯物主义色彩浓些的事功标准的现代语境的人物评说,本来就标准有异、思路不同,两者是可以并存不悖的;反之,如果一定要彼此相非,争出个好坏是非,那可能很是无聊的"翻案"文章就做不胜做了!

(2011 年第 5 期)

也谈史料学问题

本期"六朝研究"专栏刊发四篇论文。王波的《魏晋南北朝商业发展述论》、杨恩玉的《萧梁部曲制的盛行及其影响》,风格近同,都是排比史料、归纳现象、提出观点。这样的文章,学究味较浓,但无可置疑的是,它既反映了作者勤于读书的治学态度,对于读者也相当实用,比如追求灵气的读者,自可由文中搜集的大量史料,更事发挥。随举一例。王波文中引《晋书·谢安传》"安少有盛名,时多爱慕。乡人有罢中宿县者,还诣安。安问其归资,答曰:'有蒲葵扇五万。'安乃取其中者捉之,京师士庶竞市,价增数倍。"这条史料的价值,当然不仅在说明谢安"巧妙地帮助了自己的同乡",也有趣地显示了侨吴士族文化融汇的主要趋势,乃是吴姓士族的"北化",若谢安者,其行为举止,便是包括不少吴姓士族在内的"京师士庶"羡慕与仿效的对象;又这条史料接下来的内容,同样反映了此种现象:"安本能为洛下书生咏,有鼻疾,故其音浊,名流爱其咏而弗能及,或手掩鼻以教之。"而由此再说开去,则东晋南朝侨吴士庶的融汇,便是一个重要的命题了。

勤搜博采史料,是史学论文的基本规范,治史最忌空谈,这已成为共识。然而,治史者水平的高低,又不仅在史料的多寡,更在对史料的辨别甚至识读。这种辨别与识读,又不仅指新出史料,如朱智武的《东晋南朝墓志俗字及其成因探析》,作为专家之文,教人识读墓志俗字,而识字是应用墓志这类新出史料的前提;也包括传统史料,如张学锋的《六朝建康城研究中的史料学问题》,就十分到位地例证了如下的通家高论:"无视各种文献的传承关系,不仔细分析各种文献(尤其是后出文献)的致误原因,即不重视史料批判,按需所取,那么,得出的结论就会违背事实……推而广之,所有的历史研究又何尝不是如此。"

平心而论,所谓"重视史料批判",对于历史研究来说,真的只是近乎底线的要求。但这样的要求,放在世风乃至学风浮躁的今日,竟或成为苛求。就在胡晓明编辑把这期的稿件发给我的当天,2011 年 12 月 10 日,我参加了南京师范大学举办的"新史料的运用与史学发展趋势"论坛。我发言的题目是"用好传统史料,提高点校质量"。我举了颇为现在的一些年轻学子忽视,而又属于"老生常谈"的例子。如由南宋李焘《六朝通鉴博议》宋刻本与四库本的比较,谈了选择古籍版本问题;以南宋陆游《南唐书》为例,谈了慎用新点校本问题。就李焘《六朝通鉴博议》言，我对校南宋富学堂刻本与清文渊阁《四库全书》本的强烈感受是，经过四库馆臣的删篡改易，四库本每多与宋本面目全非者，故从忠实原著的角度论，引证《六朝通鉴博议》，自当以宋本为依据，这是常识，但这种常识，却也会为人遗忘、忽视甚至不知；推而广之，类似这样的忽视版本选择问题，在我所见的大量中国古代史申请博士学位论文中，普遍存在。又就陆游《南唐书》言，我曾通读2004年杭州出版社《五代史书汇编》中所收的新点校本，气极之下，我说出了"见其点校错误甚多，竟至有不可理喻者！古人常说'学识如何观点书'，看来斯言确实不虚"的狠话。如何"点校错误甚多"？比如有关天文、星象、历法、地理、官职等专门知识，大量误认误读；抄本中模糊不清之处，大量误辨；又当对校者不对校，当参校者不参校，失去了点校之旨。如何"不可理喻"？点校者竟然颇多误解张元济据明末汲古阁刻本所作的校勘记，因此改正为误。而令人忧郁的是，近十多年来，类似这样低劣的古籍新点校本实在太多，于是就产生了慎用新点校本的问题。

有心的读者可能会发现，自2004年笔者主持"六朝研究"专栏以来，相当重视新出史料之运用、传统史料之考辨两类文章的刊发。新出史料的意义不必赘言，而也许我们更当深思的是，相对于新出史料，那些更基础、更大量的传统史料，我们是否使用确当了，甚至是否会用，其实竟然也是难以给出肯定答案的问题。

（2012 年第 1 期）

"殷地安否"与"汉有游女"：宏观把握下的合理推断

每每与同学们谈史料，都会提及一些"经典"案例。纸短话长，且举三例。

美洲的印第安人为什么叫"印第安"人？一位"自学成才"的研

究员先生发现了其中的奥妙，原来周灭商后，殷商人流亡到了美洲，他们思念故土，见面总是询问"殷地安否"，于是就得名"印第安"了。由此引申，美洲的奥尔梅克文明，原来是殷商人创造的……

"印第安"与"殷地安"这样的对音，毕竟大胆了一些，姑作笑话看待可矣；然而也有"一本正经"地依据史料立说的。比如20余年前，一位记者先生提出，早在412年，中国僧人法显已经航渡美洲，依据《法显传》的记载，法显从狮子国（今斯里兰卡）回国途中，船只迷航了"九十日许"，这便漂到美洲了。由此引申，早在意大利航海家、探险家哥伦布1492年发现"新大陆"之前的1 000多年，我们中国人就已经到达美洲了……

当中华人民正沉浸在法显发现美洲的荣耀中时，史学家撰文辩误，"九十日许"应该句读为"九、十日许"。果然"九、十日许"，那是无论如何也到不了美洲的。但不愿放弃这种荣耀者，却坚持"九十日许"。到底"九十日许"还是"九、十日许"，于是就纠缠不清了。或许起法显于地下，这事才能有个了结。

也有并非纠缠不清者。《诗经·汉广》："汉有游女，不可求思。汉之广矣，不可泳思。"某位教授先生译注道："汉水有位游泳女，我要追求没希望。好比汉水宽又宽，不能游过登那方。"出游之女，即在特定节日或者季节外出游奔、自由与男性交往的青年女性，竟然成了善于游泳的"游女"！这是匪夷所思的妙解？还是望文生义的瞎说？

诸如此类的例子，我们可以列出许许多多，于是社会眼中的"史学界"，变得热热闹闹；而在真正的学者们看来，却是丧失了基本的规范，失守了起码的底线。

史学的基本规范与起码底线就是凭史料说话。傅斯年先生有言：一分材料出一分货，十分材料出十分货，没有材料便不出货。然而，这本来不成问题的"材料"与"货"之间的关系，现在却常常出大问题，即大胆想象、别出心裁、瞎解乱说、歪批三国，于是"材料"可惜成了废料，"货"也被糟蹋成了不成其货。

　　那么,材料与货之间应该是种什么样的关系呢? 广泛地搜集材料,准确地解释材料,如此方能产生好货、正货。搜集、解释材料,又以历史背景的宏观把握为前提,唯有如此,方能合理地引用材料,甚至当材料不足时,也能进行合理的推断。而从这个意义上说,史学不是下里巴人的野路子都可以做的,史学终究属于阳春白雪的学院派的事业。

　　宏观把握、合理推断、阳春白雪、学院事业,衡之本期专栏的4篇文章,或可当之吧。短如崔伟伟对清人周嘉猷《南北史世系表》中崔氏世系的补正,所据材料是"相关史籍与墓志特别是新出墓志",所出之货至少就崔氏来说,是较周《表》更加精细的好货;长如圣凯法师依据《高僧传》《续高僧传》《广弘明集》《出三藏记集》《历代三宝记》及诸多正史材料,梳理了南朝刘宋时代涅槃学派道生系统、慧观系统的众多涅槃师,此亦为关乎佛教"传灯"的一件"好货"(这话或嫌失敬,"南无阿弥陀佛")。至于周能俊《走马楼吴简"叛走"考释》与王志高《论丹阳陵口南朝石兽的制作年代》,前者由新材料而出新货,后者由旧材料也出新货,尤其令人赞赏。周文是多方联络,把军事行动、赋税劳役、民族形势、地理环境彼此勾连,进而作出合理的推断;王文是表里关照,从萧梁皇朝后期社会盛衰、政局治乱之"里"的旧材料的详确辨析,进而质疑旧说,推出陵口石兽制作年代之"表"的新论。要之,按照我的肤浅理解,周文与王文的成功,关键都在"宏观把握下的合理推断"。

(2012 年第 2 期)

学术重在交流

　　学术重在交流,这是人人都懂得的道理。既然如此,为什么还要把它作为一个话题来说呢? 这要从本期"六朝研究"专栏所组稿件说起。本期的3 篇论文来自3 个不同的国度:中国、日本和韩国。

"六朝研究"专栏一直比较注意国际间的学术交流,前后发表了不少日本、韩国学者的成果,而这次将 3 个国家学者的成果同时展示出来,这在"六朝研究"专栏还是第一次。

西晋的封建政策是一个颇受学者关注的问题,一般认为,它与导致西晋灭亡的"八王之乱"事件存在着关联。关于这一问题,相较于中国学者,日本学者似乎更乐意从魏晋封建论这一更大的问题层面来探讨西晋封建政策的意义。也正是在这一研究背景下,辻 正博先生《西晋的诸王封建与出镇》一文对西晋诸王封建和出镇的历史情况做了详细考察,由此认为中国中世纪重视宗室诸王的封建和出镇并不是单纯的"封建诸侯的割据",不宜将它视为"封建制"的象征。话题虽仍由魏晋封建论而发,但是以历史事实为基础的求实之论,足以引起我们对西晋封建政策及其历史意义作出新的审视。韩国朴淳发教授《百济都城的考古发现与研究》所探讨的对象是百济的都城,这似乎与我国的六朝历史无关,编入"六朝研究"专栏,有偏离主旨之嫌。而考虑编入的因素主要有两点:其一,如果将"六朝"作为一个历史时间概念来看的话,这篇文章所论对象的历史时代与我国的六朝具有同期性;其二,在这一时期,以朝鲜半岛与中国在政治、文化上的密切联系,百济的都城不可能不受到我国同期都城建设的影响。在这篇文章中,朴淳发教授援用了很多我国同期的相关历史材料以说明百济都城问题,便是很好的证明。记得 2006 年六朝研究专栏曾发表了张学锋教授《六朝建康城的发掘与复原新思路》,对六朝建康城的考古和研究情况做了全盘的总结,并提出了建康城复原的新思路。今天,朴淳发教授也是依据考古等资料对百济都城问题作了整体梳理,有兴趣的读者,不妨将这两篇文章比照着看,或许可以看出中、韩学者在对类似问题的研究上旨趣的异同。

张学锋教授《序井内古文化研究室编〈中国六朝瓦图谱〉》是为一部日本学者的著作所作的序言。张教授是一位曾旅居日本求学多年的中国学者,与日本学者有着广泛的交游。在这篇序言中,他提到了与《中国六朝瓦图谱》的作者井内洁先生的交往,向我们详细介绍了井内家族三世相承,以不太受人重视的古瓦砖为研究对象,并为此所取得的一系列丰硕成果等情况。而对《中国六朝瓦图谱》一书,张学锋教授将之放在自 20 世纪 80 年代以来整个东亚文化交流史研究方向的转变中评说其所取得的成就,给予了很高的评价。通过这篇序,我们看到了在东亚文化史领域,中日学者之间相互带动、相互影响而形成的可喜局面。此外,笔者深为感触的还有两点:一是《中国六朝瓦图谱》的作者井内洁先生研究六朝瓦的缘起竟然是在看到韩国素瓣莲花纹瓦当后,想起了百济瓦的源头——中国六朝瓦,由此找到了自己的研究课题,中、日、韩三国历史文化通过不曾显眼的土瓦而紧密地联系在一起;二是在日本,尚有这样的家族和学者,完全依靠自己的力量和兴趣从事纯粹的学术研究,出版学术成果。对此,比照我国目前学界很多功利化日益明显的学术倾向,是不是值得我们反思一下呢?

在当今国际化和信息化的时代,学术交流日益频繁、便捷,大有一日千里的趋势,似乎早已摆脱了"不积跬步,无以至千里;不积小流,无以成江海"的境况。然即便如此,有一点仍不可否认,那就是国界线、政治分界线依然是横亘在中外学者间一道不小的障碍,对于我国人文社会科学领域的研究者来说,恐怕尤是如此。而就魏晋南北朝史研究来说,日本学界一直是研究的重镇,很显然,国内学者如果只知道国内的研究状况,而不去了解包括日本在内的其他国家和地区的学术进展,那肯定避免不了一叶障目的嫌疑。以六朝学术研究为己任的"六朝研究"专栏,在力所能及的情况下,适当关照到其他国家和地区学者的研究成果也是应有之义。所以本次组稿,可以看做是我们在以前的基础上所进行的又一次新的尝试。只不过这种尝试仍然算作是"跬步"和"小流"吧,至于能否至"千里",成"江海",实非我们所能企盼的。

(2012 年第 4 期)

旧籍新貌与古墓今知

自从暑假以来,在本人繁乱的事务当中,与六朝有关者可谓既多且杂。先是 7 月中旬,复旦大学史地所举办"历史地理研修班",我讲说的题目是"六朝政区研究中的若干问题",在 3 个小时的讲说中,我重点讨论了"文献资料"问题,包括传世习见文献、传世扩展文献、考古出土文献,其他诸如"相关概念""研究回顾""基本思路""核心理论""关键原则""理解的同情",限于时间,都是匆匆带过;7 月下旬,为江苏省社科院组织撰著的"江苏历代名人传记丛书"审稿,交付我的书稿是《梁武帝萧衍》,在审稿意见中,我首先肯定了"书稿中关于齐梁帝里的讨论",由于文献记载的"南兰陵"位置与范围的有欠明确,以及考古所见齐梁帝陵多在丹阳境内的状况,导致了常州、镇江二地围绕齐梁帝里的激烈争夺;进入 8 月,中山陵园管理局与江苏省六朝史研究会拟于年底合作主办的"孙权与南京——南京建都 1 800 年"研讨会,正式提上议事日程,而中山陵园管理局承办此会的资源依据在于,梅花山相传为吴大帝孙权的陵寝所在,这既见于众多典籍的记载,也有考古探测的大体证据;及至 9 月下旬,参加在许昌召开的"魏晋文化国际学术研讨会",研讨之际与考察之间,我颇是感慨了几番许昌之地汉魏时代的大小古迹仿佛遍地铜钱,相关的新旧景点也好似满天繁星,至于串起那遍地铜钱的线索,舍曹操莫属,满天繁星中的太阳,则归于关羽。

然则这两个多月里,有关六朝的讲说、审稿、议事、研讨、考察,不离文献与遗迹两个方面。离开文献,无法说史;离开遗迹,史无法落实到地。而这两天,2012 年 9 月 30 日、10 月 1 日,着手本期"六朝研究"栏目工作,也仍然不离文献与遗迹两个方面,而且认识还进了一层:读殷亮的读书札记《从〈隋书·经籍志〉看唐代以前地理类文献》,遗憾于众多的地理类文献的散佚,幻想着如果这些文献传承至今,该是吾辈史学中人多大的幸福! 读韩涛的老题目而出新意的《北朝范阳卢氏家族婚姻考论》，又欣慰于不少的墓志类文献的面世，设想着假若这些墓志仍然埋存地下，那么韩文的统计会多有欠缺，论述亦将难以周详。至于徐成的《正史地理志整理的突破——评孔祥军〈晋书地理志校注〉》，形式上看是篇书评，实际上则为我们提供了如何校注古籍、如何选择版本的优好之例；而邵磊的《南京灵山梁代萧子恪墓的发现与研究》，就属考古文物资料与传世文献资料交融密合、相得益彰的上佳之作了。

说徐文为优好之例，优好在其旧籍新貌，即呈现了旧籍《晋书·地理志》的孔祥军校注本之新貌；说邵文为上佳之作，上佳在其古墓今知，即中规中矩的墓葬考古行文与广通博及的考据史学修养。以年长于两位作者的我，作出如此高度的肯定，当然不是谀辞，而是心有知会，意有衔接。如徐文云："在中古史地研究中，传世文献规模有限，难有大的突破，而地下史料愈发为文史研究者资用，我们应当更新对史料的认识，扩大对史料的搜寻范围……此于中古政区地理研究大有裨益。"对照我在上述复旦研修班的讲说："关涉六朝政区研究的考古出土文献不少……这些出土文献，当然包含着大量的地名、政区、基层组织名称，其零零碎碎、枝枝节节的证史补史作用，这里不必赘言，而如果我们善用出土文献，有时还会有意想不到的收获"，这是潜心矢志于中古政区考证的两辈学者发自内心的共同感受。如邵文言："萧子恪墓以其墓主明确的纪年墓所彰显出的不寻常的标型意义，不仅给南朝墓葬的断代与相关的制度研究树立了重要标尺，为庞杂的南朝墓葬资料的归纳与整合提供了契机，对于考察彼时的社会流通、经济发展、审美情趣的潜移默化也可谓不可多得的实物佐证"，而以中古文学研究作为博士论文选题的本人，对于邵文中基础于陈寅恪先生的高论而围绕萧子恪与"永明体"的发覆阐幽，尤其感佩至深，甚至于突然间就计划着近期是否能有研讨会的机会，以宣扬邵文，以传播邵说，"以冀引起六朝史学界的关注"。

（2012 年第 5 期）

扬州学术，贵在通博

这段时日，杂事烦扰，不仅谈不上读书、写作，而且看稿也耽误了下来。昨天，2012 年 12 月 26 日，沉下心来，拜读并稍加修改胡晓明编辑选定的本期"六朝研究"的 4 篇文章。这 4 篇文章，论文、札记、书评、综述，形式各异，人物、制度、地理，内容不同，然则其共同点何在呢？烟熏、茶香之间，我的思绪逐渐集中到了"历史地理"与"扬州学术"两点之上。历史地理姑且不说，单言扬州学术。

以言作者，王永平教授为扬州大学中国古代史学科带头人，狄三峰同学为该学科硕士研究生，而朱智武书评所评之《汉唐地理志考校》的作者，又为扬州大学中国古代史学科的青年才俊孔祥军副教授。

以言学术，我对王永平、孔祥军两位的学术风格或学术品性，相当熟悉，而且非常欣赏。翻检我为王永平《中古士人迁移与文化交流》所拟的序，称道"永平论著的行文实在而少虚言浮语、资料扎实而多敏锐解说、论题新颖而又立论坚强，我尤为喜欢者还在于永平对历史之人与事的深切体悟"；又我为孔祥军《汉唐地理志考校》所拟序中，称道了祥军的"史识通达、熟悉四部文献、朴学考证细致严谨、纵横贯通能力突出"，甚至发出了"扬州清学的通核广博传统，祥军可谓有所继承并身体力行矣"的感叹。

以上述的称道与感叹，对照本期专栏刊出的王永平《孟昶事迹及其死因考》、朱智武评述的《汉唐地理志考校》，信为不虚之论。王文依据零散的史料，揭示了孟昶为两晋之际南迁北人的后裔，属于尚武之将门次等士族阶层，其文化倾向则表现出钦羡效仿高门名士；至于孟昶死因的真相，乃在相关人事安排与军政方略方面，与刘裕存在分歧与冲突。王文的探幽索隐功夫，不可谓不深；而其关照地域、文化、军事、政治、家世诸多方面的考证思路，亦颇见扬州清学的通博。又诚如朱智武书评以及本人拙序的认识，《汉唐地理志考校》的成功,关键之一在于"版本学、史源学、文字学、音韵学、敦煌学、域外汉学等多学科方法的综合运用",这也正是扬州清学的特点之一。

再以扬州清学的特点,对照《汉唐地理志考校》书评作者朱智武的博士学位论文《东晋南朝墓志研究》,其综合运用历史学、历史地理学、考古学、文学、书法学的理论与方法,研究士族联姻、侨州郡县、文体特点、书法演变等等问题;对照周能俊的《〈三国志〉札记二则》,其分别历史过程、制度变迁,细密讨论汉末皇家宗庙的播迁、曹操耕籍田的真相;对照狄三峰的《二十世纪以来中国大陆魏晋南北朝历史地理研究述评》,其关注历史的自然地理、人文地理背景,应该也都在有意或无意之中,继承了扬州清学的通核广博传统。

那么,何谓扬州清学的通核广博呢? 先师卞孝萱先生云:"昔梁启超论清代学术曰:吴、皖两派之外,尚有扬州一派,其研究范围,比较广博。其后,张舜徽尤尊崇扬州学派,其言曰:吴学最专,其失也固;皖学最精,其失也褊;惟扬州之学最通,无扬州之通,不能成清学之大。"复旦大学周振鹤先生也曾经说到:"扬州清学中人很有学问,比如汪中,他讲的话,有时一句顶我们十句、百句。"

学术发展到今天,六朝史研究积累到现在,最专如吴学,最精如皖学,自是我们的研究理应追求的目标;而如果缺乏了扬州之学的通核广博,则我们的研究视野或会固、褊,我们的研究取向或会落后于时代的发展甚至技术的进步。以中国中古时代为研究特色的扬州大学中国古代史学科,既颇得扬州清学的精髓;推而广之,扬州清学的治学理念与治学方法,当然也不应仅为扬州学人所领会与实践。

(2013 年第 1 期)

借鉴与引申

史学研究的通常路径,大概不出二途:一是资料的收集与考辨,一是成果的借鉴与引申。此以本期"六朝研究"专栏的 3 篇文章,略言成果的借鉴与引申。

王志高之《试论南京石头城的四个问题》,4 个问题为历史沿革、城垣规模及城内空间布局、周边地理形势及相关建筑、遗址位置之争及考古发现。无疑,这是一篇有关石头城之传统资料考辨与考古资料披露的力作,其所致力者在于物态的石头城。而我兴趣浓厚者,更在由此物态的石头城及于意象的石头城。意象的石头城,一在文学意象,一在人物意象。先说文学意象。因为刘禹锡的怀古名篇《金陵五题·石头城》,"山围故国周遭在,潮打空城寂寞回。淮水东边旧时月,夜深还过女墙来",于是故国、空城、女墙与群山、潮水、明月共同构成的苍莽悲凉的氛围,成了旧时南京典型的文学基调。而解读这样的文学基调,物态的石头城的方方面面,无疑成了音阶的宫商角徵羽。再说人物意象。因为石头城亦称石城,石城又演变为南京的别称,竟然导致了"莫愁在何处?莫愁石城西。艇子打双桨,催送莫愁来"中的南朝刘宋石城(今湖北钟祥市)莫愁,变身为北宋迄今、比如周邦彦《西河·金陵怀古》"莫愁艇子曾系"中的南京莫愁。而梳理这样的人物意象的空间转移,物态的石头城的旧址今迹,也当然成了音乐简谱的 1234567。如此,金陵怀古之文学意象的研究,莫愁诗词之人物意象的研究,是可以从传统资料与考古资料所见的物态的石头城中,获得借鉴、引申的。

由点状的石头城放大一步,盛蕙之《三部僧尼传所见东晋南朝佛教传播及分布》讨论了东晋南朝若干佛教中心的形成原因,如指出建康因为国都所在,成为北方僧人南下避乱的重要目的地,又因政府对佛教的推崇,不断有高僧云集于此,从而形成塔寺林立、人才济济的盛况;又如庐山和会稽,因其山水之美成为禅修圣地,庐山又特别因为有高僧慧远常住,吸引了大批参学问道者前来。诸如此类对于建康、荆州、庐山、会稽、巴蜀佛教局面的分析,就小处论,有益于各别僧人、各别地区佛教局面研究时的背景把握,从而避免有失客观的定位、有所偏颇的认识;从大处言,则借鉴此种思路并引而申之,或能推进佛教中国化与分异化的探索,这就诚如方立天教授的思考:"印度佛教到了中国内地,用中国各民族文字翻译传播;中国的西部地区、中部地区,长江、黄河以北地区和以南地区自然环境不一样,人文环境也不一样。这些都会使一个外来的宗教在传播过程中发生变化,比如饮食习惯,藏传佛教和汉传佛教就不一样。翻译的文字也不同,于是形成了汉传佛教、藏传佛教和南传佛教。"①

由南方的东晋南朝佛教腾挪到北方的十六国北朝政治,刘军之《北魏"天赐十王"考辨》洵属主题鲜明、结构紧密、问题指向明确、借鉴意义明显、引申空间丰富之文。姑以文章的"结语"为例,"天赐爵制……对北魏政治生活产生了深远的影响"——北魏政治的研究,由此可以得到启发;"天赐爵制产生的十王……一举奠定了皇族作为统治基石的地位"——北魏统治阶层的分析,由此可以得到线索;"天赐十王的出台是杂糅现实状况、部落习俗和华夏宗法的产物,全面展现了道武帝的政治智慧和应变能力"——道武帝拓跋珪以后的北魏历代最高统治者,其政治智慧和应变能力之高下有无的认识,由此可以得到比较的对象。如此等等,正如责任编辑胡晓明博士在与我交流时所谈的感觉:这篇文章,对于"从整体上探讨入主中原的周边少数部族如何完成国家政权上层建筑的建构",是颇具借鉴意义的。

以"学问"之道而论史学,某种意义上,"学"在资料的收集与考辨,而"问"在成果的借鉴与引申。如我本人,在主持"六朝研究"栏目的这 10 年中,由诸位师友同行的赐稿中所获得的借鉴与引申,就无法备述,这也是特别应该感谢的。

(2013 年第 2 期)

十年了……

本期的"六朝研究"专栏,文章 5 篇,作者 6 人,篇幅 4 万余字。

---

① 方立天:《佛学研究的人生体悟》,《光明日报》,2013 年 2 月 4 日第 5 版。

文章所涉及的主题,民族(匈奴、鲜卑、赫连)、制度(萧梁十八班、王位继承)、人物(孙权、司马昭,以及曹操、刘备等等)、事件(孙权称帝、西晋建立)、考古(新近发现的扬州隋炀帝陵);研究运用的方法,考证推论(赫连氏先世行迹)、史料发掘(《法宝联璧序》)、比较分析(孙权称帝)、现象解说(魏晋政治)、观点商榷(扬州隋炀帝陵之真伪)。又文章的作者,年龄则老、中、青,三代兼有,地域则北京、南宁、扬州、太仓、南京,来源广泛。然则一勺见海,片叶知秋,从2004年到2013年,已经10年的《南京晓庄学院学报》"六朝研究"栏目的学术指向、作者队伍、发文数量,据此可明大概矣。

"六朝研究"栏目的这10年,是"承上"的10年。所承之上,起自《南京教育学院学报》1987年第2期的"六朝史讲座专辑",此期专辑的依托,则是章炳麟黄侃弟子徐复、范文澜章士钊弟子卞孝萱为首的学者,在南京教育学院开坛授课的"六朝文化"系列讲座。由此发端,一脉相承的《南京教育学院学报》《南京高师学报》《南京晓庄学院学报》,便一直设有"六朝文化"专栏。

"六朝研究"栏目的这10年,又将是"启下"的10年。如何启下?如秉承着中国逢十志庆的传统,今年10月,在六朝古都南京,在视六朝研究为科研重点与学术特色的南京晓庄学院,将举办日、韩、美、中群贤毕至的"六朝研究国际学术研讨会";如继2009年出版专栏5年论文选集《回望如梦的六朝——六朝文史论集》后,2013年内又将出版专栏后5年的论文选集《回望如梦的六朝——六朝文史论集》第二辑;如"六朝研究"栏目本身,也将从2013年之前的每年4期,而2013年的每年5期,而2014年开始的计划每年6期。诸如此类,国际会议以广联系,选集出版以利总结,栏目扩容以便刊发渐增的优秀来稿,如此可以预期,今后的"六朝研究"栏目,将会更加厚实,更求创新。

"六朝研究"栏目的这10年,对于笔者来说,则是感谢多多、感慨系之的10年。在2009年第4期"主持人语·'一五'的回顾与'二五'的规划"中,我曾写道:"禀持以质量求生存、赢声誉原则的晓庄'六朝研究'栏目,一路走来,颇多坎坷,如果没有认识或不认识的学界朋友们的学术支持,没有晓庄学院领导与编辑部的道义支持,则一介书生办学术专栏,而且一办就是 5 年,恐怕难以想象。"这样的"恐怕难以想象"的专栏,转眼之间,又是 5 年过去了。而为了不辜负这样的学术支持与道义支持,笔者既以责任、承诺、认真为原则,力求办好专栏;更在办好专栏的过程中,广泛交往了四面八方的硕学大儒、青年才俊,及时跟踪了国内、国外的学术进展,深切感知了文、史、哲、地诸多研究领域的理论、方法、风格、动态⋯⋯所谓有付出就有收获,有辛苦就有安慰,10 年的付出与辛苦,同时也是 10 年的收获与安慰,我收获了难以胜数的感动与感慨,我安慰于"六朝研究"专栏的得到肯定、受到关注。

　　这是作为"主持人"的笔者,为"六朝研究"栏目写的第 32 篇"主持人语"。大体写就之时,却拟不出合适的标题,于是姑以"十年了⋯⋯"为题,表达我的感慨与感谢。感慨如上所述,而特别需要感谢者,既往 10 年中慷慨赐稿与提出建议的同行,既往 10 年中给予信任与给予支持的朋友,以及当此 10 年志庆之际,对于"六朝研究"专栏颇多褒奖、颇多勉励、颇多期望的中村圭尔、佐川英治、南恺时(Keith Knapp)、金秉骏、李凭、楼劲、范子烨诸位日、美、韩、中学界"大佬"的题词与寄语!

(2013 年第 4 期)